U0216116

吉林人民出版社

简体字本二十六史

旧五代史

卷七四——卷一五〇

（二）

〔宋〕 薛居正 撰

薄小莹 标点

旧五代史卷七四

唐书五〇

# 列传第二六

## 康延孝　朱守殷　杨立　窦廷琬
## 张虔钊　杨彦温

康延孝,塞北部落人也。初隶太原,因得罪,亡命奔汴梁。开平、乾化中,自队长积劳至部校,梁末帝时,频立军功。同光元年八月,段凝率众五万营于王村,时延孝为右先锋指挥使,率百骑来奔。庄宗得之喜,解御衣金带以赐之,翌日,赐田宅于邺,以为捧日军使,兼南面招讨指挥使,检校司空,守博州刺史。庄宗屏人问梁兵机,延孝备陈利害,语在《庄宗纪》中。庄宗平汴,延孝颇有力焉,以功授检校太保、郑州防御使,赐姓,名绍琛。明年,郊礼毕,授保义军节度使。

三年,讨蜀,以延孝为西南行营马步军先锋、排阵斩斫等使。延孝性骁健,徇利奋不顾身。以前锋下凤州,收固镇,降兴州,败王衍军于三泉,所俘蜀军皆谕而释之,自是昼夜兼行。王衍自利州奔归成都,断吉伯津浮梁,以绝诸军,延孝复造浮梁以渡。进收绵州,王衍复断绵江浮梁而去,水深无舟楫可渡,延孝谓招抚使李严曰:“吾悬军深入,利在急兵。乘王衍破赡之时,人心离沮,但得百骑过鹿头关,彼即迎降不暇。如俟修缮津梁,便留数日,若王衍坚闭近关,折吾兵势,傥延旬浃,则胜负莫可知也。宜促骑渡江。”因与李严乘马浮江,于是得济者仅千人,步军溺死者亦千余人。延孝既济,长驱过鹿头,进据汉州。居三日,部下后军方至。伪蜀六军使王宗弼令人持牛酒币马归款。旬日,两川平定,延孝止汉州以俟继岌。平蜀之功,延孝居最。

时邠州节度使董璋为行营右厢马步使,华州节度使毛璋为行营左厢马步使,以军礼当事延孝。郭崇韬以私爱董璋,及西川平定之后,崇韬每有兵机,必召璋参决,延孝不平。时延孝军于城西,毛璋军于城东,董璋军于城中。闰十二月,延孝因酒酣谓董璋曰:"吾有平蜀之功,公等仆速相从,反首鼠于侍中之门,谋相倾陷。吾为都将,公乃裨校,力能斩首。"璋惶恐,谢之而退。酒罢,璋诉于郭崇韬,阴衔之,乃署董璋为东川节度使,落军职。延孝怒,谓毛璋曰:"吾冒白刃,犯险阻,平定两川,董璋何功,遽有其地!"二人因谒见崇韬,曰:"东川重地,宜择良帅,工部任尚书有文武才干,甚洽众心,请表为东川帅。"崇韬怒曰:"绍琛反耶?敢违吾节度!"延孝等惶恐而退。未几,崇韬为继岌所害,二人因责董璋曰:"公复首鼠何门?"璋俯首祈哀而已。

四年正月甲申,大军发成都,继岌令延孝以一万二千人为后军。二月癸巳,中军次武连,中使诏至,谕以西平王朱友谦有罪伏诛,命继岌杀其子遂州节度使令德,延孝大惊。俄而董璋率兵之遂州,遇延孝不谒,延孝怒,谓诸校曰:"南平梁汴,西定巴邛,画策之谋,始于郭公,而汗马之劳,力摧强敌,即吾也。若以背伪归国,犄角而成霸业,即西平王之功第一。西平与郭公皆以无罪赤族,归朝之后,次当及我矣。"丙申,延孝次剑州。时延孝部下皆鄜、延、河中旧将,焦武等知西平王被祸,兼诛令德,号哭军门,诉于延孝曰:"西平无罪,二百口伏诛,河中旧将,无不从坐,某等必死矣。"时魏王继岌到泥溪,延孝报继岌云:"河中兵士号哭,欲为乱。"丁酉,延孝至剑州遂拥众回,自称西川节度、三川制置等使,以檄招谕人,三日间,众及五万。

己亥,继岌至利州。是夜,守吉柏津使案:原本疑有阙文。密告魏王曰："得绍琛文字,令断吉柏浮梁。"继岌惧,乃令梁汉颙以兵控吉柏津。延孝已拥众急趋西川,继岌遣人驰书谕之。夜半,令监军使李廷安召任圜,因署为副招讨使,令圜率兵七千骑,与都指挥使梁汉颙、监军李廷安讨之。辛丑,先令都将何建崇击剑门,下之。甲寅,圜以大军至汉州,延孝来逆战,圜令董璋以东川懦卒当其锋,伏精兵于其后,延孝击退东川之兵,急追之,遇伏兵起,延孝败,驰入汉州,闭壁不出。西川孟知祥以兵二万,与圜合势攻之。案《九国志·李延厚传》:康延孝入汉州,知祥遣延厚率兵二千会李仁罕讨之,将行,誓士卒曰:"今出师不三旬必破贼,乃立功图赏之日也。士卒忠奋者立东厢,衰疾都立西厢,无自苦也。"得请行者七百人。逐延孝西寨,斩首百余级,竟拔其城。汉州四面树竹木为栅。三月乙丑,环阵于金雁桥,即率诸军鼓噪而进,四面纵火,风焰亘空。于是延孝危急,引骑出战,遇阵于金雁桥,又败之,以十数骑奔绵州,何建崇追及,擒之。任圜命载以槛车。时孟知祥与任圜、董璋置酒高会,因令引延孝槛车至会,知祥问曰:"明公顷自梁朝脱身归命,才平汴水,节制陕郊,近领前锋,克平剑外,归朝之后,授爵册勋,巨镇尊官,谁与为竞!奈何躁愤,自毁功庸,入此槛车,还为邓艾,深可痛惜,谁肯愍之!"知祥因手自注杯以饮之。延孝曰:"自知富贵难消,官职已足。然郭崇韬佐命元勋,辅成大业,不动干戈,收获两川,自古殊功,但恐不及,一旦何罪,阖门被诛,延孝之徒,何保首领。以此思虑,不敢归朝,天道相违,一旦至此,亦其命也,夫复何言!"及圜班师行次凤翔,中使向延嗣赍诏至,遂诛之。部下怀其首级,瘗于昭应县民陈晖地。天成初,其子发之携去。《永乐大典》卷一万八千一百三十。

朱守殷,小字会儿。庄宗就学,以厮养之役给事左右。及庄宗即位,为长直军使,虽列戎行,不闻战攻。每构人之短长,中于庄宗,渐以心腹受委。河上对垒,稍迁蕃汉马步都虞候。守殷守德胜寨,为梁将王彦章所攻,守殷无备,遂陷南寨。庄宗闻之曰:"驽才大误予事!"因撤北寨,往周杨刘。明宗在郓州,密请以覆军之罪罪之,庄宗私于腹心，忍而不问。同光二年，为振武节度使，不之任，仍兼领蕃汉马步军。京城初定，内外警巡，恃凭主恩，蔑视勋旧，与景进互相表里，又强作宿德之态，言语迟缓，自谓沉厚。案：以下疑有缺文。据《欧阳史》，庄宗东讨，守殷将骑军。

及郭从谦犯兴教门，步军始乱，中使急召骑士，守殷按甲不进，庄宗独领宦官斫射，屡退，而骑军终不至。庄宗既崩，守殷拥众方在北邙，憩于茂林之下。迨闻凶问，乃入内，选嫔御及珍宝以归，恣军士劫掠京都，翌日方定，率诸校迎明宗于东郊。天成初，授河南尹，判六军诸卫事，加侍中，移汴州节度使。车驾将巡幸，外议喧然，初以为平吴，又云制置东诸侯。守殷乃生云梦之疑，遂杀都校马彦超、副使宋敬。案《欧阳史》云：守殷将叛，召都指挥使马彦超与计事，超不从，守殷杀之。明宗怜彦超之死，以其子承祚为洺州长史。守殷驱市人闭壁以叛，明宗途次京水，闻之，亲统禁军倍程直抵其垒，长围夹攻，缒城甚众。守殷力屈，尽杀其族，引颈令左右尽其命。王师入城，索其党，尽诛之。诏鞭守殷尸，枭首悬于都市，满七日，传送洛阳。《永乐大典》卷二千三十一。

杨立者，潞州之小校。初事李嗣昭及李继韬，皆畜养甚厚，继韬被诛，愤愤失志。同光二年四月，有诏以潞兵三万人戍涿州，将发，其众谋曰："我辈事故使二十年，衣食丰足，未尝边塞征行，苟于边上差跌，白骨何归？不如据城自固，事成自富贵耳。"因聚徒百余辈，攻子城东门，城中大扰。副使李继珂及监军张机祚出奔。立自称留后，率军民上表求旌节。庄宗怒，命明宗与李绍真攻讨，一月拔之，生擒立及其同恶十余人，送于阙下，皆磔于市。潞州城峻而隍深，故立辄敢据之，庄宗因兹诏诸道撤防城之备焉。《永乐大典》卷六千五十二。

窦廷琬者，世为青州牙将，梁祖擢置左右。同光初，为复州游奕使，奸盗屏迹，历贝州刺史。未几，请制置庆州盐池，逐年出绢十万匹，米十万斛，遂以廷琬为庆州防御使，俾制置之，由是严刑峻法，屡挠边人。课利不集，诏移任于金州，廷琬据庆州叛，诏邠州节度使李敬周率兵讨平之，夷其族。《永乐大典》卷一万九千三百五十四。

张虔钊，辽州人也。案《九国志》云：虔钊，辽州榆社人。父简，唐检校尚书左仆射。初为太原牙校，以武勇闻于流辈，武皇、庄宗之世，累补左右突骑军使。案《九国志》云：庄宗尝以偏师取镇阳，命虔钊率骑为先锋，屡挫贼锐，遂陷其城。明宗素闻虔钊有将帅才，及即位，擢为护驾亲军都指挥使，领春州刺史。天成中，与诸将围王都于中山，大败契丹于嘉山之下，及定州平，以功授沧州节度使。案《北梦琐言》云：虔钊镇沧州日，因亢旱民饥，发廪赈之，方上闻，帝甚嘉奖。他日秋成，倍斗征敛，朝论鄙之。移镇徐州。长兴中，为山南西道节度使兼西面马步军都部署。及末帝起于凤翔，闵帝诏令虔钊帅部兵会王师于岐下。洎西师俱变，虔钊愤惋，退归兴元，因与洋州节度使孙汉韶俱送款于蜀。孟知祥待之尤厚，伪授本镇节度使，俾知祥坐获山南之地，由虔钊之故也。案《北梦琐言》云：入蜀，取人产业，黩货无厌，蜀民怨之。孟昶嗣伪位，加检校太师、兼中书令。晋开运末，蜀人闻契丹入洛，令虔钊率众数万，将寇秦、雍，俄闻汉高祖已定中原，虔钊无功而退。案《九国志》云："历左右匡圣马步军都指挥使，出为昭武军节度使。及汉祖即位，乃移镇梁州，以观朝廷之变。会晋昌军节度使赵匡赞、凤翔节度使侯益俱谋归蜀，遂以虔钊为北面行营招讨使，应接经营。俄而赵匡赞、侯益请昶出师，按定三秦，因命虔钊与韩保贞等总师五万出散关，雄武军节度使何重建出陇右，奉銮肃卫都虞候李廷珪出子午谷，会于雍州。廷珪始出子午谷，闻匡赞为王景崇所逼，弃城自拔东去，遂先退师。时虔钊、福诚、保贞师次陈仓，谋不相叶，而侯益闻匡赞已去，廷珪班师，亦诚款中变，闭垒不出。司天监赵匡枢累以云气不利为讽，保贞乃与福诚率所部取陇州道，会重建归蜀。虔钊留宝鸡，以势孤不可深入，遂班师。行至兴州，感愤而卒。《永乐大典》卷六千三百五十。

杨彦温，汴州人，本梁朝之小校也。庄宗朝，累迁裨将。天成中，为河中副指挥使，及末帝镇河中，尤善待之，因奏为衙内都指挥使。

长兴元年四月，乘末帝阅马于黄龙庄，据城谋叛。末帝遣人诘之曰：“吾善待汝，何苦为叛？”彦温报曰：“某非敢负恩，缘奉枢密院宣头，令某拒命，请相公但归朝廷。”数日，诏末帝归朝，明宗疑其诈，不欲兴兵，授彦温绛州刺史。安重诲坚请出师，即命西京留守索自通、侍卫步军指挥使药彦稠等帅兵攻之，五日而拔。自闭门及败，凡十三日。初，彦稠出师，明宗戒之曰：“与朕生致彦温，吾将自讯之。”及收城，斩首传送，明宗深怒彦稠等，时议者以当时四海恬然，五兵载戢，蒲非边郡，近在国门。而彦温安敢狂悖。皆以为安重诲方弄国权，尤忌末帝之名，故巧作窥图，究莫能倾陷也。彦温愚昧，为人所嗾，故灭其族焉。《永乐大典》卷六千三百五十一。

史臣曰：《春秋传》云：“夫不令之臣，天下之所恶也。”故不复较其优劣焉。唯虔钊因避地以偷生，彦温乃为人之所嗾，比诸叛臣亦可矜也。《永乐大典》卷六千三百五十一。

# 旧五代史卷七四考证

唐列传二十六朱守殷传车驾将巡幸外议瑄然初以为平吴又云制置东诸侯守殷乃生云梦之疑遂杀都校马彦超副使宋敬守殷驱市人闭壁以叛明宗途次京水闻之亲统禁军倍程直抵其垒长围夹攻缒城甚众守殷力屈尽杀其族引颈令左右尽其命　案：《儒林公议》云：朱守殷与霍彦威同立明宗，寻判诸军事兼河南尹，旋除宣武军节度使。时枢密使安重诲用事，汴之财利，遣中人管权之。守殷军用不给，累长抗论，重诲既而复夺之，守殷不平，颇出怨言。重诲奏其反状，明宗亲率师讨之。车驾至汴京，守殷自以本无不臣之意，为权臣诬奏，登城门望明宗叩头，号哭称冤。明宗思其功，许以开门自新，重海已麾军登陴，势不可遏，城陷诛之。考守殷之叛，《欧阳史》、《通鉴》与是书无异辞，而《儒林公议》以为守殷本无反心，为重海所陷，盖传闻之互异也。　　杨立传有诏以潞兵三万人戍涿州　案：《通鉴》作发安义兵三千戍涿州。　命明宗与李绍真攻讨　李绍真，《通鉴》作李绍荣。

旧五代史卷七五
晋书一

# 高祖本纪第一

　　高祖圣文章武明德孝皇帝,姓石,讳敬瑭,太原人也。本卫大夫
碏、汉丞相奋之后,汉衰,关辅乱,子孙流泛西裔,故有居甘州者焉。
四代祖璟,以唐元和中与沙陀军都督朱耶氏自灵武入附,宪宗嘉
之,隶为河东阴山府裨校,以边功累官至朔州刺史。天福二年,追尊
为孝安皇帝,庙号靖祖,陵曰义陵;祖妣秦氏,追谥为孝安元皇后。
三代祖郴,早薨,赠左散骑常侍,追尊为孝简皇帝,庙号肃祖,陵曰
惠陵;祖妣安氏,追谥孝简恭皇后。皇祖讳翌,任振武防御使,赠尚
书右仆射,追尊孝平皇帝,庙号睿祖,陵曰康陵;祖妣米氏,追谥孝
平献皇后。皇考讳绍雍,案:原本作诏雍,今从《五代会要》改正。蕃字臬
捩鸡,善骑射,有经远大略,事后唐武皇及庄宗,累立战功,与周德
威相亚,历平、洛二州刺史,薨于任,赠太傅,追尊为孝元皇帝,庙号
宪祖,陵曰昌陵;皇妣何氏,追谥孝元懿皇后。
　　帝即孝元之第二子也,以唐景福元年二月二十八日生于太原
派阳里,时有白气充庭,人甚异焉。及长,性沉澹,寡言笑,读兵法,
重李牧、周亚夫行事。唐明宗为代州刺史,每深心器之。因妻以爱
女。唐庄宗闻其善射,擢居左右,明宗请隶大军,从之。后明宗从庄
宗征行,命帝领亲骑,号三讨军,案:《欧阳史》作左射军。倚以心腹。
　　天佑十二年,庄宗并有河北之地,开府于邺,梁遣上将刘鄩以
兵五万营于莘。十三年二月,鄩引兵突至清平,薄于城下,庄宗至自

甘陵，兵未阵，多为郭所掩。帝领十余骑，横槊深入，东西驰突，无敢当者，卒全部伍而旋。庄宗壮之，拊其背曰："将门出将，言不谬尔。"因颁以器帛，复亲为啗酥，当时以为异恩，由是知名。明年，郭兵阵于莘之西北，明宗从庄宗酣战。久之，尘埃四合，帝与明宗俱陷阵内。帝挺身跃剑，反复转斗，行数十里，逐郭于故元城之东，是日，郭军杀伤过半。

十五年，唐军拔杨刘镇，梁将贺瑰设伏于无石山，明宗为瑰所迫，帝为后殿，破梁军五百余骑，按辔而还。十二月，庄宗与梁军大战于胡柳陂，众号十万，总管周德威将左军，杂以燕人，前锋不利，德威死之。庄宗率步众五千固守高陵以避敌之锐。明宗独完右广，伏于土山之下，顾谓帝曰："梁人首获其利，旌旗甚整。何计可以挫之？"帝曰："腊后寒如此，出手堕指，彼多步众，易进难退，莫若啜精饮水，徐而困之。且超乘徒行，其势不等，一击而破，期在必胜。"明宗曰："是吾心也。"会日暮，梁军列于平野，五六万人为一方阵，麾游骑以迫唐军，帝曰："敌将遁矣！"乃请明宗令士整胄宽而罗之，命左射军二百人鸣矢驰转，渐束其势，以数千骑合之。迨夜，旌旗皆靡，而一角先溃，三面踵之，其牙竿相击，若火爆之声，横尸积甲，不可胜计。由是梁人势削，庄宗进营德胜渡。

十八年十月，又从明宗战梁人于德胜渡，败其将戴思远，杀二万余人。十九年，战胡卢套，唐军稍却，帝睹其敌锐，拔剑辟道，肩护明宗而退，敌人望之，无敢袭者。

二十年十月，从明宗观梁人之杨村寨，部曲皆不擐甲，俄而敌出不意，以兵掩明宗，刃将及背，帝挟战戟而进，一击而凶酋落马者数辈，明宗遂解其难。是岁，庄宗即位于邺，改元同光，遣明宗越河，悬军深入以取郓。郓人始不之觉，帝以五十骑从明宗涉济，突东门而入，郓兵来拒，帝中刃，翼明宗，罗兵通衢，嶷然不动，会后骑继至，遂拔中城以据之。既而平汴水，灭梁室，成庄宗一统，集明宗大勋，帝与唐末帝功居最，庄宗朝官未显者，以帝不好矜伐故也，唯明宗心知之。

同光四年二月，赵在礼据邺为乱，朝廷遣元行钦招之不下，群议纷然，以为非明宗不可，庄宗乃以明宗为统帅。时帝从行至魏，诸军有变，叩马请明宗帝河北。明宗受霍彦威劝，将自诉于天子，遂佯诺，诸军亦恐事不果而散者甚众，明宗所全者，唯常山一军而已。西次魏县，帝密言于明宗"犹豫者兵家大忌，必若求诉，宜决其行。某愿率三百骑先趋汴水，以探虎口，如遂其志，请大军速进。夷门者，天下之要害也，据之可以自雪。安有上将与三军言变，他日有平手乎！危在顷刻，不宜恬然。"明宗至相州，遂分骁骑三百付之，遣帝由黎阳济河，自汴西门而入。因据其城。及明宗入汴，庄宗亲统师亦至城之西北五里，登高叹曰："吾不济矣！"由此庄宗从兵大溃，来归明宗。明宗寻遣帝令率兵为前锋，趋氾水关，俄而庄宗遇内难而崩。

是月，明宗入洛，嘉帝之功，自总管府都校署陕府兵马留后。明宗即位，改元天成，五月，加帝光禄大夫、检校司徒，充陕州保义军节度使，岁未期而军民之政大治焉。二年二月，加检校太傅兼六军诸卫副使，进封开国伯，增食邑八百户。是月，帝赴阙，以倅六军诸卫事故也。四月，加食邑八百户，实封一百户，旌为政之效也。十月，明宗幸汴，以帝为御营使。车驾次京水，飞报汴州节度使朱守殷叛，明宗命帝董亲军倍道星行，信宿及浚城，一战而拔之。寻以帝为宣武军节度使、侍卫亲军步军都指挥使兼六军诸卫副使，进封开国公，加食邑五百户，赐耀忠匡定保节功臣。

四月，车驾还洛，制加检校太傅、同中书门下平章事、兴唐尹、邺都留守、天雄军节度使。五月丁未，加驸马都尉。长兴元年二月，明宗南郊礼毕，加检校太尉，增食邑五百户，寻诏归任。时邺都繁富为天下之冠，而土俗犷悍，民多争讼，帝令投函府门，一一览之，及逾年，盈积几案，滞于狱者甚众，时论以此减之。九月，东川董璋叛，朝廷命帝为东川行营都招讨使，兼知东川行府事。十月，至自魏博，董众西征。二年春，以川路险艰，粮运不继，诏班师。四月，复兼六军诸卫副使。六月，改河阳节度使，仍兼兵柄。

是时，秦王从荣奏："伏见北面频奏报，契丹族帐近塞，吐浑、突厥已侵边地,戍兵虽多,未有统帅,早宜命大将一人,以安云、朔。"
明宗曰:"卿等商量。"从荣与诸大臣奏曰:"将校之中,唯石敬瑭、康
义诚二人可行。"帝素不欲为禁军之副,即奏曰:"臣愿北行。"明宗
曰:"卿为吾行,事无不济。"及受诏,不落六军副使,帝复迁延辞避。
十一月乙酉,明宗复谓侍臣曰:"云州奏,契丹自幽州移帐,言就放
牧,终冬不退,其患深矣。"枢密使范延光奏曰:"已议石敬瑭与康义
诚北行,然其定夺,即在宸旨。"帝奏曰:"臣虽不才,争敢避事,但进
退惟命。"明宗曰:"卿为吾行,甚叶众议。"由是遂定。丁亥,加兼侍
中、太原尹、北京留守、河东节度使兼大同、振武、彰国、威寒等军蕃
汉马步军总管,改赐竭忠匡运宁国功臣。翌日,宴于中兴殿,帝捧觞
上寿,因奏曰:"臣虽微怯,惟边事敢不尽其忠力,但臣远违玉阶,无
以时申补报。"帝因再拜告辞,明宗泣下沾衿,左右怪其过伤,果与
帝因此为诀,不复相见矣。十二月,明宗晏驾,帝闻之,长恸若丧考
妣。应顺元年正月,闵帝即位,加中书令,及增食邑。

帝性简俭,未尝以声色、滋味辄自宴乐,每公退,必召幕客论民
间利害及刑政得失,明而难犯,事多亲决。有店妇与军士讼,云"曝
粟于门,为马所食。"而军士恳诉,无以自明。帝谓鞫吏曰:"两讼未
分,何以为断,可杀马剖肠而视其粟,有则军士诛,无则妇人死。"遂
杀马,马肠无粟,因戮其妇人。境内肃然,莫敢以欺事言者。三月,
移镇常山,所历方镇,以孝治为急,见民间父母在昆弟分索者,必绳
而杀之。勤于吏事,廷无滞讼。常山属邑曰九门,有人鬻地与异居
兄,议价不定,乃移于他人。他人须兄立券,兄固抑之,因诉于令。令
以弟兄俱不义,送府。帝监之曰:"人之不义,由牧长新至,教化所未
能及,吾甚愧焉。若以至理言之,兄利良田,弟求善价,顺之则是,沮
之则非,其兄不义之甚也,宜重答焉。市田以高价者取之。"上下服
其明。

及岐阳兵乱,推潞王为天子,闵帝急诏帝赴阙,欲以社稷为托。
闵帝自洛阳出奔于卫,相遇于途,遂与闵帝回入卫州。时闵帝左右
将不利于帝,帝觉之,因擒其从骑百余人。闵帝知事不济,与帝长恸

而别,帝遣刺史王弘贽安置闵帝于公舍而去,寻为潞王所害,帝后长以此愧心焉。

清泰元年五月,复授太原节度使、北京留守,充大同、振武、彰国、威塞等军蕃汉马步总管。二年夏,帝屯军于忻州,朝廷遣使送夏衣,传诏抚谕,后军人遽呼万岁者数四,帝惧,斩挟马将李晖以下三十余人以徇,乃止。

三年五月,移授郓州节度使,进封赵国公,仍改扶天启运中正功臣。寻降诏促帝赴任,帝心疑之,乃召僚佐议曰:“孤再受太原之日,主上面宣云:‘与卿北门,一生无议除改。’今忽降此命,莫是以去年忻州乱兵见迫,过相猜乎?又今年千春节,公主入觐,当辞时,谓公主曰:‘尔归心甚急,欲与石郎反耶?’此疑我之状,固且明矣。今天子用后族,委邪臣,沉湎荒惑,万机停壅,失刑失赏,不亡何待!吾自应顺中少主出奔之日,睹人情大去,不能扶危持颠,愤愤于方寸者三年矣。今我无异志,朝廷自启祸机,不可安然死于道路。况太原险固之地,积粟甚多,若且宽我,我当奉之。必若加兵,我则外告邻方,北构强敌,兴亡之数,皎皎在天。今欲发表称疾,以俟其意,诸公以为何如?”掌书记桑维翰、都押衙刘知远赞成密计,帝遂拒末帝之命。朝廷以帝不奉诏,降旨削夺官爵,即诏晋州刺史、北面副招讨使张敬达领兵围帝于晋阳。帝寻命桑维翰诣诸道求援,契丹遣人复书诺之,约以中秋赴义。《玉堂闲话》:晋祖在并部,尝从容谓宾佐云:“近因昼寝,忽梦若顷年在洛京时,与天子连镳于路,过旧第,天子请某入其第,某逊让者数四,不得已即促辔而入,至厅事下马,升自阼阶,西向而坐,天子已驰车去矣。其梦如此。”群像莫敢有所答。是年冬,果有鼎革之事。盖晋祖怀不轨之志久矣,故托梦以惑众也。《辽史·太宗纪》云:七月丙申,唐河东节度使石敬瑭为其主所讨,遣赵莹求救,时赵德钧亦遣使至,河东复遣桑维翰来告急,遂许兴师。八月庚午,自将以援敬瑭。

六月,北面招收指挥使安重荣以部曲数千人入城。七月,代州屯将安元信率一军,与西北面先锋指挥使安审信引五百骑俱至。八月,怀州彰德军使张万迪等各率千余骑来降。是月,外众攻我甚急,帝亲当矢石,人心虽固,廪食渐困。

九月辛丑,契丹主率众自雁门而南,旌骑不绝五十里余。《辽史》:九月丁酉,入雁门。戊戌,次忻州。己亥,次太原。先使人报帝云:"吾欲今日便破贼,可乎?"帝使人驰告曰:"皇帝赴难,比要成功,贼势至厚,可明旦稳审议战,未为晚也。"使未达,契丹已与南军骑将高行周、符彦卿等合战。时张敬达、杨光远列阵西山下,士未及成伍,而行周、彦卿为伏兵所断,舍军而退,敬达等步兵大败,死者万人。是夜,帝出北门与戎王相见,戎王执帝手曰:"恨会面之晚。"因论父子之义。《辽史》:敬瑭率官属来见,帝执手抚慰之。《契丹国志》云"敬瑭见契丹帝,问曰:"皇帝远来,士马疲倦,遽与唐大战而胜,何也?"帝曰:"始我谓唐必断雁门诸路,伏兵险要,不可得进,使人侦视皆无之,是以长驱深入。我气方锐,乘此击之,是以胜之。"敬瑭叹服。明日,帝与契丹围敬达营寨,南军不复出矣。帝与契丹本无结好,自末帝见迫之后,遣心腹何福,以刀错为信,一言亲赴其难,迅若流电,信天意耶!己酉,唐末帝率亲军步骑三万出次河桥。辛亥,末帝诏枢密使赵延寿分众二万为北面招讨使,又诏魏博节度使范延光统本军二万人屯辽州。十月,幽州节度使赵德钧领所部万余人自上党吴儿谷合延寿兵屯团谷口,与敬达寨相去百里,弥月竟不能相通。案《辽史》:初围晋安,分遣精兵守其要害,以绝援兵之路,赵延寿等皆逗留不进。

十一月,戎王会帝于营,谓帝曰:"我三千里赴义,事须必成。观尔体貌恢廓,识量深远,真国主也。天命有属,事不可失,欲徇蕃汉群议,册尔为天子。"帝饰让久之。既而诸军劝请相继,乃命筑坛于晋阳城南,册帝为大晋皇帝,戎王自解衣冠授焉。案《辽史·太宗纪》:十一月冬十月甲子,封敬瑭为晋王。十一月丁酉,册敬瑭为大晋皇帝。《薛史》及《通鉴》、《欧阳史》俱不载先封晋王事。文曰:

维天显九年,岁次丙申,十一月丙戌朔,十二日丁酉,大契丹皇帝若曰:"於戏!元气肇开,树之以君;天命不恒,人辅以德。故商德衰而周德盛,秦德乱而汉围昌,人事天心,古今靡异。

咨尔子晋王,神钟睿哲,天赞英雄,叶梦日以储祥,应澄河而启运。追事数帝,历试诸艰。武略文经,乃由天纵;忠规孝节,固自生知。猥以眇躬,奄有北土,暨明宗之享国也,与我先哲王保奉明契,所期子孙顺承,患难相济,丹书未泯,白日难欺,顾予纂承,匪敢失坠。尔惟近戚,实系本枝,所以余视尔若子,尔待予犹父也。

朕昨以独夫从珂,本非公族,窃据宝图,弃义忘恩,逆天暴物,诛剪骨肉,离间忠良,听任矫谀,威虐黎献,华夷震悚,内外崩离。知尔无辜,为彼致害,敢征众旅,来逼严城,虽并吞之志甚坚,而幽显之情何负,达于闻听,深激愤惊。乃命兴师,为尔除患,亲提万旅,远殄群凶,但赴急难,罔辞艰险。果见神祇助顺,卿士叶谋,旗一麾而弃甲平山。鼓三作而僵尸遍野。虽以遂予本志,快彼群心,将期税驾金河,班师玉塞。

矧今中原无主,四海未宁,茫茫生民,若坠涂炭。况万几不可以暂废,大宝不可以久虚,拯溺救焚,当在此日。尔有庇民之德,格于上下;尔有戡难之勋,光于区宇;尔有无私之行,通乎神明;尔有不言之信,彰乎兆庶。予懋乃德,嘉乃丕绩,天之历数在尔躬,是用命尔,当践皇极。仍以尔自兹并土,首建义旗,宜以国号曰晋,朕永与为父子之邦,保山河之誓。於戏!补百王之阙礼,行兹盛典;成千载之大义,遂我初心。尔其永保兆民,勉持一德,慎乃有位,允执厥中,亦惟无疆之休,其诚之哉!礼毕,帝鼓吹导从而归。案《通鉴考异》引《废帝实录》:契丹立晋,在闰月丁卯。《欧阳史》及《通鉴》并从《薛史》,作十一月丁酉。

始梁开国之岁,即前唐天佑四年也,潞州行营使李思安奏:"壶关县庶穰乡乡人伐树,树倒自分两片,内有六字如左书,云'天十四载石进'。"梁祖令藏于祖库,然莫详其义。至帝即位,识者曰:'天'字取'四'字中两画加之于傍,则'丙'字也,'四'字去中之两画,案:原本作"中去之两画",今从《册府元龟》改正。加十字,则'申'字也。"帝即位之年乃丙申也。又,《易》云:"晋者,进也。"国号大晋,皆符契焉。

又，帝即位之前一年，岁在乙未，邺西有栅曰李固，清、淇合流在其侧。栅有桥，桥下大鼠与蛇斗，斗及日之申，蛇不胜而死，行人观者数百，识者志之。后唐末帝果灭于申。又，末帝，真定常山人也，有先人旧庐，其侧有古佛刹，刹有石像，忽摇动不已，人皆异之。及重围晋阳，帝遣心腹，案：原本阙"帝遣心腹"四字，今从《册府元龟》增入。何福轻骑求援北蕃，蕃主自将诸部赴之，不以缯帛，不以珠金，若响应声，谓福曰："吾已兆于梦，皆上帝命我，非我意也。"《契丹国志》引《纪异录》云：契丹主德光常昼寝，梦一神人花冠美姿容，辒辌甚盛，忽自天而下，衣白衣，佩金带，执镖铩，有异人十二随其后，内一黑兔入德光怀而失之。神人语德光曰："石郎使人唤汝。"汝须去"。觉告其母，母忽之，不以为异。后复梦，即前神人也，衣冠仪貌，俨然如故，曰："石郎已使人来唤汝。"既觉而惊，复以告母。母曰："可命筮"乃召巫筮，言："太祖从西楼来，言中国将立天王，要尔为助，尔须去。"未浃旬，唐石敬瑭反于河东，为后唐张敬达所败，亟遣赵莹持表重赂，许割燕云，求兵为援，契丹主曰："我非为石郎兴师，乃奉天帝敕使也。"时援兵未至，伪将张敬达引军逼城设栅，栅将成，必有大风暴雨，栅无以立。后筑长城，城就，又为水潦所坏，城终不能合。晋阳有北宫，宫城上有祠曰毗沙门天王，帝曾焚修默而祷之。经数日，城西北闉正受敌处，军候报称，夜来有一人长丈余，介金执殳，行于城上，久方不见，帝心异之。又，牙城有僧坊曰崇福，坊之庑下西北隅有泥神，神之首忽一日有烟生，其腾郁如曲突之状。坊僧奔赴，以为人火所延，及俯而视之，无所有焉。事寻达帝，帝召僧之腊高者问焉，僧曰："贫道见庄宗将得天下，曾有此烟，观此喷涌，甚于当时，兆可知矣。"自此，日旁多有五色云气，如莲芰之状。帝召占者视之，谓曰："此验应谁？"占者曰："见处为瑞，更应何人！"又，帝每诘旦使慰抚守陴者，率以为常，忽一夕已暝，城上有号令之声，声不绝者三，帝使人问之，将吏云："从上传来者。"皆知神助。时城中复有数家井泉，暴溢不止。及蕃军大至，合势破之，末帝之众，似拉朽焉，斯天运使然，非人力也。

是日，帝言于戎王，愿以雁门已北及幽州之地为戎王寿，仍约岁输帛三十万，戎王许之。《永乐大典》卷一万五千六百四十三。

# 旧五代史卷七五考证

晋高祖纪一本卫大夫碏汉丞相奋之后　　案:《欧阳史》作其姓
石氏,不知其得姓之始。　　乃命筑坛于晋阳城南　　案:《通鉴》作筑
坛于柳林,《辽史》亦作设坛晋阳。　　岁次丙申十一月丙戌朔十二日
丁酉　　案:《通鉴考异》引《废帝实录》,契丹立晋,误在闰月丁卯,辨
正在《唐纪》。《欧阳史》及《通鉴》并从《晋纪》,作十一月丁酉。

旧五代史卷七六
晋书二

# 高祖本纪第二

天福元年十一月己亥,帝御北京崇元殿,降制:"改长兴七年为天福元年,大赦天下。十一月九日昧爽已前,应在京及诸州诸色罪犯,及曾授伪命职掌官吏,并见禁囚徒,已结正未结正,已发觉未发觉,罪无轻重,常赦不原者,咸赦除之。应明宗朝所行敕命法制,仰所在遵行,不得改易。其在京盐货,元是官场出籴,自今后并不禁断,一任人户取便籴易,仍下太原府,更不得开场籴货。其曲,每斤与减价钱三十文。"以节度判官赵莹为翰林学士承旨、守尚书户部侍郎、知河东军府事,以节度掌书记桑维翰为翰林学士、守尚书礼部侍郎、知枢密院事,以观察判官薛融为吏部郎中兼侍御史、知杂事,太原县令罗周岳为左谏议大夫,节度推官窦贞固为翰林学士,军城都巡检使刘知远为侍卫马军都指挥使,客将景延广为步军都指挥使,太原少尹李玭为尚书工部侍郎。

闰十一月甲子,晋安寨副招讨使杨光远等杀上将张敬达,以诸军来降。丙寅,制以翰林学士承旨、知河东军府、户部侍郎、知制诰赵莹为门下侍郎、同中书门下平章事、监修国史。以翰林学士、权知枢密事、礼部侍郎、知制诰桑维翰为中书侍郎、同中书门下平章事、集贤殿大学士,依前知枢密院事,并赐推忠兴运致理功臣。甲戌,车驾至昭义,受赵德钧、延寿降。是日,戎王举酒言于帝曰:"予远来赴义,大事已成,皇帝须赴京都,今令大详衮〔旧作相温,今改正。〕勒兵相送至河梁,要过河者,任意多少,予亦且在此州,俟京、洛平定,便当北辕。"执手相泣,久不能别。脱白貂裘以衣帝,赠细马二十匹,战马一千二百匹,仍诫曰:"子子孙孙,各无相忘。"己卯,至河阳北,节度使苌从简来降,舟楫已具。庚辰,望见洛阳烟火相次,有将校飞状请进。辛巳,唐末帝聚其族,与亲将宋审虔等登玄武楼,纵火自焚而死。至晚,车驾入洛。唐兵解甲待罪,皆慰而舍之。帝止潜龙旧第,百官稍稍见焉。诏御史府促朝官入见,诏文武两班臣僚应事伪廷者并释罪。是日,百辟谢恩于宫门之外。甲申,车驾入内,御文明殿受朝贺,用唐礼乐。制:"大赦天下,应中外诸色职掌官吏内曾有受伪命者,一切不问。伪廷贼臣张延朗、刘延皓、刘延朗等,并奸邪害物,贪狠弄权,罪既满盈,理难容贷。除此三人已行敕命指挥外,其有幸臣马裔孙、枢密使房暠、宣徽使李专美、河中府节度使韩昭胤等四人,并令释放。少帝宜令中书门下追尊定谥。择日礼葬;妃孔氏,宜行追册祔葬。应天下节度使、刺史下宾席郡职及将校等,委中书门下各与改转官资。其北京管内盐铛户,合纳逐年盐利,昨者伪命指挥,每斗须令人户折纳白米一斗五升,极知百姓艰苦,自今后宜令人户以元纳食盐石斗数目,每斗依实价计定钱数,取人户便稳,折纳斛斗。其洛京管内逐年所配人户食盐,起来年每斤特与减价钱十文。应诸道商税,仰逐处将省司合收税条例,榜于本院前,榜内该设名目者,即得收税。"

十二月己酉朔,幸河阳,饯送大祥衮、蕃部兵士归国,诏降末帝为庶人。丁亥,制以司空冯道守本官兼门下侍郎平章事、弘文馆大学士,以步军都指挥使符彦饶为滑州节度使,以河阳节度使苌从简为许州节度使,以泽州刺史刘凝为华州节度使,以皇子重义为河南尹。庚寅,以滑州节度判官石光赞为宗正卿。辛卯,以旧相姚顗为刑部尚书。时自秋不雨,经冬无雪,命群官遍加祈祷。癸巳,以邠州节度使张希崇为灵武节度使,邓州节度使皇甫遇为定州节度使。诏国朝文物制度、起居入阁,宜依唐明宗朝事例施行。镇州衙内都虞候秘琼作乱,逐副使李彦琦,杀都指挥使胡章。同州小校门铎杀节

度使杨汉宾,烧劫州城。丙申,帝为明宗皇后曹氏薨举哀于长春殿,
辍朝三日。诏封故东丹王李赞华为燕王,遣前单州刺史李肃部署归
葬本国。以右拾遗吴涓为左补阙,充枢密院学士。己亥,以汴州节
度使李周充西京留守,以前河中节度使李从璋为邓州节度使。慈州
奏,草寇攻城,三日而退。庚子,帝为皇弟故彰圣指挥使敬殷、沂州
指挥使敬德、检校太子宾客敬友举哀于长春殿。以旧相卢文纪为吏
部尚书;以皇城使周瑰为大将军,充三司使;以左赞善大夫马重绩
为司天监。青州奏,节度使房知温卒,诏郓州王建立以所部牙兵往
青州安抚。中书门下奏:"请以来年二月二十八日帝庆诞日为天和
节。"从之。

天福二年春正月甲寅朔,帝御文明殿受朝贺,仗卫如式。乙卯,
日有蚀之。案:《五代春秋》作正月乙卯朔,日食。据《通鉴考异》引《十国纪
年》,蜀人亦以乙卯为朔。盖晋人避正朝日食,故改甲寅朔耳。是夜,有赤白
气相间,如耕垦竹林之状,自亥至丑,生北浊,过中天,明灭不定,遍
二十八宿,彻曙方散。丁巳,故皇弟敬德、敬殷并赠太傅,皇子重裔、
重进、重殷并赠太保。右神武统军康思立卒,辍视朝,赠太子少师。
是日,诏曰:"唐庄宗陵名与国讳同,宜改为伊陵。应京畿及诸州县,
旧有唐朝诸帝陵,并真源等县,并不为次赤,却以畿甸紧望为定。其
逐处县令,不得以陵台结衔,考满日,依出选门官例指挥,隔任后准
格例施行。其宋州亳州节度使、刺史,落太清宫使副名额。"

庚申,以前吏部郎中兼侍御史、知杂事王松为左谏议大夫,水
部郎中王易简本官知制诰。定州奏,契丹改幽州为南京。中书奏,
请立宗庙,从之。以翰林学士、工部侍郎和凝为礼部侍郎,依前充
职。诏内外文武臣僚并与加恩,皇基初造,示普恩也。太子少保致
仕华温琪卒,赠太子太保。是日,诏:"应朝臣中有藉才特除外任者,
秩满无遗阙,将来拟官之时,在外一任同在朝一任升进。其就便自
求外职及不是特达选任者,不在此限。"安州上言,节度使卢文进杀
行军副使,率部下亲兵过淮。以前天平军节度使、检校太尉、兼侍中
王建立为平卢军节度使,以守司空门下侍郎、平章事、弘文馆大学

士冯道兼诸道盐铁转运等使。天雄军节度使、兼中书令范延光改封秦国公，加食邑实封；凤翔节度使兼中书令、西平王李从曮加食邑实封。

乙丑，以端明殿学士、礼部侍郎吕琦为检校工部尚书、秘书监。丙寅，改中兴殿为天福殿，门名从之。湖南节度使、楚王马希范加食邑实封，改赐功臣名号。前昭义节度使、检校太傅、同平章事高行周起复右金吾卫大将军，依前昭义军节度使。泰宁军节度使李从温、荆南节度使南平王高从诲、归德军节度使赵在礼，并加食邑实封，改功臣名号。以端明殿学士、户部侍郎李崧为兵部侍郎、判户部，以左谏议大夫王松判度支。魏府范延光奏："当管夏津镇捕贼兵士，误杀却新齐州防御使秘琼。"初，延光将萌异志，使人潜结于琼，诺之。及是以琼背其谋，密使精骑杀之，由是延光反状明矣。以工部侍郎李玘检校右仆射，为汾州刺史。以前彰国军节度使尹晖为左千牛卫上将军。是日，诏曰："西天中印土摩竭陀舍卫国大菩提寺三藏阿暗梨沙门室利缚罗，宜赐号弘梵大师。"庚午，泾州节度使李德珫、徐州节度使安彦威、秦州节度使康福、延州节度使刘景岩、襄州节度使安从进、夏州节度使李彝殷，并加食邑实封。壬申，正衙备礼册赠故皇弟、皇子等。丙子，故契丹人皇王归葬，辍视朝一日。改汴州雍丘县为杞县，避庙讳也。戊寅，以兵部侍郎、判户部李崧为中书侍郎、同中书门下平章事，充枢密使；以权知枢密使事、中书侍郎、同中书门下平章事、集贤殿学士桑维翰为枢密使。是日，诏曰："应天开国，恭己临人，宜覃继绝之恩，以广延洪之道。宜于唐朝宗属中取一人封公世袭，兼隋之酅公为二王后，以后周介公备三恪，主其祭祀，及赴大朝会。"《五代会要》载原敕云：其唐朝宗属中，旧在朝及诸道为官者，各据资历，考限满日，从品秩序迁。已有出身，任令参选。以前镇国军节度使皇甫立为神武统军，以前宗正卿李郁为太子宾客。庚辰，以吏部侍郎龙敏判户部。

二月丙戌，以尚食使安友规充葬明宗皇后监护使，以河阳节度使安审晖为鄜州节度使。癸巳，诏停北京西北面计度司事。吴越国王钱元瓘加食邑实封,改赐功臣名号。己亥,诏:"应诸道行军副使等得替后,且就私家取便安止,限一年后方得赴阙,当便与比拟。"壬寅,诏:"应诸道马步都虞候,自今后朝廷更不差补,委自藩方,于本州衙前大将中,慎选久历事任、晓会刑狱者充,以三年限,仍不得于元随职员内差补。"以左散骑常侍孔昭序为太子宾客,尚书左仆射刘昫、左仆射卢质并加食邑实封。甲辰,以沧州留后马全节为横海军节度使,以太子宾客韩恽为贝州刺史,左羽林统军罗周敬为右金吾卫上将军。丙午,以皇子左骁卫上将军重信为检校太保、河阳三城节度使,以权知河阳军州事周瓌为安州节度使。诏:"中外臣僚,或因差使出入,并不得荐属人于藩镇,希求事任。如有犯者,并准唐长兴二年敕条处分。"戊申,中书舍人陈乂改左散骑常侍。应在朝文武百僚及见任刺史,先代未封赠者,与赠;母、妻未叙封者,并与叙封。辛亥,天和节,帝御长春殿,召左右街僧录威仪殿内谭经,循旧式也。

三月甲寅,制北京留守、太原尹、皇子重贵封食邑三百户,刑部侍郎张鹏改兵部侍郎。己未,御史台奏:"唐朝定令式,南衙常参文武百僚,每日朝退,于廊下赐食,谓之常食。自唐末乱离,常食渐废,仍于入阁起居日赐食,每人阁礼毕,阁门宣放仗,群官俱拜,谓之谢食。至伪主清泰年中,入阁礼毕,更差中使至正衙门口宣赐食,百官立班重谢,此则交失唐朝赐食之意,于礼实为太繁。臣恐因循,渐失根本,起今后入阁赐食,望不差中使口宣,准唐明宗朝事例处分。"从之。《五代会要》载:其年四月,御史台奏:"文武百官,每月朔望入阁礼毕,赐廊下食。在京时祇于庙堂幕次两廊下,今在行朝,于正衙门外权为幕次,房廊隘狭,伏恐五月一日朝会礼毕,准例赐食于幕次,难为排比。伏见唐明宗时,两省官于文明殿前廊下赐食,今未审入阁日权于正衙门两廊下排比赐食,为复别有处分?"敕:宜依明宗时旧规,廊下赐食。中书奏:"准敕,故庶人三月七日以王礼葬,其妻男等并以礼葬,请辍其日朝参一日。"从之。以宣徽南院使杨彦询为左监门卫上将军,依前充宣徽使。兖州李从温奏,节度副使王谦构军士作乱,寻已处置。

　　丙寅，诏："王者省方设教，靡惮于勤劳；养士抚民，必从其宜便，顾惟凉德，肇启丕图，常务去于烦苛，冀渐臻于富庶。念京城俶扰之后，属舟船焚爇之余，馈运顿亏，支费殊缺。将别谋于飞挽，虑转困于生灵，以此疚心，未尝安席。今以夷门重地，梁苑雄藩，水陆交通，舟车必集，爰资经度，须议按巡，宁免暂劳，所期克济，取今月二十六日巡幸汴州"云。《通鉴》：范延光聚卒缮兵，悉召巡内刺史集魏州，将作乱。会帝谋徙都大梁，桑维翰曰："大梁北控燕、赵，南通江、淮，水陆都会，资用富饶。今延光反形已露，大梁距魏不过十驿，彼若有变，大军寻至，所谓疾雷不及耳也。"丙寅，下诏，托以洛阳漕运有缺，东巡汴州。以前贝州刺史史珪为刑部侍郎，充诸道盐铁转运副使；前泽州刺史阎至为户部侍郎。诏："车驾经过州府管界，所有名山大川、帝王陵庙、名臣祠墓，去路十里者，令本州排比祗候，驾经过日，以酒脯祭告。"左仆射刘昫等议立宗庙，以立高祖已下四亲庙，其始祖一庙，伏候圣裁。御史中丞张昭远议，请依隋唐之制，立四庙，推四世之中名位高者为太祖。诏下百官定议，百官请依唐制，追尊四庙为定，从之。

　　甲戌，以右龙武统军杨思权为左卫上将军。乙亥，前鄜州节度使张万进加检校太傅，前定州节度使李从敏加检校太尉，以吏部郎中兼侍御史、知杂事薛融为左谏议大夫，以兵部郎中段希尧为右谏议大夫。戊寅，以户部尚书王权为兵部尚书，工部尚书崔居俭为户部尚书，兵部尚书李鏻为太子少保，兵部尚书致仕裴皞为工部尚书，东上阁门使李守贞为右龙武将军充职。庚辰，车驾离京。

　　四月癸未朔，至郑州，防御使白景友进牲饩器皿，帝曰："不出民力否？"景友曰："臣畏陛下法，皆办于己俸。"命收之。甲申，驾入汴州。丁亥，制："应天福二年四月五日昧爽已前，诸道州府见禁囚徒，大辟已下，罪无轻重，并释放。天福元年已前，诸道州府应系前残欠租税，并特除免。诸道系征诸色人负省司钱物，宜令自伪清泰元年年终已前所欠者，据所通纳到物业外，并与除放。昨者，行至郑州荥阳县界，路旁见有虫食及旱损桑麦处，委所司差人检覆，量与蠲免租税。河阳管内酒户百姓，应欠天福元年闰十一月者二十五日已前,不敷年额曲钱,并放。其诸处经兵火者,亦与指挥。当罪即诛,式明常典;既往可悯,宜示深仁。伪清泰中,臣僚内有从诛戮者,并许收葬。天下百姓,有年八十已上者,与免一子差徭,仍逐处简署上佐官。梁故滑州节度使王彦章,效命当时,致身所事,禀千年之生气,流百代之令名,宜令超赠太师,子孙量才叙录。应诸道州府管界,有自伪命抽点乡兵之时,多是结集劫盗,因此畏惧刑章,藏隐山谷,宜令逐处晓谕招携,各令复业。自今年四月五日已前为非者,一切不问。如两月不归业者,复罪如初。"丁酉,宣武军节度使、侍卫亲军使杨光远加兼侍中。己亥,陕西节度使、侍卫都虞候刘知远加检校太保。庚子,北京、邺都、徐、兖二州并奏旱。诏":今后立妃,及拜免三公宰相,及命将、封亲王公主,宜令并降制命,余从令式处分。"

夏五月壬子朔,帝御崇光殿受朝贺,仗卫如式。诏洛京、魏府管内所征今年夏苗麦税等,宜放五分之一,以微旱故也。丙辰,御史中丞张昭远奏:"汴州在梁室朱氏称制之年,有京都之号,及唐庄宗平定河南,复废为宣武军。至明宗行幸之时,掌事者因缘修葺衙城,遂挂梁室时宫殿门牌额,当时识者窃或非之。一昨车驾省方,暂居梁苑,臣观衙城内斋阁牌额,一如明宗行幸之时,无都号而有殿名,恐非典据。臣窃寻秦、汉已来,寰海之内,銮舆所至,多立宫名。近代隋室于扬州立江都宫,太原立汾阳宫,岐州立仁寿宫。唐朝于太原立晋阳宫,同州立长春宫,岐州立九成宫。宫中殿阁,皆题署牌额,以类皇居。请准故事,于汴州衙城门权挂一宫门牌额,则余斋阁,并可取便为名。"敕:行阙宜以大宁宫为名。湖南青草庙旧封安流侯,进封广利公;洞庭庙进封灵济公;磊石庙旧封昭灵侯,进封威显公;黄陵二妃庙旧封懿节庙,改封昭烈庙,从马希范之请也。戊午,以前成德军节度判官张彭为太府卿。壬戌,诏在朝文武臣僚,每人各进封事一件,仍须实封通进,务裨阙政,用副虚怀。甲子,以虞部郎中、知制诰于峤为中书舍人,以户部郎中于遘为虞部郎中、知制诰,故太子少保致仕朱汉宾赠司空。乙丑,六宅使王继弘送义州衙前收管,前洺州团练使高信送复州收管,二人于崇礼门喧争,为台司所劾故也。戊辰,翰林学士、户部员外郎、知制诰窦贞固改工部郎中、知制诰;翰林学士、都官郎中、知制诰李慎仪改中书舍人,仍赐金紫,并依旧充职。庚午,制封皇第二十一女为长安公主,封皇第十一妹乌氏为寿安长公主,皇第十二妹史氏为永寿长公主,皇第十三妹杜氏为乐平长公主。壬申,天雄军节度使、守太傅、兼中书令、兴唐尹范延光进封临清王,加食邑三千户;凤翔节度使、检校太师、兼中书令;西平王李从曮进封岐王。丙子,平卢军节度使、兼中书令王建立进封临淄王;昭信军节度使、侍卫马军都指挥使景延广改宁江军节度使,典军如故。太常卿梁文矩奏定四庙谥号、庙号、陵号,太常少卿裴坦奏定四庙皇后追尊谥号,从之。戊寅,以中书舍人、权知贡举王延为御史中丞,以翰林学士、户部侍郎、知制诰崔棁为兵部侍郎充承旨,以翰林学士承旨、兵部侍郎程逊为检校礼部尚书、太常卿,检校吏部尚书、太常卿梁文矩为吏部尚书,以御史中丞张昭远为户部侍郎,以吏部尚书卢文纪为太子少傅。己卯,诏大社内先收掌唐朝罪人首级等,宜令骨肉或先旧僚属收葬,其丧葬仪注不得过制。案:改葬梁末帝,因娄继英之请也。事未及行面继英诛死,至九月甲寅,始命安崇阮改葬,详见《通鉴》。

六月壬午朔,制:"宗正卿石光赞奏:荥阳道左有万石君石奋之庙,德行懿美,宜示封崇,用光远祖之徽猷,益茂我朝之盛典。赠奇太傅。"癸未,契丹使伊勒希巴旧作夷离毕,今改正。来聘,致马二百匹,及人参、貂鼠皮、走马、木碗等物。乙酉,翰林学士、司封员外郎、知制诰王仁裕改都官郎中,右赞善大夫卢损改右散骑常侍,前有朝贬故也。以秘书少监致仕刘顾为鸿卢卿致仕,前光禄少卿尹玉羽以少府监致仕。丙戌,宰臣李崧上表让枢密使于赵莹,以莹佐命之元臣也。诏不允。以前义成军节度使李彦舜为左武卫大将军,以左散骑常侍唐汭为检校礼部尚书、国子祭酒,以前左龙武统军李承约为左骁卫上将军。戊子,宰臣赵莹自契丹使回。癸巳,东都奏,瀍、涧河溢,坏金沙滩内舍屋。幽州赵思温奏:"瀛、莫两州,元系当道,其刺史常行周、白彦球乞发遣至臣本府。”诏遣行周等赴阙。

甲午，六宅使张彦自魏府回，奏范延光叛命。滑州符彦饶飞奏，有兵士自北来，传范延光到黎阳，乞发兵屯御。宜遣客省使李守贞往延光所问罪。寻命护圣都指挥使白奉进领骑士一千五百赴白马渡巡检。乙未，魏府范延光男闲厩使守图送御史台。摄荆南节度行军司马、检校太保、归州刺史王保义加检校太傅，知武泰军节度观察留后，充荆南行军司马兼沿淮巡检使。襄州奏，江水涨一丈二尺。丁酉，遣内班史进能押信箭一对，往滑州赐符彦饶。以前磁州刺史刘审交为魏府计度使，以东都巡检使张从宾充魏府西南面都部署。遣侍卫使杨光远领步骑一万赴滑州。以东都副留守张延播充洛京都巡检使。白奉进奏：“捉得贼卒张柔，称范延光差澶州刺史冯晖充一行都部署，元从押衙孙锐充一行兵马都监。”帝览奏，谓侍臣曰：“朕虽寡德寡谋，自谓不居延光之下，而冯晖、孙锐过于儿戏，朝夕就擒，安能抗拒大军为我之患乎！”天平军节度使安审琦起复旧任，翰林学士、礼部侍郎和凝改端明殿学士。己巳，范延光差牙将王知新赍表到阙，不令朝见，收付武德司。丁未，诏侍卫使杨光远充魏府西面都部署；以张从宾充副，兼诸军都虞候；昭义军节度使高行周充魏府西南都部署。是日，张从宾亦叛，与范延光叶谋，害皇子河阳节度使重信、皇子东都留守重乂。己酉，以奉国都指挥使侯益、护圣都指挥使杜重威领步骑五千往屯汜水关，备从宾之乱也。《通鉴》：七月，张从宾攻汜水关，杀巡检使宋廷浩。帝戎服，严轻骑，将奔晋阳以避之，桑维翰叩头苦谏曰：“贼锋虽盛，势不能久，请少待之，不可轻动。”帝乃止。

七月辛亥，两浙钱元瓘奏：“弟吴越土客马步诸军都指挥使、静海军节度使元球，非时入府，欲谋为乱，腰下搜得匕首，已诛戮讫。”诏削元球在身官爵。甲寅，奉国都指挥使马万奏，滑州节度使符彦饶作乱，屠害侍卫马军都指挥使白奉进，寻以所部兵擒到彦饶，差立功都虞候方太押送赴阙。寻赐死于路。是日，削夺范延光在身官爵。以马万为滑州节度使；以昭义节度使高行周为河南尹、东都留守，充西面行营诸军都部署；以护圣左右厢都指挥使杜重威为昭义

军节度使兼侍卫马军都指挥使，案：原本脱"马军都"三字，今从《通鉴》
增入。充西面行营副部署；以奉国都指挥使侯益为河阳节度使；以
右神武统军王周充魏府行营步军都指挥使；以滑州节度使马万充
魏府行营马军都指挥使；以左仆射刘昫充东都留守，兼判河南府
事。杜重威等奏："收下氾水关，破贼千人，张从宾及其残党奔投入
河；兼收到护圣指挥使曹再晟一百人骑，称背贼投来，并送赴行
阙。"升贝州为防御使额。皇子故东都留守重乂赠太傅，皇子故河阳
节度使重信赠太尉。敕："朋助张从宾逆人张延播、张继祚等十人，
宜令收捕，亲的骨肉并处斩。"

　　丁卯，以唐开府仪同三司、守太尉、兼中书令、西平王李晟五代
孙䴙为耀州司户参军，示劝忠之义也。壬申，帝御崇元殿，备礼册四
庙，亲授宝册于使摄太尉、守司空、门下侍郎平章事冯道，使副摄司
徒、守工部尚书裴皞，赴洛京行礼。甲戌，以宰臣赵莹判户部，以吏
部侍郎判户部龙敏为东都副留守。诏洛京留司百官并赴阙。安州
军乱，指挥使王晖害节度使周瓌于理所，遣右卫上将军李金全领千
骑赴安州。

　　八月辛巳，以许州节度使苌从简为徐州节度使，以陕州节度
使、侍卫马步军都虞候刘知远为许州节度使，以权北京留守、徐州
节度使安彦威为太原尹、北京留守、河东节度使。宰臣监修国史赵
莹奏："请循近例，依唐明宗朝，凡有内庭公事及言动之间，委端明
殿学士或枢密院学士侍立冕旒，系日编录，逐季送当馆，其百司公
事，亦望逐季送当馆，旋要编修日历。"从之。丁亥，以前宋州节度使
李从敏为陕州节度使。戊子，以尚书左丞郑韬光为户部尚书致仕。
改元德殿为广政殿，门名从之。庚子，华州渭河泛溢，害稼。宰臣冯
道加开府仪同三司，食邑实封；左仆射刘昫加特进，兼盐铁转运等
使。故东京留守判官李遐追赠右谏议大夫，其母田氏封京兆郡太
君，子孙量才叙录，仍加赗赠，长给遐在身禄俸，终母之世。先是，遐
监左藏库于洛阳，会张从宾叛，令强取钱帛，遐拒而不与。因而遇
害，故有是命。乙巳，诏："天下见禁囚徒，除十恶五逆、放火劫舍、持

杖杀人、合造毒药、官典犯赃、欠负官钱外，其余不问轻重、已发觉未发觉、已结正未结正，并从释放。应自张从宾作乱以来，有曾被张从宾及张延播胁从染污者，及符彦饶下随身军将等，兼安州王晖徒党，除已诛戮外，并从释放，一切不问。张继祚在丧纪之中，承逆竖之意，显从叛乱，难贷刑章。乃睠先臣，实有遗德，遽兹乏祀，深所轸怀。其一房家业，准法虽已籍没，所有先臣并祖父母坟庄祠堂，并可交付骨肉主张。应自梁朝、后唐以来，前后奉使及北京沿边管界掳掠往向北人口，宜令官给钱物，差使赍持，往彼收赎，放归本家"云。继祚，故齐王全义之子也，故有是诏。丙午，诏："天下刑狱系囚染疾者，宜差医工治疗，官中量给药价。事轻者仍许家人看候，合杖者俟损日决遣。"

　　九月庚戌朔，以前太府卿兼通事舍人陈瓒为卫尉卿兼通事舍人。壬子，故安远军节度使周瑰赠太傅。甲寅，皇子北京留守、知河东军府事、太原尹重贵加检校太保，为右金吾卫上将军。以右龙武统军安崇阮为右卫上将军，以前保大军节度使、检校太尉张万进为右龙卫军统军，以右领军卫上将军、权知安州军州事李金全为安远军节度使。魏府招讨使杨光远进攻城图。戊午，以太子宾客孔昭序为工部尚书致仕。将作少监高鸿渐上言："伏睹近年以来，士庶之家死丧之苦，当殡葬之日，被诸色音声伎艺人等作乐搅扰，求觅钱物，请行止绝。"从之。庚申，静江军节度使、检校太尉、同平章事马希杲加阶爵及功臣名号，以前兵部侍郎杨凝式为检校兵部尚书、太子宾客，故右金吾卫上将军罗周敬赠太傅。乙丑，邓州节度使李从璋卒，赠太师。改兴唐府为广晋府，兴唐县为广晋县。癸酉，以左谏议大夫、判度支王松为尚书工部侍郎。甲戌，贝、卫两州奏，河溢害稼。乙亥，以将作监王屼为太子宾客。

　　十月壬午，以宣徽南院使、左监门卫上将军杨彦询为邓州威胜军节度使。诏选人试判两道。以左司郎中张瑑为右谏议大夫；以刑部侍郎、盐铁转运副使史珪为吏部侍郎；以曹州刺史宋光业为宣徽北院使；以左金吾卫大将军高汉筠为左骁卫大将军，充内客省使；

以宣徽北院使、左骁卫大将军刘处让为左监门卫上将军,充宣徽南院使。丙戌,遣使祀五岳四渎。故天平军节度使阎宝追封太原郡王,故大同军节度使李存璋赠太师,故瀛州刺史李嗣颋赠太尉,故相州刺史史建瑭、故代州刺史王建及并赠太保,故幽州节度使周德威追封燕王。

十一月庚戌,赐光远空名官告,自司空至常侍凡四十道,将士立功者,得补之而后奏。中书上言:"准唐贞元二年九月五日敕,文官充翰林学士及皇太子诸王侍读,武官充禁军职事,并不常朝参,其在三馆等诸职事者,并朝参讫各归所务。自累朝以来,文武在内廷充职兼判三司,或带职额及六军判官等,例不赴常朝,元无正敕。准近敕,文武职事官未升朝者,按旧制并赴朔望朝参。其翰林学士、侍读、三馆职事,望准元敕处分。其诸在内廷诸司使等,每受正官之时,来赴正衙,谢后不赴常朝,大朝会不离禁廷位次。三司职官免常朝,唯赴大朝会。其京师未升朝官员,只赴朔望朝参,带诸司职掌者不在此例。文官除端明殿翰林学士、枢密院学士、中书省知制诰外,有兼官兼职者,仍各发遣本司公事。"从。丙申,太子宾客王环卒。改洛京潜龙宅为广德宫,北京潜龙宅为兴义宫。戊午,中书奏:"准杂令,车驾巡幸所只承者,赐赠并同京官。"从之。戊辰,镇海镇东节度使、吴越王钱元瓘加天下兵马副元帅,封吴越国王。庚午,以右拾遗李浣充翰林学士。甲戌,命太常卿程逊、兵部员外郎韦税充吴越国王加恩使。甲子,以户部侍郎张昭远守本官,充翰林学士,仍知制诰。丁丑,湖南马希范贡宝装龙凤、用结银花果子等物,帝览之,谓侍臣曰:"奇巧荡心,斯何用耳!但以来远之道,不欲阻其意。"闻者服之。壬午,安州李金全上言:"奉诏抽臣元随左都押衙胡汉筠,其人染重病,候损日赴阙。"汉筠本滑吏也,从金全历数镇,而滥声喧闻,帝知之,欲授以他职,免陷功臣。汉筠惧其罪,遂托疾,由是劝金钱贰于朝廷,自此始也。

十二月,以监察御史徐台符为尚书膳部员外郎、知制诰,以右补阙史官修撰吴承范为尚书屯田员外郎、知制诰。左谏议大夫薛融

改中书舍人,辞而不拜。尚书水部郎中、知制诰王易简改中书舍人,
故陇西郡王李嗣昭追封韩王,故横海军节度使安审通赠太师。辛
丑,湖南节度使、兼中书令楚王马希范加食邑实封,改赐扶天佐运
同德致理功臣。甲辰,车驾幸相国寺祈雪。《永乐大典》卷一万五千六百
四十三。

# 旧五代史卷七六考证

　　晋高祖纪二甲戌车驾至昭义　案:《欧阳史》及《通鉴》并从是
书,作甲戌至潞州。《辽史》作辛未,与是书异。　　己卯至河阳北
案:是书《唐纪》作庚辰,晋帝至河阳,《辽史》又作辛巳,并与此纪
异。《通鉴》作巳卯,与此纪同。　　乙卯日有食之　案:《五代春秋》
作正月乙卯为朔,日食。《通鉴考异》引《十国纪年》,蜀人亦以乙卯
为朔,盖晋人避正朝日食,故改甲寅朔耳。　　定州奏契丹改幽州为
南京　南京,《欧阳史》作燕京,《通鉴》、《辽史》、《契丹国志》并作南
京。安州上言节度使卢文进杀行军副使率部下亲兵过淮　案:卢文
进弃镇奔吴,《通鉴》作元年十二月。《五代春秋》、《欧阳史》作二年
正月,与是书同。洞庭庙进封灵济公　案:洞庭庙,不载旧封,疑有
脱文。考《五代会要》、《十国春秋》并与是书同。　　磊石庙旧封昭灵
侯进封威显公　威显公,《五代会要》作广利威显公。　以奉国都指
挥使侯益为河阳节度使　案《宋史·侯益传》:晋祖召益,谓曰:"宗
社危若缀旒,卿能为朕死耶?"益曰:"愿假锐卒五千人,破贼必矣!"
以益为西面行营副都部署。据是书,高行周为都部署,杜重威为副
部署,不言侯益为副都部署,与《宋史》异。　　杜重威等奏收下汜水
关破贼千人张从宾及其残党奔投入河　案《宋史·侯益传》:益率
禁兵数千人次虎牢,从宾军万余人夹汜水而阵,益亲鼓士乘之,大

败其众,击杀殆尽,汜水为之不流,从宾乘马入河溺死。据是书,只言破贼千人,与《宋史》异。　安州军乱指挥使王晖害节度使周瑰于理所　案:王晖害周瑰,《五代春秋》、《通鉴》俱不书日,《欧阳史》作丙子,是书作甲戌,诸史所载俱异。大详衮,旧作大相温,今改。伊勒希巴,旧作夷离毕,今改。

旧五代史卷七七
晋书三

# 高祖本纪第三

天福三年正月戊申朔，帝御崇元殿受朝贺，仗卫如式。己酉，百官守司，以太史先奏日蚀故也。至是不亏，内外称贺。壬戌，是夜以上元张灯于京城，纵都人游乐，帝御太宁宫门楼观之。丙申，端明殿学士、礼部侍郎和凝兼判度支；工部侍郎、判度支王松改尚书刑部侍郎；户部郎中高延赏改左谏议大夫，充诸道盐铁转运副使。壬申，以前右谏议大夫薛融为左谏议大夫。前兴元节度使张筠卒于西京，辍视朝一日。《五代会要》：太常礼院申："准故事，前节度使无例辍朝。"敕："宜特辍一日朝参。"

二月庚辰，左散骑常侍张允进《驳赦论》，帝览而嘉之，降诏奖饰，仍付史馆。甲申，荆南节度使高从诲加食邑实封。戊子，翰林学士李瀚赐绯鱼袋。以尚书屯田员外郎、知制诰吴承范为库部员外郎，充枢密院直学士。乙未，御札曰："曾有宣示百官，令进封事，今据到者未及十人。朕虽无德，自行赦后已是数月，至于假手于人，也合各有一件事敷奏，食禄于朝，岂当如是！言而不用，朕所甘心；用而不言，谁之责也。"丙申，制武清军节度使马希萼改威武军节度使。辛丑，中书上言："《礼经》云：'礼不讳嫌名，二名不偏讳'。注云："嫌名，谓音声相近，若禹与宇、丘与区也。二名不偏讳，谓孔子之母名征在，言在不称征，言征不称在'。此古礼也。唐太宗二名并讳，玄宗二名亦同，人姓与国讳音声相近是嫌名者，亦改姓氏，与古礼有异。庙讳平声字,即不讳余三声;讳侧声,即不讳平声字。所讳字正文及偏旁缺点,望依令式施行。"诏曰:"朝廷之制,今古相沿,道在人弘,礼非天降。方开历数,虔奉祖宗,虽逾孔子之文,未爽周公之训。所为二名及嫌名事,宜依唐礼施行。"案:"太原县有史匡翰碑,立于天福八年。匡翰,建瑭之子也。碑于'瑭'字空文以避讳,而建瑭父敬思,仍书'敬'字,盖当时避讳之体如此。乙巳,天和节,宴近臣于广政殿。

三月戊午,鸿胪卿刘顾卒,赠太子宾客。壬戌,东上阁门使、前司农卿苏继颜改鸿胪卿充职。回鹘可汗王仁美进野马、独峰驼、玉团、硇砂等方物。甲戌,永寿长公主薨,辍朝一日。故泾州节度观察留后卢顺密赠右骁卫上将军。丁丑,诏禁止私下打造铸泻铜器。

四月丁亥,以尚书吏部侍郎卢詹为尚书左丞。中书舍人李祥上疏:'请沙汰在朝文武臣僚,以减冗食,仍条贯藩侯郡守,凡遇溥恩,不得多奏衙前职员,妄邀恩泽。"疏奏,嘉之。戊子,宣武军节度使、侍卫亲军都指挥使、广晋府行营都招讨使杨光远加兼中书令。昭义节度使、侍卫马军都指挥使、广晋府行营都排阵使杜重威,河阳节度使兼奉国左右厢都指挥使、广晋府行营马步都虞候候益,并加检校太傅。凤翔节度使、检校太师、兼中书令、岐王李从曮进封秦王,平卢军节度使、检校太尉、兼中书令、临淄王王建立进封东平王。甲午,泰宁军节度使李从温、西京留守京兆尹李周、归德军节度使赵在礼,并加兼侍中。是月,诸道藩侯郡守皆等第加恩。改雍熙楼为章和楼,避庙讳也。

五月丁未朔,帝御崇元殿受朝,仗卫如式。丁巳,诏应诸州县名犯庙讳者并改之。庚申,以杨光远男承祚为检校工部尚书、左威卫将军、驸马都尉。丁卯,魏府行营步军都指挥使、检校司徒、右神武统军王周加检校太保。戊辰,故振武节度使李嗣本赠太尉。己巳,诏:"中外臣僚,带平章事、侍中、中书令及诸道节度使,并许私门立戟,仍并官给及据官品依令式处分。"

六月丁丑,右监门卫上将军王彦璘卒。甲申,以太子詹事王居敏制置安邑县、解县两池榷盐事。左谏议大夫薛融上疏,请罢修洛京大内,优诏褒之。寻罢营造。庚寅,翰林学士、尚书工部郎中、知制诰窦贞固改中书舍人充职。户部尚书致仕萧遘卒,赠右仆射。诏贡举宜权停一年,以员阙少而选人多,常调有淹滞故也。丁酉,诏:"尚书省司门应管诸阙令丞等,宜准唐天成四年四月四日敕,本司不得差补,只委阙镇使钤辖,见差补者,并画时勒停讫奏闻。应常带使相节度使,自杨光远已下凡七人,并改乡里名号。"

七月丙午朔,差左谏议大夫薛融、秘书监吕琦、驾部员外郎兼侍御史知杂事刘皞、刑部郎中司徒诩、大理正张仁琢,同共详定唐明宗朝编敕。庚戌,御史王延改尚书右丞,尚书右丞虞导改尚书吏部侍郎,以左谏议大夫薛融为御史中丞。辛酉,制皇帝受命宝,以"受天明命,惟德允昌"为文。据《六典》,受命宝者,天子修封禅、礼神祇则用之,其始皆破皇业钱以制之。皇业者,藩邸主事之所有也。《五代会要》:天福三年六月,中书门下奏:"准敕,制皇帝受命宝。今案唐贞观十六年,太宗文皇帝所刻之玺,白玉为螭首,其文曰'皇帝景命,有德者昌'。敕:"宜以'受天明命,惟德允昌'惟文刻之。壬戌,虞部郎中、知制诰于遘改中书舍人。宰臣赵莹、桑维翰、李崧各改乡里名号。荆南节度使高从诲本贯汴州浚义县王畿乡表节东坊,改为拥旌乡浴凤里。

八月戊寅,以左仆射刘煦为契丹册礼使,左散骑常侍韦勋副之,给事中卢重为契丹皇太后册礼使。案《欧阳史》:八月戊寅,冯道及左仆射刘昫为契丹册礼使。《通鉴》:戊寅,以冯道为太后册礼使,左仆射刘煦为契丹主册礼使。据《薛史》,则为太后册礼使者乃卢重,非冯道也。壬午,魏府军前奏,前澶州刺史冯晖自逆城来归。定州奏,境内旱民多流散。诏曰:"朕自临寰宇,每念生民,务切抚绥,期于富庶,属干戈之未戢,虑徭役之或烦。惟彼中山,偶经夏旱,因兹疾苦,遽至流移,达我听闻,深怀悯恻。应定州所差军前夫役逃户夏秋税并放。"甲申,襄州奏,汉江水涨一丈一尺。己丑,以前澶州刺史冯晖为检校太保,充义成军节度使。诏:"河中府、同州、绛州等三处灾旱,逃移人户下所欠累年残税,并今年夏税差科,及麦苗子沿征诸色钱物等并放。其逃户下秋苗,据见检到数不计足元额及出剩顷亩,并放一半。委观察使散行晓谕,专切招携,应归业户人,仍指挥逐县切加安抚。"翰林学士、中书舍人窦贞固上言:"请令文武百僚,逐司之内,各奏举一人,述其人有某能,堪为某官某职,据所荐否臧,定举主黜陟。"《宋史·窦贞固传》载此疏,略云"为国之要,进贤是先。陛下方树丕基,宜求多士,乞降诏百僚,令各司议定一人,有何能识,堪何职官,朝廷依奏用之。若能符荐引,果谓当才,所奏之官,望加奖赏。如乖其举,或涉徇私,所奏之官,宜加黜罚。自然官由德序,位以才升。三人同行,尚闻择善;十目所视,必不滥知。臣职在论思,敢陈狂狷。疏奏,嘉之,仍令文武百官于缙绅之内、草泽之中,知灼然有才器者,列名以奏。宴契丹册礼使于广政殿。戊戌,郓州奏,阳谷县界河决。青州王建立奏,高丽国宿卫质子王仁翟乞放归乡里,从之。辛丑,镇、邢、定三州奏,奉诏共差乐官六十七人往契丹。诏:"魏府城下,自屯军已来,坟墓多经劚掘,虽已差人收掩,今更遣太仆卿邢德昭往伸祭奠。"

九月己酉,宫苑使焦继勋自军前押范延光牙将马谞赍归命请罪表到阙。壬子,延光领部下将士素服于本府门俟命,有诏释罪。乙卯,诏司空兼门下侍郎、平章事冯道官一品,给门戟十六枝,中书侍郎平章事桑维翰、李崧给门戟十二枝。己未,宣遣静鞭官刘守威、左金吾仗勘契官王英、案:《欧史》作王殷。司天台鸡叫学生商晖等,宋避'殷'作'商'。并赴契丹。庚申,契丹使人往洛京般取赵氏公主。案《宋史·赵赞传》:德钧父子降晋,契丹尽锢之北去,赞独与母公主留西洛。天福三年,晋祖命赞奉母归蓟门。襄州奏,汉江水涨三丈,出岸害稼。东都奏,洛阳水涨一丈五尺,坏下浮桥。乙丑,于阗国王杨仁美遣使贡方物。回鹘可汗遣使贡驼马。丙寅,赵延寿进马谢恩,放燕国长公主归幽州。案:《通鉴》不载赵延寿进马之事。胡三省云:延寿妻,唐明宗女也。延寿在北用事,故来取之。范延光差节度副使李式到阙,奉表首罪,兼进玉带一条。遣宣徽南院使刘处让权知魏府军府事。己巳,复范延光官爵,其制略曰:"顷朕始登大宝,未静中原,六飞才及于京师,千里未通于怀抱。楚王求旧,方在遗簪;曾子传疑,忽成投杼。寻闻悛悔,遽戮奸回。干戈俄至于经时,雷雨因思于作解。果驰宾介,叠贡表章,向丹阙以倾心,沥衷诚而效顺。而况保全黎庶,完整甲兵。纳款斯来,其功非细。得不特颁铁契,重建牙章,封本郡之土茅,移乐郊之旌钺。至于将吏,咸降丝纶。於戏!上元之运四时,不忒者信;大道之崇三宝,所重者慈。活万户之伤夷,息六师之劳瘵,遂予仁悯,旌尔变通。永贻子孙,长守富贵,敬佩光宠,可不美欤!可复推诚奉义佐运致理功臣、天雄军节度、管内观察处置等使、开府仪同三司、太傅、兼中书令、广晋尹、上柱国、临清王,食邑一万户,食实封一千户,改授郓州刺史、天平军节度、郓齐原本有缺文。等州观察处置等使,赐铁券,改封高平郡王,仍令择日备礼册命。”以天雄军节度副使、检校刑部尚书李式检校尚书右仆射,充亳州团练使;以贝州刺史孙汉威检校太保、陇州防御使;以天雄军三城都巡检使薛霸为检校司空、卫州刺史;以天雄军马步军都指挥使王建为检校司空、虢州刺史;以天雄军内外马军都指挥使药元福为检校司空、深州刺史;以天雄军内外步军都指挥使安元霸为检校司空、随州刺史;以天雄军都监前河阳行军司马李彦珣为检校司空、坊州刺史。李式,延光之旧僚也,其余皆延光之将佐也,故有是命。庚午,遣省使李守贞押器币赐魏府立功将校。辛未,以魏府招讨使杨光远检校太师、兼中书令,行广晋尹,充天雄军节度使。

　　十月乙亥,福建节度使王继恭遣使贡方物。戊寅,契丹命使以宝册上帝徽号曰英武明义皇帝。《欧阳史》作契丹使中书令韩频来奉册。是日,左右金吾、六军仪仗、太常鼓吹等并出城迎,引至崇光殿前,陈列如仪。郓州范延光奏到任内。庚辰,御札曰:“为国之规,在于敏政;建都之法,务要利民。历考前经,朗然通论,顾惟凉德,获启丕基。当数朝战伐之余,是兆庶伤残之后,车徒既广,帑廪咸虚。经年之挽粟飞刍,继日而劳民动众,常烦漕运,不给供需。今汴州水陆要冲,山河形胜,乃万庾千箱之地,是四通八达之郊。爰自按巡,益观宜便,俾升都邑,以利兵民。汴州宜升为东京。置开封府,仍升开封、浚仪两县为赤县,其余升为畿县。应旧置开封府时所管属县,并可仍旧割属收管,亦升为畿县。其洛京改为西京,其雍京改为晋昌军,留守改为节度观察使,依旧为京兆府,列在七府之上,其曹州改为防御州。其余制置,并委中门下商量施行。"丙戌,以护圣左厢都指挥使、曹州刺史张彦泽为镇国军节度使,以工部尚书裴皞为尚书左仆射致仕。是日,诏改大宁宫门为明德门,又改京城诸门名额,南门尉氏以薰风为名,西二门郑门、梁门以金义、乾明为名,北二门酸枣门、封丘门以玄化、宣阳为名,东二门曹门、宋门以迎春、仁和为名。戊子,以右金吾大将军马从赟为契丹国信使,考功郎中刘知新副之。案:马从赟使契丹,以报其加尊号也。考《通鉴》则始以命王权,权辞以老疾,乃改命从赟耳。《欧阳史》止书从赟,不载刘知新。《五代春秋》作十月,冯道使于契丹。以前天平军节度使、检校太尉、同平章事安审琦为晋昌军节度使,行京兆尹。襄州奏,江水涨害稼。壬辰,以枢密使、中书侍郎平章事、集贤殿大学士桑维翰兼兵部尚书,皆罢枢密使。案:以上疑有阙文。据《通鉴考异》引《晋高祖实录》,维翰与李崧并罢枢密使。戊戌,大赦天下,以魏府初平故也。庚子,杨光远朝觐到阙,对于便殿,锡赍甚厚。于阗国王李圣天册封为大宝于阗国王。以杭州嘉兴县为秀州,从钱元瓘之奏也。

十一月甲辰,枢密直学士、祠部员外郎吴涓进金部郎中、知制诰,枢密直学士、库部员外郎吴承范进祠部郎中、知制诰。乙巳,郓州范延光来朝。丙午,封闽王昶为闽国王,加食邑一万五千户。又以中武建武等军节度使、检校太师、兼中书令、苏州诚州刺史钱元璙为太傅,以清海军节度使、广州刺史钱元珦为检校太尉、兼中书令,仍改名元懿。应付魏府行营将校及六军诸道、本城将校等,并与加恩。戊申,以门下侍郎平章事、监修国史、判户部赵莹兼吏部尚书。以威武军节度、福建管内观察处置等使王继恭为特进、检校太傅,仍封临海郡王。以魏博节度使杨光远为守太尉、洛京留守,兼河阳节度使,判六军诸卫事。端明殿学士、尚书吏部侍郎、判度支和凝改尚书户部侍郎充职。庚戌,郓州范延光上表乞休退,诏不允。辛亥,升广晋府为邺都,置留守。升广晋、元城两县为赤县,属府诸县升为畿县。升相州为彰德军,置节度观察使,以澶、卫二州为属郡,其澶州仍升为防御州,移于德胜口为治所。升贝州为永清军,置节度观察使,以博、冀二州为属郡。以西京留守高行周为广晋、邺都留守;广晋府行营中军使、贝州防御使王庭胤加检校太傅,充相州彰德军节度使;广晋府行营步军都指挥使、右神武统军王周为贝州永清军节度使。甲寅,以范延光为太子太师致仕。丙辰,以秘书监吕琦为礼部侍郎,归德军节度赵在礼改天平军节度使,昭义军节度使兼侍卫亲军马步军都虞候杜重威改忠武军节度使,忠武军节度使、侍卫亲军马步军都指挥使刘知远改归德军节度使,前河阳节度使兼奉国左右厢都指挥使侯益改昭义军节度使。癸亥,割濮州濮阳县隶澶州。诏许天下私铸钱,以'天福元宝'为文。丙寅冬至,帝御崇光殿受朝贺,仗卫如式。

十二月甲戌朔,以前兵部尚书梁文矩为太子少师,以镇武节度副使符蒙为右谏议大夫,以吏部郎中曹国珍为左谏议大夫。以前泾州彰义军节度使李德珫为晋州建雄军节度使,加同平章事。以皇太子右金吾卫上将军重贵为检校太傅、开封尹,封郑王,加食邑三千户。戊寅,制以大宝于阗国进奉使、检校太尉马继荣可镇国大将军,副使黄门将军、国子少监张再通可试卫尉卿,监使殿头承旨、通事舍人吴顺规可试将作少监。回鹘使都督李万金可归义大将军,监使雷福德可顺化将军。是日,诏:"宣令天下无问公私,应有铜欲铸钱者,一任取便酌量轻重铸造。"戊子,以河阳潜龙旧宅为开晋禅院,邢州潜龙旧宅为广法禅院。龙武统军李从昶卒,辍朝一日,赠太尉。《永乐大典》卷一万五千六百四十二。

# 旧五代史卷七七考证

九月己酉宫苑使焦继勋自军前押范延光牙将马谓齐归命请罪

表到阙壬子延光领部下士素服于本府门俟命有诏释罪　案:《欧阳史》作九月己酉,赦范延光,盖併书于奉表请罪之日也。

旧五代史卷七八
晋书四

# 高祖本纪第四

天福四年春正月癸卯,帝御崇光殿受朝贺,仗卫如式。丙午,召太子太师致仕范延光宴于便殿,以延光归命之后,虑怀疑惧,故休假之内,锡以款密。帝谓之曰:"无忿疾以伤厥神,无忧思以劳厥衷,朕方示信于四方,岂食言于汝也。"延光俯伏拜谢,其心遂安。丁未,以西京副留守龙敏为吏部侍郎。戊申,盗发唐闵帝陵。己酉,朔方军节度使张希崇卒,赠太师。以澶州防御使张崇恩为枢密使。甲寅,以侍卫步军都指挥使、宁江军节度使景延广为义成军节度使,以义成军节度使冯晖为朔方军节度使。乙卯,左谏议大夫曹国珍上言:"请于内外臣僚之中,选才略之士,聚《唐六典》、《前后会要》、《礼阁新仪》、《大中统类》、《律令格式》等,精详纂述,俾无漏落,别为书一部,目为《大晋政统》"。从之。其详议官,宜差太子少师梁文矩、左散骑常侍张允、大理卿张澄、国子祭酒唐汭、大理少卿高鸿渐、国子司业田敏、礼部郎中吕咸休、司勋员外郎刘涛、刑部员外郎李知损、监察御史郭延升等一十九人充。文矩等咸曰:"改前代礼乐刑宪为《大晋政统》,则《尧典》、《舜典》当以《晋典》革名。"列状驳之曰:

作者谓之圣,述者谓之明,苟非圣明,焉能述作。若运因革故,则事乃惟新,或改正朔而变牺牲,或易服色而殊徽号。是以五帝殊时,不相沿乐;三王异世,不相袭礼。至于近代,率由旧章;比及前朝,日滋条目。多因行事之失,改为立制之初,或臣奏条章,君行可否,皆表其年月,纪以姓名,聚类分门,成文作则。莫不悉稽前典,垂范后昆,述自圣贤,历于朝代,得金科玉条之号,设乱言破律之防,守而行之,其来尚矣。皇帝陛下,运齐七政,历契千载,爰从创业开基,莫不积功累德。所宜直笔,具载鸿猷,若备录前代之编年,目作圣朝之政统,此则是名不正也。夫名不正则言不顺,而媚时掠美,非其实矣。若剪截其辞,此则是文不备也。夫文不备则启争端,而礼乐刑政,于斯乱矣。若改旧条而为新制,则未审何门可以刊削,何事可以编联,既当革故从新,又须废彼行此,则未知国朝能守而不守乎?臣等同共参详,未见其可。

疏奏,嘉之,其事遂寝。辛酉,以前晋昌军节度使李周为静难军节度使。是日,封皇第十一妹安定郡主为延庆长公主,皇第十二妹广平郡主为清平长公主。

二月辛卯,改东京玉华殿为承福殿。中书上言:"太原潜龙庄望建为庆长宫,使相乡望改为龙飞乡,都尉里望改为神光里。"从之。丁酉,宰臣冯道、左散骑常侍韦勋、礼部员外郎杨昭俭自契丹使回。冯道出使之期,当从《五代春秋》作三年九月,至四年二月始得归也。帝慰劳备至,锡赍丰厚。庚子,以天和节宴群官于广政殿,赐物有差。

三月癸卯朔,左仆射刘昫、给事中卢重自契丹使回,颁赐器币如冯道等。乙巳,回鹘可汗仁美遣使贡方物,中有玉狻猊,实奇货也。丙午,泾州节度使张万进卒,赠太师。己未,皇子开封尹郑王重贵、归德军节度使兼侍卫亲军马步军都指挥使刘知远、忠武军节度使杜重威,并加同中书门下平章事。天平军节度使赵在礼封卫国公。庚申,遣内臣赵处玘以版诏征华山隐者前右拾遗郑云叟、玉笥山道士罗隐之。灵州戍将王彦忠据怀远城作叛,帝遣供奉官齐延祚乘驿而往,彦忠率众出降,延祚矫制杀之。诏:"齐延祚辜我誓言,擅行屠戮,彰杀降之罪,黩示信之文,宜除名决重杖一顿配流。王彦忠赠官收葬。"辛酉,封回鹘可汗仁美为奉化可汗。癸亥,以左龙武统军皇甫遇为镇国军节度使,张彦泽为彰义军节度使。

　　夏四月壬申朔，以河中节度副使薛仁谦为卫尉卿。丙子，以汝州防御使宋彦筠为同州节度使；以护圣左右军都指挥使李怀忠为侍卫亲军马军都指挥使，领寿州忠正军节度使；以奉国左右厢都指挥使郭谨为侍卫亲军步军都指挥使、夔州宁江军节度使。戊寅，诏废长春宫使额。《五代会要》载原敕云：同州长春宫使额宜停，沿官职务，委州司制置。己卯，改明德殿为滋德殿，宫城南门同名故也。以华州节度使刘遂凝为右龙武统军，以右龙步统军张廷蕴为绛州刺史。庚辰，征前右拾遗郑云叟为右谏议大夫，玉笥山道士罗隐之赐号希夷先生。甲申，以翰林学士承旨、兵部侍郎崔悦权判太常卿，以端明殿学士、户部侍郎和凝为翰林学士承旨。枢密院学士、尚书仓部郎中司徒诩，枢密院学士、尚书工部郎中颜衎并落职守本官，枢密副使张从恩改宣徽使，初废枢密院故也。先是，桑维翰免枢密之务，以刘处让代之，奏议多不称旨，及处让丁母忧，遂以枢密院印付中书，故密院废焉。丙戌，以韩昭允为兵部尚书致仕，马允孙为太子宾客致仕，房暠为右骁卫大将军致仕，皆唐末帝之旧臣也。戊子，升永、岳二州为团练使额，改湘川县为全州，从马希范之奏也。

　　五月壬寅朔，帝御崇光殿受朝，仗卫如式。癸卯，以左仆射刘昫兼太子太保，封谯国公。乙巳，昭顺军节度使姚彦章卒。升灵州方渠镇为威州，隶于灵武，改旧威州为清边军。戊申，湖南节度使马希范加天策上将军。以前邠州节度使安叔千为沧州节度使。庚戌，虞部郎中杨昭俭可本官知制诰。辛亥，置静海军于温州，从钱元瓘之请也。壬子，以侍御史卢价为户部员外郎、知制诰。户部尚书崔俭卒。甲寅，诏止绝朝臣，不得外州府求觅表状，奏荐交亲。乙卯，升金州为节镇，以怀德军为使额。以齐州防御使潘瓌为怀德军节度使。右谏议大夫致仕郑云叟赐号逍遥先生，仍给致仕官俸。丁巳，以刑部尚书姚顗为户部尚书，以兵部侍郎、权判太常卿事崔悦为尚书左丞，以工部侍郎任赞为兵部侍郎，以礼部尚书李怿为刑部尚书，以左丞卢詹为礼部尚书，以左散骑常侍韦勋为工部侍郎。庚申，废华清宫为灵泉观。辛酉，御史台奏："省郎知杂之时，赴台礼上，军巡邸吏之辈,咸集公参,赤县府司,悉呈杖印。今后年深御史判杂上事,欲依前例。"从之。丙寅,以镇海军衙内统军、上直马步军都监、检校太傅、睦州刺史陆仁章为同平章事,遥领遂州武信军节度使;以镇海军兴武左右开道都指挥使、明州刺史仰仁铨为检校太傅、同平章事,领宣州宁国军节度使;从钱元璀之请也。

六月辛未朔,陈郡民王武穿地得黄金数饼,州牧取而贡之,帝曰:"宿藏之物,既非符宝,不合入官。"命付所获之家。庚辰,西京大风雨,应天福门屋瓦皆飞,鸱吻俱折。辛卯,诏礼部贡举宜权停一年。

秋七月庚子朔,日有蚀之。西京大水,伊、洛、瀍、涧尽溢,坏天津桥。癸卯,以华清宫使李顼为右领军卫上将军。甲辰,以定州节度使皇甫遇为潞州节度使、检校太尉,以潞州节度使侯益为徐州节度使。戊申,御史中丞薛融等上详定编敕三百六十八道。分为三十一卷。是日,诏:"先令天下州郡公私铸钱,近多铅锡相兼,缺薄小弱,有违条制。今后私铸钱下禁依旧法。"壬戌,以太子少保梁文矩为太子太保致仕。

闰七月庚午朔,百官不入阁,雨沾服故也。壬申,以中书侍郎平章事、集贤殿大学士桑维翰为检校司空、兼侍中、相州彰德军节度使,以彰德军节度使王延胤为义武军节度使。尚书户部奏:"李自伦义居七世,准敕旌表门闾。先有邓州义门王仲昭六代同居,其旌表有厅事步栏,前列屏树乌头,正门阀阅一丈二尺,二柱相去一丈,柱端安瓦桷黑染,号为乌头,筑双阙一丈,在乌头之南三丈七尺,夹阶十有五步,槐柳成列。今举此为例,则令式不该。"诏:"王仲昭正厅乌头门等制,不载令文,又无敕命,既非故事,难骤大伦,宜从令式,只表门闾。于李自伦所居之前,量地之宜,高其外门,门外绰楔,门外左右各建一台,高一丈二尺,广狭方正,称台之形,圬以白泥,四隅漆赤。其行列树植,随其事力,其同籍课役,一准令文。"壬午,濮州刺史武从谏勒归私第,受赃十五万故也。丁酉,故皇子河南尹重乂妻虢国夫人李氏落发为尼,赐名悟因,仍锡紫衣、法号及夏腊二十。

八月己亥朔，河决博平，甘陵大水。辛丑，以守司空兼门下侍郎平章事、弘文馆大学士冯道为守司徒、兼侍中，封鲁国公。壬寅，诏曰："皇图革故，庶政惟新，宜设规程，以谐公共。其中书印只委上位宰臣一人知当。"戊申，前兵部尚书王权授太子少傅致仕。己酉，以天下兵马副无帅、镇海镇东等军节度使、检校太师、行中书令、吴越王钱元瓘为天下兵马元帅。壬子，升亳州为防御使额，依旧隶宋州。丙辰，司天监马重绩等进所撰新历，降诏褒之，诏翰林学士承旨和凝制序，命之曰《调元历》。

九月辛未，以右羽林统军周密为鄜州节度使。癸酉，升婺州为武胜军额。丁丑，宴群臣于永福殿。契丹使纳默库旧作粘木孤，今改正。来聘，致牛马犬腊骎十四。《辽史》：会同二年正月戊申，晋遣金吾卫大将军马从赟、考功郎中刘知新来贡珍币。丙辰，晋遣使谢免沿边四州钱币。七月戊申，晋遣使进犀带。闰月乙酉，遣使赐晋良马。八月己丑，晋遣使贡岁币，奏输戌、亥二岁金币于燕京。己卯，遥领洮州保顺军节度使鲍君福加检校太师、兼侍中，判湖州诸军事。辛巳，相州节度使桑维翰上言："管内所获贼人，从来籍没财产，请止之。"诏："今后凡有贼人，准格律定罪，不得没纳家资，天下诸州准此。"癸未，封唐许王李从益为郇国公，奉唐之祀，服色旌旗一依旧制。仍以西京至德宫为庙，牲币器服悉从官给。《五代会要》：九月，敕："周受龙图，立夏、殷之祀，唐膺凤历，开酅介之封。乃睠前朝，载稽旧典，宜封土宇，俾奉宗祧。宜以郇国三千户封唐许王李从益为郇国公"云。丙戌，高丽王王建遣使贡方物。己丑，以中书侍郎、平章事李崧权判集贤殿事。庚寅，诏停寒食、七夕、重阳及十月暖帐内外群官贡献。丙申，以威胜军节度副使罗周岳为给事中，中书舍人李详改礼部侍郎，礼部侍郎吕琦改刑部侍郎，刑部侍郎王松改户部侍郎，户部侍郎阎至改兵部侍郎，中书舍人王易简充史馆修撰，判馆事。

冬十月戊戌朔，故昭信军节度使白奉进赠太尉。丙午，以太常卿程逊没于海，废朝一日，赠右仆射。庚戌，闽王王昶、威武军节度使王继恭遣僚佐林思、郑元弼等朝贡,致书于宰执,无人臣之礼。帝怒,诏令不受所贡,应诸州纲运,并令林思、郑元弼等押归本道。既而兵部员外郎李知损上疏,请禁锢使人,籍没纲运,可之,收林思等下狱。丙辰,溪州刺史彭士愁,以锦、奖之兵与蛮部万人掠辰、澧二境,湖南节度使马希范遣牙兵拒之而退。金州山贼度从谠等寇洵阳,遣兵讨平之。

十一月甲戌,以太子宾客李延范为司农卿。乙亥,诏立唐高祖、太宗及庄宗、明宗、闵帝五庙于洛阳。丁丑,祠部郎中、知制诰吴承范改中书舍人,充翰林学士;翰林学士、中书舍人窦贞固改御史中丞;御史中丞薛融改尚书左丞;尚书右丞王延改吏部侍郎;尚书左丞崔棁改太常卿。戊寅,史馆奏:"请令宰臣一人撰录《时政记》。逐时以备撰述。"从之。案《五代会要》:史馆奏:"唐长寿二年,右丞姚璹奏,帝王谟训,不可阙文,其仗下所言军国政事,令宰臣一人撰录,号《时政记》。唐明宗朝,又委端明殿学士撰录,逐季送付史馆,伏乞遵行者。宜令宰臣一员撰述。"己卯,吏部侍郎龙敏改尚书左丞。己丑,以太子宾客杨凝式为礼部尚书致仕。诏建钱炉于栾川。丙申,谏议大夫致仕逍遥先生郑云叟卒。

十二月丁酉朔,百官不入阁,大雪故也。己亥,故皇子重英妻张氏落发为尼,赐名悟慎,并夏腊二十。庚戌,礼官奏:"来岁正旦,王公上寿,皇帝举酒,奏《元同之乐》;再饮,奏《文同之乐》;三饮,奏同前。"从之,歌辞不录。丙辰,诏今后城郭村坊,不得创造僧尼院舍。丁巳,帝谓宰臣曰:"大雪害民,五旬未止,京城祠庙,悉令祈祷,了无其验,岂非凉德不储,神休未洽者乎?"因令出薪炭米粟给军士贫民等。壬戌,礼官奏:"正旦上寿,宫悬歌舞未全,且请杂用九部雅乐,歌教坊法曲。"从之。《永乐大典》卷一万五千六百四十四。

# 旧五代史卷七八考证

晋高祖纪四以澶州防御使张从恩为枢密副使　枢密副使，原本作枢密使。按下文亦作枢密副使，今从《欧阳史》及《宋史·张从恩传》改正。　以版诏征华山隐者前右拾遗郑云叟　右拾遗，《欧阳史》作左拾遗。考是书前后俱作右拾遗，今仍其旧。　以潞州节度使侯益为徐州节度使　案《宋史·侯益传》：天福四年，晋祖追念虎牢之功，迁武宁军节度、同平章事。是书不载同平章事。《五代会要》所载天福中使相有侯益，与《宋史》同。　今后私铸钱下禁依旧法　案《欧阳史》：七月丙辰，复禁铸钱。是书作七月戊申。　李自伦义居七世准敕旌表门闾　七世，《欧阳史》作六世。又，旌表门闾，《欧阳史》作正月，与是书作闰七月异。　先有邓州义门王仲昭六代同居　案：王仲昭，《欧阳史》作登州人。　乙亥诏立唐高祖太宗及庄宗明宗闵帝五庙于洛阳　案：立唐庙于西京，《欧阳史》作十二月，与是书作十一月异。

# 旧五代史卷七九
# 晋书五

## 高祖本纪第五

天福五年春正月丁卯朔，帝御崇光殿受朝贺，仗卫如式。降德音：“应天福三年终，公私债欠，一切除放。”壬申，蜀人寇西鄙，群盗张达、任康等劫清水德铁之城以应之。癸酉，湖南奏，闽人杀王昶，夷其族，王延义因民之欲而定之。甲戌，遣宣徽使杨彦询使于契丹。辛巳，皇子开封尹、郑王重贵加检校太尉。己丑，回鹘可汗仁美遣使贡良马白玉，谢册命也。庚寅，以二王后前右赞善大夫、袭酅国公杨延寿为太子左谕德，三恪汝州襄城县令、袭介国公宇文颉加食邑三千户。辛卯，升绛州为防御州。癸巳，以左神武统军陆思铎为右羽林统军，以陇州防御使何福进为右神武统军。甲午，太常少卿裴羽奏：“请追谥庄宗皇后刘氏为神闵敬皇后，明宗皇后曹氏请追谥为武宪皇后，闵帝鲁国夫人孔氏请追谥为闵哀皇后。”从之。丙申，河中节度使安审信奏：“军校康从受、李崇、孙大裕、张从、于千等以所部兵为乱，寻平之，死者五百人。”

二月丁酉朔，沙州归义军节度使曹义全卒，赠太师，以其子元德袭其位。乙巳，御史中丞窦贞固奏：“国忌日，宰臣跪炉焚香，文武百僚列坐。窃惟礼例有所未安。今欲请宰臣仍旧跪炉，百僚依班序立。”诏可之，仍行香之后饭僧百人，永为定制。庚戌，北京留守安彦威来朝，帝慰接甚厚，赐上樽酒。壬子，升中书门下平章事为正二品。丁巳，青州节度使、东平王王建立来朝。己未，以中书门下侍郎为清望正三品,谏议大夫、御史中丞为清望正四品。

三月丁卯朔,右散骑常侍张允改礼部侍郎。辛未,宋州归德军节度使、侍卫亲军马步军都指挥使刘知远加特进,改邺都留守、广晋尹,典军如故。以兖州节使李从温为徐州节度使,以北京留守安彦威为宋州节使。壬申,诏朝臣觐省父母,依天成例颁赐茶药。癸酉,以青州节度使王建立为昭义军节度使,进封韩王,仍割辽、沁二州为昭义属郡,以建立本辽州人,用成其衣锦之美也。以晋州节度使李德珫为北京留守,以潞州节度使皇甫遇为晋州节度使。是日,容州节度使马存卒。甲戌,以给事中李光廷为左散骑常侍,亳州团练使李式为给事中。乙亥,相州节度使桑维翰加检校司徒,改兖州节度使。许州节度使杜重威改郓州节度使,河中节度使安审信改许州节度使。丁丑,长安公主出降驸马都尉杨承祚。戊寅,诏:"中书门下五品以上官于两省上事,宰臣押角之礼;及第举人与主司选胜筵宴,及中书舍人靴鞋接见举人;兼兵部、礼部引人过堂之日幕次酒食会客,悉宜废之。"己卯,以前枢密使刘处让为相州节度使。辛巳,湖南遣牙将刘勍领兵大破溪洞群蛮,收溪、锦、蒋三州。丁亥,以秦州节度使康福为河中节度使,以徐州节度使侯益为秦州节度使。庚寅,御明德楼,饯送昭义军节度使王建立,赐玉斧、蜀马。甲午,诏吏部三铨,听四时选,拟官旋奏,不在团甲之限。

夏四月丙申朔,宴群臣于永福殿。戊戌,曹州防御使石晖卒,帝之从弟也。礼官奏:"天子为五服之内亲本服周者,三哭而止。"从之。己亥,罢洛阳、京兆进苑囿瓜果,悯劳人也。壬寅,右仆射致仕裴皞卒,赠太子太保。丙午,诏曰:"承旨者,承时君之旨,非近侍重臣,无以禀朕旨,宣予言,是以大朝会宰臣承旨,草制诏学士承旨,若无区别,何表等威。除翰林承旨外,殿前承旨宜改为殿直,密院承旨宜改为承宣,御史台、三司、阁门、密省所有承旨,并令别定其名。"庚戌,以沧州节度使马全节为安州节度使。礼部侍郎张允奏,请废明经童子科,从之。因诏宏词、拔萃、明算、道举、百篇等科并停之。

五月癸酉，宋州贡瑞麦两歧。甲申，以前徐州节度使苌从简为右金吾卫上将军。丙戌，安州节度使李金全叛，诏新授安州节度使马全节以洛、汴、汝、郑、单、宋、陈、蔡、曹、濮十州之兵讨之，以前郢州节度使安审晖为副，以内客省使李守贞为都监，仍遣供奉官刘彦瑶奉诏以谕金全。命麾下齐谦以诏送于淮夷，云梦人齐岘斩谦，归其诏于朝。辛卯，昭义节度使、韩王王建立薨，辍朝二日，册赠尚书令。原脱"六月"。

壬寅，少府监致仕尹玉羽卒。癸卯，淮南使李承裕代李金全，金全南走，承裕以淮兵二千守其城。甲辰，马全节自应山县进军于大化镇。戊申，与鄂州贼军阵于安陆之南，三战而后克之，斩首三千级，生擒千余人。供奉官安友谦登锋力战，奋不顾身，全节赏其忠勇，使驰献捷书，暍死于路。是日，削夺李金全官爵。丁巳，淮夷伪校李承裕率众掠城中资货而遁，马全节入城抚其遗民，遣安审晖等兵以逐承裕，擒而斩之。执其伪都检杜光邺，及淮南军五百余人，露布献于阙下。帝曰：此辈何罪，皆厚给放还。癸亥，道士崇真大师张荐明赐号通元先生。是时帝好《道德经》，尝召荐明讲说其义，帝悦，故有是命。寻令荐明以《道》、《德》二经雕上印板，命学士和凝别撰新序，冠于卷首，俾颁行天下。

秋七月甲子朔，降安州为防御使额，以申州隶许州。丙寅，安州节度使马全节加检校太尉，改昭义军节度使。前郢州节度使安审晖加检校太傅，为威胜军节度使。丁卯，湖南奏："遣天策府步骑将张少敌领兵五万，楼船百艘，次于岳阳，将进讨淮夷也。甲戌，宣徽使杨彦询加检校太傅，充安国军节度使。乙亥，户部尚书致仕郑韬光卒，赠右仆射。戊寅，福州王延羲遣商人间路贡表自述。戊子，宿州奏，淮东镇移牒云：本国奏书于上国皇帝，曰："久增景慕，莫会光尘，但循战国之规，敢预睦邻之道。一昨安州有故，脱难相规，边校贪功，乘便据垒，矧机宜之执在，顾茫昧以难申。否臧皆凶，乃大《易》之明义；进取不止，亦圣人之厚颜。适属暑雨稍频，江波甚涨，指挥未到，事实已违。今者猥沐睿咨，曲形宸旨，归其俘获，示以英仁。其如军法朝章，彼此不可；扬名建德，曲直相悬。虽认好生，非敢闻命。其杜光邺等五百七人，已令却过淮北。"帝复书曰："昨者灾生安陆，衅接汉阳，当三伏之炎蒸，动两朝之师旅。岂期边帅，不禀上谋，洎复城池，备知本末。寻已舍诸俘执，还彼乡闾，不惟念效命之人，兼亦敦善邻之道。今承来旨，将正朝章，循宥罪之文，用广崇仁之美。其杜光邺等再令归复。"寻遣使押光邺等于桐墟渡淮，淮中有棹船，甲士拒之，南去不果。诏光邺等归京师，授以职秩，其戎士五百人，立为显义都。

八月丁酉，帝观稼于西郊。己亥，详定院以先奉诏详定冬正朝会礼节、乐章、二舞行列等事上之，事具《乐志》。庚子，以前金州防御使田武为金州怀德军节度使。辛丑，升复、郢二郡为防御使额。戊午，左龙武统军相里金卒，废朝一日，赠太师。己未，太子太师致仕范延光卒于河阳，废朝二日，赠太师。

丁卯，宰臣李崧加集贤殿大学士，以翰林学士承旨、户部侍郎和凝为中书侍郎平章事。丙子，废翰林学士院，其公事并归中书舍人。丁丑，以翰林学士、中书舍人李慎仪为右散骑常侍，以翰林学士、左右补阙李浣为吏部员外郎，以右散骑常侍赵元辅为太子宾客，以太子宾客韩恽为兵部尚书，以右谏议大夫段希尧为莱州刺史。甲申，西京留守杨光远加守太尉、兼中书令，充平卢军节度使，封东平王。戊子，改东京上源驿为都亭驿。

冬十月丁酉，制："天下兵马元帅、镇海镇东浙江东西等道节度使、中书令、吴越王钱元瓘加守尚书令，充天下兵马都元帅。戊戌，户部尚书姚顗卒，废朝一日，赠右仆射。癸卯，湖南上言：福建王延羲与弟延政互起干戈，内相侵伐。甲辰，升莱州为防御使额，以汝州防御使杨承贵领之。以新授莱州刺史段希尧为怀州刺史。丁未，契丹使锡里旧作舍利，今改正。来聘，致马百匹及玉鞍、狐裘等。《辽史》：会同三年三月戊辰，遣使使晋，乙未，晋遣使来觐。四月壬寅，道人使晋，丙午，晋遣宣徽使杨端、王晓等来问起居，丙辰，晋遣使进茶药，癸亥，晋遣使贺端午。五月庚辰，晋遣使进弓矢，甲申，遣皇子天德及检校司徒邸用和使晋。六月庚子,晋遣使来见。九月丙戌,晋遣使贡名马,庚申,晋遣使贡布。十二月丙申,遣使使晋。己酉,宴群臣于永福殿,赐帛有差。癸丑,诏:"今后窃盗赃满者处死,三匹以上者决杖配流,以盗论者准律文处分。"又诏:"过格选人等,许赴吏部南曹召保,委正身者降一资注官。"

十一月壬戌,遥领遂州武信军节度使、镇海军衙内统军、检校太傅、同平章事陆仁璋卒,赠太子太傅。甲子,滑州节度使景延广加检校太傅,改陕州保义军节度使。以郑州防御使、驸马都尉史匡翰为义成军节度使。戊辰,曹州防御使石赟加检校太保,充河阳三城节度使。庚午,以翰林学士、户部侍郎张昭远为兵部侍郎。丙子,冬至,御崇光殿受朝贺,始用二舞。帝举觞,奏《元同之乐》;登歌,奏《文同之乐》;举食,文舞奏《昭德之舞》,武舞奏《成功之舞》。典礼久废,至是复兴,观者悦之。丁丑,吴越国进奉使陈元亮进《冬日观仗诗》一首,帝览之称善,赐服马器币。癸未,移德州长河县,大水故也。甲申,制授闽国王延羲检校太师、兼中书令、福州威武军节度使,封闽国王。以两浙西南面安抚使钱元懿为检校太尉、兼中书令,遥领广州清海军节度使。又以恩州团练使钱铎为检校太尉、同平章事,遥领楚州顺化军节度使。丁亥,割卫州黎阳县隶滑州。

十二月壬辰朔,遥领洮州保顺军节度使、检校太尉、兼侍中、判湖州军州事鲍君福卒,赠太傅。丙申,诏:故静海军兼东南面安抚制置使、检校太傅、温州刺史钱弘巽赠太子太傅,故吴越两军节度副使、检校太傅钱弘傅赠太子太师。

天福六年春正月辛酉朔,帝御崇光殿受朝贺,仗卫如式。刑部员外郎李象上《二舞赋》,帝览而嘉之,命编诸史册。甲子,同州指挥使成殷谋乱事泄,伏诛。时节度使宋彦筠御下无恩,既贪且鄙,故殷与子彦璋阴构部下为乱,会有告者,遂灭其党。乙丑,青州奏,海冻百余里。丙寅,遣供奉官张澄等领兵二千,发并、镇、忻、代四州山谷吐浑,令还旧地。先是,吐浑苦契丹之虐,受镇州安重荣诱召,叛而南迁,入常山、太原二境,帝以契丹欢好之国,故遣归之。戊辰,诏:"应诸州无属州钱处,今后冬至、寒食、端午、天和节及诸色谢贺,不得进贡。"壬申,以左司郎中赵上交为谏议大夫。戊寅,封唐叔虞为兴安王,台骀神为昌宁公,差给事中张瑑、户部郎中张守素就行册礼。又诏:岳镇海渎等庙宇,并令崇饰。仍禁樵采。丙戌,故皇第二叔检校司徒万友赠太师,皇第三叔检校司空万铨赠太尉,皇兄故检校左仆射敬儒赠太傅。

　　二月辛卯,诏:"天下郡县,不得以天和节禁屠宰,辄滞刑狱。"壬辰,置浮桥于德胜口。甲午,诏:"诸卫上将军月俸旧三十千,令增至五十千。"戊戌,以三恪汝州襄城县令、袭介国公宇文颛为太子率更令。已亥,诏户部侍郎张昭远、起居郎贾纬、秘书少监赵熙、吏部郎中郑受益、左司员外郎李为光等同修《唐史》,仍以宰臣赵莹监修。壬寅,以三白渠制置使张瑑为给事中。戊申,诏侯伯来朝,君臣相见,赏宴贡奉,今后宜停。起居郎贾纬以所撰《唐年补录》六十五卷上之,"帝览之嘉叹,赐以器币,仍付史馆。《五代会要》:起居贾纬奏曰:"伏以唐高祖至代宗已有纪传,德宗亦存实录,武宗至济阴废帝凡六代,惟有《武宗实录》一卷,余皆阙略。臣今搜访遗闻及耆旧传说,编成六十五卷,目为《唐朝补遗录》,以备将来史官修述。"癸丑,长安公主薨,帝之长女也,笄年降于驸马杨承祚,帝悼惜之甚,辍视朝二日,追赠秦国公主。

　　三月甲子,河中度使康福进封许国公。乙丑,右骁卫上将军李承约卒。癸酉,诏天福四年终已前,百姓所欠夏秋租税,一切除放。

　　夏四月庚寅朔,湖南奏,溪州刺史彭士愁、五溪酉长等乞降,已立铜柱于溪州,铸誓状于其上,以《五溪铜柱图》上之。丙申,诏显义指挥使刘康部下兵五百人放还淮海,即安州所俘也。已亥,虞部郎中、知制诰杨昭俭迁中书舍人,户部侍朗王松改御史中丞,礼部郎中冯玉改司门郎中、知制诰。辛丑,宰臣监修国史赵莹奏:"奉诏差张昭远等五人同修《唐史》,内起居郎贾纬丁忧去官,请以刑部侍郎吕琦、侍御史尹拙同与编修。"又奏:"史馆所阙唐朝实录,请下敕购求。"并从之。《五代会要》云:"监修国史赵莹奏:"自李朝丧乱,迨五十年,四海沸腾,两都沦覆,今之书府,百无二三。臣等近奉纶言,俾令撰述,褒贬或从于新意,纂修须案于旧章,既阙简编,先虞漏略。今据史馆所阙唐书实录,请下

敕命购求。况咸通中宰臣韦保衡与蒋伸、皇甫焕撰武宗、宣宗两朝实录,皆遇
多事,或值播迁,虽闻撰述,未见流传。其韦保衡、裴贽合有子孙,见居职任,或
门生故吏,曾记纂修,闻此讨论,谅多欣惬。请下三京诸道及内外臣僚,凡有将
此数朝实录诣阙进纳,量其文武才能,不拘资地,除授一官,如卷帙不足,据数
进纳,亦请不次奖酬,以劝来者。自会昌至天佑垂六十年,其初李德裕平上党,
著武宗伐叛之书;其后康承训定徐方,有武宁本末之传。如此事类,记述颇多。
请下中外臣僚及名儒宿学,有于此六十年内撰述得传记及中书、银台、史馆日
历、制敕册书等,不限年月多少,并许诣阙进纳。如年月稍多,记录详备,请特
行简拔,不限资序。臣与张昭远等所撰《唐史》,叙本纪以纲帝业,列传以述功
臣,十志以书刑政。所陈条例,请下所司。”从之。壬寅,以户部员外郎、知
制诰卢价为虞部郎中、知制诰,以昭义节度副使陈元为光禄卿致
仕。乙巳,齐、鲁民饥,诏兖、郓、青三州发廪赈贷。

　　五月庚申朔,以前邢州节度使丁审琪为延州节度使,延州节度
使刘景岩为邠州节度使。故皇子呆册赠太尉,进封陈王。庚午,泾
州奏,雨雹,川水大溢,坏州郡镇戍三十四城。甲戌,北京遣牙将刘
从以吐浑大首领白承福、念庞里、赫连功德来朝。邢州上言,吐浑移
族帐于镇州封部。

　　六月丙申,以前卫尉卿赵延义为司天监。丁酉,诏:“今后藩侯
郡守,凡有善政,委倅贰官条件闻奏,百姓官吏等不得远诣京阙。”
壬寅,右领卫上将军李顷卒,赠太师。甲辰,迦叶弥陀国僧喹哩以佛
牙泛海而至。丙午,高丽国王王建加开府仪同三司、检校太师,食邑
一万户。戊午,镇州节度使安重荣执契丹使伊喇旧作拽剌,今改正。遣
轻骑掠幽州南境之民,处于博野,仍贡表及驰书天下,述契丹援天
子父事之礼,贪傲无厌,困耗中国。已缮治甲兵,将与决战。帝发所
谕而止之,重荣跋扈愈甚,由是与襄州节度使安从进潜相构谋为不
轨。《永乐大典》卷一万五千六百四十四。

# 旧五代史卷七九考证

晋高祖纪五五月丙戌安州节度使李金全叛诏新授安州节度使马全节以洛汴汝郑单宋陈蔡曹濮十州之兵讨之　案《五代春秋》：五月李金全叛附于吴，马全节帅师讨安州，吴人救安州，全节败吴师，克安州，金全奔吴。六月，放吴俘还。《欧阳史》作五月，李金全叛，六月，克安州。马令《南唐书》作六月，安州节度使李金全来降，遣鄂州屯营使李承裕帅师迎之。纪月互异。　执其伪都监杜光邺　伪都监马令《南唐书》作监军通事舍人。　寻遣使押光邺等于桐墟渡淮　桐墟，原本作"桐庐"。据《通鉴注》引《九域志》云：宿州蕲县有桐墟镇，自桐墟而南至涡口，则济淮矣。今改正。　太子太师致仕范延光卒于河阳废朝二日　案：《欧阳史》作西京留守杨光远杀太子太师范延光。考本传，延光本为杨光远推堕溺水死，为之辍朝，讳之也。　丁卯　案：《欧阳史》作九月丁卯，原本疑有脱字。发并镇忻代四州山谷吐浑令还旧地　案：晋逐吐谷浑在天福六年，《通鉴》与是书同。考天福六年，即辽会同四年也，《辽史》作会同三年，晋以并、镇、忻代之，吐谷浑来归，与是书异。　甲戌北京遣牙将刘从以吐浑大首领白承福念庞里赫连功德来朝　案《通鉴》：四月辛巳，北京留守李德珫遣牙校，以吐谷浑酋长白承福入朝。是书作五月甲戌，与《通鉴》异，《欧阳史》从是书。　镇州节度使安重荣执契丹使伊喇　案：《辽史》作二月，晋安重荣执使者伊喇，是书作六月，先后互异。

旧五代史卷八〇

晋书六

# 高祖本纪第六

　　天福六年秋七月己未朔，帝御崇光殿视朝。庚申，升陈州为防御使额。辛酉，以前邓州节度使焦方为贝州节度使。壬戌，泾州奏，西凉府留后李文谦，今年二月四日闭宅门自焚，遣元入西凉府译语官与来人赍三部族蕃书进之。以三司使刘审交为陈州防御使。癸亥，以前郓州节度使赵在礼为许州节度使，以前邺都留守、广晋尹高行周为河南尹、西都留守。诏改拱辰、威和、内直等军并为兴顺。甲子，以宣徽使、权西京留守张从恩判三司。己巳，以邺都留守兼侍卫亲军马步军都指挥使、广晋尹刘知远为太原尹，充北京留守、河东节度使，仍割辽、沁二州却隶河东。以北京留守李德珫为广晋尹，充邺都留守；以昭义节度使马全节为邢州节度使，加同平章事。甲戌，诏："今后诸道行军副使，不得奏荐骨肉为殿直供奉官。"己卯，以前陕州节度使李从敏为昭义军节度使，以陕州节度使景延广为河阳三城节度使兼侍卫亲军马步军都虞候，以河阳节度使石赟为陕州节度使。壬午，突厥遣使朝贡。以遥领寿州忠正军节度使兼侍卫马军都指挥使李怀忠为同州节度使，以宣徽北院使李守贞遥领忠正军节度使、侍卫马军指挥使。甲申，降御札，取八月五日暂幸邺都，沿路供顿，并委所司以官物排比，州县不得科率人户。丙戌，以右谏议大夫赵远为中书舍人，吏部郎中郑受益为右谏议大夫，刑部郎中殷鹏为水部郎中、知制诰。

八月戊子朔,以皇子开封尹、郑王重贵为东京留守,以天平军节度使兼侍卫亲军马步军副都指挥使杜重威为侍卫亲军马步军都指挥使,以宣徽南院使张从恩为东京内外兵马都监。改奉德马军为护圣。放文武百官朝参,取便先赴邺都。壬辰,车驾发东京。己亥,至邺,左右金吾六军仪仗排列如仪,迎引入内。改旧澶州为德清军。以内客省使刘遂清为宣徽北院使,判三司。壬寅,制:"应天福六年八月十五日昧爽以前,诸色罪犯,常赦所不原者,咸赦除之;其持仗行劫及杀人贼,并免罪移乡,配逐处军都收管;犯枉法赃者,虽免罪不得再任用;诸徒流人并放还;贬降官未量移与量移者,约资叙用。天福五年终已前残税并放。应河东起义之初及收复邺都、汜水立功将校,并与加恩;亡殁者与追赠。自东京至邺都缘路,昨因行幸,有损践田苗处,据顷亩与放今年租税。邺都管内,有潜龙时在职者,并与加恩。耆年八十已上者,版授上佐官。天下农器,并许百姓自铸造。亡命山泽者,招唤归业;百日不出者,复罪如初。唐梁国公狄仁杰宜追赠官秩。应天福三年已前,败阙场院官无家业者,并与除放,其人免罪,永不任使。私下债负征利及一倍者并放,主持者不在此限。"丁未,以客省使、将作监丁知浚为内客省使,引进使、鸿卢卿王景崇为客省使,殿中监、判四方馆事刘政恩为引进使。壬子,改邺都皇城南门应天门为乾明门,大明馆为都亭驿。甲寅,遣光禄卿张澄、国子博士谢攀使高丽行册礼。

九月己未,以兵部侍郎阎至为吏部侍郎。辛酉,滑州河决,一溉东流,乡村户民携老幼登丘冢,为水所隔,饿死者甚众。壬申,忠武建武等军节度使、守太傅、兼中书令、行苏州睦州刺史钱元璙进封彭城郡王,遥领广州清海军节度使、判婺州军州事钱元懿为检校太师。乙亥,遣前邢州节度使杨彦询使于契丹,锡赉甚厚。丁丑,吐浑遣使朝贡。壬午夜,有彗星出于西方,长二丈余,在房一度,尾迹穿天市垣东行,逾月而灭。丙戌,兖州上言,水自西来,漂没秋稼。

冬十月丁亥朔,遣鸿胪少卿魏玭等四人,分往滑、濮、郓、澶视水害苗稼。己丑,诏以胡梁度月城为大通军,浮桥为大通桥。壬寅,诏唐梁国公狄仁杰可赠太师。

十一月丁未，郑王夫人张氏薨。福州王延羲遣使贡方物。甲寅，遣太子宾客聂延祚、吏部郎中忠卢撰持节册天下兵马元帅、守尚书令、吴越国王钱元瓘。甲子，以御史中丞王松为尚书右丞，中书舍人、史馆修撰判馆事王易简为御史中丞，户部侍郎张昭远为兵部侍郎，国子祭酒田敏以本官兼户部侍郎。辛未，太妃、皇后至自东京。壬申，遣给事中李式、考功郎中张铸持节册闽国王王延羲。甲戌，太子少傅致仕王瓘卒，赠左仆射。丁丑，襄州安从进举兵叛，以西京留守高行周为南面行营都部署，率兵讨之，以前同州节度使宋彦筠为副，以宣徽南院使张从恩监护焉。

十二月丙戌朔，以东京留守、开封尹、郑王重贵为广晋尹，进封齐王；以邺都留守、广晋尹李德珫为开封尹，充东京留守。南面军前奏，十一月二十七日，武德使焦继勋、先锋都指挥使郭金海等于唐州南遇安从进贼军一万余人，大破之，案《宋史·陈思让传》：思让为先锋右厢都监，从武德焦继勋领兵进讨，遇从进之师于唐州花山下，急击，大破之。生擒衙内都指挥使安宏义，获山南东道之印，其安从进单骑奔逸。丁亥，诏襄州行营都部署高行周权知襄州事。是日，镇州节度使安重荣称兵向阙，案：安重荣反在十二月丁亥，《五代春秋》误系于十月。以侍卫亲军马步军都指挥使杜重威为北面行营招讨使，率兵击之，以邢州节度使马全节为副，以前贝州节度使王周为马步军都虞候。癸巳，武德使焦继勋奏，安从进遣弟从贵领兵千人，取接均州刺史蔡行遇，寻领所部兵掩杀贼军七百余人，生擒安从贵，截其双腕，却放入城。戊戌，以皇子重睿为银青光禄大夫、检校尚书左仆射。己亥，北面军前奏，十三日未时，于宗城县西南大破镇州贼军，杀一万五千人，余党走保宗城县。是夜三更，破县城，前深州刺史史虔武自缚归降，获马三千匹，绢二万余匹，余物称是。安重荣脱身遁走。是日，百官称贺。癸卯，削夺安从进、安重荣在身官爵。右金吾上将军苌从简卒，废朝，赠太师。乙巳，天下兵马都元帅、守尚书令、吴越国王钱元瓘薨，废朝三日，谥曰文穆。是日，帝习射于后苑，诸军都指挥使已上悉预焉，赐物有差。丁未，南面行营都部署高行周奏，今月十三日，部领大军至襄州城下，相次降贼军二千人。其降兵马军诏以‘彰圣’为号，步军以‘归顺’为号。庚戌，以权知吴越国事钱弘佐为起复镇军大将军、检校太师、兼中书令、杭州越州大都督、镇海东等军节度使，封吴越国王。壬子，杜重威部领大军至镇州城下。

　　天福七年春正月丙辰朔，不受朝贺，用兵故也。戊午，以前将作监李锴为少府监。北面招讨使杜重威奏，今月已收复镇州，斩安重荣，传首阙下。帝御乾明楼，宣露布讫，大理卿受馘，付市徇之，百官称贺。曲赦广晋府禁囚。《辽史》云：戊辰，晋函安重荣首来献，上数欲亲讨重荣，至是乃止。辛酉，追赠皇弟三人：故沂州马步军都指挥使、赠太傅德再赠太尉，追封福王；故检校太子宾客、赠太傅殷再赠太尉，追封通王；故彰圣右第三军都指挥使长州刺史、赠太傅威再赠太尉，追封广王。壬戌，追赠皇子五人：故右卫将军、赠太保重英再赠太傅，追封虢王；故权东京留守、河南尹、赠太傅重义再赠太尉，追封寿王；故皇城副使、赠太保重裔再赠太傅，追封郇王；故河阳节度使、赠太尉重信再赠太师，追封沂王；故左金吾卫将军、赠太保重进再赠太傅，追封夔王。癸亥，改镇州为恒州，成德军为顺国军。丙寅，以门下侍郎平章事、监修国史赵莹为侍中；青州节度使杨光远加食邑，改赐功臣名号；兖州节度使桑维翰加检校太保；河东节度使刘知远加兼侍中；以郓州节度使、北面行营招讨使、侍卫亲军都指挥使杜重威为恒州顺国军节度使，加兼侍中；皇子广晋尹兼功德使齐王重贵加兼侍中；秦州节度使侯益加特进，增食邑。丁卯，以判四方馆事孟承诲为太府卿充职。戊辰，以沧州节度使安叔千为邢州节度使，以北面行营副招讨使、邢州节度使马全节为定州节度使，以定州节度使王庭胤为沧州节度使，以前邢州节度使杨彦询为华州节度使。恒州立功将校王温以降等第除郡。庚午，契丹遣使来聘。是日上元节，六街诸寺燃灯，御乾明门观之，夜半还宫。壬申，延州节度使丁审琦加爵邑，邓州节度使安审徽加检校太傅，陕州节度使石赟加检校太傅。乙亥，契丹遣使来聘。河阳节度使兼侍卫马步军都虞候景延广加检校太尉，改郓州节度使，典军如故。以前贝州节度使、北面行营马步军都虞候王周为河阳节度使，加检校太保。丁丑，以刑部侍郎窦贞固为门下侍郎，以礼部郎中边归谠为比部郎中、知制诰。壬午，以河阳节度使王周为泾州节度使，以恒州节度副使王钦祚为殿中监。

二月丁亥，皇妹清平公主进封卫国长公主。契丹遣使来聘。己丑，宴于武德殿，新恒州节度使杜重威已下、诸军副兵马使已下悉预焉，赐物有差。己亥，以曹州防御使何建为延州留后。泾州奏，差押牙陈延晖赍敕书往西凉府，本府都指挥使等请以陈延晖为节度使。辛丑，宰臣李崧丁母忧，起复旧任。蕃寇作乱，同州、鄜州各起牙兵讨平之。丙午，诏："邓、唐、随、郢诸州，多有旷土，宜令人户取便开耕，与免五年差税。"

三月己未，兵部尚书韩恽卒。庚申，遣前齐州防御使宋光邺、翰林茶酒使张言使于契丹。壬戌，分命朝臣诸寺观祷雨。丙寅，皇后为妹契丹枢密使赵延寿妻燕国长公主卒于幽州，举哀于外次。辛未，滑州节度使、驸马都尉史匡翰卒，辍朝，赠太保。诏唐州湖阳县蓼山神祠宜赐号"为蓼山显顺之神"。乙亥，以晋昌军节度使安审琦为河中节度使，以前亳州防御使王令温为贝州节度使。丙子，赐宰臣李崧白藤肩舆，以起复故也。丁丑，以晋州节度使皇甫遇为河阳节度使，以寿州节度使兼侍卫马步军指挥使李守贞为滑州节度使，以夔州节度使兼侍卫步军都指挥使郭达{郭达，刻本作郭谨。}为相州节度使，皆典军如故。宰臣于寺观祷雨。

闰月丙戌，以兵部郎中司徒诩为右谏议大夫。戊子，兖州节度使桑维翰加特进，封开国公。庚寅，以延州留后何建为延州节度使，以引进使兼殿中监刘政恩为太子詹事。壬辰，宋州节度使安彦威奏，修滑州黄河功毕，诏于河决之地建碑立庙。丙申，以鄜州节度使周密为晋州节度使，以左羽林统军符彦卿为鄜州节度使。壬寅，诏百官五日一度起居，日轮定两员，具所见以封事奏闻。诏改邺都宣明门为朱凤门，武德殿为视政殿，文思殿为崇德殿，画堂为天清殿，寝殿为乾福殿，其门悉从殿名。皇城南门为乾明门，北门为玄德门，东门为万春门，西门为千秋门。罗城南塼门为广运门，观音门为金明门，橙槽门为清景门，寇氏门为永芳门，朝臣门为景风门。大城南门为昭明门，观音门为广义门，北河门为静安门，魏县门为应福门，寇氏门为迎春门，朝城门为兴仁门，上斗门为延清门，下斗门为通远门。戊申，宋州节度使安彦威封邠国公，赏修河之劳也。癸丑，泾州节度使王周奏，前节度使张彦泽在任日不法事二十六条，已改正停废，诏褒之。是春，邺都、凤翔、兖、陕、汝、恒、陈等州旱，郓、曹、澶、博、相、洺诸州蝗。

夏四月甲寅朔，避正殿不视朝，日蚀故也。是日，太阳不亏，百官上表称贺。诏沿河藩郡节度使、刺史并兼管内河堤使。己未，右谏议大夫郑受益两疏论张彦泽在泾州之日，违法虐民，支解掌书记张式、部曲杨洪等，请下所司，明申其罪，皆留中不出。庚申，刑部郎中李涛、张麟，员外郎麻麟、王禧，同诣阁门上疏，论张彦泽罪犯，词甚恳切。《宋史·李涛传》：泾帅张彦泽杀记室张式，夺其妻，式家人诣阙上诉，晋祖以彦泽有军功，释其罪。涛伏阁抗疏，请置于法。晋祖召见谕之。涛植笏叩陛，声色俱厉，晋祖怒叱之，涛执笏如初。晋祖曰："吾与彦泽有誓约，恕其死。"涛厉声曰："彦泽私誓，陛下不忍食其言；范延光尝赐铁券，今复安在？"晋祖不能答，即拂衣起。辛酉，诏："张彦泽刳剔宾从，诛剥生聚，冤声秽迹，流闻四方，章表继来，指陈甚切。尚以曾施微功，特示宽恩，深怀曲法之惭，贵徇议劳之典。其张彦泽宜削一阶，仍降爵一纪。其张式宜赠官，张式父铎、弟守贞、男希范并与除官。仍于泾州赐钱十万，差人津置张式灵柩并骨肉归乡，所有先收纳却张式家财物畜，并令还。其泾州新归业户，量与蠲减税赋。"翌日，以前泾州节度使张彦泽为左龙武大将军。案《宋史·杨昭俭传》：昭俭与李涛论张彦泽不报，会有诏命朝臣转对，或有封事，亦许以不时条奏。昭俭复上疏曰："天子君临四海，日有万几，懋建诤臣，弥缝其阙。今则谏臣虽设，言路不通，药石之论，不达于圣聪，而邪佞之徒，取容于左右。御史台纪纲之府，弹纠之司，衔冤者固当昭雪，为蠹者难免放流。陛下临御以来，宽仁太甚，徒置两司，殆如虚器。遂令节使慢侮朝章,屠害幕吏,始诉冤于丹阙,反执送于本藩,苟安跋扈之心,莫恤冤抑之苦,愿回宸断,诛彦泽以谢军徒。"戊辰,废雄州为昌化军。警州为威肃军,其军使委本道差补。故泾州节度掌书记张式赠尚书虞部郎中,以式父铎为沁州司马致仕,弟守贞为贝州清河县主簿,男希范为兴元府文学。甲戌,诏皇子齐王就前河中府节度使康福第,以教坊乐宴会前、见任节度使。戊寅,前庆州刺史米廷训追夺在身官爵,配流麟州,坐奸妻兄之女也。是月,州郡十六处蝗。

五月己亥,中书门下奏:"时属炎蒸,事宜简省,应五日百官起居,望令押班宰臣一员押百官班,其转对官两员封付阁门使引进,本官随百僚退,不用别出谢恩。其文武内外官僚乞假、宁觐、搬家、婚葬、病损并门见门辞。诸道进奉物等,不用殿前排列,引进使引至殿前奏云'某等进奉',奏讫,其进奉使出。其进奉专使朝见日,班首一人致词,都附起居。刺史并行军副使、诸道马步军都指挥使已下,差人到阙,并门见门辞。州县官谢恩日,甲头一人都致词,不用逐人告官。其供奉官、殿直等,如是当直及合于殿前排列者,即入起居;如不当直排立者,不用每日起居。委宣徽使点检,常须整齐。"从之。时帝不豫,难于视朝故也。《辽史》:二月甲午,遣使使晋,索吐谷浑叛者。《契丹国志》云:辽以晋招纳吐谷浑,遣使责让,晋高祖忧悒成疾。左威卫上将军卫审峣卒,赠太子少保。乙巳,尊皇太妃刘氏为皇太后。徐无党《五代史记注》云:高祖所生母也。丁未,工部侍郎韦勋改刑部侍郎。壬子,以左散骑常侍李光廷为秘书监,给事中萧愿为右散骑常侍,左谏议大夫曹国珍为给事中,太常卿裴坦为左谏议大夫。是月,州郡五奏大水,十八奏旱蝗。

六月丁巳,以兖州节度使桑维翰为晋昌军节度使,以前许州节度使安审琦为兖州节度使。襄州都部署高行周奏,安从进观察判官李光图出城请援,送赴阙。乙丑,帝崩于保昌殿,寿五十一,遗制齐王重贵于枢前即皇帝位,丧纪并依旧制,山陵务从节俭,马步诸军优纪并从嗣君处分。《通鉴考异》云:《汉高祖实录》晋高祖大渐,招近臣属之日:"此天下明宗之天下,寡人窃而处之久矣。寡人既谢,当归许王,寡人之愿也。"此说难信。

八月，太常卿崔梲上谥曰圣文章武明德孝皇帝，庙号高祖，以
其年十一月十日庚寅葬于显陵，宰臣和凝撰谥册哀册文。《永乐大
典》卷一万五千六百四十四。《五代史补》：高祖尚明宗女，宫中谓之石郎。及将
起兵于太原，京师夜间狼皆群走，往往入宫中，愍帝患之，命诸班能射者分投
捕逐，谓之"射狼"。或遇诸涂，问曰："汝何从而来?"对曰："看射狼。"未几，高
祖至。'盖射'音与'石'相近也。《五代史阙文》：梁开平初，滁州行营使李思安
奏：函关县穰乡民伐树，树仆，自分为二，中有六字如左书，云：天十四载石
进，梁帝藏于武库，时莫详其义。至帝即位，识者曰："天"字取"四"字两画加
之于傍，即"丙"字也，"四"字去中之两画加"十"字，即"申"字也。帝即位之年，
乃"丙申"也。进者晋也，石者姓也。臣谨按，天佑二十年，岁在癸未，其年庄宗
建号，号同光元年，至清泰三年，岁丙申，其年晋祖即位，改元天福元年，自未
至申，凡十四载矣，故谶书云"天十四载石进"者，言自天佑灭后十四载石氏兴
于晋也，岂不明乎! 而拆字解谶以就丙申，非也。

史臣曰：晋祖潜跃之前，沈毅而已。及其为君也，旰食宵衣，礼
贤从谏，慕黄、老之教，乐清净之风，以绨为衣，以麻为履，故能保其
社稷，高朗令终。然而图事之初，召戎为援，猃狁自兹而孔炽，黔黎
由是以罹殃。迨至嗣君，兵连祸结，卒使都城失守，举族为俘。亦犹
决鲸海以救焚，何逃没溺；饮鸩浆而止渴，终取败亡。谋之不臧，何
至于是! 傥使非由外援之力，自副皇天之命，以兹睿德，惠彼蒸民，
虽未足以方驾前王，亦可谓仁慈恭俭之主也。《永乐大典》卷一万五千
六百四十四。

# 旧五代史卷八〇考证

晋高祖纪六乙亥遣前邢州节度使杨彦询使于契丹案:杨彦询

使于契丹，《欧阳史》、《通鉴》俱从是书，作九月。《辽史》作二月己未，晋遣杨彦询来贡，且言镇州安重荣跋扈状，遂留不遣，与是书异。　　丁丑襄州安从进举兵叛　案：安从进反，《欧阳史》、《五代春秋》俱作十月，《通鉴》从是书，作十一月。《辽史》作十二月戊子，晋遣使来告，山南节度使安重进反，则因其赴告之月而书之也。　　生擒衙内都指挥使安宏义　案：《宋史·焦继勋传》作擒其牙将安洪义、鲍洪等五十余人。　　是日镇州节度使安重荣称兵向阙　案：安重荣反，《欧阳史》、《通鉴》俱从是书，作十二月。《五代春秋》系于十月之后。《辽史》作十一月丙寅，晋以讨安重荣来告，与是书异。

遣前齐州防御使宋光邺　宋光邺，《辽史》避讳，作宋晖业。　　宋州节度使安彦威奏修滑州黄河功毕　案：修河事，是书纪于闰月壬辰。《欧阳史》作三月，归德军节度使安彦威塞决河于滑州，盖以奉使之月言，是书以奏功之日言也。　　诏改邺都宣明门为朱凤门　朱凤门，《五代会要》作来凤门。　　皇城南门为乾明门北门为元德门东门为万春门西门为千秋门　案《五代会要》：晋改皇城四门为乾明、元德、万春、千秋，在天福六年，是书统系于七年，与《会要》异。

旧五代史卷八一
晋书七

# 少帝本纪第一

　　少帝，名重贵，高祖之从子也。考讳敬儒，母安氏，以唐天佑十一年六月二十七日生帝于太原汾阳里。敬儒尝为后唐庄宗骑将，早薨，高祖以帝为子。帝少而谨厚，高祖爱之，泊历方镇，尝遣从行，委以庶事，但性好驰射，有祖祢之风。高祖镇太原，命琅琊王震以《礼记》教帝，不能领其大义，谓震曰："非我家事业也。"及高祖受围于太原，亲冒矢石，数献可于左右，高祖愈重焉。高祖受契丹册，入洛，欲留一子抚晋阳，先谋于戎王，戎王曰："使诸子尽出，吾当择之。"乃于行中指帝谓高祖曰："此眼大者可矣。"遂以帝为北京留守，授金紫光禄大夫、检校司徒，行太原尹，知河东管内节度观察事。天福二年九月，征赴阙，授光禄大夫、检校太保、右金吾卫上将军。三年十二月，授开封尹，加检校太傅，封郑王，增食邑三千户，俄加检校太尉、同中书门下平章事。六年，高祖幸邺，改广晋尹，进封齐王。以下疑脱"七年正月，加兼侍中"八字。

　　是岁，六月十三日案：此岁为天福七年，此承上六年为言，于中当有脱文。乙丑，高祖崩，承遗制命柩前即皇帝位。帝在并州未著人望，及保厘浚郊，大有宽裕之称。从幸邺都，是岁遇旱，高祖遣祈雨于白龙潭，有白龙见于潭心，是夜澍雨尺余，人皆异之，至是果登大位焉。丁卯，赐侍卫诸军将校钱一百贯下至五贯，以初即位示赉也。戊辰，宰臣冯道等率百僚请听政，凡三上表，允之。庚午，始听政于崇德殿门偏廊,分命廷臣以嗣位奏告天地宗庙社稷。遣右骁卫将军石德超等押先皇御马二匹,往相州西山扑祭,用北俗礼也。丙子,以司徒、兼侍中冯道为大行皇帝山陵使,门下侍郎窦贞固副之,太常卿崔税为礼仪使,户部侍郎吕琦为卤簿使,御史中丞王易简为仪仗使。徐无党《五代史记注》云:旧史实录无桥道顿递使,疑不置或阙书,汉高祖亦然。已卯,遣判四方馆事朱崇节、案:《欧阳史》作馆使宋崇节。右金吾大将军梁言持国信物使于契丹。是时,河南、河北、关西并奏蝗害稼。

秋七月癸未朔,百官素服临于天清殿。戊子,诏应宫殿、州县及官名、府号、人姓名,与先帝讳同音者改之。改西京明堂殿为宣德殿,中书政事堂为政事厅,堂后官房头为录事,余为主事。案《东都事略·陶谷传》:谷本姓唐,避晋祖讳改姓陶,盖当时避讳之体如此。已丑,大行皇帝大祥,帝释缞服,百官衣缘。辛卯,帝除禫服,百官吉服。壬辰,太皇太后刘氏崩,高祖之庶母也。遗诏服纪园陵勿用后礼,皇帝不得废军国机务。既而礼官奏"准令式,为祖父母齐缞周,又准丧葬令,皇帝本服周者,三哭而止。请准后唐同光三年,皇太妃北京薨,庄宗于洛京西内发哀素服。不视事三日。"从之。仍遣国子祭酒兼户部侍郎田敏奏告高祖灵座。癸巳,右谏议大夫郑受益、中书舍人杨昭俭并停见任,以请假在外,不赴国哀故也。丁酉,宰臣冯道等率文武百僚诣崇德殿门拜表,请御正殿,凡三上表,允之。安州奏,水平地深七尺。庚子,帝御正殿,宣制:"大赦天下,诸道州府诸色罪犯,除十恶五逆、杀人强盗、官典犯赃、合作毒药、屠牛铸钱外,其余罪犯,咸赦除之。襄州安从进如能果决输诚,并从释放。其中外臣僚将校,并与加恩。天下有虫蝗处,并与除放租税。"

辛丑,恒州顺国军节度使杜威、案杜重威避少帝讳去"重"字,至汉始复,故《少帝纪》皆作杜威。河东节度使刘知远,并加检校太师,仍增爵邑。青州平卢军节度使杨光远加守太师。癸卯,郓州天平军节度使兼侍卫马步都虞候景延广加特进、同中书门下平章事,充侍卫亲军都指挥使。滑州义成军节度使兼侍卫马军都指挥使李守贞,相州彰德军节度使、侍卫步军都指挥使郭谨,并加检校太傅,仍增爵邑。

宰臣冯道等上表，请依旧置枢密使，略曰："窃以枢密使创自前朝，置诸近侍，其来已久，所便尤多。顷岁枢密使刘处让偶属家艰，爰拘丧制，既从罢免，暂议改更，不曾显降敕文，永停使额。所愿各归职分，岂敢苟避繁难，伏请依旧置枢密使。"初，高祖事后唐明宗，睹枢密使安重诲秉政擅权，赏罚由己，常恶之，及登极，故断意废罢，一委中书。至是冯道等厌其事繁，故复请置之，庶分其权。表凡三上，不允。

乙巳，徐州节度使李从温、宋州节度使安彦威并加兼中书令，西都留守、充襄州行营都部署高行周加兼侍中，凤翔节度使李从曮加守太保。遣中使就中书赐宰臣冯道生辰器币，道以幼属乱离，早丧父母，不记生日，坚辞不受。丙午，以给事中罗周岳为左散骑常侍，以右谏议大夫符蒙为给事中，以秘书少监兼广晋少尹边蔚为右散骑常侍，以广晋少尹张煦为右谏议大夫，以广晋府判官、光禄少卿边光范为右谏议大夫。丁未，荆南节度使、南平王高从诲加兼尚书令，湖南节度使、楚王马希范加守太傅。自是藩侯郡守，皆第加官封，示溥恩也。是月，州郡十七蝗。

八月壬子朔，百官素服临于天清殿。乙卯，以左散骑常侍罗周岳为东京副留守。庚申，以山陵礼仪使、太常卿崔棁为太子宾客，分司西都，病故也。壬戌，晋昌军节度使桑维翰加检校太傅。甲子，宰臣冯道加守太尉。赵莹加中书令，李崧加左仆射兼门下侍郎，和凝加右仆射。契丹遣使致慰礼马二十匹及罗绢等物。是日，襄州行营都部署高行周奏，收复襄州，安从进自焚而死，生擒男弘赞斩之。前河东节度使康福卒，赠太师，谥曰武安。戊辰，以太子太保兼尚书左仆射刘昫为太子太傅。诏赐襄州城内百姓粟，大户二斛，小户一斛，以久困重围也。己巳，以太子宾客赵元辅权判太常卿事，充山陵礼仪使。庚午，葬太皇太后于魏县秦固村。癸酉，契丹使致祭于高祖，赗礼御马二匹、羊千口、绢千匹。契丹主母亦遣使来慰。诏免襄州城内人户今年夏秋来屋税，其城外下营处与放二年租税。应被安从进胁从者，一切不问。是月，河中、河东、河西、徐、晋、商、汝等州蝗。

九月丁丑朔,百官素服临于天清殿。己卯,分命遣朝臣诣寺观祷雨。辛巳,两浙节度使吴越国王钱弘佐、福建节度使王延羲,并加食邑,仍改赐功臣名号。癸未,帝御乾明门,观襄州行营都部署高行周、都监张从恩等献俘馘,有司宣露布讫,以安从进男弘受等四十四人徇于市,皆斩之。曲赦京城禁囚。甲申,宴班师将校于崇德殿,赐物有差。乙酉,宰臣和凝上《回河颂》,赐鞍马器帛。丁亥,以宋州归德军节度使安彦威为西京留守兼河南尹;以襄州行营都部署、西京留守高行周为宋州节度使,加检校太师。戊子,降襄州为防御使额,均、房二州割属邓州,升泌州为团练使额。己丑,以东京留守兼开封尹李德珫为广晋尹;以宣徽南院使、襄州行营都监张从恩为东京留守兼开封尹,加检校太尉;以前同州节度使、襄州行营副部署宋彦筠为邓州威胜军节度使,加检校太尉。山陵礼仪使撰高祖祔享太庙酌献乐章,上之。庚寅,诏今后除授留守,宜降麻制。癸巳,乐平公主史氏进封鲁国大长公主,寿安长公主乌氏进封卫国大长公主,郑国长公主杜氏进封宋国大长公主。荆南高从诲累表让尚书令之命。己亥,追封故秦国长公主为梁国长公主,故永寿长公主为岐国大长公主,故延庆长公主为邠国大长公主。辛丑,以义成军节度使兼侍卫马军都指挥使李守贞充大行皇帝山陵一行都部署。壬寅,以宣徽北院使、判三司刘遂清为郑州防御使,以澶州防御使李承福为宣徽北院使。癸卯,诏大行皇帝十一月十日山陵,宜自十月一日至十一月二十日不坐,放文武百官朝参。甲辰,上大行皇帝尊谥宝册,百官素服班于天清殿。《五代会要》:天福七年,中书门下奏:山陵礼仪使状:"高祖尊谥号及庙号,伏准故事,将启殡宫前,择日命太尉率百僚奉谥册,告天于圜丘毕,奉谥册跪读于灵前。"此累朝之制,盖以天命尊极,不可稽留。今所上高祖圣文章武明德孝皇帝尊谥宝册,伏缘去洛京地远,宝难以往来,当司详酌,伏请只差官往洛京,奏告南郊太庙。其日,中书门下文武百官立班,中书令、侍中升灵座前读宝册,行告谥之礼。礼仪使撰进高祖祔享太庙酌献乐章舞名,请以《咸和之舞》为名。从之。

　　冬十月辛亥朔,百官素服临于天清殿。襄州利市庙封为顺正王,仍令本州修崇庙宇。癸亥,启攒宫,百官衣初丧服入临。甲子,灵驾进发,帝于朱凤门外行遣奠之祭,辞毕还宫,丁丑,太保卢质卒,赠太子太师,谥曰文忠。已卯,宰臣李崧母丧,归葬深州,遣使吊祭之。庚辰,契丹遣使致祭于高祖,赙马三匹、衣三袭。

十一月庚寅,葬高祖皇帝于显陵。壬辰,湖南奏,前洪州节度使马希振卒。戊戌,诏宰臣等分诣寺庙祈雪。庚子,祔高祖神主于太庙。辛丑,以右金吾卫大将军、权判三司董遇为三司使。诏:"州郡税盐,过税斤七钱,住税斤十钱,州府盐院并省司差人勾当。"先是,诸州府除蚕盐外,每年海盐界分约收盐价钱一千七万贯,高祖以所在法禁,抵犯者众,遂开盐禁,许通商,令州郡配征人户食盐钱,上户千文,下户二百,分为五等,时亦便之。至是掌赋者欲增财利,难于骤变前法,乃重其关市之征,盖欲绝其兴贩归利于官也。其后盐禁如故,盐钱亦征,至今为弊焉。是日,诏:"天地宗庙社稷及诸祠祭等,访闻所司承管,多不精洁。宜令三司预支一年礼料物色,于太庙置库收贮,差宗正丞主掌,委监察使监当,祭器祭服等未备者修置。《五代会要》:敕差宗正丞石载仁专主掌,监察御史宋彦升监库,兼差供奉官陈审璘往洛京,于太庙内隐便处修盖库屋五间,俟毕日,催促所支物色,监送入库交付讫,取收领文状归阁。每有祠祭,诸司各请礼料,至时委监库御史宋彦升、宗正丞石载仁旋行给付。其大祠、中祠兼令监察御史检点,小祠即令行事官检点。如致慢易,本司准格科罪。其祭器未有者修制,已有者更仰整饬。

十二月辛酉,以威武军节度副使、充福建管内诸军都指挥使王亚澄为威武军副大使,知节度事。诏:"诸道州府,每遇大祭祀、冬正、寒食、立春、立夏、雨雪未晴,不得行极刑,如有已断下文案,可取次日及雨雪定后施行。"乙丑,以前邓州节度使安审晖为左羽林统军,以前延州节度使丁审琪为右羽林统军,以前金州节度使潘瑰为左神武统军,以前华州节度使皇甫立为左金吾卫上将军,以右龙武统军刘遂凝为左骁卫上将军,以前贝州节度使马万为右骁卫上将军,以左龙武大将军张彦泽为右武卫上将军。丙寅,宰臣冯道、滑州节度使兼侍卫马军都指挥使李守贞、河阳节度使皇甫遇、西京留守安彦威、广晋尹李德珫，并加爵邑，以山陵充奉之劳也。己巳，回鹘进奉使密里等各授怀化归德大将军、将军郎将，放还蕃。庚午，故洪州节度使马希振追封齐国公。辛未，故中吴建武等军节度使、彭城郡王钱元璙追封广陵郡王。丙子，于阗、回鹘皆遣使贡方物。

天福八年春正月辛巳，盗发唐坤陵，庄宗母曹太后之陵也。河南府上言："逃户凡五千三百八十七，饿死者兼之。"诏："诸道以廪粟赈饥民，民有积粟者，均分借便，以济贫民。"时州郡蝗旱，百姓流亡，饿死者千万计，东都人士僧道，请车驾复幸东京。后唐庄宗德妃伊氏自契丹遣使贡马。庚寅，沙州留后曹元深加检校太傅，充沙州归义军节度使。癸巳，发禁军万人并家口赴东京。乙巳，于阗、回鹘入朝使刘再成等并授怀化大将军、将军郎将，放还蕃。

二月庚戌，御札取今月十一日车驾还东京，沿路州府，不用修饰行宫，食宿顿递，并以官物供给，文武臣僚除有公事合随驾外，并先次进发。以侍卫亲军使景延广充御营使。癸丑，以广晋尹李德珫权邺都留守。己未，车驾发邺都，曲赦都下禁囚。甲子，次封丘，文武百官见于行宫。乙丑，至东京。甲戌，以东京留守张从恩为权邺都留守，以皇弟检校司徒重睿为检校太保、开封尹，年幼未出阁，差左散骑常侍边蔚知府事。丁丑，以前太仆卿薛仁谦为卫尉卿。河中逃户凡七千七百五十九。是时天下饥，谷价翔踊，人多饿殍。右金吾卫上将军刘处让卒，赠太尉。

三月己卯朔，以中书令、监修国史赵莹为晋昌军节度使；以晋昌军节度使桑维翰为侍中、监修国史。《通鉴》作晋昌节度使、兼侍中桑维翰为侍中。朔三省注云：桑维翰始居藩镇而兼侍中，今入朝，正为门下省长官。辛巳，以左散骑常侍卢重为秘书监，以东京副留守罗周岳为右散骑常侍。癸未，青州节度使、东平王杨光远进封寿王，北京留守刘知远、恒州节度使杜威并加兼中书令。乙酉，以鄜州节度使符彦卿为河阳节度使；以权邺都留守、前开封尹张从恩为邺都留守、广晋尹；以右羽林统军丁审琦为鄜州节度使。丁亥，天策上将军、湖南节度使、楚王马希范加守尚书令、兼中书令。己丑,桂州节度使马希杲依前检校太尉、兼侍中,兼知朗州军州事;朗州武平军节度使马希萼加检校太尉,进封爵邑。以武平军节度副使、岳州团练使马希赡为检校太尉,领庐州昭信军节度使;以武安军节度副使、永州团练使马希广为检校太尉,领洪州镇南军节度使;皆楚王马希范之弟也。庚寅,以宣徽北院使李承福为右武卫大将军,充宣徽南院使;以前郑州防御使刘继勋为左千牛卫大将军,充宣徽北院使。国子祭酒兼户部侍郎田敏以印本《五经》书上进,赐帛五十段。甲午,有白鸟楼作坊桐树,作坊使周务掠捕而进之。辛丑,引进使、太府卿孟承诲使契丹。诏京百司摄官亲公事及五年,与授初官。癸卯,以左谏议大夫司徒诩为给事中,左司郎中王仁裕为右谏议大夫,前鸿胪卿王均为少府监。

夏四月戊申朔,日有蚀之。庚戌,以许州节度使赵在礼为徐州节度使,以徐州节度使李从温为许州节度使。己巳,中书门下奏:"请以六月二十七日降诞日为启圣节。"从之。是月,河南、河北、关西诸州旱蝗,分命使臣捕之。

五月己卯,追封皇故长姊为吴国长公主。癸未,皇侄女永福县主薨,辍朝三日,追封平昌郡主。丁亥,皇第二叔祖赠太师万友追封秦王;皇第三叔祖赠太尉万铨案:原本作'诠',今从《欧阳史》改。赠太师,追封赵王。皇伯赠太傅敬儒赠太师,追封宋王;皇叔赠太尉福王德赠太师,追封如故;皇叔赠太傅晖赠太师,追封韩王;皇叔赠太尉通王殷、皇叔赠太尉广王威、皇兄赠太傅郯王重裔并赠太师,追封如故。皇兄赠太师沂王重信追封楚王;皇兄赠太傅虢王重义、皇兄赠太师夔王重进、皇弟赠太尉陈王重杲等并赠太师,追封如故。仍令所司择日册命。辛卯,以御史中丞王易简为尚书左丞,以礼部侍郎张允为御史中丞,以中书舍人吴承范为礼部侍郎,以吏部侍郎王延为尚书右丞,以尚书右丞王松为吏部侍郎,以兵部侍郎张昭远为吏部侍郎,以户部侍郎吕琦为兵部侍郎,以刑部侍郎韦勋为户部侍郎,以工部侍郎李详为刑部侍郎。癸巳,命宰臣等分诣寺观祷雨。己亥，飞蝗自北翳天而南。太子宾客李棁卒。甲辰，诏："诸道州府见禁罪人，除十恶五逆、行劫杀人、伪行印信、合造毒药、官典犯赃各减一等外，余并放。"是时所在旱蝗，故有是诏。乙巳，幸相国寺祈雨。

六月庚戌，以螟蝗为害，诏侍卫马步军都指挥使李守贞往皋门祭告，仍遣诸司使梁进超等七人分往开封府界捕之。乙卯，以左羽林统军安审晖为潞州节度使。宿州奏，飞蝗抱草干死。丙辰，贝州奏，逃户凡三千七百。遣供奉官卫延韬诣嵩山投龙祈雨。戊午，以西京留守马从斌为左监门卫上将军。开封府界飞蝗自死。庚申，河南府奏，飞蝗大下，遍满山野，草苗木叶食之皆尽，人多饿死，礼部侍郎吴承范卒。丙寅，以将册皇太后，遣尚书左丞王易简奏告天地。陕州奏，飞蝗入界，伤食禾稼及竹木之叶，逃户凡八千一百。丁卯，以给事中符蒙为礼部侍郎，以左谏议大夫裴坦为给事中。辛未，遣内外臣僚二十八人分往诸道州府率借粟麦。时使臣希旨，立法甚峻，民间碓磑泥封之，隐其数者皆毙之，由是人不聊生，物情胥怨。是月，诸州郡大蝗，所至草木皆尽。《永乐大典》卷一万五千六百四十九。

# 旧五代史卷八一考证

晋少帝纪一命琅玡王震　案：《欧阳史》作博士王震。　遣判四方馆事朱崇节　案：《欧阳史》作四方馆使宋崇节。　乙丑至东京　案：《辽史》作丁未，晋王至汴，与是书异。《五代春秋》、《欧阳史》、《通鉴》并从是书。　河南河北关西诸州旱蝗分命使臣捕之　案：《欧阳史》作供奉官张福率威顺军捕蝗于陈州。仍遣诸司使梁进超等七人分往开封府界捕之　案：《欧阳史》作癸亥，供奉官七人，帅奉国军捕蝗于京畿。与是书异。　辛未遣内外臣僚二十八人分往

诸道州府率借粟麦案《通鉴》:七月己丑,诏以年饥,国用不足,遣使
者六十余人,于诸道括民谷。与是书异。

旧五代史卷八二
晋书八

# 少帝本纪第二

　　天福八年秋七月丁丑朔，京师雨水深三尺。辛巳，许州节度使李从温来朝，进封楚国公。壬午，以前河阳节度使皇甫遇为右龙武统军。丁亥，以宣徽南院使李承福为同州节度使。癸巳，改陕州甘棠驿为通津驿，避庙讳也。案《东都事略·陶谷传》：谷本姓唐，避晋祖讳改姓陶，盖当时避讳及偏旁字及同音字也。甲午，正衙命册皇太后，以宰臣李崧充使，右散骑常侍李慎仪为副。丁酉，幸南庄，召从驾臣僚习射，路左农人各赐布衫麻屦。

　　八月戊申，右卫上将军杨思权卒，赠太傅。辛亥，分命朝臣一十三人分检诸州旱苗。泾、青、磁、邺都共奏逃户凡五千八百九十。诸县令佐以天灾民饿，携牌印纳者五。癸酉，以前昭义节度使李从敏为左龙武统军。

　　九月戊寅，尊秦国夫人安氏为皇太妃，帝所生母也。丁亥，追册故魏国夫人张氏为皇后，帝之元妃也。丙子，以金部郎中、知制诰冯玉为检校尚书右仆射，充颍州团练使。戊子，前颍州团练使田令方追夺在身官爵，勒归私第，坐前任耀州日，额外配民曲钱纳归私室故也。延州奏，绥州刺史李彝敏抛弃郡城，与弟彝俊等五人将骨肉二百七十口来投，当州押送赴阙，称与兄夏州节度使彝殷偶起猜嫌，互相攻伐故也。辛卯，夏州奏，差宥州刺史李仁立权知绥州。癸巳，故绛州刺史张从训赠太尉，追册皇后之父也。甲午，夏州李彝殷奏:"衙内都指挥使拓拔崇斌等五人作乱,当时收擒处斩讫。相次绥州刺史李彝敏擅将兵士,直抵城门,寻差人掩杀,彝敏知事不济,与弟五人将家南走。"诏:"李彝敏潜结凶党,显恣逆谋,骨肉之间,尚兴屠害,照临之内,难以含容,送夏州处斩。"丙申,幸大年庄,遂幸侍卫使景延广第,延广进金玉器玩,赐延广玉带名马,母妻、宾佐、部曲、僮仆锡赉咸及之。庚子,以右谏议大夫边光范为给事中,以吏部郎中刘知新为右谏议大夫。是月,诸州郡括借到军食,以籍来上,吏民有隐落者,并处极法。州郡二十七蝗,饿死者数十万。

冬十月戊申,制以吴国夫人冯氏为皇后,仍令所司择日备礼册命。庚戌,封皇第十一妹为嘉兴长公主,第十二妹为永泰长公主。是夕五更,有彗见于东方,在角,旬日而灭。壬子,以权知延州军州事、前凤州防御使杜威为延州留后。甲寅,以国子祭酒兼户部侍郎田敏充弘文馆学士,判馆事;以吏部侍郎张昭远充史馆修撰,判馆事;以给事中司徒诩充集贤殿学士,判院事。西京奏,百姓马知饶杀男吴九不死,以其侵母食也。诏赦之。甲子,以前延州节度使何建为泾州节度使。丙寅,以泾州节度使王周为陕州节度使。己巳,以左散骑常侍、权知开封府事边蔚为工部侍郎,依前知府事。壬寅,以前兵部侍郎李玭为吏部侍郎。癸酉,命使摄太尉、右仆射平章事和凝,使副摄司徒、给事中边光范追册故魏国夫人张氏为皇后,奉宝册至西庄影殿行礼,卤簿仪仗如式。

十一月丁丑,以邓州节度使宋彦筠为晋州节度使,以泾州节度使何建为邓州节度使。己卯,以前邺都留守、广晋尹李德珫为泾州节度使。丙申,所司奏议,故天下兵马都元帅、吴越国王钱元瓘谥曰庄穆,诏改为文穆。戊戌,遣前复州防御使吴峦权知贝州军事,诏节度使王令温赴阙。庚子,单州军事判官赵岳奏,刺史杨承祚初夜开门出城,称为母病,往青州宁亲,于孔目官齐琪处留下牌印,臣已行用权知州事。辛丑,高丽遣使朝贡。昭化军节度使、瑞慎等州观察等使杜建徽进封郧国公。遣侍卫步军都指挥使郭谨领兵赴郓州。

十二月乙巳朔,遣左领军卫将军蔡行遇押兵士屯于郓州,仍遣

供奉官殿直二十六人，自河阴至海口，分擘地分巡检，以青州节度
使杨光远谋叛故也。庚戌，前左御正齐国夫人吴氏已降二十一人，
并进封郡国夫人，太后宫、皇后宫知客夫人等亦如之。太子太保致
仕梁文矩卒，赠太子太傅。癸丑，诏河阳节度使符彦卿、宋州节度使
高行周、贝州节度使王令温、同州节度使李承福、陈州梁汉璋、亳州
李尊、怀州薛怀让并赴阙，分命使臣诸州郡巡检，以契丹入寇故也。
遣给事中边光范、前登州刺史郭彦威使于契丹，行至恒州，敌已犯
境，不能进，留于公馆数月，不达其命而回。《辽史》：天福八年二月乙
卯，晋遣使进先帝遗物。辛酉，晋遣使请居汴，从之。三月丁未，晋主至汴，遣使
来谢。五月己亥，遣使如晋，致生辰礼。六月辛酉，晋遣使贡金。秋八月丁未朔，
晋复贡金。己未，如奉圣州，晋遣其子延煦来朝。甲寅，以郓州刺史杨承祚
为登州刺史，从其便也。华州、陕府奏，逃户凡一万二千三百。乙丑，
腊，车驾不出。诏前陕州节度使石赟率诸节度使畋于近郊。太子宾
客聂延祚卒。丁卯，诏宣徽使刘继勋就杜威园亭会节度使统军等习
射。淄州奏，青州节度使杨光远反，遣兵士取淄州，刺史翟进宗入青
州。是冬大饥，河南诸州饿死者二万六千余口。

　　开运元年春正月甲戌朔，是夕阵云掩北斗之魁星。乙亥，沧、
恒、贝、邺驰告，契丹前锋赵延寿、赵延昭引五万骑入寇，将及甘陵，
青州杨光远召之也。己卯，契丹陷贝州，知州吴峦死之。庚辰，以宋
州节度使高行周为北面行营都部署，以河阳节度使符彦卿为马军
左厢排阵使，以右神武统军皇甫遇为马军右厢排阵使，以陕州节度
使王周为步军左厢排阵使以右羽林统军潘环为步军右厢排阵使。
太原奏，契丹入雁门，围忻、代二州。恒、沧、邢三州上言，契丹大至。
是岁，天下饿死者数十万人，诏逐处长吏瘗之。壬午，诏取此月十三
日车驾北征，以前邠州节度使李周为权东京留守。乙酉，车驾发东
京。丁亥，敌骑至黎阳，以侍卫马军都指挥使李守贞为前军都虞候。
河北危促，诸州求救者人使相望。戊子，车驾至澶州。以贝州节度
使王令温为邓州节度使，时令温弟令崇自契丹至，诉以举族陷于甘
陵，故有是命。辛卯，邺都留守张从恩遣人夜缒城间行，奏契丹主以

铁骑三四万建牙帐于元城，以赵延寿为魏博节度使，改封魏王，延寿日率骑军摩垒而退。案《辽史·太宗纪》：正月己丑，次元城，授延寿魏博等州节度使，封魏王，率所部屯南乐。盖辽人封延寿自在己丑，晋人至辛卯始得奏闻也。甲午，以北京留守刘知远为幽州道行营招讨使，以恒州节度使杜威副之，定州节度使马全节为都虞侯，其职员将校委招讨使便宜署置。乙未，大雾中有白虹相偶，占者曰："斯为海淫，其下必将有战。"诏率天下公私之马以资骑军。丙申，契丹攻黎阳，遣右武卫上将军张彦泽等率劲骑三千以御之。己亥，遣译语官孟守忠致书于契丹主，求修旧好。守忠自敌帐回，契丹主复书曰："已成之势，不可改也。"案《辽史》云：辛丑，晋遣使来修旧好，诏割河北诸州及遣桑维翰、景延广来议。与《薛史》微异。辛丑，太原奏，与契丹战于秀谷，斩首三千级，生擒五百人，获敌将一十七人，贼军散入鸦鸣谷，已进军追袭。

二月甲辰朔，遣石赟守麻家口，何建守杨刘镇，白再荣守马家渡，安彦威守河阳。郓州奏，博州刺史周儒以城降契丹，又与杨光远潜约，光远引契丹于马家渡济河。时郭谨在汶阳，遣左武卫将军蔡行遇率数百骑赴之，遇伏兵于葭苇中，突然而出。转斗数合，部下皆遁，行遇为贼所执，锋镝重伤，不能乘马，坐奋中舁至幕帐。遣李守贞等水陆进兵而下，以救汶阳。丙午，先锋指挥使石公霸与契丹遇于戚城之北，为契丹所围。高行周、符彦卿方息于林下，闻贼至骇愕，督军而进，契丹众甚盛，被围数重，遣人驰告景延广，请益师。延广迟留，候帝进止，行周等大噪，瞋目奋击贼众，伤死者甚多，帝自御亲兵救之方解。《宋史·符彦卿传》：契丹骑兵数万，围高行周于钱丘，诸将莫敢当其锋，彦卿独引数百骑击之，辽人遁去，行周得免。《高怀德传》至戚城，被围数重，援兵不至，危甚，怀德左右射，纵横驰突，众皆披靡，挟父而出。登戚城古台，置酒以劳三将，咸咎延广不遣兵赴难，相对泣下。戊申，契丹筑垒于马家渡东岸，以骑军列于外，以御王师，李守贞以师搏之，遂破其众。贼骑散走，赴河溺死者数千，遂拔其垒。初，西岸敌军数万，鼓噪扬旗以助其势，及见东岸兵败，号哭而去。获马八百匹，生擒贼将七十八人，部众五百人，送行在，悉斩之。辛亥，夏州节度使李彝殷合蕃汉之兵四万抵麟州，济河，侵契丹之境，以牵胁之。壬子，以彝殷为契丹西南面招讨使。易州刺史安审约奏，战契丹于北平，贼退保祁沟关，断其桥梁而还。癸丑，博州残兵至自贼中。周儒之降也，贼执其军士，将献于幕帐，行次中途，守者夜寝，其中军士一人自解桎梏，为诸兵释缚，取贼戈矛，尽杀援者二百余人，南走而归，至河无舟，浮水而过，溺死之余，所存者六十七人。是日，日有黄白晕，二白虹夹日而行。己未，沧州奏，贼众三千人援送所掠人口宝货等，由长芦入蕃。以轻骑邀之。斩获千余人，人口辎重悉委之而走。庚申，宰臣冯道等再上表请听乐，皆不允。时帝自期年之后，于宫中间举细声女乐，及亲征以来，日于左右召浅蕃军校，奏三弦胡琴，和以羌笛，击鸣鼓，更舞迭歌，以为娱乐。常谓侍臣曰："此非音乐也。"故冯道等奏请举乐，诏旨未允而止。壬戌，杨光远率兵围棣州，刺史李琼以州兵击之，弃营而遁。冀州奏，败贼军于城下，见舁棺者，讯其降者，曰："戚城之战，上将金头王中流矢而死，此其榇也。"癸亥，以前邓州节度使何建为东南面马步军都部署，率师屯汶阳。甲子，蜀人寇我阶州。

三月癸酉朔，契丹主领兵十余万来战，时契丹伪弃元城寨已旬日矣，伏精骑于顿丘故城，以待王师。《通鉴》：邺都留守张从恩屡奏敌已遁去，大军欲进逼之，会霖雨而止。设伏累日，人马饥顿，赵延寿谋曰："晋军悉在河上，畏我锋锐，不敢前进，不如径造城下，四面而进，攻夺其桥梁，天下定矣。"契丹主然之。是日，前军高行周在戚城之南，贼将赵延寿、赵延昭以数万骑出王师之西，契丹主自拥精骑出王师之东，两军接战，交相胜负。至晡时，契丹主以劲兵中央出而来，帝御亲军列为后阵，东西济河，为偃月之势，旗帜鲜盛，士马严整。契丹主望之，谓左右曰："杨光远言晋朝兵马半已饿死，今日观之，何其壮耶！"敌骑往来驰突，王师植立不动，万弩齐彀，飞矢蔽空，贼军稍却。会有亡者告契丹主曰："南军东面人少，沿河城栅不固，可以攻之。"契丹乃率精骑以攻东边，王师败走，敌骑追之。时有夹马军士千余人在堤间治水寨，旗帜之末出于堰埭，敌望见之，以为伏兵所起,追兵乃止。久之,复战,王师又退,李守超以数百骑短兵直进击之,敌稍却。战场之地,人马死者无算,断箭残镞,横厚数寸。遇夜,贼击钲抽军而退,夜行三十而舍焉。护圣指挥使协霸<sup>案:"协霸"</sup>二字上疑有脱文。亡入贼中,夷其族。护圣第二军都指挥使安重怀、指挥使乌韩七、监军何彦超等临阵畏怯,手失兵仗,悉斩之。乙亥,契丹主帐内小校窃其主所乘马来奔,云:"契丹已传木书,收军北去。"案《辽史》:三月壬午,留赵德昭守贝州,徙所俘户于内地。四月癸丑,还次南京。《契丹国志》云:景延广疑有诈,闭壁不敢迫。辽帝北归,所过焚掠民物殆尽。齐州奏,青州贼军寇明水镇。壬午,礼部尚书卢詹卒,赠太子少保。甲申,契丹车帐已过贝州,以赵延昭守贝州。《辽史》:三月壬午,留赵延昭守贝州,徙所俘户于内地。辛卯,定州马全节攻泰州,拔之,俘其兵士二千人,杂畜戎仗称是。己亥,北京留守、兼中书令刘知远封太原王,余如故。是日,诏天下抽点乡兵,凡七户出一士,六户资之,仍自具兵仗,以'武'为号。太常丞王绪弃市。绪家于青州,常致书于杨光远,绪有妾之兄慊绪不为赒给,遂告与光远连谋,密书述朝廷机事,遂收捕斩之。

夏四月,车驾在澶州。沧州奏,契丹陷德州,刺史尹居璠为敌所执。甲辰,邺都留守张从恩来朝。丁未,加从恩平章事,还邺。己酉,诏取今月八日车驾还京,令高行周、王周留镇澶渊,近地兵马委便宜制置。甲寅,至自澶州,曲赦京城大辟以下罪人。丁巳,升冀州为防御使额。同、华奏,人民相食。己未,以右武卫上将军张彦泽为右神武统军。辛酉,以郓州节度使、侍卫亲军都指挥使景延广为西京留守;以宋州节度使高行周为侍卫亲军都指挥使;以侍卫亲军都虞候、义成军节度使李守贞为兖州节度使,典军如故。是日,分命文武臣僚三十六人往诸道州府括率钱帛,以资军用。癸亥,以西京留守安彦威为晋昌军节度使,以晋昌军节度使赵莹为华州节度使,以左龙武统军皇甫遇为滑州节度使。是日,置酒宫中,召景延广谓之曰:"卿有佐命之功,命保厘伊、洛,非酬勋之地也。"因解御衣、宝带以赐之。丙寅,陇州奏,饿死者五万六千口。

　　五月壬申朔，太原刘知远奏，边境未宁，军用甚广，所封王爵，
乞未行册命。戊寅，遣侍卫亲军都虞候李守贞率步骑二万，讨杨光
远于青州。丁亥，以邺都留守张从恩为贝州行营都部署，《通鉴》：张
从恩上言："赵延昭虽据贝州，麾下将士久客思归，宜速进军攻击。"诏以从恩
为贝州行营都部署。以滑州节度使皇甫遇为行营都虞候，以左神武统
军潘瑰掌骑兵，右神武统军张彦泽掌步兵。辛卯，张从恩奏，贝州贼
将赵延昭纵火大掠，弃城而遁。《通鉴》：延昭屯于瀛、莫，阻水自固。以李
守贞为青州行营都部署，以河阳节度使符彦卿副之。戊戌，以邓州
节度使何建为贝州永清军节度使。是月，泽潞上言，饿死者凡五千
余人。

　　六月辛丑朔，王师拔淄州，斩杨光远伪署刺史刘翰。癸卯，以太
尉、兼侍中冯道为检校太师、兼侍中，充同州节度使。丙午，诏复置
枢密院。丁未，以侍中桑维翰为中书令，充枢密使。权开封府尹李
周卒，辍朝，赠太师。辛亥，以邢州节度使安叔千为晋州节度使，加
同平章事；以晋州节度使宋彦筠为陕州节度使；以吏部郎中李谷充
枢密直学士。丙辰，滑州河决，漂注曹、单、濮、郓等州之境，环梁山
河于汶、济。案《宋史·杨昭俭传》：河决数郡，大发丁夫，以本部帅董其役，
既而塞之。晋少主喜，诏立碑纪其事。昭俭表谏曰："陛下刻石纪功，不若降哀
痛之诏；搞翰华颂美，不若颁罪己之文。"言甚切至，少主嗟赏之，卒罢其事。
戊午，升府州为团练使额。庚申，襄州献白鹊。甲子，复置翰林学士。
乙丑，宰臣等三上表请听乐，诏允之。戊辰，以门下侍郎王松为左
丞；以右丞王易简为吏部侍郎；以右散骑常侍萧愿为秘书监；以右
谏议大夫王仁裕为给事中；以给事中常式为左散骑常侍；以金部郎
中、知制诰徐台符为翰林学士；以礼部郎中李浣本官知制诰，充翰
林学士；以刑部郎中刘温叟改都官郎中，充翰林学士；以主客员外
郎范质充翰林学士；御史张宜改仓部员外郎、知制诰。庚午，以前晋
州节度使周密为左龙武统军，以同州节度使李怀忠为左羽林统军。
《永乐大典》卷一万五千六百四十九。

# 旧五代史卷八二考证

晋少帝纪二以青州节度使杨光远谋叛故也　案：杨光远反，《五代春秋》作十一月，与是书作十二月异。《欧阳史》从是书。　乙亥沧恒贝邺驰告契丹前锋赵延寿赵延昭引五万骑入寇将及甘陵　案：《欧阳史》作甲戌朔，契丹寇沧州。据《辽史》云，甲戌朔，赵延寿、延昭率前锋五万骑次任邱，与《欧阳史》合。　太原奏契丹入雁门围忻代二州　案：《通鉴》，契丹入雁门不书日，《辽史》作丙子入雁门，围忻、代。乙酉车驾发东京丁亥敌骑至黎阳　案：《欧阳史》作丙戌，契丹寇黎阳。　辛卯邺都留守张从恩遣人夜缒城间行奏契丹主以钱骑三四万建牙帐于元城以赵延寿为魏博节度使改封魏王　案《辽史》：己丑次元城，授延寿魏博节度使，封魏王，率所部屯南药。盖辽人屯于元城，自在己丑，晋人至辛卯始得奏闻也。《欧阳史》作辛卯，契丹屯于元城，赵延寿寇南药，殊误。　已亥遣译语官孟守忠致书于契丹主求修旧好　案《辽史》云：辛丑，晋遣使来修旧好，诏割河北诸州及遣桑维翰、景延广来议。与是书微异。　郓州奏博州刺史周儒以城降契丹　案：博州刺史周儒降于契丹，《欧阳史》、《通鉴》、《契丹国志》俱作正月，是书及《辽史》作二月。

旧五代史卷八三
晋书九

# 少帝本纪第三

　　开运元年秋七月辛未朔,帝御崇元殿,大赦天下,改天福九年为开运元年。河北诸州,曾经契丹蹂践处,与免今年秋税。诸军将士等第各赐优给。诸州率借钱帛,赦书到日,画时罢征,出一千贯已上者与免科徭,一万贯已上者与授本州上佐云。是日宣赦未毕,会大雷雨,匆遽而罢。时都下震死者数百人,明德门内震落石龙之首,识者以为石乃国姓,盖不祥之甚也。癸酉,以定州节度使马全节为邺都留守,加兼侍中;以昭义节度使安审晖为邢州节度使,加检校太师,乙亥,前陕州节度使王周加检校太尉,改定州节度使;邺都留守张从恩改郓州节度使。礼官奏:“天子三年丧毕,祫享于太庙,高祖圣文章武明德孝皇帝今年八月丧终毕,合以十月行大祫之礼,冬季祠祭,改荐为祫。”从之。丁丑,虞部员外郎、知制诰陶谷改仓部郎中、知制诰,大理卿吴德谦改秘书监致仕。辛巳,以左龙武统军李从敏为潞州节度使,天策府都护军、桂州节度使、知朗州军事马希杲加检校太师。壬午,降金州为防御州,降莱州为刺史州。户部侍郎田敏改兵部侍郎;刑部侍郎李祥改尚书左丞;以颍州团练使冯玉为户部侍郎,充端明殿学士;中书舍人赵上交改刑部侍郎。己丑,以枢密使、中书令桑维翰充弘文馆大学士,太子太傅、谯国公刘昫为守司空兼门下侍郎平章事、监修国史、判三司,宰臣李崧、和凝进封爵邑。庚寅,宣徽北院使刘继勋改宣徽南院使,三司使董遇改宣徽北院使。辛卯，以前陕州节度使石赟为邓州节度使。同州节度使李承福卒，赠太傅。

八月辛丑，命十五将以御契丹，《东都事略范质传》：契丹入寇，晋出帝命十五将出征。是夕，质宿直，出帝命诸学士分草制，质曰："宫城已闭，虑泄机事。"遂独为之。北京留守刘知远充北面行营都统，镇州节度使杜威充北面行营都招讨使，郓州节度使张从恩充马步军都监。西京留守景延广充马步军都排阵使，徐州节度使赵在礼充马步军都虞候，晋州节度使安叔千充马步军左厢排阵使，前兖州节度使安审信充马步军左厢排阵使，河中节度使安审琦充马步军都指挥使，河阳节度使符彦卿充马军左厢都指挥使，滑州节度使皇甫遇充马步军左厢都指挥使，右神武统军张彦泽充马军排阵使，沧州节度使王廷胤充步军左厢都指挥使，陕州节度使宋彦筠充马军右厢都指挥使，前金州节度使田武充步军左厢排阵使，左神武统军潘瑰充步军右厢排阵使。壬寅，闽王王延羲为其下连重遇、朱文进所害，众推文进知留后事，称天福年号，间道以闻。甲辰，太子少傅、卢文纪改太子太傅，太子少保李璘改太子太保。刑部尚书李愗改户部尚书，给事中司徒诩改右散骑常侍，以府州刺史折从阮为安北都护，充振武节度使。是夜，荧惑入南斗。乙巳，诏复置明经、童子二科。己酉，以邓州节度使王令温为延州节度使。癸丑，以威武军兵马留后、权知闽国事朱文进为检校太傅、福州威武军节度使，知闽国事。癸亥，升澶州为节镇，以镇宁为军额，割濮州为属郡。甲子，以延州节度使史威为澶州节度使

九月庚午朔，日有蚀之。乙酉，户部侍郎韦勋为太子宾客，以前棣州刺史段希尧为户部侍郎，以光禄卿张仁愿为大理卿。己丑，礼部侍郎符蒙卒。壬辰，太原奏，代州刺史白文珂破契丹于七里烽，斩首千余级，生擒将校七十余人。癸巳，以前陇州防御使翟光邺为宣徽北院使。己亥，以沧州节度使王廷胤卒辍朝，赠中书令。

冬十月壬寅，两浙节度使、吴越国王钱弘佐加守太尉。庚戌，以徐州节使、北面行营马步都虞候赵在礼为北面行营副都统，邺都留

守马全节为北面行营副招讨使。甲寅,以起居郎、知制诰贾纬为户
部郎中、知制诰。戊午,诏曰:

朕虔承顾命,获嗣丕基,常惧颠危,不克负荷,宵分日旰,
罔敢怠宁,夕惕晨兴,每怀只畏。但以恩信未至,德教未孚,理
道不明,咎征斯至。

向者,频年灾诊,稼穑不登,万姓饥荒,道殣相望,上天垂
谴,凉德所招。仍属干戈尚兴,边陲多事。仓廪不足,则辍人之
粮食;帑藏不足,则率人之资财;兵士不足,则取人之丁中;战
骑不足,则假人之乘马。虽事不获已,而理将若何!访闻差去
使臣,殊乖体认,不能敦于勉谕,而乃临以威刑,自有所闻,益
深愧悼。旋属守臣叛命,敌骑入边,致使甲兵不暇休息,军旅有
征战之苦,人民有飞挽之劳,疲瘵未苏,科徭尚急,言念于兹,
寝食何安!得不省过兴怀,侧身罪己,载深减损,思召和平。所
宜去无用之资,罢不急之务,弃华取实,惜费省功,一则符先帝
慈俭之规,慕前王朴素之德。

向者,造作军器,破用稍多,但取坚刚,不须华楚,今后作
坊制器械,不得更用金银装饰。比于游畋,素非所好,凡诸服
御,尤欲去奢,应天下府州不得以珍宝玩好及鹰犬为贡。在昔
圣帝明君,无非恶衣菲食,况于薄德,所合恭行,今后大官尚
膳,减去多品,衣服帷帐,务去华饰,在御寒温而已。峻宇雕墙,
昔人所诫,玉杯象箸,前代攸非,今后凡有营缮之处,丹垩雕
镂,不得过度,宫闱之内,有非理费用,一切禁止。

於戏!继圣承祧,握枢临极,昧于至道,若履春冰。属以天
灾流行,国步多梗,因时致惧,引咎推诚,期于将来,庶几有补。
更赖王公、将相,贵戚、豪宗,各启乃心,率由兹道,共臻富庶,
以致康宁。凡百臣僚,宜体朕意。

十一月壬申,诏曰:“蕃寇未平,边陲多事,即日虽无侵轶,亦须
广设堤防。朕将亲率虎貔,躬擐甲胄,候闻南牧,即便北征,不须先
定日辰,别行告谕。所有供亿,宜令三司预行计度,合随从诸司职

员,并宜常备行计"云。己卯,以陈州刺史梁汉璋充侍卫马军都指挥使。壬午,以贝州节度使何建为澶州节度使兼北面行营马军右厢排阵使,以澶州节度使史威为贝州节度使。丙戌,以前金州节度使田武为沧州节度使兼北面行营步军右厢都指挥使,以前相州节度使郭谨为鄜州节度使。

十二月己亥朔,幸皋门,射中白兔。癸丑,福州节度使朱文进加同平章事,封闽国王。丁巳,青州杨光远降。光远子承勋等斩观察判官邱涛,牙将白延祚、杨赡、杜延寿等首级,送于招讨使李守贞,乃纵火大噪,劫其父处于私第,以城纳款,遣即墨县令王德柔贡表待罪。杨光远亦遣节度使判官杨麟奉表请死。诏释之。

闰月庚午,以杨承信为右羽林将军,承祚为右骁骑卫将军,皆光远之子,先诣阙请罪,故特授是官。癸酉,李守贞奏,杨光远卒。初,光远既上表送降,帝以光远顷岁太原归命,欲曲全之,议者曰:"岂有反状滔天而赦之也!"乃命守贞便宜处置,守贞遣人拉杀之,以病卒闻。乙酉,前登州刺史张万迪削夺官爵处斩,青州节度判官杨麟配流威州,掌书记任邈配流原州,支使徐晏配流武州,纵逢恩赦,不在放还之限,并以杨光远叛故也。工部尚书、权知贡举窦贞固奏:"试进士诸科举人入策,旧例夜试,以三条烛尽为限,天成二年改令昼试,今欲依旧夜试。"从之。曲赦青州管内罪人,立功将士各赐优给,青州吏民为杨光远诖误者,一切不问。青州行营招讨使、兖州节度使兼侍卫都虞候李守贞加同平章事,副招讨使、河阳节度使符彦卿改许州节度使。丙戌,降青州为防御使额,以莱州刺史杨承勋为汝州防御使。己丑,以工部尚书窦贞固为礼部尚书,太常卿王延为工部尚书,左丞王松为太常卿,以前尚书右丞龙敏为尚书左丞。癸巳,以前安州防御使李建业为河阳兵马留后,以宣徽使翟光邺为青州防御使,以内客省使李彦韬为宣徽北院使。甲午,以给事中边光范为左散骑常侍,以枢密直学士、吏部郎中李谷为给事中,依前充职。是月,契丹耶律德光与赵延寿领全军入寇,围恒州,分兵陷鼓城、藁城、元氏、高邑、昭庆、宁晋、莆泽、栾城、柏乡等县,案《辽

史》:己卯,围恒州,下其九县。《欧阳史》系于乙酉之后,疑误。前锋至邢州,
河北诸州告急。诏张从恩、马全节、安审琦率师屯邢州,赵在礼屯邺
都。

　　开运二年春正月戊戌朔,帝不受朝贺,不豫故也。己亥,张从恩
部领兵士自邢州退至相州,人情震恐。赵在礼还屯澶州,马全节归
邺都,遣右神武统军张彦泽屯黎阳,诏西京留守景延广将兵守胡梁
渡。契丹寇邢州。侍卫马军都指挥使梁汉璋改郑州防御使,典军如
故。以齐州防御使刘在明为相州留后。癸卯,以客省使孟承诲为内
客省使。滑州奏,今月二日至四日,相州路烽火不至。甲辰,以前汝
州防御使宋光邺为左骁卫大将军。诏青州行营将校,自副兵马使以
上,各赐功臣名号。乙巳,帝复常膳。以左威卫上将军袁嶬为客省
使,上将军如故。诏滑州节度使皇甫遇率兵赴邢州,马全节赴相州。
契丹寇洺、磁,犯邺都西北界,所在告急。壬子,王师与契丹相拒于
相州北安阳河上,皇甫遇、慕容彦超率前锋与敌骑战于榆林店,遇
马中流矢,仅而获免。案《辽史》云:皇甫遇与濮州刺史慕容彦超将兵千骑,
来觇辽军。至邺都,遇辽军数万,且战且却,至榆林店,辽军继至,遇与彦超力
战百余合,遇马毙步战,安审琦引骑兵逾水以救,辽军乃还。与《薛史》所载,互
有详略。是夜,张从恩引军退保黎阳,唯留五百人守安阳河桥。既而
知州符彦伦与军校谋曰:“此夜纷纭,人无固志,五百疲兵,安能守
桥!”即抽入相州,婴城为备。至曙,贼军万余骑已阵于安阳河北,彦
伦令城上扬旗鼓噪,贼不之测。至辰时,渡河而南,悉陈甲骑于城
下,如攻城之状。彦伦曰:“此敌将走矣。”乃出甲士五百于城北,张
弓弩以待之,契丹果引去。当皇甫遇榆林战时,至晚敌众自相惊曰:
“晋军悉至矣。”戎王在邯郸闻之,即时北遁,官军亦南保黎阳。甲
寅,以河阳留后李建崇为邢州留后,以凤州防御使案:原本下有阙文。
为河阳留后。诏李守贞领兵屯滑州,以宣徽北院使李彦韬权侍卫马
步都虞候。改诸道武定军为天威军。己未,以前许州节度使李从温
为北面行营都招抚使,以郓州节度使张从恩权东京留守。辛酉,相

州奏,契丹抽退,其乡村避寇百姓,已发遣各归本家营种。初,帝以不豫初平,未任亲御军旅,既而张从恩、马全节相次奏贼军充斥,恒州杜威告事势危急,帝曰:"北贼未平,固难安寝,当悉众一战,以救朔方生灵,若晏安迟疑,则大河以北,沦为寇壤矣。"即日命诸将点阅,以定行计。辛酉,下诏亲征。诛杨光远部下指挥使张回等五人,以戎事方兴,虑其扇摇故也。癸亥,以枢密直学士李谷为三司副使,判留司三司公事,乙丑,车驾发离京师。是月,京城北壕春冰之上文,若大树花叶,凡数十株,宛若图画,观者如堵。

二月戊辰朔,车驾次滑州。己巳,渡浮桥,幸黎阳劳军,至晚还滑州。以沧州节度使田武充东北面行营都部署。甲戌,幸澶州,以景延广为随驾马步军都钤辖。丙子,大阅诸军于戚城,帝亲临之。戊寅,北面行营副招讨使马全节、行营都监李守贞、右神武统军张彦泽等以前军先发。己卯,以许州节度使符彦卿为北面行营马军都指挥使,以左神武统军潘环为北面行营步军都指挥使。辛巳,幸杨村故垒。符彦卿、皇甫遇、李殷率诸军进发。以左散骑常侍边光范为枢密直学士。诏河北诸州,应蕃寇经由之地,吏民遭杀害者,委所在收瘗,量事祭奠。诏恒州杜威与马全节等会合进军。丙戌,幸铁丘阅马,因幸赵在礼、李从温军。是日大雪。戊子,安审琦、梁汉璋领兵北征。府州防御使折从阮奏,部领兵士攻围契丹胜州,降之,见进兵趋朔州。甲午,以河中节度使安审琦为北面行营马步军都虞候;许州节度使符彦卿充马步军左厢都指挥使,滑州节度使皇甫遇充马步军左右厢都指挥使;侍卫步军都指挥使梁汉璋充马步军左右厢都指挥使,侍卫步军都指挥使李殷充步军左右厢都指挥使;左神武统军张彦泽充马军左右厢都排阵使,右神武统军潘瑰充步军左右厢排阵使。丙申,以端明殿学士、尚书户部侍郎冯玉为户部尚书,充枢密使。

三月戊戌,契丹陷祁州,刺史沈斌死之。乙巳,左补阙袁范先陷契丹,自贼中逃归。杜威奏,与李守贞、马全节、安审琦、皇甫遇部领大军赴定州。易州刺史安审约奏,二月三夜,差壮丁斫敌营,杀贼千余人。是日,以符彦卿为北面行营马步军左右厢都排阵使,以皇甫遇为北面行营马步军左厢排阵使,以王周为马步军右厢排阵使。丁未,畋于戚城,还幸景延广、安审信军。庚戌,王师攻泰州,刺史晋庭谦以城降。易州奏,狼山塞将孙方简破契丹千余人,斩蕃将辖里旧作谐里,今改正。相公,掳其妻以献。甲寅,杜威奏,收复满城,获首领默埒旧作没剌,今改正。相公,并蕃汉兵士二千人。以前户部尚书李峄为兵部尚书。乙卯,杜威奏,收复遂城。丙辰奏,大军自遂城却退至满城。时贼将赵延寿部曲来降,言:"契丹主昨至古北口、幽州走报,汉军大下,收却泰州,寻下令诸部,令辎重入塞,轻骑却回。戎王率五万余骑,来势极盛,明日前锋必至,请为之备。"杜威、李守贞谋曰:"我师粮运不继,深入贼疆,而逢大敌,亡之道也。不如退还泰州,观其兵势强弱而御之。"军士皆以为然。是日,还满城。丁巳,至泰州。戊午,契丹前锋已至。己未,大军发泰州而南,契丹蹑其后。是日,次阳城。庚申,贼骑如墙而来,我步军为方阵以御之,选劲骑击贼,斗二十余合,南行十余里,贼势稍却,渡白沟面去。辛酉,杜威召诸将议曰:"戎首自来,实为勍敌,若不血战,吾辈何以求免。"诸将然之。是日,敌骑还绕官军。相去数里。明日,我军成列而行,蕃汉转斗,杀声震地,才行十余里,军中人马饥乏。癸亥,大军至白团卫村下营,人马俱渴,营中掘井,汲水辄坏,兵士取其泥绞汁而饮,敌众围绕,渐束其营,《宋史·药元福传》:晋师列方阵,设拒马为行寨,契丹以奇兵出阵后,断粮道。是日,东北风猛,扬尘折树,契丹主坐车中谓众曰:"汉军尽来,只有此耳,今日并可生擒,然后平定天下。"令下马拔鹿角,飞矢雨集。军士大呼曰:"招讨使何不用军,而令军士虚死!"诸将咸请击之,杜威曰:"俟风势稍慢,观其进退。"守贞曰:"此风助我也,彼众我寡,黑风之内,莫测多少,若俟风止,我辈无噍类矣。"即呼诸将齐力击贼,张彦泽、符彦卿、皇甫遇等率骑奋击,风势尤猛,沙尘如夜,敌遂大败。《宋史·符彦卿传》:时晋师居下风,将战,弓弩莫施。彦卿谓张彦泽、皇甫遇曰:"与其束手就擒,曷若死战,然未必死。"彦泽然之,遂潜兵尾其后,顺风击之,契丹大败。又,《药元福传》:守贞与元福谋曰："军中饥渴已甚，若候风反出战，吾属为虏矣。彼谓我不能逆风以战，宜出其不意以击之，此兵家之奇也。"元福乃率麾下开拒马出战，诸将继至，契丹大败。时步骑齐进，追袭二十余里，至阳城东，贼军稍稍成列，我骑复击之，乃渡河而去。案：晋师败契丹于阳城在三月癸亥，《辽史》与《薛史》同，《欧阳史》庚申，误。守贞曰："今日危急极矣，幸诸君奋命，吾事获济。两日以来，人马渴乏，今吃水之后，脚重难行，速宜收军定州，保全而还，上策也。"由是诸将整众而还。是时，契丹主坐车中，及败走，车行十余里，追兵既急，获一橐驼，乘之而走。乙丑，杜威等大军自定州班师入恒州。

夏四月丙子，以车驾将还京，差官往西京告天地宗庙社稷。辛巳，驾发澶州。甲申，至京师，曲赦在京禁囚。丁亥，诏邺都依旧为天雄军。庚寅，河东节度使刘知远封北平王；恒州节度使杜威加守太傅；徐州赵在礼移镇兖州；宋州节度使兼侍卫亲军马步都指挥使高行周移镇郓州，侍卫如故；邺都留守马全节改天雄军节度使；兖州节度使兼侍卫都虞候李守贞移镇宋州，加检校太师兼侍卫亲军副指挥使；河中节度使安审琦加兼侍中，移镇许州；许州节度使符彦卿加同平章事，移镇徐州；滑州节度使皇甫遇加同平章事。壬辰，西京留守景延广加邑封，改功臣；秦州节度使侯益移镇河中；定州节度使王周加检校太师。《永乐大典》卷一万五千六百四十九。

# 旧五代史卷八三考证

晋少帝纪三八月辛丑命十五将以御契丹　　案：《东都事略》亦载出帝命十五将出征事。《欧阳史》云：刘知远为北面行营都统，杜威为都招讨使，盖略之也。　　壬辰太原奏代州刺史白文珂破契丹于七里烽　　案：《通鉴》作丙子，契丹寇遂城、乐寿，深州刺史康彦进击

却之，与是书异。《欧阳史》、《契丹国志》并与是书同。　　围恒州分
兵陷鼓城藁城元氏高邑昭庆宁晋蒲泽栾城柏乡等县　　案《辽史》：
己卯围恒州，下其九县。《欧阳史》系于乙酉之后，疑误。　易州奏郎
山塞将孙方简破契丹千余人　　案：孙方简，《欧阳史》作孙方谏。
贼势稍却渡白沟而去　　案《通鉴》：庚申，契丹大至，晋军与战逐北
十余里，契丹逾白沟而去。《欧阳史》：庚申，杜威及契丹战于阳城，
败之，俱与是书同。惟《辽史》云：己未，重威、守贞引兵南遁，追至阳
城，大败之，复以步卒为方阵来拒，与战二十余合，是辽师未尝言败
也。盖当时南北军俱有掩饰，故纪载不同如此。　　大军至白团卫村
下营　　案：《欧阳史》作卫村，《通鉴考异》引《汉高祖实录》作白檀。
《辽史》从是书，作白团卫村。嘉哩，旧作谐里，今改。

旧五代史卷八四
晋书一○

# 少帝本纪第四

　　开运二年夏五月丙申朔,帝御崇元殿受朝,大赦天下。丁酉,以右卫上将军马万为左金吾上将军致仕。戊戌,陕州节度使宋彦筠移镇邓州,澶州节度使何建移镇河阳。以左神武统军潘瑰为澶州节度使,以宣徽北院使李彦韬遥领寿州节度使兼侍卫马军都指挥使,以沧州节度使田武遥领夔州节度使兼侍卫步军都指挥使。辛亥,白虹贯日。壬子,宰臣桑维翰、刘昫、李崧、和凝并加阶爵。礼部尚书窦贞固改刑部尚书,太常寺卿王松改工部尚书。以尚书左丞龙敏为太常卿;以翰林学士承旨、兵部侍郎李慎仪为尚书左丞;以御史中丞张允为兵部侍郎、知制诰,充翰林学士承旨;以左谏议大夫颜衎为御史中丞;《宋史·颜衎传》:丧乱之后,朝纲不振,衎执宪颇有风采,尝上言:"才除御史者旋授外藩宾佐,复有以私故细事求假外拜,州郡无参谒之仪,出入失风宪之体,渐恐四方得以轻易,百辟无所准绳。请自今藩镇幕僚,勿得任台官;虽亲王宰相出镇,亦不得奏充宾佐;非奉制勘事,勿得出京;自余不令厘杂务。"诏惟辟召入幕,余从其请。以兵部侍郎、弘文馆学士、判馆事田敏为国子祭酒;以户部侍郎段希尧为兵部侍郎;以工部侍郎边蔚为户部侍郎,依前权知开封府事;以左散骑常侍李式为工部侍郎;以给事中王仁裕为左散骑常侍。甲寅,以华州节度使赵莹为开封尹,以皇弟开封尹重睿为秦州节度使,以宣徽南院使刘继勋为华州节度使,以前郓州节度使张从恩为晋州节度使。丙辰,杜威来朝。定州奏,大风雹,北岳庙殿宇树木悉摧拔之。

六月乙丑朔,帝御崇元殿,百官入阁。监修国史刘昫、史官张昭
远等以《新修唐书》纪、志、列传并目录凡二百三卷上之,赐器帛有
差。癸酉,以恒州节度使杜威为天雄军节度使,充邺都留守;以邺都
留守马全节为恒州节度使。以翰林学士、金部郎中、知制诰徐台符
为中书舍人;以翰林学士、礼部郎中、知制诰李澣为中书舍人;翰林
学士、都官郎中刘温叟加知制诰;翰林学士、主客员外郎范质改比
部郎中、知制诰,并依旧充职。祠部员外郎、知制诰张沆本官充学
士,以太常少卿陶谷为中书舍人。《宋史·陶谷传》:谷性急率,尝与兖帅
安审信集会,杯酒相失,为审信所奏,时方姑息武臣,谷坐责授太常少卿。尝上
言:"顷莅西台,每见台司详断刑狱,少有即时决者。至于间阎夫妇,小有争讼,
淹滞即时;坊市死亡丧葬,必候台司判状;奴婢病亡,亦须检验。吏因缘为奸,
而邀求不已,经旬不获埋瘗,望申条约,以革其弊。"从之。俄拜中书舍人。己
亥,以邠州节度使刘景岩为陕州节度使。己卯新授恒州节度使马全
节卒,辍朝,赠中书令。壬午,大理卿张仁愿卒,赠秘书监。遣刑部
尚书窦贞固等分诣寺观祷雨。己丑,以定州节度使王周为恒州节度
使,以前易州刺史安审约为定州留后。是月,两京及州郡十五并奏
旱。

秋七月乙未朔,以侍卫步军都指挥使、领夔州节度使田武为昭
义军节度使。甲寅,左谏议大夫李元龟奏,请禁止天下僧尼典买院
舍,从之。丙辰,前少府监李锴贬坊州司户,坐冒请逃死吏人衣粮入
己故也。庚申,以前齐州防御使薛可言为延州兵马留后。

八月甲子朔,日有蚀之。中书舍人陶谷奏,请权废太常寺二舞
郎,从之。丙寅,宰臣和凝罢相,守右仆射。以枢密使冯玉为中书侍
郎、平章事,使如故。乙亥,诏:"诸御史今后除准式请假外,不得以
细故小事请假离京;除奉制命差推事及按察外,不得以诸杂细务差
出。"丙子,以灵州节度使冯晖为邠州节度使,加检校太尉;以前鄜
州节度使丁审琪为左羽林统军;以前郎州节度使郭谨为左神武统
军。西京留司御史台奏:"新授邓州节度使宋彦筠于银沙滩斩厅头

郑温。"诏鞫之,款云:"彦笃出身军旅,不知事体,不合专擅行法。"
诏释其罪。以工部尚书王松权知贡举。丁丑,以前晋州节度使安叔
千为右金吾上将军;以三司副使、给事中李谷为磁州刺史,充北面
水陆转运使。分遣使臣于诸道率马。戊寅,以左金吾上将军皇甫立
为左卫上将军。以右羽林统军李怀忠为左武卫上将军。庚辰,新授
潞州节度使田武卒,辍朝,赠太尉。戊子朔,湖南奏,静江军节度使
马希杲卒。

九月丙申,以西京留守、北面马步军都排阵使景延广为北面行
营副招讨使。丁酉,以刑部侍郎赵远为户部侍郎,以工部侍郎李式
为刑部侍郎,以中舍人卢价为工部侍郎。价久次纶闱,旧例合转礼
部侍郎或御史中丞,宰臣冯玉拟此官,桑维翰以为资望浅,不署状。
无何,维翰休沐数日,玉独奏行之,维翰由是不乐,与玉有间矣。己
亥,幸繁台观马,遂幸李守贞第。庚子,以晋州节度使张从恩为潞州
节度使。吏部侍郎张昭远加阶爵,酬修《唐史》之劳也。《宋史•张昭
远传》:加金紫阶,进爵邑。戊申,升曹州为节镇,以威信军为军额。诏李
守贞率兵屯澶州。己酉,月掩昴宿。以宣徽北院使焦继勋为宣徽南
院使。以内客省使孟承诲为宣徽北院使,壬子,以前太子詹事王居
敏为鸿胪卿,李专美为大理卿,以太子宾客致仕马裔孙为太子詹
事。甲寅,移泰州理所于满城县。乙卯,诏相州节度使张彦泽率兵
屯恒州。

冬十月戊寅,以河阳节度使何建为泾州节度使,以许州节度使
李从温为河阳节主使,以前郑州节度使石赟为曹州节度使。庚午,
遣使太子宾客罗周岳、使副太子右庶子王延济册两浙节度使钱弘
佐为守太尉。辛未,右金吾卫上将军杨彦询卒,赠太子太师。丁丑,
高丽遣使贡方物。庚辰,以前延州节度使王令温为灵州节度使。庚
寅,以邢州兵马留后刘在明为晋州兵马留后,以前河阳留后方太为
邢州留后。癸巳,升陈州为节镇,以镇安军为军额。

十一月戊戌,以邠州节度使冯晖兼侍卫步军都指挥使,充北面
行营先锋马步军都指挥使;以权知高丽国事王武为检校太保、使持

节、玄菟州都督,充大义军使,封高丽国王。癸卯,日南至,帝御崇元殿受朝贺。戊申,两浙奏,顺化军节度使钱铎卒。甲申,以寿州节度使、侍卫马军都指挥使李彦韬为陈州节度使,典军如故。丙申,前商州刺史李俊除名,坐受财枉法也。

十二月乙丑,以两浙节度使、吴越国王钱弘佐兼东南面兵马都元帅。丙寅,以吴越国金马左厢都指挥使、湖州刺史胡思进遥领虔州昭信军节度使,以吴越国金马右厢都指挥使、明州刺史阚璠遥领宣州宁国军节度使,并典军如故。左羽林统军丁审琪卒,赠太尉。辛未,以工部侍郎卢价为礼部侍郎,以右散骑常侍、集贤殿学士、判院事、司徒诩为工部侍郎,依前充职。以前中书舍人殷鹏为给事中,充枢密直学士;以给事中刘知新为右散骑常侍。乙亥,陕府节度使刘景岩来朝。丁丑,狩于近郊,猎也。己卯,光禄卿致仕陈元卒于太原。庚辰,命使册高丽国王王武。癸未,以前兖州节度使安审信为华州节度使。丁亥,以枢密使、中书令桑维翰为开封尹,以司空、门下侍郎、平章事刘昫判三司;以左仆射、门下侍郎、平章事李崧为守侍中,充枢密使;以开封尹赵莹为中书令、弘文馆大学士;以宣徽南院使焦继勋知陕州军州事。《宋史·焦继勋传》:西人寇边,朝议发师致讨,继勋抗疏请行,拜秦州观察使兼诸蕃水陆转运使。既至,推恩信,设方略,招诱诸部,相率奉玉帛牛酒乞盟,边境以安。俄徙知陕州。己丑,邠州节度使冯晖准诏来朝。

是岁,帝每遇四方进献器皿,多以银于外府易金而入。谓左右曰:“金者贵而且轻,便于人力。”识者以为北迁之兆也。《宋史刘涛传》:少帝奢侈,常以银易金,广其器皿。李崧判三司,令上库金之数。及崧以原簿校之,少数千镒。崧责曰:“帑库通式,一日不受虚数,毫厘则有重典。”涛曰:“帑司常有报不尽数,以备宣索。”崧令有司劾涛,涛事迫,以情告枢密使桑维翰,乃止罚一月俸。

开运三年春正月癸巳朔,帝御崇元殿受朝贺,仗卫如式。诏改铸天下合同印、书诏印、御前并以黄金为之。己亥,贝州梁汉璋奏,蕃寇屯聚，将谋入寇。诏符彦卿屯荆州口。《宋史·符彦卿传》：再出河朔，彦卿不与，易其行伍，配以羸师数千戍荆州口。癸卯，以前华州节度使刘继勋为同州节度使，以陕州节度使刘景岩为邓州节度使。丙午，以宣徽南院使、知陕州事焦继勋为陕州留后。丁未，刑部员外王涓赐私家自尽，坐私用官钱经营求利故也。右司郎中李知损贬均州司户，员外置，驰驿发遣，坐前任度支判官日与解县榷盐使王景遇交游借贷故也。己酉，诏侍卫亲军副都指挥使李守贞率师巡抚北边。辛亥，以皇弟秦州节度使重睿为许州节度使。以许州节度使安审琪为兖州节度使，以兖州节度使赵在礼为晋昌军节度使。癸丑，以泾州节度使何建为秦州节度使，以前贝州节度使史威为泾州节度使。乙卯，定州奏，契丹入寇。己未，二王后守太仆少卿、袭酇国公杨延寿除名配流威州，终身勿齿。延寿奉命于磁州检苗，受赃二百余匹，准律当绞，有司以二王后入议，故贷其死。

二月壬戌朔，日有蚀之。诏滑州皇甫遇率兵援粮入易、定等州。甲子，以沧州留后王景为本州节度使。右仆射和凝逐月别给钱五万、兼粮刍粟等，优旧相也。辛未，鲁国大长公主史氏薨，辍朝三日。丙子，光禄卿致仕王弘贽卒，赠太常卿。回鹘遣使贡方物。升桂州全义县为溥州，仍隶桂州，其全义县改为德昌县，从湖南马希范所请也。壬午，以前晋昌军节度使安彦威充北面行营副都统，以宣徽北院使兼太府卿孟承诲为右武卫大将军充职。是日幸南庄，命臣僚泛舟饮酒，因幸杜威园，醉方归内。甲申，河阳节度使李从温卒，辍朝，赠太师。

三月壬辰朔，以权知河西节度使张遵古为河西留后。乙未，以御史中丞颜衎为户部侍郎，以户部侍郎赵远为御史中丞。丙申，以邠州节度使兼侍卫步军都指挥使冯晖为河阳节度使，以前泾州节度使李德珫为邠州节度使。李守贞奏，大军至衡水。己亥，奏获郹州刺史赵思恭。癸卯，奏大军回至冀州。户部侍郎颜衎表上，以母老乞解官就养，从之。戊申，以皇子齐州防御使延煦为澶州节度使。辛亥，密州上言，饥民殍者一千五百。庚申，以瓜州刺史曹元忠为沙州留后。

夏四月辛酉朔，李守贞自北班师到阙。太原奏，吐浑白可久奔归契丹，诸侯咸有异志。乙亥，宰臣诣寺观祷雨。曹州奏，部民相次饿死凡三千人。时河南、河北大饥，殍殍甚众，沂、密、兖、郓寇盗群起，所在屯聚，剽劫县邑，吏不能禁。兖州节度使安审琦出兵捕逐，为贼所败。戊寅，幸相国寺祷雨。皇子延煦与晋昌军节度使赵在礼结婚，命宗正卿石光赞主之。

五月庚寅朔，以兵部郎中刘皞为太府卿。戊戌，以前同州节度使冯道为邓州节度使。定州奏，部民相次掳杀流移，约五千余户。青州奏，全家殍死者一百一十二户。沂州奏，淮南遣海州刺史领兵一千五百人，应接贼头常知及，诏兖州安审琦领兵捕逐。甲子，以前太子宾客韦勋为太子宾客。兖州安审琦奏，淮贼抽退，贼头常知及与其次首领武约等并乞归命。丁未，幸大年庄，游船习射。帝醉甚，赐群官器帛有差，夜分方归内。戊申，以鄜州留后李殷为定州节度使。辛亥，诏皇甫遇为北面行营都部署，张彦泽为副，李殷为都监，领兵赴易、定等州，寻止其行。甲寅，以贝州留后梁汉璋为贝州节度使，以左神武统军郭谨为鄜州节度使。

六月庚申朔，登州奏，文登县部内有铜佛像四、瓷佛像十，自地踊出。狼山招收指挥使孙方简叛，据梁山归契丹。案《辽史》：五月庚戌，晋易州戍将孙方简请内附。盖方简归契丹自在五月，至六月晋人始奏闻也。《欧阳史》从《薛史》作六月。乙丑，诏诸道不得横荐官僚，如本处幕府有阙，即得奏荐。丙寅，以前昭义军节度使李从敏为河阳节度使，以河阳节度使兼侍卫步军都指挥使冯晖为灵州节度使。壬午，以郓州节度使兼侍卫亲军都指挥使高行周为宋州节度使，加兼中书令，充北面行营副都统；以宋州节度使、侍卫亲军都指挥使。案：以下原本缺文。定州奏，蕃寇压境。诏李守贞为北面行营都部署，滑州皇甫遇为副，相州张彦泽充马军都指挥使，定州李殷充步军都指挥使。

七月壬辰，以礼部尚书王延为刑部尚书，以工部尚书王松为礼部尚书，以太常卿龙敏为工部尚书，以左丞李慎仪为太常卿，以吏部侍郎张昭远为左丞，以右丞李详为吏部侍郎，以前义州刺史李珽为右丞。前晋昌军节度使安彦威卒，辍朝，赠太师。丙申，两浙节度使、吴越国王钱弘佐加守太师，北京留守、河东节度使、北平王刘知远加守太尉。沧州奏，蕃寇攻饶安县。杨刘口河决西岸，水阔四十里。以前邓州节度使刘景岩为太子太师致仕。辛亥，宋州谷熟县河水雨水一概东流，漂没秋稼。丁巳，大理卿李专美卒。戊午，诏伪清泰朝经削夺官爵者朱弘昭、冯赟、康义诚、王思同、药彦稠等，并复其官爵。自夏初至是，河南、河北诸州郡饿死者数万人，群盗蜂起，剽略县镇，霖雨不止，川泽泛涨。损害秋稼。

八月己未朔，以左谏议大夫裴羽为给事中。庚申，李守贞、皇甫遇驻军定州。辛酉，幸南庄，召从臣宴乐，至暮还宫，诏潞州运粮十三万赴恒州。癸亥，以右散骑常侍张煦为青州刺史。李守贞奏，大军至望都县，相次至长城北，遇敌千余骑，转斗四十里，斩蕃将嘉哩<sub>旧作解里，今改正。</sub>相公。丁卯，诏班师。庚午，以前亳州防御使边蔚为户部侍郎；以刑部侍郎李式为户部侍郎，充三司副使；以礼部侍郎卢价为刑部侍郎；以枢密直学士、左散骑常侍边光范为礼部侍郎充职。《宋史·边光范传》：少帝以光范藩邸旧僚，待遇尤厚。因游宴，见光范位翰林学士下，即日拜尚书礼部侍郎、知制诰，充翰林学士，仍直枢密院。辛未，以右龙武统军周密为延州节度使。癸酉，河东节度使刘知远奏，诛吐浑大首领白承福、白铁匮、赫连海龙等，并夷其族凡四百口，盖利其孳畜财宝也，人皆冤之。甲戌，以大理少卿剧可久为大理卿。棣州刺史慕容彦超削夺在身官爵，房州安置，坐前任濮州擅出省仓麦及私卖官曲，准法处死，太原节度使刘知远上表救之，故贷其死。丙戌，灵州冯晖奏，与威州刺史药元福于威州土桥西一百里遇吐蕃七千余人，大破之，斩首千余级。是月，秦州雨，两旬不止，邺都雨水一丈，洛京、郑州、贝州大水，邺都、夏津临清两县，饿死民凡三千三百。盗入临濮、费县。

秋九月壬辰，郓州节度使、侍卫亲军都指挥使李守贞加兼侍中，滑州节度使皇甫遇进封邠国公，相州节度使张彦泽加检校太尉。甲午，以权知威武军节度使李弘达为检校太尉、同平章事，充福建节度使，知闽国事。乙未，前商州刺史李俊赐自尽，坐与亲妹奸及行剑斫杀女使，又杀部曲孙汉荣，强奸其妻，准法弃市，诏赐死于家。己亥，张彦泽奏，破蕃贼于定州界，斩首二千余级，追袭百余里，生擒蕃将四人，摘得金耳环二副进呈。癸卯，太原奏，破契丹杨武谷，杀七千余人。甲辰，以天策上将军、江南诸道都统、楚王马希范兼诸道兵马都元帅。诏开封府，以霖雨不止，应京城公私僦舍钱放一月。乙巳，诏安审琦率兵赴邺都，皇甫遇赴相州。丙午，以太子少保杨凝式为太子少傅，以刑部尚书王延为太子少保，前颍州团练使窦贞固为刑部尚书。是月，河南、河北、关西诸州奏，大水霖雨不止，沟河泛滥。水入城郭及损害秋稼。是月，契丹瀛州刺史〔案：以下疑脱"刘延祚"三字。〕诈为书与乐寿军监王峦，愿以本城归顺。且言城中蕃军不满千人，请朝廷发军袭取之，己为内应。又云："今秋苦雨，川泽涨溢，自瓦桥已北，水势无际。戎王已归本国，若闻南夏有变，地远阻水，虽欲奔命，无能及也。"又，峦继有密奏，苦言瀛、鄚可取之状。先是，前岁中车驾驻于河上，曾遣边将遗书于幽州赵延寿，劝令归国，延寿寻有报命，依违而已。是岁三月，复遣邺都杜威致书于延寿，且述朝旨，啖以厚利，仍遣洺州军将赵行实赍书而往，潜申款密。行实曾事延寿，故遣之。七月，行实自燕回，得延寿书，且言："久陷边廷，愿归中国，乞发大军应接，即拔身南去。"叙致恳切，辞旨绵密，时朝廷欣然信之，复遣赵行实会计延寿大军应接之所。有瀛州大将遣所亲赍蜡丸书至阙下，告云欲谋翻变，以本城归命。未几，会彼有告变者，事不果就。至是，瀛州守将刘延祚受戎王之命，诈输诚款，以诱我军。国家深以为信，遂有出师之议。《永乐大典》卷一万五千六百四十九。

# 旧五代史卷八四考证

晋少帝纪四监修国史刘昫史官张昭远等以新修唐书纪志列传并目录凡二百三卷　案:《郡斋读书志》、《直斋书录解题》并作二百卷,《五代会要》作二百二卷,目录一卷。　已亥幸繁台观马　案:《欧阳史》作阅马于万龙冈。　皇子延煦与晋昌军节度赵在礼结婚　案:皇子延煦娶赵在礼女,《通鉴》作三月庚申,与是书作四月戊寅异。　已亥张彦泽奏破蕃人于定州界　案:《欧阳史》作辛丑张彦泽及契丹战于新兴,败之。　是月契丹瀛州刺史诈为书与乐寿将军王峦愿以本城归顺　案:瀛州刺史下疑脱"刘延祚"三字。《通鉴考异》云:《欧阳史》作高牟翰。案《陷蕃记》前云:"延祚诈输诚疑",后云"大军至瀛州,侦知蕃将高牟翰潜师而出",盖延祚为刺史,牟翰乃戍将耳。

旧五代史卷八五
晋书一一

# 少帝本纪第五

　　开运三年冬十月甲子，正衙命使册皇太妃安氏。乙丑，以枢密直学士、礼部侍郎边光范为翰林学士，以给事中边归说为左散骑常侍，以翰林学士、祠部员外郎、知制诰张沆为右谏议大夫。辛未，以邺都留守杜威为北面行营都招讨使，以侍卫亲军都指挥使、郓州节度使李守贞为兵马都监。兖州安审琦为左右厢都指挥使，徐州符彦卿为马军左厢都指挥使，滑州皇甫遇为马军右厢都指挥使，贝州梁汉璋为马军都排阵使，前邓州案：原本有阙文。宋彦筠为步军左厢都指挥使，奉国左厢都指挥使王饶为步军右厢都指挥使，洺州团练使薛怀让为先锋都指挥使。案：《通鉴》载当时敕榜曰：先取瀛、鄚，安定关南，次复幽、燕，荡平塞北。盖狃于阳城之役而骤骄也。癸酉，册吴国夫人冯氏为皇后。乙亥，以侍卫马军都指挥使李彦韬权知侍卫司事。丙戌，凤翔节度使秦王李从𪩘薨。辍朝，赠尚书令。丁亥，邠州节度使李德珫卒，辍朝，赠太尉。

　　十一月戊子朔，以给事中卢撰为右散骑常侍，以尚书兵部郎中兼侍御史、知杂事陈观为左谏议大夫。观以祖讳“义”，乞改官，寻授给事中。庚寅，枢密使、中书侍郎兼户部尚书、平章事冯玉加尚书右仆射，以皇子镇宁军节度使延煦为陕州节度使，以陕州留后焦继勋为凤翔留后，以前定州留后安审琦为邠州留后，以右仆射和凝为左仆射。甲午，两浙节度使吴越国王钱弘佐起复旧任。丁酉，诏李守贞知幽州行府事。戊申，日南至，御崇元殿受朝贺。是月，北面行营招讨使杜威率诸将领大军自邺北征，师次瀛州城下，贝州节度使梁汉璋战死。杜威等以汉璋之败，遂收军而退。行次武强，闻戎王入寇，欲取直路，自冀、贝而南。会张彦泽领骑自镇定至，且言契丹可破之状，于是大军西趋镇州。

　　十二月丁巳朔，案：以下有阙文。据《通鉴》云：丁巳朔，李谷自书密奏，且言大军危急之势，请车驾幸滑州，遣高行周、符彦卿扈从，及发兵守澶州、河阳，以备敌之奔冲，遣军将关勋走马上之。己未，杜威奏，驻军于中渡桥。庚申，以前司农卿储延英为太子宾客。诏徐州符彦卿屯澶州。辛酉，诏泽潞、邺都、邢洺、河阳运粮赴中渡，杜威遣人口奏军前事宜，势迫故也。壬戌，又遣高行周屯澶州，景延广守河阳。博野县都监张鹏入奏著军事势。丙寅，定州李殷奏，前月二十八日夜，领捉生四百人往曲阳嘉山下，逢贼军车帐，杀千余人，获马二百匹。诏宋州高行周充北面行营都部署，符彦卿充副，邢州方太充都虞候，领后军驻于河上，以备敌骑之奔冲也。时契丹游骑涉滹水而南，至栾城县。自是中渡寨为蕃军隔绝，探报不通，朝廷大恐，故委行周等继领大师守扼津要，且以张其势也。己巳，邢州方太奏，此月六日，契丹与王师战于中渡，王师不利，奉国都指挥使王清战死。庚午，幸沙台射兔。壬申，始闻杜威、李守贞等以此月十日率诸军降于契丹。案《辽史》：杜重威等降于辽，在四月丙寅，与《薛史》同。《欧阳史》作壬戌，疑误。考《欧纪》，壬戌之日，自纪滹沱战败，而杜威等之降上不系日，观《杜重威传》明著十二月丙寅，于《薛史》未尝不合也。《辽史》以其弟承信为平卢军节度使，袭父爵。是夜，相州节度使张彦泽受契丹命，率先锋二千人，自封丘门、斩关而入。癸酉旦，张彦泽顿兵于明德门外，京城大扰。前曹州节度使石赟死，帝之堂叔也。时自中渡寨隔绝之后，帝与大臣端坐忧危，国之卫兵，悉在北面，计无所出。十六日闻滹水之降，是夜，侦知张彦泽已至滑州，召李崧、冯玉、李彦韬入内计事，方议诏河东刘知远起兵赴难，至五鼓初，张彦泽引蕃骑入京。宫中相次火起，帝自携剑驱拥后妃已下十数人，将同赴火，为亲校薛超所持，俄自宽仁门递入契丹主与皇太后书，帝乃止，旋令扑灭烟火。大内都点检康福全在宽仁门宿卫，登楼觇贼，彦泽呼而下之。癸酉，帝奉表于戎主曰：

> 孙臣某言：今月十七日寅时，相州节度使张彦泽、都监富珠哩旧作傅住而，今改正。部领大军入京，赍到翁皇帝赐太后书示，于滹沱河降下杜重威一行马步兵士，见领蕃汉步骑来幸汴州者。
>
> 往者，唐运告终，中原失驭，数穷否极，天缺地倾。先人有田一成，有众一旅，兵连祸结，力屈势孤。翁皇帝救患摧刚，兴利除害，躬擐甲胄，深入寇场。犯露蒙霜，度雁门之险；驰风掣电，行中冀之诛。黄钺一麾，天下大定，势凌宇宙，义感神明，功成不居，遂兴晋祚，则翁皇帝有大造于石氏也。
>
> 旋属天降鞠凶，先君即世，臣遵承遗旨，缵绍前基，谅阴之初，荒迷失次，凡有军国重事，皆委将相大臣。至于擅继宗祧，既非禀命；轻发文字，辄敢抗尊。自启衅端，果贻赫怒，祸至神惑，运尽天亡。十万师徒，皆望风而束手；亿兆黎庶，悉延颈以归心。臣负义包羞，贪生忍耻，自贻颠覆，上累祖宗，偷度朝昏，苟存视息。翁皇帝若惠顾畴昔，稍霁雷霆，未赐灵诛，不绝先祀，则百口荷更生之德，一门衔无报之恩，虽所愿焉，非敢望也。臣与太后并妻冯氏及举家戚属，见于郊野面缚俟罪次。所有国宝一面、金印三面，今遣长子陕府节度使延煦、次子曹州节度使延宝管押进纳，并奉表请罪，陈谢以闻。

甲戌，张彦泽迁帝与太后及诸属于开封府，遣控鹤指挥使李荣将兵监守，是夜，开封尹桑维翰、宣徽使孟承诲皆遇害。帝以契丹主将至，欲与太后出迎，彦泽先表之，禀契丹主之旨报云：“比欲许尔朝觐上国。臣僚奏言，岂有两个天子道路相见！今赐所佩刀子，以尉尔心。”己卯，皇子延煦、延宝自帐中回，得伪诏慰抚，帝表谢之。时契丹主以所送传国宝制造非工，与载籍所述者异，使人来问。帝进状曰：“顷以伪主王从珂于洛京大内自焚之后，其真传国宝不知所在，必是当时焚之。先帝受命，旋制此宝，在位臣僚，备知其事，臣至今日，敢有隐藏"云。时移内库至府，帝使人取帛数段，主者不与，谓使者曰："此非我所有也。"又使人诣李崧求酒，崧曰："臣有酒非敢爱惜，虑陛下杯酌之后忧躁，所作别有不测之事，臣以此不敢奉进。"丙戌晦，百官宿封禅寺。

　　明年正月朔，契丹主次东京城北，百官列班，遥辞帝于寺，诣北郊以迎契丹主。帝族出封丘门，肩舆至野，契丹主不与之见，遣泊封禅寺。文武百官素服纱帽，迎谒契丹主于郊次，俯伏俟罪，契丹主命起之，亲自慰抚。契丹主遂入大内，至昏出宫，是夜宿于赤冈。伪诏应晋朝臣僚一切仍旧，朝廷仪制并用汉礼。戊子，杀郑州防御使杨承勋，责以背父之罪，令左右脔割而死。《辽史》以其弟承信为平卢军节度使，袭父爵。己丑，斩张彦泽于市，以其剽劫京城，恣行屠害也。《辽史》云：以张彦泽擅徙重贵开封，杀桑维翰，纵兵大掠，不道，斩于市。庚寅，洛京留守景延广自扼吭而死。辛卯，契丹制，降帝为光禄大夫、检校太尉，封负义侯，黄龙府安置，其地在渤海国界。癸巳，迁帝于封禅寺，遣蕃大将崔廷勋将兵守之。癸卯，帝与皇太后李氏、皇太妃安氏、皇后冯氏、皇弟重睿、皇子延煦、延宝俱北行，以宫嫔五十人、内官三十人、东西班五十人、医官一人、控鹤官四人、御厨七人、茶酒三人、仪鸾司三人、军健二十人从行。宰臣赵莹、枢密使冯玉；侍卫马军都指挥使李彦韬随帝入蕃，契丹主遣三百骑援送而去。所经州郡，长吏迎奉，皆为契丹主阻绝，有所供馈亦不通。《宋史李谷传》：少帝蒙尘而北，旧臣无敢候谒者，谷独拜迎于路，君臣相对泣。谷曰："臣无状，负陛下。"因倾囊以献。尝一日，帝与太后不能得食，乃杀畜而啖之。帝过中渡桥，阅杜重威营寨之迹，慨然愤叹，谓左右曰："我家何负，为此贼所破，天乎！天乎！"于是号恸而去。至幽州，倾城士庶迎看于路，见帝惨沮，无不嗟汉。《宣政杂录》：徽宗北狩，经蓟县梁鱼务，有还乡桥，石少帝所命名也，里人至今呼之。驻留旬余，州将承契丹命，犒帝于府署，赵延寿母以食馔来献。自范阳行数十程，过蓟州、平州，至榆关沙塞之地，略无供给，每至宿顿，无非路次，一行乏食，宫女、从官但采木实野蔬，以救饥弊。又行七八日至锦州，契丹迫帝与妃后往拜案巴坚旧作阿保机，今改正。遗像，帝不胜屈辱，泣曰："薛超误我，不令我死，以至今日也。"又行数十程，渡辽水，至黄龙府，此即戎王所命安置之地也。

六月，契丹国母召帝一行往怀密州，州在黄龙府西北千余里。行至辽阳，皇后冯氏以帝陷蕃，过受艰苦，令内官潜求毒药，将自饮之，并以进帝，不果而止。又行二百里，会国母为永康王所执，永康王请帝却往辽阳城驻泊，帝遣使奉表于永康，且贺克捷，自是帝一行稍得供给。

汉乾祐元年四月，永康王至辽阳，帝与太后并诣帐中，帝御白衣纱帽，永康止之，以常服谒见。帝伏地雨泣，自陈过咎，永康使左右扶帝上殿，慰劳久之，因命设乐行酒，从容而罢。永康帐下从官及教坊内人望见故主，不胜悲咽，内人皆以衣帛药饵献遗于帝。及永康发离辽阳，取内官十五人、东西班十五人及皇子延煦，并令随帐上陉，陉即蕃王避署之地也。有绰诺锡里旧作禅奴舍利。者，即永康之妻兄也。知帝有小公主在室，诣帝求之，帝辞以年幼不可。又有东西班数辈善于歌唱，绰诺又请之，帝乃与之。后数日，永康王驰取帝幼女而去，以赐绰诺。至八月，永康王下陉，太后驰至霸州，诣永康，求于汉儿城寨侧近赐养种之地，永康许诺，令太后于建州住泊。

汉乾祐二年二月，帝自辽阳城发赴建州。行至中途，太妃安氏得疾而薨，乃焚之，载其槟骨而行。帝自辽阳行十数日，过仪州、灞州，遂至建州。节度使赵延晖尽礼奉迎，馆帝于衙署中。其后割寨地五十余顷，其地至建州数十里，帝乃令一行人员于寨地内筑室分耕，给食于帝。是岁，舒噜旧作述律，今改正。王子遣契丹数骑诣帝，取内人赵氏、聂氏疾驰而去，赵、聂者，帝之宠姬也，及其被夺，不胜悲愤。

汉乾祐三年八月，太后薨。周显德初，有汉人自寨北而至者，言帝与后及诸子俱无恙，犹在建州，其随从职官役使人辈，自蕃中亡归，物故者大半矣。《永乐大典》卷一万五千六百四十九。《郡斋读书志》云：

《晋朝陷蕃记》，范质撰。质，石晋末在翰林，为出帝草降表，知其事为详。记少帝初迁于黄龙府，后居于建州，凡十八年而卒。案：契丹丙午岁入汴，顺数至甲子岁为十八年，实太祖乾德二年也。《五代史补》：少主之嗣位也，契丹以不俟命而擅立；又，景延广辱其使，契丹怒，举国南侵。以驸马都尉杜重威等领驾下精兵甲御之于中渡河桥。既而契丹之众已深入，而重威等奏报未到朝廷。时桑维翰罢相，为开封府尹，谓僚佐曰："事急矣，非大臣钳口之时。"乃叩内阁求见，欲请车驾亲征，以固将士之心。而少主方在后苑调鹰，至暮竟不召。维翰退而叹曰："国家阽危如此，草泽逋客亦宜下问，况大臣求见而不召耶！事亦可知矣。"未几，杜重威之徒降于契丹，少主遂北迁焉。

史臣曰：少帝以中人之才，嗣将坠之业，属上天不佑，仍岁大饥，尚或绝强敌之欢盟，鄙辅臣之谋略。奢淫自纵，谓有泰山之安；委托非人，坐受平阳之辱。族行万里，身老穷荒，自古亡国之丑者，无如帝之甚也。千载之后，其如耻何，伤哉！《永乐大典》卷一万五千六百四十九。

# 旧五代史卷八五考证

晋少帝纪五己未杜威奏驻军于中渡桥　案《通鉴》：甲寅，威等至中渡桥。十二月己未，帝始闻大军屯中渡。故三省注云：强寇深入，诸军孤危，而驿报七日始达，晋之为兵可知矣！《欧阳史》作己未，杜威军于中渡，盖以奏闻之日为驻军之日。　降帝为光禄大夫光禄，《辽史》避讳作崇禄。　内官三十人　案：《辽史》作内宦三人。　军健二十人　案：《辽史》作健卒十人。

旧五代史卷八六

晋书一二

# 后妃列传第一

## 高祖皇后李氏　　太妃安氏
## 少帝皇后张氏　　皇后冯氏

案：《薛史·晋后妃传》，《永乐大典》已佚，今取《欧阳史·晋家人传》与
《五代会要》诸书互校，则事多舛误。如李太后在长兴中进封魏国公主，
清泰二年改封晋国长公主，而《欧阳史》则云清泰二年封魏国长公主。少
帝册故妃张氏为皇后，而《欧阳史》不载其姓氏。盖《欧阳史》以文章自
负，只取《薛史》原文任意删削，未尝考其事之本末也。今采《五代会要》、
《通鉴》、《契丹国志》、《文献通考》所载晋后妃事，分注互缀，以补《薛史》
之阙，且以备《欧阳史》之考证焉。

**高祖皇后李氏**。案《五代会要》云：高祖皇后李氏，唐明宗第三女，天成
三年四月，封永宁公主，长兴四年九月，进封魏国公主，清泰二年九月，改封晋
国长公主，至天福六年十一月，尊为皇后，七年六月，尊为皇太后，开运四年三
月，与少帝同迁于契丹之黄龙府，汉乾祐三年八月二十五日，崩于蕃中之建
州。《文献通考》云：天福二年，有司请立皇后，帝以宗庙未立，谦抑未遑。帝崩，
出帝即位，乃尊为皇太后。《契丹国志》载晋出帝降表云：“孙男臣重贵言，顷
者，唐运告终，中原失柄，数穷否极，天陷地倾。先人有田一成，有众一旅，兵连
祸结，力屈势孤。翁皇帝救难摧锋，兴利除害，躬擐甲胄，深入寇场。犯露蒙霜，
度雁门之险；驰风掣电，行中冀之诛。黄钺一麾，天下大定，势竣宇宙，义感神

明，功成不居，遂兴晋祚，则翁皇帝大有造于石氏也。旋属天降鞠凶，先君即世，臣仰承遗旨，得绍前基，谅闇之初，荒迷失次，凡有军国重事，皆委将相大臣。至于擅继宗祧，既非禀命，轻发文字，辄敢抗尊。自起衅端，果贻赫怒，祸至神惑，运尽天亡。十万兵徒，望风束手；亿兆黎庶，延颈归心。臣负义包羞，贪生忍耻，自贻颠覆，上累祖宗，偷度晨昏，苟存视息。翁皇帝若惠顾畴昔，稍霁雷霆，未赐显诛，不绝先祀，则百口荷更生之德，一门衔罔报之恩，虽所愿焉。非敢望也。臣与太后、妻冯氏于郊野面缚俟命。"皇太后降表云："晋室皇太后媳妇李氏妾言：张彦泽、富珠哩等至，伏蒙皇帝阿翁降书安抚者。妾伏念先皇帝顷在并、汾，适逢屯难，危同累卵，急若倒悬，智勇俱穷，朝夕不保。皇帝阿翁发自冀北，亲抵河东，跋履山川，逾越险阻，立平巨孽，遂定中原，救石氏之覆亡，立晋朝之社稷。不幸先帝厌代，嗣子承祧，不以继好息民，而反亏恩辜义，兵戈屡动，驷马难追，戚实自贻，咎将谁执。今穹苍震怒，中外携离，上将牵羊，六师解甲。妾举宗负衅，视景偷生，惶惑之中，抚问斯至，明宣恩旨，曲赐含容，慰谕丁宁，神爽飞越，岂谓已垂之命，忽蒙更生之恩，省罪责躬，九死未报。今遣孙男延煦、延宝奉表请罪，陈谢以闻。"又，《帝纪》云：会同十一年正月朔，出帝、太后迎辽帝于封丘门外，帝辞不见，馆于封禅寺，遣其将崔延勋以兵守之。是时雨雪连旬，外无供亿，上下冻馁。太后使人谓寺僧曰："吾尝于此饭僧数万，今日岂不相悯耶"？僧辞以辽帝之意难测，不敢献食。少帝阴祈守者，乃稍得食。降少帝为光禄大夫、检校太尉，封负义侯，迁于黄龙府，即慕容氏和龙城也。帝使人谓太后曰："吾闻尔子重贵，不从母教而至于此，可求自便，勿与俱行。"太后答曰："重贵事妾谨慎，所失者违先君之志，绝两国之欢。然重贵此去，幸蒙大惠，全身保家，母不随子，欲何所归乎"于是太后与冯后、皇弟重睿，子延煦延宝，举族从晋侯而北。天禄元年四月，帝至辽阳，晋侯白衣纱帽与太后、皇上谒于帐中。五月，帝上陉，取晋侯所从宫者十五人、东西班十五人及皇子延煦而去。八月，帝下陉，太后自驰至霸州谒帝，求于汉建州城侧赐地耕牧以为生，许之。帝以太后自行十余日，遣与延煦俱还辽阳。二年，徙晋侯、太后于建州。三年秋八月，晋李太后病，无医药，仰天号泣，捩手骂杜重威、李守贞曰："吾死不置汝。"病亟，谓晋侯曰："吾死，焚其骨送范阳佛寺，无使吾为边地鬼也。"

　　**太妃安氏**。案《文献通考》云：安太妃，代北人，不知其世家。生出帝，帝立，尊为皇太妃。《契丹国志》云：天禄二年春二月，徙晋侯、太后于建州，中途安太妃卒，遗命晋侯曰："焚骨为灰，南向飏之，庶几遗魂得返中国也。"

少帝皇后张氏。案《五代会要》云：天福八年十月追册，考《薛史少帝纪》云：追册故妃张氏为皇后。《张知训传》亦云，高祖镇太原，为少帝娶从训长女为妃。是《薛史》当有《张皇后传》，《欧阳史》削而不书，殊为疏矣。

皇后冯氏。案《五代会要》云：开运三年十月册。《通鉴》云：天福八年冬十月戊申，立吴国夫人冯氏为皇后。初，高帝爱少弟重胤，养以为子。及留守邺都，娶副留守冯濛女为其妇，重胤早卒，冯夫人寡居，有美色，帝见而悦之，高祖崩，梓宫在殡，帝遂纳之。群臣皆贺，帝谓冯道等曰："皇太后之命，与卿等不任大庆。"群臣出，帝与夫人酣饮，过梓宫前，辄而告曰："皇太后之命，与先帝不任大庆。"左右失笑，帝亦自笑，谓左右曰："我今日作新婿何如？"夫人与左右皆大笑。太后虽恚，而无如之何。既正位中宫，颇预政事。后兄玉，时为礼部郎中、盐铁判官，帝骤擢用至端明殿学士、户部侍郎，与议政事。《文献通考》云：契丹入京师，后随帝北迁，不知所终。又，案《五代会要》载晋内职云：高祖颍川郡夫人蔡氏，天福三年八月敕。少帝宝省李氏封陇西郡夫人；张氏封春宫夫人，充皇后宫尚宫，并天福八年十二月二日敕。前左御正吴国夫人吴氏进封燕国夫人，书省魏国夫人崔氏进封梁国夫人，前右御正天水郡夫人赵氏封卫国夫人，司簿孟氏封汧国夫人，前司簿李氏封陇西郡夫人，弟子院使齐氏、大使郭氏、副使贾氏，并封本县君，太后宫尚宫陈留郡夫人何氏进封郑国夫人，河南郡夫人元氏进封齐国夫人，知客出使夫人石氏封武威郡夫人，春宫姚氏、常氏、焦氏、王氏、陶氏、魏氏、赵氏七人，并超封郡夫人，宝省婉美赵氏封天水郡夫人，武氏以下十一人，并授春宫，天福八年十一月敕。清河郡夫人张氏、彭城郡夫人刘氏，并充太后宫司宝，南阳郡夫人路氏、出使夫人赵氏、白氏，并充皇后宫司宾，开运二年八月敕。又，按《薛史》不载外戚传，据《五代会要》云：晋高祖长女长安公主降杨承祚，天福二年五月封，至六年五月卒，追封秦国公主，至七年九月，又追封梁国长公主。从长女高平县主，第二女新平县主、第三女千乘县主、孙女永庆县主，并天福七年五月封，今附识于此。

# 旧五代史卷八六考证

晋列传一后妃传高祖皇后李氏　案《五代会要》：后在长兴中进封魏国公主，清泰二年改封晋国长公主。《欧阳史》作清泰二年封魏国长公主，误。　少帝皇后张氏　案：是书《少帝纪》及《五代会要》俱云天福八年追册故妃张氏为皇后，《欧阳史》阙载。　富珠哩，旧作傅住儿，今改。

旧五代史卷八七

晋书一三

# 宗室列传第二

**广王敬威** 弟赟　**韩王晖　剡王重允**
**虢王重英　楚王重信　寿王重义**
**夔王重进　陈王重杲　重睿　延煦**
**延宝**

案：《晋宗室列传》，《永乐大典》仅存四篇，余多残阙。

广王敬威，字奉信，高祖之从父弟也。父万诠，赠太尉，追封赵王。敬威少善骑射，事后唐庄宗，以从战有功，累历军职。明宗即位，擢为奉圣指挥使。天成、应顺中，凡十改军额。累官至检校工部尚书，赐忠顺保义功臣。清泰中，加兵部尚书、彰圣都指挥使，遥领常州刺史。及高祖建义于太原，敬威时在洛下，知祸必及，召所亲谓曰："夫人生而有死，理之常也。我兄方图大举，余固不可偷生待辱，取笑一时。"乃自杀于私邸，人甚壮之。天福二年，册赠太傅，葬于河南县。六年，追封广王。

子训嗣，官至左武卫将军。敬威弟赟。《永乐大典》卷六千七百六十。

韩王晖，字德昭，睿祖孝平皇帝之孙，高祖之从兄也。父万友。追封秦王。晖生而庞厚，刚毅雄直，有器局，行不由径，临事多智，故高祖于宗族之中，独厚遇之。初，张敬达之围晋阳也，高祖署晖为突骑都将，常引所部，出敌之不意，深入力战，虽夷伤流血，矢镞贯骨，而辞气益厉，高祖壮之。天福二年，遥授濠州刺史，充皇城都部署。四年，加检校司徒，授曹州防御使，加检校太保。其莅任也，廉爱恤下，不营财利，不好伎乐，部人安之。岁余，以疾终于官，归葬太原。八年，册赠太师，追封韩王。子曦嗣。《永乐大典》卷六千七百六十。《宋史·石曦传》：天福中，以曦为右神武将军，历汉至周，为右武卫、左神武二将军。恭帝即位，初为左卫将军，会高丽王昭加恩，命曦副左骁卫将军戴交充使。淳化四年卒。

剡王重允。案：剡王以下诸王传，《永乐大典》原阙。《欧阳史》云：重允，高祖弟也，亦不知其为亲疏，然高祖爱之，养以为子，故于名加'重'而下齿诸子。《通鉴·齐王纪》：高帝少弟重允早卒。

虢王重英。案：《虢王传》，《永乐大典》原阙。考《五代会要》云：重英，高祖长子，天福四年四月追封。是书《唐纪》，清泰三年七月己丑，诛右卫上将军石重英。

楚王重信，字守孚，高祖第二子，后唐明宗之外孙也。少敏悟，有智思。天成中，始授银青光禄大夫、检校左散骑常侍，俄加检校刑部尚书，守相州长史，未几，迁金紫光禄大夫，超拜检校司徒，守左金吾卫大将军。重信历事唐明宗及闵帝、末帝，不恃贵戚，能克己复礼，恂恂如也，甚为时论所称。高祖即位，出镇孟津，到任逾月，去民病十余事，朝廷有诏褒之。是岁，范延光叛命于邺，诏遣前灵武节度使张从宾发河桥屯兵数千人，东讨延光。既而从宾与延光合谋为乱，遂害重信于理所，时年二十，远近闻者，为之叹惜。诏赠太尉。时执事奏曰："两汉子弟，生死无历三公位者。"高祖曰："此儿为善被祸，予甚愍之，自我作古，宁有例乎。"遂行册命。以其年十月，葬河南万安山，天福七年，追封沂王，少帝嗣位，改封楚王。妃南阳白氏，昭信军节度使奉进之女也。重信有子二人，皆幼，长于公宫，及少帝北迁，不知其所终。《永乐大典》卷六千七百六十。

寿王重义，字宏理，高祖第三子也。幼岐嶷，好儒书，亦通兵法。高祖素所钟爱，及即位，自北京皇城使拜左骁卫大将军。车驾幸浚郊，加检校司空，权东都留守。未几，邺都范延光叛，朝廷遣杨光远讨之，诏前灵武节度使、洛都巡检使张从宾发盟津屯兵赴邺下。会从宾密通延光，与娄继英等先劫河桥，次乱洛邑，因害重义于河南府，时年十九。从宾败，高祖发哀于便殿，辍视朝三日，诏赠太傅。是岁冬十月，诏遣庄宅使张颖监护丧事，葬于河南府万安山。天福中，追封寿王。妃李氏，汾州刺史蔺之女也。重义无子，妃后落发为尼，开运中，卒于京师。《永乐大典》卷六千七百六十。案：《晋宗室传》，原本多阙佚，今姑仍原文。

**爱王重进。**《五代会要》：重进，高祖第五子，天福七年四月追封。

**陈王重杲。**《欧阳史》：重杲，小字冯六，未名而卒，赠太傅，追封陈王，赐名重杲。

**重睿。**案《契丹国志》：高祖忧悒成疾，一旦冯道独对，高祖命幼子重睿出拜之，又令宦者抱置道怀中，盖欲冯道辅立之。高祖崩，道与侍卫马步都虞候景延广议，以国家多难，宜立长君，乃奉齐王重贵为嗣，《五代会要》：重睿，高祖第七子，许州节度使，未封王。《欧阳史》云：从出帝北迁，不知其所终。

**延煦。**《五代会要》：延煦，少帝长子，遥领陕西节度使。《通鉴》云：赵在礼家资为诸帅之最，帝利其富，为皇子镇宁节度使延煦娶其女，在礼自费缯钱十万，县官之费，数倍过之。

延宝。《五代会要》：延宝，少帝次子，遥领鲁州节度使。《通鉴》云：延煦及弟延宝皆高祖诸孙，帝养以为子。《会要》引《实录》亦云皆帝之从子，养以为子。《欧阳史》云：延煦等从帝北迁，后不知其所终。

# 旧五代史卷八七考证

晋列传二宗室广王敬威传敬威弟赟　案《欧阳史》：高祖有兄敬儒、弟敬德、敬殷，是书不为立传，疑有阙文。又，赟，《欧阳史》作"敬赟"。　韩王晖传八年册赠太师　案：晖，《欧阳史》作"敬晖"。赠太师，《欧阳史》作赠太傅，加赠太师。　剡王重允　案《欧阳史·晋家人传》：重允，高祖弟也。《通鉴·齐王纪》同。重允女冯氏，后为少帝后。《欧阳史》载契丹入京师，暴少帝之恶于天下曰："纳叔母于宫中，乱人伦之大典。"是重允实为高祖弟也。《五代会要》作高祖第三子重允，天福七年四月追封剡王。考剡王，《欧阳史》作"郑王"，封爵亦异。又，案是书《唐纪》，清泰三年诛皇城副使石重裔，敬瑭之子也。考《会要》载高祖诸子，无别名重裔者，重裔疑即重允，史氏避宋太祖讳，故作裔，然《通鉴·高祖纪》作敬瑭之子重允，《齐王纪》又作高祖少弟重允早卒，似两纪实有两人，姑存之以备考。　虢王重英　案《五代会要》：重英，高祖长子，《通鉴考异》引《废帝实录》作侄男供奉官重英。又，广本"英"作"殷"。　楚王重信传高祖第二子　案：《五代会要》作第四子。　寿王重乂传高祖第三子　案：《五代会要》作第二子。《通鉴考异》作侄男。　陈王重杲　案：重杲，小字冯六。《欧阳史》云：高祖少子曰冯六，旧说以重睿为幼子，非也。今考《五代会要》作高祖第六子重杲，第七子重睿，与《欧阳史》异。补前广王敬威传。敬威弟赟。赟，字德和，为陕州节度使。少帝即位，加同平章事。赟性骄慢，每使者至，必问曰："小佳安否？"恣为暴虐，陕人苦之。　是书

《少帝纪》：开运三年，曹州节度使石赟死，帝之堂叔也。《欧阳史》作堕沙壕溺死。

旧五代史卷八八
晋书一四

# 列传第三

### 景延广　李彦韬　张希崇　王庭胤
### 史匡翰　梁汉颙　杨思权　尹晖
### 李从璋　子重俊　李从温　张万进

　　景延广，字航川，陕州人也。父建，累赠太尉。延广少习射，以挽强见称。梁开平中，邵王朱友诲节制于陕，召置麾下，友诲坐谋乱，延广窜而获免。后事华州连帅尹皓，皓引荐列校，隶于汴军，从王彦章拒庄宗于河上。及中都之败，彦章见擒，而延广被数创，归于汴。

　　唐天成中，明宗幸夷门，会朱守殷拒命，寻平之，延广以军校连坐，将弃市。高祖时为六军副使，掌其事，见而惜之，乃密遣循去，寻收为客将。及敬达之围晋阳，高祖付以戎事，甚有干城之功。高祖即位，授侍卫步军都指挥使、检校司徒，遥领鬷州团练使，转检校太保，领鬷州节度使。四年，出镇滑台。五年，加检校太傅，移镇陕府。六年，召为侍卫马步都虞候，移镇河阳。七年，转侍卫亲军都指挥使、检校太尉。

　　其年夏，高祖晏驾，延广与宰臣冯道等承顾命，以少帝为嗣。既发丧，都人不得偶语，百官赴临，未及内门，皆令下马，由是有骄暴

之失。少帝既嗣位，延广独以为己功，寻加同平章事，弥有矜伐之
色。朝廷遣使告哀契丹，无表致书，去臣称孙，契丹怒，遣使来让，延
广乃奏令契丹回国使乔荣，案：《欧阳史》作乔莹，《辽史》同《薛史》。《契丹
国志》云：先是，河阳牙将乔荣从赵延寿入辽，辽帝以为回国使，置邸大梁。至
是，景延广说帝囚荣于狱，凡辽国贩易于晋境者，皆杀之，夺其货。大臣皆言辽
国不可负，乃释荣，慰赐而归之。告戎王曰："先帝则北朝所立，今上则
中国自策，为邻为孙则可，无臣之理。"且言：晋朝有十万口横磨剑，
翁若要战则早来，他日不禁孙子，则取笑天下，当成后悔矣。"由是
与契丹立敌，干戈日寻。初，高祖在位时，宣借杨光远骑兵数百，延
广请下诏追还，光远由此忿延广，怨朝廷，遣使泛海搆衅。

　　天福八年十二月，契丹乃南牧。九年正月，陷甘陵，河北储蓄悉
在其郡。少帝大骇，亲率六师，进驻澶渊，延广为上将，凡六师进退，
皆出胸臆，少帝亦不能制，众咸惮而忌之。契丹既至城下，使人宣言
曰："景延广唤我来相杀，何不急战！"一日，高行周与蕃军相遇于近
郊，以众寡不敌，急请济师，延广勒兵不出，是日行周幸而获免。及
契丹退，延广犹闭栅自固，士大夫曰："昔与契丹绝好，言何勇也；今
契丹至若是，气何愤也。"时延广在军，母凶问至，自澶湾津北移于
津南，不信宿而复莅戎事，曾无戚容，下俚之士亦闻而恶之。时有太
常丞王绪者，因使德州回，与延广有隙，因诬奏与杨光远通谋，遣吏
絷于麾下，锻成其事。判官卢亿累劝解不从，寻有诏弃市，时甚冤
之。少帝还京，尝幸其第，进献锡赍，有如酬酢，权宠恩渥，为一朝之
冠。俄与宰臣桑维翰不协，少帝亦惮其难制，遂罢兵权，出为洛都留
守、兼侍中。由是郁郁不得志，亦意契丹强盛。国家不济，身将危矣，
但纵长夜饮，无复以夹辅为意。《宋史·卢多逊传》：父亿。景延广镇天
平，表亿掌书记，留守西洛，又为判官。时国用窘乏，取民财以助军，河南府计
出二十万缗，延广欲并缘以图羡利，增为三十七万缗。亿谏曰："公位兼将相，
既富且贵，今国帑空竭，不得已而取资于民，公何忍利之乎！"延广惭而止。

　　开运三年冬，契丹渡滹水，诏遣屯孟津，将戒途，由府署正门而
出，所乘马腾立不进，几坠于地，乃易乘而行，时以为不祥之甚。及

王师降契丹，延广狼狈而还。时契丹主至安阳，遣别部队长率骑士数千，与晋兵相杂，趋河桥入洛，以取延广。戒曰："如延广奔吴走蜀，便当追而致之。"时延广顾虑其家，未能引决。契丹既奄至，乃与从事阎丕轻骑谒丹主于封丘，与丕俱见縶焉。《辽史》：将军康祥执景延广来献。延广曰："丕，臣之从事也，以职相随，何罪而亦为缧囚？"契丹释之。因责延广曰："致南北失欢，良由尔也。"乃召乔荣质证前事，凡有十焉。始荣将入蕃时，绐延广云："某恐忽忘所达之语，请纪于翰墨。"延广信之，乃命吏备记其事。荣亦险巧善事人者也，虑他日见诘，则执之以取信，因匿其文于衣中。至是，延广始以他语抗对，荣乃出其文以质之，延广顿为所屈。每服一事，则受牙筹一茎，此契丹法也。延广受至八茎，但以面伏地，契丹遂咄之，命锁延广臂，将送之北土。是日，至于陈桥民家草舍，延广惧燔灼之害，至夜分伺守者怠，则引手自扼其吭，寻卒焉。虽事已穷顿，人亦壮之，时年五十六。《东都事略》：昝居润尝为枢密院小带领，景延广留守西京，补为右职。契丹犯京师，以兵围延广家，故吏悉避去，居润为全护其家。时论称之。汉高祖登极，诏赠中书令。案：《欧阳史》作赠侍中。

延广少时，尝泛洞庭湖，中流阻风，帆裂柂折，众大恐。顷之，舟人指波中曰："贤圣来护，此必有贵人矣。"寻获济焉，竟位至将相，非偶然也。《永乐大典》卷一万八千一百三十一。


李彦韬，太原人也。少事邢州节度使阎宝为皂隶，宝卒，高祖收于帐下。及起义，以少帝留守北京，因留彦韬为腹心，历客将、牙门都校，以纤巧故，厚承委用。及少帝嗣位，授蔡州刺史，入为内客省使、宣徽南院使。未几，遥领寿州节度使，充侍卫马军都指挥使、检校太保，俄改陈州节度使，典军如故。每在帝侧，升除将相，但与宦官近臣缔结，致外情不通，陷君于危亡之地。尝谓人曰："朝廷设文官将何用也。"且欲澄汰而除废之，则可知其辅弼之道也。及契丹犯阙，迁少帝于开封府。一日，少帝遣人急召彦韬，将与计事，彦韬辞不赴命，少帝怏恨久之，其负国辜君也如是。及少帝北迁，戎王遣彦

韬从行,洎至蕃中,隶于国母帐下。永康王举兵攻国母,以伟王为前
锋,国母发兵拒之,以彦韬为排阵使,彦韬降于伟王,伟王置之帐
下,其后卒于幽州。《永乐大典》卷一万三百八十九。

　　张希崇,字德峰,幽州蓟县人也。父行简,假蓟州玉田令。希崇
少通《左氏春秋》,复癖于吟咏。天祐中,刘守光为燕帅,性惨酷,不
喜儒士,希崇乃掷笔以自效,守光纳之,渐升为裨将。俄而守光败,
唐庄宗命周德威镇其地,希崇以旧籍列于麾下,寻遣率偏师守平
州。

　　案巴坚旧作阿保机,今改正。南攻,陷其城,掠希崇而去。案巴坚
询希崇,乃知其儒人也,因授元帅府判官,后迁卢龙军行军司马,继
改蕃汉都提举使。天成初,伪平州节度使卢文进南归,契丹以希崇
继其任,遣腹心总边骑三百以监之。希崇莅事数岁,契丹主渐加宠
信。一日,登郡楼私自计曰:“昔班仲升西戍,不敢擅还,以承诏故
也。我今入关,断在胸臆,何恬安于不测之地而自滞耶!”乃召汉人
部曲之翘楚者,谓曰:“我陷身此地,饮酪被毛,生不见其所亲,死为
穷荒之鬼,南望山川,度日如岁,尔辈得无思乡者乎!”部曲皆泣下
沾衣,且曰:“明公欲全部曲南去,善则善矣,如敌众何?”《欧阳史》作
麾下皆言兵多不可俱亡。因劝希崇独去。希崇曰:“俟明日首领至牙帐,
则先擒之,契丹无统领,其党必散。且平州去王帐千余里,待报至征
兵,逾旬方及此,则我等已入汉界深矣,何用以众少为病!”众大喜。
是日,希崇于郡斋之侧,坎隙地,贮石灰。明旦,首领与群从至,希崇
饮以醇酎数钟,既醉,悉投于灰井中毙焉。期徒营于北郭,遣人攻
之,皆溃围奔去,希崇遂以管内生口二万余南归。唐明宗嘉之,授汝
州防御使。

　　希崇既之任,遣人迎母赴郡,母及境,希崇亲肩板舆行三十里,
观者无不称叹。历二年,迁灵州两使留后。先是,灵州戍兵岁运粮
经五百里,有馈饟之患。希崇乃告谕边士,广务屯田。岁余,军食大
济。玺书褒之,因正授旄节。清泰中,希崇厌其杂俗,频表请觐,诏

许之。至阙未久，朝廷以安边有闻，议内地处之，改邠州节度使。及高祖入洛，与契丹方有要盟，虑其为所取，乃复除灵武。希崇叹曰："我应老于边城，赋分无所逃也。"因郁郁不得志，久而成疾，卒于任，时年五十二。希崇自小校累官至开府仪同三司、检校太尉，三历方面，封清河郡公，食邑二千户，赐清边奉国忠义功臣，亦人生之荣盛者也。案：《欧阳史》作赠太师。

希崇素朴厚，尤嗜书，莅事之余，手不释卷，不好酒乐，不蓄姬仆，祁寒盛暑，必俨其衣冠，厮养之辈，未尝闻亵慢之言。事母至谨，每食必侍立，俟盥漱毕方退，物议高之。性虽仁恕，或遇奸恶，则嫉之若仇。在邠州日，有民与郭氏为义子，自孩提以至成人，因乖戾不受训，遣之。郭氏夫妇相次俱死。郭氏有嫡子，已长，时郭氏诸亲与义子相约，云是亲子，欲分其财物，助而讼之，前后数政不能理，遂成疑狱。希崇览其诉，判云："父在已离，母死不至。止称假子，孤二十年抚养之恩；倘曰亲儿，犯三千条悖逆之罪。颇为伤害名教，安敢理忍田园！其生涯并付亲子，所讼人与朋奸者，委法官以律定册。"闻者服其明。希崇亦善观象，在灵州日，见月掩毕口大星，经月复尔，乃叹曰："毕口大星，边将也，月再掩之，吾其终欤！"果卒于郡。

子仁谦为嗣，历引进副使。《永乐大典》卷六千三百五十一。

王庭胤，字绍基，其先安人也。案："安"字上有脱文。《欧阳史·王处直传》作京兆万年人，疑是长安。祖处存，定州节度使。父邨，晋州节度使。庭胤，唐庄宗之内表也。性勇剽狡捷，鹰瞬隼视，喑呜眦睚，则挺剑而不顾。少为晋阳军校，以攻城野战为务，暑不息嘉树之阴，寒不处密室之下，与军伍食不异味，居不异室，故庄宗于亲族之中，独加礼遇。庄宗、明宗朝，累历贝、忻、密、澶、隰、相六州刺史。案：《欧阳史》不载相州。国初，范延光据邺称乱，高祖以庭胤累朝宿将，诏为魏府行营中军使兼贝州防御使。城降赏劳，授相州节度使，寻移镇定州。先是，契丹欲以王处直之子威为定州节度使，处直则庭胤之叔祖也。处直为养子都所纂，时威北走契丹，契丹纳之。至是契丹遣使谕高祖云："欲使王威袭先人土地，如我蕃中之制。"高祖答以：
"中国将校自刺史、团练、防御使序迁，方授旄节，请遣威至此任用，
渐令升进，乃合中土旧规。"戎王深怒其见拒，使人复报曰："尔自诸
侯为天子，有何阶级耶？"高祖畏其滋蔓，则厚赂力拒其命，契丹怒
稍息，遂连升庭胤，俾镇中山，且欲塞其意也。少帝嗣位，改沧州节
度使，累官至检校太尉。开运元年秋。卒于位，年五十四。赠中书
令。

有子五人，长曰昭敏，仕至金吾将军卒。《永乐大典》卷一万八千一
百三十一。

史匡翰，元辅，雁门人也。父建瑭，事庄宗为先锋将，敌人畏之，
谓之"史先锋"，累立战功，《唐书》有传。匡翰起家袭九府都督，历代
州辽州副使、检校太子宾客。同光初，为岚、宪、朔等州都游奕使，改
天雄军牢城都指挥使，再加检校户部尚书，领浔州刺史。天成中，授
天雄军步军都指挥使，岁余，迁侍卫彰圣马军都指挥使。高祖有天
下也，授检校司空、怀州刺史。其妻鲁国长公主，即高祖之妹也。寻
转控鹤都指挥使兼和州刺史、驸马都尉，俄授检校司徒、郑州防御
使，未几，迁义成军节度、滑濮等州观察处置、管内河堤等使。丁母
忧，寻起复本镇。案：陶谷撰匡翰碑文云："圃田待理，汉殿抡才，功臣旄佐
国之名，出守奉专城之寄。"盖郑州即在义成军管内，匡翰虽迁官，不离本镇
也。

匡翰刚毅有谋略，御军严整。接下以礼，与部曲语，未尝称名，
历数郡皆有政声。案：陶谷撰碑文云："斋坛峻而金鼓严，麻案宣而油幢出，
控梁苑之西郊，殷乎威望；抚国侨之遗俗，绰有政声。"尤好《春秋左氏传》，
每视政之暇，延学者讲说，躬自执卷受业焉，时发难问，穷于隐奥，
流辈或戏为《史三传》。既自端谨，不喜人醉。幕客有关彻者，狂率
酗酱，一日使酒，怒谓匡翰曰："明公昔刺覃怀，与撤主客随至，事无
不可，令领节钺，数不相容。且书记赵厉，险砺之人也，胁肩谄笑，黩
货无厌，而明公待之甚厚，彻今请死。近闻张彦泽脔张式，未闻史匡

翰斩关彻,恐天下谈者未有比类。"匡翰不怒,引满自罚而慰勉之,其宽厚如此。天福六年,白马河决,匡翰祭之,见一犬有角,浮于水心,甚恶之,后数月遘疾而卒于镇,年四十。诏赠太保。

子彦容,历宫苑使、濮单宿三州刺史。《永乐大典》卷一万一百八十三。

梁汉颙,太原人也。少事后唐武皇,初为军中小校,善骑射,勇于格战。庄宗之破刘仁恭、王德明,及与梁军对垒于德胜,皆预其战,累功至龙武指挥使、检校司空。梁平,授检校司徒、濮州刺史。同光三年,魏王继岌统军伐蜀,以汉颙为魏王中军马步都虞候。天成初,授许州兵马留后、检校太保,寻为邠州节度使,岁余加检校太傅,充威胜军节度、唐邓等州观察处置等使,在镇二年,移镇许州。长兴四年夏,以眼疾授太子少师致仕。高祖素与汉颙有旧,及即位之初,汉颙进谒,再希任使,除左威卫上将军。天福七年冬,以疾卒于洛阳,年七十余。赠太子太保。《永乐大典》卷六千六百十四。

杨思权,邠州新平人也。梁乾化初为军校,贞明二年,转弓箭指挥使、检校左仆射,累迁控鹤右第一军使。唐庄宗平梁。补右厢夹马都指挥使。天成初,迁右威卫将军。加检校司空。

会秦王从荣镇太原,明宗乃以冯赟为副留守、以思权为北京步军都指挥使,以佐佑之。从荣幼骄狠,不亲公务,明宗乃遣纪纲一人素善从荣者,与之游处,俾从容讽导之。尝私谓从荣曰:"河南相公恭谨好善,亲礼端士,有老成之风,相公处长,更宜自励,勿致声闻在河南之下。"从荣不悦,因告思权曰:"朝廷人皆推从厚,共非短我,吾将废弃矣。"思权曰:"请相公勿忧,万一有变,但思权在处有兵甲,足以济事。"乃劝从荣招置部曲,调弓砺矢,阴为之备。思权又谓使者曰:"朝廷教君伴相公,终日言弟贤兄弱何也?吾辈苟在,岂不能与相公为主耶?"使者惧,告冯赟,乃密奏之,明宗乃诏思权赴京师,以秦王之故,亦弗之罪也。长兴末,为右羽林都指挥使,遗戍兴元。

闵帝嗣位，奉诏从张虔钊讨凤翔，洎至岐下，思权首倡倒戈以攻虔钊。寻领部下军率先入城，谓唐末帝曰："臣既赤心奉殿下，俟京城平定，与臣一镇，勿置在防御团练使内。"乃怀中出纸一幅，谓末帝曰："愿殿下亲书臣姓名以志之"末帝命笔，书"可邠宁节度使。"及即位，授推诚奉国保义功臣、静难军节度、邠宁庆衍等州观察处置等使、检校太保。清泰三年，入为右龙武军统军。高祖即位，除左卫上将军。进封开国公。天福八年，以疾卒，年六十九。赠太傅。《永乐大典》卷六千五十二。

尹晖，魏州人也。少以勇健事魏帅杨师厚为军士，唐庄宗入魏，擢为小校，从征河上，每于马前步斗有功。庄宗即位，连改诸军指挥使。天成、长兴中，领数郡刺史，累迁严卫都指挥使。唐应顺中，王师讨末帝于岐下，晖与杨思权首归，末帝约以邺都授之。末帝即位，高祖入洛，尝遇晖于通衢，晖马上横鞭以揖高祖。高祖忿之，后因谒谓末帝曰："尹晖常才，以归命称先，陛下欲令出镇名藩，外论皆云不当。"末帝乃授晖应州节度使。高祖即位，改右卫大将军。时范延光据邺谋叛，以晖失意，密使人赍蜡弹，以荣利啖之。晖得延光文字，惧而思审，欲沿汴水奔于淮南。高祖闻之，寻降诏招唤，未出王畿，为人所杀。

子勋，事皇朝，累历军职，迁内外马步都军头，见为郓州防御使。《永乐大典》卷一万八千一百三十一。

李从璋，字子良，后唐明宗皇帝之犹子也。少善骑射，从明宗历战河上，有平梁之功。唐同光末，魏之乱军迎明宗为帝，从璋时引军自常山过邢，邢人以从璋为留后。逾月，明宗即位，受诏领捧圣左厢都指挥使，时天成元年五月也。八月，改大内皇城使，加检校司徒、彰国军节度使，赐竭忠建策兴复功臣。旋以达靼诸部入寇，从璋率麾下出讨，一鼓而破，有诏褒之。

三年四月，移镇滑台。时明宗驻跸于大梁，从璋尝召幕客谋曰："车驾省方，藩臣咸有进献，吾为臣为子，安得后焉。欲取仓廪羡余，以助其用，诸君以为何如？"内有宾介白曰："圣上宽而难犯，行宫在近，忽致上达，则一幕俱罹其罪。"从璋怒，翌日，欲引弓射所言者，朝廷知之，改授右骁卫上将军。

长兴元年十月，出镇陕州。二年五月，迁河中节度使。三年，就加检校太傅，赐忠勤静理崇义功臣。四年五月，制封洋王。是岁，明宗厌代，闵帝嗣位，寻受命代潞王于岐下，会潞王举兵入洛，事遂寝。高祖即位之元年十二月，授威胜军节度使，降封陇西郡公。二年九月，终于任，年五十一。邓人为之罢市，思遗爱也。诏赠太师。

从璋性贪黩，惧明宗严正，自滑帅入居环卫之后，以除拜差跌，心稍悛悟，后历数镇，与故时幕客不足者相遇，无所憾焉。蒲、陕之日，政有善誉，改赐"忠勤静理"之号，良有以也。及高祖在位，愈畏其法，故殁于南阳，人甚惜之，亦明宗宗室之白眉也。子重俊。《永乐大典》卷一万八千一百二十。

重俊，唐长兴、清泰中，历诸卫将军；高祖即位，遥领池州刺史；少帝嗣位，授虢州刺史。性贪鄙，常为郡人所讼，下御史台，抵赃至重，太后以犹子之故救之，乃归罪于判官高献，止罢其郡。未几，复居环列，出典商州。商民素贫，重俊临之，割剥几尽。复御家不法，其奴仆若履汤蹈火。忤其意者，或鞭之，或刃之。又杀从人孙汉荣，掠其妻，及受代归洛，汉荣母燕氏获其子妇，以诉于府尹景延广。牙将张守英谓燕曰："重俊前朝枝叶，今上中表，河南尹其何以理。不若邀其金帛，私自和解，策之上也。"燕从其言，授三百缣而止。后以青衣赵满师因不胜楚毒，逾垣诉景延广，云重俊与妹私奸及前后不法事，延广奏之。诏遣刑部郎中王瑜鞫之，尽得其实，并以秽迹彰露，而赐死于家。《永乐大典》卷一万三百八十九。

李从温，字德基，代州崞县人，后唐明宗之犹子也。明宗微时，从温执仆御之役，后养为己子，及历诸藩，署为牙校，命典厩库。唐同光中，奏授银青光禄大夫、检校右散骑常侍，累加检校司空，充北京副留守。明宗即位，授安国节度使、检校司徒。长兴元年四月，入为右武卫上将军。是岁，复出镇许田。明年，移北京留守，加太傅。四年正月，改天平军节度使。五月，制封兖王。十一月，移镇定州，兼北面行营副招讨使，寻又移镇常山。清泰中，加同平章事，改镇彭门。高祖即位之明年，就加侍中。七年，加兼中书令。八年，再为许州节度使、开府仪同三司，封赵国公，累加食邑一万户，实食封一千二百户。开运二年，改河阳三城节度使。三年二月，卒于任，年六十三。赠太师，追封陇西郡王。

从温始以明宗本枝，历居藩翰，无文武才略资济代之用，凡临民以货利为急。在常山日，睹牙署池潭凡十余顷，皆立木为岸，而以修篁环之，从温曰："此何用为？"悉命伐竹取木，鬻于列肆，获其直以实用帑焉。高祖即位，从温时在兖州，多创乘舆器服，为宗族切戒，从温弗听。其妻关氏，素耿介，一日厉声于牙门云："李从温欲为乱，擅造天子法物。"从温敬谢，悉命焚之，家无败累，关氏之力也。后以多畜驼马，纵牧近郊，民有诉其害稼者，从温曰："若从尔之意，则我产畜何归乎"其昏愚多此类也。高祖性至察，知而不问，少帝嗣位，太后教曰："吾只有此兄，慎勿绳之。"故愈加姑息，以致年逾耳顺，终于牖下，乃天幸也。《永乐大典》卷一万三百八十九。

张万进，突厥南鄙人也。祖拽斤，父腊。万进白晰美髭，少而无赖。事唐武皇，以骑射著名，攻城野战，奋不顾命。尝与梁军对阵，持锐首短刀，跃马独进，及兵刃既刉，则易以大锤，左右奋击，出没进退，无敢当者。唐庄宗、明宗素怜其雄勇，复奖其战功，故累典大郡。天成、长兴中，历威胜、保大两镇节制。

高祖有天下，命为彰义军节度使，所至不治，政由群下。洎至泾原日，凶恣弥甚，每日于公庭列大鼎，烹肥羜，割截方寸以啖宾佐，皆流泪不能大嚼，俟其他顾，则致袂中，又命巨觯行酒，诉则辱之，乃有持杯伪饮，褰领裱而纳之者。既沉湎无节，唯妇言是用，其妻与幕吏张光载干预公政，纳钱数万，补一豪民为捕贼将，领兵数百人入新平郡境。邠帅以其事上奏，有诏诘之，光载坐流罪，配于登州。

天福四年三月，万进疾笃，月余，州兵将乱，乃诏副使万庭珪委其符印。记室李升素憾凌虐，知其将亡，谓庭珪曰："气息将奄，不保晨幕，促移就第，岂不宜乎！"庭珪从之，万进寻卒，遂以篮舆秘尸而出，即驰骑而奏之，诏命既至，而后发丧。其妻素狠戾，谓长子彦球曰：万庭珪逼迫危病，惊扰而死，不手戮之，奚为生也！"庭珪闻之，不敢往吊。万进假殡于精舍之下，至舁车东辕，凡数月之间，郡民数万，无一馈奠者。为不善者，众必弃之，信矣夫！《永乐大典》卷六千三百五十一。


史臣曰：延广功扶二帝，任掌六师，亦可谓晋之勋臣矣。然而昧经国之远图，肆狂言于强敌，卒使邦家荡覆，宇县丘墟，书所谓"唯口起羞"者，其斯人之谓欤！彦韬既负且乘，任重才微，盗斯夺之，固其宜矣。希崇蔚有雄干，老于塞垣，未尽其才，良亦可惜。杨、尹二将，因倒戈而仗钺，岂义士之所为。其余盖以勋以亲，咸分屏翰，唯万进之丑德，又何暇于讥焉！《永乐大典》卷六千三百五十一。


# 旧五代史卷八八考证


晋列传三景延广传契丹迴国使乔荣　荣《欧阳史》作莹。迴国使，《通鉴》作迴图，《契丹国志》作从是书，作迴国。　时延广顾虑其家未能引决　案《宋史·昝居润传》：晋室将亡，景延广委其族自洛赴难，与是书异。　诏赠中书令　案：《欧阳史》作赠侍中。　张希崇传守光败唐庄宗命周德威镇其地希崇以旧籍列于麾下寻遣率偏

师守平州　案:《欧阳史》作刘守光不喜儒士,希崇因事军中为偏将,将兵守平州。是守光未败,即守平州,非为德威所遣也,与是书异。希崇遂以管内生口二万余南归　案《辽史》:天显元年七月,卢龙行军司马张崇叛奔唐,疑希崇在辽,秪名崇,归唐后始加“希”字也。然希崇归唐在辽太宗时,而《辽史》系于《太祖纪》。又,希崇本继卢文胜,而《辽史》书其降在卢国用归唐之前,年月皆舛误。　及高祖入洛与契丹方有要盟虑为其所取乃复除灵武　案:《通鉴》作帝与契丹修好,虑其复取灵武。　李从璋传二年五月迁河中节度使三年就加检校太傅　案:从璋为河中节度,以代安重诲也。《五代史阙文》:从璋见重诲,拜于庭下,重诲惊曰:太传过礼。据此传,从璋至三年始检校太傅,徙镇河中时不应先称为太傅。

旧五代史卷八九
晋书一五

# 列传第四

## 桑维翰　赵莹　刘昫　冯玉　殷鹏

　　桑维翰，字国侨，洛阳人也。父拱，事河南尹张全义为客将。维翰身短面广，殆非常人，既壮，每对鉴自叹曰："七尺之身，安如一尺之面！"由是慨然有公辅之望。《三楚新录》云：马希范入觐，涂经淮上，时桑维翰旅游楚、泗间，知其来，遽谒之曰："仆闻楚之为国。挟天子而令诸侯，其势不可谓卑也；加以利尽南海，公室大富。足下之来也，非倾府库之半，则不足以供刍粟之费。今仆贫者，敢以万金为请，惟足下济之。"希范轻薄公子，睹维翰形短而腰长，语鲁而且丑，不觉绝倒而笑。既而与数百缗，维翰大怒，拂衣而去。《春渚记闻》：桑维翰试进士，有司嫌其姓，黜入。或劝勿试，维翰持铁砚示人曰："铁砚穿，乃改业。"著《日出扶桑赋》以见志。**性明惠善词赋。**

　　《洛阳缙绅旧闻记》：桑魏公，父拱，为河南府客将。桑魏公将应举，父乘间告齐王张全义曰："某男粗有文性，今被同人相率取解，俟王旨。"齐王曰：有男应举，好，可令秀才将卷轴来。"魏公之父趋下再拜，既归，令子侵早投书启，献文字数轴。王请见魏公，父教之趋阶，王曰："不可，既应举便是贡士。"可归客司，谓魏公父曰："他道路不同莫管他。"终以客礼见，王一见奇之，礼待颇厚。是年王力言于当时儒臣，由是擢上第。唐同光中，登进士第。高祖领河阳，辟为掌书记，历数镇皆从，及建义太原，首预其谋。复遣为书求援于契丹，果应之，俄以赵德钧发使聘契丹，高祖惧其改谋，命维翰诣幕帐，述其始终利害之义，其约乃定。《通鉴》：赵德钧以金帛赂契丹主,云:"若立己为帝,请即以见兵南平洛阳,与契丹为兄弟之国;仍许石氏常镇河东。"契丹主自以深入敌境,晋安未下,德钧兵尚强,范延光在其东,又恐山北诸州邀其归路,欲许德钧之请。帝闻之大惧,亟使维翰见契丹主,说之曰:"大国举义兵以救孤危,一战而唐兵瓦解,退守一栅,食尽力穷。赵北平父子不忠不信,畏大国之强,且素蓄异志,按兵观变,非以死徇国之人,何足可畏,而信其诞妄之辞,贪毫末之利,弃垂成之功乎!且使晋得天下,将竭中国之财以奉大国,岂此小利之比乎!"契丹主曰:"尔见捕鼠者乎,不备之,犹或啮伤其手,况大敌乎!"对曰:"今大国已扼其喉,安能啮人乎!"契丹主曰:"吾非有渝前约也,但兵家权谋,不得不尔。"对曰:"皇帝以信义救人之急,四海之人俱属耳目,奈何二三其命,使大义不终,臣窃为皇帝不取也。"跪于帐前,自旦之暮,涕泣争之。契丹乃从之,指帐前石谓德钧使者曰:"我已许石郎,此石烂,可改矣。"及高祖建号,制授翰林学士、礼部侍郎,知枢密院事,寻改中书侍郎平章事、集贤殿大学士,充枢密院使。高祖幸夷门,范延光据邺叛,张从宾复自河、洛举兵向阙,人心讻讻。时有人候于维翰者,从容谈论,怡怡如也。时皆服其度量。

　　及杨光远平邺,朝廷虑兵骄难制,维翰请速散其众,寻移光远镇洛阳,光远由是怏怏,上疏论维翰去公徇私,除改不当,复营邸肆于两都之下,与民争利。高祖方姑息外将,事不获已,因授维翰检校司空、兼侍中,出为相州节度使,时天福四年七月也。先是,相州管内所获盗贼,皆籍没其财产,云是河朔旧例。及维翰作镇,以律无明文,具事以奏之。诏曰:"桑维翰佐命功全,临戎寄重,举一方之往事,合四海之通规,况贼盗之徒,律令具载。比为抚万姓而安万国,岂忍罪一夫而破一家,闻将相之善言,成国家之美事,既资王道,实契人心。今后凡有贼人准格律定罪,不得没纳家资,天下诸州皆准此处分。"自是劫贼之家,皆免籍没,维翰之力也。岁余,移镇兖州。

　　时吐浑都督白承福为契丹所迫,举众内附,高祖方通好于契丹,拒而不纳。镇州节度使安重荣患契丹之强,欲谋攻袭,戎师往返路出于真定者,皆潜害之,密与吐浑深相结,至是纳焉,而致于朝。既而安重荣抗表请讨契丹,且言吐浑之请。是时安重荣握强兵,据重镇,恃其骁勇,有飞扬跋扈之志。晋祖览表,犹豫未决。维翰知重荣已畜奸谋，且惧朝廷违其意，乃密上疏曰：

窃以防未萌之祸乱，立不拔之基扃，上系圣谋，动符天意，非臣浅陋，所可窥图。然臣逢世休明，致位通显，无功报国，省己愧心，其或事系安危，理关家国。苟犹缄默，实负君亲，是以区区之心，不能自已。

近者，相次得进奏院状报：吐浑首领白承福已下举众内附，镇州节度使安重荣上表请讨契丹。臣方遥隔朝阙，未测端倪。窃思陛下顷在并、汾，初罹屯难，师少粮匮，援绝计穷，势若缀旒，困同悬磬。契丹控弦玉塞，跃马龙城，直度阴山，径绝大漠，万里赴难，一战夷凶，救陛下累卵之危，成陛下覆盂之业。皇朝受命，于此六年，彼此通欢，亭障无事。虽卑辞降节，屈万乘之尊；而庇国息民，实数世之利。今者，安重荣表契丹之罪，方恃勇以请行；白承福畏契丹之强，将假手以报怨。恐非远虑，有惑圣聪。

方今契丹未可与争者，有其七焉：契丹数年来最强盛，侵伐邻国，吞灭诸蕃，救援河东，功成师克，山后之名藩大郡，尽入封疆；中华之精甲利兵，悉归庐帐。即今土地广而人民众，戎器备而战马多。此未可与争一也。契丹自告捷之后，锋锐气雄，南军因败恧已来，心沮胆怯。况今秋夏虽稔，而帑廪无余；黎庶虽安，而贫敝益甚；戈甲虽备，而锻砺未精；士马虽多，而训练未至。此未可与争者二也。契丹与国家，恩义非轻，信誓甚笃，虽多求取，未至侵凌，岂可先发衅端，自为戎首。纵使因兹大克，则后患仍存；其或偶失沉机，则追悔何及。兵者凶器也。战者危事也。苟议轻举，安得万全。未可与争者三也。王者用兵，观衅而动。是以汉宣帝得志于匈奴。因单于之争立；唐太宗立功于突厥，由颉利之不道。方今契丹主抱雄武之量，有战伐之机，部族辑睦，蕃国畏伏，土地无灾，孳畜繁庶，蕃汉杂用，国无衅隙。此未可与争者四也。引弓之民，迁徙鸟举，行逐水草，军无馈运，居无灶幕，住无营栅，便苦涩，任劳役，不畏风霜，不顾

饥渴，皆华人之所不能。此未可与争者五也。戎人皆骑士，利
在坦途；中国用徒兵，喜于隘险。赵、魏之北，燕、蓟之南，千里
之间，地平如砥，步骑之便，较然可知。国家若与契丹相持，则
必屯兵边上。少则惧强敌之众，固须坚壁以自全；多则患飞挽
之劳。必须逐寇而速返。我归而彼至。我出而彼回，则禁卫之
骁雄，疲于奔命，镇、定之封境，略无遗民。此未可与争者六也。
议者以陛下于契丹有所供亿，谓之耗蠹，有所卑逊，谓之屈辱，
微臣所见，则曰不然。且以汉祖英雄，犹输货于冒顿；神尧武
略，尚称臣于可汗。此谓达于权变，善于屈伸，所损者微，所利
者大。必若因兹交构，遂成衅隙，自此则岁岁征发，日日转输，
困天下之生灵，空国家之府藏，此谓耗蠹，不亦甚乎！兵戈既
起，将帅擅权，武吏功臣，过求姑息，边藩远郡，得以骄矜，外刚
内柔，上凌下僭，此为屈辱，又非多乎？此未可与争者七也。

　　愿陛下思社稷之大计，采将相之善谋，勿听樊哙之空言，
宜纳娄敬之逆耳。然后训抚士卒，养育黔黎，积谷聚人，劝农习
战，以俟国有九年之积，兵有十倍之强，主无内忧，民有余力，
便可以观彼之变，待彼之衰，用己之长，攻彼之短，举无不克，
动必成功。此计之上者也。惟陛下熟思之。

　　臣又以邺都襟带山河，表里形胜，原田沃衍，户赋殷繁，乃
河朔之名藩，实国家之巨屏。即今主帅赴阙，军府无人，臣窃思
慢藏诲盗之言，恐非勇夫重闭之意，愿回深虑，免起奸谋。欲希
陛下暂整和銮，略谋巡幸。虽栉风沐雨，上劳于圣躬；而杜渐防
微，实资于睿略，省方展义，今也其时。臣受主恩深，忧国情切，
智小谋大，理浅词繁，俯伏惟惧于僭逾，裨补或希于万一，谨冒
死以闻。

疏奏，留中不出。高祖召使人于内寝，传密旨于维翰曰："朕比以北
面事之，烦懑不快，今省所奏，释然如醒，朕计已决，卿无可忧。"

　　七年夏，高祖驾在邺都，维翰自镇来朝，改授晋昌军节度使。少
帝嗣位，征拜侍中，监修国史，频上言请与契丹和，为上将景延广所

否。明年，杨光远构契丹，有澶渊之役，凡制敌下令，皆出于延广，维翰与诸相无所与之。及契丹退，维翰使亲党受宠于少帝者，密致自荐，曰："陛下欲制北戎以安天下，非维翰不可。"少帝乃出延广守洛，以维翰守中书令，再为枢密使、弘文馆大学士，继封魏国公。事无巨细，一以委之，数月之间，百度浸理。然权位既重，而四方赂遗，咸凑其门，故仍岁之间，积货巨万，由是浇竞辈得以兴谤。未几，内客省使李彦韬、端明殿学士冯玉皆以亲旧用事，与维翰不协，间言稍入，维翰渐见疏忌，将加黜退，赖宰相刘昫、李崧奏云："维翰元勋，且无显过，不宜轻有进退。"少帝乃止。寻以冯玉为枢密使，以分维翰之权。

后因少帝微有不豫，维翰曾密遣中使达意于太后，请为皇弟重睿择师傅以教道之，少帝以此疑其他。俄而冯玉作相，与维翰同在中书，会舍人卢价秩满，玉乃下笔除价为工部侍郎，维翰曰："词臣除此官稍慢，恐外有所议。"因不署名，属维翰休假，玉竟除之，自此维翰与玉尤不相协。俄因少帝以重睿择师傅言于玉，玉遂以词激帝，帝寻出维翰为开封府尹，维翰称足疾。罕预朝谒，不接宾客。

是岁，秋霖经月不歇。一日，维翰出府门由西街入内，至国子门，马忽惊逸，御者不能制，维翰落水，久而方苏。或言私邸亦多怪异，亲党咸忧之。及戎王至中渡桥，维翰以国家安危系在朝夕，乃诣执政异其议，又求见帝，复不得对。维翰退而谓所亲曰："若以社稷之灵，天命未改，非所能知也；若以人事言之，晋氏将不血食矣。"

开运三年十二月十日，王师既降契丹，十六日，张彦泽以前锋骑军陷都城，戎王遣使遗太后书云："可先使桑维翰、景延广远来相接，甚是好事。"是日凌旦，都下军乱，宫中火发。维翰时在府署，左右劝使逃避。维翰曰："吾国家大臣，何所逃乎？"即坐以俟命。少帝已受戎王抚慰之命，乃谋自全之计，因思维翰在相时，累贡谋画，请与契丹和，虑戎王到京穷究其事，则显彰己过，故欲杀维翰以灭其口，因令图之。张彦泽既受少帝密旨，复利维翰家财，乃称少帝命召维翰。维翰束带乘马，行及天街，与李崧相遇，交谈之次，有军吏于马前揖维翰赴侍卫司，维翰知其不可，顾谓崧曰："侍中当国，今日国亡，翻令维翰死之，何也？"崧甚有愧色。是日，彦泽遣兵守之，十八日夜，为彦泽所害，时年四十九。即以衣带加颈，报戎王云，维翰自经而死，戎王报曰："我本无心害维翰，维翰不合自刭。"戎王至阙，使人验其状，令殡于私第，厚抚其家，所有田园邸第，并令赐之。及汉高祖登极，诏赠尚书令。

维翰少时所居，恒有魑魅，家人咸畏之，维翰往往被窃其衣，撮其巾栉，而未尝改容。当两朝秉政，出上将杨光远、景延广俱为洛川守；又尝一制除节将十五人，各领军职，无不屈而服之。理安阳除民弊二十余事，兖、海擒豪贼过千人，亦寇恂、尹翁归之流也。

开运中，朝延以长子坦为屯田员外郎，次子埙为秘书郎。维翰谓同列曰："汉代三公之子为郎，废已久矣，近或行之，甚喧外议。"乃抗表固让不受，寻改坦为大理司直，埙为秘书省正字，议者美之。

初，高祖在位时，诏废翰林学士院，由是并内外制皆归阁下，命舍人直内廷，数年之间，尤重其选。及维翰再居宥密，不信宿，奏复置学士院，凡署职者，皆其亲旧。时议者以维翰相业素高，公望所属，虽除授或党，亦弗之咎也。《永乐大典》卷七千三百三十九。《五代史补》：桑维翰形貌甚怪，往往见之者失次。张彦泽素以骁勇称，每谒候，虽冬月未尝不雨汗。及中渡变生，彦泽引蕃部至，欲逞其威，乃领众突入开封府，弓矢乱发，且问："桑维翰安在？"维翰闻之，乃厉声曰："吾为大臣，使国家如此，其死宜矣。张彦泽安得无礼！"乃升厅安坐数之曰："汝有何功，带使相已临方面，当国家危急，不能尽犬马之力以为报效，一旦背叛，助契丹作威为贼，汝心安乎？"彦泽睹其词气慨然，股栗不敢仰视，退曰："吾不知桑维翰何人，今日之下，威棱犹如此，其再可见耶！"是夜，令壮士就府缢杀之。当维翰之缢也，犹瞋目直视，三嘘气，每一嘘皆有火出，其光赫然，三嘘之外，火尽灭，就视则奄然矣。

赵莹，字玄辉。华阴人也。曾祖溥，江陵县丞。祖孺，秘书正字。父居晦，为农。莹风仪美秀，性复纯谨，梁龙德中，始解褐为康延孝从事。后唐同光中，延孝镇陕州，会庄宗伐蜀，命延孝为骑将。将行，留莹监修金天神祠。功既集，忽梦神召于前亭，以优礼谓莹曰："公富有前程，所宜自爱。"因遗一剑一笏，觉而骇异。明宗即位，以高祖为陕府两使留后，莹时在郡，以前官谒之，一见如旧相识，即奏署管记。高祖历诸镇皆从之。累使阙下，官至御史大夫，赐金紫。高祖再镇并州，位至节度判官。高祖建号，授莹翰林学士承旨、金紫光禄大夫、户部侍郎，知太原府事，寻迁门下侍郎、同平章事、监修国史。车驾入洛，使持聘谢契丹，及迁，加光禄大夫兼吏部尚书，判户部。

初，莹为从事，丁母忧，高祖不许归华下，以粗缞随幕，人或短之。及入相，以敦让汲引为务。监修国史日，以唐代故事残缺，署能者居职，纂补实录及修正史二百卷行于时，莹首有力焉。少帝嗣位，拜守中书令。明年，检校太尉本官，出为晋昌军节度使。是时，天下大蝗，境内捕蝗者获蝗一斗，给粟一斗，使饥者获济，远近嘉之。未几，移镇华州，岁余入为开封尹。

开运末，冯玉、李彦韬用事，以桑维翰才望素重，而莹柔而可制，因共称之，乃出维翰，复莹相位，加弘文馆大学士。及李崧、冯玉议出兵应接赵延寿，而以杜重威为都督部署，莹私谓冯、李曰："杜中令国之懿亲，所求未惬，心恒怏怏，安可更与兵权？若有事边陲，只李守贞将之可也。"

及契丹陷京城，契丹主迁少帝于北塞，莹与冯玉、李彦韬俱从。契丹永康王代立，授莹太子太保。周广顺初，遣尚书左丞田敏报命于契丹，遇莹于幽州。莹得见华人，悲怅不已，谓田敏曰："老身漂零寄于此，近闻室家丧逝，弱子无恙，蒙中朝皇帝倍加存恤，东京旧第本属公家，亦闻优恩特给善价，老夫至死无以报效。"于是南望稽首，涕泗横流。先是，汉高祖以入蕃将相第宅遍赐随驾大臣，故以莹第赐周太祖。太祖时为枢密副使，召莹子前刑郎中易则告之曰："所赐第，除素属版籍外，如有别契券为己所置者，可归本直。"即以千余缗遗易则。易则惶恐辞让，周太祖坚与之方受，故莹言及之。未几，莹卒于幽州，时年六十七。

莹初被疾，遣人祈告于契丹主，愿归骨于南朝，使羁魂幸复乡里，契丹主闵而许之。及卒，遣其子易从、家人数辈护丧而还，仍遣大将送至京师。周太祖感叹久之，诏赠太傅，仍赐其子绢五百匹，以备丧事，令归葬于华阴故里。《永乐大典》卷一万六千九百九十一。

　　刘昫，字耀远，涿州归义人也。祖乘，幽府左司马；父因，幽州巡官，昫神彩秀拔，文学优赡，与兄暄、弟皞，俱有乡曲之誉。唐天祐中，契丹陷其郡，昫被俘至新州，逃而获免。后居上国大宁山，与吕梦奇、张麟结庵共处，以吟诵自娱。

　　会定州连帅王处直以其子都为易州刺史，署昫为军事衙推。及都去任，乞假还乡，都招昫至中山。会其兄暄自本郡至，郡荐于其父，寻署为节度衙推，不逾岁，命为观察推官。历二年，都篡父位。时都有客和少微素嫉暄，构而杀之，昫越境而去，寓居浮阳，节度使李存审辟为从事。庄宗即位，授太常博士，寻擢为翰林学士，继改膳部员外郎，赐绯；比部郎中，赐紫。丁母忧，服阕，授库部郎中，依旧充职。明宗即位，拜中书舍人，历户部侍郎、案《欧阳史》作兵部侍郎。端明殿学士。明宗重其风仪，爱其温厚，长兴中，拜中书侍郎兼刑部尚书、平章事。时昫入谢，遇大祠，明宗不御中兴殿，阁门白：“旧礼，宰相谢恩，须正殿通唤，请候来日。”枢密使赵延寿曰：“命相之制，下已数日，中谢无宜后时。”因即奏之，遂谢于端明殿。昫自端明殿学士拜相，而谢于本殿，士子荣之。

　　清泰初，兼判三司，加吏部尚书、门下侍郎，监修国史。时与同列李愚不协，至忿争，时论非之。未几，俱罢知政事，昫守右仆射，以张延朗代判三司。初，唐末帝自凤翔至，切于军用，时王玫判三司，诏问钱谷，玫具奏其数，及命赏军，甚愆于素。《通鉴》：帝问王玫以府库之实，对有数百万在。既而阅实，金帛不过三万两匹。末帝怒，用昫代玫，昫乃搜索簿书，命判官高延赏计穷诘勾，及积年残租，或场务贩负，皆虚系账籍，条奏其事，请可征者急督之，无以偿官者蠲除之。《通鉴》清泰二年八月，免诸道逋租三百三十八万。吏民相与歌咏，唯主典怨沮。及罢相之日，群吏相贺，昫归，无一人从之者，盖憎其太察故也。

　　天福初，张从宾作乱于洛阳，割皇子重义诏为东都留守，判河

南府事，寻以本官判盐铁。未几，奏使入契丹，还迁太子太保兼左仆
射，封谯国公，俄改太子太傅。开运初，授司空、平章事，监修国史，
复判三司。契丹主至，不改其职。昫以眼疾乞休致，契丹主降伪命
授昫守太保。契丹主北去，留于东京。其年夏，以疾卒，年六十。汉
高祖登极，赠太保。

初，昫避难河朔，匿于北山兰若，有贾少瑜者为僧，辍衾袍以温
燠之。及昫官达，致少瑜进士及第，拜监察御史，闻者义之。《永乐大
典》九千九十八。

冯玉。案：以下有阙文。《欧阳史》云：字景臣，定州人。少帝嗣位，纳
冯后于中宫，后即玉之妹也。玉既联戚里，恩宠弥厚，自知制诰、中
书舍人出为颍州团练使，迁端明殿学士、户部侍郎，寻加右仆射，军
国大政，一以委之。《永乐大典》卷一万三百三十。案：以下有阙文。《通
鉴》云："玉每善承迎帝意，由是益有宠。尝有疾在家，帝谓诸宰相曰："自刺史
而上，俟冯玉出，乃得除。"其倚任如此。玉乘势弄权，四方赂遗，辐辏其门，由
是朝政日坏。张彦泽陷京城，军士争凑其第，家财巨万，一夕罄空。翌
日，玉假盖而出，犹绕指以谄彦泽，且请令引送玉玺于契丹主，将利
其复用。《永乐大典》卷一万三百三十。玉从少帝北迁，契丹命为太子少
保。至周太祖广顺二年，其子杰自幽州不告父而亡归，玉惧谴责，寻
以忧恚卒于蕃中。《永乐大典》卷一万七千一百九十五。《五代史补》：冯玉
尝为枢密使，有朝使马承翰素有口辩，一旦持刺来谒玉，玉览刺辄戏曰："马既
有汗，宜卸下鞍。"承翰应声曰："明公姓冯，可谓死囚逢狱。"玉自以言失，遽延
而谢之。

殷鹏，字大举，大名人也。以俊秀为乡曲所称，弱寇擢进士第。
唐闵帝之镇魏州，闻其名，辟为从事，及即位，命为右拾遗，历左补
阙、考功员外郎，充史馆撰修，迁刑部郎中。鹏姿颜若妇人，而性巧
媚。天福中，擢拜中书舍人，与冯玉同职。玉本非代言之才，所得除
目，多托鹏为之。玉尝以"姑息"字问于人，人则以"辜负"字教之，玉

乃然之，当时以为笑端。鹏之才比玉虽优，其纤佞过之。后玉出郡，借第以处之，分禄食之。及玉为枢密使，擢为本院学士，每有庶僚秉鞠谒玉，故事宰臣以履见之，鹏多在玉所，见客亦然。有丞郎王易简退而有言，鹏衔之。及契丹入汴，有人获玉与鹏有签记字，皆朝廷上列有不得志欲左授者，则易简是其首焉。玉既北行，鹏亦寻以疾卒。《永乐大典》卷二千二百六。

史臣曰：维翰之辅晋室也，罄弼谐之志，参缔搆之功，观其效忠，亦可谓社稷臣矣。况和戎之策，固非误计，及国之亡也，彼以灭口为谋，此掇殁身之祸，则画策之难也，岂期如是哉！是以韩非慨慷而著《说难》者，当为此也，悲夫！赵莹际会风云，优游藩辅，虽易箦于绝域，终归枢于故园，盖仁信之行通于遐迩故也。刘昫有真相之才，克全嘉誉，冯玉乘君子之器，终殁穷荒，其优劣可知矣。《永乐大典》卷三千二百六。

# 旧五代史卷八九考证

晋列传四桑维翰传维翰使亲党受宠于少帝者密致自荐曰陛下欲制北方以安天下非维翰不可　案：《欧阳史》作维翰阴使人说帝，与是书同。《通鉴》作或谓帝曰："欲安天下，非桑维翰不可。"与是书异。　张彦泽既受少帝密旨　案《通鉴考异》云：彦泽既降契丹，岂肯复受少帝之命，当系彦泽自以私怨杀维翰，非受命于少帝也。所有田园邸第并令赐之　案：《欧阳史》作资财尽为彦泽所掠。　赵莹传授莹太子太保　案：《辽史》作太子太傅。　刘昫传历户部侍郎　案：是书《唐明宗纪》作兵部侍郎，与此传异。《欧阳史》从是书本纪。　授昫守太保　案：《欧阳史》作罢为太保。

# 旧五代史卷九〇
# 晋书一六

## 列传第五

### 赵在礼 马全节 张筠 弟篯
### 华温琪 安重阮 杨彦询 李承约
### 陆思铎 安元信 张朗 李德珫
### 田武 李承福 相金里

赵在礼，字干臣，涿人也。曾祖景裕，祖士廉，皆不仕。父元德，卢台军使。在礼始事燕帅刘仁恭为小校，唐光化末，仁恭遣其子守文逐浮阳节度使卢彦威，据其城，升在礼为军使，以佐守文。及守文死，事其子。延祚为守光所害，守光子继威复为部将张万进所杀，在礼遂事万进。万进奔梁，在礼乃与沧州留后毛璋归太原。同光末，为效节指挥使，屯于贝州。会军士皇甫晖等作乱，推指挥使杨晸为帅，案：《欧阳史》作杨仁晸。晸不从，为众所杀，携晸首以胁在礼。在礼知其不可拒，遂从之，以四年二月六日引众入邺，在礼自称留后。《宋史·张锡传》：赵在礼举兵于邺，濒河诸州多构乱，锡权知棣州事，即出省钱赏军，皆大悦，一郡独全，棣人赖之。唐庄宗遣明宗率师讨之，会城下军乱，在礼迎明宗入城，事具《唐书》。

天成元年五月，授滑州节度使、检校太保。制下，在礼密奏军情，未欲除移，且乞更伺少顷，寻就改天雄军兵马留后、邺都留守、兴唐尹。既而在礼将皇甫晖、赵进等相次除郡赴任,《欧阳史·皇甫晖传》:明宗即位,晖自军校擢拜陈州刺史。《九国志·赵进传》:天成初,除贝州刺史、邺都衙内指挥使。在礼乃上表乞移旌节。十二月,授沧州节度使。二年七月,移镇兖州。长兴元年,入为左骁卫上将军,俄改同州节度使。会高祖受明宗命统大军伐蜀,以在礼充西川行营步军都指挥使,收剑州而还。四年,移镇襄州。清泰三年,授宋州节度使,加检校太尉,同平章事。高祖登极,移镇郓州,加检校太师、兼侍中,封卫国公。天福六年七月,授许州节度使。八年四月,移镇徐州,进封楚国公。

开运元年,以契丹为患,少帝议北征。八月朔,降制命一十五将,以在礼为北面行营马步都虞候。十一月,改行营副都统,都虞候如故。受诏屯澶州,再除兖州节度使,依前副都统。三年正月,授晋昌军节度使。时少帝为其子延煦娶在礼女为妻,礼会之日,其仪甚盛,京师以为荣观。五月,进封秦国公。累食邑至一万三千户,实封一千五百户。

在礼历十余镇,善治生殖货,积财钜万,两京及所莅藩镇,皆邸店罗列。在宋州日,值天下飞蝗为害,在礼使比户张幡帜,鸣鼙鼓,蝗皆越境而去,人亦服其智焉。凡聚敛所得,唯以奉权豪、崇释氏而已。及契丹入汴,自镇赴阙,时契丹首领、奚王伊喇旧作挩剌,今改正。等在洛下,在礼望尘致敬,首领等倨受其礼,加之凌辱,邀索货财,在礼不胜其愤。行至郑州,泊于逆旅,闻同州刘继勋为契丹所锁,大惊。丁未岁正月二十五日夜,以衣带就马枥自绞而卒,年六十六。案:《欧阳史》作六十二。汉高祖即位,赠中书令。

在礼凡四子,虽历内职,皆早卒。孙延勋,仕皇朝,历岳、蜀二州刺史。《永乐大典》卷一万八千一百三十。《五代史补》:赵在礼之在宋州也,所为不法,百姓苦之。一旦下制移镇永兴,百姓欣然相贺,曰:"此人若去,可为眼中拔钉子,何快哉!"在礼闻之怒,欲报"拔钉"之谤,遽上表更求宋州一年,时朝廷姑息勋臣,诏许之。在礼于是命吏籍管内户口,不论主客,每岁一千,纳之于家,号曰"拔钉钱",莫不公行督责,有不如约,则加之鞭扑,虽租赋之不若也。是岁获钱百万。

马全节，字大雅，魏郡元成人也。父文操，本府军校，官至检校尚书左仆射，以全节之贵，累赠太师。全节少从军旅，同光末，为捉生指挥使，赵在礼之据魏州也，为邺都马步军都指挥使。唐明宗即位，授检校司空，历博、单二州刺史。天成三年，赐竭忠建策兴复功臣，移刺郓州。长兴初，就加检校司徒，在郡有政声，俄授河西节度使，时明宗命高祖伐蜀，师次岐山，全节赴任及之，具军容谒于辕门，高祖以地理隔越，乃奏还焉，移沂州刺史。

清泰初，为金州防御使。会蜀军攻其城，州兵百及千人，兵马都监陈知隐惧，托以他事出城，领三百人顺流而逸，贼既盛，人情忧沮。全节悉家财以给士，复出奇拒战，以死继之。贼退，朝廷嘉其功，诏赴阙，将议赏典。时刘延朗为枢密副使，邀其厚贿，全节无以赂之，谓全节曰："绛州阙人，请事行计。"全节不乐，告其同辈，由是众口喧然，以为不当，皇子重美为河南尹，闻而奏焉。清泰帝召全节谓曰："沧州乏帅，欲命卿制置。"翼日，授横海军两使留后。

高祖即位，加检校太保，正授旌节。天福五年，授检校太傅，移镇安州。时李金全据州叛，引淮军为援，因命全节将兵讨平之，以功加检校太尉，改昭义军节度使、泽潞辽沁等州观察处置等使。六年秋，移镇邢州，加同中书门下平章事。安重荣之叛也，授镇州行营副招讨兼排阵使，与重荣战于宗城，大败之。镇州平，加开府仪同三司，充义武军节度、易定祁等州观察处置、北平军等使。八年秋，丁母忧，寻起复焉。属契丹侵寇，加之蝗旱，国家有所征发，全节朝受命而夕行，治生余财，必充贡奉。

开运元年秋，授邺都留守、检校太师、兼侍中、广晋尹、幽州道行营马步军都虞候，寻加天雄军北面行营副招讨使，阳城之战，甚有力焉。全节始拜邺都，以元城是桑梓之邑，具白襕诣县庭谒拜，县令沈遘逡巡避之，不敢当礼。全节曰："父母之乡，自合致敬，勿让之也。"州里荣之。二年，授顺国军节度使，未赴镇卒，年五十五，赠中书令。

全节事母王氏至孝，位历方镇，温清面告，毕尽其敬。政事动与幕客谋议，故鲜有败事。镇中山日，杜重威为恒州，奏括境内民家粟，时军吏引重威例，坚请行之，全节曰："边民遇蝗旱，而家食方困，官司复扰之，则不堪其命矣。我为廉察，安忍效尤。"百姓称其德。

先是，全节自上党携歌妓一人之中山，馆于外舍，有人以谗言中之，全节害之。及诏除恒阳，遇疾，数见其妓，厌之复来。妓曰："我已得请，要公俱行。"全节具告家人，数日而卒。

子令威，历隰、陈、怀三州刺史，卒。《永乐大典》卷一万八千一百三十。

张筠，海州人也。父传古，世为郡之大商，唐乾符末，属江淮俶扰，遂徙家彭门。时彭门连帅时溥为东南面招讨使，据有数郡之地，擢筠为偏将，累有军功，奏授宿州刺史。后溥与梁祖不协，梁人进攻宿州，下之，获筠以归。梁方图霸业，以筠言貌辩秀，命为四镇客将，久之，转长直军使。梁革唐命，迁右龙武统军。历客省使、宣徽使，出为复、商二州刺史，复为宣徽使。梁室割相、卫为昭德军，案：梁割相、澶、卫三州为昭德军，原本作相、卫，疑有脱误。命筠为两使留后。

唐庄宗入魏，筠委城南归，授右卫上将军。会雍州康怀英以病告，诏筠往代之，比至，怀英已卒，因除筠为永平军节度使、大安尹。怀英在长安日，家财甚厚，筠尽夺之，复于大内掘地，继获金玉。时有泾阳镇将侯莫威，案：《欧阳史》作侯莫陈威。前与温韬同剽唐氏诸陵，大贮瑰异之物，筠乃杀威而籍其家，遂蓄积巨万。然性好施，每出遇贫民于路，则给与口食衣物，境内除省赋外，未尝聚敛，遂致百姓不挠，十年小康，秦民怀惠，呼为"佛子"。

同光中，从郭崇韬为剑南安抚使，蜀平归洛，权领河南尹，俄镇兴元，所治之地，上下安之。筠时有疾，军州官吏久不得见，副使符彦琳等面请问疾，筠又不诺，彦琳等疑其已死，虑左右有谋，遂请权交牌印，筠命左右收彦琳下狱，以叛闻。诏取彦琳等至洛，释而不问，因授筠西京留守，诱离兴元。及至长安，守兵闭门不内，筠东朝于洛，诏遣归第。案《欧阳史》作以为左骁卫上将军。

筠前为京兆尹，奉诏杀伪蜀主王衍，衍之妓乐宝货，悉私藏于家。及罢归之后，第宅宏敞，花竹深邃，声乐饮馔，恣其所欲，十年之内，人谓"地仙"。天福二年，上表乞归长安，俄而洛下张从宾之乱，筠独免其难，人咸谓筠有五福之具美焉。是岁，卒于家。赠太子太师。案:《欧阳史》作赠少师。弟篯。《永乐大典》卷六千三百五十。

篯，字慕彭，少嗜酒无节，为乡里所鄙。唐天复中，兄筠为大梁四镇客将，篯自海州省兄，兄荐于兖州连帅王瓒，用为裨校。篯性桀黠，善事人，累迁军职。后唐庄宗都洛，筠镇长安，自衙内指挥使授检校司空、右千牛卫将军同正，领饶州刺史、西京管内三白渠营田制置使。

同光末，筠随魏王继岌伐蜀，奏篯权知西京留守事。蜀平，王衍挈族人入朝，至秦川驿，庄宗遣中使向延嗣乘驿骑尽戮王衍之族，所有奇货，尽归于延嗣。俄闻庄宗遇内难，继岌军次兴平，篯乃断咸阳浮桥，继岌浮渡至渭南死之，一行金宝妓乐，篯悉获之。俄而明宗使人诛延嗣，延嗣暗遁，《九国志》:明宗即位，恐阉竖辈怙势擅权，先敕使四方及此遁不出者，皆擒戮之，死者殆尽。衍之行装复为篯有，因为富家，积白金万镒，藏于窟室。明宗即位，篯进王衍犀、玉带各二，马一百五十匹，魏王打球马七十匹，旋除沂州刺史，入为西卫将军。

高祖即位之明年，加检校太保，出典密州，未几，复居环卫。时湖南马希范与篯有旧，奏朝廷请命篯为使，允之。篯密赍蜀之奇货往售，又获十余万缗以归。篯出入以庖者十余人从行，食皆水陆之珍鲜，厚自奉养，无与为比。少帝嗣位，诏遣往西蕃，及回，以其马劣，为有司所纠，复当路有不足者，遂有诏征其旧价。篯上言请货故京田业，许之，因愤惋成病而卒。

篯始在雍州，因春景舒和，出游近郊，憩于大冢之上，忽有黄雀

衔一铜钱置于前而去。未几，复于衙院昼卧，见二燕相斗毕，各衔一
钱落于镜首。前后所获三钱，尝秘于巾箱，识者以为大富之征。其
后家虽厚积，性实鄙吝，未尝与士大夫游处。及令市马，利在私门，
不省咎以输其直，郁郁致死，愚之甚耶！《永乐大典》卷六千三百五十。

　　华温琪，字德润，宋州下邑人也。祖楚，以农为业。父敬思，后
以温琪贵，官至检校尚书。温琪长七尺余，唐广明中，从黄巢为纪
纳，巢陷长安，伪署温琪为供奉都知，巢败，奔至滑台。以形貌魁岸，
惧不自容，乃投白马河下流。俄而浮至浅处，会行人救免；又登桑自
经，枝折坠地不死。夜至胙县介，有田父见温琪非常人，遂匿于家。
经岁余，会梁将朱友裕为裕为濮州刺史，召募勇士，温琪往依之，友
裕署为小校，渐升为马军都将。从友裕击秦宗权于曹南有功，奏加
检校太子宾客，梁祖擢为开道指挥使，加检校工部尚书，出屯鄜畤。
会延州胡璋叛命。来寇郡境，温琪击退之。寻奉诏营长安，以功迁
绛州刺史。岁余，刺棣州。温琪以州城每年为河水所环，居人不堪
其苦，表请移于便地，朝挺许之。板筑既毕，赐立纪功碑，仍加检校
尚书左仆射，继迁齐州节度使。
　　温琪在平阳日，唐庄宗尝引兵攻之，逾月不下，梁人赏之，升晋
州为定昌军，以温琪为节度使，加检校太保。既而温琪临民失政，尝
掠人之妻，为其夫所诉，罢，入为金吾大将军。时梁末帝方姑息诸
侯，重难其命，故责词云："若便行峻典，谓予不念功勋、若全全废旧
章，谓我不安黎庶。为人君者，不亦难乎！"温琪大有愧色。俄转右
监门卫上将军、右龙武统军。会河中朱友谦叛，权授温琪汝州防御
使；河中行营排阵使，寻为耀州观察留后。
　　庄宗入洛，温琪来观，诏改耀州为顺义军，复以温琪镇之，加推
忠向义功臣。同光末，西蜀既平，命温琪为秦州节度使。明宗即位，
因入朝，愿留阙，明宗嘉而许之，除左骁卫上将军，逐月别赐钱粟，
以丰其家。逾岁，明宗谓枢密使安重诲曰："温琪旧人，宜选一重镇
处之。"重诲奏以天下无阙。他日又言之，重诲素强愎，对曰："臣累

奏未有阙处,可替者,唯枢密使而已。"明宗曰:"可"。重诲不能答。温琪闻其事,惧为权臣所怒,几致成疾,由是数月不出。俄拜华州节度使,依前光禄大夫、检校太傅,进封平原郡开国公,累加食邑至三千户。温琪至任,以己俸补葺祠庙廨舍凡千余间,复于邮亭创待客之具,华而且固,往来称之。清泰中,上表乞赅骨归永城,制以太子少保致仕。案《欧阳史》作以太子太保致仕;卒赠太子太傅。天福元年十二月,终于家,年七十五。诏赠太子太保。《永乐大典》卷一万八千一百三十。

　　安重阮,字晋臣,潞州上党人也。少倜傥,有词辩,善骑射。父文佑,为牙门将。唐光启中,潞州军校刘广逐节度使高浔,据其城,僖宗诏文祐平之,既杀刘广,召赴行在,授邛州刺史。其后孟方立据邢、洺,率兵攻上党,朝廷以文祐本潞人也,授昭义节度使,令讨方立,自蜀至泽州与方立战,败殁于阵。昭宗朝,宰臣崔魏公以文祐殁于王事,荐崇阮于朝,自是累任诸卫将军。

　　梁氏革命,以崇阮明辩,遣使吴越,回以所获橐装,悉充贡奉,梁祖嘉之,故每岁乘辂于江、浙间,及回贡献皆如初。梁末帝嗣位,授客省使,知齐州事。时梁军与庄宗对垒于河上,冀王友谦以河中叛,末帝使段凝领军经略蒲、晋,诏崇阮监军,又知华、雍军府事。期年,授青州兵马留后,入为诸卫上将军。唐天成中,授黔南节度使,检校太保,寻移镇夔州。以蜀寇侵逼,弃城归阙,改晋州节度使,复为诸卫上将军。高祖登极之二年,诏葬梁末帝,以崇阮梁之旧臣,令主葬事。崇阮尽哀致礼,以襄其事,时人义之。五年,以老病请告,授右卫上将军致仕。开运元年九月,卒于西京。赠太傅。《永乐大典》卷一万八千三百三十一。

　　杨彦询,字成章,河中宝鼎人。父规,累赠少师。彦询年十三,事青帅王师范,有书万卷,以彦询聪悟,使掌之。及长,益加亲信,常委监护郡兵。及梁将杨师厚降下青州,彦询随师范归命。洎师范见杀,杨师厚领邺,召置麾下,俾掌宾客。唐庄宗入魏,复事焉。同光元年冬,从平大梁,升为引进副使,将命西川及淮南称旨,累迁内职。明宗时,为客省使、检校司徒,使两浙回,授德州刺史。

末帝即位,改羽林将军。时高祖镇太原,朝廷疑贰,以彦询沉厚,择充北京副留守。案:《欧史》作太原节度副使。清泰末,以宋审虔为北京留守,高祖深怀不足,以情告彦询。彦询恐高祖失臣节,乃曰:“不知太原兵甲刍粟几何,可敌大国否?请明公反复虑之。”盖欲回其意也。高祖曰:“:我不岔小人相代,方寸决矣。”彦询知其不可谏,遂止。左右欲害之,高祖曰:“唯副使一人我自保明,尔勿复言也。”及即位,授齐州防御使、检校太保,旋改宣徽使。从高祖入洛,加左骁卫上将军兼职。

天福二年秋,出为邓州节度使,岁余,入为宣徽使。四年,使于契丹。六年春,授邢州节度使、检校太傅。时镇州安重荣有不臣之状,彦询忧其窥伺,会车驾幸邺,表求入觐。高祖虑契丹怒安重荣之杀行人也。移兵犯境,复命彦询使焉。仍恐重荣要之,由沧州路以入蕃。戎王果怒重荣,彦询具言非高祖本意,盖如人家恶子,无如之何。寻闻重荣犯阙,乃放还。七年春,授华州节度使、检校太尉。在任二年,属部内蝗旱,道殣相望,彦询以官粟假货,州民赖之存济者甚众。开运初,以风痹授右金吾卫上将军。俄卒于官,年七十四。赠太子太师。《永乐大典》卷一万八千一百三十。

李承约,字德俭,蓟州人也。曾祖琼,蓟州别驾,赠工部尚书。祖安仁,檀州刺史,赠太子太保。父君操,平州刺史,赠太子少师。承约性刚健笃实,少习武事,弱冠为幽州牙门校,迁山后八军巡检使。属刘守光囚杀父兄,名儒宿将经事父兄者,多无辜被戮,自以握兵在外,心不自安。时属唐武皇召募英豪,方开霸业,乃以所部二千归于并州,即补匡霸都指挥使、检校右仆射兼领贝州刺史。从破夹寨,及与梁人战于临清有功,再迁洺、汾二州。庄宗即位,授检校司空、慈州刺史,为治平直,移授颍州团练使。天成中,以邠州节度使毛璋将图不轨,乃命为泾州节度副使,且承密旨往侦之。既至,以善言谕之,璋乃受代。明宗赏其能,加检校太保,拜黔南节度使。数年之间,巴邛蛮蜒不敢犯,外劝农桑,内兴学校,凶邪尽去,民皆感之,故父老数辈重跰诣阙,言其政化。又听留周岁,征为左卫上将军。自左龙武统军加特进、检校太傅,充昭义军节度使,赐推忠奉节诩戴功臣。岁余归朝,复为左龙武统军。高祖御宇之二年,授左骁卫上将军,进封开国公,累上表请老,寻以病卒,时年七十五。赠太子太师。《永乐大典》卷二万四百二十。

陆思铎,澶州临黄人。父再端,赠光禄卿。思铎有武干,梁太祖领四镇,隶于麾下。及即位,授广武都指挥使,历突阵、拱辰军使,积前后战勋,累官至检校司徒、拱辰左厢都指挥使,遥领思州刺史。初,梁军与庄宗对垒于河上,思铎以善射,日预其战。尝于箭笴之上自镂其姓名,一日射中庄宗之马鞍,庄宗拔箭视之,睹思铎姓名,因而记之。及庄宗平梁,思铎随众来降,庄宗出箭以视之,思铎伏地待罪,庄宗慰而释之。寻授龙武右厢都指挥使,加检校太保。天成中,为深州刺史,改雄捷右厢马军都指挥使。会南伐荆门,思铎亦预其行。时高季兴以舟兵拒王师,思铎每发矢中敌,则洞胸达掖,由是贼锋稍挫,不敢轻进,诸军咸壮之。高祖革命,拜陈州刺史,秩满,历左神武、羽林二统军,出为蔡州刺史,遇代归朝。天福八年,以疾卒,时年五十四。思铎典陈郡日,甚有惠政,常戒诸子曰:“我死则藏骨于宛丘,使我栖魂于所治之地。”及卒,乃葬于陈,从其志也。《永乐大典》卷一万八千一百三十一。

安元信,朔州马邑人也。少善骑射。后唐庄宗为晋王时,元信诣军门求自效。寻隶明宗麾下,累从明宗征讨有功,明宗即位,擢为捧圣军使,加检校兵部尚书。清泰三年,迁雄义都指挥使,受诏屯于代州,太守张朗遇之甚厚,元信亦以兄事之。是岁五月,高祖建义于太原,俄闻契丹有约赴难,元信入说朗曰:“张敬达虽围太原,而兵尚未合,代郡当雁门之冲,敌至其何以御!仆观石令公素长者,举必成事,使人道意归款,俟其两端,亦求全之上策也。"朗不纳,元信悔以诚言之,反相猜忌。寻闻安重荣、安审信相次以骑兵赴太原,元信遂率部曲以归高祖。《通鉴》云:无信谋杀朗,不克,帅其众奔审信,审信逐帅麾下数百骑,与元信掠百井奔晋阳。高祖见之喜,谓元信曰:"尔睹何利害,背强归弱?"元信曰:"某非知星识气,唯以人事断之。夫帝王者,出语行令,示人以信。尝闻主上许令公河东一生,今遽改之,是自欺也。且令公国之密亲,亲尚不能保,肯保天下之心乎!以斯而言,见其亡也,何得为强也"。高祖知其诚,因开怀纳之,委以戎事。高祖即位之元年,授耀州团练使,加检校太保。四年,入为右神武统军。其年八月,复出牧洺州。少帝嗣位,寻迁宿州,元年,罢任来朝。开运初,授复州防御使。三年,卒于任,年六十三。赠太傅。《永乐大典》卷一万八千一百三十一。

张朗,徐州萧县人。父楚,赠工部尚书。朗年十八,善射,膂力过人,乡里敬惮之,梁祖闻其名,就补萧县镇使,充吾县案:"吾县"二字疑有舛误。游奕使。时朗年才二十三。岁余,补宣武军内衙都将,历洺州步军、曹州开武、汴州十内衙、郓州都指挥使。梁末,从招讨使段凝袭卫州,下之,遂授卫州刺史。事梁仅三年,凡有征讨,无不预之。同光三年,从魏王继岌伐蜀,为先锋桥道使。明宗朝,历兴、忠、登三州刺史。清泰初,以契丹犯边,补西北面行营步军都指挥使,从高祖屯军于代北,俄兼代州刺史,又改行营诸军马步都虞候。高祖建义于太原,遣使以书谕之,朗曰:"为人臣而有二心可乎!"乃斩其使。《通鉴》:帝以晋安已降,遣使谕诸州,代州刺史张朗斩其使。盖晋祖初起,安元信劝郎归顺,不从,至是复斩其使也。洎高祖入洛,领全师朝觐,授贝州防御使,在任数载。天福五年,除左羽林统军。六年授光禄大夫、检校太傅、庆州刺史。在官二年卒,年七十四。《永乐大典》卷六千三百五十。

李德珫，应州金城人。祖晟，父宗元，皆为边将。德珫少善骑射，事后唐武皇为偏校。及从庄宗战潞州、柏乡、德胜渡，继有军功。累加检校尚书左仆射，遥食郡俸。天成中，检校司空，领蔚州刺史。长兴元年，授雄武军节度；秦成阶观察处置等使，加检校司徒。二年六月，移镇定州，充北面副招讨使。高祖即位，改镇深原，及受代归阙，会高祖幸邺，授东京留守，加同平章事。少帝嗣位，移广晋尹，加检校太师。开运中，再领泾州，以病卒于镇。德珫幼与明宗俱事武皇，故后之诸将多兄事之，时谓之"李七哥"。所治之地，虽无殊政，然以宽恕及物，家无滥积，亦武将之廉者。《永乐大典》卷二万四百二十。

田武，字德伟，大名元城人。父简。累赠右仆射。武少有拳勇。初事庄宗为小校，历迁胜节指挥使。明宗登极，转帐前都指挥使，领澶州刺史。天成二年，改左羽林都指挥使，遥领宜州，充襄州都巡检使。三年，自汴州马步军指挥使授曹州刺史。长兴初，迁齐州防御使，又移洺州。清泰中，历成、陇二州，充西面行军副部署。天福初，授金州防御使，及金州建节钺，武丁母忧，乃起复为节度使。开运元年，移镇沧州，兼北面行营右厢都指挥使。二年，授宁江军节度使，充侍卫步军都指挥使。岁内改昭义军节度、泽潞等州管内观察处置等使、潞州大都督府长史、检校太傅、封雁门郡开国公。未赴任，以疾卒。武出身戎行，性梗正，御军治民，咸尽其善。及卒，朝廷惜之，诏赠太尉，辍视朝一日。

子仁朗，《宋史》：仁朗以父任西头供奉官。仁遇并历内职。《永乐大典》卷四千八百六。

李承福，字德华，汉阳人。少寒贱，事元行钦掌皂栈之役，后为高祖家臣。高祖登极，历皇城武德宣徽使、左千牛将军。出为澶州刺史，迁齐州防御使、检校太保。承福性鄙狭，无器局，好察人微事，多所诋讦，虽小过不能恕，工商之业，舆隶之情，官吏之幸，皆善知之，然自任所见，无所准的，故人多薄之。少帝嗣位，授同州节度使，

寻卒于镇。少帝以高祖佐命之臣，闻之叹息，赙物加等，辍视朝一
日，诏赠太傅。《永乐大典》卷一万三百八十九。

相里金，字奉金，案：相里金墓碑作字国宝，当得其实。《欧阳史》杂传
多袭《薛史》原文，与碑异。并州人也。性勇悍果敢，能折节下士。唐景
福初，武皇始置五院兵，金首预其选。从庄宗攻下夹寨，得补为小
校，后与梁师战于柏乡及胡柳陂，以功授黄甲指挥使。同光中，统帐
前军拔中都，赐忠勇拱卫功臣、检校刑部尚书。二年，自羽林都虞候
出为忻州刺史，案：《欧阳史》作沂州。凡部曲私属，皆不令干预民事，
但优其赡给，使分掌家事而已，故郡民安之，大有声绩。应顺元年，
为陇州防御使。会唐末帝起兵于凤翔，传檄于邻道，诸侯无应者，唯
金遣判官薛文遇往来计事，末帝深德之。及即位，擢为陕州节度使，
加检校太保。清泰三年夏，高祖建义于太原，唐末帝发兵来攻，以金
为太原四面步军都指挥使。高祖即位，移镇晋州，及受代归阙，累为
诸卫上将军，加开府仪同三司，官至检校太尉，爵列开国公，案碑文
云：封西河郡开国侯。《薛史》作开国公，未知孰是。《欧阳史》诸臣传官爵多阙
略，无可考证。勋登上柱国，以久居散地，优之故也。天福五年夏，卒
于任。赠太师。《永乐大典》卷一万三百四十一。案：碑文作赠太子太师，与
传异。考《晋高祖纪》，五年八月，相里金卒，赠太师。其赠与传同，而其卒在八
月，则传中"夏"字疑误。

史臣曰：在礼之起甘陵也，当鼎革之期，会富贵来逼，既因人成
事，亦何足自多。及其仗钺拥旄，积财败德，货之为累，可不诫乎！全
节之佐晋氏也，平安陆之妖，预宗城之战，功既茂矣，贵亦宜然。张
筠历事累朝，享兹介福。盖近代之幸人也。自温琪而下，皆服冕乘
轩，苴茅焘土，垂名汗简，谅亦宜焉。《永乐大典》卷一万三百四十一。

# 旧五代史卷九〇考证

　　年六十六　案欧阳史作六十二　马全节传清泰初为金州防御使　案:《欧阳史》作明宗时历金州防御使,与是书先后互异。　州兵才及千人　案:《欧阳史》作州兵才数百。　张筠传梁室割相卫为昭德军　案:梁割相、澶、卫三州为昭德军,原本作相、卫,疑有脱误。　筠东朝于洛诏遣归第　案:《欧阳史》作令为左骁卫上将军,与是书本纪同。　赠太子太师　太师,《欧阳史》作少师。　华温琪传制以太子少保致仕天福元年十二月终于家年七十五诏赠太子太保　案:《欧阳史》作以太子太保致仕,卒赠太子太傅。　张朗传充吾县都游奕使　案:“吾县”二字疑有舛误。　相里金传出为忻州刺史　案:《欧阳史》作沂州刺史。

旧五代史卷九一
晋书一七

# 列传第六

### 房知温　　王建立　　康福　　安彦威
### 李周　　张从训　　李继忠　　李顷
### 周光辅　　符彦饶　　罗周敬　　郑琮

　　房知温，字伯玉，兖州瑕丘人也。少有勇力，籍名于本军，为赤甲都官健。《玉堂闲话》云：知温少年，与外弟徐某为盗于兖、郓之境。梁将葛从周镇其地，选置麾下。时部将牛存节屯于镇，好樗博，每求辨采者，知温以善博见推，因得侍左右，遂熟于存节。及王师范遣刘郭据兖州，梁祖命存节将兵讨之，知温夕缒出奔，存节喜而纳焉。明夜，窃良马一驷，复入城，郭乃擢为裨将。郭降，隶于同州刘知俊，知俊补为克和军使。知俊奔岐，改隶魏州杨师厚，以为马步军校，渐升至亲随指挥使，继加检校司空。

　　庄宗入魏，赐姓，名绍英，改天雄军马步都指挥使，加检校司徒、澶州刺史、行台右千牛卫大将军，庄宗平梁，历曹、贝州刺史，权充东北面蕃汉马步都虞候，遣戍瓦桥关。明宗自邺入洛，知温与王晏球首赴焉。明宗自总管府署知温滑州两使留后。天成元年，授兖州节度使。明宗即位，诏充北面招讨，屯于卢台军。以卢文进来归，加特进、同平章事，赏招讨之功也。

后除乌震为招讨副使，代知温归镇。知温怒震遽至，有怨言，因纵博，诱牙兵杀震于席上。会次将安审通保骑军隔河按甲不动。知温惧不济，乃束身渡水，复结审通逐其乱军以奏。时朝廷姑息知温。下诏于邺尽杀军士家口老幼凡数万，清漳为之变色。寻诏遣知温就便之镇，以安反侧。俄改徐州节度使，加兼侍中。会朝廷起兵伐高季兴，授荆南招讨使，知行府事。寻丁母忧，起复云麾将军。墨缞即戎，竟无功而还。长兴中，节制汶阳。越二年，除平卢军节度使，累官至开府仪同三司、检校太师、兼中书令，封东平王，食邑五千户，食实封三百户。天福元年冬十二月辛巳，卒于镇。赠太尉，归葬于瑕丘，诏立神道碑。

知温性粗犷，动罕由礼，每近侍王人，不改戎服，寡言笑，多纵左右排辱宾僚，他日知误，亦无愧色。始与唐末帝尝失意于杯盘间，以白刃相恐，及末帝即位，知温忧甚，末帝乃封王爵以宁之也。案《欧阳史》：废帝起凤翔，愍帝出奔，知温乘间有窥觎之意，司马李冲请怀表而西以觇之。及冲至京师，废帝已入立，冲即奉表称贺，还劝知温入朝。此事《薛史》不载。知温径赴洛阳。申其宿过，且感新恩，末帝开怀以厚礼慰而遣之。及还郡，厚敛不已，积货数百万，治第于南城，出则以妓乐相随，任意所之，曾不以政事为务。有幕客颜衎者，正直之士也，委曲陈其利病，知温不能用焉。及高祖建义入洛，尚不即进献，耀兵于牙帐之下，衎正色谓曰：“清泰富有天下，多力善战，岂明公之比，而天运有归，坐成灰烬。今青州迁延不贡，何以求安，千百武夫，无足恃，深为大王之所忧也。”知温遂驰表称贺，青人乃安。未几，以沈湎成疾而卒，部曲将吏分其所聚，例为富室。衎又劝其子彦儒进钱十万贯，以助国用，朝廷除彦儒为沂州刺史。案《欧阳史》：彦儒献父钱三万缗，绢、布三万疋，金百两，银千两，茶千五百斤，丝十万两，拜沂州刺史。不言其谋出于颜衎。据《宋史颜衎传》：知温诸子不慧，衎劝令以家财十万余上进，晋祖嘉之，归功于衎，知温子彦儒授沂州刺史，衎拜殿中侍御史。与《薛史》合。盖薛氏去石晋未远，犹得当时实事也。其家幸获保全，皆衎之力也。《永乐大典》卷一万八千一百三十。《五代史补》：房知温为青州节度，封东平王，所为不法，百姓苦之。一旦，有从事张泽者，素好嗜鳖，忽暴卒，但心头微暖，家人未即殓，经宿而活。自云为泰山所追，行未几，过一公宇，门庭甚壮，既见有人衣紫据案而坐，自谓之府君，叱泽曰："何故食鳖过差耶？"言讫，有执笔挟簿引群鬼，皆怪状，携以鼎镬刀匕之具至，擒泽投于沸鼎中，移时复用铁叉拨出，以刀支解，去骨肉，然后烹饪，大抵如治鳖之状，既熟，诸鬼分啖。凡出自鼎镬，至于支解，又至于分啖，其于惨毒苦痛之状，皆名状之所不及。如此者近数十度，府君始恕之，且问曰："汝受诸苦如何，尔其敢再犯乎？"答曰："不敢。"于是遣去。将行，府君又于案上取一物，封之甚固，授泽曰："为吾将此物与房知温，不法之事宜休矣。"泽领而置于怀，遂觉。知温闻知泽复活，遽使人肩舁入府而问之，泽备以所受之苦对，仍于怀中探取封物付温，即锦被角也。知温大骇曰："吾昨觉体寒如中疟，遂拥被就火，忽闻足下无疾而卒，遂惊起，不虞一角之被为火所烧，此其是乎！"遽取被视之，不差毫厘。知温颤栗不知所措，谓泽曰："足下之过小可耳，尚如此，老夫不知如何也。"自是知温稍稍近理。

王建立，辽州榆社人也。曾祖秋。祖嘉，父弁，累赠太保。建立少鸷猛无检。明宗领代州刺史，擢为虞候将。庄宗镇晋阳，以诸陵在代郡，遣女使飨祭，其下有扰于民者，建立必捕而笞之。庄宗怒，令收之，为明宗所护而免，由是知名。明宗历迁藩镇，皆署为牙门都校，累奏加检校司空。及明宗为魏军所迫，时皇后曹氏、淑妃王氏在常山，使建立杀其监护并部下兵，故明宗家属因而保全。及即位，以功授镇州节度副使，加检校司徒，旋为留后。未几，正授节旄，继加检校太尉、同平章事。

会王都据中山叛，密使通弟兄之好。《通鉴》：王都阴与谋复河北故事，建立阳许而密奏之。安重诲素与建立不协，知其事，奏之。明宗虑陷建立，寻征赴阙。《通鉴》：建立奏重诲专权，求入朝面言其状，帝召之。拜右仆射兼中书侍郎、平章事、判监盐铁户部度支，充集贤殿大学士。天成四年，出为青州节度使。五年，移镇上党，辞不赴任，请退居邱园，制以太子少保致仕，建立自是郁郁不得志。长兴中，尝欲求见，中旨不许，皆重诲蔽之也。清泰初，末帝召赴阙，授天平军节度使。

建立少历军校，职当捕盗，及位居方伯，为政严烈，闾里有恶迹者，必族而诛之，其刑失于入者，不可胜纪，故当时人目之为"王垛叠"，言杀其人而积其尸也。后闻末帝失势，杀副使李彦赟及从事一人，报其私怨，人甚鄙之。高祖即位，再为青州节度使，累加检校太尉、兼中书令。建立晚年，归心释氏，饭僧营寺，戒杀慎狱，民稍安之。

天福二年，封临淄王。明年，封东平王。五年，入觐，高祖曰："三纪前老兄，宜赐不拜。"仍许肩舆入朝，上殿则使二宦者掖之，论者荣之。寻表乞休致，高祖不允，乃授潞州节度使，割辽、沁二州为上党属郡，加检校太师，进封韩王，以光其故里。至镇逾月而疾作，有大星坠于府署，建立即召宾介竺岳草遗章。又谓其子守恩曰："榆社之地，桑梓存焉，桑以养生，梓以送死。余生为寿宫，刻铭石室，死当速葬，葬必从俭，违吾是言，非孝也。"旋以病笃而卒，年七十。册赠尚书令。建立先人之坟在于榆社，其岗阜重复，松桧蔼然，占者云："后出公侯"，故建立自为墓，恐子孙易之也。子守恩，《周书》有传。《永乐大典》卷六千五百三十。

康福，蔚州人，世为本州军校。祖嗣，藩汉都知兵马使，累赠太子太师。父公政，历职至平塞军使，累赠太傅。福便弓马，少事后唐武皇，累补军职，充承天军都监。庄宗嗣位，尝谓左右曰："我本蕃人，以羊马为活业。彼康福者，体貌丰厚，宜领财货，可令总辖马牧。"由是署为马坊使，大有蕃息。及明宗为乱兵所迫，将离魏县，会福牧小坊马数千匹于相州，乃驱而归。明宗即位，授飞龙使，俄转磁州刺史，充襄州兵马都监。寻以江陵叛命，朝廷举兵伐之，以福为荆南行营兵马都监。俄以王师无功而还。

康福善诸蕃语，明宗视政之暇，每召入便殿，谘访时之利病，福即以蕃语奏之，枢密使重海恶焉，常面戒之曰："康福但乱奏事，有日斩之！"福惧。会灵武兵马留后韩浔以人情不协，虑为所图，上表请帅，制加福光禄大夫、检校司空，行凉州刺史，充朔方、河西等军节度，灵威雄警甘肃等州观察处置、管内营田、押蕃落、盐池榷税等使。福之是拜，盖重海嫉而出之，福泣而辞之。明宗宣重海别与商议，重海奏曰："臣累奉圣旨，令与康福一事，今福骤升节镇，更欲何求！况已有成命，难于移改。"明宗不得已，谓福曰："重海不肯，非朕意也。"福辞，明宗曰："朕遣兵援助，勿过忧也。"因令将军牛知柔领兵送赴镇。行次青岗峡，会大雪，令人登山望之，见川下烟火。吐蕃数千帐在焉，寇不之觉，因分军三道以掩之。蕃众大骇，弃帐幕而走，杀之殆尽，获玉璞、羊马甚多。到镇岁余，西戎皆款附，改赐福耀忠匡定保节功臣，累加官爵。

福镇灵武凡三岁，每岁大稔，仓储盈羡，有马千驷，因为人所谮。安重海奏曰："累据使臣所言，康福大有宝货，必负朝廷。"明宗密遣人谓曰："朕何负于卿，而有异心耶！"福奏曰："臣受国重恩，有死无贰，岂愿负于圣人，此必谗人之言也。"因表乞入觐，不允。及再上章，随而赴阙，移授彰义军节度使，又转邠州，检校太傅。清泰中，移镇秦州，加特进、开国侯，充西面都部署。高祖受命，就加检校太尉、开国公。未几，又加同平章事。及移领河中，加兼侍中，以天和节入觐，改赐输忠守正翊亮功臣，加开府仪同三司，增食邑至五千户，实封五百户。久之，受代归阙。天福七年秋，卒于京师，年五十八。赠太师，谥曰武安。

福无军功，属明宗龙跃，有际会之幸，擢自小校，暴为贵人，每食非羊之全髀不能饫腹，与士大夫交言，憒无所别。在天水日，尝有疾，幕客谒问，福拥衾而坐。客有退者，谓同列曰："锦衾烂兮！"福闻之，遽召言者，怒视曰："吾虽生于塞下，乃唐人也，何得以为烂兮！"因叱出之，由是诸客不敢措辞。复有末客姓骆，其先与后唐懿祖来自金山府，因公宴，福谓从事辈曰："骆评事官则卑，门族甚高，真沙陀也。"闻者窃笑焉。

子三人：长曰延沼，历随、泽二州刺史；次曰延泽、延寿，俱历内职焉。《永乐大典》卷一万八千一百二十七。

安彦威，字国俊，代州崞县人。少时以军卒隶唐明宗麾下，彦威善射，颇知兵法，明宗爱之。及领诸镇节钺，彦威常为牙将，以谨厚见信。明宗入立，皇子从荣镇邺，彦威为护圣指挥使；以从荣判六军，彦威迁捧圣节度使，领宁国军节度使。及高祖人立，尤倚、彦威拜彦威北京留守，加同平章事。徙镇归德。是时，河决滑州，命彦威塞之，彦威出私钱募民治堤。迁西京留守，遭岁大饥，彦威开仓赈饥民，滑人赖之。民有犯法，皆宽贷之，饥民爱之不忍去。旋丁母忧，哀毁过制。少帝与契丹搆衅，拜彦威北面行营副都统，彦威悉以家财佐军，后开运中以疾卒于京师。

彦威与太妃同宗，少帝事以为舅，彦威未尝以为言。及卒，太妃临哭。人始知其为国戚，当时益重其人焉。《永乐大典》卷一万八千一百二十七。《通鉴》、彦威入朝，上曰："吾所重者，信与义。昔契丹以义救我，我今以信报之。闻其征求不已，公能屈节奏之，深称朕意。"对曰："陛下以苍生之故，犹插辞厚币以事之，臣何屈节之有。"上悦。


李周，字通理，邢州内丘人也，唐潞州节度使抱真之后。曾祖融、祖毅、父矩，皆不仕。周年十六，为内丘捕贼将，以任侠自负。时河朔群盗充斥，南北交兵，行旅无援者不敢出郡邑。有士人卢岳，家于太原，携妻橐囊寓于逆旅，进退无所保，唯与所亲相对流涕，周悯之，请援送以归。行经西山中，有贼夜于林簏间俟之，射卢岳，中其马。周大呼曰："尔为谁耶？"贼闻其声，相谓曰："李君至此矣。"即时散走。岳全其行装，至于家。周将辞去，岳谓周曰："岳明历象，善知人。子有奇表，方颐隆准，眉目疏郎，身长七尺，此乃将相之材也。河东李氏将有天下，子宜事之，以求富贵。"周辞以母老而归。

既而梁将葛从周拔邢、洺，唐武皇麾兵南下，筑垒于青山口。周向背莫决，因思卢岳之言，乃投青山寨将张污落，武皇赏之。补万胜黄头军使。武皇之平云州，庄宗之战柏乡，周皆有功，迁匡霸都指挥使。庄宗入魏，率兵屯临河、杨刘，所至与士伍同甘苦。周尤善守备，一日奔母丧，以他将代之，既出，则其城将陷，庄宗即遣追之，使墨缞从事。会庄宗北征，周与寺人焦彦宾守杨刘城，梁将王彦章以数万众攻之。《九国志焦彦宾传》：彦宾字英服，沧州清池人。少聪敏，多智略，事武皇，尤所委信。及庄宗即位，迁左监门卫将军，充四方馆使，出护邢州军。周日夜乘城，躬当矢石，使人驰告庄宗，请百里趋程，以纾其难，庄宗曰："李周在内，朕何忧也！"遂日行二舍，不废畋猎，既至，士众绝粮三日矣。及攻围既解，庄宗谓周曰："微卿九拒之劳，诸公等为梁人所虏矣。"

同光中，历相、蔡二州刺史，及蜀平，授西川节度副使。天成二年春，迁遂州两使留后，寻正授节旄，未几，受代归阙。三年秋，出为邠州节度使，会庆州刺史窦延琬据城拒命，周奉诏讨平之。长兴、清泰中，历徐、安、雍、汴四镇，所至无苛政，人皆乐之。

高祖有天下，复镇邠州，累官至检校太师、兼侍中。及罢镇赴阙，会少帝幸澶渊，以周累朝耆德，乃命为东京留守。车驾还京，授开府尹。及遘疾，梦焚旌旗铠甲，因自嗟叹，上章请退，寻卒于官，时年七十四。诏赠太师，陪葬于明宗徽陵之北，《永乐大典》卷一万八千一百二十七。


张从训，字德恭。本姑臧人，其先回鹘别派，随沙陀徙居云中，后从唐武皇家于太原。从训遂为太原人。祖君政，云州长史，识蕃字，通佛理。父存信，河东蕃汉马步军都指挥使，武皇赐姓名，眷同亲嫡，前史有传。天福中，赠太师、中书令，追封赵国公。

从训读儒书，精骑射，初为散员大将，天祐中，辖沙陀数百人，屯壶关十余岁，节度使李嗣昭委遇之。庄宗与梁人相拒于德胜口，征赴军前，补充先锋游奕使，俄转云捷指挥使、检校司空，赐名继鸾，从诸子之行也。明宗微时，尝在存信麾下为都押牙，与从训有旧，及即位，授石州刺史，复旧姓名。历宪、德二州刺史。

高祖之镇太原也，为少帝娶从训长女为妃。从训，清泰初授唐州刺史。三年，高祖举义，从训奉唐末帝诏，征赴行在，分领乡兵，次于团柏，兵败宵遁，潜身民间。高祖入洛，有诏搜访，月余乃出焉。及见戚里之故，深加轸恻。寻授绛州刺史、检校太保，在任数年，天福中，卒于官，年五十二。少帝以后父之故，超赠太尉。

弟从恩仕皇朝,为右金吾卫上将军,卒。《永乐大典》卷五千三百七十。

李继忠,字化远,后唐昭义军节度使、兼中书令嗣昭之第二子。嗣昭,《唐书》有传,继忠少善骑射,从父征讨有功,庄宗手制授检校兵部尚书,充感义马军指挥使,改潞府司马,加检校尚书右仆射,充安义军都巡检使。天成中,自北京大内皇城使转河东行军司马,入为右骁卫将军。未几,授成德军司马,加检校司徒。

高祖即位,二年三月,授沂州刺史,加检校太保,寻移棣州刺史;继忠旧苦风痹,皆辞以地远,乃授单州刺史,仍加输忠奉国功臣。三年,入为右神武统军。四年三月,出领隰州。七年八月,移刺泽州。开运元年,复入为右监门大将军。三年秋,以疾卒于东京,年五十一。

始继忠母杨氏善治产,平生积财钜万。及高祖建义于太原,杨已终,继忠举族家于晋阳。时以诸军方困,契丹援兵又至,高祖乃使人就其第,疏其复壁,取其旧积,所获金银纨素甚广,至于巾履琐屑之物,无不取足。高祖既济大事,感而奇之,故车驾入洛,继忠虽有旧恶,连领大郡,皆杨氏之力也。《永乐大典》卷一万三百八十九。

李顼,陈州项城人,即河阳节度使、兼侍中罕之子也。罕之,《梁书》有传。唐光启中,罕之与河南张全义为仇,交相攻击,罕之兵败,北投太原,武皇以泽州处之。罕之将赴任,留顼为质焉。时庄宗未弱冠,因与顼游处,甚相昵狎。光启初,罕之自泽州袭据潞州,送款于梁,武皇以顼父叛,将杀之,庄宗密与骏骑,使逃出境,顼遂奔河南。梁祖以其父子归己,委遇甚厚。天复中,梁祖自凤翔送唐昭宗归长安,留军万人,命侄友伦与顼总之,以宿卫为名。及梁祖逼禅,累掌禁兵,倚为肘腋。庶人友珪立,授顼检校尚书右仆射、右羽林统军。梁末帝之诛友珪,顼预其谋,寻历随州刺史,复为右羽林统军。同光初,庄宗入汴,召顼见之,庄宗忻然,授卫州刺史,加光禄大夫、检校太保。明宗朝,授衍州刺史。长兴中,检校太傅、右神武统军。高祖即位之二年,加特进、检校太尉、右领军卫上将军。三年,进封开国伯。五年,迁左领军卫上将军。寻以病卒,年七十。制赠太师。顷性温雅,不暴虐,凡刺郡统众,颇有畏爱,及卒,人甚惜之。

子彦弼,在太原日,因顷走归梁朝,武皇怒,下蚕室加熏腐之刑,后籍于内侍省卒焉。《永乐大典》卷一万八千一百三十一。

周光辅,太原人,后唐蕃汉马步总管,幽州节度使德威之长子也。德威,有传在《唐书》。光辅年甫十岁,补幽州中军兵马使,有成人之志,德威以牙军委之,麾下咸取决焉。及长,体貌魁伟,练于戎事。父卒,授岚州刺史,从庄宗平梁,迁检校尚书左仆射、汝州防御使,仍赐协谋定乱功臣。天成初,移汾州。四年,入为右监门卫大将军。长兴、清泰中,历陈、怀、磁三郡,继加检校司徒。高祖即位,授蔡州刺史,岁余,卒于郡。时年三十五。赠太保。光辅以功臣子,历数郡皆无滥政,竟善终于官,虽享年不永,亦可嘉也。

光辅有弟数人,光贞历义、乾二州刺史,入为诸卫将军。光逊继为蔡州刺史。光赞任青州行军司马,及杨光远叛灭,贬商州司马,会赦征还,寻卒于家。《永乐大典》卷五千四百一。

符彦饶,唐庄宗朝蕃汉总管存审之第二子也。存审。《唐书》有传。彦饶少骁勇,能骑射。唐天佑十五年冬,庄宗与梁大战于胡柳陂,彦饶与弟彦图俱从其父血战有功,庄宗壮之,因用为骑将。同光中,以功授曹州刺史。明宗即位,改刺沂州。天成中,屯守梁园,会起军北戍塞下,时有偏校以宣武乏帅,迫彦饶为之,彦饶绐许其请,明日,杀为恶者奏之,时人嘉其方略。长兴中,为金州防御使,为政甚有民誉,其后累迁节镇。天福初,为滑州节度使。累官至检校太傅。二年七月,范延光据邺都叛,朝廷遣待卫马军都指挥使白奉进率骑军三千,屯于州之开元寺。一日,彦饶与奉进因事忿争于牙署,事具《奉进传》中。是时,奉进厉声曰:"尔莫是与范延光同反耶?"拂衣而起，彦饶不留，帐下介士大噪，擒奉进杀之。奉进从骑散走，传呼于外，时步军都校马万、次校卢顺密闻奉进被害，即率其部众攻滑之子城，执彦饶以出。遣裨校方太拘送阙下，行及赤冈南，高祖遣中使害于路左。《永乐大典》卷一万八千一百三十二。

　　罗周敬，字尚素，邺王绍威之第三子也。绍威，《梁书》有传。周敬幼聪敏，八岁学为诗，往往传于人口，起家授检校尚书礼部员外郎。梁乾化中，以兄周翰节制滑台，卒于官，乃以周敬继之，命为两使留后，寻正授旌钺，时年十岁。未几，改授许州节度使，继加检校尚书左仆射。逾三年，征授秘书监、检校司空、驸马都尉，尚梁普安公主，旋移光禄卿。庄宗即位，历左右金吾大将军。初，唐天祐中，绍威尝建第于洛阳福善里，及庄宗入洛，以梁租庸使赵岩宅赐明宗。同光中，明宗在洛，以趋内稍远，乃召周敬议易其第，周敬诺之。后明宗即位，一日梦中见一人，仪形瑰秀，若素识者，梦中问曰："此得非前宅主罗氏子？"及寤，访其子孙，左右对曰："周敬见列朝廷。"召至，果符梦中所见。明宗谓侍臣曰："朕不欲使大勋之后久无土地。"因授同州节度使。加检校太保。长兴中，入为左监门卫上将军。四迁诸卫上将军，天福二年卒，时年三十二。赠太傅。《永乐大典》卷五千六百七十八。

　　郑琮，太原人也。始事唐武皇为五院军小校，屡有军功。庄宗在河上，为马步都虞候。戎伍之事，一睹不忘，凡所诘问，应答如流，故所在知名。唐同光末，从明宗伐魏州，时军情有变，明宗退守魏县，未知趋向。安重海将征兵于四方，琮在帐前，历数诸道屯军及主将姓名，附口传檄，相次而至。明宗即位，嘉其功，授防州刺史，秩满，父老请留。三年八月，授左羽林统军。唐长兴二年二月，出刺武州。高祖即位，复居环卫，久之，以俸薄家贫，郁郁不得志。天福中，以疾终于官，赠司徒。《永乐大典》卷一万八千八百八十一。

# 旧五代史卷九一考证

晋列传六房知温传及末帝即位知温忧甚　案：《欧阳史》作愍帝出奔，知温乘间有窥觎之意，与是书微异。王建立传以太子少保致仕　案：《通鉴》作以太傅致仕，《欧阳史》从是书。　康福传灵武兵马留后韩浔　韩浔，《通鉴》、《欧阳史》俱作"韩洙"弟澄。　福镇灵武凡三岁每岁大稔仓储盈羡有马千驷因为人所谮安重诲曰累据使臣所言康福大有宝货必负朝廷　案：灵武受代、康福领节度在天成四年。次年，为长兴元年，安重诲讨蜀。二年，赐死。是康福之任灵武甫匝岁而重诲已去朝，再期而赐死矣。此传云福镇灵武凡三岁，每岁大稔，重诲奏其必负朝廷，疑有舛误。《欧阳史》仍是书之旧。　安彦威传彦威入司禁卫遥领镇州节度使　案：《欧阳史》作迁捧圣指挥使、领宁国军指挥使。　李周传　案：是书《庄宗纪》作李周，《明宗纪》作李敬，周盖本名。敬，周入晋后避讳去"敬"字。是书杂采诸书，未及改归画一，《通鉴》与是书同。　张从训传为少帝娶从训长安为妃　案：《宋史·张从恩传》：晋祖镇河东，为少帝娶从恩女。今考《五代会要》及是书本纪，俱作从训，疑《宋史》系传闻之讹。

旧五代史卷九二

晋书一八

# 列传第七

## 姚颛　吕琦　梁文矩　史圭　裴皞
## 吴承范　卢导　郑韬光　王权
## 韩恽　李怿

　　姚颛，字伯真，京兆万年人。曾祖希齐，湖州司功参军。祖宏庆，苏州刺史。父荆，国子祭酒。颛少蠢，敦厚，靡事容貌，任其自然，流辈未之重，唯兵部侍郎司空图深器之，以女妻焉。颛性仁恕，多为仆妾所欺，心虽察之，而不能面折，终身无喜怒。不知钱百之为陌，黍百之为铢，凡家人市货百物，入增其倍，出减其半，不询其由，无担石之储，心不陨获。

　　唐末，随计入洛，出游嵩山，有白衣丈夫拜于路侧，请为童仆。颛辞不纳。乃曰：“鬼神享于德，君子孚于信，余则鬼也，将以托贤者之德，通化工之信，幸无辞焉。昔余掌事阴府，承命摄人之魂气，名氏同而其人非，且富有寿算，复而归之，则筋骸已败，由是获谴，使不得为阳生。公中夏之相辅也。今为谒中天之祠，若以某姓名求之，神必许诺。”颛因为之虔祷而还，白衣迎于山下，曰：“余免其苦矣。”拜谢而退。颛次年擢进士第。

　　梁贞明中，历校书郎、登封令、右补阙、礼部员外郎，召入翰林，累迁至中书舍人。唐庄宗平梁,以例贬复州司马,岁余牵复,授左散骑常侍,历兵吏部侍郎、尚书左丞。唐末帝即位,讲求辅相,乃书朝中清望官十余人姓名置于瓶中,清夜焚香而挟之,既而得卢文纪与颜,遂拜中书侍郎、平章事。制前一日,嵩山白衣来谒,谓颜曰:"公明日为相。"其言无差,冥数固先定矣。案《欧阳史》本传云:颜为人仁恕,不知钱陌铢两之数,御家无法,在相位龌龊无所为。唐制,吏部分为三铨,尚书一人曰尚书铨,侍郎二人曰中铨、东铨,每岁集以孟冬三旬,而选尽季春之月。天成中,冯道为相,建言天下未一,选人岁终数百,而吏部三铨分注,虽曰故事,其实徒烦而无益。始诏三铨合而为一,而尚书侍郎共行选事。至颜与卢文纪为相,复奏分铨为三,而循资长定旧格,岁久多舛,因增损之,迁人多不便之,往往遨遮宰相,喧诉不逊,颜等无如之何,废帝为下诏书禁止。

　　高祖登极,罢相为刑部尚书,俄迁户部尚书。天福五年冬卒,年七十五。赠左仆射。子惟和嗣。颜疏于财,而御家无术,既死,敛葬之资不备,家人俟赙物及鬻第方能举丧而去。士大夫爱其廉而笑其拙。《永乐大典》卷五千三百八十三。

　　吕琦,字辉山,幽州安次人也。祖寿,瀛州景城主簿。父兖,沧州节度判官,累至检校右庶子。《永乐大典》卷一万七百六十五。刘守光攻陷沧州,琦父兖被擒,族之。琦时年十五。为吏追摄,将就戮焉。有赵玉者,幽、蓟之义士也。久游于兖之门下,见琦临危,乃绐谓监者曰:"此子某之同气也。幸无滥焉。"监者信之,即引之俱去。行一舍,琦困于徒步,以足病告,玉负之而行,逾数百里,因变姓名,乞食于路,乃免其祸。《永乐大典》卷一万四千五百八十一。年弱冠,以家门遇祸,遨无所依,乃励志勤学,多游于汾、晋。《永乐大典》卷三千八百七十一。

　　唐天祐中,庄宗方开霸府,翘伫贤士,墨制授琦代州军事判官,秩满归太原,监军使张承业重琦器量,礼遇尤厚。天成初,拜琦殿中侍御史,迁驾部员外郎,兼侍御史知杂事。会河阳帑吏窃财事发,诏军巡院鞫之。时军巡使尹训怙势纳赂,枉直相反,俄有诉冤于阙下者,诏琦按之,既验其奸,乃上言请治尹训,沮而不行。琦连奏不已,训知其不免,自杀于家,其狱遂明,蒙活者甚众,自是朝廷多琦之公直。《永乐大典》卷二万五百二十八。

高祖建义于太原,唐末帝幸怀州,赵德钧驻军于团柏谷,末帝以琦尝在德钧幕下,因令赉都统使官告以赐之,且犒其军焉。及观军于北陉,馆于忻州,会晋祖降下晋安寨,遣使告于近郡,琦适遇其使,即斩之以闻,寻率郡兵千人间道而归。高祖入洛,亦弗之责,止改授秘书监而已。天福中,预修《唐书》,权掌选部,皆有能名焉。累迁礼部、刑部、户部、兵部侍郎,阶至金紫光禄大夫,爵至开国子。

琦美丰仪,有器概,虽以刚直闻于时,而内实仁恕。初,高祖谋求辅相,时宰臣李崧力荐琦于高祖,云可大用。高祖数召琦于便殿,言及当世事,甚奇之,方将倚以为相,忽遇疾而逝,人皆惜之。《永乐大典》卷一万七百六十五。


梁文矩,字德仪,郓州人。父景,秘书少监。梁福王友璋好接宾客,文矩少游其门,初试太子校书,转秘书郎。友璋领郓州,奏为项城令,及移镇徐方,辟为从事。友璋卒,改兖州观察判官。时庄宗遣明宗袭据郓州,文矩以父母在郓,一旦隔越,不知存亡,为子之情,恋望如灼,遂间路归郓,寻谒庄宗。庄宗喜之,授天平军节度掌书记,在明宗幕下,明宗历汴、恒二镇,皆随府迁职。天成初,授右谏议大夫,知宣武军军州事,历御史中丞、吏部侍郎、礼部尚书、西都副留守,判京兆府事,继改兵部尚书。

文矩以学尝事霸府,每怀公辅之望。时高祖自外镇入觐,尝荐于明宗曰:“梁文矩早事陛下,甚有勤劳,未升相辅,外论慊之。”明宗曰:“久忘此人,吾之过也。”寻有旨降命,会丁外忧而止。清泰初,拜太常卿。高祖即位,授吏部尚书,改太子少师。

文矩喜清静之教,聚道书数千卷,企慕赤松、留侯之事,而尤尽其善。后因风痹上章请退,以太子太保致仕,居洛阳久之。天福八年,以疾卒,时年五十九。赠太子太傅。《永乐大典》卷六千六百十四。

史圭，常山人也。其先与王武俊来于塞外，因家石邑。高祖曾，历镇阳牙校。父钧，假安平、九门令。圭好学工诗，长于吏道。唐光化中，历阜城、饶阳尉，改房子、宁晋、元氏、乐寿、博陆五邑令。为宁晋日，擅给择廪，以贷饥民，民甚感之。及为乐寿令，里人为之立碑。同光中，任圜为真定尹，擢为本府司录，不应命。郭崇韬领其地，辟为从事，及明宗代崇韬，以旧职縻之。

明宗即位，入为文昌正郎，安重诲荐为河南少尹，判府事，寻命为枢密院直学士。时圭以受知于重诲，重诲奏令圭与同列阁至俱升殿侍立，以备顾问，明宗可之。寻自左谏议大夫拜尚书右丞，有入相之望。圭敏于吏事，重诲本不知书，为事刚愎，每于明宗前可否重务，圭恬然终日，不能剖正其事。长兴中，重诲既诛，圭出为贝州刺史，未几罢免，退归常山。由是闭门杜绝人事，虽亲戚故人不见其面，每游别墅，则乘妇人毡车以自敝匿，人莫知其心。

高祖登极，征为刑部侍郎，判盐铁副使，皆宰臣冯道之奏请也。始圭在明宗时为右丞，权判铨事，道在中书，尝以堂判衡铨司所注官，圭怒，力争之，道亦微有不足之色；至是圭首为道所举，方愧其度量远不及也。旋改吏部侍郎，分知铨事，而圭素厉廉守节，大著公平之誉。

圭前为河南少尹日，有嵩山术士遗圭石药如斗，谓圭曰："服之可以延寿，然不可中辍，辍则疾作矣。"圭后服之，神爽力健。深宝惜焉。清泰末，圭在常山，遇秘琼之乱，时贮于衣笥，为贼所劫，不复得。天福中，疾生胸臆之间，常如火灼，圭知不济，求归乡里，诏许之。及涉河，竟为药气所蒸，卒于路，归葬石邑。时年六十八。《永乐大典》卷一万一百八十三。

裴皞，字司东，系出中眷裴氏，世居河东为望族。皞容止端秀，性卞急，刚直而无隐，少而好学，苦心文艺，虽遭乱离，手不释卷。唐光化三年，擢进士第，释褐授校书郎，案：以下有阙文。天福初，起为工部尚书，复告老，以右仆射致仕。皞累知贡举，称得士，宰相马裔孙、桑维翰皆其所取进士也。后裔孙知贡举，率新进士谒皞，皞喜，为诗曰："词场最重是持衡，天遣愚夫受盛名，三主礼闱年八十，门生门下见门生。"当世荣之。桑维翰尝私见皞，皞不为迎送，人问之，皞曰："我见桑公于中书，庶僚也；今见我于私第，门生也。"人以为允。卒年八十五。赠太子太保。《永乐大典》卷五千三百五。

吴承范，字表微，魏州人也。父琼，右金吾卫将军。累赠太子少保。承范少好学，善属文，唐闵帝之镇邺都也，闻其才名，署为宾职，承范恳求随计，闵帝许之。长兴三年，擢进士第。及闵帝即位，授左拾遗。清泰二年，以本官充史馆修撰，与张昭等共修《明宗实录》，转右补阙，依前充职。高祖革命。迁尚书屯田员外郎、知制诰。天福三年，改枢密院直学士，未几，自祠部郎中、知制诰、召充翰林学士，正拜中书舍人，赐金紫。少帝嗣位，迁礼部侍郎，知贡举，寻遘疾而卒，年四十二。赠工部尚书。

承范温厚寡言，善希人旨，桑维翰、李崧尤重之，尝荐于高祖，云可大用。承范知之，持重自养，虽遇盛夏，而犹服襦裤，加之以纯绵，盖虑有寒湿之患也。然竟不获其志，其命也。《永乐大典》卷三千三百二十一。

卢导，字熙化，其先范阳人也。祖伯卿，唐殿中侍御史。父如晦，国子监丞，赠户部侍郎。导少而儒雅，美词翰，善谈论。唐天祐初，登进士第。释褐除校书郎，由均州郧乡县令入为监察御史，三迁职方员外郎，充史馆修撰，改河南县令、礼部郎中，赐紫，转右司郎中兼侍御史知杂事。以病免，间居于汉上，久之，天成中，以本官征还，拜右谏议大夫。长兴末，为中书舍人，权知贡举。明年春，潞王自凤翔拥大军赴阙，唐闵帝奔于卫州，宰相冯道、李愚集百官于天宫寺，将出迎潞王。时军众离溃，人情奔骇，百官移时未有至者。导与舍人张昭先至，冯道请导草劝进笺，导曰："潞王入朝，郊迎可也；若劝进之事,安可造次。且潞王与主上,皆太后之子,或废或立,当从教令,安得不禀策母后,率尔而行!"冯道曰:"凡事要务实,劝进其可已乎?"导曰:"今主上蒙尘在外,遽以大位劝人,若潞王守道,以忠义见责,未审何词以对!不如率群臣诣宫门,取太后进止,即去就善矣。"道未及对,会京城巡检安从进报曰:"潞王至矣,安得百僚无班。"即纷然而去。是日,潞玉未至,冯道等止于上阳门外,又令导草劝进笺,导执之如初。李愚曰:"舍人之言是也。吾辈信罪人矣"。导之守正也如是。晋天福中,由礼部侍郎迁尚书右丞,判吏部尚书铨事,秩满,拜吏侍郎。六年秋,卒于东京,时年七十六。《永乐大典》卷二千二百十二。

郑韬光,字龙符,洛京河清人也。曾祖绲,为唐宰相。祖祇德,国子祭酒,《新唐书·宰相世系表》:祇德,兵部尚书。赠太傅。父颢,河南尹,赠太师。其先世居荥阳,自隋、唐三百余年,公卿辅相,蝉联一门。韬光,唐宣宗之外孙,万寿公主之所出也,生三日,赐一子出身,银章朱绂。及长,美容止,神爽气澈,不妄喜怒,秉执名节,为甲族所称。自京兆府参军历秘书郎、集贤校理、太常博士、虞部比部员外郎、司门户部郎中、河南京兆少尹、太常少卿、谏议大夫、给事中。梁贞明中,恳求休退,上表漏名,责授宁州司马。庄宗平梁,迁工、礼、刑部侍郎。天成、长兴中,历尚书左右丞。国初,以户部尚书致仕。自襁褓迨于悬车,凡事十一君,越七十载,所仕无官谤,无私过,三持使节,不辱君命,士无贤不肖,皆恭己接纳。晚年背伛。时人咸曰郑伛不迁。平生交友之中无怨隙,亲族之间无爱憎,恬和自如,性尚平简,及致仕归洛。甚惬终焉之志。天福五年秋,寝疾而卒,年八十。赠右仆射。《永乐大典》卷一万八千八百八十一。

王权,字秀山,太原人,积世衣冠。曾祖起,官至左仆射、山南西道节度使,册赠太尉,谥曰文懿,《唐史》有传。祖龟,浙东观察使。父荛,右司员外郎。权举进士,解褐授秘书省校书郎、集贤校理,历左拾遗、右补阙。梁祖革命，御史司宪崔沂表为侍御史，迁兼职方员外郎知杂事。岁余，召入翰林为学士，在院加户部郎中、知制诰，历左谏议大夫、给事中，充集贤殿学士判院事，俄拜御史中丞。唐庄宗平梁，以例出为随州司马，会赦，量移许州。月余，入为右庶子，迁户兵吏三侍郎、尚书左丞、礼部尚书判铨。清泰中，权知贡举，改户部尚书，华资美级，罕不由之。高祖登极，转兵部尚书。天福中，命权使于契丹，权以前世累为将相，未尝有奉使而称陪臣者，谓人曰："我虽不才，年今耄矣，岂能远使于契丹乎！违诏得罪，亦所甘心。"由是停任。先是，宰相冯道使于契丹才回，权亦自凤翔册礼使回，故责词略曰："若以道路迢遥，即鸾阁之台臣亦往；若以筋骸衰减，即凤翔之册使才回。既黩宪章，须从殿黜"云。其实权不欲臣事契丹，故坚辞之，非避事以违命也。逾岁授太子少傅致仕。六年秋，以疾卒，年七十八。赠左仆射。《永乐大典》卷六千八百五十一。

　　韩恽，字子重，太原晋阳人。曾祖俊，唐龙武大将军。祖士则，石州司马。父邃，代州刺史。恽世仕太原，昆仲为军职，惟恽亲狎儒士，好为歌诗，聚书数千卷。乾宁中，后唐庄宗纳其妹为妃，初为嫡室，故庄宗深礼其家，而恽以文学署交城、文水令，入为太原少尹。庄宗平定赵、魏，为魏州支使。庄宗即位，授右散骑常侍，从驾至洛阳，转尚书户部侍郎。天成初，改秘书监。俄而冯道为丞相，与恽有同幕之旧，以恽性谨厚，尤左右之，寻迁礼部尚书。丁内忧，服阕，授户部尚书。明宗晏驾，冯道为山陵使，引恽为副使。清泰初，以充奉之劳，授检校尚书右仆射、绛州刺史，逾年入为太子宾客。高祖登极，以恽先朝懿戚，深加礼遇，除授贝州刺史。时范延光有跋扈之状，恽惧其见逼，迟留不敢赴任，高祖不悦，复授太子宾客，寻改兵部尚书。天福七年夏，车驾在邺，恽病脚气，卒于龙兴寺，时年六十余。《永乐大典》卷三千六百七十五。

　　李怿，京兆人也。祖褒，唐黔南观察使。父昭，户部尚书。怿幼而能文,进士擢第,解褐为校书郎、集贤校理、清河尉。入梁,历监察御史、右补阙、殿中侍御史、起居舍人、礼部员外郎、知制诰,换都官郎中,赐绯,召入翰林为学士,正拜舍人,赐金紫,仍旧内职。庄宗平汴、洛,责授怀州司马,遇赦,量移孟州,入为卫尉少卿。天成初,复拜中书舍人,充翰林学士,在职转户部侍郎右丞,充承旨。时常侍张文宝知贡举,中书奏落进士数人,仍请诏翰林学士院作一诗一赋,下礼部,为举人格样。学士窦梦征、张砺辈撰格诗格赋各一,送中书,宰相未以为允。梦征等请怿为之,怿笑而答曰:"李怿识字有数,顷岁因人偶得及第,敢与后生髦俊为之标格!假令今却称进士,就春官求试,落第必矣。格赋格诗,不敢应诏"。君子多其识大体。天福中,自工部尚书转太常卿,历礼部、刑部二尚书,以多病留司于洛下,不交人事。开运末,遇契丹入洛,家事罄空,寻以疾卒,年七十余。《永乐大典》卷一万三百九十。

# 旧五代史卷九二考证

晋列传七姚顗传惟兵部侍郎司空图深器之　案:《欧阳史》作中条山处士司空图一见奇之。据《新唐书·卓行传》,司空图为户部侍郎,以疾归。昭宗在华,召为兵部侍郎,辞不赴。是图非处士也。

吕琦传琦年十五　案:《厚德录》作琦年十四　有赵玉者　赵玉,《厚德录》作李玉。　寻率郡兵千人间道而归　案:《通鉴》作帅州兵趣镇州。史圭传卒于路　案:《欧阳史》作卒于常山。　卢导传祖伯卿　案《新唐书·宰相世系表》:卿,太原少尹,伯初之子也。疑原本行伯字。　父如晦　如晦,《新唐书·世系表》作知晦。　郊迎可也郊迎,《通鉴》作班迎。　是日潞王未至冯道等止于上阳门外又令导草劝进笺　案:《欧阳史》作潞王止于上阳门外道,又促那里草笺,与是书异。《通鉴》作潞王未至,三相息于上了阳门外,与是书同。　郑韬光传父颢　案《新唐书·世系表》:颢,字养正,疑"颢"字是"颐"字之讹。　　王权传先是宰相冯道使于契丹才回权亦自凤翔册礼使回　案《通鉴考异》引《周世宗实录》《冯道传》云:契丹遣使加徽号于晋祖,晋亦献徽号于契丹,始命兵部尚书王权衔其命,权辞以老病。晋祖谓冯道曰:"此行非卿不可。"道无难色。据此传,冯道自契丹使回,始命王权奉使,道亦未尝再使契丹也。与《周实录》异。

旧五代史卷九三

晋书一九

# 列传第八

## 卢质　李专美　卢詹　崔棁　薛融
## 曹国珍　张仁愿　赵熙　李遹
## 尹玉羽　郑云叟

　　卢质,字子微,河南人也。曾祖偲,唐太原府祁县尉,累赠右仆射。祖衍,唐刑部侍郎、太子宾客,累赠太保。父望,唐尚书司勋郎中,累赠太子少傅。质幼聪慧,善属文,年十六,陕帅王重盈奏授芮城令,能以色养。又为同州澄城令,从私便也。秩满改秘书郎。丁母忧,归河南故里。天祐三年,北游太原,时李袭吉在武皇幕府,以女妻之。武皇怜其才,承制授检校兵部郎中,充河东节度掌书记,赐绯鱼袋。

　　武皇厌代,其弟克宁握兵柄,有嗣袭之望,质与张承业等密谋,同立庄宗为嗣,有翊赞之功。及庄宗四征,质皆从行。十六年,转节度判官、检校礼部尚书。十九年,庄宗将即帝位,命为大礼使,累加至银青光禄大夫、检校右仆射。二十年,授行台礼部尚书。庄宗既登极,欲相之,质性疏逸,不喜居高位,固辞获免。寻以本官兼太原尹,充北京留守事,未赴任,改户部尚书、知制诰,充翰林学士承旨。

　　同光元年冬,从平大梁,权判租庸事,逾月随驾都洛,旋有诏权知汴州军府事。时孔谦握利权,志在聚敛。累移文于汴,配民放丝,质坚论之,事虽不行,时论赏之。俄又改金紫光禄大夫、兵部尚书、知制诰、翰林学士承旨,仍赐论思匡佐功臣。会覆试进士,质以“后从谏则圣”为赋题,以“尧、舜、禹、汤倾心求过”为韵,旧例赋韵四平四侧,质所出韵乃五平三侧,由是大为识者所诮。

天成元年,制授特进、检校司空、同州节度使。时宰相冯道以诗饯别。其警句云:“视草北来唐学士,拥旄西去汉将军。”儒者荣之。明年,改赐耀忠匡定保节功臣,就加检校司徒。三年,入拜兵部尚书,判太仆卿事。四年,进封开国公。长兴二年,授检校太保、河阳节度使,未几,移镇沧州,入为右仆射。及秦王得罪,奉诏权知河南府事。应顺初,迁检校太傅,正拜河南尹,后改太子少师。清泰末,复为右仆射。高祖登极,质以微眚分司洛宅。少帝嗣位,拜太子太保。天福七年秋,卒于洛阳,年七十六。累赠太子太师,谥曰文忠。

《五代会要》:汉乾祐元年九月,其子尚书兵部员外郎卢琼上章请谥,下太常议,谥曰文忠。

子十一人,唯第六子琼,仕至省郎,余历州县焉。《永乐大典》卷二千二百十二。

李专美,字翊商,京兆万年人也。曾祖随,光禄卿。祖正范,尚书库部郎中。专美少笃学,又以父枢唐昭宗时常应进士举,为覆试所落,不许再入,专美心愧之,由是不游文场。伪梁贞明中,河南尹张全义以专美名族之后,奏为陆浑尉,秩满,改舞阳令。专美性廉谨,大著政声。后唐天成中,安邑榷盐使李肃辟为推官,时唐末帝镇河中,见其敦雅,心重之。末帝一日曾召肃晏于廨署,专美亦预坐,末帝谓肃曰:“某夜来梦主上召去,与宋王同剃却头,何也?”坐客都无对者,专美屏人谓曰:“将来为嗣主。”由是愈重焉。末帝留守长安,奏为从事,及移镇凤翔,迁为记室。末帝即位,除尚书库部郎中,赐金紫,充枢密院直学士。

初,末帝起自凤翔,大许诸军厚赏。洎至洛阳,阅内库金帛不过二三万；寻又配率京城户民，虽行捶楚，亦所获无几，末帝忧之。会专美宿于禁中，末帝召而让之曰："卿士人子弟，常言有才术，今致我至此，不能度运以济时事，留才术何施也！"专美惶恐待罪，良久奏曰："臣才力驽劣，属当兴运，陛下猥垂录任，无以裨益圣朝，然府藏空竭，军赏不给，非臣之罪也。臣思明宗弃代之际，是时府库滥赏已竭，继以鄂王临朝，纪纲大坏，纵有无限之财赋，不能满骄军谿壑之心，所以陛下孤立岐阳而得天下。臣以为国之存亡，不专在行赏，须刑政立于上，耻格行于下，赏当功，罚当罪，则近于理道也。若陛下不改覆车之辙，以赏无赖之军，徒困蒸民，存亡未可知也。今宜取见在财赋以给之，不必践前言而希苟悦。"末帝然之，及其行赏，虽不惬于军士，然洛阳户民获免鞭笞之苦，由专下之敷扬也。寻转给事中，明年，迁兵部侍郎、端明殿学士，未几，改检校尚书右仆射、守秘书监，充宣徽北院使。高祖入洛，以例除名。三年，复授卫尉少卿，继迁鸿胪、大理卿。开运中，以病卒，时年六十二。

专美之远祖本出姑臧大房，与清河小房崔氏、北祖第二房卢氏、昭国郑氏为四望族，皆不以才行相尚，不以轩冕为贵，虽布衣徒步，视公卿蔑如也。男女婚嫁，不杂他姓，欲聘其族，厚赠金帛始许焉。唐太宗曾降诏以戒其弊风，终莫能改。其间有未达者，必曰："姓崔、卢、李、郑了，余复何求耶！"其达者，则邈在天表，夐若千里，人罕造其门，浮薄自大，皆此类也。唯专美未尝以氏族形于口吻，见寒素士大夫，恒恂恂如也，人以此多之。

专美职岐下，曾梦具裳简立嵩山之顶。及为端明殿学士，学士李崧同列而班在其上，因以所梦告崧，且言："某非德非勋。安可久居此位，处吾子之首乎！"因恳求他官，寻移宣徽使，崧深德之。及高祖临朝，崧为枢密使，与桑维翰同列，维翰与专美亦有旧，乃协力以奏之，遂复朝序，位至九卿。专美曾使闽中，遇风水漂至两浙，逾岁无恙而还，至是善终，人以为神道福谦之所致也。《永乐大典》卷一万三百九十。

卢詹，字楚良，京兆长安人也。唐天祐中。为河中从事。庄宗即位，擢为员外郎、知制诰，迁中书舍人。天成中，拜礼部侍郎、知贡举，历御史中丞、兵部侍郎、尚书左丞、工部尚书。詹性刚直，议论不避权贵，执政者常恶之。天福初，拜礼部尚书。分司洛下，与右仆射卢质、散骑常侍卢重俱在西都，数相过从。三人俱嗜酒，好游山水，塔庙林亭花竹之地，无不同往，酣饮为乐，人无间然，洛中朝士目为"三卢会"。常委顺性命，不营财利。开运初，卒于洛阳。詹家无长物，丧具不给。少帝闻之，赐布帛百段，粟麦百斛，方能襄其葬事，赠太子少保。《永乐大典》卷二千二百十二。

崔梲，字子文，博陵安平人。累世冠冕。曾祖元受，举进士，直史馆。祖铢，安、濮二州刺史。父涿，刑部郎中。梲少好学，梁贞明三年，举进士甲科，为开封尹王瓒从事。梲性至孝，父涿有疾，谓亲友曰："死生有命，无医为也。"梲侍之衣不解带，有宾至，必拜泣告于门外，请方便劝其进药，涿终莫之从。及丁忧，哀毁过制。明宗朝，授监察御史，不应命，逾年诏再下，乃就列焉。累迁都官郎中、翰林学士。

天福初，以户部侍郎为学士承旨。尝草制，为宰相桑维翰所改，梲以唐故事，学士草制有所改者，当罢职，乃引经据争，维翰不能诘，命权知二年贡举。时有进士孔英者，素有丑行，为当时所恶。梲受命往见维翰，维翰语素简，谓梲曰："孔英来矣。"梲不谕其意，以谓维翰以孔英为言，乃考英及第，物议大以为非，遂罢学士，拜尚书左丞，迁太常卿。后以风痹改太子宾客，分司西京，卒年六十八。

梲平生所著文章、碑诔、制诰甚多，人有借本传写者，则曰："有前贤，有来者，奚用此为！"凡受托而作者，必亲札致之，即焚其稿，惧泄人之假手也。梲笑不至矧，怒不至詈，接新进后生，未尝无诲焉。群居公会，端坐寡言，尝云非止致人爱憎，且或干人祖祢之讳。旨命仆役，亦用礼节，盛暑祁寒，不使冒犯。尝自话于知友云："某少时，梦二人前引路，一人计地里，曰：'一舍矣，可以止。'一人曰：'此君当更进三十有八里。'复行如所言,二人皆止之,俄而惊觉。"悦常识是梦,以为定命之限,故六十七请退,明年果终焉。

兄枪,有隐德,好释氏,闲居滑州。尝欲访人于白马津北,临岸,叹曰:"波势汹涌如此,安可济乎!"乃止。后征拜左拾遗,辞疾不赴。《永乐大典》二千七百四十。

薛融,汾州平遥人。性纯和,以儒学为业。初从云州帅李存璋为幕职,唐庄宗平河南,历郓、徐二镇从事。明宗初,授华州节度判官。长兴四年,入为右补阙,直弘文馆,岁余,改河东观察判官,会高祖镇太原,遂居于幕府。清泰末,高祖将举义,延宾席而历问之,次及融,对曰:"融本儒生,只曾读三五卷书,至于军旅之事,进退存亡之机,未之学也。"座中耸然。登极,迁尚书吏部郎中兼侍御史知杂事。天福二年,自左谏议大夫迁中书舍人,自以文学非优,不敢拜命,复为谏议。时诏修西京大内,融以邺下用兵,国用不足,上疏复罢之,《通鉴》:薛融谏曰:"今宫室虽经焚毁,犹侈于帝尧之茅茨;所费虽寡,犹多于汉文之露台。况魏城未下,公私困窘,诚非陛下修宫馆之日。俟海内平宁,修之未晚。优诏嘉许。俄转御史中丞,秩满改尚书右丞,分司西都。天福六年,以疾卒,年六十余《永乐大典》卷二万一千三百六十七。

曹国珍,字彦辅,幽州固安人也。曾祖蔚,祖蟾,父绚,代袭儒素。国珍少值燕蓟乱离,因落发被缁,客于河西延州,高万兴兄弟皆好文,辟为从事。国珍常以文章自许,求贡礼闱,且掌书奏,期年,入为左拾遗,累迁至尚书郎。每与人交,倾财无吝。性颇刚僻,经艺史学,非其所长,好自矜衒,多上章疏,文字差误,数数有之,为缙绅所诮。高祖在藩时,尝通私谒,以兄事之。及即位,国珍自比于严陵,上表叙旧,由是自吏部郎中拜左谏议大夫、给事中。《欧阳史·张彦泽传》:国珍与御史中丞王易简率三院御史诣阁门,连疏论张彦泽,不报。又求为御史中丞,时宰怒,不复为请,国珍衔之。李崧之母毙。遣诸弟护丧归葬深州。崧既起复,乃出北郊路隅设奠,公卿大夫皆送丧而出,国珍固争不行，众咸推其谠直。高祖晏驾，朝廷以宰臣冯道为山陵使，及灵辒既发，国珍上疏言：“冯道既为山陵使，不得复入都城，请除外佐，以桑维翰入辅。李崧请罢相位，俾持丧制。”少帝览奏，以所言侵越，出为陕州行军司马。至任悒怏，遘疾而卒。《永乐大典》卷四千五百十三。

　　张仁愿，字善政，开封陈留人也。祖晟，唐右武卫大将军。父存敬，梁河中节度观察留后，累赠中书令，《梁书》有传。仁愿，梁贞明初，以勋臣之子起家为卫尉寺主簿，改著作佐郎、左赞善大夫，赐绯鱼袋。唐同光初，迁大理正。天成元年，自将作少监转大理少卿。长兴中，历昭武、归德两镇节度判官。四年，复入为大理少卿。清泰中，除殿中监。天福五年，拜大理卿。八年，转光禄卿。仁愿性温雅，明法书，累居详刑之地，议谳疑狱，号为称职。兄仁颖，梁朝仕至诸卫将军，中年以风恙废于家凡十余年，仁愿事之。出告反面，如严父焉。士大夫推为孝友。仁颖善理家，勤而且约，妇女衣不曳地，什物多历年所，如新市焉。仁愿，开运元年再为大理卿，时隰州刺史王澈犯赃，朝廷以澈功臣之后，欲宥之，仁愿累执奏不移，竟遣伏法，议者赏之。开运二年，以疾卒，年五十一。赠秘书监。《永乐大典》卷六千三百五十一。

　　赵熙，字绩巨，唐宰相齐国公光远之犹子也。起家授秘书省校书郎，唐天成中，累迁至起居郎。数上章言事，以称旨，寻除南省正郎。天福中，承诏与张昭远等修《唐史》，竟集其功。开运中，自兵部郎中授右谏议大夫，赏笔削之功也。及契丹犯阙，伪旨遣使于晋州率配豪民钱币，以实行橐。始受命之日，条制甚严，熙出衣冠族，性素轻急，既畏契丹峻法，乃穷理搜索，人甚苦之。及晋之三军杀副使骆从朗，《通鉴》：契丹以节度使骆从朗知晋州事，大将药可俦杀从朗。百姓相率持仗害熙于馆舍，识者伤之。《永乐大典》卷一万六千九百九十一。

　　李遐，兖州人也。少为儒，有节操，历数镇从事，及升朝累迁尚书库部员外郎。高祖即位，以皇子重乂保厘洛邑，知遐强干有守，除为西京留守判官，使之佐理；复重其廉勤，兼委监西京左藏库。会张从宾作乱，使人辇取缯帛以赏群逆，遐曰："不奉诏书，安敢承命！"遂为其下所害。高祖闻而叹惜，赙赠加等，仍赠右谏议大夫。其母田氏，封京兆郡太君，乃给遐所食月俸，终母余年。其子俟服阕与官。后又遣兖州节度使李从温就其旧业，赐牲币绵帛等物，以旌其忠也。《永乐大典》卷一三百九十。

　　尹玉羽，京兆长安人，□□尹玉羽，京兆长安人。唐天福中，随计京师，甚有文称。会有苴杖丧，累岁羸疾，冬不释菅屦，期不变倚庐。制阕，隐居杜门，无仕宦之意。梁贞明中，刘郓辟为保大军节度判官，历雍、汴、滑、兖从事。唐天复中，随计京师，甚有文称。会有苴杖之丧，累岁羸疾，冬不释菅屦，期不变倚庐。制阕，隐居杜门，无仕宦之意。《永乐大典》卷一万六千九百九十一。

　　后唐清泰中，为光禄少卿，退归秦中，以林泉诗酒自乐，《册府元龟》卷八百一十三。自号自然先生。《永乐大典》卷八千七十。宰臣张延朗手书而召，高卧不从，谓人曰："庶孽代宗，不可仕也。"及高祖入洛，即受诏而来，以所著《自然经》五卷贡之，且告其老。即日玺书褒美，颁其器币，授少府监致仕，月给俸钱及冬春二时服。《册府元龟》卷八百九十九。　　案：《尹玉羽传》，原本止存二条，今采《册府元龟》以存大概。案：以下有阙。考宋黎持《移石经记》：石经旧在务本坊，自天祐中，韩建筑新城，而石经委弃于野。至朱梁时，刘郓守长安，从幕吏尹玉羽之请，辇入城中，置于此地，即唐尚书省之西隅也。

　　郑云叟，本名遨，云叟其字也，以唐明宗庙讳，故世传其字焉。本南燕人也。少好学，耿介不屈。唐昭宗朝，尝应进士举，不第。因欲携妻子隐于林壑，其妻非之，不肯行，云叟乃薄游诸郡。获数百缗以赡其家，辞诀而去。寻入少室山。著《拟峰诗》三十六章，以导其趣，人多传之。后妻以书达意，劝其还家，云叟未尝一览，悉投于火，其绝累如此。俄闻西狱有五粒松，沦脂千年，能去三尸，因居于华阴。与李道殷、罗隐之友善，时人目为“三高士”。道殷有钓鱼之术，钩而不饵，又能化易金石，无所不至，云叟恒目睹其事，信而不求。

云叟与梁室权臣李振善，振欲禄之，拒而不诺，及振南迁，云叟千里徒步以省之，识者高焉。后妻儿继谢，每闻凶讣，一哭而止。时唯青衿二童子、一琴、一鹤，从其游处。好棋塞之戏，遇同侣则以昼继夜，虽寒风大雪，临檐对局，手足皲裂，亦无倦焉。唐天成中，召拜右拾遗，不起，与罗隐之朝夕游处，隐之以药术取利，云叟以山田自给，俱好酒能诗，善长啸。有大瓠，云可辟寒暑，置酒于其中，经时味不坏，日携就花木水石之间，一酌一咏。尝因酒酣联句，郑曰：“一壶天上有名物，两个世间无事人。”罗曰：“醉却隐之云叟外，不知何处是天真。”

高祖即位，闻其名，遣使赍书致礼，征为右谏议大夫，云叟称疾不起，上表陈谢。高祖览表嘉之，赐近臣传观，寻赐号逍遥先生，以谏议大夫致仕，月给俸禄。云叟好酒，尝为《咏酒诗》千二百言，海内好名者书于缣缃，以为赠贶。复有越千里之外，使工潜写其形容列为屏障者焉。其为时望所重也如此。天福末，以寿终，时年七十四。有文集二十卷行于世。《永乐大典》卷一万八千八百八十一。

史臣曰：自古攀龙鳞，附凤翼，坐达于云衢者，岂独丰沛之士哉！苟怀才抱器，适会兴王，亦可以取贵于一时，如卢质而下数君子是也。至如国珍之谠直，仁愿之友悌，赵、李二子没于王事，皆无忝于士林矣。唯玉羽之贞退，云叟之肥遁足可以挽奔竞之风，激高尚之节也。《永乐大典》卷一万八千八百八十一。

# 旧五代史卷九三考证

　　晋列传八卢质传判太仆卿事　　案:《欧阳史》作判太常卿事。李专美传曾祖随光禄卿　　案:《新唐书·宰相世系表》作随秘书监。　除尚书库部郎中　　案:《欧阳史》作比部郎中。　崔梲传曾祖元受举进士直史馆　案《新唐书·世系表》:元受直史馆、高陵尉。　兄枪　枪,《新唐书·世系表》作"榆"。　薛融传年六十余　案:《欧阳史》作年六十。　郑云叟传本南燕人也　案:《欧阳史》作滑州白马人。　寻入少室山　案:《欧阳史》作入少室为道士。

旧五代史卷九四

晋书二〇

# 列传第九

## 苌从简　潘环　方太　何建
## 张廷蕴　郭延鲁　郭金海　刘处让
## 李琼　高汉筠　孙彦韬　王傅拯
## 秘琼　李彦珣

苌从简，陈州人也。世以屠羊为业，力敌数人，善用槊。初事后唐庄宗为小校，每遇攻城，召人为梯头，从简多应募焉。庄宗为其勇，擢领帐前亲卫兼步军都指挥使。一日，庄宗领大军与梁军对阵，登高丘而坐，敌人有执大帜扬其武者，庄宗指之谓左右曰："猛士也。"从简曰："臣为大王取之。"庄宗虑其不捷，不许。从简退，乃潜领十数骑挺身而入，夺帜以归，万众鼓噪，庄宗壮之，锡赉甚厚。又尝中箭而镞入于骨，使医工出之，以刃凿骨，恐其痛也，良久未能摇动。从简嗔目谓曰："何不沈凿？"洎出之，左右无不恻然，从简颜色自若，其勇壮皆此类也。

从简所为多不法，庄宗以其战斗多捷，常屈法赦之，赐姓，名曰绍琼。后加竭诚匡国功臣，累官至金紫光禄大夫、检校太保、景州刺史，历洛州团练使。及梁平，典蔡州。同光四年，授许州节度使，会庄宗晏驾，未及赴镇而止。明宗登极，例复本姓，历麟、汝、汾、金四州刺史。《北梦琐言》云：明宗尤恶贪货，面戒汝州刺史苌从简，为其贪暴应顺初，举军伐凤翔，从简亦预其行，会军变，乃东还。道遇张廷蕴，为廷蕴所执，送于末帝。末帝数之曰："人皆归我，尔何背我而去也？"从简曰："事主不敢二心，今日死生唯命。"末帝释之。清泰二年，授颍州团练使。

高祖举义，末帝将议亲征，诏赴阙，充副招讨使，随驾至孟津，除河阳节度使。及赵延寿军败，断浮桥归洛，留从简守河阳。高祖自北而至，从简察军情离散，遂渡河迎谒高祖。天福元年十二月，授许州节度使，改赐推忠佐运保国功臣。二年秋，移镇徐州。三年，加开府仪同三司、检校太尉，进封开国公，食邑至一千五百户。受代归阙，授左金吾卫上将军。

从简性忌刻而多疑，历州镇凡十余，所在竖棘于公署，才通人行，左右稍违足而忤，即加鞭笞，或至杀害，其意不可测，吏人皆侧行。其烦苛暴虐，为武臣之最。六年秋，随驾幸邺都，遇疾请告，寻卒于乡里，年六十五。赠太傅。《永乐大典》卷一万八千一百三十一。

潘环，字楚奇，洛阳人也。父景厚，以环贵，授左监门上将军致仕。环少以负贩为业，始事梁邢州节度使阎宝，为帐中亲校。及庄宗定魏博，移兵攻邢，宝遣环间道驰奏于梁，梁末帝用为左坚锐夹马都虞候，累迁左雄威指挥使。时梁人与庄宗对垒于河上，环每预战，先登陷敌，金疮遍体。《玉堂闲话》云：潘环常中流矢于面，骨衔其镞，故负重伤。医至经年，其镞自出，其疮成漏，终身不瘥。庄宗知其名，及平梁，命典禁军。同光中，从明宗北御契丹，邺军之乱，从明宗入洛。天成初，授棣州刺史。会定州王都反，朝廷攻之，以环为行营右厢步军都指挥使。贼平，改易州刺史、北面沿边都部署，后移刺庆州。受代归阙，明宗召对，顾侍臣曰："此人勇敢，少能偕者。"寻除宿州团练使。清泰中，移耀州。

天福中，预平范延光，授齐州防御使。四年，升金州为节镇，以环为节度使，久之，入为左神武统军。开运初，契丹入寇，王师北征，以环为北面行营步军左厢排阵使,预破契丹于阳城。军回,授澶州节度使,累官至检校太傅。三年,罢镇归阙,俄受诏洛京巡检。其年冬,戎王犯阙,伪署刘晞为西京留守,环乞罢巡警,闲居居洛。遇河阳军乱,晞出奔,未几,蕃将高牟翰以兵援晞入于洛,虑环有变,乃害之,尽取其家财。《通鉴》云:晞疑环构其众逐己,使牟翰杀之。汉高祖至京,赠太尉。

环历六部两镇,所至以聚敛为务。在宿州时,有牙将因微过见怒,环绐言笞之,牙校因托一尼尝熟于环者,献白金两铤。尼诣环白牙校饷鳌脚两枚,求免其责,环曰:“鳌本几脚?”尼曰:“三脚。”环复曰:“今两脚能成鳌乎?”尼则以三数致之,当时号环为“潘鳌脚”。《永乐大典》卷一万八千二百三十一。

方太,字伯宗,青州千乘人也。少隶本军为小校,尝戍登州,劫海客,事泄,刺史淳于晏匿之,遇赦免。事定州节度使杨光远,光远领兵赴晋阳。本州军乱,太与马万、卢顺密等擒之,使太缚送至阙。寻从杜重威破张从宾于汜水,以功除赵州刺史。从杨光远平范延光于邺,移刺莱州,迁安州防御使。从少帝幸澶州,与契丹战于戚城,中数创,改凤州防御使,行至中途,迁河阳留后,移邢州留后。契丹犯阙,伪命遥领洋州节度使,充洛京巡检,与前洺州团练使李琼俱至郑州,其屯驻兵士迫请太在城巡检,以备外盗,号为‘郑王’。时有嵩山贼帅张遇,领众万余,于僧众得梁朝故嗣密王朱乙,遂推为天子,取嵩山神冠冕之服以衣之。张遇以其众攻郑州,太与李琼击之,贼众败走,琼中流矢而死。太乃括率郡中财物以赏军士,因诱之欲同西去,其众不从,太乃潜奔于洛阳。及刘晞南走许州,《通鉴》云:戍兵既失太,反谮太于契丹,云胁我为乱。太遣子师朗自诉于契丹,契丹杀之。太杀晞牙校李晖,入河南府行留事。既而嵩山贼帅张遇杀嗣密王,传首于太,悬于洛市。又有伊阙贼帅自称天子,领众万余,将入洛城,集郊坛之上,太率兵数百人逆击,破之,贼众遂溃。《通鉴考异》引实录《方太传》云:刘禧走许田,复有颍阳妖巫,姓朱,号嗣密王,誓众于洛南天

坛,号万余人。太帅部曲与朝士辈虚张旗帜,一举而逐之,洛师遂安。**河阳武**
**行德遣使召太,诈言欲推之为帅,寻为行德所害。**《永乐大典》卷一万
八千一百三十一。

何建,案:《九国志》作何重建。其先回鹘人也,代居云、朔间。祖
庆,父怀福,俱事后唐武皇为小校。建少以谨厚隶于高祖帐下,以掌
厩为役,及即位,累典禁军。案《九国志》云:重建初事晋祖为奉德马军都
指挥使。遥领骓、睦二郡。天福中,自曹州刺史迁延州兵马留后,寻
正授旄钺。案《九国志》云:延州节度使丁审琪残暴贪冒,蕃部苦之。重建以
所部兵攻其城,审琪遁去,晋祖即以重建权节度兵马留后,下车谕以威福,边
民安堵,就加彰武军节度使。数年之间,历泾、邓、贝、澶、孟五镇节度
使,案《九国志》云:皆以廉俭简易称。累官至检校太傅。

开运三年,移镇秦州。是冬,契丹入汴,戎王遣人赍诏以赐建,
建愤然为将吏曰:"吾事石氏二主,累拥戎旃,人臣之劳,亦已极矣。
今日不能率兵赴难,岂可受制于契丹乎!"即遣使赍表与其地送款
于蜀,孟昶待之甚厚,伪加同平章事,依前秦州节度使。案《九国志》
云:时固镇与凤州未平,重建悉经略讨平之。岁余,移阆州保宁军节度使,
案《九国志》云:昶大举兵北伐,遣张虔钊出大散关,以重建为招讨使,由陇州
路以进师,无功而还。加伪官至中书令,后卒于蜀。《永乐大典》卷五千六
百三十二。

张廷蕴,字德枢,开封襄邑人也。祖立,赠骁卫将军。父及,赠
光禄大夫。廷蕴少勇捷,始隶宣武军为伍长,唐天复中,奔太原,武
皇收于帐下为小校。及庄宗救上党,占柏乡,攻蓟门,下邢、魏,皆从
之。后战于莘县及胡柳陂,继为流矢所中,金疮之痕,盈于面首。庄
宗宠之,统御营黄甲军,常在左右,累加检校兵部尚书、帐前步军都
虞候,充诸军濠寨使。同兴初,从明宗收汶阳,加检校尚书右仆射,
充魏博三城巡检使。时皇后刘氏在邺,每纵其下扰人,廷蕴多斩之,
闻者壮焉。

梁平，承诏入觐，改帐前都指挥使兼左右羽林都虞候。会李继韬故将杨立叛，诏遣明宗为招讨使，元行钦为都部署，廷蕴为前锋。军至上党，日已暝矣，憩军方定，廷蕴首率劲兵百余辈，逾洫坎城而上，守陴者不能御，寻斩关延诸军入焉。明宗、行钦达明而始至，其城已下，明宗甚慊之。军还，改左右羽林都指挥使，加检校司空，行申州刺史。同光末，从皇子魏王继岌伐蜀，授行营中军都指挥使。蜀平，明宗嗣位，迁怀州刺中，赐竭忠建策兴复功臣，加检校司徒。旋移金州防御使，加检校太保，继授颍州团练使；沿淮招安使。应顺中，转陇州防御使。清泰中，进封清河郡公。高祖即位，入为右龙武统军，迁绛州防御使。少帝嗣位，领左军卫上将军，加特进。开运三年冬，以老病求归宋城，明年卒于家，时年六十九。

廷蕴所识不过数字，而性重文士。下汶阳日，首获郓帅戴思远判官赵凤，讯之曰："尔状貌必儒人也，勿隐其情。"凤具言之，寻引荐于明宗，明宗令送赴行台，寻除凤翰林学士。及凤入相，颇与廷蕴相洽，数言于近臣安重海，重海亦以廷蕴苦战出于诸将之右，力保荐之。明宗以廷蕴取潞之日，不能让功于己，故恒蓄宿忿，至使廷蕴位竟不至方镇，亦命矣夫！廷蕴历七郡，家无余积，老耄期，终于牖下，良可嘉也。

长子光被，历通事舍人。《永乐大典》卷一万一百三十一。

郭延鲁，字德兴，沁州绵上人也。父饶，后唐武皇时，以军功尝为本郡守，凡九年，有遗爱焉。延鲁少有勇，善用槊，庄宗以旧将之子，擢为保卫军使，频戍塞下，捍契丹有功。及即位，赐协谋定乱功臣，加检校兵部尚书、右神武都指挥都知兵马使。天成中，汴州朱守殷叛，延鲁从车驾东幸，至其地，坎垒先登。守殷平，以功授汴州步军都指挥使，加检校尚书右仆射。长兴中，累加检校司徒，历天雄军北京马步军都校，遥领梧州刺史。清泰中，迁复州刺史，正俸之外，未尝敛贷，庶事就理，一郡赖焉。秩满，百姓上章举留，朝廷嘉之。高祖即位，迁单州刺史，加检校太保，赐输诚奉义忠烈功臣，到任逾月,以疾卒于理所,时四十七。诏赠太傅。《永乐大典》卷二万二千一百六十一。

郭金海,本突厥之族。少侍昭义节度使李嗣昭,常从征伐。金海好酒,所为不法,自潞州过山东,入邢洺界为劫盗,嗣昭虽知之,然惜其拳勇,每优容之。天佑中,累职至昭义亲骑指挥使。同光二年,迁本道马军都指挥使。天成初,入为捧圣指挥使。长兴三年,改护圣都虞候。天福二年,从王师讨范延光于魏州,以功转本军都指挥使,领黄州刺史。高祖幸邺,宣金海领部兵巡检东京,其年十一月,安从进谋犯阙,金海为襄州道行营先锋都指挥使,与李建崇等同于唐州湖阳,遇从进军万余人,金海以一旅之众突击,大败之,策勋授检校太保、商州刺史,俄移庆州。秩满归阙,途中遇疾而卒,年六十一。《永乐大典》卷二万一千四百五十。《洛阳晋绅旧闻记》:从进与金海相宇花山。金海蕃将,善用枪,时罕与敌,拳勇过人,喜战战斗,欲立奇功。两阵相去数里。从进素管骑兵,金海久在麾下,从进亦待之素厚。乃跃马引数百骑乘高,去金海阵数百步,厉声呼‘郭金海’!金海独鞭马出于阵数十步,免胄侧身,高声自称曰:“金海”。从进又前行数十步,劳之曰:“金海安否?我素待尔厚。咯不知恩,今日敢来共我相杀?”金海应声答曰:“官家好看大王,负大王甚事,大王今日反?金海旧事大王,乞与大王一箭地,大王回去,若不去,吃取金海枪。”言讫,援枪鞭马,疾趋其阵。从进惧,跃马而进,师遂相接,大为金海、焦继勋摧败。奏到,晋祖大喜,赏赐有差。从进自此丧气,婴城自固,王师为连城重堑以守之。月余,王师攻城,城上矢下如雨,王师被伤者众。是日,金海为飞矢集身,扶伤归营。明日,从进用计于金海,欲使朝廷疑之,以金瓶贮酒,金合盛药,以索悬之。城上呼郭金海。金海知之,力疾扶创而往。城上劳金海曰:“大王知尔中创甚,赐尔金瓶金合酒与风药。”金海目不知书,惟利是贪,取瓶与合归营,且不闻于元戎。元戎等疑之,乃驰驿奏。晋祖以花山之功,不加罪。城下,就除金州团练,并其兵于他部。金海之任,居常悒悒不乐,至于捐馆。

刘处让,字德谦,沧州人也。祖信,累赠太子少保。父瑜,累赠太子少师。梁贞明初,张万进帅兖州,处让事之,为亲校。万进据城叛，梁遣大将刘鄩讨之，时唐庄宗屯军于麻口渡，万进密遣处让乞师于庄宗。庄宗未即应之。乃于军门截耳曰："主帅急难，使我告援，苟不得请，死亦何避。"庄宗义之，将举兵渡河，俄闻城陷乃止，因以墨制授处让行台左骁卫将军，俄改客省副使。

梁平，加检校兵部尚书，累将命称旨。天成初，转检校尚书右仆射，依前充职。岁余迁引进使。长兴三年，转检校司空、左威卫大将军，其职如故。四年，西川孟知祥跋扈，不通朝贡，朝迁方议怀柔，乃遣处让为官告国信使，复命，转检校司徒。应顺初，授忻州刺史、检校太保，充西北面都计度使，备北寇也。清泰二年，入为左骁卫大将军。三年夏，魏博屯将张令昭逐其帅以城叛，朝廷命范延光领兵讨之，以处让为河都转运使。

及高祖举义于太原，处让从至洛阳，乃授宣徽北院使。天福二年，转左监门卫上将军，充宣徽南院使。范延光之据邺也，高祖命宣武军节度使杨光远领兵讨之，时处让奉诏与光远同参议军政。会张从宾作乱于河阳，处让自黎阳分兵讨袭，从宾平，复与杨光远同攻邺城。四年冬，范延光将谋纳款，尚或迟留，处让首入其城，以祸福谕之，延光乃降，以功加检校太傅。

先是，桑维翰、李崧兼充枢密使，处让以庄宗已来，枢密使罕有宰臣兼者，因萌心以觊其位。及杨光远讨伐邺城，军机大事，高祖每命处让宣达。时光远恃军权，多有越体论奏，高祖依违而已，光远慊之，频与处让宴语及之，处让诉曰："非圣旨也，皆出维翰等意。"及杨光远入朝，遂于高祖前面言执政之失，高祖知其故，不得已乃罢维翰等，以处让为枢密使。时处让每有敷奏，高祖多不称旨，会处让丁继母忧，高祖因议罢枢密使，其本院庶事并季宰臣分判。处让居丧期年，起复，授彰德军节度使、澶卫等州观察处置等使。

处让勤于公务，孜孜求理，驭吏民不至苛察，人甚便之。高祖幸邺都，处让竭家财贡奉，至于薪炭膏沐之细，悉供亿焉。六年，除右金吾上将军。处让自以尝经重任，又历方镇，谓其入朝必当要职，一旦除授金吾，有所不足。少帝即位之初，处让与宰臣言，有协翼之论，覃恩之际，又未擢用。一日至中书，宰臣冯道、赵莹、李崧、和凝在列，处让因酒酣，历诋诸相，道笑而不答。月余称病。八年，从驾归汴，寄居于封禅寺，遇疾而卒，年六十三。赠太尉，再赠太师。

子保勋，仕皇朝，位至省郎。《永乐大典》卷九千九百九。

李琼，字隐光，沧州饶安人也。少籍本军为骑士，庄宗平河朔，隶明宗麾下，渐升为小校。同光二年，明宗受诏，以本部兵送粮入蓟门，时高祖从行，至涿州与敌相遇，高祖陷于围中。琼顾诸军已退，密牵高祖铁衣，指东而遁。至刘李河，为敌所袭，琼浮水先至南岸，高祖至河中，马倒，顺流而下，琼以所执长矛援高祖出之，又以所跨马奉高祖，琼徒步护之，奔十余里，乃入涿州。高祖荐于明宗，明宗赏之，寻超授军职。

同光末，明宗讨赵在礼于邺。邺军既变，明宗退至魏县，遣高祖以骑士三百疾趋汴州。时庄宗遣骑将西方邺守其城，高祖忧之，使琼以劲兵突封丘门而入，高祖踵之，邺寻归命，浚郊遂定。及高祖领陕州，奏补云骑指挥使，俄改侍卫牙队指挥使。长兴中，从高祖讨东川，至剑州，使琼以部下兵破贼军数千，身中重创，军还，改龙武指挥使。清泰中，屯云州，累擒获契丹人马，以功改右捧圣军指挥使。唐末帝以琼元事高祖，乃自寨下移授单州马步军副指挥使。

高祖即位，补护圣都指挥使，又念畴昔辍马导护之力，前后所赐金帛甚厚，但未升爵位，琼亦郁郁然。久之，领横州刺史。五年，出典申州，微有政声。少帝嗣位，入为殿前散员都指挥使，遥领雷州，俄迁棣州刺史。遇杨光远以青州叛，自统本部兵攻其城，且以书诱琼，琼因拒之，以书上进，朝廷嘉之。开运二年，改授洺州团练使，累官至加检校司空。三年授护圣右厢都指挥使，领岳州团练使。时洺州吏民列状保留，朝廷不允，及杜重威降敌，改授琼威州刺史。行及郑州，遇群盗攻郡，与方太御贼，中流矢而卒，年六十五。《永乐大典》卷一万三百四十。

高汉筠,字时英,齐州历山人也。曾祖诣,尝为是邑令,故家焉。汉筠少好书传,尝诣长白山讲肆,会唐末齐、鲁交兵,梁氏方霸,乃掷笔谒焉。寻纳于军门,未几,出为卫州牙校。唐天祐中,庄宗入魏,分兵谕其属郡,时汉筠以利病说卫之牧守,俾送款于庄宗,以汉筠为功,寻移洺州都校。其后改常山为北京,以汉筠为皇城使,加检校兵部尚书、左骁卫将军同正。明宗即位,除成德军节度副使,俄以荆门用军,促诏汉筠移倅襄州,权知军州事。长兴中,历曹、亳二州刺史,秩满,加检校司徒,行左金吾卫大将军。

清泰末,高祖建义于河东,唐末帝遣晋昌节度使张敬达率师围太原,委汉筠巡抚其郡。及敬达遇害,节度副使田承肇率部兵攻汉筠于府署,汉筠乃启关延承肇,谓曰:"仆与子俱承朝寄,而相迫何甚?"承肇曰:"我欲扶公为节度使。"汉筠曰:"老夫耄矣,不敢首为乱阶,死生系子筹之。"承肇目左右令前,诸军投刃于地,曰:高金吾累朝宿德,不可枉杀。"承肇以众意难拒,遂谢云:"与公戏耳!"遂与连骑以还。高祖入洛,飞诏征之,遇诸途,乃入觐,寻迁左骁卫大将军、内客省使。天福三年正月,遘疾,终东京之私第,时年六十六。

汉筠性宽厚,仪容伟如也,虽历戎职,未尝有非法之言出于口吻,多慕士大夫所为,复以清白自负。在襄阳,有孽吏常课外献白金二十镒,汉筠曰:"非多纳辣莽,则刻削阛阓,吾有正俸,此何用焉!"因戒其主者不复然,其白金皆以状上进,有诏嘉之。及莅济阴,部民安之,四邑饭僧凡有万八千人。在亳州三年,岁以己俸百千代纳逋租,斯亦近代之良二千石也。

长子贞文,仕皇朝,为开封少尹,卒。《永乐大典》卷五千五百三十八。

孙彦韬,字德光,汴州浚仪人也。少以勇力应募从军。梁祖之兼领四镇,擢彦韬于行间,历诸军偏校,及唐庄宗与梁军对垒于河上,彦韬知梁运将季,乃间行渡河,北归庄宗,庄宗嘉而纳之,授亲从右厢指挥使。及庄宗平梁,出为晋州长步都校,加检校兵部尚书。

天成初，迁绵州刺史、检校尚书左仆射，至郡逾年，以考课见称，就加检校司空。长兴、清泰中，历密、沂、濮三州刺史、累官至检校太保，赐竭忠建策兴复功臣。高祖即位，复授密州刺史，寻卒于任，年六十四。彦韬出于军旅，植性和厚，理绵州日，甚著绥怀之誉，故有赏典旌焉。在濮阳，属清泰末，群冠入郡，郡人大扰，彦韬率帐下百人，一呼破之，人皆感之。但不能守廉养正，以终令誉。长兴中，罢密州赴阙，苞苴甚厚。起甲第于洛阳，逾月而成，华堂广庑，亚王公之家，见者嗤之。故淹翔五郡，位不及廉察，抑有由也。《永乐大典》卷一万八千一百三十二。

王傅拯，吴江人也。父绾，伪虔州节度使。傅拯初事杨溥，为黑云右厢都指挥使，领本军戍海州。唐长兴元年，傅拯杀海州刺史陈宣，焚州城，以所部兵五千人来归。明宗喜而纳之，授金紫光禄大夫、检校司徒、曹州刺史，寻移濮州。清泰中，迁贝州防御使，秩满有代，会范延光叛，以兵要傅拯入魏城，疑而不用。延光降，高祖授傅拯诸卫将军，出为宁州刺史。境接蕃部，以前弊政滋章，民甚苦之，傅拯自下车，除去弊政数十件，百姓便之。不数月，移刺虢州。离宁州日，衙门聚数千人，拆桥遮道以留之，及赴虢略，为理清静，蒸民爱戴如宁州焉。开运中，历武州刺史，受代归洛，遇疾卒。傅拯家本多财，尤好宾客，及历数郡，不事生产，将即世，其贫匮，物论惜之。《永乐大典》卷六千五百二十。

秘琼，镇州平山人也。父遇，以善射历本军偏校，累官至庆州刺史。琼亦有勇，清泰中，董温琪为镇州节度使，擢琼为衙内指挥，倚以腹心，及温琪陷蕃，琼乃害温琪之家，载其尸，都以一坎瘗之。温琪在任贪暴，积镪巨万，琼悉辇之，以藏其家，遂自称留后。高祖即位，遣安重荣代之，授琼齐州防御使，时重荣与蕃帅赵思温同行，部曲甚众，琼不敢拒命，寻橐其奇货，由邺中以赴任。先是，邺帅范延光将谋叛，遣牙将范邺持书构琼，琼领书不答。使者还，具达其事，延光深忿之。及闻琼过其境，使精骑杀琼于夏津，以灭其口，一行金宝侍伎，皆为延光所有，由是延光异志益露焉。《永乐大典》卷一万二千八百六十六。

李彦珣，邢州人也。少为郡之牙吏，唐天祐中，明宗镇其地，彦珣素无检节，因洽于左右，明宗即位，以为事舍人，尝遣使东川，行至其境，其仆从为董璋所收，彦珣窜还，以失敬故也。朝廷攻璋，诏授行营步军都监。彦珣素不孝于父母，在乡绝其供馈，同列恶其鄙恶，旋出为外任，清泰中，迁河阳行军司马，遇张从宾为乱，因朋助之，从宾败，奔于魏州。范延光既叛，署为步军都监，委以守陴，招使杨光远以彦珣见用，欲挠延光而诱彦珣，乃遣人就邢台访得其母，令于城下以招之。彦珣识其母，发矢以毙之，见者伤之，及随延光出降，授坊州刺史，近臣以彦珣之恶逆奏于高祖，高祖曰："赦命已行，不可改也。"前令赴郡，后不知其所终也。《永乐大典》卷一万三百八十九。案《欧阳史》：彦珣后以坐贼诛。

史臣曰：昔从简从庄宗战于河上，可谓勇矣，及其为末帝守于孟津，岂得为忠乎？忠既无闻，勇何足贵！潘环、方太，虽咸负雄干，而俱殁乱世，盖方略不足以卫其身故也。何建举秦、陇之封，附巴、邛之俗，守方之寄，其若是乎！其余皆傝珪析爵之流也，亦可以垂名于是矣。秘琼既覆董氏之族，旋为邺帅所屠，何报应之速也！唯彦珣忍射其亲，殆非人类，晋祖宥之不戮，盖失刑之甚也。《永乐大典》一万三百八十九。

# 旧五代史卷九四考证

　　晋列传九苌从简传赠太传　　案：《欧阳史》作赠太师。何建传何建，《九国志》作何重建。　　方太传及刘晞南走许州　刘晞，《通鉴考异》作刘禧。　　张廷蕴传会潞州李继俦故将杨立婴城叛诏遣明宗为招讨使元行钦为都部署廷蕴为前锋　　案《欧阳史》云：李继韬叛于潞州，庄宗遣明宗为招讨使，元行钦为部署，廷蕴为马步军都指挥使，将兵为前锋。吴缜《纂误》据《梁本纪》及元行钦、李继韬传云：并无明宗、元行钦、张廷蕴攻潞州之事。今考是书，本言廷蕴平潞州杨立之叛。《欧阳史》以为平李继韬，殊误。《通鉴》从是书。

旧五代史卷九五
晋书二一

# 列传第一〇

### 皇甫遇　王清　梁汉璋　白奉进
### 卢顺密　周瓌　沈赟　吴峦　翟璋
### 程福赟　郭璘

　　皇甫遇，常山人也。父武，流寓太原，尝为遮虏军使。遇少好勇，及壮，虬髯，善骑射。唐明宗在藩时，隶于麾下，累从战有功。明宗即位，迁龙武都指挥使，遥领严州刺史，出讨东川，为行营左军都指挥使。应顺、清泰中，累历团练防御使，寻迁邓州节度使。所至苛暴，以诛敛为务，其幕客多私去，以避其累。

　　高祖入洛，移领中山，俄闻与镇州安重荣为婚家，乃移镇上党，又改平阳，咸以惬人执事，政事隳紊。及镇河阳，部内创别业，开畎水泉，以通溉灌，所经坟墓悉毁之，部民以朝廷方姑息郡帅，莫之敢诉。少帝即位，罢归阙下。二年，契丹南寇，从至澶州，战于郓州北津，契丹众大败，溺死者数千人，以功拜滑州节度使。

　　三年，契丹率众屯邯郸，遇与安审琦、慕容彦超等御之。遇将渡漳河，契丹前锋大至，遇引退，转斗二十里至邺南榆林店。遇谓审琦等曰："彼众我寡，走无生路，不如血战。"遂自辰及未，战百余合，所伤甚众。遇所乘马中镝而毙，遇有纪纲杜知敏以马授遇，遇得马复战，久之稍解。杜知敏已为所获，遇谓彦超曰："知敏苍黄之中，以马授我，义也，安可使陷于贼中！"遂与彦超跃马取知敏而还，敌骑壮之。俄而生军复合，遇不能解。时审琦已至安阳河，谓首将张从恩曰："皇甫遇等未至，必为敌骑所围，若不急救，则成擒矣。"从恩曰："敌甚盛，无以枝梧，将军独往何益？"审琦曰："成败命也，设若不济，则与之俱死，假令失此二将，将何面目以见天子！"遂率铁骑北渡赴之。契丹见尘起，谓救军并至，乃引去，遇与彦超中数创得还，时诸军叹曰："此三人皆猛将也！"遇累官至检校太师、同中书门下平章事。

四年，契丹复至，从杜重威营滹水，重威送款于契丹，遇不预其议，及降，心不平之。时戎王欲遣遇先入汴，遇辞之，因私谓人曰："我身荷国恩，位兼将相，既不能死于军阵，何颜以见旧主！更受命图之，所不忍也。"明日，行及赵郡，泊其县舍，顾从者曰："我已信宿不食，疾甚矣，主辱臣死，无复南行。"因绝吭而殒，远近闻而义之。汉高祖登极，诏赠中书令。

周广顺三年正月，遇妻宋国夫人霍氏上言，请度为尼，周太祖许之，仍赐紫衣，号贞范大师，法名惠圆，又赐夏腊十。《永乐大典》卷一万八千三十一。

王清，字去瑕，洺州曲周人也。父度，世为农。清少以勇力端厚称于乡里。后唐明宗领行台，置步直军，清预其募，渐升为小校。同光初，从战于河上有功，赐忠烈功臣。明宗即位，自天成至清泰末，历严卫、宁卫指挥使，加检校右散骑常侍。

天福元年，高祖建义入洛，加检校刑部尚书，改赐扈跸忠孝功臣。三年，从杨光远平范延光于邺，改奉国军都虞候，六年，襄州安从进叛，从高行周讨之，逾年不下。一日，清请先登，诸军继其后，会有内应者，遂拔其城。清以中重创，有诏褒慰。七年，改赐推忠保运功臣，加金紫光禄大夫，领溪州刺史。八年，诏遣以所部兵屯于邺。九年春，契丹南牧，围其城，清与张从恩守之。少帝飞蜡诏勉谕，赐之第宅。契丹退,以干城功。继迁军额。

开运二年春三月,从杜重威北征,解阳城之围,加检校司徒。是岁秋七月,诏遣与皇甫遇援粮入易州。十一月,从杜重威收瀛州,闻契丹大至,重威率诸军沿滹水而西,将保常山,及至中渡桥,契丹已屯于北岸。自其月二十七日至十二月五日,军不能解。时戎王至,留骑之精者以御我,分其弱者,自故灵都城缘其山足,涉滹沱之浅处,引众而南,至赵郡,凡百余里,断我飞挽,且扼归路。清知势蹙,谓重威曰:“军去常山五百里,守株于此,营孤食尽,将若之何!请以步兵二千为前锋,夺桥开路,公可率诸军继之,期入常山,必济矣。”重威可之,遣宋彦筠俱行。清一击获其桥,契丹为之小却,重威犹豫不进,密已贰于国矣。彦筠退走,清列阵北岸,严戒部曲。日暮,酣战不息。契丹以生军继至,我无寸刃益之,清与其下殁焉。时年五十三。《通鉴》:清谓其众曰:“上将握兵,坐观吾辈困急而不救,此必有异志。吾辈当以死报国耳!”众感其言,莫有退者,至暮,战不息。契丹以新兵继之,清及众士尽死,由是诸军皆夺气。契丹寻于所战之地,筑一京观。及汉高祖即位,使人平之,赠清太傅。是岁,清子守钧于本邑义化别业,招魂以葬之也。《永乐大典》卷六千三百五十一。


梁汉璋,字国宝,应州人也。少以勇力事唐明宗,历突骑、奉德指挥使。高祖即位之二年,遥领钦州刺史。三年,加检校司空,改护圣都指挥使。七年,迁检校司徒,遥领阆州团练使。八年,授陈州防御使,从少帝澶州还,改检校太保、郑州防御使,充侍卫马军都指挥使,旋除永清军兵马留后,俄正授节度。是岁,诏领千骑戍冀州,寻以杜重威北讨,诏以汉璋充北面马军都排阵使,遣收淤口关,与契丹骑五千相遇于浮阳之北界,苦战竟日,以众寡不侔,为流矢所中,殁于阵,即是岁十一月也,时年四十九。汉璋熟于戎马,累有军功,及为藩郡,所至好聚敛,无善政可纪。及镇甘陵,甚有平契丹之志,但以所领偏师,骤逢劲敌,故有是衄焉。是月,其子海荣进汉璋所乘鞭马及器仗,帝伤之,乃赠太尉。

　　汉璋有弟汉瑭,亦以善用槊有名于时。天成中,为魏府效节军使,攻定州王都,汉瑭督所部一军首入其城,获王都及蕃将塔纳<sub>旧作秃馁,今改正。</sub>名马数驷。时范延光镇常山,欲其骏者,汉瑭不诺。后汉瑭屯兵赵郡,因事奏而杀之,时人冤之。《永乐大典》卷六千六百十四。

　　白奉进,字德升,云州清塞军人也。父曰达子,世居朔野,以弋猎为事。奉进少善骑射,后唐武皇镇太原,奉进谒于军门,以求自效,武皇纳于麾下。庄宗之破夹寨也,奉进挺身首犯贼锋,庄宗睹而壮之,后从战山东河上,继以功迁龙武指挥使。同光中,魏王继岌伐蜀,擢为亲军指挥使。天成、长兴中,统上军,加检校右散骑常侍。应顺中,转捧圣右厢都指挥使、检校刑部尚书,赐忠顺保义功臣,遥领封州刺史。清泰中,加检校右仆射、唐州刺史,治郡逾年,甚有政绩。

　　高祖即位,征赴阙,超加检校司徒,充护圣左厢都指挥使,遥领歙州刺史。始奉进有女嫁于皇子重信,故高祖尤所倚爱。二年,改护圣左右厢都指挥使。是岁,车驾幸夷门。五月,领昭信军节度使,充侍卫马军都指挥使。

　　六月,范延光据邺为乱,诏遣率骑军三千北屯滑台。时符彦饶为滑州节度使,一夕,有军士夜掠居人,奉进捕之,凡获五盗,三在奉进本军,二在彦饶麾下,寻命俱斩之。彦饶怒其不先告,深衔之。明日,奉进左右劝奉进面谢,奉进然之,以从骑数人候彦饶于牙城,既入,且述其过。彦饶曰:“军中法令,各有部分,何得将滑州兵士一例处斩,殊无主客之义乎!”奉进曰:“军士抵法,宁有彼我,今仆以咎自陈,而公怒不息,莫是与范延光同反耶!”因拂衣而起,彦饶不留。其帐下介士大噪,擒奉进杀之。是日,步军都校马万、次校卢顺密闻奉进遇害,率其步众攻滑之子城,执彦饶送于京师,戮于班荆馆北。高祖以奉进仓卒遇祸,叹惜久之,诏赠太傅。《永乐大典》卷一万八千一百三十一。

卢顺密,汶阳人也。初事梁将戴思远为步校,思远为郓州节度使,领部兵屯德胜渡,留顺密守其城。顺密睹北军日盛,遂遁归庄宗,且言郓城方虚,可以袭而取之。庄宗信之,寻遣明宗率众趋郓,果拔之,由顺密之始谋也。庄宗寻以顺密列于帐下,累迁为军校。明宗即位,历数郡刺史。顺密性笃厚,临诸军,抚百姓,皆有仁爱之誉。

及高祖车驾幸夷门,范延光据邺城叛,高祖命诸将相次领军讨之,顺密亦预其行。时骑将白奉进屯于滑州,寻为滑帅符彦饶所杀,军众大乱,争荷戈拔刃,咳呼于外,时马万为步军都校,不为遏之。《通鉴》云:马万惶惑不知所为,率步兵欲从乱。顺密未明其心,乃率部曲数百,趋谓诸军及万曰:“滑台去行阙二百里,我等家属在阙下,尔辈如此,不思血族乎?奉进见杀,过在彦饶,擒送天子,必立大功,顺我者赏之,不顺我者杀之。”万曰:“善。”诸军遂不敢动。《通鉴》云:万所部兵尚有呼跃者,顺密杀数人,众莫敢动。乃引军北攻牙城,执彦饶于楼上,使裨将方太押送赴阙,滑城遂定。朝廷即以马万为滑州节度使,时飞奏皆以万为首故也。后数日,高祖知功由顺密,寻以顺密为泾州留后,至镇未几而卒。高祖甚悼之,赠骁卫上将军。《永乐大典》卷二千二百十二。

周瓌,晋阳人也。少端厚,善书计,自高祖时历镇藩翰,用为心腹,累职至牙门都校,凡帑廪出纳,咸以委瓌,经十余年,未尝以微累见误,高祖甚重之。及即位,命权判三司事,未几,辞曰:“臣才轻任重,惧终不济,苟以避事,冒宠获罪,愿陛下哀其疲驽,优以散秩,臣之幸也。”高祖可之,寻命权总河阳三城事,数月改授安州节度使。临民有惠,御军甚严,一境安之。先是,威和指挥使王晖领部下兵屯于安陆,瓌至镇,待甚厚。俄闻范延光叛于魏博,张延宾寇于汜水,晖以瓌高祖之元臣也,幸国朝方危,遂害瓌于理所,自总州事,以为延光胜则附之,败则渡江而遁,斯其计也。既而襄阳安从进遣行军司马张岫,会复州兵于要路以徼之,李金全承诏继至,晖遂掠城中财帛士女,欲奔江南,寻为其下所杀。金全至,尽诛其党。高祖闻瑰遇害，叹息久之，诏赠太傅。《永乐大典》卷九千九百十。

　　沈赟，字安时，徐州下邳人。少有胆气，初事梁太祖为小校。天祐三年，补同州左崇勇马军指挥使，入典卫兵，历龙骧、拱宸都指挥使，累有战功。及庄宗平梁，随段凝等降，不改其职。同光三年，从魏王继岌平蜀，属康延孝叛，魏王署赟为一行马步都虞候，领兵从任圜袭击延孝于汉州，擒之以献，未及策勋，会明宗登极。天成初，授检校司空、虢州刺史，其后历壁、随、石、卫、威、衍、忻、赵八州刺史，累官至检校太保，赐输忠宣力功臣。开运元年，为祁州刺史。其年冬，契丹入寇，自恒州回，以羸兵驱牛羊过其城下，赟乃出州兵以击之，契丹以精骑划其门邀之，州兵陷贼。赵延寿知其无备，与蕃贼急攻之，仍呼谓赟曰："沈使君我故人也，择祸莫若轻，早以城降，无自辱也。"赟登城呼曰："侍中父子误计，陷于契丹，忍以毡幕之众，残害父母之邦，不自羞惭，反有德色。沈赟宁为国家死，必不效汝所为也。"翌日城陷，赟自刭而卒，家属为贼所掳。《永乐大典》卷一万八千一百三十一。

　　吴峦，字宝川，汶阳卢县人也。少好学，以经业从乡试下第。唐长兴初，为沙彦珣从事，累迁大同军节度判官。高祖建号，契丹之援太原也，彦珣据云中，二三顾望，及契丹还塞，彦珣出城迎谒，寻为所掳。时峦在城中，谓其众曰："岂有礼义之人而臣于异姓乎！"即与云州将吏阖门拒守。契丹大怒，攻之，半岁不能下。高祖致书于契丹，乃解围而去。召峦归阙，授徐州节度使，再迁右谏议大夫，为复州防御使，数年罢归。

　　初，国家以甘陵水陆要冲之地，虑契丹南侵，乃飞挽刍粟，以实其郡，为大军累年之备。王令温之为帅也，有军校邵珂者，性凶率悖慢，令温因事使人代之，不复齿用，闲居城中。其子杀人，以重赂偿之，其事方解，寻为州吏所恐，又悉财以弥其口。自是尤蓄怨恨，因使无赖者亡入契丹，言："州有积粟，内无劲兵，围而攻之，克之必矣。"及令温入朝，执政者以峦云中之难，有善守之功，遂令乘轺而往，权知贝州军州事。既至，会大寒，军士无衣者悉衣之，平生廉俭，囊无资用，以至坏帐幕以赒之，其推心抚士如此。邵珂一见，因求自效，即听而任之。峦素为书生，旁无爪牙，珂慷慨自陈，愿效死左右，峦遣督义兵，守城之南门。

天福九年正月，契丹大至，其一日大噪环其城，明日陈攻具于四堳，三日契丹主躬率步奚及渤海夷等四面进攻，峦众投薪于夹城中，继以炬火，贼之梯冲，焚爇殆尽。是日，贼复合围，郡中丁壮皆登城守陴。俄而珂自南门引贼骑同入，峦守东门，未知其事，左右告曰："邵珂背矣！"峦顾城中已乱，即驰马还公馆，投井而死。契丹遂屠其城，朝野士庶，闻者咸叹惜之。《永乐大典》卷二千三百二十一。

翟璋，未详何许人也。好勇多力，时目为大虫，即"痴虎"之称也。后唐天成初，自邺都马步军都指挥使领平州刺史，寻改复州防御使。三年三月，迁新州威塞军两使留后。四年五月，正授旄节。长兴元年二月，加检校太保，入为右领军卫上将军，转左羽林统军。清泰中，复领新州。高祖建义，割新州属契丹。时契丹大军归国，遣璋于管内配率犒宴之资，须及十万缗，山后地贫，民不堪命。始戎王以软语抚璋，璋谓必得南归，及委璋平叛奚、围云州皆有功，故留之不遣。璋郁郁不得志，遇疾，寻卒焉。《永乐大典》卷二万二千三百四十。

程福赟，未详何许人也。性沉厚，有勇力，累为军校。天福七年冬，杜重威讨镇州，与安重荣大战于宋城，以功迁洺州团练使、检校太保，未几，入为奉国左厢都指挥使。九年春，少帝将幸澶渊，福赟部下有军士文荣等八人，潜谋作乱，于本营纵火，福赟寻领腹心之士扑灭之，福赟亦有所伤。福赟性本纯厚，又以车驾顺动，秘而不奏。同列李殷，居福赟下无名，欲危福赟以自升，遂密陈其事，云：福赟若不为乱，何得无言？"少帝至封丘，出福赟为商州刺史，寻下狱鞫之。福赟终不自明，以至见杀，人甚冤之。《永乐大典》卷一万八千一百二十七。

郭璘,邢州人也。初事后唐明宗,渐升为军校。天福中,为奉国指挥使,历数郡刺史。开运中,移领易州,契丹攻其郡,璘率厉士众,同其甘苦,敌不能克。复以州兵击贼,数获其利,朝廷喜之,就加检校太保。契丹主尝谓左右曰:"吾不畏一天下,乃为此人抑挫!"重威降,契丹使通事耿崇美诱其民众,璘不能制,既降,为崇美所害。汉高祖即位,诏赠太傅。《永乐大典》卷二万二千一百六十一。

史臣曰:观前代人臣之事迹多矣,若乃世道方泰,则席宠恃禄者实繁;世运既屯,则效死输忠者无几。如皇甫遇愤激而没,王清以血战而亡,近世以来,几人而已。其或临难捐躯,或守方遇害,比夫惑妖艳以丧其命,因醇酎以亡其身者,相去之远矣!唯顺密遏滑台之肇乱,救晋室之临危,亦可谓之忠矣。《永乐大典》卷二万二千一百六十一。

# 旧五代史卷九五考证

晋列传十皇甫遇传常山人也 案:《欧阳史》作常山真定人。假令失此二将将何面目以见天子 案:《通鉴》作坐失皇甫太师,吾属何颜以见天子! 胡三省注云:皇甫遇未必加官至太师也,而安审琦以太师称之,盖五季之乱,官赏无章,当时相称谓,不论其品秩,就人臣极品而称之。据是书,遇累官至检校太师,审琦盖称其检校之官也,胡注似未详考。 梁汉璋传与契丹骑五千相遇于浮阳之北界苦战竟日以众寡不侔为流矢所中殁于阵 案《辽史·高模翰传》云:晋以魏府节度使杜重威领兵三十万来拒,模翰以麾下三百人逆战,杀其先锋梁汉璋,余兵败走。与是书异。考《通鉴》云:杜重威等至瀛州,闻契丹将高模翰已引兵潜出,重威遣梁汉璋将二千骑追之,遇契丹于南阳务,败死。盖汉璋以二千骑当敌骑五千,众寡不侔,以致败绩,《辽史》恐不足据。　　周瓌传晖遂掠城中财帛士女欲奔江南寻为其下所杀　案:《欧阳史》作王晖南走,为从进兵所杀,与是书异。《通鉴》作晖时奔吴,部将胡进杀之,与是书同。　　沈赟传契丹以精骑划其门邀之州兵陷城　案:《欧阳史》作赟兵多死。《通鉴》作契丹以精骑夺其城门,州兵不得还。　　吴峦传即与云州将吏阖门拒守契丹大怒攻之半载不能下高祖致书于契丹乃解围而去

案《辽史·太宗纪》云:唐大同军节度判官吴峦婴城拒命,遣崔廷勋围其城。庚申,上亲征至城下谕之,峦降。与是书异。《通鉴》从是书。

旧五代史卷九六
晋书二二

# 列传第一一

孔崇弼　陈保极　王瑜　张继祚
郑阮　胡饶　刘遂清　房暠
孟承诲　刘继勋　郑受益　程逊
李郁　郑玄素　案此　名新增　马重绩
陈玄

孔崇弼，唐僖宗宰相纬之子也。初仕后唐，自吏部郎中授给事中，时族兄昭序繇给事中改左常侍，兄弟同居门下，时论荣之。《册府元龟》卷七百八十二。崇弼，天福中迁左散骑常侍。《永乐大典》卷一万三千三百三十九。无他才，但能谈笑，戏玩人物，扬眉抵掌，取悦于人。《册府元龟》卷九百四十四。五年，诏令泛海使于杭越。先是，浙中赠贿，每岁恒及万缗，时议者曰："孔常侍命奇薄，何消盈数，有命即无财，有财即无命。"明年使还，果海中船坏，空手而归。《永乐大典》卷一万三千三百三十九。案：此传原本残阙。

陈保极，闽中人也。好学，善属文，后唐天成中擢进士第，秦王从荣闻其名，辟为从事。从荣素急暴，后怒保极不告出游宰相门，以马箠鞭之，寻出为定州推官。从荣败，执政知其屈，擢居三署，历礼部、仓部员外郎。

初，桑维翰登第之岁，保极时在秦王幕下，因戏谓同辈曰："近知今岁有三个半人及第。"盖其年收四人，保极以维翰短陋，故谓之半人也。天福中，维翰既居相位，保极时在曹郎，虑除官差跌，心不自安，乃乞假南游，将谋退迹。既而襄、邓长吏以行止入奏，维翰乃奏于高祖曰："保极闽人，多狡，恐逃入淮海。"即以诏追赴阙，将下台锻成其事，同列李崧极言以解之，因令所司就所居鞫之。贬为卫尉寺丞，仍夺金紫，寻复为仓部员外郎，竟以衔愤而卒。

保极无时才，有傲人之名，而性复鄙吝，所得利禄，未尝奉身，但蔬食而已。每与人奕棋，败则以手乱其局，盖拒所赌金钱不欲偿也。及卒，室无妻儿，唯囊中贮白金十铤，为他人所有，时甚嗤之。《永乐大典》卷三千一百三十九。

王瑜，其先范阳人也。父钦祚，仕至殿中监。为义州刺史。瑜性凶狡，然隽辩骁果，骑射刀笔之长，亦称于当代。起家累为从事，天福中，授左赞善大夫。会濮郡秋稼丰衍，税籍不均，命乘使车，按察大计。既至郡，谓校簿吏胡蕴、惠鹗曰："余食贫久矣，室无增资，为我致意县宰，且求假贷。"由是濮之部内五邑令长共敛钱五十万，私献于瑜。瑜即以书上奏，高祖览章叹曰："廉直清慎有如此者，诚良臣也。"于是二吏五宰即时停黜，擢瑜为太府少卿。

杜重威之镇东平也。瑜父钦祚为节度副将，及重威移镇常山，瑜乃诡计于重威，使奏己为恒州节度副使，竟代其父位。岁余，入为刑部郎中。丙午岁，父钦祚刺举义州，瑜归宁至郡。会契丹据有中夏，何建以秦州归蜀，瑜说钦祚曰："若不西走，当属契丹矣！"厉色数谏，其父怒而不从。因其卧疾涉旬，瑜仗剑而胁之曰："老懦无谋，欲趋炮烙，不即为计，则死于刃下。"父不得已而听之。时陇东屯兵扼其川路，将北趣蕃部，假途而因与郡盗酋长赵徽歃血为约，以兄事之。谓徽曰："西至成都，余身为相，余父为将，尔当领一大郡，能遂行乎？"徽曰："诺。"瑜虑为所卖，先致其妻孥，馆于郡中。行有期矣,徽潜召其党,伺于郊外。子夜,瑜举族行,辎重络绎十有余里,徽之所亲,循沟浍而遁,至马峡路隅,举燧相应,其党起于伏莽,断钦祚之首,贯诸长矛,平生聚蓄金币万计,皆为贼所掠,少长百口,杀之殆尽。瑜尚独战千人,矢不虚发,手无射具捍,指流血。及窘,乃夜窜山谷,落发为僧。月余,为樵人所获,絷送岐州,为侯益所杀,时年三十九。

始瑜有姑寡居,来归其家,以前夫遗腹有子,经数年不产,每因事预告人吉凶,无不验者。时契来犯阙,前月余谓瑜曰:"暴兵将至,宜速去之,苟不去,乱必及矣。"后瑜果死,此谓"天作孽,犹可违,自作薛,不可逭"也。《永乐大典》卷六千八百五十一。

张继祚,故齐王全义之子也。始为河南府衙内指挥使,全义卒,除金吾将军,旋授蔡州刺史,累官至检校太保。明宗郊天,充供顿使,复除西卫上将军。唐清泰末,丁母忧,天福初,丧制未阕,会张从宾作乱,发兵迫胁,取赴河阳,令知留守事。从宾败,与二子诏戮于市。始继祚与范延光有旧,尝遣人以马遗之。属朝廷起兵,将讨邺城,为巡兵所获,奏之,高祖深忌之。及败,宰臣桑维翰以父琪早事齐王,奏欲雪之,高祖不允,《通鉴》:史馆修撰李涛上言:张全义有再造洛邑之功,乞免其族。遂止诛继祚妻子。遂止罪继祚一房,不累其族。《永乐大典》卷六千三百五十。

郑阮,洺州人也。少为本郡牙将,庄宗略地山东,以阮首归义旗,继迁军职。阮有子,自幼事明宗中门使安重海,重海以其杰黠,爱之。及明宗即位,擢阮至凤翔节度副使。会唐末帝镇其地,阮稍狎之。末帝嗣位,以阮为赵州刺史,而阮性贪浊,民间细务,皆密察而纪之,令纳赂以赎罪。有属邑令,因科敛拒命,密以束素募人阴求其过,后竟停其职,人甚非之。又尝以郡符取部内凶肆中人隶其籍者,遣于青州,舁丧至洛,郡人惮其远,愿输直百缗以免其行,阮本无丧,即受直放还。识者曰:"此非吉兆也。"未几,改曹州刺史,为政愈弊。高祖建义入洛,为本州指挥使石重立所杀,举族无孑遗。《永乐大典》卷一万八千八百八十一。

胡饶,大梁人也。少事本镇连帅为都史,历马步都虞候。会唐明宗镇其地,与部将王建立相善,明宗即位,建立领常山,奏饶为真定少尹。饶本憸人,既在府幕,无士君子之风。尝因事赵郡,有平棘令张鹏者献策,请建立于内每县所管乡置乡直一人,令月书县令出入行止。饶乃导而荐焉。建立行之弥年,词讼蜂起。四郡大扰。天成末,王都搆乱,阴使结建立为兄弟之国。时饶又曾荐梁时右庶子张澄为判官,建立亦狎之。澄素不知书,每座则以《阴符》、《鬼谷》为己任,建立时密以王都之盟告之,澄与饶俱赞成其事,会王师围中山,其事遂寝。凡饶之凶戾如此。清泰初,冯道出镇同州,饶时为副使,道以重臣,希于接洽,饶忿之,每乘酒于牙门诟道,道必延入,待以酒肴,致敬而退。道谓左右曰:"此人为不善,自当有报,吾何怒焉。"饶后闲居河阳。天福二年夏,会张从宾作乱,饶谒于麾下,请预其行。从宾败,饶以王建立方镇平卢,走投之,建立延入城,斩之以闻,闻者快焉。《永乐大典》卷二千二百四十一。

刘遂清,字得一,青州北海人,梁开封尹郏之犹子也。父琪,以鸿胪卿致仕。遂清少敏惠,初事梁为保銮军使,历内诸司使,庄宗入汴,不改其职。明宗即位,加检校尚书仆射,委以西都监守。逾岁,以中山王都有不臣之迹,除遂清为易州刺史,俾遏其寇冲,既至郡,大有御侮之略,境内赖焉。王都平,加检校司空,迁棣州刺史。天成、长兴中,历典淄、兴、登三郡,咸有善政。《通鉴·潞王纪》:帝之起凤翔也,召兴州刺史刘遂清,迟疑不至。闻帝入洛,乃悉集三泉、西县、金林、桑林戍兵以归,自散关以南,城镇悉弃之,皆为蜀人所有。入朝帝欲治罪,以其能自归,乃赦之。

高祖即位之二年,授凤州防御使,加检校司徒,会丁母忧,起复,授内客省使、右监门卫大将军。六年,驾幸邺都,转宣徽北院使

兼判三司,加检校太保。七年,少帝嗣位,加右领军卫上将军。仍赐
竭诚翊戴保节功臣。八年,出领郑州,加检校太傅。开运二年,迁安
州防御使。未几,上表称疾,诏许就便,回至上蔡,终于邮舍,时三年
四月也。

　　遂清性至孝,牧淄川日,自北海迎其母赴郡,母既及境,遂清奔
驰路侧,控辔行数十里,父老观者如堵,当时荣之。遂清素不知书,
但多计画,判三司日,每给百官俸料,与判官议曰:"斯辈非尽有才
能,多世禄之家,宜澄其污而留其清者。"或对曰:"昔唐朝浑、郭、
颜、段,每一赦出,以一子出身,率为常制;且延赏垂裕,为国美谭,
未有因月给而欲沙汰,恐未当也。"群论由此减之。《永乐大典》卷九千
九十八

　　房暠,京兆长安人也。少为唐宰臣崔魏公家臣,后因乱,客于蒲
州。天成中,唐末帝出镇河中,暠于路左迎谒,求事军门,末帝爱之,
使治宾客。及末帝登极,历南北院宣徽使,寻与赵延寿同为枢密使。
时薛文遇、刘延朗之徒居中用事,暠虽处密地,其听用之言,十不得
三四,但随势可否,不为事先。每朝廷有大事,暠与端明学士等环坐
会议,多于众中俯首而睡,其避事也如此。高祖即位,以暠濡足闰
朝,不专与夺,故特恩原之,为左骁卫大将军,留于西京。开运元年
春,卒于洛阳。《永乐大典》卷六千一百四十九。

　　孟承诲,大名人也。始为本府牙校,遇高祖临其地,升为客将。
后奏为宗城令,秩满,以百姓举留,于常山藁城令。皆有善政。高祖
有天下,擢为阁门副使,累迁宣徽使,官至检校司空、太府卿、右武
卫大将军。及少帝嗣位,以植性纤巧,善于希旨,复与权臣宦官密相
表里,凡朝廷恩泽美使,必承诲为之。一岁之中,数四不已,由是居
第华敞,财帛累积。及契丹入汴,张彦泽引兵逼宫城,少帝召承诲计
之,承诲匿身不赴。少帝既出宫,寓于开封府舍,具以承诲背恩之事
告彦泽,令捕而杀之,其妻女并配部族。汉高祖即位,诏赠太保。《永

乐大典》卷一万一千一百十三。

　　刘继勋，卫州人也。唐天成中，高祖镇邺都，继勋时为客将，高祖爱其端谨，籍其名于帐下，从历数镇。及即位，擢为阁门使，出为淄州刺史，迁澶州防御使。俄改郑州，自宣徽北院使拜华州刺史。岁余，镇同州。始少帝与契丹绝好，继勋亦与其谋，及契丹主至阙，继勋自镇来朝，契丹责之。时冯道在侧，继勋事急，指道曰："少帝在邺，道为首相，与景延广谋议，遂致南北失欢。臣位至卑，未尝措言，今请问道，道细知之。契丹主曰："此老子不是好闹人，无相牵引，皆尔辈为之。"继勋不敢复对。继勋时有疾，契丹主因令人候其疾状，云有风痹，契丹主曰："北方地凉，居之此疾可愈。"乃命锁继勋，寻解之，以疾终于家。《通鉴》：契丹主闻赵在礼死，乃释继勋，继勋忧愤而卒。汉高祖入汴，赠太尉。《永乐大典》卷九千九十九。

　　郑受益，案《新唐书·宰相世系表》：字谦光。唐宰相余庆之曾孙也。庆余生斡。斡生从谠，两为太原节度使，再登相位。从谠兄处诲，为汴州节度使。家袭清俭，深有士风，中朝礼法，以郑氏为甲。处诲生受益。受益亦以文学致身，累历台阁，自尚书郎迁右谏议大夫。天福七年夏，以张彦泽数为不道，上章请行国典，旬日不报。又贡表切言，讦直无所忌，执政稍恶之。俄而以病请告，归长安。高祖晏驾，以不赴国哀停任，会赦，拜京兆少尹，宰相赵莹出镇咸秦，以受益朝班旧僚，眷待甚至，属天下率借金谷，乃谓莹曰："京兆户籍登耗，民力虚实，某备知之矣，品而定之，可使平允。"莹信之，因使与王人同掌其事。受益既经废弃，薄于仕宦，遂阿法射利，冀为生生之资；又素恃门望，陵轹同幕，内奸外直，群情无相洽者。及赃污事发，腾于众口，莹不得已，遂按之，其直百万。八年冬，赐死于家，受益数世公台，一朝自弃，士君子皆惜之。《永乐大典》卷一万八千八百八十八。

　　程逊，字浮休，寿春人。案：此下有阙文。召入翰林充学士，自兵部侍郎承旨授太常卿。天福三年秋，命使吴越，《十国春秋》云：礼部尚书程逊为加恩使。母嬴老双瞽，逊未尝白执政以辞之。将行，母以手扪其面，号泣以送之。《永乐大典》卷一万六千七百七十七。仲秋之夕，阴暝如晦，逊尝为诗曰："幽室有时闻雁叫，空庭无路见蟾光。"同僚见之，讶其诗语稍异。及使回，遭风水而溺焉。《册府元龟》卷九百五十一。

李郁，字文纬，唐之宗属也。少历宗寺官，天成、长兴中，累迁为宗正卿。性平允，所历无爱憎毁誉。高祖登极，授光禄卿。一日昼寝，梦食巨枣，觉而有疾，谓其亲友曰："尝闻枣字重'来'，呼魂之象也。余神气逼抑，将不免乎！"天福五年夏卒。赠太子太保。《永乐大典》卷一万三百九十。

郑玄素，京兆人。避地鹤鸣峰下，萃古书千卷，采薇蕨而弦诵自若。善谈名理，或问："水旺冬而冬涸，泛盛乃在夏，何也？"玄素曰："论五行者，以气不以形。木旺春，以其气温；火旺夏，以其气热；金旺秋，以其气清；水旺冬，以其气冷。若以形言，则万物皆萌于春，盛于夏，衰于秋，藏于冬，不独水然也。"人以为明理。后益入庐山青牛谷，高卧四十年。初，玄素好收书，而所收钟、王法帖，墨迹如新，人莫知所从得。有与厚者问之，乃知玄素为温韬甥，韬常发昭陵，尽得之，韬死，书归玄素焉。今有书堂基存。《永乐大典》卷一万八千八百八十一。

马重绩，字洞微，少学数术，明太一、五纪、八象、三统大历，居于太原。仕晋，拜太子右赞善大夫，迁司天监。天福三年，重绩上言："历象，王者所以正一气之元，宣万邦之命，而古今所记，考审多差。《宣明》气朔正而星度不验，《崇玄》五星得而岁差一日。以《宣明》之气朔，合《崇玄》之五星，二历相参，然后符合。自前世诸历，皆起天正十一月为岁首，用太古甲子为上元，积岁愈多，差阔愈甚。臣辄合二历，创为新法，以唐天宝十四载乙未为上元，雨水正月中气首。"

诏下司天监赵仁琦、张文皓等考核得失，仁琦等言："明年庚子正月朔，用重绩历考之，皆合无舛。"乃下诏班行之，号《调元历》。行之数岁辄差，遂不用。重绩又言："漏刻之法，以中星考昼夜为一百刻，八刻六十一分刻之二十为一时，时以四刻十分为正，此自古所用也。今失其传，以午正为时始，下侵未四刻十分而为午，由是昼夜昏晓，皆失其正，请依古改正。"从之。重绩卒，年六十四。《永乐大典》卷一万一千二百四十。

陈玄，京兆人也。家世为医，初事河中王重荣。乾符中，后唐武皇自太原率师攻王行瑜，路出于蒲中，时玄侍汤药，武皇甚重之，及还太原，日侍左右。武皇性刚暴，乐杀人，无敢言者，玄深测其情，每有暴怒，则从容启谏，免祸者不一，以是晋人深德之，勋贵赂遗盈门。性好酒乐施，随得而无私积。明宗朝，为太原少尹，入为太府卿。长兴中，集平生所验方七十五首，并修合药法百件，号曰《要术》，刊石置于太原府衙门之左，以示于众，病者赖焉。天福中，以毫期上表求退，以光禄卿致仕，卒于晋阳，年八十余。《永乐大典》卷三千一百三十五。

史臣曰：夫彰善瘅恶，麟史之为义也；瑜不掩瑕，虹玉之为德也。故自崇弼而下，善者既书之，其不善者亦书之，庶使后之君子见善如不及，见恶如探汤也。至如重绩之历法，陈玄之医道，亦不可漏其名而弗纪也。《永乐大典》卷三千一百三十五。

# 旧五代史卷九六考证

晋列传十一孔崇弼传　　案：《新唐书·世系表》作昌弼，字佐化。是书作崇弼，盖避后唐庙讳改。　时族兄昭序　案：《新唐书·世系表》作昌序，字昭举。是书作昭序，疑亦因避讳而改也。　程逊传天福三年秋命使吴越及使回遭风水而溺焉　案《通鉴考异》、《晋实录》：天福二年十一月，加钱元瓘副元帅、国王，程逊等为加恩使。四年十月丙午，以程逊没于海，废朝，赠官。《程逊传》云：天福三年秋，使吴越，使回溺死。《元瓘传》云：天福三年，封吴越国王。盖二年冬，制下，逊等以三年至杭州，不知溺死在何年，而晋朝以四年十月始闻之也。　马重绩传八象三统　三统，原本作三纪，今从《欧阳史》改正。

旧五代史卷九七
晋书二三

# 列传第一二

范延光　张从宾　张延播
杨光远 子承勋　卢文进　李金全

范延光,字子环,邺郡临漳人也。少隶于郡牙,唐明宗牧相州,收为亲校。同光中,明宗下郓州,梁兵屯杨刘口以扼之,先锋将康延孝潜使人送款于明宗。明宗欲使人达机事于庄宗,方难其选,延光请行,遂以蜡书授之,延光既至,庄宗曰:"杨刘渡控扼已定,未可图也。请筑垒马家口,以通汶阳之路。"庄宗从之,复遣归郓州。俄而梁将王彦章攻马家口所筑新垒,明宗恐城中不备,又遣间行告庄宗,请益兵。中夜至河上,为梁兵所获,送夷门下狱,榜笞数百,威以白刃。终不泄其事。复为狱吏所护,在狱半年,不复理问。及庄宗将至汴城,狱吏即去其桎梏,拜谢而出之,乃见于路侧。庄宗喜,授银青光禄大夫、检校工部尚书。

明宗登极,擢为宣徽使。与霍彦威平青州王公俨,迁检校司徒。明宗之幸夷门也,至荥阳,闻朱守殷拒命,延光曰:"若不急攻,贼坚矣,请骑兵五百,臣先赴之,则人心必骇。"明宗从其请。延光自酉时至夜央,驰二百余里,奄至城下,与贼交斗,翌日,守陴者望见乘舆,乃相率开门,延光乃入,与贼巷战,至厚载门,尽歼其党,明宗喜之。明年,迁枢密使,权知镇州军府事,寻正授节旄,加检校太保。长兴中，以安重诲得罪，再入为枢密使，加同平章事。案《明宗纪》：长兴二年九月辛丑，枢密使、检校太傅、刑部尚书范延光加同平章事。四年九月戊寅，枢密使范延光加兼侍中。是延光为同平章事时，已由检校太保进加太傅。后传加侍中。今泰安县有长兴四年九月宜福院牒石刻，所列延光官衔，仍作太傅，盖赐牒时尚未加侍中也。传中不载，系史家前后省文。

既而以秦王从荣不轨，恐及其祸，屡请外任，明宗久之方许，遂出镇常山。清泰中，复召为枢密使，未几，出为汴州节度使。会魏府屯将张令昭逐其帅刘延皓，据城以叛，唐末帝命延光讨而平之，遂授邺都留守，加检校太师、兼中书令。门下有术士张生者，自云妙通术数，当延光微时，言将来必为将相，延光既贵，酷信其言，历数镇，尝馆于上舍，延光谓之曰："余梦大蛇，自脐入腹，半而掣去之，是何祥也？"张生曰："蛇者龙也，入腹为帝主之兆明矣。"延光自是稍萌僭窃之意。

及高祖建义于太原，唐末帝遣延光以本部二万屯辽州，与赵延寿掎角合势。及延寿兵败，延光促还，故心不自安。高祖入洛，寻封临清王，以宽其反侧。后延光擅杀齐州防御使秘琼，而聚兵部下，复收部内刺史入城，高祖甚疑之，乃东幸夷门。时延光有牙校孙锐者，与延光有乡曲之旧，军机民政，一以委焉。故魏博六州之赋，无半钱上供，符奏之间，有不如意者，锐即对延光毁之，其凶戾也如此。初，朝廷遣使封延光为临清王，因会僚属，延光暴得疾，伏枕经旬，锐乃密惑群小，召澶州刺史冯晖等，以不臣之谋逼于延光，延光亦惑于术者，因而听之。

天福二年夏六月，遣锐与晖将步骑二万，南抵黎阳。《通鉴》云：延光以冯晖为都部署，以孙锐为兵马都监。时锐以女妓十余辈从之，拥盖操扇，必歌吹而后食，将士烦热，睹之解体，寻为王师所败，贼人退还邺城。高祖继遣杨光远讨之，延光知事不济，乃杀孙锐以归其罪，发人赍表待罪，且邀姑息，高祖不许。及经岁受围，城中饥窘，高祖以师老民劳。思解其役，遣谒者入谓之曰："卿既危蹙，破在旦夕，能返掌转规，改节归我，我当以大藩处之；如降而杀之，则何以享国？

明明白日,可质是言。"因赐铁券,改封高平郡王,案:《欧阳史》作东平
郡王。移镇天平。延光谓门人李式曰:"案:《欧史》作副使李式。主上敦
信明义,言无不践,许以不死,则不死矣。"因撤守备,《通鉴》云:延光
犹迁延未决,宣徽南院使刘处让复入谕之,延光意乃决。素服请降。及赴汶
上,逾月入觐。寻表请罢免,高祖再三答谕方允,制以延光为太子太
师致仕。居阙下期岁,高祖每召赐饮宴,待之与群臣无间。

　　一日,从容上奏,愿就河阳私邸,以便颐养,高祖许之。延光携
妻子辇奇货从焉。每过郡邑,多为关吏所纠。时杨光远居守洛下,
兼领孟、怀,既利其财,复渐测朝廷密旨,遂奏云:"延光国之奸臣,
若不羁縻,必北走胡,南入吴,请召令西都居止。"高祖允之。光远使
其子承勋以兵环其第,逼令自裁。延光曰:"明天子在上,赐金书许
我不死,尔之父子何得协制如此?"明旦,则以白刃驱之,令上马之
浮桥,排于水中,光远给奏云:"延光投河自溺而死。"水运军使曹千
获其尸郡东缪家滩。高祖闻之,辍朝二日,诏许归葬于邺,仍赠太
师。案《欧阳史》云:归葬相州,已葬,墓辄崩,破其棺椁,头卢皆碎。

　　延光初为近臣,及领重镇,礼贤接士,动皆由礼,故甚获当时之
誉。洎镇常山日,以部将梁汉唐获王都名马,入罪而取之。在魏州
日,以齐州防御使秘琼获董温琪珠金妓妾,及经其境,害而夺之:物
议出是减之。及惧罪以谋叛,复忍耻以偷生,不能引决,遂至强死,
何非天之甚也!《永乐大典》卷一万六千五百一十七。

　　张从宾,未详何许人也。始事唐庄宗为小校,从战有功。唐天
成中,自捧圣指挥使领澄州刺史,迁左右羽林都校。从药彦稠讨杨
彦温于河中,平之。长兴中,领寿州忠正军节度使,加检校太保、侍
卫步军都指挥使。从宾素便佞,每进言,明宗多纳之。有供奉官丁
延徽者,性贪狡,时奉诏监廪,以犯赃下狱,权贵多为救解,明宗怒,
不许。从宾因奏他事,言及延徽,明宗曰:"非但尔言,苏秦说予,亦
不得也。"延徽竟就戮。长兴末,从宾出镇灵武,加检校太傅。高祖
即位,受代入觐。会驾东幸,留从宾警巡洛下。一日,逢留司御史于

天津桥，从兵百人，不分路而过，排御史于水中，从宾绐奏其酒醉，其凶傲如此。及范延光据邺城叛，诏从宾为副部署使，从杨光远同讨延光。会延光使人诱从宾，从宾时在河阳，乃起兵以应之。先害皇子重信，及入洛，又皇子重义，取内库金帛以给部伍，因东据汜水关，且欲观望军势。高祖命杜重威、侯益分兵讨之，从宾大败，乘马入河，溺水而死焉。《永乐大典》卷六千三百五十一。

张延播者，汶阳人也。始为郡之牙将，唐同光初，明宗下其城。因隶收左右。天成中，累授检校司空、两河发运营田使、柳州刺史。长兴元年，出牧蔡州，加检校司徒，入为左领军卫大将军。充客省使。伐蜀之役，命为马军都监。三年，迁凤州防御使、西面水陆转运使。高祖即位，除东都副留守。车驾幸汴，遣兼洛京巡检使。张从宾作乱，令延播知河南府事。从宾败，伏诛。《永乐大典》卷六千三百五十一。

杨光远，小字阿檀，及长，止名檀，唐天成中，以明宗改御名亶，以偏傍字犯之，始改名光远，字德明，其先沙陀部人也。父阿噔啜，后改名瑊，事唐武皇为队长。光远事庄宗为骑将，唐天佑中，庄宗遣振武节度使周德威讨刘守光于幽州，因令光远隶于德威麾下。后与德威拒契丹于新州，一军以深入致败，伤其臂，遂废。罢于家。庄宗即位，思其战功，命为幽州马步军使指挥使、检校尚书右仆射，戍瓦桥关久之。明宗朝，历妫、瀛、易、冀四州刺史。

光远虽不识字，然有口辩，通于吏理，在郡有政声，明宗颇重之。长兴中，契丹有中山之败，生擒其将李和等数十人，送于阙下，其后契丹既通和，遣使乞归之，明宗与大臣谋议，特放还蕃。一日，召光远于便殿言其事，光远曰："李和等北土之善战者，彼失之如丧手足；又在此累年。备谙中国事，若放还非便。"明宗曰："蕃人重盟誓，既通欢好，必不相负。"光远曰："臣恐后悔不及也。"明宗遂止，深嘉其抗直。后自振武节度使移镇中山，累加检校太傅。将兵戍蔚州。

高祖举义于太原,唐末帝遣光远与张敬达屯兵于城中,俄而契丹大至,为其所败,围其寨久之,军中粮尽,光远乃与次将安审琦等杀敬达,拥众归命。从高祖入洛,加检校太尉,充宣武军节度使、同平章事,判六军诸卫事。是时,光远每对高祖,常挹然不乐,高祖虑有不足,密遣近臣讯之。光远附奏曰:"臣贵为将相,非有不足,但以张生铁死得其所,臣弗如也,衷心内愧,是以不乐。"生铁,盖敬达之小字也。高祖闻其言,以光远为忠纯之最者也。其实光远故为其言,以邀高祖之重信也。

明年,范延光据邺城叛,高祖命光远率师讨之,济河,会滑州军乱,时军众欲推光远为主。光远曰:"自古有折臂天子乎?且天子岂公辈贩弄之物?晋阳之降,乃势所穷迫,今若为之,直反贼也。"由是其下惕然,无复言者,高祖闻之,尤加宠重。光远既围延光,寻授魏博行府节度使。兵柄在手,以为高祖惧己,稍干预朝政,或抗有所奏,高祖亦曲从之。复下诏以其子承祚尚长安公主,次子承信皆授美官,恩渥殊等,为当时之冠。桑维翰为枢密使,往往弹射其事,光远心衔之。及延光降,光远入朝,面奏维翰擅权,高祖以光远方有功于国,乃出维翰镇相州,光远为西京留守,兼镇河阳,因罢其兵权。光远由此怨望,潜贮异志,多以珍玩奉契丹,诉己之屈,又私养部曲千余人,挠法犯禁,河、洛之人,恒如备盗。寻册拜太尉、兼中书令。

时范延光致仕,辇囊装妓妾,居于河阳,光远利其奇货,且虑为子孙之仇,因奏延光不家汴、洛,出舍外藩,非南走淮夷,则北走契丹,宜早除之。高祖以许之不死,铁券存焉。持疑未允。光远乃遣子承勖以甲士围其第,逼令自裁。延光曰:"天子在上,安得如此!"乃遣使者乞移居洛下,行及河桥,挤于流而溺杀之,矫奏云延光自投河,朝廷以适会其意,弗之理。后逾岁入觐,高祖为置曲宴,教坊伶人以光远暴敛重赋,因陈戏讥之,光远殊无惭色。高祖谓光远曰:"元城之役,卿左右皆立功,未曾旌赏,今各与一郡,俾厘任以荣之。"因命为刺史者凡数人。

　　时王建立自青州移镇上党，乃以光远为平卢军节度使，封东平王。光远面奏，请与长子同行，寻授承勋莱州防御使。及赴任，仆从妓妾至千余骑，满盈僭侈，为方岳之最。下车之后，唯以刻剥为事。少帝嗣位，册拜太师，封寿王。《宋史·马仁镐传》：晋天福中，青州杨光远将图不轨，以仁镐为节度副使，伺其动静。历二年，或谮仁镐于朝，改护国军行军司马。仁镐至河中数月，光远反书闻。后因景延广上言，请取光远麾下所借官马三百匹。光远怒曰：“此马先帝赐我，何以复取？是疑我也。”遂遣人潜召次子承祚自单州奔归，朝廷乃就除淄州刺史，以从其便。光远益骄，因此搆契丹，述少帝违好之短，且言大饥之后，国用空虚，此时一举可以平定。

　　开运元年正月，契丹南牧，陷我博陵，少帝幸澶渊。三月，契丹退，命李守贞、符彦卿率师东讨。光远素无兵众，唯婴城自守，守贞以长连城围之。冬十一月，承勋与弟承信、承祚见城中人民相食将尽，知事不济。劝光远乞降，冀免于赤族。光远不纳，曰：“我在代北时，尝以纸钱驼马祭天池，皆沉没，人言合有天子分，宜且待时，勿轻言降也。”承勋虑祸在旦夕，与诸弟同谋，杀节度判官丘涛，亲校杜延寿、杨赡、白延祚等，枭其级首，遣承祚送于守贞。因纵火大噪，劫其父幽于私第，以城纳款，遣即墨县令王德柔贡表待罪，光远亦上章自首。少帝以顷岁太原归命，欲曲全之，执政曰：“岂有逆状滔天而赦之也？”乃命守贞便宜处置。守贞遣人拉杀之，以病卒闻。《欧阳史》：守贞遣客省副使户内延祚杀之于其家。汉高祖即位，诏赠尚书令，追封齐王，仍令立碑。未几，其碑石无故自折，可知其阴责也。《永乐大典》卷六千五十二。《五代史补》：杨光远灭范延光之后，朝廷以其功高，授青州节度，封东平王，奄有登、莱、沂、密数郡。既而自负强盛，举兵反，朝廷以宋州节度李守贞尝与光远有隙，乃命李讨之。李受诏欣然，志在必取，莫不身先矢石。光远见而惧之，度不能御，遂降。初，光远反书至，中外大震，时百官起居次，忽有朝士扬言于众曰：“杨光远欲谋大事，吾不信也。光远素患秃疮，其妻又跛，自古岂有秃头天子、跛脚皇后耶？”于是人心顿安，未几，光远果降。

承勋，光远之长子也。始名承贵，避少帝名改焉。以父荫历光、濮州刺史，光远兼镇河阳，命制置三城事。光远移镇青州，授莱州防御使。在郡亦颇理，尝愤父侧之奸党，欲杀之，每省父，父为匿焉。及光远搆衅，婴城以叛，承勋赴之，敌退，为王师所围。逾岁粮尽，与其弟承祚背父之命，出降王师，朝廷授汝州防御使，寻改郑州。《宋史·杨承信传》：光远死，承信与弟承祚诣阙请死。诏释之，以承信为右羽林将军，承祚为右骁卫将军，放归，服丧私第，寻安置郑州。及戎王入汴，遣骑士自圃田召至，责其害父背己，使脔其肉而杀之。以其弟承信为青州节度使。《永乐大典》卷六千五十二。

卢文进，案《辽史》文进字大用。范阳人也。身长七尺，饮啖过人，望之伟如也。少事刘守光为骑将，唐庄宗攻燕，以文进首降，遥授寿州刺史。

初，庄宗得山后八军，以爱弟存矩为新州团练使以总领之。庄宗与刘郭对垒于莘县，命存矩于山后召募劲兵，又令山北居民出战马器仗，每鬻牛十头易马一匹，人心怨咨。时存矩团结五百骑，令文进将之，与存矩俱行。至祁沟关，军士聚谋曰："我辈边人，弃父母妻子，为他血战，千里送死，固不能也。"众曰："拥卢将军却还新州，据城自守，奈我何！"因大呼挥戈，趋传舍，害存矩于榻下，文进抚膺曰："奴辈累我矣。"因环尸而泣曰："此辈既害郎君，我何面目见王！"案《辽史》：存矩娶文进女为侧室，文进心常内愧，因与乱军杀存矩。与《薛史》异。因为乱军所拥。反攻新州，不克；马令《南唐书》：文进攻新州，不克，夜走堑坠，一跃而出，明日视之，乃郡之黑龙潭也，绝岸数丈，深不可测。又尝有大蛇，径至座间，引首及膝，文进取食饲之而去。由是自负。又攻武州，又不利。周德威命将追讨，文进遂奔契丹，伪命为幽州兵马留后，部分汉军，常别为营寨。

未几，文进引契丹寇新州。自是戎师岁至，驱掳数州士女，教其织纴工作，中国所为者悉备，契丹所以强盛者，得文进之故也。案《辽史》云：文进引契丹军攻新州，刺史安金全不能守，弃城去。周德威援之，进攻新州，契丹众数万，德威不胜，大败奔归。文进与契丹进攻幽州，且二百日，城中危困，晋王亲率兵救之，方始解去。契丹以文进为幽州节度使，又以为卢龙节度使。与《薛史》所载官阶微异。同光之世，为患尤深。文进在平州，率奚族劲骑，鸟击兽搏，倏来忽往，燕、赵诸州，荆榛满目。军屯涿州，每岁运粮，自瓦桥至幽州，劲兵猛将，援递粮车，然犹为寇所钞，奔命不暇，皆文进导之也。

及明宗即位之明年，文进自平州率所部十余万众来奔。行及幽州，先遣使上表曰："顷以新州团练使李存矩，提衡群邑，掌握恩威，虐黎庶则毒甚于豺狼，聚赋敛则贪盈于沟壑，人不堪命，士各离心，臣即抛父母之邦，入朔漠之地。几年雁塞，徒向日以倾心；一望家山，每销魂而断目。李子卿之河畔，空有怨辞；石季伦之乐中，莫陈归引。近闻皇帝陛下，皇天眷命，清明在躬，握纪乘乾，鼎新革故，始知大幸，有路朝宗，便贮归心，祇伺良会。臣十月十日，决计杀在城契丹，取十一日离州，押七八千车乘，领十五万生灵，十四日已达幽州"云。

洎至洛阳，明宗宠待弥厚，授滑州节度使、检校太尉。岁余，移镇邓州，累加同平章事，入为上将军。长兴中，复出镇潞州，擒奸恤隐，甚获当时之誉。清泰中，改安州节度使。及高祖即位，与契丹敦好，文进以尝背契丹，居不自安。马令《南唐书》：文进居数镇，颇有善政，兵民爱之。其将行也，从骑至营中，别其裨将李藏机，告以避契丹之意，将士皆拜为诀。天福元年十二月，乃杀行军司马冯知兆，节度副使杜重贵等，率其部众渡淮奔于金陵。李升待之尤重，马令《南唐书》云：烈祖以文进为天雄统军。伪命为宣州节度使，后卒于江南。《永乐大典》卷二千二百十二。案《金陵志》：文进自润州召还，以左卫上将军、兼中书令、范阳郡王奉朝请。

李金全，本唐明宗之小竖也。其先出于吐谷浑。金全骁勇，善骑射，少从明宗征伐，以力战有功。明宗即位，连典大郡。天成中，授泾州节度使，在镇数年，以掊敛为务。长兴中，受代归阙，始进马数十匹，不数日又进之。明宗召而谓之曰："卿患马多耶，何进贡之数也？"又谓曰："卿在泾州日，为理如何，无乃以马为事否？"金全惭谢而退。案：《欧阳史》：徙镇横海，久之，罢为右卫上将军。四年夏，授沧州节度使，累官至检校太傅。清泰中，罢镇归阙，久留于京师。高祖即位之明年，安州屯将王晖杀节度使周瑰，诏遣金全以骑兵千人镇抚其地。未及境，晖为部下所杀。金全至，乱军数百人皆不自安，金全说遣赴阙，密伏兵于野，尽杀之，又擒其军校武彦和等数十人，斩之。案：《欧阳史》作武克和。《通鉴》彦和且死呼曰："王晖首恶，天子犹赦之，我辈胁从何罪乎？"

初，金全之将行也，高祖戒之曰："王晖之乱。罪莫大焉；但虑封守不宁，则民受其敝。"因折矢飞诏，约以不戮一人，仍许以晖为唐州刺史。又谓金全曰："卿之此行，无失吾信。"及金全至，闻彦和等当为乱之日，劫掠郡城，所获财货，悉在其第，遂杀而夺之。高祖闻之，以姑息金全故，不究其事，寻授以旄节。

金全有亲吏胡汉筠者，案：《欧阳史》作朗汉荣。勇谲啬褊，贪诈残忍，军府之政，一以委之。高祖闻其事，遣吏贾仁沼往代其职，且召汉筠。汉筠内疚惶怖，金全乃列状称疾以闻。及仁沼至，汉筠鸩而杀之。马令《南唐书》：胡汉荣所为多不法，晋高祖患之，不欲因汉荣以累功臣，为选廉吏贾仁沼代之，且召汉荣。汉荣教金全留己而不遣。金全客庞令图谏曰："仁沼昔事王晏球，有大功，晏球欲厚赏之，仁沼退而不言，此天下之忠臣也。及颁赐所浮物，仁沼悉以分故，人亲戚之贫者，此天下之廉士也。宜纳仁沼而遣汉荣。"汉荣闻之，夜使人杀令图而鸩仁沼。

天福五年夏，高祖命马全节为安州节度使，以代金全。汉筠自以昔尝拒命，复闻仁沼二子将诉置毒之事，居不自安，乃绐谓金全曰："邸吏刘珂使健步倍道兼行，密传其意，云受代之后，朝廷将以仁沼之事诘公之罪。"金全大骇，命从事张纬函表送款于淮夷。淮人遣伪将李承裕以代金全，金全即日南窜，其妓乐、车马、珍宝、帑藏，皆为承裕所夺。与其党数百人束身夜出，晓至汉川，引领北望，泣下而去。及至金陵，李升授以节镇。马令《南唐书》云：烈祖以金全为天威统军,迁润州节度使。后卒于江南。《永乐大典》卷一万三百九十。

　　史臣曰:延光昔为唐臣。绰有令誉,洎逢晋祚,显恣狂谋,洎力屈以来降,尚靦颜而惜死,孟津之殁,乃取笑于千载也。从宾而下,俱怙乱以灭身,亦何足与议也。文进惧强敌之威,金全为舆台所卖,事虽弗类,叛则攸同,咸附岛夷,皆可丑也。《永乐大典》卷一万三百九十。

# 旧五代史卷九七考证

　　晋列传十二范延光传改封高平郡王　　案:《欧阳史》作东平郡王。　　延光谓门人李式曰　《欧阳史》作谋于副使李式。　　杨光逢传唐天成中以明宗改御名为亶以偏傍字犯之始改光远　案是书《唐纪》:清泰二年,杨檀始改名光远,非天成中即改名也。　光远入朝面奏维翰擅权高祖以光远方有功于国乃出维翰镇相州光远为西京留守　案《通鉴考异》云:《晋高祖实录》:天福三年壬辰,维翰崧罢枢密使。庚子,光远始入朝,对于便殿。十一月戊申,光远为西京留守。天福四年闰七月壬申,维翰出为相州节度使。与此传先后互异。　　其碑石无故自折　案《欧阳史》作碑石既立,天大雷电击折之。　　卢文进传文进字国用　案《辽史·太祖纪》:神册元年,晋幽州节度卢国用来降。二年,晋新州裨将卢文进杀节度使李文矩来降。则国用与文进显系二人,然天显元年又书卢龙军节度使卢国用叛奔于唐,即文进归唐之事也。疑文进入辽以后遂以字行修,《辽史》者杂采诸书,误作两人耳。　　行军司马冯知兆　冯知兆,《南唐书》作姚知兆。《欧阳史》与是书同。　　李金全传军校武彦和　案:《欧阳史》、《南唐书》俱作武克和,《通鉴》从是书。　　亲吏胡汉筠胡汉筠,《欧阳中》及《南唐书》俱作胡汉荣,《通鉴》从是书。　遣使贾仁绍　案:仁绍,《通鉴》作仁沼。《考异》云:《薛史》作仁绍,今从《实录》。《欧阳史》、《南唐书》与《通鉴》同。　扎拉,旧作则刺,今改。

旧五代史卷九八
晋书二四

# 列传第一三

## 安重荣　安从进　张彦泽
## 赵德钧 子延寿　张砺　萧翰
## 刘晞　崔廷勋

　　安重荣,朔州人。祖从义,利州刺史。父全,胜州刺史、振武蕃
汉马步军都指挥使。重荣有膂力,善骑射。唐长兴中,为振武道巡
边指挥使,犯罪下狱。时高行周为帅,欲杀之,其母赴阙申告。枢密
使安重诲阴护之,奏于明宗,有诏释焉。

　　张敬达之围晋阳也,高祖闻重荣在代北,使人诱之,重荣乃召
边士,得千骑赴焉。高祖大喜,誓以土地。及即位,授成德军节度使,
累加至使相。自梁、唐已来,藩侯郡牧,多以勋授,不明治道,例为左
右群小惑乱,卖官鬻狱,割剥蒸民,率有贪猥之名,其实贿赂半归于
下。惟重荣自能钩距,凡有争讼,多廷辩之,至于仓库耗利,百姓科
徭,悉入于己,诸司不敢窥觊。尝有夫妇共讼其子不孝者,重荣面加
诘责,抽剑令自杀之,其父泣曰:“不忍也。”其母诟詈,仗剑逐之。重
荣疑而问之,乃其继母也,因叱出,自后射之,一箭而毙,闻者莫不
快意。由此境内以为强明,大得民情。

　　重荣起于军伍,暴获富贵,复睹累朝自节镇遽升大位,每谓人

曰："天子，兵强马壮者当为之，宁有种耶！"又以奏请过当，为权臣所否，心常愤愤，遂畜聚亡命，收市战马，有飞扬跋扈之志。《通鉴》：帝之遣重荣伐秘琼也，戒之曰："琼不受代，当别除汝一镇，勿以力取，恐为患滋深。"重荣由是以帝为怯，谓人曰："秘琼匹夫耳，天子尚畏之，况我以将相之重、士民之众乎！"尝因暴怒杀部校贾章，以谋叛闻。章有女一人，时欲舍之，女曰："我家三十口，继经兵乱，死二十八口，今父就刑，存此身何为？"再三请死，亦杀之。镇人由是恶重荣之酷，而嘉贾女之烈焉。

天福中，朝廷姑息契丹，务安边塞，重荣每见蕃使，必以箕踞慢骂。会有美稜旧作梅里，今改正。数十骑由其境内，交言不逊，因尽杀之，契丹主大怒，责让朝廷。朝廷隐忍，未即加罪，重荣乃密构吐浑等诸族，以为援助，上表论之。其略曰：

臣昨据熟吐浑节度使白承福、赫连公德等，各领本族三万余帐，自应州地界奔归王化。续准生吐浑并浑契苾西突厥三部落，南北将沙陀、安庆、九府等，各领部族老小，并牛羊、车帐、甲马，七八路慕化归奔，俱至五台及当府地界已来安泊。累据告劳，具说被契丹残害，平取生口，率略羊马，凌害至甚。又自今年二月后来，须令点检强壮，置办人马衣甲，告报上秋向南行营，诸蕃部等实恐上天不祐，杀败后随例不存家族，所以预先归顺，兼随府族，各量点检强壮人马约十万众。又准沿河党项及山前、山后、逸利、越利诸族部落等首领，并差人各将契丹所授官告、职牒、旗号来送纳，例皆号泣告劳，称被契丹凌虐，愤惋不已，情愿点集甲马，会合杀戮。续又朔州节度副使赵崇与本城将校杀伪节度使刘山，寻已安抚军城，乞归朝廷。臣相次具奏闻。昨奉宣头及累传圣旨，令臣凡有往复契丹，更须承奉，当候彼生头角，不欲自起衅端，贵守初终，不愆信誓。仰认睿旨，深惟匿瑕，其如天道人心，至务胜残去虐，须知机不可失，时不再来。窃以诸蕃不招呼而自至，朔郡不攻伐以自归，盖系人情，尽由天意。更念诸陷蕃节度使等，本自勋劳，早居富贵,没身边塞,遭酷虐以异常,企足朝廷,冀倾输而不已,如闻传檄,尽愿倒戈。如臣者虽是愚蒙,粗知可否,不思忌讳,罄写丹衷,细具敷陈,冀申万一。

其表数千言,大抵指斥高祖称臣奉表,罄中国珍异,贡献契丹,凌虐汉人,竟无厌足。又以此意为书,遗诸朝贵及藩镇诸侯。

高祖忧其变也,遂幸邺都以诏谕之,凡有十焉。其略曰:"尔身为大臣,家有老母,忿不思难,弃君与亲。吾因契丹而兴基业,尔因吾而致富贵,吾不敢忘,尔可忘耶!且前代和亲,只为安边,今吾以天下臣之,尔欲以一镇抗之,大小不等,无自辱焉。"重荣愈恣纵不悛,虽有此奏,亦密令人与契丹幽州帅刘晞结托。盖重荣有内顾之心,契丹幸我多事,复欲侵吞中国,契丹之怒重荣,亦非本志也。时重荣尝与北来蕃使并辔而行,指飞鸟射之,应弦而落,观者万众,无不快抃,蕃使因辍所乘马以庆之,由是名振北方,自谓天下可以一箭而定也。又重荣素与襄州安从进连结,及闻从进将议起兵,其奸谋乃决。

天福六年冬,大集境内饥民,众至数万,扬旌向阙,声言入觐。朝廷遣杜重威帅师御之,遇于宗城。军才成列,有贼将赵彦之临阵卷旗来奔,重荣方战,闻彦之背己,大恐,退于辎重中,王师因而击之,一鼓而溃。重荣与十余骑北走,其下部众,属严冬寒冽,杀戮及冻死者二万余人。重荣至镇,取牛马革旋为甲,使郡人分守夹城以待王师。《宋史·解晖传》:安重荣反镇州,因举兵向阙,至宗城,晋师逆战,大破之。晖募军中壮士百余人,夜捣贼垒,杀获甚众。晖频中流矢,而督战自若,颜色不挠,以功迁列校。杜重威至,有部将自西郭水门引官军入焉,杀守陴百姓万余人,重威寻害导者,自收其功。重荣拥吐浑数百,匿于牙城,重威使人袭而得之,斩首以进。高祖御楼阅其俘馘,宣露布讫,遣漆其头卢,函送契丹。《永乐大典》卷一万八千一百三十二。《五代史补》:安重荣出镇,常怀不轨之计久矣,但未发。居无何,厩中产朱鬣白马,黑鸦生五色雏,以为凤,乃欣然谓天命在己,遂举兵反。指挥令取宗领路以向阙。时父老闻之,往往窃议曰:"事不谐矣,且王姓安氏,曰鞍得背而稳,何不取路贝州？若由宗领，是安及于縻，得无危乎？"未几，与王师先锋遇，一战而败。

安从进，案《欧阳史》：从进，其先索葛部人也。初事庄宗为护驾马军都指挥使，领贵州刺史，明宗时为保义彰武军节度使。愍帝即位，徙领顺化。清泰中，从镇山南东道。晋高祖即位，加同中书门下平章事。天福六年，高祖幸邺，讨安重荣。少帝以郑王留守京师，时和凝请于高祖曰："陛下北征，臣料安从进必反，何以制之？"高祖曰："卿意将奈何？"凝曰："臣闻之兵法，先人者夺人，愿陛下为空名宣敕十通授郑王，有急则命将往。"从进闻高祖往北，遂反，少帝以空名授李建崇、郭金海讨之。从进引兵攻邓州，不克，进至湖阳，遇建崇等，大骇，以为神速，复为野火所烧，遂大败，从进自焚。《永乐大典》卷二万四百七十。案：《薛史》《安从进传》残阙，所存一条，与《欧阳史》大略相同。

张彦泽，其先出于突厥，后为太原人也。祖父世为阴山府裨将。彦泽少有勇力，目睛黄而夜有光色，顾视若鸷兽焉。以骑射事后唐庄宗、明宗，以从战有功，继领郡守。高祖即位，擢为曹州刺史。从杨光远围范延光于邺，以功授华州节度使，寻移镇泾州，累官至检校太保。

有从事张式者，以宗人之分，受其知遇。时彦泽有子为内职，素不叶父意，数行笞挞，惧其楚毒，逃窜外地，齐州捕送到阙，敕旨释罪，放归父所。彦泽上章，请行朝典，式以有伤名教，屡谏止之。彦泽怒，引弓欲射之，式仅而获免。寻令人逐式出衙。式自为宾从，彦泽委以庶务。左右群小恶之久矣，因此谗搆，互来迫胁，云："书记若不便出，断定必遭屠害。"式乃告病寻医，携其妻子将奔衍州。彦泽遣指挥使李兴领二十骑追之，戒曰："张式如不从命，即斩取头来。"式恳告刺史，遂差人援送到汾州。节度使李周驿骑以闻，朝廷以姑息彦泽之故，有敕流式于商州。彦泽遣行军司马郑元昭诣阙论请，面奏云："彦泽若不得张式，恐致不测。"高祖不得已而从之。既至，决口割心，断手足而死之。式父铎诣阙诉冤，朝廷命王周代之。周至任,奏彦泽在郡恶迹二十六条,逃散五千余户。彦泽既赴阙,刑法官李涛等上章请理其罪,高祖下制,止令削夺一阶一爵而已,时以为失刑。

少帝即位,桑维翰复举之,寻出镇安阳,既至,折节于士大夫,境内称理,旋命领军北屯恒、定。时易州地孤,漕运不继,制令邢、魏、相、卫飞挽以输之,百姓荷担累累于路,彦泽每援之以行,见赢困者,使其部众代而助之。洎至北边,不令百姓深入,即遣骑士以马负粮而去,往来既速,且无邀夺之患,闻者嘉之。阳城之战,彦泽之功出于诸将之右,其后与敌接战,频献捷于阙下,咸谓其感高祖不杀之恩,补昔年之过也。

开运三年冬,契丹既南牧,杜重威兵次瀛州。彦泽为契丹所唻。密已变矣,乃通款于戎王,请为前导,因促骑说重威,引军沿滹沱西援常山,既而与重威通谋。及王师降于中渡,契丹主遣彦泽统二千骑趋京师,以制少帝,且示公卿兆民以存抚之意。彦泽以是岁十二月十六日夜,自封丘门斩关而入,以兵围宫城。翌日,迁帝于开封府舍,凡内帑奇货,悉辇归私邸,仍纵军大掠,两日方止。《东都事略·李处耘传》云:居京师,遇张彦泽之暴,处耘善射,独当里门,杀数十人,里中赖之。时桑维翰为开封尹,彦泽召至麾下,待之不以礼。维翰责曰:“去年拔公于罪人之中,复领大镇,授以兵权,何负恩一至此耶?”彦泽无以对。是夜杀维翰,尽取其家财。

彦泽自谓有功于契丹,昼夜以酒乐自娱。当在京巡检之时,出入骑从常数百人,旗帜之上题曰“赤心为主”,观者无不窃笑。又所居第。财货山积。楚国夫人丁氏,即少帝弟曹州节度使延煦之母也,有容色,彦泽使人取之,太后迟回未与,彦泽立遣人载之而去,其负国欺君也如是。数日之内,恣行杀害,或军士擒获罪人至前,彦泽不问所犯,但瞋目出一手竖三指而已,军士承其意,即出外断其腰领焉。

彦泽与伪阁门使高勋不协,因乘醉至其门,害其仲父、季弟,暴尸于门外。及契丹帐泊于北郊,勋诉冤于戎王,时戎王已怒彦泽剽掠京城,遂令锁之。仍以彦泽罪恶宣示百官及京城士庶,且云:"彦泽之罪,合诛与否?"百官连状具言罪在不赦,市肆百姓亦争投状,疏彦泽之罪,戎王知其众怒,遂令弃市,仍令高勋监决,断腕出锁,然后刑之。勋使人剖其心以祭死者,市人争其肉而食之。《永乐大典》卷六千三百五十。《五代史补》:李涛常愤张彦泽杀邠州幕吏张式而取其妻,涛率同列上疏,请诛彦泽以谢西土,高祖方姑息武夫,竟不从。未几,契丹南侵,至中渡桥,彦泽首降。戎主喜,命以本军统蕃部控弦之士,先入京师。彦泽自以功不世出,乃挟宿憾杀开封尹桑维翰。涛闻之,谓亲知曰:"吾会上疏请诛彦泽,今国家失守,彦泽所为如此,吾之首领庸可保乎!然无可奈何,谁能伏藏沟渎而取辱耶!"于是自写门状,求见彦泽。其状云:"上疏请杀太尉人李涛,谨随状纳命。"彦泽览之,欣然降偕迎之。然涛犹未安,复曰:"太尉果然相恕乎?"彦泽曰:"览公门状,见纳命二字,使人怒气顿息,又何忧哉!"涛素滑稽,知其必免,又戏为伶人词曰:"太尉既相恕,何不将厌惊绢来。"彦泽大笑,卒善待之。

赵德钧,本名行实,幽州人也。少以骑射事沧州连帅刘守文,守文为弟守光所害,遂事守光,署为幽州军校。及唐庄宗伐幽州,德钧知其必败,乃遁归庄宗。庄宗善待之,赐姓,名曰绍斌,累历郡守,从平梁,迁沧州节度使。同光三年,移镇幽州。明宗即位,遂归本姓,始改名德钧。其子延寿尚明宗女兴平公主,故德钧尤承倚重。

天成中,定州王都反,契丹遣特哩衮旧作惕隐,今改正。领精骑五千来援都,至唐河,为招讨使王晏球所败。会霖雨相继,所在泥淖,败兵北走,人马饥疲,德钧于要路邀之,尽获余众,擒特哩衮已下首领数十人,献于京师。明年,王都平,加兼侍中,顷之,加东北面招讨使。

德钧奏发河北数镇丁夫,开王马口至游口,以通水运,凡二百里。又于阎沟筑垒,以戍兵守之,因名良乡县,以备钞寇。又于幽州东筑三河城,北接蓟州,颇为形胜之要,部民由是稍得樵牧。德钧镇幽州凡十余年,甚有善政,累官至检校太师、兼中书令,封北平王。《辽史》:天赞六年,遣人以诏赐卢龙军节度使赵德钧。七年,赵德钧遣人进时

果。盖德钧久在边境,尝与契丹通好也。清泰三年夏,晋高祖起义于晋
阳,九月,契丹败张敬达之军于太原城下,唐末帝诏德钧以本军由
飞狐路出贼后邀之。时德钧子延寿为枢密使,唐末帝命帅军屯上
党,德钧乃以所部银鞍契丹直三千骑至镇州,率节度使华温琪同赴
征行,自吴儿峪路趋昭义,与延寿会于西唐店。十一月,以德钧为为
诸道行营都统,以延寿为太原南面招讨使,遣端明殿学士吕琦赍赐
官告,兼令犒军。琦从容言天子委任之意,德钧曰:"既以兵相委,焉
敢惜死。"时范延光领兵二万军于辽州,德钧欲并其军,奏请与延光
会合。唐末帝谕延光,疑其奸谋,不从。德钧、延寿自潞州引军至团
柏谷,德钧累奏乞授延寿镇州节度,末帝不悦,谓左右曰:"赵德钧
父子坚要镇州,苟能逐退蕃戎,要代予位,亦所甘心;若玩寇要君,
但恐犬兔俱毙。"朝廷继驰书诏,促令进军。德钧持疑不果,乃遣使
于契丹,厚赍金币,求立以为帝,仍许晋祖长镇太原,契丹主不之
许。

　　及杨光远以晋安寨降于契丹,德钧父子自团柏谷南走潞州,一
行兵士,投戈弃甲,自相腾践,死者万计。时德钧有爱将时赛,率轻
骑东还渔阳,其部曲尚千余人,与散亡之卒俱集于潞州。是日,潞州
节度使高行周亦自北还,及至府门,见德钧父子在城闉上,行周谓
曰:"某与大王乡人,宜以忠言相告,城中无斗粟可食。靖大王速迎
车驾,自图安计,无取后悔焉。"德钧遂与延寿出降契丹。高祖至,德
钧父子迎谒于马前,高祖不礼之。时契丹主问德钧曰:"汝在幽州
日,所置银鞍契丹直何在?"德钧指示之,契丹尽杀于潞之西郊,遂
锁德钧父子入蕃,及见国母舒噜旧作述律,今改正。氏,尽以一行财宝
及幽州田宅籍而献之,国母谓之曰:"汝父子自觅天子何耶?"德钧
俯首不能对。《通鉴》:太后问曰:"汝近者何为在太原?"德钧曰:"奉唐主之
命。"太后曰:"汝从吾儿求为天子,何妄语耶!"又自指其心曰:"此不可欺也。"
又曰:"吾儿将行,吾戒之云:'赵大王若引兵北向榆关,亟须引归,太原不可救
也。汝欲为天子,何不先击退吾儿,徐图亦未晚。汝为人臣,既负其主,不能击
敌,又欲乘乱邀利,所为如此,复面目复求生乎?"德钧俯首不能对。又问:

"田宅何在?"曰:"俱在幽州。"国母曰:"属我矣,又何献也?"至天福二年夏,德钧卒于契丹。《永乐大典》卷一万八千一百三十。《契丹国志》:德钧郁郁不多食,逾年而死德钧既卒,国主释延寿而用之。

延寿,本姓刘氏。父曰邟,常山人也,常任蓨令。梁开平初,沧州节度使刘守文陷其邑,时德钧为偏将,获延寿并其母种氏,遂养之为子。延寿姿貌妍柔,稍涉书史,尤好宾客,亦能诗。《太平广记》引《赵延寿传》云:延寿幼习武略,即戎之暇,时复以篇什为意,尝在北庭赋诗曰:"占得高原肥草地,夜深生火拆林梢。"南人闻者传之。及长,尚明宗女兴平公主。初为汴州司马,明宗即位,授汝州刺史,历河阳、宋州节度使,入为上将军。充宣徽使,迁枢密使,兼镇徐州。及高祖起义于晋阳,唐末帝幸怀州,委延寿北伐。后高祖至潞州,延寿与父德钧俱陷北庭。未几,契丹主以延寿为幽州节度使,封燕王。寻为枢密使兼政事令。

天福末,契丹既与少帝绝好,契丹主委延寿以图南之事,许以中原帝之。延寿乃导诱蕃戎,蚕食河朔。晋军即降于中渡,戎王命延寿就寨安抚诸军,仍赐龙凤赭袍,使衣之而往。谓之曰:"汉儿兵士,皆尔有之,尔宜亲自慰抚。"延寿至营,杜重威、李守贞已下皆迎谒于马前。

及戎王入汴,时南北降军数万,皆野次于陈桥,戎王虑其有变,欲尽杀之。延寿闻之遽请见于戎王,曰:"臣伏见今日已前,皇帝百战千征,始收得晋国,不知皇帝自要治之乎?为他人取之乎?"戎王变色曰:"尔何言之过也,朕以晋人负义,举国南征,五年相杀,方得中原,岂不自要为主,而为他人耶?卿有何说,速奏朕来!"延寿曰:"皇帝尝知吴、蜀与晋朝相杀否?"曰:"知。"延寿曰:"今中原南自安、申,西及秦、凤,沿边数千里,并是西界守戍之所。将来皇帝归国时,又渐及炎蒸。若吴、蜀二寇交侵中国,未知如许大世界,教甚兵马御捍?苟失提防,岂非为他人取也。"戎王曰:"我勿知也,为之奈何?"延寿曰:"臣知上国之兵,当炎暑之时,沿吴、蜀之境,难为用也。未若以陈桥所聚降军团并，别作军额，以备边防。”戎王曰：“我念在壶关失断阳城时，亦曾言议，未获区分，致五年相杀，此时入手，如何更不剪除？”延寿曰：“晋军见在之数，如今还似从前尽在河南，诚为不可，臣请迁其军，并其家口于镇、定、云、朔间以处之，每岁差伊分番，于河外沿边防戍，斯上策也。”戎王忻然曰：“一取大王商量。”由是陈桥之众获免长平之祸焉。

延寿在汴久之，知戎王无践言之意，乃遣李崧达语于戎王，求立以为太子，崧不得已而言之。戎王曰：“我于燕王，无所爱惜，但我皮肉堪与燕王使用，亦可割也，何况他事！我闻皇太子，天子之子合作，燕王岂得为之也！”因命与燕王加恩。时北来翰林学士承旨张砺，拟延寿为中京留守、大丞相、录尚书事、都督中外诸军事、枢密使、燕王如故。戎王览拟状，索笔围却“录尚书事；都督中外诸军事”之字，乃付翰林院草制焉。又以其子匡赞为河中节度使。

延寿在汴州，复娶明宗小女为继室。先是，延州节度使周密为其子广娶焉，已纳财毕，亲迎有日矣，至是延寿夺取之。契丹主自汴回至邢州，命升延寿坐在契丹左右相之上。契丹主死，延寿下教于诸道，称权知南朝军国事。是岁六月一日，为永康王鄂约旧作兀欲，今改正。所锁，籍其家财，分给诸部，寻以延寿入国。竟卒于契丹。案《辽史·世宗纪》：天禄二年十月壬午，南京留守、魏王赵延寿毙。《薛史·汉高祖纪》：天福十二年，起复其子赞，盖传闻之误。

匡赞历汉、周两朝。累授节镇及统军使，仕皇朝，历卢、延、邠、鄜等四镇焉。《永乐大典》卷一万六千九百九十一。

张砺，字梦臣。幼嗜学，有文藻，唐同光初，擢进士第，寻拜左拾遗，直史馆。会郭崇韬伐蜀，奏请砺掌军书。蜀平，崇韬为魏王继岌所诛，时崇韬左右亲信皆惧祸奔逃，唯砺诣魏王府第，恸哭久之，时人服其高义。《永乐大典》卷一万三千九百十三。天成初，明宗知其名，授翰林学士，再丁父母忧，服阕，皆复入为学士，历礼部、兵部员外郎、知制诰充职。未几，父之妾卒。初，妾在世，砺以久侍先人，颇亦敬奉,诸幼子亦以祖母呼之。及卒,砺疑其事,询于同僚,未有以对。砺即托故归于滏阳,闲居三年,不行其服,论情制宜,识者韪之。《永乐大典》卷一万七百九十八。案:以下有阙文。砺为戎王朝林学士。开运末,与契丹居南松之内,轩辂交织,多继烛接洽,无厌倦色。因密言曰:"此人用法如此,岂能久处京师。"及北去,道路有觞酒豆肉,必遗故客属僚。死之日,囊装惟酒食器皿而已,识者无不高之。《册府元龟》卷七百九十六。

张砺,字梦臣,磁州滏阳人也。祖庆,父宝,世为农。砺幼嗜学,有文藻,在布衣时,或睹民间争竞,必为亲诣公府,辨其曲直,其负气也如此。唐同光初,擢进士第,寻拜左拾遗,直史馆。会郭崇韬伐蜀,奏请砺掌军书。蜀平,崇韬为魏王继岌所诛,时崇韬左右亲信皆惧祸奔逃,惟砺诣魏王府第,恸哭久之,时人皆服其高义。

及魏王班师,砺从副招讨使任圜东归。至利州,会康延孝叛,回据汉州。圜奉魏王命,回军西讨延孝。时砺献谋于圜,请伏精兵于后,先以羸师诱之,圜深以为然。延孝本骁将也,任圜乃儒生也,延孝闻圜至,又睹其羸师,殊不介意,及战酣,圜发精兵以击之,延孝果败,遂擒之以归。是岁四月五日至凤翔,内官向延嗣奉庄宗命,令诛延孝。监军李延袭已闻洛中有变,故留延孝,且害任圜之功故也。圜未决,砺谓圜曰:"此贼构乱,遂致凯旋差晚,且明公血战擒贼,安得违诏养祸,是破槛放虎,自贻其咎也。公若不决,余自杀此贼。"任圜不得已,遂诛延孝。

天成初,明宗知其名,召为翰林学士,再丁父母忧,服阕,皆复入为学士,历礼部、吴部员外郎、知制诰充职。未几,父之妾卒。初,妾在世,砺以久侍先人,颇亦敬奉,诸幼子亦以祖母呼之。及卒,砺疑其事,询于同僚,未有以对,砺即托故归于滏阳,间居三年,不行其服,论情制宜,识者韪之。清泰中,复授尚书比部郎中、知制诰,依前充学士。

高祖起晋阳,唐末帝命赵延寿进讨,又命翰林学士和凝与延寿偕行。砺素轻凝,虑不能集事。因自请行,唐末帝慰而许之。及唐军败于团柏谷,与延寿俱陷于契丹,契丹以旧职縻之,累官至吏部尚书。契丹入汴,授右仆射、平章事、集贤殿大学士,随至镇州。

会契丹主卒,永康王北去,萧翰自东京过常山,乃引铁骑围其第。时砺有疾,方伏枕,翰见砺责之曰:"尔言于先帝,云不得任蕃人作节度使,如此则社稷不永矣;又先帝来时,令我于汴州大内安下,尔言不可;又我为汴州节度使,尔在中书,何故行帖与我?"砺抗声而对,辞气不屈,翰遂锁砺而去。《辽史》:砺抗声曰:"此国家大体,安危所系,吾实言之,欲杀即杀,奚以锁为!"镇州节度使麻答勒寻解其锁,是夜以疾卒,家人烬其骨,归葬于滏阳。

砺素耿直,嗜酒无检。始陷契丹时,曾背契丹南归,为追骑所获,契丹主怒曰:"尔何舍我而去?"砺曰:"砺,汉人也,衣服饮食与此不同,生不如死,请速就刃。"契丹主顾通事高唐英曰:"我常戒尔辈善待此人,致其逃去,过在尔辈。"因笞唐英一百,其为契丹主善待也如此。砺平生抱义怜才,急于奖拔,闻人之善,必攘袂以称之,见人之贫,亦倒箧以济之,故死之之日,中朝士大夫亦皆叹惜焉。案:此一则无出处,即照原批低格列后。

萧翰者,契丹诸部之酋长也。父曰阿巴。旧作阿钵,今改正。刘仁恭镇幽州,阿巴曾引众寇平州,仁恭遣骁将刘雁郎与其子守光率五百骑先守其州,阿巴不知,为郡人所绐。因赴牛酒之会,为守光所擒。契丹请赎之,仁恭许其请,寻归。其妹为案巴坚旧作阿保机,今改正。妻,则德光之母也。翰有妹,亦嫁于德光,故国人谓翰为国舅。契丹入东京,以翰为宣武军节度使。契丹比无姓氏,翰将有节度使之命,乃以萧为姓,翰为名,自是翰之一族皆称姓萧。契丹主北去,留翰以镇河南。时汉高祖已建号于太原,翰惧,将北归,虑京师无主,则众皆为乱,乃遣蕃骑至洛京迎唐明宗幼子许王从益知南朝军国事。从益至,翰率蕃将拜于殿上。竖日,翰乃辇其宝货鞍辔而北。汉人以许王既立,不复为乱,果中其狡计。翰行至镇州,遇张砺,翰以旧事致忿,就第数其失而锁之。翰归本国,为永康王鄂约所锁,寻卒于本土。《永乐大典》卷五千二百二十五。

刘晞者，涿州人也。父济雍，累为本郡诸邑令长。晞少以儒学称于乡里，尝为唐将周德威从事，后陷于契丹，契丹以汉职縻之。天福中，契丹命晞为燕京留守，尝于契丹三知贡举，历官至同平章事、兼侍中。随契丹入汴，授洛京留守。会河阳军乱，晞走许州，又奔东京，萧翰遣兵送晞至洛下。契丹主死，晞自洛复至东京，萧翰北归，遂留镇州。汉初，与满达勒旧作麻答，今改正。同奔定州，后卒于北蕃。《永乐大典》卷九千九十九。《契丹国志》：刘珂，晞之子也，尚世宗妹燕国公主。

崔廷勋，不知何许人也。《通鉴注》：引宋白曰：廷勋本河内人。形貌魁伟，美发髯。幼陷契丹，历伪命云州节度使，官至侍中。契丹入汴，迁少帝于封禅寺，遣廷勋以兵防守，寻授河阳节度使，甚得民情。契丹北行，武行德率军趋河阳，廷勋为行德所逐，乃与奚王伊剌旧作捜剌，今改正。保怀州，寻以兵反攻行德，行德出战，为廷勋所败。及契丹主死。遂归镇州。汉初，与满达勒同奔定州，后没于北蕃。《永乐大典》卷二千七百四十。

史臣曰：帝王之尊，必由天命，虽韩信、彭越之勇，吴濞、淮南之势，犹不可以妄冀，而况二安之庸昧，相辅为乱，固宜其自取灭亡也。后之拥强兵莅重镇者，得不以为鉴乎！彦泽狼子野心，盈贯而死，晚矣！德钧诸人，与晋事相终始，故附见于兹焉。

# 旧五代史卷九八考证

　　晋列传十三安重荣传高祖闻重荣在北使人诱之案欧阳史作使张颖阴招重荣　赵延寿传未几契丹主以延寿为幽州节度使封燕王案《辽史》云：德钧卒，以延寿为幽州节度使，封燕王。与是书同。《契丹国志》会同六年，以延寿为卢龙节度使。八年，南征，以延寿为魏博节度使，封燕王。与是书异。　寻为枢密使兼政事令　案《辽史》：天显末，以延寿妻在晋，诏取之以归，自是益激昂图报。会同初，帝幸其第，加政事令，不言延寿为枢密使。考《契丹国志》云：会同改元，参用蕃汉，以延寿为枢密使，兼政事令，与是书同。　燕王如故　案《辽史》：会同七年正月己丑，授延寿魏博等州节度使，封魏王。延寿本传亦言其先封燕王，改封魏王，是延寿入汴时已为魏王也。是书始终称为燕王，与《辽史》异。　萧翰传寻卒于本土　案《辽史》：翰后以谋反伏诛，与是书异。

旧五代史卷九九

汉书一

# 高祖本纪上

　　高祖睿文圣武昭肃孝皇帝,姓刘氏,讳暠,本名知远,及即位改今讳。其先本沙陀部人也。四代祖讳湍,帝有天下,追尊为明元皇帝,庙号文祖,陵曰懿陵;案《五代要会》:湍为东汉显宗第八子,淮阳王昞之后。高祖母陇西李氏,追谥明贞皇后。曾祖讳昂,晋赠太保,追尊为恭僖皇帝,庙号德祖,陵曰沛陵;案《五代要会》:懿陵、沛陵皆无陵所,遥申朝拜。曾祖母虢国太夫人杨氏,追谥恭惠皇后。祖讳僎,晋赠太傅,追尊为昭献皇帝,庙号翼祖,陵曰威陵;祖母鲁国太夫人李氏,追谥昭穆皇后。皇考讳琠,事后唐武皇帝为列校,晋赠太师,追尊为章圣皇帝,庙号显祖,陵曰肃陵;皇妣吴国太夫人安氏,追谥章懿皇后。后以唐乾宁二年,岁在乙卯,二月四日生帝于太原。

　　帝弱不好弄,严重寡言,及长,面紫色,目睛多白。初事唐明宗,列于麾下。明宗与梁人对栅于德胜,时晋高祖为梁人所袭,马甲连革断,帝辍骑以授之,取断革者自跨之,徐殿其后,晋高祖感而壮之。明宗践阼,晋高祖为北京留守,以帝前有护援之力,奏移麾下,署为牙门都校。应顺初,晋高祖镇常山,唐明宗召赴阙,会闵帝出奔,与晋高祖相遇于途,遂俱入卫州,泊于邮舍。闵帝左右谋害晋高祖,帝密遣御士石敢袖锤立于晋高祖后,及有变,敢拥晋高祖入一室,以巨木塞门,敢寻死焉。帝率众尽杀闵帝左右,遂免晋高祖于难。《通鉴考异》引《汉高祖实录》云:是夜,侦知少帝伏甲,欲与从臣谋害晋高祖,诈屏人对语,方坐庭庑。帝密遣御士石敢袖锤立于后,俄顷伏甲者起,敢有勇力,拥晋高祖入一室,以巨木塞门,敢力当其锋,死之。帝解佩刀,遇夜晦,以在地苇炬未然者奋击之。众谓短兵也,遂散走。帝乃匿身长垣下,闻帝亲将李洪信谓人曰:"石太尉死矣。"帝隔垣呼洪信曰:"太尉无恙。"乃逾垣出就洪信,兵共护晋高祖,杀建谋者,以少主授王弘贽。

　　清泰元年,晋高祖复镇河东。三年夏,移镇汶阳。帝劝晋高祖举义,赞成密计,经纶之始,中外赖之。晋高祖以帝为北京马步军都指挥使。及契丹以全军赴难,大破张敬达之众于晋阳城下,有降军千余人,晋高祖将置之于亲卫,帝尽杀之。晋国初建,加检校司空,充侍卫马步都指挥使,权点检随驾六军诸卫事,寻改陕州节度使,充侍卫亲军马步都虞侯。契丹主送晋高祖至上党,指帝谓高祖曰:"此都军甚操刺,无大故不可弃之。"晋高祖入洛,委帝巡警,都邑肃然,无敢犯令。

　　天福二年夏四月,加检校太保。八月,改许州节度使,典军如故。三年夏四月,加检校太傅。冬十月,授侍卫亲军马步军都指挥使。十一月,移授宋州,加检校太尉。十二月,加同平章事。时帝与杜重威同制加恩,帝愤然不乐,恳让不受,杜门不出者数日。《通鉴》:知远自以有佐命功,重威起于外戚,无大功,耻与之同制。制下数日,杜门四表辞不受。晋高祖怒,召宰相赵莹等议落帝兵权,任归私第。莹等以为不可,乃遣端明殿学士和凝就第宣谕,帝乃承命。五年三月,改邺都留守兼侍卫亲军马步军都指挥使。九月,奉诏赴阙,晋高祖幸其第。六年七月,授北京留守、河东节度使。七年正月,加侍中。时天下大蝗,惟不入河东界。六月,晋高祖崩于邺宫,少帝即位,加帝检校太师。八年三月,进位中书令。

　　开运元年正月,契丹南下,契丹主以大军直抵澶州,遣蕃将伟王率兵入雁门。朝廷以帝为幽州道行营招讨使,帝大破伟王于忻口。寻奉诏起兵至土门,军至乐平,会契丹退,乃还。三月,封太原王。七月,兼北面行营都统。二年四月,封北平王。三年五月,加守太尉。是月,帝诛吐浑白承福等五族,凡四百人,以别部王义宗统其余众。九月，案：以下疑有脱文。犯塞，帝亲率牙兵至朔州南阳武谷，大破之。《东都事略·郭进传》：契丹屠安阳，高祖遣进拒战，契丹败走，以功除刺史。十一月，契丹主率蕃汉大军由易、定抵镇州，杜重威等驻军于中渡桥以御之。十二月十日，杜重威等以全军降于契丹。十七日，相州节度使张彦泽受契丹命，陷京城，迁少帝于开封府。帝闻之大骇，分兵守境，以备寇患。

　　天福十二年春正月丁亥朔，契丹主入东京。癸巳，晋少帝蒙尘于封禅寺。癸卯，少帝北迁。二月丁巳朔，契丹主具汉法服，御崇元殿受朝，制改晋国为大辽国，大赦天下，号会同十年。是月，帝遣牙将王峻奉表于契丹，契丹主赐诏褒美，呼帝为儿。又赐木拐一。蕃法，贵重大臣方得此赐，亦犹汉仪赐几杖之比也。王峻持拐而归，契丹望之皆避路。及峻至太原，帝知契丹政乱，乃议建号焉。是月，秦州节度使何建以其地入于蜀。戊辰，河东行军司马张彦威与文武将吏等，以中原无主，帝威望日隆，群情所属，上笺劝进，帝谦让不允。自是群官三上笺，诸军将吏、缁黄耆耋，相次迫请，教答允之。庚午，陕府屯驻奉国指挥使赵晖、侯章、都头王晏杀契丹监军及副使刘愿，晖自称留后。契丹因授晖陕州兵马留后，侯章为本州马步军都指挥使，王晏为副都指挥使，晖等不受伪命。《宋史·王晏传》：开运末，与本军都校赵晖、忠卫都校侯章等戍陕州。会契丹至汴，遣其将刘愿据陕，恣行暴虐。晏与晖等谋曰："今契丹南侵，天下汹汹，英雄豪杰固当乘时自奋。且闻太原刘公，威德远被，人心归服，若杀愿送款河东，为天下倡首，则取富贵如反掌耳！"晖等然之。晏乃率敢死士数人，夜逾城入府署，劫库兵给其徒。迟明，斩愿首悬府门外。众请晖为帅，章为本城副指挥使、内外巡检使兼都虞侯，乃遣其子汉伦奉表晋阳。

　　辛未，帝于太原官受册，即皇帝位，制改晋开运四年为天福十二年。《契丹国志》云：汉祖仍称天福年号曰："予未忍忘晋也。"甲戌，帝以晋帝举族北迁，愤惋久之。是日，率亲兵趋土门路，邀迎晋帝至寿阳，闻其已过，乃还。契丹闻帝建号，伪制削夺帝官爵。以通事耿崇美为潞州节度使，高唐英为相州节度使，崔廷勋为河阳节度使，以扼要害之地。丁丑，磁州贼帅梁晖据相州。已卯，帝遣都将史弘肇率兵讨代州，平之。初，代州刺史王晖叛归契丹，弘肇一鼓而拔之，斩晖以徇。庚辰，权晋州兵马留后张晏洪奏，军乱，杀知州副使骆从朗及括钱使、谏议大夫赵熙，以城归顺。时晋州留后刘在明赴东京，朝于契丹，丛朗知军州事，帝方遣使张晏洪、辛处明等告谕登极，从朗囚之本城。大将药可俦杀从朗于理所，州民相率害赵熙，三军请晏洪为留后，处明为都监。辛巳，权陕州留后赵晖、权潞州留后王守恩，并上表归顺。癸未，澶州贼帅王琼与其众断本州浮桥，琼败，死之。时契丹以族人朗悟旧作郎五，今改正。为澶州节度使，契丹性贪虐，吏民苦之。琼为水运什长，乃构夏津贼帅张乙，得千余人，沿河而上，中夜窃发，自南城杀守将，绝浮航，入北城，朗悟据牙城以拒之。数日，会契丹救至，琼败死焉。契丹主闻其变也，惧甚，由是大河之南无久留之意，寻遣天雄军节度使杜重威归镇。

　　三月丙戌朔，诏河东管内，自前税外，杂色征配一切除放。是日，契丹主坐崇元殿行入阁之礼，契丹主以舅萧翰为宣武军节度使。辛卯，权延州留后高允权遣判官李彬奏：本道节度使周密为三军所逐，以允权知留后事，上表归顺。未几，帝召密赴行在。壬辰，丹州都指挥使高彦珣杀伪命刺史，据城归命。壬寅，契丹主发自东京还本国。案：《辽史·太宗纪》作四月丙辰朔，发自汴州，与《薛史》异。《欧阳史》及《通鉴》俱从《薛史》作壬寅。是日，宿于赤岗，至晡，有大声如雷，起于敌帐之下。契丹自黎阳济河，遂趋相州。案：《通鉴》作丙午，契丹自白马渡河。《辽史》作乙丑，济黎阳渡，与《通鉴》异。庚戌，帝以北京马步军都指挥使、泗州防御使、检校太保刘崇为太原尹、检校太尉，以北京马步军都虞侯郭从义为郑州防御使、检校太保，以北京兴捷左厢都指挥使李洪信为陈州刺史、检校司徒，以兴捷右厢都指挥使尚洪迁为单州刺史、检校司徒，以北京武节左厢都指挥使盖万为蔡州刺史，以武节右相都指挥使周晖为仆州刺史，以保宁都指挥使朱奉千为随州刺史。辛亥，吐浑节度使王义宗加检校太尉，以前忻州刺史秦习为耀州团练使。癸丑，以北京副留守、检校司徒白文珂为河中节度使、检校太尉。

夏四月己未，以北京马军都指挥使、集州刺史刘信为滑州节度使，充侍卫马军都指挥使、检校太傅，以北京随使、右都押衙杨邠为权枢密使、检校太保，以北京武节都指挥使、雷州刺史史弘肇为许州节度使，充侍卫步军都指挥使、检校太傅，以北京牢城都指挥使、壁州刺史常思为邓州节度使、检校太傅兼权北京马步军都指挥使、三城巡检使，以河东行军司马张彦威为同州节度使、检校太保，以蕃汉兵马都孔目官郭威为权枢密使、检校司徒，以河东左都押衙扈彦珂为宣微南院使、检校司徒，以右都押衙王浩为宣微北院使、检校司徒，以两使都孔目官王章为权三司使、检校太保。

是日，契丹主取相州，杀留后梁晖。《宋史·李谷传》：潜遣河朔酋豪梁晖入据安阳，契丹主患之，即谋北旋。会有告契丹以城中虚弱者，契丹还攻安阳，陷其城。晖，磁州滏阳人，少为盗，会契丹入汴，晖收集徒党，先入磁州，无所侵犯，遣使送款于帝。晖侦知相州颇集兵仗，且无守备，遂以三月二十一日夜与其徒逾垣而入，杀契丹数十人，夺器甲数万计，遂据其城。契丹主先遣伪命相州节度使高唐英率兵讨之。未几，契丹主至城下，是月四日攻拔之，遂屠其城。翌日，契丹主北去，命高唐英镇之，唐英阅城遗民，得男女七百人而已。乾祐中，王继弘镇相州，奏于城中得髑髅十余万，杀人之数，从可知也。

庚申，以石州刺史易全章为洺州团练使，以前辽州刺史安真为宿州团练使，以岚州刺史孟行超为颍州团练使，以汾州刺史武彦弘为曹州防御使，以前宪州刺史慕容信为齐州防御使，以辽州刺史薛琼为亳州防御使，以沁州刺史李汉韬为汝州防御使。癸亥，册魏国夫人李氏为皇后。甲子，以皇长子承训为左卫上将军，第二子承祐为左卫大将军，第三子承勋为右卫大将军，皇女彭城郡君宋氏封永宁公主，皇侄承赟为右卫上将军。以河东节度判官苏逢吉为中书侍郎、同平章事、集览殿大学士，以河东观察判官苏禹珪为中书侍郎、同平章事。升府州为节镇，加永安军额，以振武节度使、府州团练折从阮为永安军节度使，行府州刺史、检校太尉；以北京随使、左都押衙刘铢为河阳节度使；以河东支使韩祚为左谏议大夫，充枢密直学士。乙丑，遣史弘肇率兵一万人趋潞州。丙寅，以权知潞州军州事、左骁卫大将军王守恩为潞州节度使、检校太保；以权点检延州军州事高允权为延州节度使、检校太保；以岢岚军使郑谦为忻州刺史，遥领应州节度使，充忻、代二州义军都部署。丁卯，以河东都巡馆驿、沿河巡检使阎万进为岚州刺史，领朔州节度使，充岚、宪二州义军都制置。

　　戊辰，权河阳留后武行德以城来归。初，契丹主将发东京，船载武库兵仗，自汴浮河，欲置之于北地，遣奉国都虞侯武行德部送，与军士千余人并家属俱行。至河阴，军乱，夺兵仗，杀契丹监史，众推行德为帅，与河阴屯驻军士合，乃自汜水抵河阳。河阳伪命节度使崔廷勋率兵拒之，兵败，行德等追蹑之，廷勋弃城而遁，行德因据其城。《隆平集·武行德传》：行德陷于契丹，伪请自效，因遣送将校数十人护所取尚方铠甲还契丹。至河阴，行德谓众曰："我与若等能为异域鬼耶？"众素伏其威名，皆曰："惟命。"遂攻孟州，其节度使崔廷勋，悉以府库分诸校，而权领州事。集又云遣其弟行友诣太原劝进。伪命西京留守刘晞弃洛城，南走许州，遂奔东京，洛京巡检使方太自署知留守事。未几，太为武行德所害。

　　是月，蕃将耿崇美屯泽州，史弘肇遣先锋将马海率兵击之，崇美退保怀州。崔廷勋以契丹众攻武行德于河阳，行德出战，为廷勋所败。汴州萧翰遣蕃将高牟翰将兵援送刘晞复归于洛，牟翰至，杀前澶州节度使潘环于洛阳。

　　辛未，以河阳都部署武行德为河阳节度使、检校太尉，充一行马步军都部署。甲戌，潞州节度使王守恩加检校太尉，以前棣州刺史慕容彦超为澶州节度使、检校太保。丙子，契丹主耶律德光卒于镇之栾城。案《辽史·太宗纪》：四月丁丑，崩于栾城。与《薛史》异。《欧阳史》及《通鉴》俱从《薛史》作丙子。赵延寿于镇州自称权知国事。辛巳，陕州节度使赵晖加检校太尉，华州节度使兼陕州马步军都指挥使侯章加检校太傅，以陕府马步军副都指挥使兼绛州防御使王晏为

晋州节度使、检校太傅,以丹州都指挥使、权知军州事高彦珣为丹
州刺史。《永乐大典》卷一万六千九十八。《隆平集·王晏传》云:汉祖威名未
振而晏等归之,甚喜,即授以节度使。

# 旧五代史卷九九考证

汉高祖纪上帝大破伟王于忻口　　案:汉祖破伟王,是书作开运
元年正月,《欧阳史·汉本纪》作三年五月。《晋本纪》又载开运元年
正月辛丑,刘知远及契丹伟王战于秀容,败之。两纪年月互异,应以
是书为据。　　三年五月加守太尉是月帝诛吐浑白承福等五族案:
《欧阳史》作八月杀吐浑白承福等族。　　杀契丹数十人　案:《契丹
国志》作杀辽兵数百。　　丙子契丹主耶律德光卒于镇之栾城　案
《辽史·太宗纪》:四月丁丑,崩于栾城,与是书异。《欧阳史》及《通
鉴》俱从是书作丙子。

# 旧五代史卷一〇〇

## 汉书二

# 高祖本纪下

　　天福十二年夏五月乙酉朔，契丹所署大丞相、政事令、东京留守、燕王赵延寿为永康王鄂约旧作兀欲，今改正。所縶，即而鄂约召蕃汉臣僚于镇州牙署，戎王遗诏，命鄂约嗣位，于是发哀成服。辛卯，诏取五月十二日车驾南幸。甲午，以判太原府事刘崇为北京留守，命皇子承训、武德使李晖大内巡检。丙申，帝发河东，取阴地关路幸东京。时星官言，太岁在午，不利南巡，故路出阴地。丁酉，史弘肇奏，泽州刺史翟令奇以郡来降。《宋史·李万超传》：史弘肇路经泽州，刺史翟令奇坚壁拒命。万超驰至城下，谕之曰："今契丹北遁，天下无主，并州刘公仗大义，定中土，所向风靡，后服者族，盖早图之。"令奇乃开门迎纳，宏肇即留万超权州事。是日，契丹所署汴州节度使萧翰迎郇国公李从益至东京，请从益知南朝军国事。己亥，萧翰发离东京北去。乙巳，契丹永康王鄂约自镇州还蕃，行次定州，以定州节度副使耶律忠为定州节度使，孙方简为云州节度使。方简不受命，遂归狼山。戊申，车驾至绛州，本州刺史李从朗以郡降。初，契丹遣偏校成霸卿、曹可瑶等守其郡，帝建义之始，不时归命，及车驾至，帝耀兵于城下，不令攻击，从朗等遂降。

　　六月乙卯，契丹河中节度使赵赞起复河中节度使。案《通鉴》：起复赵匡赞在七月甲午以后，与《薛史》异。又，匡赞，《薛史》作赵赞。考赞即延寿之子，仕宋，历庐、延、邠、鄜四州，盖入宋后，避讳去"匡"字也，今仍其旧。是日，契丹右仆射兼中书侍郎、平章事张砺卒于镇州。丙辰，车驾至洛,两京文武百僚自新安相次奉迎。郇国公李从益、唐明宗淑妃王氏皆赐死于东京。甲子,车驾至东京。丙寅,以汉州就粮归捷指挥使张建雄为濮州刺史,以金州守御指挥使康彦环为金州防御使。建雄、彦环皆因乱害本州刺史,自知州事,故有是命。以北京知进奏王从璋为内客省使。戊辰,制:"大赦天下。应天福十二年六月十五日昧爽已前,天下见禁罪人,已结正、未结正,已发觉、未发觉,除十恶五逆外,罪无轻重,咸赦除之。诸州去年残税并放。东、西京一百里外,放今年夏税;一百里内及京城,今年屋税并放一半。契丹所授职任,不宜改更。诸贬降官,未量移者与量移;已量移者与叙录。徒流人并放还。应系欠省钱,家业抵当外并放。宜以国号为大汉,年号依旧称"天福"云。案《欧阳史》:六月戊辰,改国号汉,是戊辰以前犹未改国号也。《辽史·太宗纪》:二月辛未,河东节度使、北平王刘知远自立为帝,国号汉。盖因其自立而牵连书之,疑未详考。已巳,诏青州、襄州、安州复为节镇,曹、陈二州依旧为郡。壬申,北京留守刘崇加同平章事。以中书舍人刘继儒为宗正卿;翰林学士承旨、尚书兵部侍郎张允落职守本官;以尚书左丞张昭为吏部侍郎;以左散骑常侍边归谠为礼部侍郎;以左散骑常侍王仁裕为户部侍郎,充翰林学士承旨;以右谏议大夫张沆为左散骑常侍,充翰林学士;以户部侍郎李式为光禄卿;以翰林学士、尚书礼部侍郎边光范为卫尉卿。甲戌,诏:"文武臣僚,每遇内殿起居,轮次上封事。"丁丑,以湖南节度使马希范卒辍视朝三日。是月,契丹所命相州节度使高唐英为屯驻指挥使王继弘、楚晖所杀。

秋七月己丑,以御史中丞赵上交为太仆卿,以户部侍郎边蔚为御史中丞。甲午,武安军节度副使、水陆诸军副都指挥使、判内外诸司、江南西道观察等使、检校太尉马希广可检校太师、兼中书令,行潭州大都督、天策上将军,充武安军节度、湖南管内观察使、江南诸道都统,封楚王。丙申,以邺都留守、天雄军节度使、检校太师、守太傅、兼中书令、卫国公杜重威为宋州节度使,加守太尉;以宋州节度使、检校太师、兼中书令高行周为邺都留守,加守太傅;以郓州节度使、检校太师、兼侍中李守贞为河中节度使,加兼中书令;以河中节度使、检校太尉赵赞为晋昌军节度使;《宋史·赵赞传》:赞惧汉疑已,潜遣亲吏赵仙奉表归蜀。判官李恕者,赵延寿宾佐,深所委赖,至家事亦参之,及赞从镇,从为上介。至是,恕语赞曰:"燕王入辽,非所愿也,汉方建国,必务怀柔。公若泥首归朝,必保富贵,狼狈入蜀,理难万全,倘若不容,后悔无及。公能听纳,请先入朝为公申理。"赞即遣恕诣阙。汉祖见恕,问赞何以附蜀。恕曰:"赞家在燕苏,身受契丹之命,自怀忧恐,谓陛下终不能容,招引西军,盖图苟免。臣意国家甫定,务安臣民,所以令臣乞哀求观。"汉祖曰:"赞之父子,亦吾人也,事契丹出于不幸。今闻寿落于陷井,吾忍不容赞耶!"恕未还,赞已离镇入朝,即命为左骁卫将军。以晋昌军节度使张彦超为鄜州节度使,加检校太师。庚子,以徐州节度使、检校太师、同平章事、岐国公苻彦卿为兖州节度使,加兼侍中;以邓州节度使、检校太师王周为徐州节度使,加同平章事;以许州节度使,检校太保刘重进为邓州节度使,加检校太傅;以竟州节度使、检校太师、兼侍中安审琦为襄州节度使;检校太师、莒国公李从敏为西京留守,加同平章事;以凤翔节度使、检校太师、同平章事侯益依前凤翔节度使,加兼侍中。辛丑,故守司空兼门下侍郎、平章事、谯国公刘昫赠太保。甲辰,华州节度使侯章、同州节度使张彦威、泾州节度使史威,并加检校太尉。以晋昌军节度使、检校太保刘铢为青州节度使,加检校太尉、同平章事。以河中节度使、检校太尉白文珂为郓州节度使,加同平章事;以青州节度使杨承信为安州节度,加检校太傅。滑州节度使兼侍卫马军都指挥使刘信、许州节度使兼侍卫步军都指挥使史弘肇,并加检校太尉。庚戌,以司天监任廷浩为殿中监,以司天少监杜升为司天监。是月,契丹永康王鄂约囚祖母舒噜旧作述律,今改正。氏于木叶山。

闰月辛酉,以左卫上将军皇甫立为太子太师致仕。乙丑,禁造契丹样鞍辔、器械、服装。故开封尹桑维翰赠尚书令,故西京留守景延广赠中书令,以前卫尉卿薛仁让为司晨卿。丙寅,唐故枢密使郭崇韬赠中书令,故河中节度使安重诲赠尚书令,故华州节度使毛璋赠侍中,故汴州节度使朱守殷赠中书令。丁卯,故青州节度杨光远赠尚书令,追封齐王,仍令所司追谥立碑。唐故河中节度使、西平王朱友谦追封魏王,故枢密使冯赟赠中书令,故河阳节度使、判六军康义诚赠中书令。故西京留守、京兆尹王思同、故邠州节度使药彦稠、故襄州节度使安重进、故镇州节度安重荣、并赠侍中。庚午,以前延州留后薛可言为宣徽北院使,以监察御史王度为枢密直学士。新授宋州节度使杜重威据邺都叛,诏削夺重威官爵,贬为庶人。以高行周为行营都部署,率兵进讨。辛末,以权枢密使杨邠为枢密使,加检校太傅;以权枢密副使郭威为副枢密使,加检校太保;以权三司使王章为三司使,加检校太傅。壬申,故晋昌军节度使赵在礼赠中书令,故曹州节度石赟赠侍中,故滑州节度使皇甫遇赠中书令。故同州节度使刘继勋、故贝州节度使梁汉璋,皆赠太尉;故宣徽使孟承诲赠太保。丁丑,有彗出于张,旬日而灭。己卯,陕州节度使赵晖加阶爵,晋州节度使王晏加检校太尉,河阳节度使武行德加阶爵,延州节度使高允权加检校太尉。邓州节度使常思加检校太尉,移镇潞州。庚辰,追尊六庙,以太祖高皇帝、世祖光武皇帝为不祧之庙,高曾已下四庙,追尊谥号,已载于前矣。是日,权太常卿张昭上六庙乐章舞名:太祖高皇帝室酌献,请依旧奏《武德之舞》,世祖光武皇帝室酌献,请依旧奏《大武之舞》;文祖明元皇帝室酌献,请奏《灵长之舞》;德祖恭僖皇帝室酌献,请奏《积善之舞》》;翼祖昭献皇帝室酌献,请奏《显仁之舞》;显祖章圣皇帝室酌献,请奏《章庆之舞》。其六庙歌词,文多不录。

八月壬午朔,镇州驻屯护圣左厢都指挥使白再荣等,逐契丹所命节度使满达勒,旧作麻答,今改正。复其城;满达勒与河阳节度使崔廷勋、洛京留守刘晞并奔定州。驰驿以闻。庚寅,以洺州团练使薛怀让为邢州节度使。辛卯,诏恒州复为镇州,顺国军复为成德军。乙未,以护圣左厢都指挥使、恩州团练使白再荣为镇州留后。丙申,诏天下凡关贼盗,不计赃物多少,案验不虚,并处死。以两浙节度使、守太师兼中书令吴越国王钱弘佐薨废朝三日。丙午,以吐浑府节度使、检校太尉王义宗为沁州刺史,依前吐浑节度使。己酉,以刑部尚书窦贞固为吏部尚书。是日，薛怀让奏，收复邢州杀伪命节度副使、知州事刘铎。初，怀让为洺州防御使，契丹满达勒发健步督洺州粮运，怀让杀之以闻。帝遣郭从义与怀让攻取邢州，蕃将杨衮来援铎，怀让拒之，不胜，退保洺州，敌骑掠其部民，大被其苦。会镇州逐满达勒，杨衮收兵而退，铎乃上表请命。怀让乘其无备，遣人绐铎云："奉诏袭契丹，请置顿于郡。"铎开门迎之，即为怀让所害，时人冤之。铎初受契丹命为邢州都指挥使，及永康王以高奉明为节度使，满达勒署铎为邢州副使兼都指挥使。帝至东京，奉明归镇州，令铎知邢州事，至是遇害。庚戌，文武百僚上表，请以二月四日降诞日为圣寿节，从之。前晋昌军节度副使李肃加左骁卫上将军致仕。是月，遣使诸道和市战马。

九月甲子，宰臣苏逢吉兼户部尚书，苏禹珪兼刑部尚书。丁卯，以吏部侍郎、权判太常卿事张昭为太常卿。戊辰，故易州刺史郭璘赠太傅。甲戌，宰臣苏逢吉加左仆射、监修国史，苏禹珪加右仆射、集贤殿大学士，以吏部尚书窦贞固为守司空兼门下侍郎、平章事、弘文馆大学士，《宋史·窦贞固传》：初，帝与贞固同事晋祖，甚相得。时苏逢吉、苏禹珪自霸府僚佐骤居相位，思得旧臣冠首，以贞固持重寡言，有时望，乃拜司空、门下侍郎、平章事。以翰林学士、行中书舍人李涛为中书侍郎兼户部尚书、平章事。《宋史·李涛传》：杜重威据邺叛，高祖命高行周、慕容彦超讨之，二师不协，涛密疏请亲征。高祖览奏，以涛堪任宰辅，即拜中书侍郎兼户部侍郎、平章事。是日，权太常卿张昭上疏，奏改一代乐名。戊寅，诏以杜重威叛命，取今月二十九日暂幸澶、魏。己卯，以前枢密使李崧为太子太傅，以前左仆射和凝为太子太保。庚辰，车驾发京师。

冬十月癸未，以太子太保李璘为司徒，以太子太傅卢文纪为太子太师，以前磁州刺史李谷为左散骑常侍。《宋史·李谷传》：旧制，罢外郡归本官，至是进秩，奖之也。甲申，车驾次韦城。诏："河北诸州见禁罪人，自十月五日昧爽以前，常赦所不原者，咸赦除之。"壬辰，日有黑子如鸡卵。丙申，以相州留后王继弘为相州节度使，加检校太傅。

至邺都城下。丙午，诏都部署高行周督众攻城，帝登高阜以观之，时众议未欲攻击，副部署慕容彦超坚请攻之。是日，王师伤夷者万余人，不克而退。

十一壬子，雨木冰。癸丑，日南至，从官称贺于行宫。己未，湖南奏，荆南节度使高从诲叛。辛酉，雨木冰。壬申，杜重威上表请命。癸酉，雨木冰。丁丑，杜重威素服出降，待罪于宫门，诏释其罪。邺都留守、天雄军节度使高行周加守太尉，封临清王。以杜重威为检校太师、守太傅、兼中书令、楚国公。己卯，以许州节度使兼侍卫步军都指挥使史弘肇为宋州节度使、同平章事，充侍卫亲军马步军都指挥使；以滑州节度使兼侍卫马军都指挥使刘信为许州节度使、同平章事，充侍卫亲军马步军副都指挥使；以澶州节度使慕容彦超为郓州节度使、同平章事；以前定州节度使李殷为贝州节度使；以郑州防御使郭从义为澶州节度使。

十二月辛巳朔，以护圣左厢都指挥使、岳州防御使李洪信为遂州节度使，充侍卫步军都指挥使；以护圣右厢都指挥使、永州防御使尚洪迁为夔州节度使，充侍卫步军都指挥使。丙戌，车驾发邺都归京。癸巳，至自邺都。甲午，以皇子开封尹承训薨废朝三日，追封魏王。丁酉，帝举哀于太平宫。庚子，司徒李璘薨。辛丑，以前鄜州节度使郭谨为滑州节度使，加检校太尉。戊申，宿州奏，部民饿死者八百六十有七人。

乾祐元年正月辛亥朔，帝不受朝贺。乙卯，制："大赦天下，改天福十三年为乾祐元年，自正月五日昧爽已前，犯罪人除十恶五逆外，罪无轻重，咸赦除之。"己未，改御名为暠。辛酉，诏："诸道行军副使、两使判官并不得奏荐，带使相节度使许奏掌书记、支使、节度推官；不带使相节度使，只许奏掌书记、节度推官。其防御团练判官、军事判官等听奏。所荐州县官，带使相节度使许荐三人；不带使相二人，防御、团练、刺史一人"云。以前邓州节度使、燕国公冯道为守太师，进封齐国公。甲子，帝不豫。庚午，以前宗正卿石光赞为太子宾客，以太仆卿赵上交为秘书监。丁丑，故尚书左丞韩祚赠司徒。

二十七日丁丑,帝崩于万岁殿,时年五十四,秘不发丧。庚辰,太傅杜重威伏诛。《契丹国志》云:汉主召苏逢吉、杨邠、史宏肇入受雇命,曰:"承佑幼弱,后事托在卿辈。"又曰:"善防杜重威。"是日殂。逢吉等秘不发丧,下诏称:"重威父子,因朕小疾,谤议摇众,皆斩之。"磔死于市,市人争啖其肉。

二月辛巳朔,内降遗制,皇子周王承佑可于枢前即皇帝位。是日发哀。其年三月,太常卿张昭上谥曰睿文圣武昭肃孝皇帝,庙号高祖。十一月壬申,葬于睿陵,宰臣苏禹珪撰谥册、哀册文云。《永乐大典》卷一万六千九十八。《五代史补》:高祖尝在晋祖麾下,晋祖既起太原,因高祖遂有天下。先是,豫章有僧号上蓝者,精于术数,自唐末著识云:"石榴花发石榴开。"议者以"石榴"则晋、汉之谓也,再言"石榴"者,明享祚俱不过二世矣。

史臣曰:在昔皇天降祸,诸夏无君,汉高祖肇起并、汾,遄临汴、洛,乘虚而取神器,因乱而有帝图,虽曰人谋,谅由天启。然帝昔莅戎藩,素亏物望,洎登宸极,未厌人心,徒矜拯溺之功,莫契来苏之望。良以急于止杀,不暇崇仁。燕蓟降师,既连营而受戮;邺台叛帅,因闭垒以偷生。盖抚御以乖方,俾征伐之不息。及回銮辂,寻坠乌号,故虽有应运之名,而未睹为君之德也。《永乐大典》卷一万六千九十八。

# 旧五代史卷一〇〇考证

汉高祖纪下矫其主遗诏命乌裕嗣位 案:《辽史·世宗纪》作四月戊寅,即皇帝位。《欧阳史》、《通鉴》、《契丹国志》俱从是书,作五月。与《辽史》异。 乙巳契丹永康王乌裕自镇州还蕃行次定州 案:《辽史》作甲申次定州,与是书异。 契丹河中节度使赵赞起

复河中节度使　案《辽史·世宗纪》：天禄二年十月壬午，南京留守魏王赵延寿薨。考辽天禄二年，即汉乾祐二年，此时天福十二年，延寿尚未死也。此必因建寿为永康王所锁，而汉人传其已死，遂起复其子赞以绝其北向之心耳。　新授宋州节度使杜重威据邺都叛诏削夺重威官爵贬为庶人　案《通鉴》：杜重威之叛在七月，至闰月庚午乃削夺官爵。《五代春秋》、《欧阳史》作闰七月杜重威拒命，与《通鉴》异。　怀让遣人绐铎云奉诏袭契丹请置顿于郡　案《宋史·薛怀让传》：怀让遣人绐铎云："我奉诏为邢州帅。"据是书，则怀让实绐铎奉诏袭契丹，以庚寅授邢州节度使，非绐之也。特托言置顿于郡耳。　丙申至邺都城下　案：《通鉴》作戊戌至邺都城下，与是书异。　甲午以皇子开封尹承训薨废朝三日追封魏王　案《通鉴》：辛卯，皇子开封尹承训卒。乙未，追立为魏王。与是书纪日互异。

乌裕，旧作兀欲，今改。舒噜，旧作述律，今改。满达勒，旧作麻答，今改。

旧五代史卷一〇一

汉书三

# 隐帝本纪上

　　隐皇帝，讳承祐，高祖第二子也。母曰李太后，以唐长兴二年，岁在辛卯，三月七日，生帝于邺都之旧第。高祖镇太原，署节院使，累官至检校尚书右仆射。国初，授左卫大将军、检校司空，迁大内都点检、检校太保。

　　乾祐元年正月二十七日，高祖崩，秘不发丧。二月辛巳，授特进、检校太尉、同平章事，封周王。宣制毕，有顷，召文武百僚赴万岁殿内，降大行皇帝遗制，云："周王承祐，可于柩前即皇帝位。服纪日月，一依旧制。"是日，内外发哀成服。初，高祖欲改年号，中书门下进拟"乾和"二字，高祖改为乾祐，至是与御名相符。甲申，群臣上表请听政，诏答不允，凡四上表，从之。丁亥，帝于万岁殿门东庑下见群臣，尊母后为皇太后。己丑，徐州节度使王周卒。庚寅，以前晋州留后刘在明为镇州留后、幽州马步军都部署，加检校太尉。是日，工部尚书龙敏卒。壬辰，右卫大将军王景崇奏，于大散关大败蜀军，俘斩三千人。初，契丹犯京师，侯益、赵赞皆受其命。节制岐、蒲，闻高祖入洛，颇怀反仄。朝廷移赞于京兆，侯益与赞皆求援于蜀，蜀遣何建率军出大散关以应之。至是，景崇纠合岐、雍、邠、泾之师以破之。癸巳，制："大赦天下，自乾祐元年二月十三日昧爽已前，所犯罪人，已结正未结正，已发觉未发觉，常赦所不原者咸赦除之。中外文武臣僚并与加恩，马步将士各赐优给。唐、晋两朝求访子孙，立为二王后"云。丙午，凤翔巡检使王景崇，遣人送所获伪蜀将校军士四百三十八人至阙下，诏释之，仍各赐衣服。以兵部侍郎张允为吏部侍郎，以工部侍郎司徒诩为礼部侍郎。丁未，以光禄卿李式为尚书右丞，以礼部侍郎边归谠为刑部侍郎，以刑部侍郎卢价为兵部侍郎。

　　三月甲寅，帝始御广政殿，群臣起居。殿中少监胡崧上言："请禁斫伐桑棘为薪，城门所由，专加捉搦。"从之。丙辰，邺都留守、太尉、中书令、临清王高行周进封邺王，北京留守、检校太尉、同平章事刘崇加宋州节度使兼侍卫亲军马步军都指挥使，检校太尉、同平章事史弘肇并加检校太师、兼侍中。前邢州节度使安叔千以太子太师致仕。戊午，以右谏议大夫于德辰为兵部侍郎。庚申，河中节度使、检校太师、兼中书令李守贞，加守太傅，进封鲁国公；襄州节度使、检校太师、兼中书令虢国公安审琦加守太保，进封齐国公；兖州节度使、检校太师、兼侍中岐国公符彦卿加兼中书令，进封魏国公；许州节度使兼侍卫亲军副都指挥使、检校太尉、同平章事刘信加检校太师。壬戌，以宰臣窦贞固为山陵使，吏部侍郎段希尧为副使，太常卿张昭为礼仪使，兵部侍郎卢价为卤簿使，御史中丞边蔚为仪仗使。丙寅，以前凤翔节度使兼西南面兵马都部署、检校太师、兼侍中侯益为开封尹、加兼中书令；《宋史·侯益传》：益率数十骑奔入朝，隐帝遣侍中问益连结蜀军之由，益对曰："臣欲诱之出关，掩杀之耳。"隐帝笑之。益厚赂史弘肇辈，言王景崇之横恣，诸权贵深庇护之，乃授以开封尹、兼中书令。西京留守、检校太师、平章事、莒国公李从敏，夏州节度使、检校太师、同平章事李彝殷，并加兼侍中；青州节度使、检校太尉、同平章事刘铢，郓州节度使、检校太尉、同平章事慕容彦超，并加检校太师。诏改广晋府为大名府，晋昌军为永兴军。戊辰，灵州节度使、检校太师、同平章事冯晖加兼侍中；河阳节度使武行德、沧州节度使王景、华州节度使侯章、晋州节度使王晏，并依前检校太尉，加同平章事。庚午，泾州节度使史懿、潞州节度使常思、同州节度使张彦威、延州节度使高允权，并依前检校太尉，加同平章事；澶州节度使郭从义、邢州节度使薛怀让，并自检校太傅加检校太尉；以前奉国

右厢都指挥使王饶为鄜州留后。甲戌，以邠州节度使、检校太尉、同
平间事王守恩为永兴军节度使，加检校太师；以滑州节度使、检校
太尉郭谨为邠州节度使；以前镇州留后、检校太傅白再荣为滑州节
度使，加检校太尉；以陕州节度使、检校太尉、同平章事赵晖为凤翔
节度使；以前河中节度使、检校太尉、同平章事白文珂为陕州节度
使。殿监任延浩配流鄜州，坐为刘崇所奏故了。丙子，邓州节度使
刘重进、相州节度使王继弘、安州节度使杨信，并自检校太傅加检
校太尉；以镇州留后兼幽州一行马步军都部署、检校太傅刘在明为
镇州节度使，加检校太师，部署如故；贝州节度使、检校太傅李殷加
检校太尉；定州节度使、检校太尉孙方简，府州节度使、检校太傅折
从阮，并加检校太师。丁丑，中书侍郎兼户部尚书、平章事李涛罢
免，勒归私第。时苏逢吉等在中书，枢密使杨邠、副枢密使郭威等，
权势甚盛，中书每有除授，多为邠等所抑。涛不平之，因上疏请出邠
等，以藩镇授之，枢密之务，宜委逢吉、禹珪。疏入，邠等知之，乃见
太后泣诉其事，太后怒，涛由是获谴。先是，中书厨釜鸣者数四，未
几，涛罢免。西道诸州奏，河中李守贞谋叛，发兵据潼关。

　　夏四月辛巳，陕州兵马监押王玉奏，收复潼关。定州孙方简奏，
三月二十七日，契丹弃定州遁去。壬午，以枢密使杨邠为中书侍郎
兼吏部尚书、平章事，使如故；以副枢密使郭威为枢密使，加检校太
尉；三司使王章加检校太尉、同平章事。郓州刺史尹实奏，荆南起兵
在境上，欲攻城。是日，以澶州节度使郭从义为永兴军一行兵马都
部署。时供奉官时知化、王益，自凤翔部署前永兴节度使赵赞部下
牙兵赵思绾等三百余人赴阙，三月二十四日，行次永兴，思绾等作
乱，突入府城，据城以叛，故命从义帅师以讨之。案《欧阳史》云：四月
壬午，永兴军将赵思绾叛附于李守贞。案《薛史》，赵思官据城，自在三月，非四
月事。又思官先据城叛，后附于李守贞。《欧阳史》先书李守贞反，后书思绾叛，
亦误也。《通鉴》从《薛史》。甲申，王景崇奏，赵思绾叛，见起兵攻讨。丁
亥，幸道宫、佛寺祷雨。戊子，东南面兵马都元帅、两浙节度使、检校
太师、兼中书令、吴越国王钱弘俶加诸道兵马都元帅，天策上将军，

湖南节度使、检校太师、兼中书令、楚王马希广加守中书令,以陕州节度使白文珂为河中府城下一行都部署。庚寅,宰臣窦贞固、苏逢吉、苏禹珪并进封开国公。辛卯,削夺李守贞在身官爵。甲午,以翰林学士承旨、户部侍郎王仁裕为户部尚书,以翰林学士、左散骑常侍张沆为工部尚书,以翰林学士、中书舍人范质为户部侍郎,以枢密直学士、尚书比部员外郎王度为祠部郎中,并依前充职。以侍卫步军都指挥使尚洪迁充西南面行营都虞侯,以客省使王峻为西南面行营兵马都监。戊戌,以宣徽南院使扈彦珂为左金吾上将军。庚子,以左金吾大将军、充两街使、检校太傅刘承赟为徐州节度使。甲辰,以宣徽北院使薛可言为右金吾上将军,以皇城使李晖为宣徽南院使。乙巳,定州节度使孙方简奏,复入于本州。初,方简为狼山寨主,叛晋归契丹,及契丹降中渡之师,用以方简为定州节度使。契丹主死,永康王嗣位,即以蕃将耶律忠代之,移方简为云州节度使,方简不受命,遂归狼山。高祖至阙,方简归款,复以中山命之。是岁三月二十七日,契丹弃定州,隳城壁,焚室庐,尽驱人民入蕃,惟余空城瓦砾而已。至是,方简自狼山回保定州。是月,河决原武县,河北诸州旱,徐州饿死民九百三十有七。

五月己酉朔,国子监奏,《周礼》、《仪礼》、《公羊》、《谷梁》四经未有印板,欲集学官考校雕造。从之。己未,回鹘遣使朝贡。丁卯前翰林学士徐台符自幽州逃归。乙亥,河决滑州鱼池。

六月戊寅朔,日有食之。庚辰,以内客省使王峻为宣徽北院使,依前永兴城下兵马都监。以冀州牢城指挥使张廷翰为冀州刺史,时廷翰杀本州刺史何行通,自知州事,故有是命。甲申,以皇弟右卫大将军承勋为兴元节度使、检校太尉、同平章事,丰州节度使郭勋加检校太师。辛卯,永兴兵马都部署郭从义奏,得王景崇报,有兵自陇州来,欲投河中,追袭至鄜城。荆南节度使高从诲上表归命,从诲尝拒朝命,至是方遣牙将刘扶诣阙请罪。丙申,镇州奏,节度使刘在明卒。戊戌,以河阳节度使武行德为镇州节度使,以宣徽南院使李晖为河阳节度使,以相州节度使王继弘为贝州节度使。壬寅,荆南高从诲贡奉谢恩，释罪。丙午，以前永兴军节度使王守恩为西京留守。是月，河北旱，青州蝗。

秋七月戊申朔，相州节度使王继弘杀节度判官张易，以讹言闻。是时，法尚深刻，藩郡凡奏刑杀，不究其实，即顺其请，故当时从事鲜宾客之礼，重足累迹而事之，犹不能免其祸焉。壬子，以工部侍郎李谷充西南面行营都转运使。乙卯，礼仪使张昭上高祖庙尊号，献舞名并歌辞，舞曲请以"观德"为名，歌辞不录。丙辰，以久旱，幸道宫、佛寺祷雨，是日大澍。开封府言，阳武、雍丘、襄邑三县，蝗为鹳鹆聚食，诏禁捕鹳鹆。庚申，枢密使郭威加同平间事。辛酉，沧州上言，自今年七月后，幽州界投来人口凡五千一百四十七，北土饥故也。乙丑，以宣徽北院使王峻为宣徽南院使，以内客省使吴虔裕为宣徽北院使。戊辰，以遂州节度使兼侍卫亲军马军都指挥使李洪信为澶州节度使，以澶州节度使郭从义为永兴军节度使兼行营都部署。庚午，故兵部尚书李择赠尚书左仆射。镇州奏，准诏处斩节度副使张鹏讫。鹏以一言之失，为邺帅高行周所奏，故命诛之。乙亥，新授凤翔节度使赵晖奏，与八作使王继涛领部下兵同赴凤翔，时王景崇拒命故也。

八月己卯，以华州节度使侯章为邠州节度使，以左金吾上将军扈彦珂为华州节度使。壬午，命枢密使郭威赴河中府军前，诏河中、永兴、凤翔行营诸军，一禀威节制。时李守贞、王景崇、赵思绾连衡作叛，朝廷虽命白文珂、常思攻讨河中，物议以二帅非守贞之敌，中外忧之，及是命之降，人情大惬。案《通鉴》云：自河中、永兴、凤翔三镇拒命以来，朝廷继遣诸将讨之。昭义节度使常思屯潼关，白文珂屯同州，赵晖屯咸阳，惟郭崇义、王峻置栅近长安，而二人相恶如水火，自春从秋，皆相仗莫肯攻战。帝患之，欲遣重臣临督。壬午，以郭威为军前招慰安抚使，诸军皆受威节度。与《薛史》所载详略互异。癸巳，以奉国左厢都指挥使、阆州防御使刘词为夔州节度使，充侍卫步军都指挥使兼河中行营都虞侯；以护圣左厢都指挥使、岳州防御使李洪义为遂州节度使，充侍卫马军都指挥使。乙未，两浙节度使、检校太尉、兼侍中、吴越国王钱弘俶加检校太师、兼中书令、东南面兵马都元帅。弘俶，故吴越王元瓘之子也。先是，其兄弘倧袭父位，寻为部下所废，以弘俶代之，故特加是命焉。新授凤翔节度使赵晖奏，部署兵士赴凤翔城下。癸卯，郭威奏，今月二十三日，大军已抵河府贼城，至二十六日，开长连堑毕，筑长连城次。

九月戊申，侯益部曲王守筠自凤翔来奔，言益家属尽为王景崇所害。壬子，郭威奏，破河府贼军于城下。甲寅，故夔州节度使兼侍卫步军都指挥使尚洪迁赠太尉。乙丑，雪，书不时也。戊辰，凤翔都部署赵晖奏，大破川军于大散关，杀三千余人，其余弃甲而遁。《隆平集》：药元福从赵晖进讨，兵众寡数倍，他将皆为却，元福拥数百骑独出，令曰："敢回头者斩。"众效死以战，遂有成功。壬申，郭威奏，得郭崇义报，今月十四日，凤翔王景崇兵士离本城，寻遣监军李彦从率兵袭至法门寺西，杀戮二千余人。诏升河中府解县为解州。

冬十月丙子朔，山陵使窦贞固上大行皇帝陵名曰睿陵，从之。丁丑夕，岁星入太微。戊寅，赵晖奏，破王景崇贼军于凤翔城下。甲申，吐蕃遣使献方物。丙戌，右羽林将军张播停任，坐检田受请讬也。丁亥，中书舍人张谊责授房州司户，兵部郎中马承翰责授庆州司户，并员外置，所在驰驿发遣。先是，谊与承翰俱衔命于两浙，睹其骄僭之失，形于讥诮，兼乘醉有轻肆之言，钱弘俶耻之，摭其过以奏之，朝廷以方务怀柔，故有是命。甲辰，延州奏，夏州李彝殷先出兵临州境，欲应接李守贞，今却抽退。

十一月甲寅，诛太子太傅李崧及其弟司封员外郎屿、国子博士义，夷其族，为部曲诬告故也。诏曰："稔恶图危，难逃天网；亏忠负义，必速神诛。李崧顷在前朝，最居重位，略无裨益，遂至灭亡。及事契丹，又为亲密，士民俱愤，险佞可知。先皇帝含垢掩瑕，推恩念旧，擢居一品，俾列三师。不谓潜有苞藏，谋危社稷，散差人使，潜结奸凶，俯近山陵，拟为叛乱。按其所告，咸已伏辜，宜正典章，用惩奸逆。其李崧、李屿、李义一家骨肉，及同谋作乱人，并从极法"云。庚申，大行皇帝灵驾进发。辛酉，荆南奏，节度使高从诲卒。壬申，葬高祖皇帝于睿陵。

　　十二月丁丑,荆南节度副使、检校太傅、行峡州刺史高保融起
复,授荆南节度使、检校太尉、同平章事、渤海郡侯。壬午,帝被衮冕
御崇元殿,授六庙宝册,正使宰臣苏禹珪及副使大府卿刘皞赴西京
行礼。兖州奏,淮贼先于沂州界立栅,前月十七日已归海州,为李守
贞牵制也。《南唐书》:嗣主六年,李守贞遣从事朱元、李平奉表来乞师,以润
州李金全为西面行营招抚使,寿州刘彦贞为副,谏议大夫查文徽为监军使,兵
部侍郎魏岑为沿淮巡抚使,闻河中平,遽班师。又,《李金全传》云:出师沭阳,
诸将锐于进取,金全独以为远不相及,乃止。庚寅,奏高祖神主于西京太
庙。淮南伪主李璟奉书于帝,云:"先因河府李守贞求援,又闻大国
沿淮屯军,当国亦于境上防备。昨闻大朝收军,当国寻已撤备,其商
旅请依旧日通行。"朝廷不报。辛卯,群臣上表,请以三月九日诞圣
日为嘉庆节,从之。延州节度使高允权奏,得都头李彦、李遇等告:
"太子太师致仕刘景岩与乡军指挥使高志,结集草寇,欲取腊辰窥
图州城。寻请使臣与指挥使李勋,聊将兵士巡检侦逻,刘景岩果出
兵斗敌,时即杀败,其刘景岩寻获斩之。"诏曰:"刘景岩年已衰暮,
身处退闲,曾无止足之心,辄肆包藏之毒,结集徒党,窥伺藩垣。所
赖上将输忠,三军协力,盖除丑类,克殄渠魁。其刘景岩次男前德州
刺史行琮已行极法,长男渭州刺史行谦、孙男邢州马军指挥使崇勋
特放。"是冬,多昏雾,日晏方解。《永乐大典》卷一万六千二百二。


# 旧五代史卷一〇一考证


　　八月壬午命枢密使郭威赴河中府军前　　案是书《周太祖纪》
云:七月,西面师徒大集,未果进取,其月十三日,制授帝同平章事,
即遣西征。据此纪,则周太祖以七月庚申加同平章事,八月壬午,命

赴河中府军前,非一时事也。二纪前后自相矛盾。《欧阳史·汉周本纪》,亦各仍是书之旧,未能参考画一。《通鉴》定从是书《汉纪》。

旧五代史卷一〇二

汉书四

# 隐帝本纪中

乾祐二年春正月乙巳朔,制曰:

朕以眇躬,获缵洪绪,念守器承祧之重,怀临深履薄之忧。属以天道犹艰,王室多故,天降重戾,国有大丧,奸臣乐祸以图危,群寇幸灾而伺隙,力役未息,兵革方殷。朕所以尝胆履冰,废飱辍寐,虽居亿兆之上,不以九五为尊,渐冀承平,永安遐迩。内则禀太后之慈训,外则仗多士之忠勋,股肱叶谋,爪牙宣力。西摧三叛,抚其背而扼其喉;北挫诸蕃,断其臂而折其脊。次则巴、邛啸聚,淮、海猖狂,才闻矢接锋交,已见山摧岸沮,寇难少息,师徒无亏。兼以修奉园陵,崇建宗庙,右贤左戚,同寅协恭,多事之中,大礼无阙,负荷斯重,哀感良深。

今以三阳布和,四序更始,宜申兑泽,允答天休,邮狱缓刑,赦过宥罪,当万物之荸甲,开三面之网罗,顺彼发生,以召和气。应乾祐二年正月一日昧爽已前,天下见禁罪人,除十恶五逆、官典犯赃、合造毒药、劫家杀人正身外,其余并放。

河府李守贞、凤翔王景崇、永兴赵思绾等,比与国家素无仇衅,偶因疑惧,遂至叛违。然以彼之生灵,朕之赤子,久陷孤垒,可念非辜,易子析骸,填沟委壑,为人父母,宁不轸伤!但以屈已爱人,先王厚德,包垢含辱,列圣美谈,宜推济物之恩,用广好生之道。其李守贞等,宜令逐处都部署分明晓谕,若能翻然归顺,朕即待之如初,当保始终,享其富贵,明申信誓,固无改移。其或不顺推诚,坚欲拒命,便可应时攻击,克日荡平,候收复城池,罪止元恶,其余诖误,一切不问。

重念征讨已来,劳役滋甚,兵犹在野,民未息肩,急赋繁征,财殚力匮。矜恤之泽,未被于疲羸;愁叹之声,几盈于道路。即俟边锋少弭,国难渐除,当议忧饶,冀获苏息。诸道蕃侯郡守等,咸分寄任,共体忧劳,更宜念彼疮痍,倍加勤恤,究乡闾之疾苦,去州县之烦苛,劝课耕桑,省察冤滥,共恢庶政,用副忧劳。凡百臣僚,当体朕意。

壬子,赐前昭义军节度使张从恩衣一袭,金带、鞍马、彩帛等。时有投无名文字诬告从恩者,故特有是赐,以安其心。乙卯,河府军前奏,今月四日夜,贼军偷斫河西寨,捕斩七百余级。时蜀军自大散关来援王景崇,郭威自将兵赴岐下,将行,戒白文珂、刘词等曰:"贼之骁勇,并在城西,慎为儌备。"即行,至华州,闻川军败退,且忧文珂等为贼奔突,遂兼程而回。贼城内侦知郭威西行,于正月四日夜,遣贼将王三铁等,<small>案:《通鉴》作王继勋。《宋史·王继勋传》:继勋有武勇,在军阵常用铁鞭、铁槊、铁挝,军中目为"王三铁"。</small>率骁勇千余人,沿流南行,坎岸而登,为三道来攻。贼军已入王师寨中,刘词极力拒之,短兵既接,遂败之。

二月丙子,诏:"诸道州府,所征乾祐元年夏秋苗亩上纽征白米秆草已纳外,并放。"是日旦,黑雾四塞。丁丑夕,大风。乙酉,以前房州刺史李筠夫为鸿胪卿。戊子,前右监门将军乔达,及其兄契丹伪命客省使荣等皆弃市。达,李守贞之妹婿也,故皆诛之。庚寅,徐州巡检使成德钦奏,至峒峿镇遇淮贼,破之,杀五百人,生擒一百二十人。戊戌,大雨霖。庚子,诏左谏议大夫贾纬等修撰《高祖实录》。

三月丙辰,以北京衙内指挥使刘钧为汾州防御使。夏四月丙子,以荆南节度行军司马、武泰军节度留后王保义为检校太尉,领武泰军节度使,行军如故。丁丑,颍州献紫兔、白兔。是月,幽、定、沧、贝、深、冀等州地震。辛巳,太白经天。辛丑,幸道宫祷雨。

五月甲辰朔，故湖南节度使、检校太尉、兼中书令、扶风郡公、赠太师马希声追封衡阳王。戊申，以前郧州节度使安审约为左神武统军，以前洛京副留守袁义为右神武统军。乙卯，河府军前奏，今月九日，河中节度副使周光逊弃贼河西寨，与将士一千一百三十人来奔。己未，右监门大将军许迁上言，奉使至博州博平县界，睹蝝生弥亘数里，一夕并化为蝶飞去。辛酉，兖、郓、齐三州奏蝝生。乙丑，永兴赵思绾遣牙将刘成诣阙乞降，制授赵思绾华州节度留后、检校太保，以永兴城内都指挥使常彦卿为虢州刺史。丁卯，宋州奏，蝗抱草而死。己巳，湖南奏，蛮寇贺州，遣大将军徐进率兵援之，战于风阳山下，大败蛮獠，斩首五千级。

六月癸酉朔，日有食之。兖州奏，捕蝗二万斛，魏、博、宿三州蝗抱草而死。乙亥，颍州献白鹿。戊寅，安州节度使杨信奏，亡父光远，蒙赐神道碑，镌勒毕，无故中断。诏别令斩石镌勒。己卯，滑、濮、澶、曹、兖、淄、青、齐、宿、怀、相、卫、博、陈等州奏蝗，分命中使致祭于所在川泽山林之神。开封府、滑、曹等州蝗甚，遣使捕之。《宋史·段思恭传》：隐帝蝗诏遍祈山川。思恭上言："赦过宥罪，议狱缓刑，苟狱讼平允，则灾害不生。望令诸州速决重刑，无致淹滞，必召和气。"从之。壬午，月犯心星。辛卯，回鹘遣使贡方物。丙申，改商州乾元县为乾祐县，隶京兆府。是月，邠、宁、泽、潞、泾、延、鄜、坊、晋、绛等州旱。

秋七月辛亥，湖南奏，析长沙县东界为龙喜县，从之。丙辰，枢密使郭威奏，收复河府罗城，李守贞退保子城。丁巳，永兴都部署郭从义奏："新除华州留后赵国绾，自今月三日授华州留后，准诏赴任，三移行期，仍要铠甲以给牙兵，及与之，竟不遵路。至九日夕，有部曲曹彦进告，思绾欲于十一日夜与同恶五百人奔南山入蜀。是日诘旦，再促上路，云俟夜进途。臣寻与王峻入城，分兵守四门，其赵思绾部下军，各已执带，遂至牙署，令赵思绾至则执之，与一行徒党，并处置讫。"甲子，枢密使郭威奏，收复河中，逆贼李守贞自燔而死。丙寅，以权凉州留后折遇嘉施为河西军节度留后。兖州奏，捕蝗三万斛。丁卯，前洺州团练使武汉球卒。戊辰，永兴军节度使兼兵马都部署郭从义加同平章事，徙华州节度使。郭从义奏，处斩前巡检乔守温，供奉官王益、时知化、任继勋等。守温受高祖命巡检京兆，会王益时自凤翔押送赵思绾等赴阙，行至京兆，守温迎益于郊外，思绾等突然作乱，遂据其城。及郭从义率兵攻讨，令守温部署役夫。守温有爱姬陷在贼城，为思绾所录，及收城，从义尽得思绾之婢仆，守温求其爱姬，从义虽与之，意有所慊，遂发前罪，密启于郭威，请除之，与王益等并诛焉。兖州奏，捕蝗四万斛。

壬午，西京留台侍御史赵砺弹奏，太子太保王延、太子洗马张季凝等，自去年五月后来，每称请假，俱是不任拜起。诏延等宜以本官致仕。甲申，以陕州节度使、充河中一行兵马都部署白文珂为西京留守，加兼侍中；潞州节度使、充河中一行副都部署常思加检校太师；以右散骑常侍卢撰为户部侍郎致仕。辛卯，右拾遗高守琼上言："仕官年未三十，请不除授县令。"诏："起今后诸色选人，年及七十者，宜注优散官；年少未历资考者，不得注拟县令。"癸巳，以翰林学士、工部尚书张沆为礼部尚书。沆卜葬先人，以内署无例乞假，乃上章请解职，以赴葬事，遂落职以遣。乙未，宣徽南院使、永兴行营兵马都监王峻，宣徽北院使、河府行营兵马都监吴虔裕，并加检校太傅。

九月乙巳，枢密使郭威检校太师、兼侍中，宋州节度使兼侍卫亲军都指挥使史弘肇加兼中书令。初，郭威平河中回，朝廷议加恩，威奏曰："臣出兵已来，辇毂之下，无犬吠之忧，俾臣得专一其事，军旅所聚，资粮不乏，此皆居中大臣镇抚谋画之功也，臣安敢独擅其美乎！"帝然之，于是弘肇与宰相、枢密使、三司使，次第加恩。既而诸大臣以恩之所被，皆朝廷亲近之臣，而宗室刘信及青州刘铢等皆国家元勋，必有不平之意，且外虑诸侯以朝廷有私于亲近也，于是议及四方侯伯，普加恩焉。丙午，西京留守判官时彦澄、推官姜蟾、少尹崔淑并免居官，坐不随府罢职，为留台侍御史赵砺所弹也。己酉，以右千牛上将军孙汉赟为绛州刺史，礼部尚书、判吏部尚书铨事王松停见任，坐子仁宝为李守贞从事也，寻卒于其第。辛亥，宰臣窦国贞固加守司徒,苏逢吉加守司空,苏禹珪加左仆射,杨邠加右仆射,依前兼枢密使。太子太师致仕皇甫立卒。癸丑,三司使王章加邑封。乙卯,邺都高行周加守太师,襄州安审琦加守太傅,兖州符彦卿加守太保,北京刘崇加兼中书令。丁巳,澶州李洪信移镇陕州,以侍卫马军都指挥使、遂州节度使李洪义为澶州节度使。己未,许州刘信加兼侍中,开封尹侯益进封鲁国公,郓州慕容彦超、青州刘铢并加兼侍中。湖南马希广奏,于八月十八日大破朗州马希萼之众。辛酉,灵州冯晖、夏州李彝殷并加兼中书令。右武卫将军石懿、左武卫将军石训并停任。懿等以八月中秋,享晋五庙,命倡妇宿于斋宫,鸿胪寺劾之,故有是责。癸亥,镇州武行德、凤翔赵晖并加检校太师。邺都、磁、相、邢、洺等奏,霖雨害稼。西京奏,洛水溢岸。乙丑,晋州王晏、同州张彦赟、邠州侯章、泾州史懿、沧州王景、延州高允权并加检校太师。

冬十月庚午朔,契丹入寇。是日,定州孙方简、徐州刘赟并加同平章事,以利州节度使宋延渥为滑州节度使。甲戌,皇弟兴元节度使承勋加检校太师。丙子,相州郭谨、贝州王继弘、邢州薛怀让并加检校太尉。庚辰,安州杨信、邓州刘重进加检校太师,河阳李晖加检校太傅。壬午,两浙钱弘俶加守尚书令,湖南马希广加守太尉。癸未。监修国史苏逢吉、史官贾纬以所撰《高祖实录》二十卷上之。丙戌,荆南高保融加检校太师、兼侍中;以殿前都部署、江州防御使李建为遂州节度使,充侍卫马军都指挥使;以奉国左厢都指挥使、永州防御使王殷为夔州节度使,充侍卫步军都指挥使。契丹陷贝州高老镇,南至邺都北境,又西北至南宫、堂阳,杀掠吏民。数州之地,大被其苦,藩郡守将,闭关自固。遣枢密使郭威率师巡边,仍令宣徽使王峻参预军事。庚寅,府州折从阮进封岐国公,丰州郭勋进封虢国公。

十一月壬寅,鄜州留后王饶加检校太傅。癸丑,以吴越国王钱弘俶母吴氏为顺德太夫人。时议者曰:“封赠之制,妇人有国邑之号,死乃有谥,后妃公主亦然。唐则天主女,自我作古,乃生有则天之号,韦庶人有顺圣之号,知礼者非之。近代梁氏,赐张宗奭妻号曰贤懿,又改为庄惠,今以吴氏为顺德,皆非古之道也。"乙卯,以大府卿刘皞为宗正卿。

十二月庚午朔,湖南奏,静江军节度使马希赡以今年十月十八日卒,废朝二日。辛未,日晕三重。戊寅,司徒、门下侍郎、平章事窦贞固奏,请修晋朝实录,诏史官贾纬、窦俨、王伸等修撰。以礼部尚书张沆复为翰林学士。壬午,皇帝二十一姊永宁公主进封秦国长公主。颍州奏,破淮贼于安阳。《永乐大典》卷一万六千二百二。

# 旧五代史卷一〇二考证

汉隐帝纪中安州节度使杨信　案:杨信本名承信,在隐帝时避御名去"承"字,是书仍当时实录之旧。　丁巳永兴都部署郭从义奏新除华州留后赵思绾与一行徒党并处置讫　案:《欧阳史》作郭威杀华州留后赵思绾于京兆,盖威命从义图之耳。　甲子枢密使郭威奏收复河中府逆魁李守贞自燔而死　案《通鉴》:壬戌,李守贞自焚死。《欧阳史》作甲子克河中,祇以奏闻之日为据也。《五代春秋》系于六月,殊误。辛亥宰臣窦贞固加守司徒　案《宋史·窦贞固传》作隐帝即位,加司徒。考贞固加司徒在乾祐二年,《宋史》作即位所加,盖未详考。　以利州节度使宋延渥为滑州节度使　案延渥为利州节度使,于前未见。王禹称《宋公神道碑》云:少帝嗣统,授检校太尉、使持节利州诸军事、行利州刺史。盖延渥于元年出镇利州,二年复改镇也。是书未及详载。

旧五代史卷一○三

汉书五

# 隐帝本纪下

　　乾祐三年春正月己亥朔,帝不受朝贺。凤翔行营都部署赵晖奏,前月二十四日,收复凤翔,逆贼王景崇举族自燔而死。案:《欧阳史》作正月,西面行营都部署赵晖克凤翔。据《薛史》则收复凤翔自在二年十二月,非三年春事也,《欧阳史》盖误以告捷之月为收复之月耳,《五代春秋》作十二月赵晖克凤翔,诛王景崇,为得其实。丁未,凤翔节度使、充西南行营都部署赵晖加兼侍中。戊申,密州刺史王万敢奏,奉诏领兵入海州界,至获水镇,俘掠焚荡,更请益兵。诏前沂州刺史郭琼率禁军赴之。庚戌,前永兴军节度副使安友规除名,流登州沙门岛。先是,友规权知永兴军府事,及赵思绾之奔冲,友规失守城池,至是乃正其罪焉。癸亥,以前邠州节度使宋彦筠为太子太师致仕。丙辰,分命使臣赴永兴、凤翔、河中,收葬用兵已来所在骸骨,时已有僧聚体髑髅二十万矣。前沂州刺史郭琼奏,部署兵士,深入海州贼界。是月,有狐登明德楼,主者获之,狐毛长而腹下别有二足。

　　二月辛巳,青州奏,郭琼部署兵士,自海州回至当道。甲申,枢密使郭威巡边回。丁亥,汝州防御使刘审交卒。乙未,以前安州节度使刘遂凝为左武卫上将军,以郇州节度使焦继勋为右武卫上将军,以前永兴军节度使赵赞为左骁卫上将军。

　　三月己亥,徐州部送所获淮南都将李晖等三十三人徇于市,给衫帽放还本土。是月,邺都留守高行周、兖州符彦卿、郓州慕容彦超、西京留守白文珂、镇州武行德、安州杨信、潞州常思、府州折从阮皆自镇来朝，嘉庆节故也。戊午，宴群臣于永福殿，帝初举乐。壬戌，邺都高行周移镇郓州，兖州符彦卿移镇青州，并加邑封。甲子，西京留守白文珂、潞州常思、镇州武行德并进邑封，郓州慕容彦超移镇兖州。

夏四月戊辰朔，邢州薛怀让移镇同州，相州郭谨、河阳李晖并进邑封。庚午，府州折从阮移镇邓州。辛未，故深州刺史史万山案《辽史·世宗纪》，杀深州刺史史万山在天禄三年，即汉乾祐二年。赠太傅。先是，契丹入边，万山城守，郭威遣索万进率骑七百屯深州。一日，契丹数千骑迫州东门，万山父子率兵百余人袭之。伪退十余里，而伏兵发，万山血战，急请救于万进，万进勒兵不出，万山死之，契丹亦解去。时论以万进为罪，故加万山赠典焉。壬申，华州刘词移镇邢州，安州杨信移镇鄜州，贝州王令温移镇安州，并加邑封。以鄜州留后王饶为华州节度使，以其来朝故也。丁丑，尚食奉御王绍隐除名，流沙门岛，坐匿军营女口也。辛巳，以宣徽北院使吴虔裕为郑州防御使。时枢密使杨邠上章乞解枢机，帝使中使谕之曰："枢机之职，舍卿用谁？忽有此章，莫有人离间否？"虔裕在旁扬言曰："枢密重地，难以久处，俾后来者迭居，相公辞让是也。"中使还具奏，帝不悦，故有是命。壬午，以枢密使郭威邺都留守，依前枢密使。诏河北诸州，应兵甲、钱帛、粮草一禀郭威处分。癸未，府州永安军额宜停，命降为团练州。戊子，翰林学士承旨、户部尚书王仁裕罢职，守兵部尚书。左千牛上将军张璨卒。庚寅，以西南面水陆转运使、尚书工部侍郎李谷为陈州刺史。左金吾上将军致仕马万卒。甲午，以前华州节度使安审信为左卫上将军，以前潞州节度使张从恩为右卫上将军。

五月戊戌朔，帝御崇元殿受朝。丙午，以皇弟兴元节度使承勋为开封尹，加兼中书令，未出阁。甲子，诏："诸道州府差置散从官，大府五百人，上州三百人，下州二百人，勒本处团集管系，立节级检校教习，以警备州城。"

闰月癸巳,京师大风雨,坏营舍,吹郑门扉起,十数步而坠,拔大木数十,震死者六七人,水平地尺余,池隍皆溢。是月,宫中有怪物,投瓦石,击窗撼扉,人不能制。

六月庚子,以国子祭酒田敏为尚书右丞。癸卯,太仆卿致仕谢攀卒,辍视朝一日。郑州奏,河决原武县界。乙卯,司天台上言,镇星逆行,至太微左掖门外,自戊申年八月十二日,入太微西垣,犯上将屏星执法,勾己往来,至己酉年十一月十二日夜,方出左掖门顺行,自今年正月十日夜,复逆行入东垣,至左掖门。

秋七月庚午,河阳奏,河涨三丈五尺。乙亥,沧州奏,积雨约一丈二尺。安州奏,沟河泛溢,州城内水深七尺。丙子,帝御崇元殿,授皇太后册,命宰臣苏逢吉行礼。辛巳,三司使奏:“州县令录佐官,请据户籍多少,量定俸户:县三千户已上,令月十千,主簿八千;二千户已上,令月八千,主簿五千;二千户已下,令月六千,主簿四千。每户出钱五百,并以管内中等户充。录事参军、判司俸钱,视州界令佐,取其多者给之,其俸户与免县司差役。”从之。

八月辛亥,以蒙州城隍神为灵感王,从湖南请也。时海贼攻州城,州人祷于神,城得不陷,故有是请。辛酉,给事中陶谷上言,请停五日内殿转对,从之。壬戌,以兵部侍郎于德辰为御史中丞,边蔚为兵部侍郎。

九月辛巳,朗州节度使司马希萼请于京师别置邸院,不允。是时,希萼与其弟湖南节度使希广方构阋墙之怨,故有是请。帝以湖南已有邸务,不可更置,由是不允,仍命降诏和解焉。

冬十月己亥,帝狩于近郊。丙午,湖南马希广遣使上章,且言荆南、淮南、广南三道结构,欲分割湖、湘,乞聊发兵师,以为援助。时朝廷方议起军,会内难,不果行。丁未,两浙钱弘俶加诸道兵马元帅。戊申,彰德军节度使郭谨卒。癸丑,以前同州节度使张彦赟为相州节度使。辛酉,月犯心大星。

十一月甲子朔,日有蚀之。乙丑,永州唐将军祠赠太保,从湖南请也。己巳,日南至,帝御崇元殿受朝贺,仗卫如式。辛未,诏侍卫步军都指挥使王殷将兵屯澶州。丙子,诛枢密使杨邠、侍卫都指挥使史弘肇、三司使王章,夷其族。是日平旦,甲士数十人由广政殿出,至东庑下,害邠等于阁内,皆死于乱刃之下。又诛弘肇弟小底军都虞侯弘朗、如京使甄彦奇、内常侍辛从审、杨邠子比部员外郎廷侃、左卫将军廷伟、左赞善大夫廷倚、王章侄右领卫将军旻、子婿户部员外郎张贻肃、枢密院副承宣郭颙、控鹤都虞侯高进、侍卫都承局荆南金、三司都勾官柴训等。分兵收捕邠等家属及部曲僚从,尽戮之。少顷,枢密承旨聂文进急召宰臣百僚,班于崇元殿,庭宣曰:"杨邠、史弘肇、王章等同谋叛逆,欲危宗社,并斩之,与卿等同庆。"班退,召诸军将校至万岁殿,帝亲谕史弘肇等欲谋逆乱之状,且言:"弘肇等欺朕年幼,专权擅命,使汝辈常怀忧恐,自此朕自与汝等为主,必无横忧也。"诸军将校拜谢而退。召前任节度使、刺史、统军等上殿谕之。帝遣军士守捉宫城诸门,比近日旰,朝臣步出宫门而去。是日晴霁无,而昏雾濛濛,有如微雨,人情惴恐。日将午,载杨邠等十余尸,分暴于南北市。是日,帝遣腹心赍密诏往澶州、邺都,令澶州节度使李洪义诛侍卫步军都指挥使王殷,令邺都屯驻护圣左厢都指挥使郭崇、奉国左厢都指挥使曹英害枢密使郭威及宣徽使王峻。急诏郓州高行周、青州符彦卿、永兴郭从义、兖州慕容彦超、同州薛怀让、郑州吴虔裕、陈州李谷等赴阙。以宰臣苏逢吉权知枢密院事,前青州刘铢权知开封府事,侍卫马军都指挥使李洪建判侍卫司事,内客省使阎晋卿权侍卫马军都指挥使。

丁丑,澶州节度使李洪义受得密诏,知事不克,乃引使人见王殷。殷与洪义遣本州副使陈光穗赍所受诏,驰至邺都。《宋史》:少帝遣供奉官孟业赍密诏,令洪义杀王殷。洪义素怯懦,虑殷觉,迁延不敢发,遂引业见殷。殷乃锢业,送密诏于周祖。郭威得之,即召王峻、郭崇、曹英及诸军将校,至牙署视诏,兼告杨、史诸公冤枉之状,且曰:"汝等当奉行诏旨,断予首以报天子,自取功名。"郭崇等与诸将校前曰:"此事必非圣意,即是李业等窃发,假如此辈便握权柄,国得安乎!事可陈论,何须自弃,致千载之下被此恶名。崇等愿从公入朝,面自洗雪。"

于是将校等请威入朝,以除君侧之恶,共安天下。《东都事略》:汉隐帝
遣使害太祖,魏仁浦曰:"公有大功于朝廷,握强兵,临重镇,以谗见疑,岂可坐
而待毙。"教以易其语,云诛将士,以激怒众心。太祖纳其言。翌日,郭威以众
南行。戊寅,邺兵至澶州。庚辰,至滑州,节度使宋延渥开门迎降。
案《欧阳史》:庚辰,义成军节度使宋延渥叛附于郭威。与《薛史》同。《通鉴》作
辛巳,与《薛史》异。是日,诏前开封尹侯益、前邠州节度使张彦超、权
侍卫马军都指挥使阎晋卿、郑州防御使吴虔裕等,率禁军赴澶州守
捉。

　　辛巳,帝之小坚驾脱自北回。先是,帝遣驾脱侦邺军所至,为游
骑所获,郭威即遗回,因令附奏赴阙之意,仍以密奏置驾脱衣领中。
帝览奏,即召李业示之,聂文进、郭允明在旁,惧形于色。初议车驾
幸澶州,及闻邺兵已至河上,乃止。帝大惧,私谓宰臣窦贞固等曰:
"昨来之事,太草草耳!"李业等请帝倾府库以给诸军,宰相苏禹珪
以为未可。业拜禹珪于帝前,曰:"相公且为官家,莫惜府库。"遂下
令侍卫军人给二十缗,下军各给十缗,其北来将士亦准此。仍遣北
来将士在营子弟各赍家问,向北谕之。

　　壬午,邺军至封丘。慕容彦超自镇驰至,帝遂以军旅之事委之。
《宋史·侯益传》云:周太祖起兵,隐帝议出师御之。益献计曰:"王者无敌于天
下,兵不宜轻出,况大名戍卒,家属尽在京城,不如闭关以挫其锐,遣其母妻发
降以招之,可不战而定。"慕容彦超以为益衰老,作懦夫计,沮之。彦超谓帝
曰:"陛下勿忧,臣当生致其魁首。"彦超退,见聂文进,询北来兵数
及将校名氏,文进告之。彦超惧,曰:"大是剧贼,不宜轻耳!"又遣袁
义、刘重进、王知则等出师,以继前军。慕容彦超以大军驻于七里
郊,掘堑以自卫,都下率坊市出酒食以饷军。癸未,车驾劳军,即日
还宫。翌日,慕容彦超扬言曰:"官家宫中无事,明日再出,观臣破
贼。"甲申,车驾复出,幸七里店军营。王师阵于刘子陂,与邺军相
望。太后以帝至晚在外,遣中使谓聂文进曰:"贼军在近,大须用
意!"文进曰:"臣在,必不失策,纵有一百个郭威,亦当生擒之耳!"
彦超轻脱,先击北军,郭威命何福进、王彦超、李筠等大合骑以乘

之。彦超退却，死者百余人，于是诸军夺气，稍稍奔于北军。吴虔裕、张彦超等相继而去，慕容彦超以部下十数骑奔兖州。是夜，帝与宰臣从官宿于野次，侯益、焦继勋潜奔邺军。

乙酉旦，帝策马至玄化门，刘铢在门上，问帝左右：“兵马何在？”乃射左右。帝回，与苏逢吉、郭允明诣西北村舍，郭允明知事不济，乃刺刃于帝而崩，时年二十。苏逢吉、郭允明皆自杀。案《通鉴考异》引刘恕曰：允明，帝所亲信，何由弑逆？盖郭威兵杀帝，事成之日讳之，因允明自杀而归罪耳。今考刘恕所辨，祇以揣度言之，亦无实据，《薛史》盖据当时实录也。是日，周太祖自迎春门入，诸军大掠，烟火四发，翌日至晡方定。前滑州节度使白再荣为乱兵所害，吏部侍郎张允坠屋而死。周太祖既入京城，命有司迁帝梓宫于太平宫。或曰：“可依魏高贵乡公故事，以公礼葬之。”周祖曰：“予颠沛之中，不能护卫至尊，以至于此，若又贬降，人谓我何！”于是诏择日举哀，命前宗正卿刘皞主丧。丙戌，太后诏曰：

　　高祖皇帝剪乱除凶，变家为国，救生灵于涂炭，创王业于艰难，甫定寰区，遽遗弓剑。枢密使郭威杨邠、侍卫使史弘肇、三司使王章亲承顾命，辅立少君，协力同心，安邦定国。旋属四方多事，三叛连衡，吴、蜀内侵，契丹启衅，蒸黎凶惧，宗社阽危。郭威受任专征，提戈进讨，躬当矢石，尽扫烟尘，外寇荡平，中原宁谧。复以强敌未殄，边寨多艰，允赖宝臣，往临大邺，疆场有藩篱之固，朝廷宽宵旰之忧。不谓凶竖连谋，群小得志，密藏锋刃，窃发殿庭，已害杀其忠良，方奏闻于少主，无辜受戮，有口称冤。而又潜差使臣，矫赍宣命，谋害枢密使郭威、宣徽使王峻、侍卫步军都指挥使王殷等。人知无罪，天不助奸。

　　今者，郭威，王峻，澶州节度使李洪义，前曹州防御使何福进，前复州防御使王彦超，前博州刺史李筠，北面行营马步都指挥使郭崇，步军都指挥使曹英，护圣都指挥使白重赞、索万进、田景咸、樊爱能、李万全、史彦超，奉国都指挥使张铎、王晖、胡立，弩手指挥使何赟等，径领兵师，来安社稷。逆党皇城使李业、内客省使阎晋卿、枢密都承旨聂文进、飞龙使后赞、翰林茶酒使郭允明等，胁君于大内，出战于近郊，及至力穷，遂行弑逆，冤愤之极，今古未闻。

今则凶党既除，群情共悦。神器不可以无主，万机不可以久旷，宜择贤君，以安天下。河东节度使崇、许州节度使信，皆高祖之弟，徐州节度使赟、开封尹承勋，高祖之男，俱列盘维，皆居屏翰，宜令文武百辟，议择嗣君，以承大统云。

枢密使郭威以萧墙变起，宗祐无奉，率群臣侯太后，请定所立，且言："开封尹承勋，高祖帝之爱子也，请立为嗣。"太后告以承勋羸病日久，不能自举，周太祖与诸将请视承勋起居，及视之，方信，遂议立高祖从子、徐州节度使赟为嗣。乙丑，太后诰曰："天未悔祸，丧乱孔多，嗣主幼冲，群凶蔽惑，构奸谋于造次，纵毒蛋于斯须，将相大臣，连颈受戮，股肱良佐，无罪见屠，行路咨嗟，群心扼腕，则高祖之洪烈将坠于地。赖大臣郭威等，激扬忠义，拯济颠危，除恶蔓以无遗，俾缀旒之不绝。宗祧事重，缵继才难，既闻将相之谋，复考蓍龟之兆，天人协赞，社稷是依。徐州节度使赟，禀上圣之资，抱中和之德，先皇如子，钟爱特深，固可以子育兆民，君临万国，宜令所司择日备法驾奉迎即皇帝位。於戏！神器至重，天步方艰，致理保邦，不可以不敬，贻谋听政，不可以不勤，允执厥中，只膺景命。"是日，遣前太师冯道等往徐奉迎。

周太祖以嗣君未至，万机不可暂旷，率群臣请太后临朝，诰答曰："昨以奸邪构衅，乱我邦家，勋德效忠，剪除凶慝，俯从人欲，已立嗣君，宗社危而再安，纪纲坏而复振。皇帝法驾未至，庶事方殷，百辟上言，请予莅政，宜允舆议，权总万机，止于浃旬，即复明辟"。按前代故事，太上皇称诰，太皇太后、皇太后曰令，今云诰，有司讹也。以宣徽南院使王峻为枢密使，右神武统军袁毅为宣徽南院使，陈州刺史李谷权判三司，步军都指挥使王殷为侍卫亲军马步都指挥使，护圣左厢都指挥使郭崇为侍卫马军都指挥使，奉国左厢都指挥使曹英为侍卫步军都指挥使。镇州、邢州驰奏，契丹寇洺州，陷内丘县。时契丹永康王鄂约旧作兀欲，今改正。率部族两道入边，内丘城小而固，契丹攻之，五日不下，敌人伤者甚众。时有官军五百，在城防戍，攻急，官军降于敌，屠其城而去。案《辽史·世宗纪》：十月，自将南伐，下安平、内丘、束鹿等城，大获而还。与《薛史》所载互有详略。

庚寅，枢密使郭威奏，左军巡勘得飞龙使后赞款伏，与苏逢吉、李业、阎晋卿、聂文进、郭允明等同谋，令散员都虞侯贯德等下手杀害史弘肇等。权开封尹刘铢具伏，朋附李业为乱，屠害将相家属。其刘铢等准诰旨处置讫，并苏逢吉、郭允明、阎晋卿、聂文进首级，并枭于南北市，其骨肉放弃。辛卯，河北诸州驰报，契丹深入。太后诰曰：“王室多故，边境未宁，内难虽平，外寇仍炽。据北面奏报，强敌奔冲，继发兵师，未闻平殄，须劳上将，暂自临戎。宜令枢密使郭威部署大军，早谋掩击，其军国庶事，权委宰臣窦贞固、苏禹珪、枢密使王峻等商量施行，在京马步兵士，委王殷都大提举。”

十二月甲午朔，郭威领大军北征。丁酉，以翰林学士、尚书户部侍郎、知制诰范质为枢密副使。《东都事略》：周太祖征李守贞，每朝廷遣使费诏，处分军事，皆中机会，太祖问：“谁为此辞？”使者以范质对，太祖曰：“宰相器也。”太祖起兵入京师，遽令草太后诰及议迎湘阴公仪注。乃白太后，以质为兵部侍郎、枢密副使。陕州李洪信奏，马步都指挥使聂召、奉国指挥使杨德、护圣指挥使康审澄等，与节度使判官路涛、掌书记张洞、都押衙杨绍勍等，同情谋叛，并杀之。惟康审澄夜中放火斩关，奔归京师。初，朝议以诸道方镇皆是勋臣，不谙政理，其都押衙孔目，令三司军将内选才补之，藩帅不悦，故洪信因朝廷多故，诬奏加害焉。壬寅，湖南上言，朗州马希萼引五溪蛮及淮南洪州军来攻当道，望量差兵士于淮境牵引。乙巳，遣前淄州刺史陈恩让领军入淮南界，以便宜进取。辛亥，遣宰相苏禹珪及朝臣十员，往宋州迎奉嗣君。壬子，枢密使郭威次澶州，何福进已下及诸军将士，扶拥威请为天子，即日南还。威上章于太后，言为诸军所迫班师。庚申，威至北郊，驻军于皋门村。许州巡检、前申州刺史马铎奏，节度使刘信自杀。壬戌，奉太后诰，命枢密使侍中郭威监国，中外庶事，并取监国处分。先是，枢密使王峻以湘阴公已在宋州，虑闻澶州之事，左右变生，遣侍卫马军指挥使郭崇率七百骑往卫之。《东都事略·郭崇传》：王峻遣崇率七百骑迎赟，遇于睢阳，崇曰："澶州兵变，遣崇来卫乘舆，非有他也。"具言军情有属，天命已定。赟执崇手而泣，崇即送赟就馆。己未，太后诰曰："比者，枢密使郭威，志在社稷，议立长君，以徐州节度使赟，高祖近亲，立为汉嗣，爰自藩镇，征赴京师。虽诰命寻行，而军情不附，天道在北，人心靡东，适当改卜之初，俾膺分土之命。赟可降授开府仪同三司、检校太师、上柱国，封湘阴公，食邑三千户，食实封五百户。

明年正月丁卯，太后诰，奉符宝于监国，可即皇帝位。周太祖践阼，奉太后为母，迁于西宫，上尊号曰昭圣太后。是月十五日，周太祖与百僚诣帝殡宫，成服亲奠，不视朝七日。又诏太常定谥曰隐。以其年八月二日，复遣前宗正卿刘皞护灵輴，备仪仗，葬于许州阳翟县之颍陵，祔神主于高祖之寝宫。帝姿貌白皙，眉目疏朗，未即位时，目多闪掣，唾洟不止，即位之始，遽无此态，及内难将作，复如故。帝自关西平定之后，稍生骄易，然畏惮大臣，未至纵恣，尝因乾象差忒，宫中或有怪异，召司天监赵延义其休咎，延义对以修德即无患。既退，遣中使就问延义曰："何者为德？"延义劝读《贞观政要》迩后与聂文进、郭允明、后赟狎习，信其说，以至于败。高祖之征邺城也，一日，帝语太祖曰："我夜来萝尔为驴，背我升天，既舍尔，俄变为龙舍我南去，是何祥也？"周太祖抚掌而笑。冥符肸蠁，岂偶然哉！《永乐大典》卷一万六千二百二。

史臣曰：隐帝以尚幼之年，嗣新造之业。受命之主，德非禹、汤；辅政之臣，复非伊、吕。将欲保延洪之运，守不拔之基，固不可得也。然西摧三叛，虽仅灭于欃枪；而内稔群凶，俄自取于狼狈。自古覆宗绝祀之速者，未有如帝之甚也。噫！盖人谋之弗臧，非天命之遽夺也。《永乐大典》卷一万六千二百二。

# 旧五代史卷一〇三考证

　　汉隐帝纪下凤翔行营都部署赵晖奏前月二十四日收复凤翔
案:《欧阳史》作正月赵晖克凤翔,据是书则收复凤翔在二年十二
月,非三年春事也。《欧阳史》盖误以告捷之月为收复之月耳。《五
代春秋》作十二月收复凤翔诛王景崇,为得其实。　　澶州刺史李洪
义　案《宋史》:洪义本名洪威,避周太祖讳改。　　护圣左厢都指挥
使郭崇　案《东都事略》:郭崇初名崇威,避周太祖讳,止称崇。己丑
太后诰曰　案:原本作乙丑,与《五代春秋》同,今从《通鉴》改作己
丑。

旧五代史卷一〇四

汉书六

# 后妃列传第一

## 高祖皇后李氏

　　高祖皇后李氏，晋阳人也。高祖微时，尝牧马于晋阳别墅，因夜入其家，劫而取之。及高祖领藩镇，累封魏国夫人。高祖建义于太原，欲行颁赉于军士，以公帑不足，议率井邑，助成其事。后闻而谏曰："自晋高祖建义，及国家兴运，虽出于天意，亦土地人民福力同致耳，未能惠其众而欲夺其财，非新天子恤隐之理也。今后宫所积，宜悉以散之，设使不厚，人无怨言。"高祖改容曰："敬闻命矣。"遂停敛贷之议，后倾内府以助之，中外闻者，无不感悦。天福十二年，册为皇后。隐帝即位，尊为皇太后。《永乐大典》卷一万六千三百九十。案：以下疑有阙文。据《通鉴》云：隐帝与李业等谋诛杨邠等。议既定，入白太后。太后曰："兹事何可轻发，更宜与宰相议之。"业时在旁曰："先帝尝言，朝廷大事不可谋及书生，懦怯误人。"太后复以为言，帝怒曰："国家之事，非闺门所知。"拂衣而出。又云：南北军遇于刘子陂，帝欲自出劳军，太后曰："郭威吾家故旧，非死亡切身，何以至此！但按兵守城，飞诏谕之，观其志趣，必有辞理，则君臣之礼尚全，慎勿轻出。"帝不从。《薛史》载于《李业传》，当系史家前后省文。

　　周太祖入京，凡军国大事，皆请后发教令以行之。是岁，议立徐州节度使赟为帝，以迎奉未至，周太祖乃率群臣拜章，请后权临朝听政，后于是称诰焉。及周太祖为六军推戴，上章具述其事，且言愿事后为慈母。后下诰答曰："侍中功烈崇高,德声昭著,剪除祸乱,安定乾坤,讴歌有归,历数攸属,所以军民推戴,亿兆同欢。老身未终残年,属兹多难,惟以衰朽,托于始终。载省来笺,如母见待,感念深意,涕泗横流"云。仍出戎衣、玉带以赐周太祖。周太祖即位,上尊号曰德圣皇太后,居于太平宫。周显德元年春薨。《永乐大典》卷一万七千三百一十二。案:隐帝未立皇后,据《薛史·张彦成传》云:隐帝娶彦成女。《杨邠传》云:隐帝所爱耿夫人,欲立为后,邠以为太速,夫人卒,隐帝欲以后礼葬,邠又止之。盖隐帝在位三年,崩时年二十,故未及册立皇后也。又,《五代会要》载:汉高祖长女永宁公主,降宋延渥,天福十二年四月封,至乾祐二年十二月,追封秦国长公主。《通鉴》以永宁公主为晋高祖女,盖误。

旧五代史卷一〇五
汉书七

# 宗室列传第二

## 魏王承训　陈王承勋　蔡王信
## 湘阴公赟

　　魏王承训,字德辉,高祖之长子也。少温厚,美姿仪,高祖尤钟爱。在晋累官至检校司空,国初授左卫上将军。高祖将赴洛,命承训北京大内巡检,未几,诏赴阙授开封尹、检校太尉、同平章事。以天福十二年十二月十一日薨于府署,年二十六。高祖发哀于太平宫,哭之大恸,以至于不豫。是月,追封魏王,归葬于太原。《永乐大典》卷六千七百六十。

　　陈王承勋,亦高祖之幼子也。国初授右卫大将军,隐帝嗣位,加检校太尉、同平章事,遥领兴元尹,俄代侯益为开封尹,进位检校太师、兼侍中。乾祐三年冬十一月,萧墙之乱,隐帝崩,军情欲立勋为嗣。时勋已病,大臣及诸将请候勋起居。太后令左右以卧榻舁之以见,诸将就视,知勋之不能兴,故议立刘赟。周广顺元年春卒。周太祖下诏封陈王。《永乐大典》卷六千七百六十。

　　蔡王信,高祖之从弟也。少从军,渐至龙武小校。高祖镇并州,为兴捷军都将,领龚州刺史、检校太保。国初,为侍卫马军都指挥

使、检校太傅兼义成军节度使,寻移镇许州,加太尉、同平章事。高
祖寝疾大渐,杨邠受密旨遣信赴镇,信即时戒路,不得奉辞,雨泣而
去。隐帝即位,加检校太师。关辅贼平,就加侍中。信性昏懦,黩货
无厌,喜行酷法。掌禁军时,左右有犯罪者,召其妻子,对之脔割,令
自食其肉;或从足支解至首,血流盈前,而命乐对酒,无仁愍之色。
未尝接延宾客。在镇日,聚敛无度,会高祖山陵梓宫经由境上,信率
掠吏民,以备迎奉,百姓苦之。初,闻杀杨邠、史弘肇,遽启宴席,集
参佐宾幕,令相致贺。曰:"我谓天无眼,令我三年不能适意。主上
孤立,几落贼手,诸公劝我一杯可也。"俄萧墙之变,忧不能食。寻有
太后令,言立湘阴公,即令其子往徐州奉迎。数日,陈思让率马军经
过城西,但令供顿,不敢出城。未几,澶州军变,王峻遗前申州刺史
马铎领军赴州巡检,铎引军入城,信惶惑自杀。广顺初,追封蔡王。
《永乐大典》卷六千七百六十。

　　湘阴公赟,为徐州节度使,乾祐元年八月中,有云见五色。《册
府元龟》卷九百五十一。明年冬杪,有鸟翔集于鲜碧堂庭树,黄质朱
喙,金目青翼,绀趾玄尾,有类于凤。有宾佐叹曰:"野鸟入室,主人
将去。"旬日而不知所之。《永乐大典》卷一万一千四百八十五。乾
祐三年冬十一月,周太祖驻军于京师,议立嗣君,奉太后诏,立赟为嗣。传
诰之际,冯道笏坠于地,左右恶之。《永乐大典》卷一万七千三百一十一。
冯道至,赟出郊迎,常所乘马比甚驯服,至是马蹄啮奔逸,人不可
制,乃以他马代之,时以为不祥。《永乐大典》卷一万一千六百五十五。将
离彭城,尝一日,天有白光一道自西来,照城中如昼,有声如雷,时
人谓之天裂;又有巨星坠于徐野,殷然有声,或谓之天狗。后赟果废
死。《册府元龟》卷九百五十一。案:《湘阴公传》,原本残阙,今采《册府元龟》
补之,以存大概。《五代史补》:郭忠恕,七岁童子及第,富有文学,尤工篆隶。常
有人于龙山得鸟迹篆,忠恕一见,辄诵如宿习。乾祐中,湘阴镇徐州,辟为推
官。周祖之入京师也,少主崩于北冈,周主命宰相冯道迎湘阴公,将立之,至宋
州,高祖已为三军推戴。忠恕知事变,乃正色责道曰:"令公累朝大臣,诚信著

于天下，四方谈士，无贤不肖皆以为长者，今一旦返作脱空汉，前功业并弃，令公之心安乎？"道无言对。忠恕因劝湘阴公杀道以奔河东，公犹豫未决，遂及于祸。忠恕窜迹久之，晚年尤好轻恕，卒以此败，坐除名配流焉。《十国春秋·湘阴公传》云：湘阴公赟，世祖子也，高祖爱之，以为己子。乾祐元年，拜武宁军节度使，二年，加同平章事。郭威既败慕容彦超于北郊，隐帝遇弑，威入京师，谓诸大臣密相推戴，及见宰相冯道等，道殊无意。威不得已，见道下拜，而道犹受拜如平时，徐劳之曰："公行良苦。"威意色皆沮，以为大臣未有推己意，又难于自立，因与王峻入白太后，推择汉嗣。群臣乃具奏曰："武宁节度使赟，高祖爱以为子，宜立为嗣。"乃遣太师冯道率百官往迎，道揣威意不在赟，直前问曰："公此举由衷乎？"威指天为誓。道既行，语左右曰："吾生平不作谬语人，今谬语矣。"道见赟，传太后意召之。赟行至宋州，威已自澶州为兵士拥还京师。王峻虑赟左右生变，遣侍卫马军指挥使郭崇威以兵七百骑卫赟。崇威至宋州，赟登楼问崇威所以来之意，崇威曰："澶州军变，惧未察之，遣崇威护卫，非恶意也。"赟召崇威，崇威不敢进。冯道出与崇威语，崇威乃登楼见赟。时护圣指挥使张令超帅步兵为赟宿卫，判官董裔说赟："观崇威瞻视举措，必有异谋。道路皆言郭威已为天子，而陛下深入不止，祸其至哉。请急召令超，谕以祸福，使夜以兵劫崇威所属士卒，明日掠睢阳金帛，募士卒，北走太原。彼新定京邑，未暇追我，此策之上也。"赟犹豫未决。是夕，崇威密诱令超归郭氏，尽夺赟部下兵。郭威以书召道先归，留其副赵上交、王度奉赟入朝太后，道乃辞赟先还。赟谓道曰："寡人此来，所恃者以公三十年旧相，是以不疑。"道默然。赟客将贾贞等数目道，欲图之，赟曰："勿草草，事岂出于公耶！"道已去，崇威乃幽赟于外馆，杀贾贞、董裔及牙内都虞侯刘福、孔目官夏昭度等。郭威已监国，太后用下诏曰："比者，枢密使威，忞安宗社，议立长君，以徐州节度使赟，高祖亲近，立为汉嗣，乃自藩镇，召赴京师。虽诰命已行，而军情不附。天道在北，人心靡东，适当改卜之初，俾应分士之命赟可降授开府仪同三司、检校太师、上柱国，封湘阴公。"赟卒以杀死。

# 旧五代史卷一〇五考证

汉宗室列传二陈王承勋传军情欲立勋为嗣　　案："立勋为嗣"，疑脱"承"字。《册府元龟》引是书亦同，盖承勋在隐帝时避御名，故去"承"字也。是书仍当时实录之旧，未及改归画一，今姑仍其旧。

# 旧五代史卷一○六
## 汉书八

# 列传第三

　　王周　　刘审交　　武汉球　　张瓘
　　李殷　　刘在明　　马万　　李彦从
　　郭谨　　皇甫立　　白再荣　　张鹏

　　王周，魏州人。少勇健，从军事唐庄宗、明宗，稍迁裨校，以战功累历郡守。晋天福初，范延光叛于魏州，周从杨光远攻降之，安重荣以镇州叛，从杜重威讨平之，以功授贝州节度使，岁余，移镇泾州。先是，前帅张彦泽在任苛虐，部民逃者五千余户，及下车，革前弊二十余事，逃民归复，赐诏褒美。后历邓、陕二镇。阳城之役，周时为定州节度使，大军往来，供馈无缺，未几，迁镇州节度使。周禀性宽惠，人庶便之。开运末，杜重威降于契丹，引契丹主临城谕之。周泣曰：“受国重恩，不能死战，而以兵降，何面南行见人主与士大夫乎？”乃痛饮欲引决，家人止之，事不获已，见契丹主，授邓州节度使、检校太师。高祖定天下，移镇徐州，加同平章事。乾祐元年二月，以疾卒于镇，辍视朝二日，赠中书令。周性宽恕，不忤物情。初刺信都，州城西桥败，覆民租车。周曰：“桥梁不饬，刺史之过也。”乃还其所沉粟，出私财以修之，民庶悦焉。《永乐大典》卷一万八千一百三十二。

刘审交,字求益,幽州文安人也。祖海,父师遂。审交少读书,尤精吏道,起家署北平主簿,转兴唐令,本府召补牙职。刘守光之僭号,伪署兵部尚书,燕亡,归于太原。庄宗知之,用为诸府从事。同光初,赵德钧镇幽州,朝廷以内官马绍宏为北面转运使,审交为判官。王都据定州叛,朝廷命王晏球进讨,以审交为转运供军使,王都平,以劳授辽州刺史。明年,复为北面供军转运使,改磁州刺史,以母年高,去官就养。及丁内艰,毁瘠过礼,服阕,不出累年。

晋高祖践阼,范延光以魏州叛,命杨光远以总兵讨之,复召审交为供馈使。邺中平,命审交为三司使,授右卫大将军。六年夏,出为陈州防御使,岁余,移襄州防御使,审交治襄、抚绥有术,民庶怀之。青州杨光远平,降平卢军为防御州,复用审交为防御使,累官至检校太傅。时用军之后,审交矜恤抚理,凋弊复苏。

契丹破晋,审交以代归,萧翰在都,复用为三司使。翰归蕃,李从益在汴州,召高行周、武行德将委以军事,皆不受命。寻闻高祖起义于太原,史弘肇在泽潞,都人大惧。时有燕军千人守捉诸门,李从益母王淑妃询于文武臣僚曰:“予子母在洛,孤危自处,一旦为萧翰所逼,致令及此。但遣人迎请太原,勿以予子母为事。”或曰:“收拾诸处守营兵士与燕军,足以把城,以俟河北救应可也。”妃曰:“非谋也,我子母亡国之余,安敢与人争天下!”众议籍籍,犹以把城为词。审交曰:“余燕人也,今城有燕军,固合为燕谋,然事机有所不可。此城经敌军破除之后,民力空匮,余众幸存,若更谋之不臧,闭门拒守,一月之内,无复遗类。诸军勿言,宜从太妃处分。”由是从益遣使往太原贡奉。高祖至汴,罢使归班。隐帝嗣位,用为汝州防御使,汝为近辅,号为难治,审交尽去烦弊,无扰于民,百姓歌之。

乾祐二年春卒,年七十四。郡人聚哭枢前,所列状乞留葬本州界,立碑起祠,以时致祭,本州以闻。诏曰:“朝廷之制,皆有旧章,牧守之官,比无赠典。其或政能殊异,惠及蒸黎,生有令名,没留遗爱,褒贤奖善,岂限彝章。可特赠太尉,吏民所请宜依。”故相国、太师、秦国公冯道闻之曰:“予尝为刘汝州僚佐,知其为人廉平慈善,无害之良吏也。刺辽、磁，治陈、襄、青，皆称平允，不显殊尤。其理汝也，又安有异哉"民之租赋不能减也，徭役不能息也，寒者不能衣也，馁者不能食也，百姓自汲汲，而使君何有于我哉!然身死之日，致黎民怀感如此者，诚以不行鞭朴，不行刻剥，不因公而徇私，不害物以利己，确然行良吏之事，薄罚宥过，谨身节用，安俸禄、守礼分而已。凡从事于斯者，孰不能乎!但前之守土者，不能如是，是以汝民咨嗟爱慕。今天下戎马之后，四方凶盗之余，杼轴空而赋敛繁，人民稀而仓廪匮，谓之康泰，未易轻言。侯伯牧宰，若能哀矜之，不至聚敛，不杀无辜之民，民为邦本，政为民本，和平宽易，即刘君之政安足称耶!复何患不至于令名哉!"道仍为著哀词六章，镌于墓碑之阴焉。《永乐大典》卷九千九十九。

　　武汉球，泽州人也。少拳勇，潞帅李嗣昭倚为亲信，事唐庄宗、明宗，继为禁军裨校。清泰中，会晋高祖引契丹为援，与朝廷隔绝，遂归晋祖。天福初，授赵州刺史，入为奉国军都指挥使，出刺曹州。开运初，迁耀州团练使。高祖至东京，授洺州刺史，汉球以目疾年高辞郡，帝曰："广平小郡，卿卧理有余，无以疾辞。"至郡未期，复以目疾请代而免。乾祐二年秋，卒于京师。汉球虽出自行伍，然长于抚理，常以掊敛为戒，民怀其惠，身死之日，家无余财。有管回者，汉球守郡日，辟为判官。及汉球卒于汴，回在洺州未之知，一日，忽谓所亲曰："太保遣人召我。"遂沐浴，新衣冠，无疾瞑目而终。家人不知其故，后数日，方闻汉球卒。《永乐大典》卷一万八千一百三十二。

　　张瓘，同州车渡村人，故太原监军使承业之犹子也。承业，《唐书》有传。唐天祐中，承业佐唐武皇、庄宗有功，甚见委遇，瓘闻之，与昆仲五人，自故里奔于太原，庄宗皆任用之。瓘，天祐十三年补麟州刺史。承业治家严毅，小过无所容恕，一伜为磁州副使，以其杀河西卖羊客，承业立捕斩之。常诫瓘等曰："汝车渡村百姓刘开道下贼，惯作非为，今须改行，若故态不除，死无日矣。"故瓘所至不敢诛求。晋天福中，为密州刺史，秩满入居环卫。乾祐三年夏，卒于官。辍视朝一日。《永乐大典》卷六千三百五十。

李殷，蓟州人也。自后唐庄宗、明宗、晋高祖朝，以偏校递迁，历官至检校司徒，累为郡守。性沈厚，所莅无苛暴之名。晋少帝御契丹于澶渊，殷典禁旅，驾还，授鄜州留后，俄加检校太保。开运中，授定州节度使，将行，启少帝曰："臣之此行，破敌必矣。"众皆壮其言。及至郡，威略无闻，敌再至，首纳降款。后随契丹至常山，其将嘉哩<sub>旧作解里，今改。</sub>遣殷与契丹首领杨安，同拒我师于洺水，俄而安退，殷以橐装驼马遗安。安既北走，殷匿于丘墓获免，驰以归我。高祖嘉其首赴朝阙，及魏州平，以甘陵乏帅，乃命殷为贝州节度使，加检校太傅。乾祐初，卒于镇。诏赠太师。《永乐大典》卷一万三百九十。

刘在明，幽州人。少有胆气，本州节度使刘守光用为亲信，出为平塞军使。守光败，归于太原，唐庄宗收为列校。明宗时，为捧圣左厢都指挥使，领和州刺史。从幸汴州，至荥阳，闻朱守殷叛，用为前锋。至汴城，率先登城，贼平，授汴州马步军都指挥使。应顺初，为贝州刺史。明年，移赵州，兼北面行营马军都指挥使，以军戍易州。清泰末，幽州节度使赵德钧引军赴团柏谷，路由易州，取在明军从。及德钧兵败，在明奔归怀州，唐末帝令与苌从简同守河阳。晋祖至，乃迎之，京都事定，出为单州刺史。天福中，李金全以安州叛，在明从李守贞攻之，大破淮贼，以功授安州防御使。明年，移绛州。杨光远据青州叛，召为行营马步军都指挥使，领齐州防御使。青州平，迁相州留后，历邢州、晋州留后。《通鉴》：契丹入汴，建雄留后刘在明朝于契丹，以节度副使骆知朗知州事。高祖践阼，授幽州道行营都部署，时契丹守中山，在明出师经略，契丹乃弃城而去，遂授镇州留后。乾祐元年五月，正授镇州节度使。六月，以疾卒于镇。赠侍中。《永乐大典》卷九千九十九。

马万，澶州人也。少从军，善水游。唐庄宗与梁军对垒于河上，庄宗于德胜渡夹河立南北寨。会梁军急攻南寨，于中流联战舰以绝援路，昼夜攻城者三日，寨将氏延赏告急于庄宗。庄宗隔河望敌，无如之何，乃召人能水游破贼者。时万兄弟皆应募，遂潜行入南寨，往来者三，又助烧船舰，汴军遂退。由此升为水军小校，渐典禁军，遥领刺史，累迁奉国左厢都指挥使、泗州防御使。晋天福二年夏，范延光叛于邺，牙将孙锐率兵至黎阳，朝廷遣侍卫马军都指挥使白奉进领兵渡滑州，万亦预其行。时滑州节度使符彦饶潜通邺下，杀白奉进于牙署。万领本军兵士将助乱，会奉国右厢都指挥使卢顺密亦以兵至，谕以逆顺，万不得已，与顺密急趋公府，执彦饶生送阙下。朝廷即以万为滑州节度使，而卢顺密酬之甚浅。居无何，晋高祖稍知其事，即以顺密为泾州兵马留后，渐薄于万。万镇邓州，未几罢镇，授上将军，以目疾致仕。乾祐三年四月卒。辍视朝一日。《永乐大典》卷一万八千一百三十二。

李彦从，字士元，汾州孝义人。父德，麟州司马。彦从少习武艺，出行伍间，高祖典禁军，以乡里之旧，任为亲信。国初，用为左飞龙使、检校司空。镇州逐敌之际，请兵于朝廷，高祖令彦从率军赴之。乾祐初，领恩州刺史。赵晖讨王景崇于岐下，彦从为兵马都监，破川军有功，贼平，授濮州刺史，治有政能，百姓悦之。乾祐三年冬，卒于郡。《永乐大典》卷一万三百九十。

郭谨，字守节，太原晋阳人。谨少从军，能骑射，历河中教练使。晋天福中，迁奉国右厢都指挥使，领禺州刺史。三年，转奉国左厢都指挥、泗州防御使，岁余，授侍卫步军都指挥使兼宁江军节度使。六年，从幸邺。七年，晋祖崩，少帝即位，授彰德军节度使，领军如故。开运初，出授邠州。二年，入为左神武统军。三年，复镇邠州。高祖践阼，以乡国旧臣，加检校太尉，移镇滑台。乾祐初，复授彰德军节度使。二年，就加检校太师。三年，入朝，加食邑。是岁冬十月，卒于位,年六十。辍视朝二日,赠侍中。《永乐大典》卷二万二千一百六十一。

皇甫立,代北人也。唐明宗之刺代州,署为牙校,从历藩镇。性纯谨,明宗深委信之,王建立、安重诲策名委质,皆在立后。明宗践阼,以立为忻州刺史。长兴末,转洺州团练使。应顺初,迁鄜州节度使、检校太保。清泰三年春,移镇潞州,未几,改华州。晋天福中,授左神武统军。少帝即位,历左金吾卫上将军,累官至检校太尉。高祖定天下,授特进、太子太师致仕。乾祐二年秋卒。《永乐大典》卷一万九百七十一。

白再荣,本蕃部人也。少从军,累迁护圣左厢指挥使。晋末,契丹犯阙,明年,契丹主北去,再荣从部帐至真定。其年闰七月晦,李筠、何福进相率杀契丹帅满达勒,旧作麻答,今改正。据甲仗库,敌势未退,筠等使人召再荣。再荣端坐本营,迟疑久之,为军吏所迫,乃行。翌日,逐出满达勒,诸军以再荣名次在诸校之右,乃请权知留后事。《东都事略·李筠传》:筠请冯道领节度,道曰:"予主奏事而已,留后事当议功臣为之。"以诸将之甲者为留后。

再荣贪昧无决,举止多疑,出入骑从,露刃注矢,诸校不相统摄,互有猜贰。奉国厢主王饶惧为再荣所并,乃据东门楼,以兵自卫,伪称足疾,不敢见再荣。司天监赵延义俱与之善,乃来往解释,遂无相忌之意。再荣以李崧、和凝携家在彼,令军士数百人环迫崧、凝,以求赏给。崧、凝各出家财与之,再荣欲害崧以利其财。前磁州刺史李谷谓再荣曰:"公与诸将为契丹所掳,凌辱万端,旦夕忧死。今日众力逐出蕃戎,镇民死者不下三千人,岂特公等之功!才得生路,便拟杀一宰相,他日到阙,倘有所问,何以为辞?"再荣默然。再荣又欲括率在城居民家财以给军士,李谷又譬解之,乃止。其汉人曾事满达勒者尽拘之,以取其财。

高祖以再荣为镇州留后,为政贪虐难状,镇人呼为"白满达勒”。未几，移授滑州节度使，箕敛诛求，民不聊生，乃征还京师。周太祖入京城，军士攻再荣之第，迫胁再荣，尽取财货既，军士前启曰：“某等军健，常趋事麾下，一旦无礼至此，今后何颜谒见？”即奋刃击之，挈其首而去，后家人以帛赎葬之。《永乐大典》卷一万八千一百三十三。

张鹏，镇州鼓城人。幼为僧，知书，有口辩，喜大言，后归俗。唐末帝为潞王时，鹏往依焉，及即位，用为供奉官，累监军旅。晋开运中，契丹迫澶州，鹏为前锋监押，奋身击敌，被创而还。其后累于边城戍守，士伍服其勇。乾祐初，授镇州副使，过邺，高行周接之甚欢，鹏因言及晋朝倾亡之事，少帝任用失人，藩辅之臣，唯务积财富家，不以国家为意，以至宗社泯灭，非独帝王之咎也。行周性宽和，不以鹏言为过。鹏既退，行周左右谓行周曰：“张副使之言，盖讥令公也。”行周因发怒，遂奏鹏怨国讪言，故朝廷降诏就诛于常山，时乾祐元年七月也。《永乐大典》卷六千三百五十一。

史臣曰：晋、汉之际，有以懋军功、勤王事、取旌旄符竹者多矣，其间有及民之惠者无几焉。如王周之阃政，审交之民誉，盖其优者也，汉球、张瑾抑又次焉。是宜纪之篇以示来者，其余皆不足观也已。张鹏以一言之失，遽灭其身，亦足戒后代多言横议之徒欤！《永乐大典》卷六千三百五十一。

# 旧五代史卷一〇六考证

汉列传三刘审交传服阕不出累年　案：《欧阳史》作不调累年。
时有燕军千人守捉诸门　千人，《杜重威传》作千五百人。　刘在明传高祖践阼授幽州道行营都部署　案《通鉴》：在明先为成德军留后，继授幽州道马步都部署，与是书前后互异。　马万传时滑州节度使符彦饶潜通邺下杀白奉进于牙署　案：是书晋列传，符彦饶以忿争杀白奉进，非潜通邺下也，此传盖沿实录传闻之误。《通鉴》从晋列传。　白再荣传本蕃部人也　案：《欧阳史》作不知其世家何人也。

旧五代史卷一〇七

汉书九

# 列传第四

## 史弘肇　杨邠　王章　李洪建
弟业　阎晋卿　聂文进　后赞
## 郭允明　刘铢

史弘肇，字化元，郑州荥泽人也。父潘，本田家。弘肇少游侠无行，拳勇健步，日行二百里，走及奔马。梁末，每七户出一兵，弘肇在籍中，后隶本州开道都，选入禁军。尝在晋祖麾下，遂留为亲从，及践阼，用为控鹤小校。高祖镇太原，奏请从行，升为牙校，后置武节左右指挥，以弘肇为都将，遥领雷州刺史。高祖建号之初，代州王晖叛，以城归契丹，弘肇征之，一鼓而拔，寻授许州节度使，充侍卫步军都指挥使。会王守恩以上党附，契丹命大将耿崇美率众登太行，欲取上党，高祖命弘肇以军应援。军至潞州，契丹退去，翟令奇以泽州迎降。会河阳武行德遣人迎弘肇，遂率众南下与行德合。故高祖由蒲、陕赴洛如归，弘肇前锋之功也。

弘肇严毅寡言，部辖军众，有过无舍，兵士所至，秋毫不犯。部下有指挥使，尝因指使少不从命，弘肇立挝杀之，将吏股栗，以至平定两京，无敢干忤。从驾征邺回，加同平章事，充侍卫亲军都指挥使，兼镇宋州。高祖大渐，与枢密使杨邠、周太祖、苏逢吉等同受顾命。隐帝嗣位，加检校太师、兼侍中。居无何，河中、永兴、凤翔连横谋叛，关辅大扰，朝廷日有征发，群情忧惴，亦有不逞之徒，妄构虚语，流布京师。弘肇都辖禁军，警卫都邑，专行刑杀，略无顾避，无赖之辈，望风匿迹，路有遗弃，人不敢取。然而不问罪之轻重，理之所在，但云有犯，便处极刑，枉滥之家，莫敢上诉。巡司军吏，因缘为奸，嫁祸胁人，不可胜纪。《宋史·边归谠传》：史弘肇怙权专杀，间里告讦成风。归谠言曰："迩来有匿名书及言风闻事，构害良善，有伤风化，遂使贪吏得以报私怨，谗夫得以肆其虚诞。请明行条制，禁遏讦罔，凡显有披论，具陈姓名。其匿名书及风闻事者，并见止绝。"论者韪之。

时太白昼见，民有仰观者，为坊正所拘，立断其腰领。又有醉民抵忤一军士，则诬以讹言弃市。其他断舌、决口、斮筋、折足者，仅无虚日。故相李崧为部曲诬告，族戮于市，取其幼女为婢。自是仕宦之家畜仆隶者，皆以姑息为意，而旧勋故将失势之后，为斯养辈之所胁制者，往往有之。军司孔目吏解晖，性狡而酷，凡有推劾，随意锻炼。人有抵军禁者，被其苦楚，无不自诬以求死所，都人遇之，莫敢仰视。有燕人何福殷者，以商贩为业，尝以十四万市得玉枕，遣家僮及商人李进卖于淮南，易茗而回。家僮无行，隐福殷货财数十万，福殷责其偿，不伏，遂杖之。未几，家僮诣弘肇上变，言契丹主之入汴也，赵延寿遣福殷赍玉枕，阴遗淮南，以致诚意。弘肇即日遣捕福殷等系之。解晖希旨，榜掠备至，福殷自诬，连罪者数辈，并弃市。妻女为弘肇帐下分取之，其家财籍没。

弘肇不喜宾客，尝言："文人难耐，轻我辈，谓我辈为卒，可恨，可恨！"弘肇所领睢阳，其属府公利，委亲吏杨乙就府检校，贪戾凶横，负势生事，吏民畏之。副戎已下，望风展敬，聚敛刻剥，无所不至，月率万缗，以输弘肇，一境之内，嫉之如仇。《东都事略·薛居正传》：吏弘肇领侍卫亲军，威震人主，残忍自恣，人莫敢忤其意。其部下吏告民犯监禁，法当死。居正疑其不实，召诘之，乃其吏以私憾而诬之也。逮捕吏鞫之，具伏以吏抵法。宏肇虽怒甚，竟亦无以屈也。周太祖平河中班师，推功于众，以弘肇有翊卫镇重之功，言之于隐帝，即授兼中书令。隐帝自关西贼平之后,昵近小人,太后亲族,颇行干托,弘肇与杨邠甚不平之。太后有故人子求补军职,弘肇怒而斩之。帝始听乐,赐教坊使玉带,诸伶官锦袍,往谢弘肇,弘肇让之曰:"健儿为国戍边,忍寒冒暑,未能遍有沾赐,尔辈何功,敢当此赐!"尽取袍带还官。其凶戾如此。

周太祖有镇邺之命,弘肇欲其兼领机密之任,苏逢吉异其议,弘肇忿之。翌日,因窦贞固饮会,贵臣悉集,弘肇厉色举爵属周太祖曰:"昨晨廷论,一何同异!今日与弟饮此。"杨邠、苏逢吉亦举大爵曰:"此国家之事也,何足介意!"俱饮釂。弘肇又厉声言曰:"安朝廷,定祸乱,直须长枪大剑,至如毛锥子,焉足用哉!"三司使王章曰:"虽有长枪大剑,若无毛锥子,赡军财赋,自何而集?"弘肇默然,少顷而罢。

未几,三司使王章于其第张酒乐,时弘肇与宰相、枢密使及内客省使阎晋卿等俱会。酒酣,为手势令,弘肇不熟其事,而阎晋卿坐次弘肇,屡教之。苏逢吉戏弘肇曰:"近坐有姓阎人,何忧罚爵!"弘肇妻阎氏,本酒妓也,弘肇谓逢吉讦之,大怒,以丑语诟逢吉不校,弘肇欲殴逢吉,逢吉策马而去。弘肇遽起索剑,意欲追逢吉。杨邠曰:"苏公是宰相,公若害之,致天子何地,公细思之。"邠泣下。弘肇索马急驰而去,邠虑有非常,连镖而进,送至第而还。自是将相不协如水火矣。隐帝遣王峻将酒乐于公子亭以和之,竟不能解。

其后李业、郭允明、后赞、聂文进居中用事,不悦执政。又见隐帝年渐长,厌为大臣所制,尝有忿言,业等乃乘间潜弘肇等,隐帝稍以为信。业等乃言弘肇等专权震主,终必为乱,隐帝益恐。尝一夕,闻作坊锻甲之声,疑外有兵仗卒至,达旦不寐。自是与业等密谋禁中,欲诛弘肇等,议定,入白太后。太后曰:"此事岂可轻发耶!更问宰臣等。"李业在侧,曰:"先皇帝言,朝廷大事,莫共措大商量。"太后又言之,隐帝怒曰:"闺门之内,焉知国家之事!"拂衣而出。内客省使阎晋卿潜知其事,乃诣弘肇私第,将欲告之,弘肇以他事拒之不见。

　　乾祐三年冬十一月十三日,弘肇入朝,与枢密使杨邠、三司使王章同坐于广政殿东庑下,俄有甲士数十人自内而出,害弘肇等于阁,夷其族。先是,弘肇第数有异,尝一日,于阶砌隙中有烟气蓬勃而出。祸前二日昧爽,有星落于弘肇前三数步,如迸火而散,俄而被诛。周太祖践阼,追封郑王,以礼葬,官为立碑。

　　弘肇子德玠,乾祐中,授检校司空,领忠州刺史。粗读书,亲儒者,常不悦父之所为。贡院尝录一学科于省门叫噪,申中书门下,宰相苏逢吉令送侍卫司,请痛笞刺面。德玠闻之,白父曰:“书生无礼,有府县御史台,非军务治也。公卿如此,盖欲彰大人之过。”弘肇深以为然,即破械放之。后之识者尤嘉德玠之为人焉。

　　弘肇弟福,比在荥阳别墅,闻祸,匿于民间。周太祖既位,累迁闲厩使。仕皇朝,历诸卫将军。《永乐大典》卷一万一百八十三。《宋史·李崇矩传》:史弘肇为先锋都校,闻崇矩名,召署亲吏。乾祐初,弘肇总禁兵,兼京城巡检,多残杀军民,左右稍稍引去,惟崇矩事之益谨。及弘肇诛,独得免。周祖与弘肇素厚善,即位,访求弘肇亲旧,得崇矩,谓之曰:“我与史公受汉厚恩,戮力同心,共奖王室,为奸邪所构,史公卒罹大祸,我亦仅免。汝史家故吏也,为我求其近属,我将恤之。”崇矩上其母弟福。崇矩素主其家,尽籍财产以付福,周祖嘉之。

　　杨邠,魏州冠氏人也。少以吏给事使府,后唐庸租使孔谦,即其妻之世父也。谦领度支,补勾押官,历孟、华、郓三州粮料使。高祖为邺都留守,用为左都押衙,高祖镇太原,益加亲委。汉国建,迁检校太保、权枢密使。汴、洛平,正拜枢密使、检校太傅。及高祖大渐,与苏逢吉、史弘肇等同受顾命,辅立嗣君。隐帝即位,宰臣李涛上章,请出邠与周太祖为藩镇,邠等泣诉于太后,由是罢涛而相邠,加中书侍郎兼吏部尚书、同平章事,仍兼枢密使。

　　时中书除吏太多,讹谬者众,及邠居相位,帝一以委之,凡南衙奏事,中书除命,先委邠斟酌,如不出邠意,至于一簿一掾,亦不听从。邠虽长于吏事,不识大体,常言:“为国家者,但得帑藏丰盈。甲兵强盛，至于文章礼乐，并是虚事，何足介意也。"平河中，并加右仆射。邠既专国政，触事苛细。条理烦碎，前资官不得于外方居止，自京师至诸州府，行人往来，并须给公凭。所由司求请公凭者，朝夕填咽，旬日之间，民情大扰，行路拥塞，邠乃止其事。

时史弘肇恣行惨酷，杀戮日众，都人士庶，相目于路，邠但称弘肇之善。太后弟武德使李业求为宣徽使，隐帝与太后重违之，私访于邠。邠以朝廷内使，迁拜有序，不可超居，遂止。隐帝所爱耿夫人，欲立为后，邠亦以为太速。夫人卒，隐帝欲以后礼葬，邠又止之，隐帝意不悦，左右有承间进甘言者，隐帝益怒之。案：此下当有缺文。邠缮甲兵，实帑廪，俾国用不阙，边鄙粗宁，亦其功也。《永乐大典》卷六千五十二。《宣和书谱》云：邠末年留意缙绅，延客门下，知经史有用乃课吏传写。

王章，大名南乐人也。少为吏，给事使府。同光初，隶枢密院，后归本郡，累职至都孔目。后唐清泰末，屯驻捧圣都虞候张令昭作乱，逐节度使刘延皓，自称留后，章以本职为令昭役使。末帝遣范延光讨平之，搜索叛党甚急。章之妻即白文珂之女也，文珂与副招讨李敬周善，以章为托。及攻下逆城，敬周匿之，载于橐驼褥中，窜至洛下，匿于敬周之私第。及末帝败，章为省职，历河阳粮料使。高祖典侍卫亲军，诏为都孔目官，从至河东，专委钱谷。国初，授三司使、检校太傅，从征杜重威于邺下。明年，高祖崩，隐帝即位，加检校太尉、同平章事

居无何，蒲、雍、岐三镇叛。是时，契丹犯阙之后，国家新造，物力未充，章与周太祖、史弘肇、杨邠等尽心王室，知无不为，罢不急之务，惜无用之费，收聚财赋，专事西征，军旅所资，供馈无乏。及三叛平，赐与之外，国有余积。然以专于权利，剥下过当，敛怨归上，物论非之。旧制秋夏苗租，民税一斛，别输二升，谓之"雀鼠耗"。乾祐中，输一斛者，别令输二斗，目之谓"省耗"。百姓苦之。又，官库出纳缗钱，皆以八十为陌，至是民输者如旧，官给者以七十七为陌，遂

为常式。《归田录》：用钱之法，自五代以来，以七十七为百，谓之"省陌"。今市井交易，又克其五，谓之"依除"。民有诉田者，虽无十数户，章必命全州覆视，幸其广有苗额，以增邦赋，曾未数年，民力大困。章与杨邠不喜儒士，郡官所请月俸，皆取不堪资军者给之，谓之"闲杂物"，命所司高估其价，估定更添，谓之"抬估"，章亦不满其意，随事更令更添估。章急于财赋，峻于刑法，民有犯盐、矾、酒曲之令，虽丝毫滴沥，尽处极刑。吏缘为奸，民不堪命。

章与杨邠同郡，尤相亲爱，其奖用进拔者，莫非乡旧。常轻视文臣，曰："此等若与一把算子，未知颠倒，何益于事！"后因私第开宴席，召宾客，史弘肇、苏逢吉乘醉宣诟而罢。章自是忽忽不乐，潜求外任。邠与弘肇深阻其意。而私第数有怪异，章愈怀忧恐。乾祐三年冬，与史弘肇、杨邠等遇害，夷其族。妻白氏，祸前数月而卒。无子，惟一女，适户部员外郎张贻肃，羸疾逾年，扶病就戮。《永乐大典》卷六千八百五十。

李洪建，太后母弟也。事高祖为牙将，高祖即位，累历军校，遥领防御使。史弘肇等被诛，以洪建为权侍卫马步军都虞候。及邠兵南渡，命洪建诛王殷之族，洪建不即行之，但遣人监守其家，仍令给馔，竟免屠戮。周太祖入京城，洪建被执，王殷感洪建之恩，累祈周太祖乞免其死，不从，遂杀之。洪建弟业。《永乐大典》卷一万三百九十。

业，昆仲凡六人，业处其季，故太后尤怜之。高祖置之麾下，及即位，累迁武德使，出入禁中。业恃太后之亲，稍至骄纵。隐帝嗣位，尤深倚爱，兼掌内帑，四方进贡二宫费委之出纳。业喜趋权利，无所顾避，执政大臣不敢禁诘。会宣徽使阙，业意欲之，太后亦令人微露风旨于执政。时杨邠、史弘肇等难之，业由是积怨，萧墙之变，自此而作。杨、史既诛，业权领侍卫步军都指挥使。北郊失败，业自取金宝怀之，策马西奔。行至陕郊，其节度使洪信，即其长兄也，不敢匿于家。业将奔太原，至绛州境，为盗所杀，尽夺而去。《永乐大典》卷一万三百九十。

阎晋卿者,忻州人也。家世富豪,少仕并门,历职至客将,高祖在镇,颇见信用。乾祐中,历阁门使,判四方馆。未几,关西乱,郭崇义讨赵思绾于京兆,晋卿以偏师攻贼垒。《宋史·李韬传》:周祖征三叛,韬从白文珂攻河中,兵传其城。文珂夜诣周祖议犒军,留韬城下。时营栅未备,李守贞乘虚来袭,营中忽见火发,知贼骤至,惶怖失据。客省使阎晋卿率左右数十人,遇韬于月城侧,谓韬曰:"事急矣,城中人悉被黄纸甲,为火光所照,色俱白,此殊易办,奈军士无斗志何!"韬愤怒曰:"岂有食君禄而不为国致死耶!"即援槊而进,军中死士十余辈,随韬犯贼锋。蒲有猛将,跃马持戈拟韬,韬刺之,洞胸而坠,又连杀数十人,蒲军遂溃,因击大破之。贼平,为内客省使,丁父忧,起复前职。时宣徽使阙,晋卿以职次事望,合当其任,即而久稽拜命,晋卿颇怨执政。会李业等谋杀杨、史,诏晋卿谋之,晋卿退诣弘肇,将告其事,弘肇不见。晋卿忧事不果,夜悬高祖御容于中堂,泣祷于前,迟明戎服入朝。内难既作,以晋卿权侍卫马军都指挥使。北郊兵败,晋卿乃自杀于家。《永乐大典》卷一万八千一百三十二。

聂文进,并州人。少给事于高祖帐下,高祖镇太原,甚见委用,职至兵马押司官。高祖入汴,授枢密院承旨,历领军、屯卫大将军,迁领卫大将军,仍领旧职。《册府元龟》卷七百六十六。遇周太祖出征,稍至骄横,久未迁改,深所怨望,李业辈构成变乱。史弘肇等遇害之前夕,文进与同党预作宣诏,制置朝廷之事,凡关文字,并出文进之手。明日难作,文进点阅兵籍,征发军众,指挥取舍,以为己任,内外咨禀,前后嗔咽,太祖在邺被构,初谓文进不预其事,验其事迹,方知文进乱阶之首也,大诟詈之。太祖过封丘,帝次于北郊,文进告太后曰:"臣在此,请宫中勿忧。"兵散之后,文进召同党痛饮,歌笑自若。迟明,帝遇祸,文进奔窜,为军士所追,枭其首。《册府元龟》卷九百三十五。

后赞,为飞龙使。赞母本倡家也,与父同郡,往来其家,生赞。从职四方，父未尝离郡，赞既长，疑其所生。及为内职，不欲父之来，寓书以致其意。父自郡至京师，直抵其第，赞不得已而奉之。《永乐大典》卷一万七千一百九十五。乾祐末，宰相杨邠、侍卫亲军使史弘肇执权，赞以久次未迁，颇怀怨望，乃与枢密承旨聂文进等构变。及难作，赞与同党更侍帝侧，剖判戎事，且防间言。北郊兵败，赞窜归兖州，慕容彦超执之以献，有司鞫赞伏罪，周太祖命诛之。《册府元龟》卷九百五十二。

郭允明者，小名窦十，河东人也。幼隶河东制置使范徽柔，被诛，允明遂为高祖厮养，服勤既久，颇得高祖之欢心。高祖镇太原，稍历牙职，及即位，累迁至翰林茶酒使兼鞍辔使。隐帝嗣位，尤见亲狎，每恃宠骄纵，略无礼敬。与相州节度使郭谨以同宗之故，颇交结。谨在镇，允明常赍御酒以遗之，不以僭上犯禁为意。其他轻率，悉皆类此。执政大臣颇姑息之。尝奉使荆南，车服导从，有同节度使将，州县邮驿，奔驰畏慑，节度使高保融承迎不暇。允明潜使人步度城壁之高卑，池隍之广隘，以动荆人，冀得重贿。乾祐末，兼飞龙使。未几，与李业辈构变，杨邠等诸子，允明亲刃之于朝堂西庑下。王章女婿户部员外郎张贻肃，血流逆注，闻者哀之。及北郊之败，允明迫帝就民舍，手行弑逆，寻亦自杀。《永乐大典》卷二万二千一百六十一。

刘铢，陕州人也。少事梁邵王朱友海为牙将。晋天福中，高祖为侍卫亲军都指挥使，与铢有旧，乃表为内职。高祖出镇并门，用为左都押牙。铢性惨毒好杀，高祖以为勇断类已，深委遇之。国初授永兴军节度使，从定汴、洛，移镇青州，加同平章事。隐帝即位，加检校太师、兼侍中。铢立法深峻，令行禁止，吏民有过，不问轻重，未尝贷免。每亲事，小有忤旨，即令倒曳而出，至数百步外方止，肤体无完者。每杖人，遣双杖对下，谓之"合欢杖"，或杖人如其岁数，谓之"随年杖"。在任擅行贼敛，每秋苗一亩率钱三千，夏苗一亩钱二千，以备公用。部内畏之胁肩重迹。

　　乾祐中，淄、青大蝗，铢下令捕蝗，略无遗漏，田苗无害。先是，滨海郡邑，皆有两浙回易务，厚取民利，自置刑禁，追摄亡民，前后长吏利其厚赂，不能禁止。铢即告所部，不得与吴越征负，擅行追摄，浙人慑息，莫敢干命。朝廷惧铢之刚戾难制，因前沂州刺史郭琼自海州用兵还，过青州，遂留之，即以符彦卿代铢，铢即时受代。《隆平集·郭琼传》云：刘铢守平卢，称疾不朝，隐帝疑其叛，诏琼领兵屯青州。铢将害之，张宴伏兵幕下，琼无惧色，铢亦不敢发，琼为言去就祸福，铢趋召。

　　离镇之日，有私盐数屋，杂以粪秽，塞诸井，以土平之。彦卿发其事以闻，铢奉朝请久之，每潜戟手于史弘肇、杨邠第。会李业辈同诛弘肇等，铢喜，谓业辈曰："君等可谓偻罗儿矣。"寻以铢知开封府事，周太祖亲族及王峻家，并为铢所害。周太祖入京城，执之下狱，铢谓妻曰："我则死矣，君应与人为婢耳！"妻曰："明公所为如是，雅合为之。"周太祖遣人让铢曰："昔日与公常同事汉室，宁无故人之情！家属屠灭，公虽奉君命，加之酷毒，一何忍哉！公家亦有妻子，还顾念否？"铢但称死罪。遂启太后，并一子诛之，而释其妻。周太祖践阼，诏赐铢妻陕州庄宅各一区。《永乐大典》卷六千三百五十。《五代史阙文》：汉隐帝朝，铢为开封尹，周祖自邺起兵，铢尽诛周祖之家子孙妇女十数人，极其惨毒。及隐帝遇害，周祖以汉太后令，收铢下狱，使人责之。铢对曰："某为汉家戮叛族耳，不知其他。"周祖怒，遂杀之。臣谨按：周世宗朝史官修《汉隐帝实录》，铢之忠言，讳而不载。

　　史臣曰：臣观汉之亡也，岂系于天命哉！盖委用不得其人，听断不符于理故也。且如弘肇之淫刑，杨邠之秕政，李业、晋卿之设计，文进、允明之狂且，虽使成王为君，周公作相，亦不能保宗社之安，延岁月之命，况隐帝、逢吉之徒，其能免乎！《易》曰："大君有命，开国承家，小人勿用，必乱邦也。"当乾祐之末也，何斯言之验欤！惟刘铢之忍酷，又安能逭于一死乎！《永乐大典》卷二万二千一百六十一。

# 旧五代史卷一〇七考证

　　汉列传四史宏肇传有燕人何福殷者　案:《欧阳史》作何福进,疑讹。　乾祐三年冬十一月十三日宏肇入朝　十一月,《欧阳史·汉臣传》作十月。吴缜《纂误》云:《汉隐帝纪》《周太祖纪》俱作十一月,传误也。　杨邠传用为左都押衙　左都,《欧阳史》作右都。李业附传业昆仲凡六人　案:昭圣太后弟六人,洪信、洪义,《宋史》有传。《欧阳史》作昆弟七人。　阎晋卿传贼平为内客省使　案:《宋史·李韬传》载晋卿讨贼时已为客省使,是书作贼平之后始授此职,与《宋史》异。

旧五代史卷一〇八
汉书一〇

# 列传第五

## 李崧　苏逢吉　李鳞　龙敏　刘鼎
## 张允　任延皓

　　李崧，深州饶阳人。父舜卿，本州录事参军。崧幼而聪敏，十余岁为文，家人奇之。弱冠，本府署为参军。其父尝谓宗人李鳞曰："大丑生处，形奇气异，前途应不居徒劳之地，赖吾兄诲激之。"大丑即崧之小字也。同光初，魏王继岌为兴圣宫使，兼领镇州节钺，崧以参军从事。时推官李荛掌书，崧见其起草不工，密谓掌事吕柔曰："令公皇子，天下瞻望，至于尺牍往来，章表论列，稍须文理合宜，李侍御起草，未能尽善。"吕曰："公试代为之。"吕得崧所作，示卢质、冯道，皆称之，由是擢为兴圣宫巡官，独掌奏记。庄宗入洛，授太常寺协律郎。

　　王师伐蜀，继岌为都统，以崧掌书记。蜀平，枢密使郭崇韬为宦官诬构，继岌遂杀崇韬父子，外尚未知。崧白继岌曰："王何为作危事，至于不容崇韬，至洛诛之未晚。今悬军五千里，无咫尺书诏，便杀重臣，非谋也。"继岌曰："吾亦悔之。"崧召书吏三四人，登楼去梯，取黄纸矫写诏书，倒使都统印发之。翌日，告诸军，军情稍定，及自蜀还，〔案《欧阳史》：师还，继岌死于道，崧至京师。〕明宗革命，任圜以宰相判三司，用崧为盐铁推官，赐绯。丁内艰，归乡里。服阕，镇帅范延光奏署掌书记。延光为枢密使，拜拾遗，直枢密院，迁补阙、起居郎、尚书郎，充职如故。长兴末，改翰林学士。清泰初，拜端明殿学士、户部侍郎。

先是，长兴三年冬，契丹入云中，朝廷欲命重将镇太原，时晋祖为六军副使，以秦王从荣不轨，恳求外任，深有北门之望。而大臣以晋高祖方权兵柄，难以议之。一日，明宗怒其未奏，范延光、赵延寿等无对，退归本院，共议其事，方欲以康义诚为之。时崧最在下位，耸立请曰："朝廷重兵多在北边，须以重臣为帅，以某所见，非石太尉不可也。"会明宗令中使促之，众乃从其议。翌日，晋祖既受太原之命，使心腹达意于崧云："垒浮图须与合却尖。"盖感之深也。

及清泰末，晋祖入洛，崧与吕琦俱窜匿于伊阙民家。旬日，晋高祖召为户部侍郎，判户部，逾月，拜中书侍郎、同平章事，与桑维翰并兼枢密使。维翰镇相州，未几，废枢密院，事归中书，加尚书右仆射。从幸邺，丁外艰，恩制起复，崧上章数四，恳辞其命，优诏不允。复上章，不报，崧不得已而视事。晋少帝嗣位，复用桑维翰为枢密使，命崧兼判三司。未几，代维翰为枢密使，与冯玉对掌机密。开运末，崧、玉信契丹之诈，经略瀛、鄚，中渡之败，落其奸谋。契丹入京师，赵延寿、张砺素称崧之才，契丹主善遇之，以崧为太子太师，充枢密使，契丹主尝谓左右曰："我破南朝，只得李崧一人而已。"从契丹北行，留于镇州。

高祖平汴、洛，乃以崧之居第赐苏逢吉，第中宿藏之物，皆为逢吉所有。其年秋，镇州逐满达勒，旧作麻答，今改正。崧与冯道、和凝十数人归阙，授太子太傅。崧对朝之权右，谦抱承颜，未尝忤旨。尝以宅券献苏逢吉，不悦。崧二弟屿、屼，酗酒无识，与杨邠、苏逢吉子弟杯酒之间，时言及夺我居第，逢吉知之。《宋史·陶谷传》：李崧以宅券献逢吉，逢吉不悦，而崧子弟数出怨言，崧惧，移疾不出。崧族子昉，尝往候崧，崧语昉曰："迩来朝廷于我有何议？"昉曰："无他闻，唯陶给事往往在于稠人中厚诬叔父。"崧叹曰："谷自单州判官，吾擢为集贤校理，不数年擢掌诏命，吾何负于陶氏子哉？"及崧遇祸，昉尝因公事诣谷，谷问昉：识李侍中否？"昉敛衽应曰："远从叔耳。"谷曰："李氏之祸,谷出力焉。"昉闻之汗出。有部曲葛延遇者,逋李峤船佣,峤挞之,督其所负,遇有同辈李澄亦事逢吉,葛延夜寄宿于澄家,以峤见督情告,案《欧阳史》:是时,高祖将葬睿陵,河中李守贞反,澄乃教延遇告变,言崧与其甥王凝谋因山陵放火焚京师,又以蜡丸书通守贞。遂一夕通谋告变。逢吉览状示史弘肇,其日逢吉遣吏召崧至第,从容语及葛延遇告变之事,崧以幼女为托,逢吉遣吏送于侍卫狱。既行,案《欧阳史》:乘马,从者去,无一人。崧叹曰："自古未有不亡之国,不死之人。"及为吏所鞫,乃自诬伏罪,举家遇害,少长悉尸于市,人士冤之。《东都事略·王溥传》:世宗尝问:"汉相李崧蜡弹书结契丹,有记其词者否?"溥曰:"使崧有此,肯示人耶? 苏逢吉辈陷之耳。"世宗遂优赠崧官。崧与徐台符同学相善,乾祐三年秋,台符梦崧谓曰:"予之冤横,得请于帝矣。"及苏、史之诛,并枭首于市,当崧所诛之地。未几,葛延遇、李澄亦以戮死。《永乐大典》卷一万三百九十。案《宋史·李昉传》:晋侍中崧,与昉同宗且里同,时人谓崧为"东李家",昉为"西李"。汉末,崧被诛,至宋,其子璨自苏州常熟县令赴调,昉为讼其父冤,且言周太祖已为昭雪,赠官,还其田宅,录璨而官之。然璨几五十,尚滁州县之职,诏授璨著作佐郎,后官至资善大夫。


苏逢吉,长安人。父悦,逢吉母早丧,而悦鳏居,旁无侍者。性嗜酒,虽所饮不多,然漱醪终日。佗人供膳,皆不称旨,俟逢吉庖炙,方肯下箸。悦初仕蜀,官升朝列,逢吉初学为文,尝代父染翰。悦尝为高祖从事,甚见礼遇,因从容荐逢吉曰:"老夫耄矣,才器无取。男逢吉粗学援毫,性复恭恪,如公不以豚犬之微,愿令事左右。"高祖召见,以神精爽惠,甚怜之。有顷,擢为宾佐,凡有谋议,立侍其侧。高祖素严毅,及镇太原,位望崇重,从事稀得谒见,惟逢吉日侍左右。两使文簿,堆案盈几,左右不敢辄通,逢吉置于怀袖,俟其悦色则咨之,多见其可。

高祖建号于太原,逢吉自节度判官拜同平章事、集贤殿大学士。车驾至汴,朝廷百司庶务,逢吉以为己任,参决处置,并出胸臆,虽有当有否,而事无留滞。会翰林学士李涛从容侍帝,言及霸府二相,官秩未崇,逢吉旋加吏部尚书,未几,转左仆射,监修国史。从征杜重威于邺下。数乘醉抵辱周太祖。及高祖大渐,与杨邠、史弘肇等卧内同受顾命。李涛与逢吉论甥舅之契,相得甚欢,涛之入相,逢吉甚有力焉。会涛上章,请出两枢密为方镇,帝怒,罢涛相,勒归私第,时论疑涛承逢吉之风旨。

先是,高祖践祚之后,逢吉与苏禹珪俱在中书,有所除拜,多违旧制,用舍升降,率意任情,至有自白丁而升宦路、由流外而除令录者,不可胜数,物论纷然。高祖方倚信二相,莫敢言者。逢吉尤贪财货,无所顾避,求进之士,稍有物力者,即遣人微露风旨,许以美秩。及杨邠为相,稍夺二苏之权,自是尽敛手而已。邠每惩二苏之失,艰于除拜,至于诸司补吏,与门胄出身,一切停罢,时论以邠之蔽,固亦由逢吉、禹珪本不能至公于物之所致也。

初,高祖至汴,以故相冯道、李崧为契丹所俘,亡于真定,乃以崧第赐逢吉,道第赐禹珪,崧于西洛有别业,亦为逢吉所有。及真定逐契丹,崧、道归朝。崧弟屿以逢吉占据其第,时出怨言,未几,崧以西京宅券献于逢吉,不悦。会崧有仆夫欲诬告谋反,逢吉诱致其状,即告史弘肇,令逮捕其家。逢吉遣直省吏召崧至第,即令监至侍卫狱。翌日,所司以狱辞上,其李屿款招云:“与兄崧、弟峣,与家僮二十人商议,比至山陵发引之时,同放火谋乱,其告是实。”盖自诬之辞也。逢吉仍以笔添注“二十人”字为“五十”,封下有司,尽诛崧家。时人冤之,归咎于逢吉。逢吉深文好杀,从高祖在太原时,尝因事,高祖命逢吉静狱,以祈福佑,逢吉尽杀禁囚以报。及执朝政,尤爱刑戮。朝廷患诸处盗贼,遣使捕逐,逢吉自草诏意云:“应有贼盗,其本家及四邻同保人,并仰所在全族处斩。”或谓逢吉曰:“为盗者族诛,犹非王法,邻保同罪,不亦甚乎?”逢吉坚以为是,仅去“全族”二字。时有郓州捕贼使臣张令柔尽杀平阴县十七村民,良由此也。

逢吉性侈靡,好鲜衣美食,中书公膳,鄙而不食,私庖供馔,极尽甘珍,尝于私第大张酒乐,以召权贵,所费千余缗。其妻武氏卒,葬送甚盛,班行官及外州节制,有与逢吉相款洽者,皆令赍送绫罗绢帛，以备缟素，失礼违度，一至如此。又性不拘名教，继母死不行服，妻死未周，其子并授官秩。有庶兄自外至，不白逢吉，便见诸子，逢吉怒，且惧他日凌弱其子息，乃密白高祖，诬以他事杖杀之。

乾祐二年秋，加守司空。周太祖之将镇邺也，逢吉奏请落枢密使，隐帝曰："有前例否？"逢吉奏白："枢密之任，方镇带之非便。"史弘肇曰："兼带枢密，所冀诸军禀畏。"竟从弘肇之议。弘肇怒逢吉之异己，逢吉曰："此国家之事也，且以内制外则顺，以外制内岂得便耶！"事虽不从，物议多之。居无何，王章张饮，会逢吉与史弘肇有谑言，大为弘肇所诟，逢吉不校，几至殴击，逢吉驰马而归，自是将相失欢。逢吉欲希外任，以纾弘肇之怒，既而中辍。人问其故，逢吉曰："苟领一方镇，只消得史公一处分，则为齑粉矣。"

李业辈恶弘肇、杨邠等，逢吉知之，每见业等，即微以言激怒之。及弘肇等被害，逢吉不预其谋，闻变惊骇，即受宣徽，权知枢密院事。寻令草制正授，制入，闻邺兵至澶州乃止。事急，逢吉谓人曰："萧墙之变，太觉匆遽，主上若有一言见问，必不至是矣。"数夕宿于金祥殿之东，谓天官正王处讷曰："夜来就枕未瞑，已见李崧在傍，生人与死人相接，无吉事也。"及周太祖自邺至汴，官军败于刘子陂，是夕逢吉宿于七里郊，与同舍痛饮，醉将自刭，左右止之。至曙，与隐帝同抵民舍，遂自杀。周太祖定京城，与聂文进等同枭于北市，释其家族。其枭首之所，适当李崧冤死之地。广顺初，诏就西京赐其子庄宅各一区。《永乐大典》卷二千三百九十二。《五代史补》：高祖在河东幕府，阙书记，朝廷除前进士丘廷敏为之，以高祖有异志，恐为所累，辞疾不赴，遂改苏逢吉。未几，契丹南侵，高祖仗顺而起，兵不血刃而天下定，逢吉以佐命功，自掌书记拜中书侍郎、平章事。逾年，廷敏始选授凤翔麟游县令。过堂之日，逢吉戏之，且抚所坐椅子曰："合是长官坐，何故让与鄙夫耶？"廷敏遂惭悚而退。

李铸，唐宗属也。父洎，韶州刺史。伯父汤，咸通中为给事中，懿宗除乳母楚国夫人婿为夏州刺史，汤封还制书，诏曰："朕少失所亲,若非楚国夫人鞠养,则无朕此身,虽非朝典,望卿放下,仍今后不得援以为例。"汤乃奉诏,其谅直如此。

鳞少举进士,累举不第,客游河朔,称清海军掌书记,谒定州王处直,不见礼。鳞即脱绿被绯,入常山谒要人李弘规,以宗姓请兄事之,由是得进。案《欧阳史》云:鳞为人利口敢言。赵王熔辟为从事,熔卒,复为王德明宾客,德明使鳞聘于唐庄宗,铃密疏德明之罪,且言可图之状,庄宗嘉之。及常山平,以鳞为霸府支使。尝从容请于庄宗曰:"鳞有四子,请诛之。"庄宗问其故,对曰:"此辈生于常山,禀悖乱之气,不可留也。"庄宗笑而止。同光初,授宗正卿,俄兼工部侍郎。常山有唐启运陵,鳞受富民李守恭赂,署为陵台令。守恭暴横,为长吏所诉,按之以闻,鳞左授司农少卿,削金紫,未几,出为河中府副使。

明宗即位,历兵部、户部侍郎、工部、户部尚书。长兴中,以与明宗有旧,常贮入相之意,从容谓时相曰:"唐祚中兴,宜敦叙宗室,才高者合居相位。仆虽不才,曾事庄宗霸府,见今上于藩邸时。家代重侯累相,靖安李氏,不在诸族之下;论才较艺,何让众人,久置仆于朝行,诸君安乎?"冯道、赵风每怒其僭。有顷,鳞因淮南细人言事,乃谓枢密使安重海曰:"伪吴欲归国久矣,若朝廷先遣使谕之,则旋踵而至矣。"重海然之,以玉带与细人,令往淮南为信,久而不反,由是出鳞为兖州行军司马。得代归阙,复为户部尚书,寻转兵部尚书,有顷兼判太常卿事。尝权典选部,铨综失序,物论非之。晋天福中,守太子少保;开运中,迁太子太保。高祖至阙,授受司徒,数月而卒,年八十八。诏赠太傅。《永乐大典》卷一万三百九十。

龙敏,字欲讷,幽州永清人。少学为儒,仕乡里为假掾。刘守光不道,敏避地浮阳,会戴思远渡河而南,乃从之。乡人周知裕仕梁为裨将,敏往依焉,知裕屡荐不调,敏丐游都邑累年。唐庄宗定魏博,敏闻故人冯道为霸府记室,乃客于河中,岁归太原,馆于冯道之家,监军使张承业即署敏为巡官,典监军奏记。庄宗平河、洛,征为司门

员外郎,以家贫乏养,求为兴唐少尹。逾年,丁母丧,退居邺下,会赵
在礼据邺城,以敏乡人,强起令署事,又为乱军所迫,敏不敢拒。明
年,在礼镇浮阳,敏复居丧制,服阕,除户部郎中,改谏议大夫、御使
中丞。时敏父咸式年七十,咸式之父年九十余,供养二尊,朝夕无
懈。咸式以敏贵,得秘书监致仕。敏为兵部侍郎,奉使幽州,乡里耆
旧留宴尽欢。冯赟为北京留守,奏敏为副,赟入掌枢机,敏为吏部侍
郎。

敏学术不甚长,然外柔而内刚,爱决断大计。清泰末,从唐末帝
在怀州,时赵德钧父子有异图,晋安砦旦夕忧陷。未帝计无从出,问
计于从臣。敏奏曰:"臣有一计,请以援兵从东丹王李赞华取幽州路
趋西楼,契丹主必北顾之患。"末帝然之,而不能用。敏又谓末帝亲
将李懿曰:"君连姻帝戚,社稷之危,不俟翘足,安得默默苟全耶!"
懿因筹德钧必破蕃军之状,敏曰:"仆燕人也,谙赵德钧之为人,胆
小谋拙,所长者守城砦、婴壕堑、笃励健儿耳!若见大敌,奋不顾身,
摧坚陷阵,必不能矣。况名位震主,奸以谋身乎!仆有狂策不知济
否,苟能必行,亦救寨之一术也。"懿请言之,曰:"如闻驾前马仅有
五千匹,请于其间选择壮马精甲健夫千人,仆愿得与郎万金二人
《通鉴》云:郎万金为陈州刺史。胡三省云:万金,当时勇将也。由介休路出
山,夜冒敌骑,循山入大砦,千骑之内,得其半济,则砦无虞矣。张敬
达等幽闭,不知朝廷援兵近远,若知大军在团柏谷中,有铁障亦可
冲踏,况敌骑乎!"末帝闻之曰:"龙敏之心极壮,用之晚矣。"人亦
为大言,然其慷慨感激,皆此类也。

晋祖受命,敏以本官判户部,迁尚书左丞。丁父忧,服阕,复本
官,迁太常卿。开运中,奉命使越。先是,朝臣将命,必拜起于浙帅,
敏至,抗揖而已,识者多之。使还,改工部尚书。乾祐元年春,疽发
于背,闻高祖晏驾,乃扶病于私第,缟素而临,后旬日卒于家,时年
六十三。隐帝嗣位,诏赠右仆射。《永乐大典》卷五百三十二。

刘鼎,字公度,徐州萧县人。祖泰,萧县令。父崇,梁太祖微时,

常佣力崇家。及即位，召崇用之，历殿中监、商州刺史。崇之母抚梁祖有恩，梁氏号为"国婆"，徐、宋之民谓崇家为"豢龙刘家"。鼎起家为大理评事，历尚书博士、殿中侍御史、起居郎。清泰中，自吏部员外郎出为浑州廉判，入为刑部郎中，充盐铁判官，改吏部郎中兼侍御史知杂事。乾祐初，拜谏议大夫，卒年五十五。鼎善交游，能谈笑。居家仁孝，事继母赵氏甚谨，异母昆仲凡七人，抚之如一。性若宽易，而典选曹按吏有风稜，人称为能。

子衮，登进士第，文彩遒隽，仕周为左拾遗、直史馆，早卒。《永乐大典》卷九千九十九。

张允，镇州束鹿人。父征。允幼学为儒，仕本州为参军。张文礼之据州叛，庄宗致讨，允随文礼子处瑾请降于邺，不许，与处瑾并系于狱。镇、冀平，宥之，留于邺，署本府功曹。赵在礼婴城叛，署节度推官，从历沧、兖二镇书记。入为监察御史，历右补阙、起居舍人，充弘文馆直学士、水部员外郎、知制诰。清泰初，皇子重美为河南尹，典六军诸卫事，时朝廷选择参佐，以允刚介，改给事中，充六军判官。寻罢职，转左散骑常侍。

晋天福初，允以国朝频有肆赦，乃进《驳赦论》，曰："管子云：'凡赦者小利而大害，久而不胜其祸；无赦者小害而大利，久而不胜其福。'又，《汉纪》云：'吴汉病笃，帝问所欲言。对曰：唯愿陛下无为赦耳。'如是者何？盖行赦不以为恩，不行赦亦不以为无恩，为罚有罪故也。窃观自古帝王，皆以水旱则降德音而宥过，开犴牢以放囚，冀感天心以救其灾者，非也。假有二人讼，一有罪，一无罪，若有罪者见赦，则无罪者衔冤，衔冤者彼何疏，见舍者此何亲乎？如此则是致灾之道，非救灾之术也。自此小民遇天灾则喜，皆相劝为恶，曰国家好行赦，必赦我以救灾，如此即是国家教民为恶。且天道福善祸淫，若以赦为恶之人，而更变灾为福，则又是天助其恶民也。细而究之，必不然矣。倘或天降之灾，盖欲警诫人主，节嗜欲，务勤俭，恤鳏寡，正刑罚，不滥舍有罪，不僭杀无辜，使美化行于下，圣德闻于上,则虽有水旱,亦不为诊矣。岂以滥赦有罪,而反能救其灾乎？彰其德乎？是知赦之不可行也明哉！"帝览而嘉之,降诏奖饰,仍付史馆。

五年,迁礼部侍郎,凡三典贡举,改御史中丞,转兵部侍郎、知制诰,充翰林学士承旨。契丹入京城,落职守本官。案《东都事略·刘温叟传》：契丹入京师,温叟惧随契丹北徙,与承旨张允求去职。契丹主怒,欲黜为县令。赵延寿曰："学士不称职而求解者,罢之可也。"得不黜。乾祐初,授吏部侍郎。自诛史弘肇后,京城士庶,连甍恐悚,允每朝退,即宿于相国寺僧舍。及北军入京师,允匿于佛殿藻井之上,隧屋而卒,时年六十五。

子鸾,仕皇朝为太常少卿。《永乐大典》卷六千三百五十一。

任延皓,并州人也。业术数风云之事。晋高祖在太原重围时,高祖最为亲要,延皓以本业请见,高祖甚加礼遇。晋天福初,延皓授太原掾,寻改交城、文水令,皆高祖慰荐之力也。高祖镇太原,延皓多言外事,出入无间,高祖左右皆惮之。在文水聚敛财贿,民欲陈诉,延皓知之。一日,先诬告县吏结集百姓,欲劫县库。高祖怒,遣骑军并擒县民十数,族诛之,冤枉之声,闻于行路。高祖即位,累官至殿中监,恃宠使气,人望而畏之,虽宰辅之重,延皓视之蔑如也。刘崇在河东,日常切齿。及魏王承训薨,归葬太原,令延皓择葬地,时有山冈僧谓刘崇曰："魏王葬地不吉,恐有重丧。"未几,高祖崩,崇以僧言奏之,乃配流延皓于麟州。路由文水,市民掷瓦殴骂甚众,吏人求之仅免。既至贬所,刘崇令人杀之,籍没其家。《永乐大典》卷九千三百五十一。

史臣曰：李崧仕唐、晋之两朝,耸伊、吕之重望,考其器业,无忝台衡。会多僻之朝,被惨夷之戮,人之不幸,天亦难忱。逢吉秉蛇虺之心,窃夔、龙之位,杀人不忌,与国俱亡。李崧之冤血未消,逢吉之枭首斯至？冥报之事,安可忽诸！自李磷而下,凡数君子者,皆践履朝行,彰施帝载,国华邦直,斯焉在哉！延皓之丑行,宜乎不得其死矣。《永乐大典》卷九千三百五十一。

# 旧五代史卷一〇八考证

　　汉列传五龙敏传末帝亲将李懿　:案《通鉴》作前郑州防御使李懿。　　改工部尚书　案:《欧阳史》作迁工部侍郎。

旧五代史卷一〇九

汉书一一

# 列传第六

## 杜重威　李守贞　赵思绾

　　杜重威，其先朔州人，近世徙家于太原。祖兴，振武牙将。父堆金，事唐武皇为先锋使。重威少事明宗，自护圣军校领防州刺史。其妻即晋高祖妹也，累封宋国大长公主。天福初，命重威典禁军，遥授舒州刺史。二年，张从宾构乱，据汜水，晋高祖遣重威与侯益率众破之，以功授潞州节度使。与杨光远降范延光于邺城，改许州节度使，兼侍卫亲军马步军副指挥使，寻加同平章事。未几，移镇郓州，迁侍卫亲军马步军都指挥使。《通鉴》：冯道、李崧屡荐重威之能，以为都指挥使，充随驾御营使。及镇州安重荣称兵向阙，命重威御之，败重荣于宗城。重荣奔据常山，重威寻拔其城，斩重荣首传于阙下，授成德军节度使。所得重荣家财及常山公帑，悉归于己，晋高祖知而不问。至镇，复重敛于民，税外加赋，境内苦之。《通鉴》：重威所至黩货，民多逃亡，尝出过市，谓左右曰："人言我驱尽百姓，何市人之多也！"

　　少帝嗣位，与契丹绝好，契丹主连年伐晋，重威但闭壁自守。部内城邑相继破陷，一境生灵受屠戮，重威任居方面，末尝以一士一骑救之。每敌骑数十驱汉人千万过城下，如入无人之境，重威但登陴注目，略无邀取之意。开运元年秋，加北面行营招讨使。二年，领大军下泰州、满城，遂城。契丹主自古北口回军，追蹑王师，重威等狼狈而旋,至阳城,为契丹所困。会大风狂猛,军情愤激,符彦卿、张彦泽等引军四出,敌众大溃,诸将欲追之,重威曰:"逢贼得命,更望福乎!"遂收军驰归常山。先是,重威于州内括借钱帛,吏民大被其苦,人情咸怨,重以境内凋弊,十室九空,重威遂无留意,连上表乞归朝,不俟报即时上路。朝廷以边上重镇,主帅擅离,苟有奔冲,虑失御备,然亦无如之何,即以马全节代之,重威寻授邺都留守。会镇州军食不继,遣殿中监王钦祚就本州和市,重威私第有粟十余万斛,遂录之以闻。朝廷给绢数万匹,偿其粟值。重威大忿曰:"我非反逆,安得籍没耶!"

三年冬,晋少帝诏重威与李守贞等率师略瀛、鄚。师至瀛州城下,晋骑将梁汉璋进与契丹接战,汉璋死焉。重威即时命回军,次武强,闻契丹主南下,乃西赵镇州,至中渡桥与契丹夹滹水而营。十二月八日,宋彦筠、王清等率数千人渡滹沱,阵于北岸,为敌所破。时契丹游军已至栾城,道路隔绝,人情危蹙,重威密遣人诣敌帐,潜布腹心。契丹主大悦,许以中原帝之,重威庸暗,深以为信。一日,伏甲于内,召诸将会,告以降敌之意,诸将愕然,以上将既变,乃俯首听命,遂连署降表,令中门使高勋赍送敌帐,军士解甲,举声恸哭。是日,有大雾起于降军之上。契丹主使重威衣赭袍以示诸军,寻伪加守太傅,邺都留守如故。

契丹主南行,命重威部辖晋军以从,既至东京,驻晋军于陈桥,士伍饥冻,不胜其苦。重威每出入衢路,为市民所诟,俯首而已。契丹下令括率京城钱帛,将相公私,雷同率配,重威与李守贞各万缗。乃告契丹主曰:"臣等以十万汉军降于皇帝,不免配借,臣所不甘。"契丹主笑而免之。寻群盗断澶州浮梁,契丹乃遣重威归藩。明年三月,契丹主北去,至相州城下,重威与妻石氏诣牙帐贡献而回。

高祖车驾至阙,以重威为宋州节度使,加守太尉,重威惧,闭城拒命。诏高行周率兵攻讨,重威遣其子弘遂等告急于镇州满达勒,旧作麻答,今改正。乞师救援,且以弘遂为质,满达勒遣蕃将杨衮赴之。未几,镇州诸军逐满达勒,杨衮至洛州而回。十月,高祖亲征,车驾至邺城之下，遣给事中陈观等赍诏入城，许其归命，重威不纳。数日，高祖亲率诸军攻其垒，不克，王师伤夷者万余人。《宋史·杜汉徽传》云：从高行周讨杜重威于邺城，屡为流镞所中，身被重创，犹力战，观者壮之。高祖驻军数旬，城中粮尽，屑曲饼以给军士，吏民需逾垒而出者甚众，皆无人色。至是，重威牙将诣行宫请降，复遣节度判官王敏奉表请罪，赐优诏敦勉，许其如初。重威即遣其子弘遂、妻石氏出候高祖，重威继踵出降，素服俟罪，复其衣冠，赐见，即日制授检校太师、守太傅、兼中书令。邺城士庶，殍踣者十之六七。

先是，契丹遣幽州指挥使张琏，以部下军二千余人屯邺，时亦有燕军一千五百人在京师。会高祖至阙，有上变者，言燕军谋乱，尽诛于繁台之下，咸称其冤。有逃奔于邺者，备言其事，故张琏等惧死，与重威胶固守城，略无叛志。高祖亦悔其前失，累令宣谕，许以不死。琏等于城上扬言曰："繁台之诛，燕军何罪？既无生理，以死为期。"琏一军在围中，重威推食解衣，尽力姑息。燕军骄悍，凭陵吏民，子女金帛，公行豪夺。及重威请命，琏等邀朝廷信誓，诏许琏等却归本土。及出降，尽诛琏等将数十人，其什长已下放归幽州，将出汉境，剽略而去。高祖遣三司使王章、枢密副使郭威，录重威部下将吏尽诛之，籍其财产与重威私帑，分给将士。

车驾还宫，高祖不豫，既而大渐，顾命之际，谓近臣将佐曰："善防重威。"帝崩，遂收重威，重威子弘璋、经琏、弘璨诛之。诏曰："杜重威犹贮祸心，未悛逆节，枭音不改，虺性难驯。昨朕小有不安，罢朝数日，而重威父子潜肆凶言，怨谤大朝，扇惑小辈。今则显有陈告，备验奸期，既负深恩，须置极法。其重威父子并处斩，所有晋朝公主及外亲族，一切如常，仍与供给。"重威父子已诛，陈尸于通衢，都人聚观者诟骂蹴击，军吏不能禁，尸首狼籍，斯须而尽。

弘璘，重威之子也，累官至陈州刺史。《永乐大典》卷一万四千七百三十。《隆平集》：党进，幼为天雄军节度使杜重威奴，重威爱其淳谨，虽长，犹令与婢妾杂侍。重威败，周祖得之，以为铁骑都虞候。重威之后寒饿，进常分俸以给，士大夫或愧焉。

　　李守贞,河阳人也。少杰黠落魄,事本郡为牙将。晋高祖镇河阳,用为典客,后移数镇,皆从之。及即位,累迁至客省使。天福中,李金全以安州叛,淮夷入寇,晋高祖命马全节讨之,守贞监护其军,贼平,以守贞为宣徽使。少帝即位,授滑州节度兼侍卫马军都指挥使,未几,改侍卫都虞候。开运元年春,契丹犯澶、魏,少帝幸澶州,契丹遣将满达勒以奇兵由郓州马家口济河,立栅于东岸,守贞率师自澶州驰逐之。契丹大败,溺死者数千人,获马数百匹,偏裨七十余人。有顷,敌退。晋少帝还京,以守贞为兖州节度使,依前侍卫都虞候。

　　五月,以守贞为青州行营都部署,率兵二万东讨杨光远,命符彦卿为副。十一月,光远子承勋等乞降,守贞入城,害光远于别第。光远有孔目官吏宋颜者,尽以光远财宝、名姬、善马告于守贞,得之置于帐下。近例,官军克复城隍,必降德音,洗涤瑕秽。时枢密使桑维翰以光远同恶数十辈潜窜未出,搜索甚急,故制书久不下。或有告宋颜匿于守贞处者,朝廷取而杀之,守贞由是怨维翰。时行营将士所给赏赐,守贞尽以黝茶、染木、姜药之类分给之,军中大怒,乃以帛包所得物,如人首级,目之为守贞头,悬于树以诅之。守贞班师,加同平章事,杨光远东京第赐之。守贞因取连宅军营,以广其第,大兴土木,治之岁余,为京师之甲,行幸赐宴,恩礼无比。

　　开运二年春,契丹以全军南下,前锋至相州汤阴县,诏守贞屯滑州。少帝再幸澶州,守贞为北面行营都监,与招讨使杜重威北伐,洎获阳城之捷,遂收军而还。四月,车驾还京,以守贞为侍卫副都指挥使,移镇宋州,加检校太师。三年春,诏守贞率师巡边,至衡水,获郑州刺史赵思英而还。居无何,代高行周为侍卫亲军都指挥使,移镇郓州,意颇觖望。会宰臣李崧加侍中,守贞谓枢密使直学士殷鹏曰:“枢密何功,便加正相!”先是,桑维翰以元勋旧德为枢密使,守贞位望素处其下,每惮之,与李彦韬、冯玉辈协力排斥,维翰竟罢枢务。李崧事分疏远,守贞得以凌蔑。

　　其年夏,契丹寇边,以守贞为北面行营都部署。少帝开曲宴于内殿，以宠其行，教坊伶人献语云："天子不须忧北寇，守贞面上管幽州。"既罢，守贞有自负之色，以其言夸诧于外。既而率兵至定州北，与契丹偏师遇，斩其将嘉哩旧作解里，今改正。而还。九月，加兼侍中。会契丹遣瀛州刺史伪降于少帝，请发大军应接，朝廷信之。十月，诏杜重威为北面行营招讨使，以守贞为兵马都监，知幽州行府事。先是，守贞领兵再由邺都，杜重威厚加赠遗，曲意承迎，守贞悦之，每于帝前称举，请委征讨之柄。至是，守贞、重威等会兵于邺，遂趋瀛州，瀛州不应。贝州节度使梁汉璋为蕃将高牟翰所败，死之，王师遂还。师至深州，闻契丹大至，乃西趋镇州，至滹沱之中渡，与敌相遇。官军营于滹水之南，未几，骑潜渡至栾城，断我粮路，寻则王清战死，杜重威遂与守贞归命契丹，授守贞司徒，依前郓州节度使，从契丹至汴。时京辇之下，契丹充斥，都人士庶，若在涂炭。二帅出入扬扬，市人诟之，略无惭色。有顷，河北及京东草寇大起，澶州浮桥为群贼所断，契丹主甚恐，乃命诸帅各归本镇，守贞遂赴汶阳。高祖入汴，守贞惧而来朝，授守贞太保，移镇河中。居无何，高祖晏驾，杜重威被诛，守贞愈不自安，乃潜畜异计。

　　乾祐元年三月，先致书于权臣，布求保证，而完城郭，缮甲兵，昼夜不息。守贞以汉室新造，嗣君才立，自谓举无遗策。又有僧总伦者，以占术干守贞，谓守贞有人君之位。《通鉴》：凌仪人赵修己，素善术数，自守贞镇滑州，署司户参军，累从移镇。为守贞言："时命不可妄动。"前后切谏非一，守贞不听，乃称疾归里。未几，赵思绾以京兆叛，遣使奉表送御衣于守贞，守贞自谓天时人事合符于己，乃潜结草贼，令所在窃发，遣兵据关。《宋史·王继勋传》：李守贞之叛，令继勋据潼关，为郭从义所破。朝廷命白文珂、常思等领兵问罪，复遣枢密使郭威西征。官军初至，守贞以诸军多曾隶于麾下，自谓素得军情，坐俟叩城迎己，及军士诟谯，大失所望。《宋史·马全义传》：李守贞镇河中，召置帐下。守贞叛，周主讨之，全义每率敢死士夜出攻周祖垒，多所杀伤。守贞贪而无谋，性多忌刻，全义累为画策，皆不能用。俄而王景崇据岐下，与赵思绾遣使推奉，守贞乃自号秦王，思绾、景崇皆受守贞署置。又遣人赍蜡弹于吴、蜀、契丹，以求应援。马令《南唐书·朱元传》：守贞以河中反，汉命周太祖讨之，元与李平奉守贞表来乞师，未复而守贞败。**既而城中粮尽，杀人为食，召总伦诘其休咎，总伦至曰："王自有天分，人不能夺。然分野灾变，俟磨灭将尽，存留一人一骑，即王鹊起之际也。"守贞深以为信。洎攻城，守贞欲发石以拒外军，炮竿子不可得，无何，上游泛一筏至，其木悉可为炮竿，守贞以为神助，又尝因宴会将佐，守贞执弧矢，遥指一虎舐掌图曰："我若有非常之事，当中虎舌。"引弓一发中之，左右拜贺，守贞亦自负焉。**《宋史·吴虔裕传》：周祖讨三叛，以虔裕为河中行营都监，率护圣诸军五千以往。李守贞出兵五千余，设梯桥，分五路于长连城西北，以御周祖。周祖令虔裕率大军横击之，蒲人败走，夺其梯桥，杀伤大半。

及周光逊以西砦降，其势益窘，人情离散。官军攻城愈急，守贞乃潜于廨署多积薪刍，为自焚之计。二年七月，城陷，举家蹈火而死。王师入城，于烟中获其尸，断其首函之，并获数子二女，与其党俱献于阙下。隐帝御明德楼受俘馘，宣露布，百僚称贺。礼毕，以俘馘徇于都城，守贞首级枭于南市，诸子并贼党孙愿、刘芮、张延嗣、刘仁裕、僧总伦、靖琛、张球、王廷秀、焦文杰、安在钦等并磔于西市，余皆斩之。《永乐大典》卷一万三百九十。《五代史阙文》：符后先适河中节度使李守贞之子崇训。守贞尝得术士，善听声，知人贵贱，守贞举族悉令术士听之，独言后大富贵，尝母仪天下。守贞信之，因曰："吾妇尚为皇后，吾可知也。"遂谋叛。及城陷，后独免。周祖为世宗娶之，显德中，册为后。臣以谓术士之言，盖亦有时而中，人君之位，安可无望而求，公侯其诫之。

赵思绾，魏府人也。唐同光末，赵在礼之据魏城也。思绾隶于帐下，累从之。在礼卒，赵延寿籍其部曲，尽付于其长子赞，思绾即其首领也。高祖定河、洛，赵赞自河中移京兆尹。赵赞以久事契丹，常虑国家终不能容，乃与凤翔侯益谋，引蜀兵为援，又令判官李恕入朝请觐，赵赞不待报赴阙，留思绾等数百人在京兆。会高祖遣王景崇等西赴凤翔，行次京兆，时思绾等数百人在焉。思绾等比是赵在礼御士,本不刺面,景崇、齐藏珍既至京兆,欲令文面,以防逋逸。
景崇微露风旨,思绾厉声先请自刺,以率其下,景崇壮之。藏珍窃言
曰:"思绾粗暴难制,不如杀之。"景崇不听,但率之同赴凤翔。

　　朝廷闻之,遣供奉官王益部署思绾等赴阙。思绾既发,行至途
中,谓其党常彦卿曰:"小太尉已入佗手,吾辈至,则并死矣。"小太
尉盖谓赵赞也。彦卿曰:"临机制变,子勿复言!"既行,至永兴,副使
安友规、巡检使乔守温出迎,于郊外离亭置酒。思绾前曰:"部下军
士已在城东安下,缘家属在城,欲各将家令夜便宿城东。"守温等然
之。思绾等辞去,部下并无兵仗,才入西门,有州校坐门侧,思绾遽
夺其佩剑,即斩之。其众持白挺杀守门军士十余人,分众守捉诸门。
思绾劫库兵以授之,遂据其城,时乾祐元年三月二十四日也。翌日,
集城中丁壮得四千余人,浚池隍,修楼橹,浃旬之间,战守皆备。寻
遣人送款于河中,李守贞遣使赍伪诏授思绾晋昌军节度使、检校太
尉。朝廷闻之,命郭从义、王峻帅师伐之。及攻其城,王师伤者甚众,
乃以长堑围之,经年粮尽,遂杀人充食。思绾尝对众取人胆以酒吞
之,告众曰:"吞此至一千,即胆气无敌矣。"《太平广记》:贼臣赵思绾自
倡乱至败,凡食人肝六十六,无不面剖而脍之。二年夏,食既尽,思绾计无
从出,时左骁卫上将军致仕李肃寓居城中,因与判官陈让能同言于
思绾曰:"太尉比与国家无嫌,但负罪惧诛,遂为急计。今朝廷三处
用兵,一城未下,太尉若翻然效顺,率先归命,以功补过,庶几无患。
若坐守穷城,端然待毙,则何贵于智也。《洛阳晋绅旧闻记》:思绾主蓝
田副镇,有罪已发。李公时为环卫将兼雍耀三白渠使、雍耀庄宅使、节度副
使,权军府事,护而脱之,来谢于李公。公归宅,夫人诘之曰:"赵思绾庸贱人,公何
以免其过?即来谢又何必见之乎?"曰:"某比不言,夫人问,须言之。思绾虽贱
类,审观其状貌,真乱臣贼子,恨位下未有朕迹,不然除去之可也。"夫人曰:
"既不能除去,何妨以小惠唉之,无使衔怨。"自后夫人密遣人令思绾之妻来
参,夫人厚以衣物赐之,前后与钱物甚多。及汉朝,公以上将军告老归雍。未
久,思绾过雍,遂闭门据雍城叛,衣冠之族,遭涂炭者众,公全家免祸。终以计
劝思绾纳款,遂拨雍城。思绾然之,即令让能为章表,遣牙将刘成琦入

朝,制授思绾华州留后、检校太保,以常彦卿为虢州刺史,遣内臣赍官告国信赐之。既受命,迟留未发。郭从义、王峻等筹之曰:"狼子野心。终不可用,留之必遗后悔耳!"既而从义、王峻等缓辔入城,陈列步骑至牙署,遣人召思绾曰:"太保登途,不暇出祖,对引一杯,便申彼别。"思绾至,则执之,遂斩于市,并族其家。《东都事略·郭从义传》云:思绾困甚,从义遣人诱之,伴许以华州节钺。思绾信之,遂开门送款,从义入城,思绾谒见,即遣武士执之,思绾临刑,市人争投瓦石以击之,军吏不能禁。是日,并部下叛党新授虢州刺史常彦卿等五百余人并诛之。籍思绾家财,得二十余万贯,入于官。案《欧阳史》:思绾犀留不行,阴遣人入蜀,郭威命从义图之。从义因入城召思绾,趣之上道,至则擒之。思绾问曰:"何以用刑?"告者曰:"立钉也。"思绾厉声曰:"为吾告郭公,吾死末足塞责,然钉磔之丑,壮夫所耻,幸少假之。"从义许之,父子俱斩于市。

始思绾入城,丁口仅十余万,及开城,惟余万人而已,其饿毙之数可知矣。《永乐大典》卷一万六千九百九十一。

# 旧五代史卷一〇九考证

汉列传五杜重威传遣给事中陈观等　　陈观,《欧阳史》避私讳作陈同。　　赵思绾传即令让能为表章遣牙将刘成琦入朝　　案:《宋史·郭从义传》作从义击书矢上,射入城中,说思绾令降,与是书异。　　并部下叛党新授虢州刺史常彦卿等五百余人　　案:《宋史·郭从义传》作三百余人。　　满达勒,旧作麻答,今改。嘉哩,旧作解里,今改。

旧五代史卷一一○

周书一

# 太祖本纪第一

　　太祖圣神恭肃文武孝皇帝,姓郭氏,讳威,字文仲,邢州尧山人也。或云本常氏之子,幼随母适郭氏,故冒其姓焉。案《五代会要》:周號叔之后。高祖讳璟,广顺初,追尊为睿和皇帝,庙号信祖,陵曰温陵;高祖妣张氏,追谥睿恭皇后。曾祖讳谌,汉赠太保,追尊为明宪皇帝,庙号僖祖,陵曰齐陵;曾祖妣郑国夫人申氏,追谥明孝皇后。祖讳蕴,汉赠太傅,追尊为翼顺皇帝,庙号义祖,陵曰节陵;案《五代会要》:温陵、齐陵、节陵皆无陵所,遥申朝拜。祖妣陈国夫人韩氏,追谥翼敬皇后。皇考讳简,汉赠太师。追尊为章肃皇帝,庙号庆祖,陵曰钦陵;皇妣燕国夫人皇氏,追谥为章德皇后。后以唐天祐元年甲子岁七月二十八日,生帝于尧山之旧宅。载诞之夕,赤光照室,有声如炉炭之裂,星火四迸。

　　帝生三岁,家徙太原。居无何,皇考为燕军所陷,殁于王事。帝未及韶龀,章德太后弃世,姨母楚国夫人韩氏提携鞠养。及长,形神魁壮,趣向奇崛,爱兵好勇,不事田产。天祐末,潞州节度使李嗣昭常山战殁,子继韬自称留后,南结梁朝,据城阻命,乃散金以募豪杰。帝时年十八,避吏故关,依故人常氏,遂往应募。帝负气用刚,好斗多力,继韬奇之,或逾法犯禁,亦多假借焉。尝游上党市,有市屠壮健,众所畏惮,帝以气凌之,因醉命屠割肉,小不如意,叱之。屠者怒,坦腹谓帝曰:"尔敢刺我否?"帝即刺其腹,市人执之属吏,继韬惜而逸之。其年，庄宗平梁，继韬伏诛，麾下牙兵配从马直，帝在籍中，时年二十一。帝性聪敏，喜笔札，及从军旅，多阅簿书，军志戎政，深穷紧肯，人皆服其敏。尝省昭义李琼，琼方读《阃外春秋》，即取视之，曰："论兵也，兄其教我。"即授之，深通义理。《宋史·李琼传》：唐庄宗募勇士，即应募，与周祖等十人约为兄弟。一日会饮，琼熟视周祖，知非常人，因举酒祝曰："凡我十人，龙蛇混合，异日富贵，无相忘。苟渝此言，神降之罚。"皆刺臂出血为誓。周祖与琼情好尤密，尝造琼，见其危坐读书，因问所读何书，琼曰："此《阃外春秋》，所谓以正守国，以奇用兵，较存亡治乱，记贤愚成败，皆在此也。"周祖令读之，谓琼曰："兄尝教我。"自是周祖出入，常袖以自随，遇暇辄读，每问难琼，谓琼为师。

天成初，明宗幸浚郊。时朱守殷婴城拒命，帝从晋高祖一军率先登城。晋祖领副侍卫，以帝长于书计，召置麾下，令掌军籍，前后将臣，无不倚爱。初，圣穆皇后媵于帝，方匮乏，而后多资从。案《东都事略》：柴后资周太祖以金帛，使事汉高祖。常昼寝，有小虵五色，出入颡鼻之间，后遽见愕然。在太原时，有神尼与帝同姓，见帝，谓李琼曰："：我宗天上大仙，顶上有肉角，尝为世界主。"清泰末，晋祖起于河东，时河阳节度使张彦琪为侍卫步军都指挥使，奉命北伐，帝从之，营于晋祠。是时屋坏，同处数人俱毙，唯帝独无所伤。汉高祖为侍卫马步都虞候，召置左右。所居官舍之邻吴氏，有青衣佳娘者，为山魈所魅，鬼能人言，而投瓦石，邻伍无敢过吴氏之舍者。帝过之，其鬼寂然，帝去如故，如是者再。或谓鬼曰："尔既神，向者客来，又何寂然？"鬼曰："彼大人者。"系是军中异之。延光叛于魏，命杨光远讨之，帝当行，意不愿从。或谓帝曰："杨公当朝重勋，子不欲从，何也？"帝曰："杨公素无英雄气，得我何用？能用我其刘公乎！"汉祖累镇藩阃，皆从之。及镇并门，尤深待遇，出入帷幄，受腹心之寄，帝亦悉心竭力，知无不为。及吐浑白可久叛入契丹，帝劝汉祖诛白承福等五族，得良马数千匹、财货百万计以资军。

开运末，契丹犯阙，晋帝北迁。帝与苏逢吉、杨邠、史弘肇等劝汉祖建号，以副人望。汉高祖即位晋阳，时百度草创，四方犹梗，经

纶缔构,帝有力焉。授权枢密副使、检校司徒。汉高祖至汴,正授枢
密副使、检校太保。乾祐元年春,汉高祖不豫,及大渐,与苏逢吉等
同受顾命。隐帝嗣位,拜枢密使,加检校太尉。旧制,枢密使未加使
相者,不宣麻制,至是宣之,自帝始也。《东都事略·魏仁浦传》:仁浦少
为刀笔吏,隶枢密院,太祖问以卒乘数,仁浦对曰:"带甲者六万。"太祖喜曰:
"天下事不足忧也。"有顷,河中李守贞据城反,朝廷忧之,诸大臣共议
进取之计。史弘肇曰:"守贞,河阳一客司耳,竟何能为?"帝曰:"守
贞虽不习戎行,然善接英豪,得人死力,亦劲敌,宜审料之。"乃命白
文珂、常思率兵攻取。师未至,而赵思绾窃据永兴,王景崇反状亦
露,朝廷遣郭从义、王峻讨赵思绾。七月,西面师徒大集,未果进取。
其月十三日,制授帝同平章事,即遣西征,以安慰招抚为名,诏西面
诸军,并取帝节度。时论以白文珂、常思非守贞之敌,闻帝西行,群
情大惬。《宋史·李谷传》:周祖讨河中,谷掌转运。时周祖已有人望,潜贮异
志,屡以讽谷,谷但对以人臣当尽节奉上而已。八月六日,帝发离京师。二
十日,师至河中。《宋史·扈彦珂传》:周祖为枢密使,总兵出征,时议多以
先讨景崇、思绾为便,周祖意未决。彦珂曰:"三叛连衡,推守贞为主,宜先击河
中。河中平,则永兴、凤翔失势矣。今舍近图远,若景崇、思绾逆战于前,守贞兵
其后,腹背受敌,为之奈何?"周祖从其言。命白文珂营于河西,帝营于河
东。不数日,周设长堑,复筑长连城以逼之。帝在军,居常接宾客,
与大将燕语,即褒衣博带,或遇巡城垒,对阵敌,幅巾短后,与众无
殊。临矢石,冒锋刃,必以身先,与士伍分甘共苦。稍立功效者,厚
其赐与,微有伤痍者,亲为循抚,士无贤不肖,有所陈启,温颜以接,
俾尽其情,人之过忤,未尝介意,故君子小人皆思效用。守贞闻之,
深以为忧。十二月,帝以蜀军屯大散关,即亲率牙兵往凤翔、永兴,
相度将发,谓白文珂、刘词曰:"困兽犹斗,当谨备之。"帝至华州,闻
蜀军退败,遂还。

　　二年正月五日夜,李守贞遣将王三铁领千余人,夜突河西砦,
果为刘词等力战败之。先是,军中禁酒,帝有爱将李审犯令,斩之以
徇。五月九日,攻河西砦,贼将周光逊以砦及部众千余人来降。十

七日,下令攻城,会西北大风,扬沙晦冥,帝令祷河伯祠,奠讫而风止,自是昼夜攻之。七月十三日,帝率三砦将士夺贼罗城。二十一日,城陷,贞举家自焚而死。帝前梦河神告曰:“七月下旬,上帝当灭守贞之族。”至是收复贼垒。城中人言,见帝营上有紫气,如楼阁华盖之状。《东都事略·王溥传》周太祖将兵讨三叛,以溥为从事。三叛既平,朝士及藩镇尝以书往来,词意涉于悖逆者,太祖籍其名,欲案之。溥谏曰:“魑魅伺夜而出,日月既照,则氛祲消矣。请焚之,以安反侧。”太祖从之。

二年八月五日,帝自河中班师,其月二十七日入朝。汉帝命升阶抚劳,酌御酒以赐之,锡赍优厚。翌日,汉帝议勋,欲兼方镇,帝辞之,乃止。帝以出征时听子都七十三人,具籍献之。九月五日,制加检校太师、兼侍中。十月,契丹入寇,前锋至邢、洺、贝、魏,河北告急,帝受诏率师赴北边,以宣徽南院使王峻为监军,其月十九日,帝至邢州,遣王峻前军趋镇、定。时契丹已退,帝大阅,欲临寇境,诏止之。

三年二月,班师。三月十七日,制授邺都留守,枢密使如故。时汉帝以北戎为患,委帝以河朔之任,宰相苏逢吉等议,藩臣无兼枢密使例。史弘肇以帝受任之重,苟不兼密务,则难以便宜从事。竟从弘肇之议,诏河北诸州,凡事一禀帝节度。帝将北行,启汉帝曰:“陛下富有春秋,万几之事,宜审于听断。文武大臣,乃心王室,凡事谘询,即无败失。”汉帝敛容谢之。帝至邺,尽去烦弊之事,不数月,阃政有序,一方晏然。诏书褒美。一夕,在山亭院斋中,忽有黄气起于前,上际于天,帝于黄气中见星文,紫微、文昌,烂然在目,既而告之星者曰:“予于室中见天象,不其异乎?”对曰:“坐见天衢,物不能隔,至贵之祥也。”翌日,牙署中有紫气起于幡竿龙首,凡三日。

十一月十四日,澶州节度使李洪义、侍卫步军都指挥使王殷遣澶州副使陈光穗至邺都,报京师有变:是月十三日旦,群小等害史弘肇等。前一夕,李业等遣腹心赍密诏至澶州,令李洪义杀王殷,又令护圣左厢都指挥使郭崇等害帝于邺城。十三日,洪义受得密诏,恐事不济,乃以密诏示王殷,殷与洪义即遣陈光穗驰报于帝。十四日，帝方与宣徽使王峻坐议边事。忽得洪义文字，遽归牙署，峻亦未知其事。帝初知杨、史诸公被诛，神情惘然；又见移祸及己，伸诉无所，即集三军将校谕之曰："予从微至著，辅佐国家，先皇登遐，亲受顾托，与杨、史诸公，弹压经谋，忘寝与食，一旦无状，尽已诛夷。今有诏来取予首级，尔等宜奉行诏旨，断予首以报天子，各图功业，且不累诸君也。"崇等与诸将校泣于前，言曰："此事必非圣意，即是左右小人诬罔窃发，假令此辈握重柄，国得安乎！宜得披论，以判忠佞，何事信单车之使而自弃，千载之下，空受恶名。崇等愿从明公入朝，面自洗雪，除君侧之恶，共安天下。"众然之，遂请帝南行，帝即严驾首途。

十六日，至澶州，王殷迎谒恸哭。时隐帝遣小坚鸾脱侦邺军所在，为游骑所执，帝即遣回，令附奏隐帝赴阙之由，仍以密奏置鸾脱衣领中。奏曰："臣发迹寒贱，遭遇圣明，既富且贵，实过平生之望，唯思报国，敢有他图！今奉诏命，忽令郭崇等杀臣，即时俟死，而诸军不肯行刑，逼臣赴阙，令臣请罪上前，仍言致有此事，必是陛下左右潜臣耳。今鸾脱至此，天假其便，得伸臣心，三五日当及阙朝陛下。若以臣有欺天之罪，臣岂敢惜死；若实有潜臣者，乞陛下缚送军前，以快三军之意，则臣虽死无恨。今托鸾脱附奏以闻。"十七日，帝至滑州，节度使宋延渥开门迎纳，帝将发滑台，召将士谓之曰："主上为谗邪所惑，诛杀勋臣，吾之此来，事不获已，然以臣拒君，宁论曲直！汝等家在京师，不如奉行前诏，我以一死谢天地，实无所恨。"将校前启曰："国家负公，公不负国，请公速行，无迟久，安邦雪怨，正在此时。"既而王峻谕军曰："我得公处分，俟平定京城，许尔等旬日剽掠。"众皆踊跃。

十九日，隐帝遣左神武统军袁义，前邓州节度使刘重进率禁军来拒，与前开封尹侯益等屯赤岗，是夜俱退。二十日，隐帝整阵于刘子陂。二十一日，两阵俱列，慕容彦超率军奋击，帝遣何福进、王彦超、李筠等大合骑以乘之。慕容彦超退却，死者百余人，于是南军夺气，稍稍奔于北军。慕容彦超与数十骑东奔兖州。吴虔裕、张彦超等相继来见帝,是夜侯益、焦继勋潜至帝营,帝慰劳遣还。

二十二日旦,郭允明弑汉隐帝于北郊。初,官军之败,帝谓宋延渥曰:"尔国亲,可速往卫主上,兼附奏,请陛下得便速奔臣军,免为左右所图。"及延渥至,乱兵云合,即惶骇而还。是旦,帝望见天子旌旗于高坡之上,谓隐帝在其下,既免胄释马而前,左右虑有不测,请帝止。帝泣曰:"吾君在此,又何忧焉。"及至前,隐帝已去矣,帝歔欷久之。俄闻隐帝遇弑,号恸不已。帝至玄化门,刘铢雨射城外,帝回车自迎春门入,诸军大掠。烟火四发,帝止于旧第,何福进以部下兵守明德门。翌日,王殷、郭崇言曰:"若不止剽掠,比夜化为空城耳。"由是诸将部分斩其剽者,至晡乃定。帝与王峻诣太后宫起居,请立嗣君,乃以高祖侄徐州节度使赟入继大统,语在《汉纪》。二十七日,帝以嗣君未至,请太后临朝,会镇、定州驰奏,契丹入寇,河北诸州告急,太后命帝北征。

十二月一日,帝发离京师。四日,至滑州,驻马数日。会湘阴公遣使慰劳诸将,受宣之际,相顾不拜,皆窃言曰:"我辈陷京师,各各负罪,若刘氏复立,则无种矣。"或有以言告帝者,帝愕然,即时进途。十六日,至澶州。是日旭旦,日边有紫气来,当帝之马首。十九日,下令诸军进发。二十日,诸军将士大噪趋驿,如墙而进,帝闭门拒之。军士登墙越屋而入,请帝为天子。乱军山积,登阶匝陛,扶抱拥迫,或有裂黄旗以被帝体,以代赭袍,山呼震地。帝在万众之中,声气沮丧,闷绝数四,左右亲卫,星散窜匿,帝即登城楼,稍得安息,诸军遂拥帝南行。时河冰初解,浮梁未构。是夜北风凛烈,比旦冰坚可渡,诸军遂济,众谓之"凌桥",济竟冰泮,时人异之。时湘阴公已驻宋州,枢密使王峻在京,闻澶州之变,遣侍卫马军指挥使郭崇率七百骑赴宋州,以卫湘阴公。二十五日,帝至七里店,群臣谒见,遂营于皋门村。

二十七日,汉太后令曰:"枢密使、侍中郭威,以英武之才,兼内外之任,剪除祸乱,弘济艰难,功业格天,人望冠世。今则军民爱戴,朝野推崇,宜总万几,以允群议,可监国,中外庶事,并取监国处

分。"二十八日,监国教曰:

寡人出自军戎,本无德望,因缘际会,叨窃宠灵。高祖皇帝甫在经纶,待之心腹,洎登大位,寻付重权。当顾命之时,受忍死之寄,与诸勋旧,辅立嗣君。旋属三叛连衡,四郊多垒,廖膺朝旨,委以专征,兼守重藩,俾当勍敌,敢不横身毅力,竭节尽心,冀肃静于疆场,用保安于宗社。不谓奸邪搆乱,将相连诛,偶脱锋芒,克平患难,志安刘氏,愿报汉恩,推择长君,以绍丕搆,遂奏太后,请立徐州相公,奉迎已在于道途,行李未及于都辇。寻以北面事急,敌骑深侵,遂领师徒,径往掩袭,行次近镇,已渡洪河。十二月二十日,将登澶州,军情忽变,旌旗倒指,喊叫连天,引袂牵襟,迫请为主,环绕而逃避无所,纷纭而逼胁愈坚,顷刻之间,安危莫保,事不获已,须至徇从,于是马步诸军拥至京阙。今奉太后诏旨,以时运艰危,机务难旷,俾令监国,逊避无由,俛俯遵承,夙夜忧愧云。

时文武百官、内外将帅、藩臣郡守等,相继上表劝进。三十日夜,御营西北隅步军将校因醉扬言:"昨澶州马军扶策,步军今欲扶策。"寻令虞侯诘其姓名,昧旦擒而斩之。其一军仍纳甲仗,遣中监送就粮所。

广顺元年春正月丁卯,汉太后诏曰:"邃古以来,受命相继,是不一姓,传诸百王,莫不人心顺之则兴,天命去之则废,昭然事迹,著在典书。予否运所丁,遭家不造,奸邪搆乱,朋党横行,大臣冤枉以被诛,少主仓卒而及祸,人自作孽,天道宁论。监国威,深念汉恩,切安刘氏,即平乱略,复正颓纲,思固护于基扃,择继嗣于宗室。而狱讼尽归于西伯,讴谣不在于丹朱,六师竭推戴之诚,万国仰钦明之德,鼎革斯契,图箓有归,予作佳宾,固以为幸。今奉符宝授监国,可即皇帝位。於戏! 天禄在躬,神器自至,允集大命,永绥兆民,敬之哉!"是日,帝自皋门入大内,御崇元殿,即皇帝位。制曰:

自古受命之君,兴邦建统,莫不上符天意,下顺人心。是以夏德既衰,爰启有商之祚;炎风不竞,肇开皇魏之基。朕早事前朝,久居重位。受遗辅政,敢忘伊、霍之忠;仗钺临戎,复委韩、彭之任。匪躬尽瘁,焦思劳心,讨叛涣于河、潼,张声援于岐、雍,竟平大憝,粗立微劳。才旋旆于关西,寻统兵于河朔,训齐师旅,固护边陲,只将身许国家,不以贼遗君父。外忧少息,内患俄生,群小连谋,大臣遇害,栋梁既圮,社稷将倾。方在藩维,以遭谗搆。逃一生于万死,径赴阙庭,枭四罪于九衢,幸安区宇。将延汉祚,择立刘宗,征命己行,军情忽变。以众庶所逼,逃避无由,扶拥至京,尊戴为主。重以外中劝进,方岳推崇,俛俯虽顺于群心,临御实惭于凉德。改元建号,只率于旧章,革故鼎新,宜覃于霈泽。

朕本姬室之远裔,虢叔之后昆,积庆累功,格天光表,盛德即延于百世,大命复集于朕躬,今建国宜以大周为号,可改汉乾祐四年为广顺元年。自正月五日昧爽已前,应天下罪人,常赦所不原者,咸赦除之。故枢密使杨邠、侍卫都指挥使史弘肇、三司使王章等,以劳定国,尽节致君,千载逢时,一旦同命,悲感行路,愤结重泉,虽寻雪于沉冤,宜更伸于渥泽,并可加等追赠,备礼归葬,葬事官给,仍访子孙叙用。其余同遭枉害者,亦与追赠。马步诸军将士等,戮力叶诚,输忠效义,先则平时难,后乃推戴朕躬,言念勋劳,所宜旌赏。其原属将士等,各与等第,超加恩命,仍赐功臣名号,已带功臣者别与改赐。应左降官,未量移者与量移,已量移者与复资,已复资者量加叙录。亡官失爵之人,宜与齿用,配流徒役人,并许放还。诸处有犯罪逃亡之人,及山林草寇等,一切不问,如赦到后一月不归本业者,复罪如初。内外前任、见任文武官僚致仕官,各与加恩。应在朝文武臣僚、内臣诸司使、诸道行军副使、藩方马步都指挥使,如父母在,未有恩泽者即与恩泽,已施者更与恩泽;如亡殁,未曾追封赠者亦与封赠,已封赠者更与封赠。

应天下州县,所欠乾祐元年、二年已前夏秋残税沿征物色,并三年夏税诸色残欠,并与除放。澶州已来,官路两边共二十里内，并乾祐三年残税欠税，并与除放。应河北沿边州县，自去年九月后来，曾经契丹蹂践处，其人户应欠乾祐三年终已前积年残欠诸色税物，并与除放。应系三司主持钱谷败阙场院官取乾祐元年终已前征纳外，灼然无抵当者，委三司分析闻奏。天下仓场、库务，已令节度使专切钤辖，掌纳官吏一依省条指挥，不得别纳斗余、秤耗，旧来所进羡余物色，今后一切停罢。

应乘舆服御之物，不得过为华饰，宫闱器用，务从朴素，大官常膳，一切减损。诸道所有进奉，以助军国之费，其珍巧纤华及奇禽异兽鹰犬之类，不得辄有献贡，诸无用之物，不急之务，并宜停罢。帝王之道，德化为先，崇饰虚名，朕所不取，苟致治之未洽，虽多端以奚为！今后诸道所有祥瑞，不得辄有奏献。

古者用刑，本期止辟，今兹作法，义切禁非。盖承弊之时，非猛则奸凶难制；及知劝之后，在宽则典宪得宜。相时而行，庶臻中道。今后应犯窃盗贼赃及和奸者，并依晋天福元年已前条制施行。应诸犯罪人等，除反逆罪外，其罪并不得籍没家产，诛及骨肉，一依格令处分。

天下诸侯，皆有亲戚，自可慎择委任，必当克效参裨。朝廷选差，理或未当，宜矫前失，庶叶通规。其先于在京诸司差军将充诸州郡元从都押衙、孔目官、内知客等，并可停废，仍勒却还旧处职役。近代帝王陵寝，合禁樵采。唐庄宗、明宗、晋高祖，各置守陵十户，以近陵人户充。汉高祖皇帝陵署职员及守宫人，时日荐飨，拼守陵人户等，一切如故。仍以晋、汉之胄为二王后，委中书门下处分云。

司天上言："今国家建号，以木德代水，准经法国以姓墓为腊，请以未日为腊。"从之。时议者曰："昔武王胜殷，岁集于房，国家受命，金木集于房。文王厄羑里，而卦遇明夷，帝脱于邺，大衍之数，复得明夷，则周为国号，符于文、武矣。"先是，丁未年夏六月，土、金、木、火四星聚于张，占者云，当有帝王兴于周者。故汉祖建国，由平阳、陕服趋洛阳以应之，及隐帝将嗣位，封周王以符其事。而帝以姬虢之胄，复继宗周，而天人之契炳然矣。昔武王以木德王天下，宇文周亦承木德，而三朝皆以木代水，不其异乎！"

戊辰，前曹州防御使何福进受宣权许州节度使，前复州防御使王彦超受宣权徐州节度使，前澶州节度使李洪义受宣权宋州节度使。己巳，上汉太后尊号曰昭圣皇太后。是日，诏有司择日为故主发哀。《五代会要》载原敕云：汉高祖为义帝发丧，魏明帝正禅陵尊号，一时达礼，千古所称。况朕久事前朝，常参大政，虽迁虞事夏，见夺于群情；而四海九州，咸知予夙志。宜令所司择日为故主举哀，仍备山陵葬礼。辛未，有司上言："皇帝为故主举哀日，服缟素，直领深衣、腰绖等。成服毕祭奠，不视朝七日，坊市禁音乐。文武内外臣僚成服后，每日赴太平宫临，三日止，七日释服。至山陵启攒涂日，服初服，辒车出城，班辞释服。"从之。壬申，前博州刺史李筠受宣权滑州节度使。癸酉，枢密使、检校太傅王峻加同平章事；以前澶州节度使李洪义为宋州节度使，加同平章事。以滑州节度副使陈观为左散骑常侍，邺都留守判官王溥为左谏议大夫，并充枢密院直学士。以元从都押牙郑仁诲为客省使，知客押牙向训为宫苑使。北京留守刘崇遣押牙巩廷美致书，求刘赟归藩。帝报曰："朕在澶州之时，军情推戴之际，先差来直省李光美备见，必想具言，而况暇迩所闻，在后尽当知悉。湘阴公比在宋州驻泊，见令般取赴京，但勿忧疑，必令得所，惟公在彼，固请安心，若能同力扶持，别无顾虑，即当便封王爵，永镇北门，铁券丹书，必无爱惜，其诸情素，并令来人口宣。"遣千牛卫将军朱宪充入契丹使。先是，去年契丹永康王鄂约旧作兀欲，今改正。寇邢、赵，陷内丘，及回，鄂约遣使与汉隐帝书，《通鉴》云：契丹之攻内丘也，死伤颇多，又值月食，军中多妖异，契丹主不敢深入，引兵还，遣使请和于汉。使至境上，会朝廷有萧墙之变，帝定京城，回至澶州，遇蕃使至，遂与入朝。至是，遣朱宪伴送来使归蕃，兼致书叙革命之由，仍以金酒器一副、玉带一遗鄂约。晋州节度使王晏杀行军司马徐建，以通河东闻。

乙亥，郓州节度使、守太师、兼中书令、齐王高行周进位尚书令，襄州节度使、检校太师、守太傅、兼中书令、齐国公安审琦进封南阳王,青州节度使、检校太师、守太保、兼中书令、魏国公符彦卿进封淮阳王,夔州节度使、侍卫亲军马步军都指挥使、检校太傅王殷加同平章事,充郓都留守,典军如故。丙子,帝赴太平宫。为汉隐帝发丧,百官陪位如仪。是日,湘阴公元从古都押牙巩廷美、教练使杨温等,据徐州以拒命。帝遣新授节度使王彦超率兵驰赴之,仍赐廷美等敕书。《通鉴》:帝复遗刘赟书曰:"爱念斯人,尽心于主,足以赏其忠义,何由责以悔尤。俟新节度入城,当各除刺史,公可更以委曲示之。"丁丑,荆南高保融奏,去年十一月,朗州节度使马希萼破潭州。十二月十八日,缢杀马希广。至十九日,希萼自称天策上将军、武平静江宁远等军节度使、嗣楚王。戊寅,湘阴公殂。己卯,以前太师、齐国公冯道为中书令、弘文馆大学士;以司徒兼门下侍郎、同平章事、弘文馆大学士窦贞固为侍中,监修国史;以左仆射、平章事、集贤殿大学士苏禹珪为守司空、平章事。夏州节度使李彝兴进封陇西郡王,荆南高保融进封渤海郡王,灵武冯晖进封陈留郡王,西京白文珂、兖州慕容彦超、凤翔赵晖并加兼中书令。诏王彦超率兵攻徐州。

庚辰,故枢密使、左仆射、平章事杨邠追封恒农郡王,故宋州节度使兼侍卫亲军都指挥使史弘肇追封郑王,故三司使、检校太尉、平章事王章追封琅玡郡王。是日,诏曰:

朕以渺末之身,托于王公之上,惧德弗类,抚躬靡遑,岂可化未及人而过自奉养,道未方古而不知节量。与其耗费以劳人,曷若俭约而克已。昨者所颁赦令,已述至怀。宫闱服御之所须,悉从减损;珍巧纤奇之厥贡,并使寝停。尚有未该,再宜条举。应天下州府旧贡滋味食馔之物,所宜除减。其两浙进细酒、海味、姜瓜,湖南枕子茶、乳糖、白沙糖、橄榄子,镇州高公米、水梨,易、定栗子,河东白杜梨、米粉、菉豆粉、玉屑粔子面,永兴御田红粳米、新大麦面,兴平苏栗子,华州麝香、羚羊角、熊胆、獭肝、朱柿、熊白,河中树红枣、五味子、轻饧,同州石躍饼,晋、绛葡萄、黄消梨,陕府风栖梨,襄州紫姜、新笋、橘子,安州折粳米、糟味,青州水梨,河阳诸杂果子,许州御李子,郑州新笋、鹅梨,怀州寒食杏仁、申州蘘荷,亳州革薜,沿淮州郡淮白鱼,如闻此等之物,虽皆出于土产,亦有取于民家,未免劳烦,率皆糜费。加之力役负荷,驰驱道途,积于有司之中,甚为无用之物,今后并不须进奉。诸州府更有旧例所进食味,其未该者,宜奏取进止。

又在朝文武臣僚,各上封事,凡有益国利民之事,速具以闻。《通鉴》:诏曰:朕生长军旅,不亲学问,未知治天下之道。文武官有益国利民之术,各具封事以闻,咸宜直书其事,勿事辞藻。

辛巳,镇州武行德、晋州王晏、相州张彦成、潞州常思、邠州侯章并加兼侍中;以侍卫马军都指挥使、果州防御使、检校太保郭崇为洋州节度使、检校太傅,典军如故;以侍卫步军都指挥使、岳州防御使曹英为利州节度使、检校太傅,典军如故。癸未,泾州史懿、延州高允权、沧州王景、永兴郭从义、定州孙方简并加兼侍中,鄜州杨信、同州薛怀让、贝州王继弘并加同平章事。乙酉,华州王饶、河中扈彦珂、邓州折从阮、邢州刘词并加同平章事。丙戌,幸西庄。潞州奏,得石会关使王延美报,河东刘崇于正月十六日僭号。丁亥,以前澶州节度使李洪义为宋州节度使,加同平章事;以曹州防御使、北面行营马步都排阵使何福进为许州节度使,加检校太傅;以博州刺史、北面行营右厢排阵使李筠为滑州节度使,加检校太保。戊子,有司上言:"准敕书,以晋、汉之胄为二王后,其唐五庙仲祀合废。"从之。庚寅,宗正寺奏:"请依晋、汉故事,迁汉七庙神主入升平宫,行仲享之礼,以汉宗子为三献。"从之。《永乐大典》卷八千九百八十。

# 旧五代史卷一一○考证

周太祖纪一八月六日帝发离京师二十日师至河中案:《五代春

秋》作七月，郭威率师围河中。据此纪，则周太祖以八月六日始发京
师，非七月即围河中也。是书《汉隐帝纪》与此纪互异，考证见《汉
纪》。　　城陷守贞举家自焚而死　案《欧阳史·周本纪》云：守贞与
妻子自焚死，思绾、景崇相次降。今考是书《汉纪》，五月乙丑赵思绾
乞降，七月甲子郭威奏收复河中，守贞自燔死是，思绾之降在守贞
自焚之前也。又云，三年正月，赵晖奏收复凤翔，王景崇自燔死，是
景崇未尝降也。《欧阳史·汉本纪》亦先载赵思绾降，后书克河中，
《王景崇传》亦作景崇自燔死。纪传前后自相矛盾，当以是书为得其
实。　　戊寅湘阴公殂　案：《欧阳史》作十二月，王峻遣郭崇以骑兵
七百逆刘赟于宋州，杀之。《通鉴》作是月戊寅，杀湘阴公于宋州。

旧五代史卷一一一
周书二

# 太祖本纪第二

　　广顺元年春二月癸巳朔，以枢密副使、尚书户部侍郎范质为兵部侍郎，依前充职；以陈州刺史、判三司李谷为户部侍郎，判三司；以右金吾大将军、充街使翟光邺为左千牛卫上将军，充宣徽北院使；以宣徽北院使袁羲为左武卫上将军、充宣徽南院使；以左右金吾大将军、充街使符彦琳为右监门上将军。丁酉，以皇子天雄军牙内都指挥使、检校右仆射、贵州刺史荣起复为澶州节度使、检校太保，以右金吾上将军薛可言为右龙武统军，以左神武统军安审约为左羽林统军，以左骁卫上将军赵赞为右羽林统军，以太子太师致仕宋彦筠为左卫上将军，诏移生吐浑族帐于潞州长子县江猪岭。已亥，左武卫上将军刘遂凝为左神武统军，以左卫上将军焦继勋为右神武统军，以左领军卫上将军史仝为右卫上将军。

　　庚子，故吴国夫人张氏追赠贵妃；故皇第三女追封乐安公主；故第二子青哥赠太保，赐名侗；第三子意哥赠司空，赐名信；故长妇刘氏追封彭城郡夫人。皇侄三人：守筠赠左领军将军，改名愿；奉超赠左监门将军；定哥赠左千牛卫将军，赐名逊。故皇孙三人：宜哥赠左骁卫大将军，赐名谊；喜哥赠武卫大将军，赐名诚；三哥赠左领卫大将军，赐名诚。辛丑，西州回鹘遣使贡方物。前开封尹、鲁国公侯益进封楚国公，前西京留守、莒国公李从敏进封秦国公，前西京留守王守恩进封莒国公。癸卯，以前中书侍郎兼户部尚书、平章事李涛为太子宾客。诏宣徽南院使袁羲权知开封府事，以太子太保和凝为太子太傅。丙午，晋州王晏奏，河东刘崇遣伪招讨使刘钧、副招讨使白截海，率步骑万余人来攻州城，以今月五日五道齐攻，率州兵拒之，贼军伤死甚众。《宋史·王晏传》：刘崇侵晋州，晏闭关不出，设伏城上。并人以为怯，竟攀堞而登，晏麾伏兵击之，颠死者甚众，遂焚桥遁。晏遣子汉伦追北数十里，斩首百余级。内出宝玉器及金银结缕、宝装床几、饮食之具数十，碎之于殿庭。帝谓侍臣曰："凡为帝王，安用此！"仍诏所司，凡珍华悦目之物，不得入宫。先是，回鹘间岁入贡，禁民不得与蕃人市易宝货，至是一听私便交易，官不诘。

丁未，左千牛将军朱宪使契丹回。契丹主鄂约旧作兀欲，今改正。遣使人来献良马一驷，贺登极。戊申，诏曰："朕只膺景命，奄有中区，每思顺物之情，从众之欲。将使照临之下，咸遂宽舒；仕官之流，自安进退。往者有司拘忌，人或滞流，所在前资，并遣赴阙。辇毂之下，多寄食偩舍之徒；岁月之间，动怀土念家之思。宜循大体，用革前规。应诸道州府，有前资朝官居住，如未赴京，不得发遣。其行军副使已下，幕职州县官等，得替求官，自有月限，年月未满，一听外居。如非时诏征，不在此限。"己酉，有司议立四亲庙，从之。辛亥，以太子少傅杨凝式为太子少师，以太常卿张昭为户部尚书，以尚书左丞王易为礼部尚书，以兵部侍郎边蔚为太常卿，以翰林学士、中书舍人鱼崇谅为工部侍郎充职。以户部侍郎韦勋为兵部侍郎，以刑部侍郎边归谠为户部侍郎，以礼部侍郎司徒诩为刑部侍郎，以秘书监赵上交为礼部侍郎，以兵部尚书王仁裕为太子少保，以翰林学士、礼部尚书张沆为刑部尚书充职。以尚书右丞田敏为左丞，以吏部侍郎段希尧为工部尚书，以太子詹事马裔孙为太子宾客。前郿州节度使刘重进、前滑州节度使宋延渥，并加食邑。吐浑府留后王全德加检校太保，充宪州刺史。隰州刺史许迁奏，河东贼军刘筠自晋州引兵来攻州城，寻以州兵拒之，贼军伤死者五百人，信宿遁去。丁巳，以尚书左丞田敏充契丹国信使。回鹘遣使贡方物。己未，天德军节度使、虢国公郭勋加同平章事，以前宗正卿刘皞为卫尉卿。辛酉,以卫尉卿边光范为秘书监,以前吏部侍郎李详为吏部侍郎,以前户部侍郎颜衎为尚书右丞。

三月壬戌朔,前西京留守李从敏卒。戊辰,以前左武卫上将军李怀忠为太子太傅致仕,以前邢州节度使安审晖为太子太师致仕。辛未,幸南庄。壬申,诏曰:诸州府先差散从亲事官等,前朝创置,盖出权宜,苟便一时,本非旧贯。近者遍询群议,兼采封章,且言前件抽差,于理不甚允当,一则碍州县之色役,一则妨春夏之耕耘,贫乏者困于供须,豪富者幸于影庇,既为烦扰,须至改更,况当东作之时,宜罢不急之务。其诸州所差散从亲事官等,并宜放散。"诏下,公私便之。徐州行营都部署王彦超驰奏,收复徐州。"城内逆首杨温及亲近徒党并处斩。其余无名目人及本城军都将校、职掌吏民等,虽被胁从,本非同恶,并释放。兼知自前杨温招唤草贼,同力把守,朕以村墅小民,偶被煽诱,念其庸贱,特与含容,其招入城草贼,并放归农,仍倍加安抚。湘阴公夫人并骨肉在彼,仰差人安抚守护,勿令惊恐。"以右散骑常侍张煦、给事中王延蔼并为左散骑常侍,以前大名府少尹李琼为将作监,以前彰武军节度使周密为太子太师致仕,以卫尉卿刘皞充汉隐帝山陵都部署。

丙子,以太子少保致仕王延为太子少傅,以户部尚书致仕卢损、左骁卫上将军致仕李肃并为太子少保,兵部尚书致仕韩昭裔为尚书右仆射,太子太师致仕卢文纪为司空,自延而下,并依前致仕。故散骑常侍裴羽赠户部尚书,故太子宾客萧愿赠礼部尚书,以司农卿致仕薛仁谦为鸿胪卿,以将作监致仕乌昭为太府卿,又以太常少卿致仕王禧为少府监,以秘书少监致仕段颙为将作监,自仁谦而下,并依前致仕,诏沿淮州县军镇,今后自守疆土,不得纵一人一骑擅入淮南地分。己卯,潞州奏,涉县所擒河东将士二百余人,部送赴阙,诏给衫裤巾屦,放归本土。甲申,镇州武行德移镇许州,何福进移镇州。丙戌,以襄州节度副使郭令图为宗正卿。诏曰:"故苏逢吉、刘铢,顷在汉朝,与朕同事。朕自平祸乱,不念仇仇,寻示优弘,与全家属。尚以幼稚无托,衣食是艰,将行矜恤之恩,俾获生存之路,报怨以德,非我负人。赐逢吉骨肉洛京庄宅各一,赐刘铢骨肉陕州庄宅各一。"己丑,幸南庄。庚寅,唐故郇国公李从益追封许王,唐明宗淑妃王氏追赠贤妃。辛卯,诏:"诸道节度副使、行军司马、两京少尹、留守判官,并许差定堂直,人力不得过十五人;诸府少尹、书记、支使、防御团练副使,不得过十人;节度推官、防御团练军事判官,不得过七人,逐处系帐收管。此外如敢额外影占人户,其本官当行朝典。"先是,汉隐帝时,有人上言:"州府从事令录,皆请料钱,自合雇人驱使,不合差遣百姓丁户。"秉政者然之,乃下诏州府丛事令录,本处先差职役,并放归农。自是官吏有独行趋府县者,帝颇知之,故有是命。

夏四月壬辰朔,诏沿淮州县,许淮南人就淮北籴易粮粮,时淮南饥故也。甲午,以夫人董氏为德妃,仍令所司备礼册命。己亥,改侍卫马步军军额。马军旧称护圣,今改为龙捷;步军旧称奉国,今改为虎捷。壬寅,诏唐庄宗、明宗、晋高祖三处陵寝,各有守陵宫人,并放逐便,如愿在陵所者依旧供给。甲辰,相州张彦成移镇邓州,折从阮移镇滑州,李筠移镇相州。丙午,亳州防御使王重裔卒。戊申,幸南庄。庚戌,皇第四女封寿安公主,辛亥,故许州节度使刘信追封蔡王。丙辰,诏曰:"牧守之任,委遇非轻,分忧之务既同,制禄之数宜等。自前有富庶之郡,请给则优;或边远之州,俸料素薄。以至迁除之际,拟议亦难,既论资叙之高低,又患禄秩之升降。所宜分多益寡,均利同恩,冀无党偏,以劝勋效。今定诸防御使料钱二百贯,禄粟一百石,食盐五石,马十匹草粟,元随三十人衣粮,团练使一百五十贯,禄粟七十石,盐五石,马十匹,元随三十人;刺史一百贯,禄粟五十石,盐五石,马五匹,元随二十人"云。丁巳,尚书左丞田敏使契丹回,契丹主鄂约遣使努瑚旧作耨姑,今改正。报命,并献碧玉金涂银裹鞍勒各一副,弓矢、器仗、貂裘等,土产马三十匹,土产汉马十匹。庚申,帝为故贵妃张氏举哀于旧宅,辍视朝三日。辛酉,司空致仕卢文纪卒。

五月壬戌朔,帝不视朝,以汉隐帝梓宫在殡故也。戊辰,皇子澶州节度使荣起复，依前澶州节度使，以故贵妃张氏去岁薨，至是发哀故也。己巳，遣左金吾卫将军姚汉英、前右神武将军华光裔使于契丹。辛未，太常卿边蔚上追尊四庙谥议。是夜，有大星如五升器，流于东北，有声如雷。丙子，太常卿边蔚上太庙四室奠献舞名。丁丑，诏京兆、凤翔府，应诸色犯事人第宅、庄园、店碓已经籍没者，并给付罪人骨肉。壬午，幸南庄。甲申，考城县巡检、供奉官马彦勍弃市，坐匿赦书杀狱囚也。丙戌，宰臣冯道为四庙册礼使。

六月辛卯朔，不视朝，以汉隐帝梓宫在殡故也。甲午，百僚上表，请以七月二十八日皇帝降圣日为永寿节，从之。邢州大雨霖。己亥，太常少卿刘悦上汉少帝谥曰隐皇帝，陵曰颍陵，从之。辛亥，以枢密使王峻为尚书左仆射兼门下侍郎、同平章事，监修国使，充枢密使，以枢密副使，尚书兵部侍郎范质为中书侍郎、同平章事，充集贤殿大学士；以户部侍郎、判三司李谷为中书侍郎、同平章事，判三司。司徒兼侍中、监修国史窦贞固，司空兼中书侍郎、同平章事、集贤殿大学士苏禹珪，并罢相守本官。壬子，幸西庄。癸丑，诏宰臣范质参知枢密院事。邺都、洺、沧、贝等州大雨霖。丙辰，西京奏，新授宗正卿郭令图卒。丁巳，以尚书左丞颜衎为兵部侍郎，充端明殿学士；以宣徽北院使翟光邺兼枢密副使。

秋七月辛酉朔，帝被衮冕，御崇明殿，授太庙四室宝册于中书令冯道等，赴西京行礼。癸亥，尚书左丞田敏兼判国子监事。戊辰，以御史中丞于德辰为尚书右丞，以秘书监边光范为太子宾客，以户部尚书张昭为太子宾客。以其子秉为阳翟簿，犯法抵罪，昭诣阁待罪，诏释之，乃左授此官。壬申，史官贾纬等以所撰《晋高祖实录》三十卷、《少帝实录》二十卷上之。丙子，幸宰臣王峻第。己丑，镇州奏，破河东贼军于平山县西，斩首五百级。是日，太常卿边蔚奏，议改郊庙舞名，事具《乐志》。

八月辛卯，汉隐帝梓宫发引，帝诣太平宫临奠，诏群臣出祖于西郊。是岁，幽州饥，流人散入沧州界。诏流人至者，口给斗粟，仍给无主土田，令取便种莳，放免差税。癸巳，虎入西京修行寺伤人，市民杀之。乙未，幸班荆馆。壬寅，契丹遣幽州牙将曹继筠来归故晋中书令赵莹之丧，诏赠太傅，仍赐其子绢五百匹，以备丧事，归葬于华阴故里。乙巳，幸西庄。壬子，晋州王晏移镇徐州，沧州王景移镇河中，定州孙方简移镇华州，永兴郭从义移镇许州，贝州王继弘移镇河阳，李晖移镇沧州。以许州节度使武行德为西京留守，滑州折从阮移镇陕州，河中扈彦珂移镇滑州，陕州李洪信移镇永兴，华州王饶移镇贝州，徐州王彦超移镇晋州。丙辰，尚食李氏等宫官八人并封县君，司记刘氏等六人并封郡夫人，尚宫皇甫氏等三人并封国夫人。唐制有内官、宫官，各有司存，更不加郡国之号，近代加之，非旧典也。以易州刺史孙行友为定州留后。戊午，故夫人柴氏追立为皇后，仍令所司定谥，备礼册命。

九月庚申朔，帝诣太平宫起居汉太后。辛酉，故夫人杨氏追赠淑妃，仍令所司择日备礼册命。故皇第五女追封永宁公主。癸亥，定州奏，契丹永康王鄂约为部下所杀。案《辽史》：世宗以九月癸亥遇弑，不应定州即能于癸亥入奏，疑原文有舛误。以前耀州团练使武廷翰为太子少保致仕。丙子，诸道兵马都元帅、两浙节度使、检校太师、尚书令、中书令、吴越国王钱俶可天下兵马都元帅。丁丑，中书舍人刘涛责授少府少监，分司西京，坐遣男顼代草制词也。监察御史刘顼责授复州司户，坐代父草制也。中书舍人杨昭俭解官放逐私便，以多在假告，不视其职也。《永乐大典》卷八千九百八十。

# 旧五代史卷一一一考证

　　周太祖纪二相州张彦成　张彦成，原本作"彦威"，今据列传改正。　丙子幸宰臣王峻第　案：丙子，《欧阳史》作戊寅。

旧五代史卷一一二
周书三

# 太祖本纪第三

　　广顺元年冬十月己丑朔，宰臣王峻献唐张蕴古《大宝箴》、谢偃《惟皇诫德赋》二图。诏报曰："朕生长军戎，勤劳南北，虽用心于《钤》、《匮》，且无暇于《诗》、《书》，世务时艰，粗经阅历，前言往行，未甚讨寻。卿有佐命立国之勋，居代天调鼎之任，恒虑眇德，末及古人。于是采掇箴规，弼谐寡昧，披文阅理，怿意怡神，究为君治国之源，审修已御人之要。帝王之道，尽在于兹，辞翰俱高，珠宝何贵！再三省览，深用愧嘉。其所进图，已令于行坐处张悬，所冀出入看读，用为鉴戒。"壬辰，潞州奏，巡检使陈思让、监军向训破河东军于虒亭。案《通鉴》：陈思让败北汉兵在十月辛卯，盖辛卯得捷，次日始奏闻也。又，虒亭原本作""襹亭"，今从《通鉴》及《宋史》改正。癸巳，以刑部侍郎司徒诩为户部侍郎，以左散骑常侍张煦为刑部侍郎，以给事中吕咸休为左散骑常侍。甲午，绛州防御使孙汉英卒。辛丑，荆南奏，湖南乱，大将军陆孟俊执伪节度使马希萼，迁于衡州，立希萼弟希崇为留后，将吏二千余人，遇害者半，牙署库藏，焚烧殆尽。乙巳，诏并吏部三铨为一铨，委本司长官通判。丙午，晋州巡检王万敢奏，河东刘崇入寇，营于州北。辛亥，潞州奏，河东贼军寇境。乙卯，荆南奏，淮南遣鄂州节度使刘仁赡，以战船二百艘于今月二十五日入岳州。丙辰，诏枢密使王峻率兵援晋州。丁巳，以左卫将军申师厚为河西军节度使、检校太保。师厚素与王峻善，及峻贵，师厚羁旅无依，日于峻马前望尘而拜。会西凉请帅,帝令择之,无欲去者,峻乃以师厚奏之,师厚亦欣然求往,寻自前镇将授左卫将军、检校工部尚书。翌日,乃有凉州之命,赐旌节、驼马、缯帛以遣之。

十一月己未朔,荆南奏淮南大将边镐率兵三万,自袁州路趋潭州,马希崇遣从事送牌印,纳器仗。镐入城,称武安军节度使,马氏诸族及将吏千余人皆徙于金陵。甲子夜,东南白虹亘天。以新晋州节度使王彦超为晋绛行营马军都虞候。乙丑。命王峻出征晋州,帝幸西庄以饯之。甲戌,日南至,群臣拜表称贺。甲申,葬故贵妃张氏。丁亥,诏:"唐朝五庙,旧在至德宫安置,应属徽陵庄田园舍,宜令新除右监门将军李重玉为主。其缘陵缘庙法物,除合留外,所有金银器物,充迁葬故淑妃王氏及许王从益外,其余并给与重玉及尼惠英、惠灯、惠能、惠严等。令重玉以时祀陵庙,务在丰洁。"重玉,故皇城使李从灿之子,明宗之孙,惠英等亦明宗亲属也,故帝授重玉官秩,令主先祀,恤王者之后也。

十二月戊子朔,诏以刘崇入寇,取当月三日暂幸西京。庚寅,诏巡幸宜停。时王峻驻军陕府,闻帝西巡,遣使驰奏,不劳车驾顺动,帝乃止。乙未,幸西庄。兖州慕容彦超上言,乞朝觐,诏允之,寻称部内草寇起,不敢离镇。戊申,郓州奏,慕容彦超据城反。己酉,王峻奏,刘崇逃遁,王师已入晋州。《宋史·陈思让传》:王峻援晋州,以思让与康延昭分为左右厢排阵使,令率军自乌岭路至绛州,与大军合。崇烧营遁去,思让又与药元福表破之。

广顺二年春正月戊午朔,不受朝贺,以宿兵在外故也。庚申,王峻奏,起近镇丁夫二万城晋州。壬戌,修东京罗城,凡役丁夫五万五千,两旬而罢。甲子,以侍卫步军都指挥使曹英为兖州行营都部署,以齐州防御使史延韬为副部都署,以皇城使向训为兵马都谏,陈州防御使药元福为马步都虞候,率兵讨慕容彦超。《隆平集》:慕容彦超盗据衮、海,周祖命曹英为帅,向训副之,参用药元福以兵从。谓元福曰:"已敕英、训,勿以军礼见汝。"及元福至,英、训皆父事焉。诸军入兖州界,不得下路停止村舍,犯者以军法从事。丙申,徐州巡检供给官张令彬奏,破淮贼于沭阳,斩首千余级,擒贼将燕敬权。时慕容彦超求援于淮南,淮南伪主李景发兵援之,师于下邳,闻官军至,退趋沭阳,遂破之。庚午,高丽权知国事王昭遣使贡方物。壬申,镇州何福进差人部送先擒获到河东贼军二百余人至阙下,诏给巾履衫裤以释之。戊寅,徐州部送沭阳所获贼将燕敬权等四人至阙下,诏赐衣服金帛,放归本土,敬权等感泣谢罪。帝召见,谓之曰:"夫恶凶邪,奖忠顺,天下一也。我之贼臣,挠乱国法,婴城作逆,殃及生灵,不意吴人助兹凶孽,非良算也,尔归当言之于尔君。"初,汉末遣三司军将路昌祚于湖南市茶,属淮南将边镐陷长沙,昌祚被贼送金陵。及敬权自大朝归,具以帝言告于李景,景乃召昌祚,延坐从容久之,且称美大朝皇帝圣德广被,恩沾邻土,深有依附国家之意。及罢,遣伪宰相宋齐丘宴昌祚于别馆,又令访昌祚在湖南遭变之时,亡失纲运之数,命依数偿之,给茗荈万八千斤,遗水运至江夏,仍厚给行装,遣之归阙。

二月庚寅,府州防御使折德扆奏,河东贼军寇境,率州兵破之。斩首二千级。辛卯,太白经天。癸巳,以权知高丽国事王昭为高丽国王。庚子,府州防御使折德扆奏,收河东界岢岚军。癸巳,诏先获河东乡军一百余人,各给钱鞋放归乡里,壬寅,太子太师致仕安审晖卒。

三月庚申,幸南庄,令从臣习射。戊辰,以枢密院直学士、左谏议大夫王溥为中书舍人,充翰林学士;以内客省使、恩州团练使郑仁诲为枢密副使。诏宣徽北院使翟光邺权知永兴军。甲戌,回鹘遣使贡方物。庚辰,诏:"西京庄宅司、内侍省、宫苑司、内园等四司,所管诸巡系税户二千五百并还府县。其广德、升平二宫并停废。应行从诸庄园林、亭殿、房屋、什物课利,宜令逐司依旧收管。

夏四月丙戌朔,日有食之,帝避正殿,百官守司。丁亥,诏停蔡州乡军。戊子,以京师旱,分命群臣祷雨。癸巳,制削夺慕容彦超在身官爵。甲午,高丽国册使、卫尉卿刘皞卒。乙卯,诏取来月五日。车驾赴兖州城下,慰劳将士。以枢密副使郑仁诲为右卫大将军,依前充职,兼权大内都点检;以中书侍郎、平章事、判三司李谷为权东京留守，兼判开封府事。

五月丙辰朔，帝御崇元殿受朝，仗卫如仪。庚申，车驾发京师。案：《五代春秋》作庚辰，帝东征，《欧阳史》从《薛史》作庚申。戊辰，至兖州城下。乙亥，收复兖州，斩慕容彦超，夷其族。诏端明殿学士颜衎权知兖州军州事。壬午，曲赦兖州管内罪人，取五月二十七日已前所犯罪，大辟已下，咸赦除之。慕容彦超徒党，有逃避潜窜者，及城内将吏等并放罪。自慕容彦超违背以来，乡城内有接便为非者，一切不问。诸军将士没于王事者，各与赗赠，都头已上与赠官。兖州城内及官军下寨四面去州五里内，今年所征夏秋及沿征钱物并放；十里内，只放夏税；一州管界，今夏苗子三分放一分。城内百姓遭毁拆舍屋及遭烧焚者，给赐木材。诸处差到人夫内，有遭矢石死者，各给绢三匹，仍放户下三年徭役云。癸未，诏兖州降为防御州，仍为望州。

六月乙酉朔，帝幸曲阜县，谒孔子祠。既奠，将致拜，左右曰：“仲尼，人臣也，无致拜。”帝曰：“文宣王，百代帝王师也，得无敬乎！”即拜奠于祠前。其所奠酒器、银炉并留于祠所。遂幸孔林，拜孔子墓。帝谓近臣曰：“仲尼、亚圣之后，今有何人？”对曰：“前曲阜令、袭文宣公孔仁玉，是仲尼四十三代孙，有乡贡《三礼》颜涉，是颜渊之后。”即召见。仁玉赐绯，口授曲阜令，颜涉授主簿，便令视事。仍敕兖州修葺孔子祠宇，墓侧禁樵采。丙戌，车驾还京。初，帝以五月十三日至兖州，贼尚拒守，至十七日，昼梦道士一人进书，卷首云“车驾来月二日还京”，其下文字绝多，不能尽记。既寤，以梦告宰臣，又四日而城拔。帝至军，凡驻跸九日而贼平，果以六月二日发离城下，近代亲征克捷，无如此之速也。是日大雨，城下行宫，水深数尺。其日晚，至中都县，帝笑谓侍臣曰：“今日若不离城下，则当为潦所溺矣。”戊戌，车驾至自兖州。案：《欧阳史》作庚子，至自兖州，《五代春秋》从《薛史》作戊戌。辛丑，以灵武节度使冯晖卒，辍朝一日。壬寅，前翰林学士李澣自契丹中上表，陈奏机事，且言伪幽州节度使萧海贞欲谋向化，帝甚嘉之。《宋史·李澣传》：海贞与澣相善，澣乘间讽海贞以南归之计，海贞纳之。周广顺二年，澣因定州孙方谏密表，言契丹衰微之势，周祖嘉焉,遣谍者田重霸赍诏慰抚,仍命浣通信。浣复表述:"契丹主幼弱多宠,好击鞠,大臣离贰,若出师讨伐,因与通好,乃其时也。"属中原多故,不能用其言。癸巳,德妃董氏薨。乙巳,诏宣徽南院使袁羲判开封府事。辛亥,以朔方军衙内都虞候冯继业起复为朔方军兵马留后。甲寅,幸旧宅,为德妃举哀故也。

秋七月丙辰诏:"内外臣僚,每遇永寿节,旧设斋供。今后中书门下与文武百官共设一斋,侍卫亲军都指挥使已下共设一斋,枢密使、内诸司使已下共设一斋,其余前任职员及诸司职掌,更不得开设道场及设斋。"是日大风雨,破屋拔树,尚书省都堂有龙穿屋坏兽角而去,西壁有爪迹存焉。襄州大水。丁卯,诏复升陈州、曹州为节镇。以侍卫马军都指挥使、洋州节度使郭崇为陈州节度使,以侍卫步军都指挥使曹英为曹州节度使,并典军如故。以陈州防御使药元福为晋州节度使。辛未,诏相州节度使李筠权知潞州军州事。丙子,以小底都指挥使、汉州刺使李重进为大内都点检兼马步都军头,领恩州团练使;以内殿直都知、驸马都尉张永德领和州刺史,充小底第一军都指挥使。

八月甲申朔,翰林学士、刑部尚书张沆落职守本官,以中书舍人、史馆修撰判馆事徐台符为礼部尚书,充翰林学士承旨;以兵部侍郎韦勋为尚书右丞;以尚书右丞于德辰为吏部侍郎;以户部侍郎边归谠为兵部侍郎;以礼部侍郎赵上交为户部侍郎;以枢密直学士、左散骑常侍陈观为工部侍郎,依前充职;以刑部侍郎景范为左司郎中,充枢密直学士。乙酉,枢密使王峻上章,请解枢衡,凡三上章,诏不允。庚寅,颍州奏,先于淮南俘获孳畜,已准诏送还本土。甲午,诏止绝吏民诣阙举请刺史、县令。赐宰臣李谷白藤肩舆。时谷以今年七月,因步履伤臂,请告数旬,诏谷扶持三司,刻名印署事,仍放朝参。庚子,潞州节度使常思移镇宋州,相州节度使李筠移镇潞州。壬寅,郓州节度使高行周薨。癸丑,诏改盐曲法,盐曲犯五斤已上处死,煎卤盐者犯一斤已上处死。先是,汉法不计斤两多少,并处极刑,至是始革之。

九月庚午，以大理卿剧可久为太仆卿，以左庶子张仁豫为大理卿，以司天监赵延义为太府卿兼判司天监事。诏北面沿边州镇，自守疆土，不得入北界俘掠。乙亥，镇州奏，契丹寇深、冀州，遣龙捷都指挥使刘海、牙内都指挥使何继筠等率兵拒之而退。时契丹闻官军至，掠冀部丁壮数百随行，狠狈而北，冀部被掳者望见官军，鼓噪不已，官军不敢进，其丁壮尽为蕃军所杀而去。丁丑，以郑州防御使白重赞为相州留后。戊寅，乐寿都监杜延熙奏，于瀛州南杀败契丹，斩首三百级，获马四十七匹。癸未，帝姨母韩氏追封楚国夫人，故第四姊追封福庆长公主。癸未，易州奏，契丹武州刺史石越来奔。

冬十月丙戌，以前晋州节度使王彦超为河阳节度使。庚寅，诏："诸州罢任或朝觐，并不得以器械进贡。"先是，诸道州府，各有作院，月课造军器，逐季搬送京师进纳。其逐州每年占留系省钱帛不少，谓之"甲料"，仍更于部内广配土产物，征敛数倍，民甚苦之。除上供军器外，节度使、刺史又私造器甲，以进贡为名，功费又倍，悉取之于民。帝以诸州器甲，造作不精，兼占留属省物用过当，乃令罢之。仍选择诸道作工，赴京作坊，以备役使。乙未，永兴军奏，宣徽北院使、知军府事翟光邺卒。丁酉，葬德妃，废朝。戊戌，以宣徽南院使袁义权知永兴军府事，以枢密直学士、工部侍郎陈观权知开封府事。己亥，升钜野县为济州。以枢密院副使郑仁海为宣徽北院使兼枢密副使。庚子，幸枢密院，王峻请之也。甲辰，宰臣李谷以臂伤未愈，上表辞位，凡三上章，诏报不允。丁未，沧州奏，自十月已前，蕃归汉户万九千八百户。是时，北境饥馑，人民转徙，襁负而归中土者，散居河北州县，凡数十万口。

十一月丙辰，荆南奏，朗州大将刘言，以今年十月三日领兵趋长沙，十五日至潭州。淮南所署湖南节度使边镐、岳州刺史宋德权并弃城遁去。庚申，以前少府监马从赟为殿中监。壬戌，枢密使王峻亡妻崔氏，追封赵国夫人，非故事也。乙丑，刑部尚书张沇卒。辛未，陕州折从阮移镇邠州。以前宋州节度使李洪义为安州节度使。癸酉，青州符彦卿移镇郓州。甲戌，诏曰："累朝已来，用兵不息，至于缮治甲胄,未免配役生灵,多取于民,助成军器。就中皮革,尤峻科刑,稍犯严条,皆抵极典,乡县以之生事,奸猾得以侵渔,宜立所规,用革前弊。应天下所纳牛皮,今将逐所纳数,三分内减二分,其一分于人户苗亩上配定,每秋夏苗共十顷纳连角皮一张,其黄牛纳乾筋四两,水牛半斤,犊子皮不在纳限。牛马驴骡皮筋角,今后官中更不禁断,只不得将出化外敌境。州县先置巡检牛皮节级并停。"丙子,诏曰:"应内外文武官僚幕职、州县官举选人等,今后有父母、祖父母亡殁未经迁葬者,其主家之长,不得辄求仕进,所由司亦不得申举解送。如是卑幼在下者,不在此限。"己卯,日南至,帝御崇元殿受朝贺,仗卫如仪。

十二月丙戌,权武平军留后刘言遣牙将张崇嗣入奏,于十月十三日,与节度副使王进逵、行军司马何敬贞、指挥使周行逢等,同共部领战棹,攻收湖南。伪节度使边镐当夜出奔,王进逵等已入潭州。《九国志·王逵传》:逵,朗州武陵人,或名进逵。边镐为武安军节度使,召刘言入觐,言不行,谋于逵曰:"江南召我,不往,必加兵于我矣,为之奈何!"逵曰:"镐之此来,以制置潭、朗为名,公如速行,正入其算,武陵负江湖之阻,带甲百万,乃欲拱手臣异姓乎?镐新至长沙,经略未定,乘人心愤怒,引兵攻镐,可一鼓而擒也。"言然之,乃遣与何景真等同起兵于武陵,号十指挥使,以攻边镐。逵率舟师南上,至长沙,边镐大骇,以所部奔归江南,诸州屯守皆罢之,尽复湖外之地。癸巳,太子太师致仕安叔千卒。甲午,诏今后诸侯入朝,不得进奉买宴,丁酉,皇子潭州节度使荣落起复,加同平章事。戊戌,太子太傅致仕王延卒。壬寅,幸西庄。乙巳,以端明殿学士颜衎权知开封府事。御史台奏:"请改左右威卫复为左右屯卫。"从之,避御名也。是冬无雪。

广顺三年春正月壬子朔,帝御崇元殿受朝贺,仗卫如仪。幸太平宫起居汉太后。甲寅,赐群臣射于内鞠场。乙卯,武平军兵马留后刘言奏:"潭州兵戈之后,焚烧殆尽,乞移使府于武陵。"从之。诏升朗州为大都督府,在潭州之上。丙辰,以武平军节度使留后、检校太尉刘言为检校太师、同平章事,行朗州大都督,充武平军节度兼三司水陆转运等使,制置武安、静江等军事,进封彭城郡公;武平军节度副使、权知潭州军州事检校太傅王进逵为检校太尉,行潭州刺史,充武安军节度使;以武安军行军司马兼衙内步军都指挥使、检校太傅何敬贞为检校太尉,行桂州刺史,充静江军节度使;以张仿领眉州刺史,充武平军节度副使;以朱元琇领黄州刺史,充静江军节度副使;以周行逢领集州刺史,充武安军节度行军司马。自进逵而下,皆刘言将校也。邠州奏,庆州界蕃部野鸡族略夺商旅,侵扰州界。诏遣宁州刺史张建武等率兵掩袭,仍先赐敕书安抚,如不从命,即进军问罪。辛酉,诏赐朗州刘言应两京及诸道旧属湖南楼店邸第。

　　乙丑,诏:"诸道州府系属户部营田及租税课利等,除京兆府庄宅务、赡国军榷盐务、两京行从庄外,其余并割属州县,所征租税课利,官中只管旧额,其职员节级一切停废。应有客户元佃系省庄田、桑土、舍宇,便赐逐户,充为永业,仍仰县司给与凭由。应诸处元属营田户部院及系县人户所纳租中课利,起今年后并与除放。所有见牛犊并赐本户,官中永收系"云。帝在民间,素知营田之弊,至是以天下系官庄田仅万计,悉以分赐见佃户充永业。是岁出户三万余,百姓既得为己业,比户欣然,于是葺屋植树,敢致功力。又,东南郡邑各有租车课户,往因梁太祖渡淮,军士掠民牛以千万计,梁太祖尽给与诸州民,输租课。自是六十余载,时移代改,牛租犹在,百姓苦之,至是特与除放。未几,京兆府庄宅务及榷盐务亦归州县,依例处分。或有上言,以天下系官庄田,甚有可惜者,若遣货之,当得三十万缗,亦可资国用。帝曰:"苟利于民,与资国何异。"

　　丁卯,户部侍郎、权知贡举赵上交奏,:"诸科举人,欲等第各加封义场数,进士除诗赋外,别试杂文一场。"从之。两浙吊祭使、左谏议大夫李知损责授登州司马,员外置,仍令所在驰驿放遣。知损衔命江、浙,所经藩郡,皆强贷于侯伯,为青州知州张凝所奏,故有是命。己巳,幸南庄,临水亭,见双凫戏于池上,帝引弓射之,一发叠贯,从臣称贺。庚午,以前邠州节度使侯章为邓州节度使。前莱州刺史叶仁鲁赐死，坐为民所讼故也。辛未，诏枢密使王峻巡视河堤。峻请行，故从之。辛巳，幸南庄。

闰月甲申，朗州刘言、潭州王进逵奏，广贼占据桂管，深入永州界俘劫，遣朗州行军司马何敬真与指挥使朱全琇、陈顺等，率水陆军五万进击。丙戌。回鹘遣使贡方物。诏故梁租庸使赵岩侄崇勋，见居陈州，量赐系官店宅，从王峻之请也。辛卯，定州奏，契丹攻义丰军，出劲兵夜斫蕃营。斩首六十级，契丹遁去。甲午，镇州奏，契丹寇境，遣兵追袭，至无极而还。丙申，皇子澶州节度使荣来朝。壬寅，以枢密使、尚书左仆射、同平章事、监修国史王峻兼青州节度使，余如故。延州衙内指挥使高绍基奏言：“父允权患脚膝，令臣权知军州事。”癸卯，陈州奏：“吏民请与前刺史李谷立祠堂。”从之。时谷为宰相，闻郡人陈请，逊让数四，乃止。甲辰，邺都留守王殷加检校太尉，依前同平章事。丙午，镇州节度使何福进；河阳度使王彦超并加检校太尉，潞州节度使李筠加检校太傅。丁未，延州节度使高允权卒。己酉，开封府奏，都城内录到无名额僧尼寺院五十八所。诏废之。

二月辛亥朔，以前西京留守白文珂为太子太师致仕，进封韩国公。癸丑，安州节度使李洪义、侍卫马军都指挥使郭崇、侍卫步军都指挥使曹英，并加检校太尉。唐州方城县令陈守愚弃市，坐克留户民蚕盐一千五百斤入己也。内制国宝两座，诏中书令冯道书宝文，其一以“皇帝承天受命之宝”为文，其一以“皇帝神宝”为文。按，传国宝始自秦始皇，令李斯篆之，历代传授，事具前史。至唐末帝自燔之际，以宝随身，遂俱焚焉。晋高祖受命，特制宝一座。开运末，北戎犯阙，少帝遣其子延煦送于戎王，戎王讶其非真，少帝上表具诉其事，及戎王北归，赍以入蕃。汉朝二帝，未暇别制，至是始创为之。庚申，遣将作监李琼知陕州军州事。甲子，枢密使、平卢军节度使、尚书左仆射、平章事、监修国史王峻责授商州司马，员外置，所在驰驿发遣。戊辰，左监门上将军李建崇卒。延州牙内都指挥使高绍基奏，交割军府与副使张图。己巳，朗州刘言奏，当道先遣行军司马何敬真率兵掩击广贼，行及潭州，部众奔溃。湖南王进逵以敬真失律，已枭首讫。以枢密直学士、工部侍郎陈观为秘书监。壬申，凤翔少尹桑能责授邓州长史。能，晋相维翰之庶弟也，坐据维翰别第为人所讼故也。癸酉，以户部侍郎、知贡举赵上交为太子詹事。是岁，新进士中有李观者，不当策名，物议喧然。中书门下以观所试诗赋失韵，勾落姓名，故上交移官。丁丑，幸南庄，赐从官射。命客省使向训权知延州军州事。《永乐大典》卷八千九百八十。

# 旧五代史卷一一二考证

周太祖纪三庚申车驾发京师　案：《五代春秋》作庚辰，帝东征，《欧阳史》从是书作庚申。　　戊戌车驾至自兖州　案：《欧阳史》作庚子，至自兖州，《五代春秋》从是书作戊戌。　节度副使王进逵　王进逵，原本作进达，后又作王逵。考《九国志》，王逵或名进逵，今改归画一。　　官中只管旧职　官中，讹宫中，今据下文改正。遣兵追袭至无极而还　案：《契丹国志》作无极山，是书无"山"字，当系史家省文，今姑仍其旧。

旧五代史卷一一三
周书四

# 太祖本纪第四

广顺三年春三月庚辰朔,以相州留后白重赞为滑州节度使,以郑州防御使王进为相州节度使,以前兖州防御使索万进为延州节度使,以亳州防御使张铎为同州节度使。甲申,以皇子澶州节度使荣为开封尹兼功德使,封晋王,仍令所司择日备礼册命。丙戌,以宣徽北院使兼枢密副使郑仁诲为澶州节度使,以殿前都指挥使李重进领泗州防御使,以客省使向诲为内客省使。己丑,以棣州团练使王仁镐为右卫大将军,充宣徽北院使兼枢密副使。庚寅,端明殿学士、尚书兵部侍郎颜衍落职守本官。案《宋史·颜衍传》云:衍权知开封府,王峻败,衍罢职,守兵部侍郎。盖当时以晋王为开封尹,故衍罢职。与《薛史》异。以翰林学士、中书舍人王溥为户部侍郎充职,以左司郎中、充枢密直学士景范为左谏议大夫充职。秘书监陈观责授左赞善大夫,留司西京,坐王峻党也。癸巳,大风雨土。戊申,幸南庄。

夏四月甲寅,禁沿边民鬻兵仗与蕃人。戊辰,河中节度使王景移镇凤翔,宋州节度使常思移镇青州,凤翔节度使赵晖移镇宋州,河阳节度使王彦超移镇河中。赐朗州刘言绢三百疋,以兵革之后匮乏故也。诏在京诸军士持支救接。

五月己卯朔,帝御崇元殿受朝,仗卫如仪。辛巳,前庆州刺史郭彦钦勒归私第。国初,以彦钦再刺庆州,兼掌榷盐,彦钦擅加榷钱,民夷流怨。州北十五里寡妇山有蕃部曰野鸡族,彦钦作法扰之。蕃情犷狂，好为不法，彦钦乃奏野鸡族掠夺纲商，帝遣使赍诏谕，望其率化。蕃人既苦彦钦贪政，不时报命，朝廷乃诏邠州节度使折从阮、宁州刺史张建武进兵攻之。建武勇于立功，径取野鸡族帐，击杀数百人。又，杀牛族素与野鸡族有憾，且闻官军讨伐，相聚饷馈，欣然迎奉。官军利其财货挚畜，遂劫夺之，翻为族所诱，至包山负险之地，官军不利，为蕃人迫逐，投崖坠涧而死者数百人。从阮等以兵自保，不相救应。帝怒彦钦及建武，俱罢其任，及彦钦至京师，故有是命。丁亥，新授青州节度使常思进在宋州日出放得丝四万一千四百两，请征入官。诏宋州给还人户契券，其丝不征。甲午，中书侍郎、同平章事，集贤殿大学士、权判门下省事范质，可权监修国史。

六月壬子，沧州奏，契丹幽州榷盐制置使兼坊州刺史、知卢台军事张藏英，以本军兵士及职员户人挚畜七千头口归化。癸丑，以前开封尹、楚国公侯益为太子太师，以前西京留守、莒国公王守恩为左卫上将军，以前永兴军节度使李洪信为左武卫上将军。甲寅，以左卫上将军宋彦筠为太子少师，以太子少师杨凝式为尚书右仆射致仕。癸亥，前河阳节度使王继弘卒。己巳，太子太傅李怀忠卒。是月河南、河北诸州大水，霖雨不止，川陂涨溢。襄州汉水溢入城，深一丈五尺，居民皆乘筏登树。群乌集潞州，河南无乌。

秋七月戊寅朔，徐州言，龙出丰县村民井中，即时澍雨，漂没城邑。癸未，太子宾客马裔孙卒。甲申，邺都王殷奏乞朝觐，凡三上章，允之。寻以北边奏契丹事机，诏止其行。以左金吾上将军安审信为太子太师致仕。丁亥，以右金吾上将军张从恩为左金吾上将军，以前邓州节度使张彦成为右金吾上将军。己丑，以虎捷左厢都指挥使、永州防御使韩通为陕州留后。庚寅，太府卿、判司天监赵延义卒。辛卯，以前西京副留守卢价为太子宾客。乙未，以御史中丞边光范为礼部侍郎，以刑部侍郎张煦为御史中丞，以翰林学士承旨、尚书礼部侍郎徐台符为刑部侍郎充职。丙申，太子太师致仕安审信卒。丁酉，诏曰："京兆、凤翔府、同、华、邠、延、鄜、耀等州所管州县军镇，顷因唐末藩镇殊风，久历岁时，未能厘革，政途不一，何以教民。其婚田争讼、赋税丁徭,合是令佐之职。其擒奸捕盗、庇护部民,合是军镇警察之职。今后各守职分,专切提撕,如所职疏违,各行按责,其州府不得差监征军将下县。"戊戌,卫尉少卿李温美责授房州司户参军。温美奉使祭海,便道归家,家在寿光县,为县吏冯勋所讼,故黜之。供奉官武怀赞弃市,坐盗马价入己也。壬寅,以鸿胪少卿赵修已为司天监。

八月乙酉,幸南庄。丙辰,内衣库使齐藏珍除名,配沙门岛。藏珍奉诏修河,不于役所部辖,私至近县止宿,及报堤防危急。安寝不动,遂致横流,故有是责。庚申,邢州节度使刘词移镇河阳。辛酉,以龙捷左厢都指挥使、阆州防御使田景咸为邢州留后。丁卯,河决河阴,京师霖雨不止。给赐诸军将士薪刍有差。癸酉,以翰林学士、户部侍郎王溥为端明殿学士。甲戌,潭州王逵奏:"朗州刘言与淮贼通连,差指挥使郑玟部领兵士,欲并当道。郑玟为军众所执,奔入武陵,刘言寻为诸军所废,臣已至朗州安抚讫。"诏刘言勒归私第,委王逵取便安置。是月所在州郡奏,霖雨连绵,漂没田稼,损坏城郭庐舍。

九月己卯,太子少保卢损卒。丁酉,深州上言:"乐寿县兵马都监杜延熙为戍兵所害。"先是,齐州保宁都兵士屯于乐寿,都头刘彦章等杀延熙为乱。时郑州开道指挥使张万友亦屯于乐寿,然不与之同。朝廷急遣供奉官马谞省其事,谞乃与万友擒彦章等十三人斩之,余众奔齐州。是月多阴曀,木再华。

冬十月戊申朔,诏以来年正月一日有事于南郊,诸道州府不得以进奉南郊为名辄有率敛。己酉,右金吾上将军张彦成卒。庚戌,以前同州节度使薛怀让为左屯卫上将军,以尚书左丞兼国子监田敏权判太常卿,以礼部尚书王易权兵部尚书。太常奏,郊庙社稷坛位制度,请下所司修奉,从之。以中书令冯道为南郊大礼使,以开封尹、晋王荣为顿递使,权兵部尚书王易为卤簿使,御史中丞张煦为仪仗使,权判太常卿田敏为礼仪使,以前颍州防御使郭琼为权宗正卿。甲寅,以前光禄卿丁知浚复为光禄卿。丙辰,幸南庄、西庄。己未，前宁州刺史张建武责授右司御副率，以野鸡族失利故也。以前翰林学士、工部侍郎鱼崇谅为礼部侍郎，充翰林学士。时崇谅解职于陕州就养，至是再除禁职，仍赐诏召之，令本州给行装鞍马，侍亲归朝。以太子宾客张昭为户部尚书，以太子宾客李涛为刑部尚书。诏中书令冯道赴西京迎奉太庙神主。甲子，中书令冯道率百官上尊号曰圣明文武仁德皇帝，答诏不允，凡三上章，允之，仍俟郊礼毕施行。壬申，邺都、邢、洺等州皆上言地震，邺都尤甚。

十一月辛巳，废共城稻田务，任人佃莳。乙酉，日南至，帝不受朝贺。庚寅，镇州节度使福进奏乞朝觐，三奏，允之。诏侍卫步军都指挥使曹英权知镇州军府事。癸巳，以将作监李琼为济州刺史。壬寅，诏："重定天下县邑，除畿赤外，其余三千户已上为望县，二千户已上为紧县，一千户已上为上县，五百户已上为中县，不满五百户为中下县。"

十二月戊申，雨木冰。是日，四庙神主至西郊，帝郊迎奠飨，奉神主入于太庙，设奠安神而退。壬子，前单州刺史赵凤赐死，坐为民所讼故也。甲寅，诏诸道州府县镇城内人户，旧请蚕盐征价，起今后并停。甲子，镇州节度使何福进来朝。乙丑，邺都留守王殷来朝。丙寅，礼仪使奏："皇帝郊庙行事，请以晋王荣为亚献，通摄终献行事。"从之。己巳，左补阙王伸停任，坐检田于亳州，虚悬纽配故也。辛未，邺都留守、侍卫亲军都指挥使王殷削夺在身官爵，长流登州，寻赐死于北郊。其家人骨肉，并不问罪。癸酉，帝宿斋于崇元殿，为来年正月一日亲祀南郊也。时帝已不豫。甲申，宿于太庙。乙亥质明，帝亲飨太庙，自斋宫乘步辇至庙庭，被衮冕，令近臣翌侍升阶，止及一室行礼，俯首而退，余命晋王率有司终其礼。是日，车驾赴郊宫。

显德元年春正月丙子朔，帝亲祀圜丘，礼毕，诣郊宫受贺。车驾还宫，御明德楼，宣制："大赦天下，改广顺四年为显德元年。自正月一日昧爽已前，应犯罪人，常赦所不原者，咸赦除之。内外将士各优给，文武职官并与加恩，内外命妇并与进封。寺监摄官七周年已上者,同明经出身,今后诸寺监不得以白身署摄。升朝官两任已上,著绿十五周年与赐绯,著绯十五年与赐紫。州县官曾经五度参选,虽未及十六考,与授朝散大夫阶,年七十已上,授优散官,赐绯。应奉郊庙职掌人员,并与恩泽。今后不得以梁朝及清泰朝为伪主,天下帝王陵庙及名臣坟墓无后,官为检校"云。宣赦毕,帝御崇元殿受册尊号,礼毕,群臣称贺。时帝郊祀,御楼受册,有司多略其礼,以帝不豫故也。先是,有占者言:"镇星在氐、房,乃郑、宋之分,当京师之地;兼氐宿主帝王路寝。若散财以致福,迁幸以避灾,庶几可以驱禳矣。"帝以迁幸烦费,不可轻议,散财可矣,故有郊禋之命,洎岁暮,帝疾增剧,郊庙之礼盖勉而行之耳。

戊寅,诏废邺都依旧为天雄军,大名府在京兆府之下。庚辰,制皇子开封尹、晋王荣可开府仪同三司、检校太尉、兼侍中,行开封尹、功德使,判内外兵马事。襄州安审琦进封陈王;郓州符彦卿进封卫王,移镇天雄军;荆南高保融进封南平王;夏州李彝兴进封西平王。甲申,宋州赵晖进封韩国公,青州常思进封莱国公,徐州王晏进封滕国公,邓州侯章进封申国公,西京武行德进封谯国公,许州郭从义加检校太师,凤翔王景进封褒国公,华州孙方谏进封萧国公。自赵晖已下并加开府仪同三司。乙酉,分命朝臣往诸州开仓,减价出粜,以济饥民。诏潭州依旧为大都督府,在朗州、桂州之上。丙戌,以澶州节度使郑仁诲为枢密使,加同平章事;郦州杨信加开府仪同三司,进封杞国公;邠州折从阮加开府仪同三司,改封郑国公;沧州李晖加检校太尉;安州李洪义加检校太师;贝州王饶加检校太尉;以陈州节度使兼侍卫马军都指挥使郭崇为澶州节度使,加同平章事;以曹州节度使兼侍卫步军都指挥使曹英为镇州节度使,加同平章事;潭州王逵加特进、兼侍中;河阳刘词加检校太尉;河中王彦超加同平章事;以镇州节度使何福进为郓州节度使,加同平章事;潞州李筠加同平章事。戊子,晋州药元福、滑州白重赞、相州王进、同州张铎并加检校太傅;以延州节度使索万进为曹州节度使,加检校太傅;定州留后孙行友、邢州留后田景咸、陕州留后韩通、灵武留后冯继业并正授节度使。庚寅夜，东北有大星隧，其声如雷。

　　壬辰，宰臣冯道加守太师，范质加尚书左仆射，监修国史李谷加右仆射、集贤殿大学士。以端明殿学士、尚书户部侍郎王溥为中书侍郎、平章事。《东都事略·王溥传》：太祖将大渐，促召学士草制，以溥为中书侍郎、同中书门下平章事。已宣制，太祖曰："吾无恨矣。"司徒窦贞固进封沂国公，司空苏禹珪进封莒国公，并加开府仪同三司。以宣徽南院使、知永兴军府事袁羲为延州节度使；以宣徽北院使兼枢密副使王仁镐为永兴军节度使，以前安州节度使王令温为陈州节度使；以殿前都指挥使、泗州防御使李重进为武信军节度使、检校太保，典军如故；以龙捷左厢都指挥使、睦州防御使樊爱能为侍卫马军都指挥使、洋州节度使，加检校太保；以虎捷右厢都指挥使、果州防御使何徽为侍卫步军都指挥使、利州节度使，加检校太保；以枢密承旨魏仁浦为枢密副使。是日巳时，帝崩于滋德殿，圣寿五十一。秘不发丧。乙未，迁神枢于万岁殿，召文武百官班于殿廷，宣遗制："晋王荣可于枢前即皇帝位，服纪月日一如旧制"云。是岁，自正月朔日后，景色昏晦，日日多晕，及嗣君即位之日，天气晴朗，中外肃然。

　　帝自郊禋后，其疾乍瘳乍剧，晋王省侍，不离左右，《东都事略》：李重进，周太祖之甥，母即福庆长公主。重进年长于世宗，及太祖寝疾，召重进受顾命，令拜世宗，以定君臣之分。累谕晋王曰："我若不起此疾，汝即速治山陵，不得久留殿内。陵所务从俭素，应缘山陵役力人匠，并须和雇，不计近远，不得差配百姓。陵寝不须用石柱，费人功，只以砖代之。用瓦棺纸衣。临入陵之时，召近税户三十家为陵户，下事前揭开瓦棺，遍视陵内，切不得伤他人命。勿修下宫，不要守陵宫人，亦不得用石人石兽，只立一石记子，镌字云：'大周天子临晏驾，与嗣帝约，缘平生好俭素，只令著瓦棺纸衣葬。'若违此言，阴灵不相助。"又言："朕攻收河府时，见李家十八帝陵园，广费钱物人力，并遭开发。汝不闻汉文帝俭素，葬在霸陵原，至今见在。如每年寒食无事时，即仰量事差人洒扫，如无人去，只遥祭。兼仰于河府、魏府各葬一副剑甲，澶州葬通天冠，绛纱袍，东京葬一副平天冠、衮龙服。千万千万，莫忘朕言。"

二月甲子，太常卿田敏上尊谥曰圣神恭肃文武孝皇帝，庙号太祖。

四月乙巳，葬于高陵。宰臣李谷撰谥册文，王溥撰哀册文云。
《永乐大典》卷八千九百八十。《五代史补》：高祖之为枢密使也，每出入，常恍然睹人前导，状若台省人吏，其服色一绯一绿，高祖以为不祥，深忧之。及河中、凤翔，永兴等处反，诏命高祖征之，一举而三镇瓦解。自是权倾天下，论者以为功高不赏，郭氏其危乎！高祖闻而恐惧。居无何，忽睹前导者服色，绯者改紫，绿者改绯，高祖心始安，曰："彼二人者，但见其升，不见其降，吉兆也。"未几，遂为三军所推戴。高祖之入京师也，三军纷扰，杀人争物者不可胜数。时有赵童子者，知书善射，至防御使，睹其纷扰，窃愤之，乃大呼于众中曰："枢密太尉，志在除君侧以安国，所谓兵以义举，鼠辈敢尔，乃贼也，岂太尉意耶！"于是持弓矢，于所居巷口据床坐，凡军人之来侵犯者，皆杀之，由是居人赖以保全仅数千家。其间亦有致金帛于门下，用为报答，已堆集如丘陵焉。童子见而笑曰："吾岂求利者耶！"于是尽归其主。高祖闻而异之，阴谓世宗曰："吾闻人间谶云，赵氏合当为天子，观此人才略度量近之矣，不早除去，吾与汝其可保乎！"使人诬告，收付御史府，劾而诛之。洎高祖厌世未十年，而皇宋有天下，赵氏之谶乃应，于斯知王者不死，信矣哉。高祖征李守贞，军次河上，高祖虑其争济，临岸而谕之。未及坐，忽有群鸦噪于上，高祖退十余步。引弓将射之。矢末及发而岸崩，其墨裂之势，在高祖足下。高祖弃弓顾群鸦而笑曰："得非天使汝惊动吾耶，如此则李守贞不足破矣。"于是三军欣然，各怀斩志矣。　《五代史缺文》：周太祖在汉隐帝朝为枢密使，将兵伐河中李守贞，时冯道守太师，不与朝政，以情告，周祖谒道于私第，问伐蒲策，道辞以不在其位，不敢议国事。周祖固问之，道不得已，谓周祖曰："相公颇知博乎？"周祖微时好蒲博，屡以此抵罪，疑道讥己，勃然变色。道曰："是行亦犹博也。夫博，财多者气豪而胜，财寡者心怯而输。守贞尝累典禁兵，自谓军情附己，遂谋反耳。今相公诚能不惜官钱，广施惠爱，明其赏罚，使军心许国，则守贞不足虑也。"周祖曰："恭闻命矣。"故伐蒲之役，周祖以便宜从事，卒成大功，然亦军旅归心，终移汉祚。又，周祖自邺起兵赴阙，汉隐帝兵败，遇害于刘子陂。周祖入京师，百官谒，周祖见道犹设拜，意道便行推戴，道受拜如平时，徐曰："侍中此行不易。"周祖气沮，故禅代之谋稍缓。及请道诣徐州册湘阴公为汉嗣，道曰："侍中由衷乎？"周祖设誓,道曰:"莫教老夫为谬语,今为谬语人。"臣谨案,周世宗朝,诏御史臣修《周祖实录》,故道之事,所宜讳矣。

史臣曰:周太祖昔在初潜,未闻多誉,洎西平蒲阪,北镇邺台,有统御之劳,显英伟之量。旋属汉道斯季,天命有归。纵虎旅以荡神京,不无惭德;揽龙图而登帝位,遂阐皇风。期月而弊政皆除,逾岁而群情大服,何迁善之如是,盖应变以无穷者也。所以鲁国凶徒,望风而散;并门遗孽,引日偷生。及鼎驾之将升,命瓦棺而薄葬,勤俭之美,终始可称,虽享国之非长,亦开基之有裕矣。然而二王之诛,议者讥其不能驾驭权豪,伤于猜忌,卜年斯促,抑有由焉。《永乐大典》卷八千九百八十。

# 旧五代史卷一一三考证

周太祖纪四又杀牛族素与野鸡族有憾　杀牛族,原本作杀牛于族。考《通监》、《五代会要》、《宋史》、《东都事略》,俱作杀牛族,知原本"于"字衍,今删。　六月壬子沧州奏契丹幽州榷监制置使兼防州刺史知卢台军事张藏英以本军归化　案:《欧阳史》作秋七月,张藏英来奔。　以前西京留守莒国公王守恩为左卫上将军　王守恩,原本作守思,今据《通鉴》改正。

旧五代史卷一一四
周书五

# 世宗本纪第一

　　世宗睿武孝文皇帝，讳荣，太祖之养子，盖圣穆皇后之侄也。本姓柴氏，父守礼，太子少保致仕。《隆平集》云：柴翁者，尝独居室，人以为司冥事。一日，笑不止，妻问其故，不答。翁嗜酒，妻醉之以酒，乃曰："上帝有命，郭郎即为天子。"考柴翁即守礼之父，史佚其名。帝以唐天祐十八年岁在辛巳，九月二十四日丙午，生于邢州之别墅。年未童冠，因侍圣穆皇后，在太祖左右，时太祖无子，家道沦落，然以帝谨厚，故以庶事委之。帝悉心经度，赀用获济，太祖甚怜之，乃养为己子。汉初，太祖以佐命功为枢密副使，帝始授左监门卫将军。《国老谈苑》云：周世宗在汉为诸卫将军，尝游畿甸，谒县令，忘其姓名，令方聚邑客蒲博，弗得见，世宗颇衔之。及即位，令因部夫犯赃数百疋，宰相范质以具狱上奏，世宗曰："亲民之官，赃状狼藉，法当处死。"质奏曰："受所监临财物有罪，上赃虽多，法不至死。"世宗怒，厉声曰："法者自古帝王之所制，本以防奸，朕立法杀赃吏，非酷刑也。"质曰："陛下杀之则可，若付有司，臣不敢署敕。"遂贷其命。二年，太祖镇邺，改天雄军牙内都指挥使，领贵州刺史、检校右仆射。三年冬，太祖入平内难，留帝守邺城。

　　广顺元年正月，太祖践祚，帝恳求入觐，忽梦至河而不得渡，寻授澶州节度使、检校太保，封太原郡侯。帝在镇，为政清肃，盗不犯境。先是，澶之里衖隘，公署毁圮，帝即广其街肆，增其廨宇，吏民赖之。《宋史·王赞传》：周世宗镇澶渊，每旬决囚，赞引律令，辨析中理。问之，知其尝事学问，即署右职。二年正月。兖州慕容彦超反，帝累表请征行，太祖嘉之。及曹英等东讨，数月无功，太祖欲亲征，召群臣议其事。宰臣冯道奏以方当盛夏，车驾不宜冲冒。太祖曰："寇不可玩，如朕不可行，当使澶州儿子击贼，方办吾事。"时枢密王峻意不欲帝将兵，故太祖亲征。六月，兖州平。十二月，加检校太傅、同平章事。三年正月，帝入觐。三月，授开封尹兼功德使，封晋王。

显德元年正月庚辰，加开府仪同三司、检校太尉、兼侍中，依前开封尹兼功德使，判内外兵马事。时太祖寝疾弥留，士庶忧沮，及闻帝总内外兵柄，咸以为惬。《隆平集》：曹翰隶世宗幕下，世宗镇澶渊，以为牙校。及尹开封，翰犹在澶渊，闻周祖寝疾，不俟召来见世宗，密言曰："王为家嗣，不事医药，何以副天下望？"世宗悟，入侍禁中，以府事命翰总决。壬辰，太祖崩，秘不发丧。丙申，内出太祖遗制："晋王荣可于枢前即位。"群臣奉帝即皇帝位。庚子，宰臣冯道率百僚上表请听政，凡三上。壬寅，帝见群臣于万岁殿门之东庑下。

二月庚戌，潞州奏，河东刘崇与契丹大将军杨衮，举兵南指。壬戌，宰臣冯道率百僚上表，请御殿，凡三上，允之。丁卯，以中书令冯道充山陵使，太常卿田敏充礼仪使，兵部尚书张昭充卤簿使，御史中丞张煦充仪仗使，开封少尹、权判府事王敏充桥道使。河东贼将张晖率前锋自团柏谷入寇，帝召群臣议亲征。宰臣冯道等奏，以刘崇自平阳奔遁之后，势弱气夺，未有复振之理，窃虑声言自来，以误于我。陛下纂嗣之初，先帝山陵有日，人心易摇，不宜轻举，命将御寇，深以为便。帝曰："刘崇幸我大丧，闻我新立，自谓良便，必发狂谋，谓天下可取，谓神器可图，此际必来，断无疑耳！"冯道等以帝锐于亲征，因固净之。帝曰："昔唐太宗之创业，靡不亲征，朕何惮焉。"道曰："陛下未可便学太宗。"帝又曰："刘崇乌合之众，苟遇王师，必如山压卵耳。"道曰："不知陛下作得山否？"帝不悦而罢。诏诸道募山林亡命之徒有勇力者，送于阙下。仍目之为强人。帝以矫捷勇猛之士，多出于群盗中，故令所在招纳，有应命者，即贷其罪，以禁卫处之，至有朝行杀夺，暮升军籍，仇人遇之，不敢仰视。帝意亦患之，其后颇有不获宥者。

三月丁丑,潞州奏,河东刘崇入寇,兵马监押穆令均部下兵士为贼军所袭,官军不利。诏天雄军节度使符彦卿领兵自磁州固镇路赴潞州,以澶州节度使郭崇副之。诏河中节度使王彦超领兵取晋州路东向邀击,以陕府节度使韩通为副。命宣徽使向训、马军都指挥使樊爱能、步军都指挥使何徽、滑州节度使白重赞、郑州防御使史彦超、前耀州团练使符彦能等,领兵先赴泽州。辛巳,制:"大赦天下,常赦所不原者,咸赦除之,诸贬降责授官,量与升陟叙用,应配流徒役人,并放逐便。诸道州府所欠去年夏秋租税并放。内外见任文武职官并与加恩,父母在者并与恩泽,亡没者与封赠,其母妻未叙者,特与叙封"云。前泾州节度使史懿卒。

癸未,诏以刘崇入寇,车驾取今月十一日亲征。甲申,以枢密使郑仁诲为东京留守。乙酉,车驾发京师。壬辰,至泽州。癸巳,王师与河东刘崇、契丹杨衮大战于高平,贼军大败。初,车驾行次河阳,闻刘崇自潞而南,即倍程而进。是月十八日,至泽州,既晡,帝御戎服,观兵于东北郊,距州十五里,夜宿于村舍。十九日,前锋与贼军相遇,贼阵于高平县南之高原。有贼中来者,云,"刘崇自将三万,并契丹万余骑,严阵以待官军。"帝促兵以击之,崇东西列阵,颇亦严整。乃令侍卫马步军都虞候李重进、滑州节度使白重赞将左,居阵之西厢;侍卫马军都指挥使樊爱能、步军都指挥使何徽将右,居阵之东厢;宣徽使向训、郑州防御使史彦超,以精骑当其中;殿前都指挥使张永德以禁兵卫跸。帝介马观战。两军交锋,未几,樊爱能、何徽望贼而遁,东厢骑军乱,步军解甲投贼,帝乃自率亲骑,临阵督战。《隆平集·马仁瑀传》:从世宗亲征刘崇,王师不利,仁瑀谓众曰:"主辱臣死!"因跃马大呼,引弓连毙将卒数十,士气始振。今上驰骑于阵前,先犯其锋,战士皆奋命争先,贼军大败。日幕,贼万余人阻涧而阵。会刘词领兵至,与大军迫之,贼军又溃,临阵斩贼大将张晖及伪枢密使王延嗣。诸将分兵追袭,僵尸弃甲,填满山谷。初夜,官军至高平,降贼军数千人,所获辎重、兵器、驼马、伪乘舆器服等不可胜纪。其夕,杀降军二千余人,我军之降敌者亦皆就戮。初,两军之未整也,风自东北起，不便于我，及与贼军相遇，风势陡回，人情相悦。战之前夕，有大星如日，流行数丈，坠于贼营之上。及战，北人望见官军之上，有云气如龙虎之状，则天之助顺，宣其然乎！是日，危急之势，顷刻莫保，赖帝英武果敢，亲临寇敌，不然则社稷几若缀旒矣。是夕，帝宿于野次。甲午，次高平县。诏赐河东降军二千余人各绢二匹，并给其衣装，乡兵各给绢一匹，放还本部。是日大雨。戊戌，车驾至潞州。案：《欧阳史》作丁酉，幸潞州，与《薛史》异。《通鉴》从《欧阳史》，《五代春秋》作丙寅，误。河南府上言，前青州节度使常思卒。

己亥，侍卫马军都指挥使、夔州节度使樊爱能，侍卫步军都指挥使、寿州节度使何徽等并诸将校七十余人，并伏诛。高平之役，两军既成列，贼骑来挑战，爱能望风而退，何徽以徒兵阵于后，为奔骑所突，即时溃乱，二将南走。帝遣近臣宣谕止遏，莫肯从命，皆扬言曰："官军大败，余众已解甲矣。"至暮，以官军克捷，方稍稍而回。帝至潞州，录其奔遁者，自军使以上及监押使臣并斩之，由是骄将堕兵，无不知惧。帝以何徽有平阳守御之功，欲贷其罪，竟不可，与爱能俱杀之，皆给槽车归葬。《东都事略》：世宗谓张永德曰："樊爱能及偏裨七十余人，吾欲尽按军法，何如？"对曰："必欲开拓疆宇，威加四海，安可已也。"世宗善其言，悉诛爱能等以徇，军声始振。

庚子，以侍卫马步都虞候李重进为许州节度使，以宣徽南院使向训为滑州节度使，以殿前都指挥使张永德为武信军节度使，职并如故。以滑州节度使白重赞为郓州节度使，以郑州防御使史彦超为华州节度使，赏高平之功也。以晋州节度使药元福为同州节度使，以宣徽北院使杨廷璋为晋州节度使，以同州节度使张铎为彰义军节度使，以客省使吴延祚为宣徽北院使，以龙捷左厢都指挥使李千为蔡州防御使，以龙捷右厢都指挥使田中为密州防御使，以虎捷右厢都指挥使张顺为登州防御使，以龙捷左第二军都指挥使孙延进为郑州防御使，以前耀州团练使符彦能为泽州防御使，以散员都指挥使李继勋为殿前都虞候，以殿前都虞候韩令坤为龙捷左厢都指挥使，以铁骑第一军都指挥使赵弘殷案：原本注"宣祖庙讳"四字，今据

《宋史》改作弘殷。为龙捷右厢都指挥使，以散员都指挥使慕容延钊为虎捷左厢都指挥使，以控鹤第一军都指挥使赵鼎为虎捷右厢都指挥使，并遥授团练使，其余改转有差。壬寅，以天雄军节度使、卫王符彦卿为河东行营都部署，知太原行府事；以澶州节度使郭崇为行营副部署；以宣徽南院使向训为行营兵马都监；以侍卫都虞候李重进为行营都虞候。以华州节度使史彦超为先锋都指挥使，领步骑二万，进讨河东。诏河中节度使王彦超、陕府节度使韩通，率兵自阴地关讨贼。以河阳节度使刘词为随驾副部署，以邠州节度使白重赞为随驾副部署。

　　夏四月乙巳，太祖灵驾发东京。乙卯，葬于嵩陵。河中节度使王彦超奏，伪汾州防御使董希颜以城归顺。案《宋史·王彦超传》：彦超自阴地关与符彦卿会兵围汾州，诸将请急攻，彦超曰："城已危矣，旦暮将降，我士卒精锐，驱以先登，必死伤者众，少待之。"异日，州将董希彦果降。丙辰，伪辽州刺史张汉超以城归顺。丁巳，幸柏谷寺。遣右仆射、平章事、判三司李谷赴河东城下，计度军储。诏河东城下诸将，招抚户口，禁止侵掠，只令征纳当年租税，及募民入粟五百斛、草五百围者赐出身，千斛、千围者授州县官。辛酉，符彦卿奏，岚、宪二州归顺。壬戌，制立卫国夫人符氏为皇后，仍令有司择日备礼册命。王彦超奏，收下石州，获伪刺史安彦进。《宋史·王彦超传》：引兵趣石州，彦超亲鼓士乘城，躬冒矢石，数日下之，擒其守将安彦进献行在。癸亥，伪沁州刺史李廷诲以城归顺。甲子，皇妹寿安公之主张氏进封晋国长公主。乙丑，东京奏，太师、中书令冯道薨。丙寅，太祖皇帝神主祔于太庙。庚午，曲赦潞州见禁罪人，除死罪外并释放。是日，车驾发潞州，亲征刘崇。癸酉，忻州伪监军李勍杀刺史赵皋及契丹大将杨努瑚旧作耨姑，今改正。以城归顺。诏授李勍忻州刺史。

　　五月乙亥，以尚书右丞边归谠守本官，充枢密直学士；以尚书侍郎陶谷守本官，充翰林学士。《宋史·陶谷传》：从征太原，时鱼崇谅迎母后至，谷乘间言曰："崇谅宿留不来，有顾望意。"世宗疑之。崇谅又表陈母病，诏许归陕州就养，以谷为翰林学士。丙子，车驾至太原城下。是日，伪代州防御使郑处谦以城归顺。案《辽史·穆宗纪》：四年五月乙亥，忻、代二州叛。据《薛史》，则忻州归顺在四月，代州归顺在五月丙子，与《辽史》月日互异。丁丑，观兵于太原城下，帝亲自慰勉，锡赉有差。升代州为节镇，以静塞军为额，以郑处谦为节度使。戊寅，斩伪命石州刺史安彦进于太原城下，以其拒王师也。庚辰，以前忠武军节度使郭从义为天平军节度使。遣符彦卿、郭从义、向训、白重赞、史彦超等，率步骑万余赴忻州。《宋史·符彦卿传》：彦卿之行也，世宗以并人虽败，朝廷馈运不继，未议攻击，且令观兵城下，徐图进取。及周师入境，汾、晋吏民，望风款接，皆以久罹虐政，愿输军需，以资兵力。世宗从之，而连下数州。彦卿等皆以刍粮未备，欲旋军，世宗不之省，乃调山东近郡挽军食济之。是夜大风，发屋拔树。壬午，以宰臣李谷判太原行府事。辛丑，升府州为节镇，以永安军为军额，以本州防御使折德扆为节度使。

六月癸卯朔，诏班师，车驾发离太原。时大集兵赋，及征山东、怀、孟、蒲、陕丁夫数万，急攻其城，旦夕之间，期于必取。会大雨时行，军士劳苦，复以忻口之师不振，帝遂决旋师之意。指麾之间，颇伤忽遽，部伍纷乱，无复严整，不逞之徒，讹言相恐，随军资用，颇有遗失者，贼城之下。粮草数十万，悉焚弃之。《通鉴考异》引《晋阳见闻录》云：六月旦，周师南辕返斾，惟数百骑，间之以步卒千人，长枪赤甲，衔枚捷跳梁于城隅，晡晚杀行而抽退。《宋史·药元福传》：诏令班师，元福上言曰："进军甚易，退军甚难。"世宗曰："一以委卿。"遂部分卒伍为方阵而南，元福以麾下为后殿。崇果出兵来追，元福击走之。乙巳，车驾至潞州。癸丑，帝发潞州。己丑，幸新郑县。丙寅，帝亲拜嵩陵，祭奠而退，《五代会要》：显德元年二月，车驾征太原回，亲拜嵩陵，望陵设恸。至陵所，俯伏哀泣，感于左右，再拜讫，祭奠而退。庚午，帝至自河东。

秋七月癸酉朔，前河西军节度使申师厚责授右监门卫率府副率。师厚在凉州岁余，以所部艰食，蕃情反覆，奏乞入朝，寻留其子为留后，不俟诏离任，故责之。乙亥，天雄军节度使、卫王符彦卿进位守太傅，改封魏王；郓州郭从义加兼中书令；河阳刘词移镇永兴军，加兼侍中；潞州李筠加兼侍中；河中王彦超移镇许州，加兼侍中；许州节度使、侍卫都虞候李重进移镇宋州，加同平章事兼侍卫亲军都指挥使；以武信军节度使兼殿前都指挥使张永德为滑州节度使，加检校太傅，典军如故；同州药元福移镇陕州，加检校太尉；郦州白重赞移镇河阳，加检校太尉；陕州韩通移镇曹州，加检校太傅。帝即位之初，覃庆于诸将，且赏从征之功也。丙子，以前礼部侍郎边光范为刑部侍郎，权判开封府事。丁丑，天下兵马元帅、吴越国王钱俶加天下兵马都元帅；襄州节度使、陈王安审琦加守太尉。戊寅，右散骑常侍张可复卒。以前亳州防御使李万金为郦州留后。庚辰，幸南庄。辛巳，荆南节度使、南平王高保融加守中书令；夏州节度使、西平王李彝兴加守太保；西京留守武行德、徐州王晏、邓州侯章，并加兼中书令。癸未，湖南王进逵加兼中书令；天德军节度使郭勋、邠州折从阮、安州李洪义，并加兼侍中；以前华州节度使孙方谏为同州节度使，加兼中书令；以前永兴军节度使王仁镐为河中节度使，加检校太尉。乙酉，沧州李晖、贝州王饶、镇州曹英，并加兼侍中；泾州张铎、相州王进、延州衰义，并加检校太尉。壬辰，百僚上表，请以九月二十四日诞圣日为天清节，从之。癸巳，以左仆射兼门下侍郎、平章事；监修国史范质为守司徒兼门下侍郎、平章事、弘文馆大学士；《国老谈苑》云：周太祖尝令世宗诣范质，时为亲王，轩车高大，门不能容，世宗即下马步入。及嗣位，从容语质曰："卿所居旧宅耶，门楼一何小哉。"遂以治第。以左仆射兼中书侍郎、平章事、集贤殿大学士，判三司李谷为守司徒兼门下侍郎、平章事，监修国史；以中书侍郎、平章事王溥为中书侍郎兼礼部尚书、平章事、集贤殿大学士；以枢密院学士、工部侍郎景范为中书侍郎、平章事，判三司；枢密使、检校太保、同平章事郑仁诲加兼侍中；灵武冯继业，定州孙行友、邢州田景咸，并加检校太傅；晋州杨廷璋加检校太保；以太子詹事赵上交为太子宾客。乙未，以枢密副使、右监门卫大将军魏仁溥为枢密使、检校太保。《东都事略》云：议者以仁浦不由科第进，世宗曰："顾才何如耳！"遂用之。丙申，以中书舍人、史馆修撰、判馆事刘温叟为礼部侍郎，判馆如故。丁酉，相州节度使王进卒。

八月壬寅朔，以宣徽北院使吴延祚为右监门卫大将军充职，以

枢密院直学士、尚书右丞边归谠为尚书左丞充职。甲辰，幸南庄，赐
从臣射。乙巳，以吏部侍郎颜衎为工部尚书致仕。丙午，同州节度
使孙方谏卒。己酉，前泽州刺史李彦崇责授右司御副率。高平之役，
帝与贼军相遇，即令彦崇领兵守江猪岭，以遏寇之归路。彦崇初见
王师已却，即时而退。及刘崇兵败，果由兹岭而遁，故有是责。壬子，
以金州防御使王晖为同州留后。癸丑，以吴越国内外都指挥使吴延
福为宁国军节度使、检校太尉，从钱俶之请也。以太子少师宋彦筠
为太子太师致仕。甲寅，以兵部郎中兼太常博士尹拙为国子祭酒。
丙辰，皇姑故福庆长公主追封燕国大长公主，李从进之母也。丁巳，
以户部郎中致仕景初为太仆卿致仕，宰臣范之父也。己巳，华州镇
国军宜停，依旧为郡。庚午，以给事中刘悦、康澄并为右散骑常侍。
辛未，以左散骑常侍裴选为御史中丞，以御史中丞张煦为兵部侍
郎，集贤殿学士、判院事司徒诩为吏部侍郎，以左散骑常侍薛冲义
为工部侍郎。

九月壬申朔，以东京旧宅为皇建禅院。甲戌，以武安军节度副
使、知潭州军府事周行逢为鄂州节度使，知潭州军府事，加检校太
尉。丙戌，右屯卫将军薛训除名，流沙门岛，坐监雍兵仓，纵吏卒掊
敛也。己亥，以右仆射致仕韩昭裔、左仆射致仕杨凝式并为太子太
保致仕，以太子太傅致仕李肃为太子太师致仕。辛丑，斩宋州巡检
供奉官、副都知竹奉璘于宁陵县，坐盗掠商船不捕获也。

冬十月甲辰，左羽林大将军孟汉卿赐死，坐监纳厚取耗余也。
丙午，以安州节度使李洪义为青州节度使，以贝州节度使王饶为相
州节度使，以徐州节度使王晏为西京留守，以西京留守武行德为徐
州节度使。戊申，以龙捷左厢都指挥使、泗州防御使韩令坤为洋州
节度使，充侍卫马军都指挥使；以虎捷右厢都指挥使、永州防御使
李继勋为利州节度使，充侍卫步军都指挥使。己酉，太子太保致仕
杨凝式卒。诏安、贝二州依旧为防御州，其军额并停。壬子，以今上
为永州防御使，依前殿前都虞候。戊午，监修国史李谷等上言曰：
"窃以自古王者，咸建史官。君臣献替之谋，皆须备载；家国安危之

道,得以直书。历代已来,其名不一。人君言动,则起居注创于累朝;辅相经纶,则时政记兴于前代。然后采其事实,编作史书。盖缘闻见之间,须有来处;记录之际,得以审详。今之左右起居郎,即古之左右史也。唐文宗朝,命其官执笔,立于殿阶螭头之下,以纪政事。后则明宗朝,命端明殿及枢密直学士,皆轮修日历,旋送史官,以备纂修。及近朝,此事皆废,史官唯凭百司报状,馆司但取两省制书,此外虽有访闻,例非端的。伏自先皇帝创开昌运,及皇帝陛下缵嗣丕基,其圣德武功,神谋睿略,皆系万几宥密,丹禁深严,非外臣之所知,岂庶僚之可访。此后欲望以谘询之事,裁制之规,别命近臣,旋具抄录,每当修撰日历,即令封付史臣,庶国事无漏略之文,职业免疏遗之咎。"从之。因命枢密直学士,起今后于枢密使处,逐月抄录事件,送付史馆。己未,供奉官郝光庭弃市,坐在叶县巡检日,挟私断杀平人也。是日大阅,帝亲临之。帝自高平之役,睹诸军未甚严整,遂有退却。至是命今上一概简阅,选武艺超绝者,署为殿前诸班,因是有散员、散指挥使、内殿直、散都头、铁骑、控鹤之号。复命总戎者,自龙捷、虎捷以降,一一选之,老弱羸小者去之,诸军士伍,无不精当。由是兵甲之盛,近代无比,且减冗食之费焉。《五代会要》:显德元年,上谓侍臣曰:"侍卫兵士,老少相半,强懦不分,盖徇人情,不能选练。今春朕在高平,与刘崇及蕃军相遇,临敌有指使不前者,苟非朕亲当坚阵,几至丧败。况百户农夫,未能赡一甲士,且兵在精不在众,宜令一一点选,精锐者升在上军,怯懦者任从安便,庶期可用,又不虚费。"先是,上按于高平,观其退缩,慨然有惩革之志。又以骁勇之士,多为外诸侯所占,如是召募天下豪杰,不以草泽为阻,在于阙下,躬亲试阅,选武艺超绝及有身首者,分署为殿前诸班。

十一月戊寅,以太子宾客石光赞为兵部尚书致仕。壬午,镇州节度使曹英卒。乙酉,以澶州节度使郭崇为镇州节度使。乙未,以荆南节度副使、归州刺史高保勖为宁江军节度使、检校太尉,充荆南节度行军司马。戊戌,诏宰臣李谷监筑河堤。先是,郓州界河决,数州之地,洪流为患,故命谷治之,役丁夫六万人,三十日而罢。十二月己酉，太子太师侯益以本官致仕。《永乐大典》卷八千九百八十四。

# 旧五代史卷一一四考证

周世宗纪一贼军又溃临阵斩贼大将张晖　案：《九国志》作张元徽乘胜复入，马倒，为周师所擒杀之，与是书异，《通鉴》从是书。

戊戌车驾至潞州　案：《欧阳史》作丁酉，幸潞州，与是书异。《通鉴》从《欧阳史》，《五代春秋》作丙戌，误。

旧五代史卷一一五

周书六

# 世宗本纪第二

　　显德二年春正月辛未朔,帝不受朝贺。辛卯,诏"在朝文班,各举堪为令录者一人,虽姻族近亲,亦无妨嫌。授官之日,各署举主姓名,若在官贪浊不任,懦弱不理,并量事状重轻,连坐举主。"乙未,诏:"应逃户庄田,并许人请射承佃,供纳税租:如三周年内本户来归者,其庄田不计荒熟,并交还一半;五周年内归业者,三分交还一分;五周年外归业者,其庄田除本户坟茔外,不在交付之限。其近北地诸州,应有陷蕃人户,自蕃界来归业者:五周年内来者,三分交还二分;十周年内来者,交还一半;十五周年来者,三分交还一分;十五周年外来者,不在交还之限。

　　二月戊申,遣使赴西京,赐太子太师致仕侯益、白文珂、宋彦筠等茶药钱帛各有差,仍降诏存问。壬戌,诏曰:

　　　善操理者不能有全功,善处身者不能无过失,虽尧、舜、禹、汤之上圣,文、武、成、康之至明,尚犹思逆耳之言,求苦口之药,何况后人之不逮哉!

　　　朕承先帝之灵,居至尊之位,涉道犹浅,经事末深,常惧昏蒙,不克负荷。自临宸极,已过周星,至于刑政取舍之间,国家措置之事,岂能尽是,须有未周,朕犹自知,人岂不察。而在位者未有一人指朕躬之过失,食禄者曾无一言论时政之是非,岂朕之寡昧不足与言耶? 岂人之循默未肯尽心邪? 岂左右前后有所畏忌邪？岂高卑疏近自生间别耶？

古人云："君子大言受大禄，小言受小禄。"又云："官箴王阙。"则是士大夫之有禄位，无不言之人。然则为人上者，不能感其心而致其言，此朕之过也，得不求骨鲠之辞，询正直之议，共申裨益，庶洽治平。朕于卿大夫，才不能尽知，面不能尽识，若不采其言而观其行，审其意而察其忠，则何以见器略之浅深，知任用之当否？若言之不入，罪实在予，苟求之不言，咎将谁执！应内外文武臣僚，今后或有所见所闻，并许上章论谏。若朕躬之有阙失，得以尽言；时政之有瑕疵，勿宜有隐。方求名实，岂尚虚华，苟或素不工文，但可直书其事，辞有谬误者，固当舍短，言涉伤忤者，必与留中，所冀尽情，免至多虑。诸有司局公事者，各宜举职，事有不便者，革之可也，理有可行者，举之可也，勿务因循，渐成讹谬。臣僚有出使在外回者，苟或知黎庶之利病，闻官吏之优劣，当具敷奏，以广听闻。班行职位之中，迁除改转之际，即当陈力之轻重，较言事之臧否，奉公切直者当议甄升，临事蓄缩者须期抑退。翰林学士、两省官，职居侍从，乃论思谏净之司；御史台官，任处宪纲，是击搏纠弹之地；论其职分，尤异群臣，如逐任官内，所献替启发弹举者，至月限满合迁转时，宜令中书门下先奏取进止。

三月辛未，以李晏口为静安军，其军南距冀州百里，北距深州三十里，夹胡卢河为垒。《通鉴》：浚胡卢河在正月，至三月始建军额。先是，贝、冀之境，密迩戎疆，居常敌骑涉河而南，驰突往来，洞无阻碍，北鄙之地，民不安居。帝乃按图定策，遣许州节度使王彦超、曹州节度使韩通等领兵他徙，筑垒于李晏口，以兵戍守，功未毕，契丹众寻至，彦超等击退之。及垒成，颇扼要害，自是敌骑虽至，不敢涉河，边民稍得耕牧焉。壬辰，尚书礼部贡院进新及第进士李覃等一十六人所试诗赋，文论、策文等。诏曰："国家设贡举之司，求英俊之士，务询文行，方中科名。比闻近年以来，多有滥进，或以年劳而得第，或因媒势以出身。今岁所放举人，试令看验，果见纰缪，须至去留。其李覃、何曮、杨徽之、赵邻几等四人，宜放及第。其严说、武允成、王汾、闾丘舜卿、任惟吉、周度、张慎徽、王翯、马文、刘选、程浩然、李震等一十二人，艺学未精，并宜勾落，且令苦学，以俟再来。礼部侍郎刘温叟失于选士，颇属因循，据其过尤，合行遣谪，尚视宽恕，特与矜容，刘温叟放罪，其将来贡举公事，仍令所司别具条理以闻。"

夏四月庚戌，以内客省使李彦颋为延州留后。辛亥，诏："应自外新除御史，未经朝谢，行过州府，不得受馆驿供给及所在公礼。"乙卯，诏于京城四面，别筑罗城，期以来春兴役。戊午，以翰林学士、给事中窦仪为礼部侍郎，依前充职；以礼部侍郎刘温叟为太子詹事。癸亥，以翰林学士、中书舍人杨昭俭为御使中丞。是月，诏翰林学士承旨徐台符已下二十余人，各撰《为君难为臣不易论》、《平边策》各一首，帝亲览之。《宋史·陶谷传》：世宗谓宰相曰："朕观历代君臣治平之道，诚为不易，又念唐、晋失德之后，乱臣黠将，潜窃者多。今中原甫定，吴、蜀、幽、并尚未平附，声教未能远被，宜令近臣各为论策，宣导经济之略。"乃命承旨徐台符已下二十余人，各撰《为君难为臣不易论》、《平边策》以进。其略率以修文德、来远人为意，惟谷与窦仪、杨昭俭、王朴以封疆密迩江、淮，当用师取之。世宗自克高平，常训兵讲武，思混一天下，及览其策，欣然听纳，由是平南之意益坚矣。

五月辛末，回鹘遣使贡方物。凤翔节度使王景上言："奉诏攻收秦、凤二州，已于今月一日领军由大散关路进军次。"先是，晋末契丹入晋，秦州节度使何建以秦、成、阶三州入蜀，蜀人又取凤州。至是，秦、凤人户怨蜀之苛政，相次诣阙，乞举兵收复旧地，乃诏景与宣徽南院使向训率师以赴焉。《东都事略·王溥传》：世宗将讨秦、凤，溥荐向拱，遂平之。世宗因宴，酌卮酒赐之，曰："成吾边功，卿择帅之力也。"甲戌，诏曰：

释氏贞宗，圣人妙道，助世劝善，其利甚优。前代以来，累有条贯，近年已降，颇紊规绳。近览诸州奏闻，继有缁徒犯法，盖无科禁，遂至尤违，私度僧尼，日增猥杂，创修寺院，渐至繁多，乡村之中，其弊转甚。漏网背军之辈，苟剃削以逃刑；行奸为盗之徒，托住持而隐恶。将隆教法，须辨臧否，宜举旧章，用革前弊。

诸道州府县镇村坊，应有敕额寺院，一切仍旧，其无敕额者，并仰停废，所有功德佛像及僧尼，并腾并于合留寺院内安置。天下诸县城郭内，若无敕额寺院、只于合停废寺院内，选功德屋宇最多者，或寺院僧尼各留一所，若无尼住，只留僧寺院一所。诸军镇坊郭及二百户以上者，亦依诸县例指挥。如边远州郡无敕额寺院处，于停废寺院内僧尼各留两所。今后并不得创造寺院兰若。公王戚里诸道节刺已下，今后不得奏请创造寺院及请开置戒坛。男子女子如有志愿出家者，并取父母、祖父母处分，已孤者取同居伯叔兄处分，侯听许方得出家。男年十五已上，念得经文一百纸，或读得经文五百纸，女年十三已上，念得经文七十纸，或读得经文三百纸者，经本府陈状乞剃头，委录事参军本判官试验经文。其未剃头间，须留发髻，如有私剃头者，却勒还俗，其本师主决重杖勒还俗，仍配役三年。两京、大名府、京兆府、青州各处置戒坛，侯受戒时，两京委祠部差官引试，其大名府等三处，只委本判官录事参军引试。如有私受戒者，其本人、师主、临坛三纲、知事僧尼，并同私剃头例科罪。应合剃头受戒人等，逐处闻奏，侯敕勒下，委祠部给付恁由，方得剃头受戒。应男女有父母、祖父母在，别无儿息侍养，不听出家。曾有罪犯，遭官司刑责之人，及弃背父母、逃亡奴婢、奸人细作、恶逆徒党、山林亡命、未获贼徒、负罪潜窜人等，并不得出家剃头。如有寺院辄容受者，其本人及师主、三纲、知事僧尼、邻房同住僧，并仰收捉禁勘，申奏取裁。

僧尼俗士，自前多有舍身、烧臂、炼指、钉截手足、带铃挂灯、诸般毁坏身体、戏弄道具、符禁左道、妄称发现还魂坐化、圣水圣灯妖幻之类，皆是聚众眩惑流俗，今后一切止绝。如有此色人，仰所在严断，递配边远，仍勒归俗，其所犯罪重者，准格律处分。每年造僧账两本，其一本奏闻，一本申祠部，逐年四月十五日后，勒诸县取索管界寺院僧尼数目申州，州司攒账，至五月终以前文帐到京，僧尼籍帐内无名者，并勒还俗。其巡礼行脚，出入往来，一切取便。

是岁，诸道供到帐籍，所存寺院凡二千六百九十四所，废寺院凡三万三百三十六，僧尼系籍者六万一千二百人。戊寅，以刑部侍郎边光范为户部侍郎，以前御史中丞裴巽为刑部侍郎。己卯，刑部员外郎陈渥赐死，坐检齐州临邑县民田失实也。渥为人清苦，临事有守，以微累而当极刑，时论惜之。戊子，以沙州留后曹元忠为沙州节度使、检校太尉、同平章事。丙申，礼部侍郎窦仪奏，请废童子、明经二科及条贯考试次第，从之。

六月己酉，以曹州节度使韩通充西南面行营都虞候。丙辰，以亳州防御使陈思让为邢州留后。庚申，"两京及诸道州府，不得奏荐留守判官、两使判官、少尹、防御团练军事判官，如是随幕已曾任此职者听奏。防御团练刺史州，各置推官一员。"辛酉，废景州为定远军。癸丑，以前延州节度使袁义为沧州节度使，以前邢州节度使田景咸为邓州节度使。

秋七月丁卯朔，以凤翔节度使王景兼西南面行营都招讨使，以宣徽南院使、镇安军节度使向训兼西南面行营都监。戊辰，太子太傅、鲁国公和凝卒。

八月癸卯，兵部尚书张昭、太常卿田敏等奏，议减祠祭所用牺牲之数，由是圆丘、方泽及太庙即用太牢，余皆以羊代之。丁未，中书侍郎、平章事、判三司景范罢判三司，加银青光禄大夫，依前中书侍郎、平章事，进封开国伯；以枢密院承旨张美权判三司。辛亥，诏："今后应有病患老弱马，并送同州沙苑监、卫州牧马监，就彼水草，以尽饮龁之性。"庚子，太子太师致仕赵晖卒。乙丑，诏曰："今后诸处祠祭，应有牲牢、香币、馔料、供具等，仰委本司官吏躬亲检校，务在精至。行事仪式，依附《礼经》，大祠祭合用乐者，仍须祀前教习。凡关祀事，宜令太常博士及监察御史用心点检，稍或因循，必行朝典。

九月丙寅朔，诏禁天下铜器，始议立监铸钱。癸未，以太子宾客赵上交为吏部侍郎，以吏部侍郎于德辰、司徒诩并为太子宾客。乙酉，诏文武百僚，今后遇天清节，依近臣例各赐衣服。辛卯，西南面招讨使王景，部送所获西川军校姜晖已下三百人至阙。甲午，潞州部送先擒到河东兵马监押程支等二百人至阙。诏所获西川、河东军校已下并释之，各赐钱帛有差。

闰月壬子，西南面招讨使王景奏，大破西川贼军于黄花谷，擒伪命都监王峦、孙韬等一千五百余人。案《九国志·李廷珪传》：周师攻秦、凤，以廷珪为北路行营都统，高彦俦、吕审珂为招讨。廷珪遣先锋指挥使李进以兵据马岭，分兵出斜谷，尝于白涧，将腹背以攻周师；又遣染院使王峦领兵出唐仓，与周师遇，蜀师败走，王峦死之。而马岭、斜谷之兵闻之皆退奔，高彦俦与诸将谋退守青泥岭。由是秦、凤、阶、成之地，皆陷于周矣。癸丑。秦州伪命观察判官赵玭以本城降，诏以玭为郢州刺史。《宋史·赵玭传》：高彦俦出师救援，未至，闻军败，因溃归。玭闭门不纳，召官属谕之曰："今中朝兵甲无敌于天下，自用师西征，战无不胜，蜀中所遣将皆武勇者，卒皆骁健者，然杀戮遁逃之外，几无孑遗。我辈安忍坐受其祸，去危就安，当在今日。"众皆俯伏听命，玭遂以城归顺。世宗欲命以藩镇，宰相范质不可，乃授郢州刺史。先是，帝以西师久次，艰于粮运，命今上乘驿赴军前，以观攻战之势。及回，具以事势上奏，帝甚悦，至是果成功焉。甲子，秘书少监许逊责授蔡州别驾，坐先假窦氏图书隐而不还也。

冬十月庚午，召近臣射于苑中，赐金器鞍马有差。辛未，成州归顺。癸酉，以给事中王敏为工部侍郎。戊寅，高丽国遣使朝贡。丁丑，右散骑常侍康澄责授环州别驾，左司郎中史又玄责授商州长史，左骁卫大将军元霸责授均州别驾，右骁卫将军林延禔责授登州长史。澄等奉使浙中，回日以私便停留，逾时复命，故有是责。右谏议大夫李知损配流沙门岛，坐妄贡章疏，斥渎言贵近，及求使两浙故也。己丑，前太常卿边蔚卒。是月始议南征。

十一月乙未朔，以宰臣李谷为淮南道前军行营都部署，知庐、寿州行府事；以许州节度使王彦超为行营副部署；命侍卫马军都指

挥使韩令坤等一十二将,各带征行之号以从焉。己亥,谕淮南州县,
诏曰:

> 朕自缵承基构,统御环瀛,方当恭己临朝,诞修文德,岂欲
> 兴兵动众,专耀武功! 顾兹昏乱之邦,须举吊伐之义。蠢尔淮
> 甸,敢拒大邦,因唐室之陵迟,接黄寇之纷乱:飞扬跋扈,垂六
> 十年,盗据一方,僭称伪号。幸数朝之多事,与北境以交通,厚
> 启戎心,诱为边患。晋、汉之代,环海未宁,而乃招纳叛亡,朋助
> 凶慝,李金全之据安陆,李守贞之叛河中,大起师徒,来为应
> 援,攻侵高密,杀掠吏民,近夺闽、越之封疆,涂炭湘、潭之士
> 庶。以至我朝启运,东鲁不庭,发兵而应接叛臣,观衅而恁凌徐
> 部。沭阳之役,曲直可知,尚示包荒,犹稽问罪。迩后维扬一境,
> 连岁阻饥,我国家念彼灾荒,大许籴易。前后擒获将士,皆遣放
> 还;自来禁戢边兵,不令侵挠。我无所负,彼实多奸,勾诱契丹,
> 至今未已,结连并寇,与我为仇,罪恶难名,人神共愤。
>
> 今则推轮命将,鸣鼓出师,征浙右之楼船,下朗陵之戈甲,
> 东西合势,水陆齐攻。吴孙皓之计穷,自当归命;陈叔宝之数
> 尽,何处偷生! 应淮南将士军人百姓等,久隔朝廷,莫闻声教,
> 虽从伪俗,应乐华风,必须善择安危,早图去就。如能投戈献
> 款,举郡来降,具牛酒以犒师,纳珪符而请命。车服玉帛,岂吝
> 旌酬,土地山河,诚无爱惜。刑赏之令,信若丹青,苟或执迷,宁
> 免后悔。王师所至,军政甚明,不犯秋毫,有如时雨,百姓父老,
> 各务安居,剽掳焚烧,必令禁止云。

高丽国王王昭加开府仪同三司、检校太尉,依前使持节玄菟州
都督、大义军使,王如故。辛亥,以前沧州节度使李晖为邠州节度
使。壬子,潞州奏,破河东贼军于祁县。癸丑,西南面行营都部署王
景奏,收复凤州,获伪命节度使王环。乙卯,曲赦秦、凤、阶、成等州
管内罪人,自显德二年十一月已前,凡有罪犯,无问轻重,一切释
放。丁巳,前邠州节度使折从阮卒。己未,邢州奏,河东刘崇死。案:
《通鉴》作显德元年十一月,北汉主殂,遣使告于契丹。《考异》引王保衡《见闻

要录》、《刘继颙神道碑》为据，疑《薛史》作二年为误。今考《辽史·穆宗纪》，应
历五年十一月，汉主崇殂，应历五年即周广顺二年也，与《薛史》合，盖《薛史》、
《辽史》皆以实录为据也。《五代春秋》亦作二年。壬戌，淮南前军都部署李
谷奏，先锋都指挥使白延遇破淮贼于来远镇。

十二月丙寅，以左金吾大将军盖万为右监门上将军。丁卯，淄
州奏，前中书侍郎、同平章事景范卒。庚午，右金吾卫上将军王守恩
卒。辛未，安州奏，盗杀防御使张颖。是日，翰林学士承旨徐台符卒。
甲戌，李谷奏，破淮贼二千人于寿州城下。丙子，以左谏议大夫、权
知开封府事王朴为左散骑常侍，充端明殿学士，依前权知开封府
事，永兴军奏，节度使刘词卒。己卯，李谷奏，破淮贼千余人于山口
镇。丙戌，枢密使郑仁海卒。辛卯，西南面行营都部署王景差人部
送所获伪凤翔节度使王环至阙。诏释之，仍赐鞍马衣服，寻授右骁
卫案原本阙一字将军。

是冬，命起居郎陶文举征残租于宋州。举本酷吏也，宋民被其
刑者凡数千，冤号之声，闻于道路，有悼耄之辈，不胜其刑而死者数
人，物议以为不允。《永乐大典》卷八千九百八十四。

# 旧五代史卷一一五考证

周世宗纪二癸丑西南面行营都部署王景奏收复凤州　　案：癸
丑，《欧阳史》作戊申。

旧五代史卷一一六

周书七

# 世宗本纪第三

　　显德三年春正月乙未朔,帝不受朝贺。前司空苏禹珪卒。丁酉,
李谷奏,破淮贼于上窰。戊戌,发丁夫十万城京师罗城。庚子,诏取
此月八日幸淮南。殿中监马从赟免所居官。坐乾没外孙女霍氏之
赀产,为人所讼故也。辛丑,以宣徽南院使向训为权东京留守,以端
明殿学士王朴为副留守。壬寅,车驾发京师。丁未,李谷奏,自寿州
引军退守正阳。辛亥,李重进奏,大破淮贼于正阳,斩首二万余级,
伏尸三十里,临阵斩贼大将刘彦贞,生擒偏将咸师朗已下,获戎甲
三十万事、马五百匹。先是,李谷驻军于寿春城下,以攻其城,既而
淮南援军大至,乃与将佐谋曰:“贼军舟棹将及正阳,我师无水战之
备,万一桥梁不守,则大军隔绝矣。不如全师退守正阳浮桥以俟銮
辂。”诸将皆以为然,遂燔其粮草而退。军回之祭,无复严整,公私之
间,颇多亡失,淮北役夫,亦有陷于贼境者。帝闻之,急诏侍卫都指
挥使李重进率师赴之。时淮贼乘李谷退军之势,发战棹数百艘,沿
淮而上,且张断桥之势,彦贞以大军列阵而进。李重进既至正阳,闻
淮军在近,率诸将渡桥而进,与贼军遇,重进等合势击之,一鼓败
之。马令《南唐书》:世宗亲征,行至围镇,闻谷军却,意唐兵必追之,遣李重进
急趋正阳,曰:“唐兵且至,宜急击之。”彦贞等闻谷退军,皆以为怯,裨将咸师
朗曰:“追之可大获。”刘仁赡使人喻之曰:“君来赴援,未交战而敌人退,不可
测也,慎勿追逐。君为大将,安危以之,脱有不利,大事去矣。”前军张全约亦

曰："不可追。彦贞曰："军容在我，汝辈何知？沮吾事者斩！"比至正阳，而重进
先至，未及食而战。彦贞施利刃于拒马，又刻木为兽，号捷马牌，以皮囊布铁蒺
藜于地。周兵见而知其怯，一鼓败之，彦贞死于阵。杀获之外，降者三千余
人，皆为我将赵晁所杀。甲寅，车驾至正阳。以侍卫都指挥使李重
进为淮南道行营都招讨使，命宰臣李谷判寿州行府事。乙卯，车驾
渡淮。丙辰，至寿州城下，营于州西北淝水之阳，诏移正阳浮桥于下
蔡。庚申耀兵于城下。《春明退朝录》云：有《范鲁公维录》，记世宗亲征忠
正，驻跸城下，中夜有白虹自淝水起，亘数丈，下贯城中，数刻方没。壬戌，今
上奏，破淮贼万余众于涡口，斩伪兵马都监何延锡等，获战船五十
艘。

　　二月丙寅，幸下蔡。斩前济州马军都指挥使康俨于路左，坐桥
道不谨也。朗州节度使王进逵奏，领兵入淮南界。戊辰，庐寿巡检
使司超奏，破淮贼三千于盛唐，获都监伪吉州刺史高弼以献。诏释
之。兵部尚书张昭奏，准诏撰集兵法，分为十卷，凡四十二门，目之
为《制旨兵法》，上之。优诏褒美，仍以器币赐之。壬申，今上奏，破
淮贼万五千人于清流山，乘胜攻下滁州，擒伪命江州节度使、充行
营应援使皇甫晖，常州团练使、充应援都监姚凤以献。王铚《默记》：
李景闻世宗亲至淮上，而滁州其控扼，且援寿州，命大将皇甫晖、监军姚凤提
兵十万扼其地。太祖以周师数千与晖遇于清流关隘路，周师大败，晖整全师入
憩滁州城下，会翌日再出。太祖兵聚关下，且虞晖兵再至，闻诸村人，云有镇州
赵学究在村中教学，多智计，村民有争讼者，多请以决曲直。太祖往访之，学究
曰："我有奇计，所谓因败为胜，辅祸为福。今关下有径路，人无行者，虽牌军亦
不知之，乃山之背也，可以直抵城下。方值西涧水大涨之时，彼必谓我既败之
后，无敢蹑其后者，诚能由山背小路率兵浮西漳水至城下，斩关而入，可以得
志。"太祖大喜，且命学究以指其路。学究亦不辞，而遣人前导，即下令誓师，夜
从小路行，三军跨马浮西涧以迫城，晖果不为备，夺门以入，晖始闻之，率亲兵
摄甲与太祖巷战，三纵而三擒之，遂下滁州。甲戌，江南国主李景遣泗州
牙将王知朗赍书一函至滁州，本州以闻，书称唐皇帝奉书于大周皇
帝，其略云："愿陈兄事，永奉邻欢，设或府鉴远图，下交小国，悉班
卒乘，俾乂苍黔，庆鸡犬之相闻，奉琼瑶以为好，必当岁陈山泽之

利,少助军旅之须。虔俟报章,以听高命,道途朝坦,礼敝夕行"云。书奏不答。乙亥,今上縶送所获江南二将皇甫晖、姚凤至行在,诏释之。壬午,江南国主李景遣其臣伪翰林学士户部侍郎钟谟、伪工部侍郎文理院学士李德明等,奉表来上,叙愿依大国称臣纳贡之意,仍进金器千两,锦绮绫罗二千匹及御衣、犀带、茶茗、药物等,又进犒军牛五百头,酒二千石。是日,赐谟等锦绮绫罗二百匹,银器一百两,袭衣、金带、鞍马等。丙戌,侍卫马军指挥韩令坤奏,收下扬州。《东都事略·韩令坤传》:率兵袭扬州,将吏开门以迎之,令坤整众而入,市不易肆,人甚悦。丁亥,寿州城内左神卫军使徐象等一十八人来奔。庚寅,朗州节度使王进逵上言,领兵入鄂州界,攻长山砦,杀贼军三千余众。辛卯,今上表伪命天长军制置使耿谦以本军降,获粮草二十余万。侍卫马军都指挥使韩令坤上言,泰州降。癸巳,荆南上言,朗州节度使王进逵为部将潘叔嗣所杀。《九国志·王逵传》:领众逼宜春,道出长沙,耀兵金波亭,有蜜蜂集伞盖中,占者以为不利,遂留长沙。令行营副使毛立领兵南下,以潘叔嗣、张文表为前锋。叔嗣怒,至沣陵拥众而还。逵闻兵叛,乃乘轻舸奔归武陵,叔嗣追杀之于朗州城外。遣人诣潭州,请周行逢为帅,行逢至朗州,斩叔嗣于市。

三月丙申,行光州刺史何超奏,光州伪命都监张承翰以城归顺,寻授承翰集州刺史。庚子,文武百僚再上表请听乐,诏允之。行舒州刺史郭令图奏,收下舒州。案《隆平集·王审琦传》:世宗征淮,舒州坚壁不下,以郭令图为刺史,命审琦、司超将兵攻城。一夕拔之。令图入,复见逐于郡人。审琦方进军援黄州,闻令图被逐,乃选骑衔枚袭城,夜败其众而复纳之。江南国主李景表送先隔过朝廷兵士一百五十人至行在。其军即蜀军也,秦、凤之役,为王师所擒,配隶诸军,及渡淮,辄复南逸。帝怒其奔窜,尽戮之。丙午,江南国主李景遣其臣伪司空孙晟、伪礼部尚书王崇质等奉表来上,仍进金一千两,银十万两,罗绮二千匹,又进赏给将士茶绢金银罗帛等。庚戌,两浙奏,遣大将率兵攻常州。延州留后李彦頵奏,蕃众与部民为乱,寻与兵司都监缩掩杀,获其酋帅高闹儿等十人,磔于市。彦頵本贾人也,贪而好利,蕃汉之民

怨其侵刻,故至于是。辛亥,赐江南李景书曰:

　　顷自有唐失御,天步方艰,巢、蔡丧乱之余,朱、李战争之
后,中夏多故,六纪于兹,海县瓜分,英豪鼎峙,自为声教,各擅
烝黎,连衡而交结四夷,乘衅而凭凌上国。华风不竞,否运所
钟,凡百有心,孰不兴愤?

　　朕猥承先训,恭荷永图,德不逮于前王,道不方于往古。然
而擅一百州之富庶,握三十万之甲兵,且农战交修,士卒乐用,
思欲报累朝之宿怨,刷万姓之包羞。是以践位以来,怀安不暇,
破幽、并之巨寇,收秦、凤之全封,兵不告疲,民有余力。一昨回
军陇上,问罪江干,我实有辞,咎将谁执?朕亲提金鼓,寻渡淮、
淝,上顺天心,下符人欲,前锋所向,彼众无遗,弃甲僵尸,动盈
川欲。收城徇地,已过滁阳,岂有落其爪牙,折其羽翼,溃其心
腹,扼其吭喉而不亡者哉!

　　蚤者,泗州主将递送到书一函;寻又使人钟谟、李德明至,
赍所上表及贡奉衣服腰带、金银器币、茶药牛酒等;今又使人
孙晟等并到行朝。观其降身听命,引咎告穷,所谓君子见机,不
俟终日,苟非达识,孰能若斯。但以奋武兴戎,所以讨不服;悼
信明义,所以怀远人,五帝三王,盛德大业,恒用此道,以正万
邦。

　　朕今躬统戎师,龚行讨伐,告于郊庙社稷,询于将相公卿,
天诱其衷,国无异论。苟不能恢复内地,申画边疆,便议班旋,
真同戏剧,则何以光祖宗之烈,厌士庶之心,匪独违天,兼且咈
众。但以淮南部内,已定六州,庐、寿、濠、黄,大军悉集,指期克
日,拉朽焚枯。其余数城,非足介意。必若尽淮甸之土地,为大
国之堤封,犹是远图,岂同迷复。如此则江南吏卒,悉遣放还,
江北军民,并当留住,免违物类之性,俾安乡土之情。至于削去
尊称,愿输臣礼,非无故事,实有前规。萧詧奉周,不失附庸之
道;孙权事魏,自同藩国之仪。古也虽然,今则不取,但存帝号,
何爽岁寒。傥坚事大之心,终不迫人于险,事资真悫,辞匪枝

游,俟诸郡之悉来,即大军之立罝。质于天地,信若丹青,我无彼欺,尔无我诈,言尽于此,更不繁云,苟曰未然,请自兹绝。切以阳春在候,庶务萦思,愿无废于节宣,更自期于爱重。音尘非远,风壤犹殊,翘想所深,劳于梦寐。

又赐其将佐书曰:

朕自类祃出师,麾旄问罪,绝长淮而电击,指建业以鹰扬,旦夕之间,克捷相继。至若兵兴之所自,衅起之所来,胜负之端倪,戎甲之次第,不劳尽谕,必想具知。

近者金陵使人,继来行阙,追悔前事,委质来朝,非无谢咎之辞,亦有罢军之请。但以南邦之土地,本中夏之封疆,苟失克复之期,大辜朝野之望,已兴是役,固不徒还。必若自淮以南,划江为界,尽归中国,犹是远图。所云愿为外臣,乞比湖、浙,彼既服义,朕岂忍人,必当别议封崇,待以殊礼。凡尔将佐,各尽乃心,善为国家之谋,勉择恒久之利。

初,李景遣钟谟、李德明奉表至行阙,使人面奏云:"本国主愿割寿、濠、泗、楚、光、海六州之地,归于大朝。"帝志在尽取江北诸郡,不允其请。使人见王师急攻寿阳,李德明奏曰:"愿陛下宽臣数日之诛,容臣自往江南,取本国表,尽献江北之地。"帝许之,乃令李德明,王崇质赍此书以赐李景。

夏四月甲子,以徐州节度使武行德为濠州城下行营都部署,以前邓州节度使侯章为寿州城下水砦都部署。己巳,车驾发寿春,循淮而东。辛未,扬州奏,江南大破两浙军两于常州。初,雨浙钱俶承诏遣部将率兵攻常州,为江南大将陆孟俊所败,将佐陷没者甚众,李景亦以表闻。乙亥,驻跸于濠州城下。丁丑,扬州韩令坤破江南贼军于州之东境,获大将陆孟俊。今上表大破江南军于六合,斩首五千级。时李景乘常州之捷,遣陆孟俊领兵迫泰州,王师不守,韩令坤欲弃扬州而回。帝怒,急遣殿前都指挥使张永德帅率亲兵往援之,又命今上领步骑二千人屯于六合。俄而陆孟俊领其徒自海陵抵扬州,令坤迎击,败之,生擒孟俊。李景遣其弟齐王达率大众由瓜步

济江，距六合一舍而设栅。居数日，乃弃栅来迫官军，今上麾兵以击
之，贼军大败，余众赴江溺死者不可胜纪。己卯，韩令坤奏，败楚州
贼将马在贵万余众于湾头堰，获涟州刺史秦进崇。丙戌，以宣徽南
院使向训为权淮南节度使，充沿江招讨使；以侍卫马军都指挥使韩
令坤充沿江副招讨使。《宋史·向拱传》：扬州初平，南唐令境上出师谋收
复，韩令坤有弃城之意，即驿召拱赴行在，拜淮南节度使，依前宣徽使兼沿招
讨使，以令坤为副。时周师久驻淮阳，都将赵晁、白延遇等骄恣横暴，不相禀
从，惟务贪滥，至有劫人妇女者。及拱至，戮其不法者数辈。军中肃然。丁亥，
车驾发濠州，幸涡口。己丑，以前湖南节度使马希崇为左羽林统军。

　　五月壬辰朔，以涡口为镇淮军。戊戌，车驾还京，发涡口。马令
《南唐书》：天子驻于涡口，犹欲再幸扬州，宰相范质以师老泣谏，乃班师。乙
卯，上至自淮南，诏赦都下见禁罪人。丁巳，陈州节度使王令温卒。
戊午，以江南伪命东都副留守、工部侍郎冯延鲁为太府卿。己未，太
子宾客卒于德辰卒。辛酉，诏："天下公私织造布帛及诸色匹段，幅尺
斤两，并须依向来制度，不得轻弱假伪，犯者擒捉送官。

　　六月甲子，以凤翔节度使王景为秦州节度使，兼西面沿边都部
署；以宣徽南院使、陈州节度使向训为淮南节度使，依前南院宣徽
使，加检校太尉；以曹州节度使韩通为许州节度使，加检校太尉；以
亳州防御使王全赟为陇州防御使，遥领利州昭武军两使留后。丙
寅，许州王彦超移镇永兴军，邓州田景咸移镇鄜州。御史中丞杨昭
俭、知杂侍御史赵砺、侍御史张纪并停任，坐鞫狱失实也。丁卯，以
翰林学士、户部侍郎陶谷为兵部侍郎，充翰林学士承旨；以水部员
外郎知制诰扈载、度支员外郎王著，并本官充翰林学士；以给事中
高防为右散骑常侍；以前都官部中，知制诰薛居正为左谏议大夫，
充昭文馆学士，判馆事。壬申，曲赦淮南道诸州见禁罪人，自今年六
月十一日已前。凡有违犯，无问轻重，并不穷问。先属江南之时，应
有非理科徭，无名配率，一切停罢云。戊寅，以右卫上将军扈彦珂为
太子太师致仕。庚辰，以西京留守王晏为凤翔节度使。戊子，升赠
国军为滨州。淮南道招讨使李重进奏，寿州贼军攻南砦，王师不利。

先是,诏步军都指挥使李继勋营于寿州之南,攻贼垒。是日,贼军出城来攻我军,破栅而入,其攻城之具并为贼所焚,将士死者数百人。李重进在东砦,亦不能救。时城坚未下,师老于外,加之暑毒,粮运不继。李勋丧失之后,军无固志,诸将议欲退军,赖今上自六合领兵归阙,过其城下,固为驻留旬日,王师复振。

秋七月辛卯朔,以武清军节度使、知潭州军府事周行逢为朗州大都督,充武平军节度使,加检校太尉、兼侍中,丁酉,以太子宾客卢价为礼部尚书致仕,以给事中李明为大理卿。庚子,庐州行营都部署刘重进奏,破淮贼千余人于州界。丁未,濠州行营都部署武行德奏,败淮贼二千人于州界。庚戌,太子太保王仁裕卒。辛亥,皇后符氏薨。淮南节度使向训自扬州班师,回驻寿春,时王师攻寿春,经年未下,江、淮盗贼充斥。舒、蕲、和、泰等州复为吴人所据,故弃扬州并力于寿春焉。马令《南唐书》:向训请弃扬州,并力以攻寿春,乃封府库付主者,遣淮南旧将按巡城中,秋毫不犯而去。淮人大悦,皆负糇粮以送周师。

八月壬戌,河阳白重赞移镇泾州,张铎移镇河中。甲子,以前邓州节度使侯章复为邓州节度使,以侍卫步军都指挥使、彰信军节度使李继勋为河阳节度使。乙丑,太仆卿剧可久停任,坐为举官累也。戊辰,端明殿学士王朴撰成新历上之,命曰《显德钦天历》,上亲为制序,仍付司天监行用。殿前都指挥使张永德奏,破淮贼于下蔡。先是,江南李景以王师犹在寿州,遣其将林仁肇、郭廷谓率水陆军至下蔡,欲夺浮梁,以舟实薪刍,乘风纵火,永德御之。有顷,风势倒指,贼众稍却,因为官军所败。己卯,工部侍郎王敏停任,坐荐子婿陈南金为河阳记室也。

九月丙午,以端明殿学士、左散骑常侍、权知开封府事王朴为尚书户部侍郎,充枢密副使;以右羽林统军焦继勋为左屯卫上将军;以左卫上将军杨承信为右羽林统军;以左监门上将军宋延渥为右神武统军。

冬十月辛酉,葬宣懿皇后于懿陵。癸亥,以右神武统军宋延渥为庐州行营副部署。乙丑,舒州刺史郭令图责授虢州教练使,坐弃郡逃归也。丙寅，诏曰："诸司职员，皆系奏补，当执役之际，悉藉公勤，及听选之时，尤资干敏，苟非慎择，渐致因循。应诸司寺监，今后收补役人，并须人材俊利，身言可采，书札堪中，自前行止，委无讹滥，勒本司关送吏部，引验人材，考校笔札。其中选者，连所试书迹及正身引过中书，余从前后格敕处分，仍每年只得一度奏补。"丁卯，宣懿皇后神主入庙，时有司请为后立别庙，礼也。己巳，诏："漳河已北郡县，并许盐货通商，逐处有盐卤之地，一任人户煎炼。"壬申，以武平军节度副使、知潭州军府事宇文琼为武清军节度使，知潭州军府事。癸酉，淮南招讨使李重进奏，破淮贼于盛唐，斩二千级。太子宾客致仕薛仁谦卒。丙子，襄州节度使、守太尉、兼中书令、陈王安审琦加守太师。审琦镇汉上十余年，至是来朝，故以命宠之。癸未，右拾遗赵守微杖一百，配沙门岛。守微本村民也，形貌朴野，粗学为文。前年徒步上书，帝以急于取士，授右拾遗，闻者骇其事。至是为妻父所讼，彰其丑行，故逐之。《东都事略·张昭传》：世宗好拔奇取俊，有自布衣上书、下位言事者，多不次进用。昭谏曰："昔唐初刘洎、马周起徒步，太宗擢用为相，其后朱朴、柳璨在下僚，昭宗亦以大用，然则太宗用之于前而国兴，昭宗用之于后而国亡，士之难知也如此。臣愿陛下存旧法而用人，以刘、马为鉴，朱、柳为戒，则善矣"。甲申，宣授今上同州节度使兼殿前都指挥使。宣授内外马步军都军头袁彦为曹州节度使兼侍卫步军都指挥使。戊子，右神武统军张彦超卒。

　　十一月己丑朔，诏废天下无名祠庙。庚子，日南至，帝不受朝贺，以宣懿皇后迁祔日近也。乙巳，江南进奉使孙晟下狱死，江南进奉使钟谟责授耀州司马。戊申，放华山隐者陈抟归山。帝素闻抟有道术，征之赴阙，月余放还旧隐。庚戌，殿前都指挥使张永德奏，败濠州送粮军二千人于下蔡，夺米船十余艘。宰臣李谷以风痹请告十旬，三上表求解所任，不允。

　　十二月己未朔，以给事中张铸为光禄卿，诉以官名与祖讳同，寻改秘书监，判光禄寺事。辛酉，以许州节度使韩通兼侍卫马步军都虞候。壬戌，以右领军大将军、权判三司张美领三司使。壬申，以

滑州节度使兼殿前都指挥使、驸马都尉张永德为殿前都点检。发
陈、蔡、宋、亳、颍、曹、单等州丁夫城下蔡。辛巳,故襄邑令刘居方赠
右补阙,男士衡赐学究出身,奖廉吏也。癸亥,诏兵部尚书张昭纂修
《太祖实录》及梁均王、唐清泰帝两朝实录。《五代会要》云:同修撰官委
张昭定名奏请,至四年正月,张昭奏请国子祭酒尹拙、太子詹事刘温叟同编
修。又诏曰:"史馆所少书籍,宜令本馆诸处求访补填。如有收得书
籍之家,并许进书人据部帙多少等第,各与恩泽;如是卷帙少者,量
给资帛。如馆内已有之书,不在进纳之限。仍委中书门下,于朝官
内选差三十人,据见在书籍,各求真本校勘,署校官姓名,逐月具功
课申报中书门下。"戊子,淮南道招讨使李重进奏,破淮贼二千人塌
山北。《永乐大典》卷八千九百八十四。

# 旧五代史卷一一六考证

周世宗纪三壬申今上奏破淮贼万五千人于清流山　案欧阳修
《丰乐亭记》:太祖以周师破李景兵十五万于清流关下,与是书作万
五千人异。考《国老谈苑》云:太祖提周师甚寡,当李景兵十五万于
清流山下,临阵亲斩骁将皇甫晖。疑《丰乐亭记》即本于此。第皇甫
晖以伤重被擒,而《谈苑》云临阵亲斩,小说家多传会之词,恐不足
信。

旧五代史卷一一七
周书八

# 世宗本纪第四

　　显德四年春正月己丑朔，帝御崇元殿受朝贺，仗卫如仪。诏天下见禁罪人，除大辟外，一切释放。壬寅，后部尚书张昭上言："奉诏编修《太祖实录》及梁、唐二末主实录。伏以撰《汉书》者先为项籍，编《蜀记》者首序刘璋，贵神器之传授有因，历数之推迁得序。伏缘汉隐帝君临在太祖之前，历试之绩，并在隐帝朝内，请先修隐帝实录，以全太祖之事功。又以唐末主前有闵帝，在位四月，出奔于卫，亦未编纪，请修闵帝实录。其清泰帝实录，请书为废帝实录。"从之。案：自"唐末主"以上，原文疑有脱误。据《五代会要》云：梁末主之上，有郢王友珪，篡弑居位，未有纪录，请依《宋书》刘劭例，书为"元凶友珪，其末主请依古义书曰后梁实录。又，唐末主之前，有应顺帝，在位四月出奔，亦未编纪，请书为前废帝，清泰主为后废帝，其书并为实录。丁未，淮南道招讨使李重进奏，破淮贼五千人于寿州北。先是，李景遣其弟伪齐王达率全军来援寿州，达留驻濠州，遣其将许文缜、边镐、朱元领兵数万，溯淮而上，至紫金山，设十余砦，与城内烽火相应。又筑夹道数里，将抵寿春，为运粮之路，至是为重进所败。戊申，诏取来月幸淮南。《宋史·李谷传》：师老无功，时请罢兵为便，世宗令范质、王溥就谷谋之。谷手疏请亲征，有必胜之利者三，世宗大悦，用其策。

　　二月庚申，以前工部侍郎王敏为司农卿。辛酉，诏每遇入阁日，赐百官廊下食，从旧制也。淮南道行营都监向训奏，破淮贼二千于黄蓍砦。甲戌，以枢密副使王朴为权东京留守兼判开封府，以三司使张美为大内都巡检。乙亥,车驾发京师。乙酉,次下蔡。

　　三月庚寅旦,帝率诸军驻于紫金山下,命今上率亲军登山击贼,连破数砦,斩获数千,断其来路,贼军首尾不相救。是夜,贼将朱元、朱仁裕、孙璘各举砦来降,降其众万余人。翌日,尽陷诸砦,收获甚众,擒贼大将建州节度使许文稹、前湖南节度使边镐,其余党沿流东奔,帝自率亲骑沿淮北岸追贼。及晡,驰二百余里,至镇淮军,杀获数千人,夺战舰粮船数百艘,钱帛器仗不可胜数。甲午,诏发近县丁夫城镇淮军,仍构浮梁于淮上。庐州都部署刘重进奏,杀贼三千人于寿州东山口,皆紫金山之溃兵也。戊戌,授宣徽南院使、淮南节度使向训为徐州节度使,充淮南道行营都监,即命屯镇淮上。己亥,帝自镇淮军复幸下蔡。壬寅,赐淮南降军许文稹、边镐已下万五百人衣服钱帛有差。丙午,寿州刘仁赡上表乞降,帝遣阁门使张保续入城慰抚。翌日,仁赡复令子崇让上表请罪。戊申,幸寿州城北,刘仁赡与将左已下及兵士万余人出降,案《通鉴考异》云:仁赡降书盖其副使孙羽等为之。《欧阳史》本传亦言孙羽诈为仁赡书以城降,与是书所载俱异。帝慰劳久之,恩赐有差。庚戌,诏移寿州于下蔡,以故寿州为寿春县。是日,曲赦寿州管内见禁人犯,自今月二十一日已前,凡有过犯,并从释放。应归顺职员,并与加恩。寿州管界去城五十里内,放今年秋夏租税。自来百姓,有曾受江南文字聚集山林者,并不问罪。如有曾相伤害者,今后不得更有相酬及经官论诉。自用兵已来,被掳却骨肉者,不计远近,并许本家识认,官中给物收赎。曾经阵敌处所暴露骸骨,并仰收拾埋瘗。自前政令有不便于民者,委本州条例闻奏,当行厘革。辛亥,以伪命清淮军节度使、检校太尉、兼侍中刘仁赡为特进、兼中书令、郓州节度使,以右羽林统军杨信为寿州节度使。是日,刘仁赡卒。壬子,以江南伪命西北面行营都监使、舒州团练使朱元为蔡州防御使,以江南伪命文德殿使、寿州监军使周延构为卫尉卿,以江南伪命寿州营田副使孙羽为太仆卿,以寿州节度判官郑牧为鸿胪卿,赏归顺也。癸丑,追夺前许州行军司马韩伦在身官爵,配流沙门岛。伦,侍卫马军都指挥使坤之父也。令坤领陈州,伦在州干预郡政,掊敛之暴,公私患之,为项城民武都等所讼。帝命殿中侍御史率汀就按之,伦诈报汀云"准诏赴阙",汀即奏之。帝愈怒,遽令追劾,尽得其实,故有是命。《宋史·韩令坤传》云:伦法当弃市,令坤泣请于世宗,遂免死。遣左谏议大夫尹日就于寿州开仓赈饥民。丙辰,车驾发下蔡还京。

夏四月己巳,车驾至自下蔡。辛未,以江南伪命西北面行营应援使、前永安军节度使、检校太尉许文缜为左监门卫上将军、检校太尉。以伪命西北面行营应援都军使、前武安军节度使边镐为左千牛卫上将军、检校太尉。丙子,宰臣李谷以风痹经年,上章请退,凡三上章,不允。《宋史·李谷传》:谷扶疾入见便殿,诏令不拜,命坐御座侧。以抱疾久,请辞相位,世宗怡然勉之,谓曰:"譬如家有四子,一人有疾,弃而不养,非父之道也。朕君临万方,卿处辅相之位,君臣之间,分义斯在,奈何以禄奉为言。"谷愧谢而退。丁丑,斩内供奉官孙延希于都市,御厨使董延勖、副使张皓、武德副使卢继升并停职。时重修永福殿,命廷希督役,上见役夫有就瓦中啗饭,以枝为匕者,大怒,斩廷希而罢延勖等。壬午,故彭城郡夫人刘氏追册为皇后。故皇子赠左骁卫大将军谊再赠太尉,追封越王;故皇子赠左武卫大将军诚再赠太傅,追封吴王;故皇子赠左屯卫大将军诚再赠太傅,追封韩王。故皇弟赠太保侗再赠太傅,追封郏王;故皇弟赠司空信再赠司徒,追封杞王。故皇第三妹乐安公主追册莒国长公主,故皇第五妹永宁公主追册梁国长公主。故皇从弟赠左领军大将军守愿再赠左卫大将军,故皇从弟赠左监门将军奉超再赠右卫大将军,故皇从弟赠左千牛卫将军愻再赠右武卫大将军。甲申,以先降到江南兵士,团结为三十指挥,号怀德军。

五月丁亥朔,帝御崇元殿受朝,仗卫如式。己丑,以新修永福殿改为广政殿。辛卯,以端午赐文武百僚衣服,书始也。癸巳,侍卫亲军都指挥使、宋州节度使,充淮南道行营都招讨李重进加检校太傅、兼侍中;以宣徽南院使、淮南节度使向训为徐州节度使,加检校太尉、同平章事。丙申,斩密州防御副使侯希进于本郡。时太常博士张纥检视本州夏苗,移牒希进分检,希进以不奉朝旨,不从。纥具事以闻,帝怒,遣使斩之。丁酉,以滑州节度使兼殿前都点检、驸马都尉张永德为澶州节度使,加检校太尉;以今上为滑州节度使,加检校太保,依前殿前都指挥使。今上以三年十月宣授同州节度使,未于正衙宣制,至是移镇滑台,故自永州防御使授焉。侍卫马军都指挥使、洋州节度使韩令坤为陈州节度使,加检校太傅;以权侍卫步军都指挥使、岳州防御使袁彦为曹州节度使,加检校太保,并典军如故。己亥,以左神武统军刘重进为邓州节度使,以虎捷左厢都指挥使、阆州防御使赵晁为河阳节度使,以兖州防御使白延遇为同州节度使。辛丑,宰臣范质、李谷、王溥并加爵邑,改功臣。枢密使魏仁浦加检校太傅,进封开国公。辛亥,知庐州行府事刘重进奏,相次杀败贼,获战船三十艘。壬子,以宣徽北院使吴延祚为宣徽南院使,权西京留守,判河南府事。是月,诏中书门下,差官详定格律。中书门下奏:"差侍御史知杂事张湜等十人详定。俟毕日,委御史台尚书省四品已上、两省五品已上官,参详可否,送中书门下议定,奏取进止。"从之

六月丁巳,前濠州刺史齐藏珍以罪弃市。己未,以责授耀州司马钟谟为卫尉少卿,赐紫。帝既诛孙晟,寻窜谟于耀州,既而悔之,故有是命。辛酉,西京奏,伊阳山谷中有金屑,民淘取之,诏勿禁。乙酉,诏在朝文武官再举堪为令、录、从事者各一人。

秋七月丁亥,以前徐州节度使、检校太师、兼中书令武行德为左卫上将军。先是,诏行德分兵屯定远县;既为淮寇所袭,王师死者数百人,帝惩其偾军之咎,故以环卫处之。以前河阳节度使李继勋为右卫大将军,责寿春南砦之败也。壬辰,以刑部尚书王易为太子少保致仕,以右监门卫上将军盖万为左卫上将军致仕。己酉,司农卿王敏卒。甲辰,诏曰:"准令,诸论田宅婚姻,起十一月一日至三月三十日止者。州县争论,旧有厘革,每至农月,贵塞讼端。近闻官吏因循,由此成弊,凡有诉竞,故作逗遛,至时而不与尽辞,入务而即便停罢,强猾者因兹得计,孤弱者无以自伸。起今后应有人论诉陈

辞状,至二月三十日权停。若是交相侵夺、情理妨害、不可停滞者,不拘此限。"

八月乙卯朔,兵部尚书张昭上疏,望准唐朝故事,置制举以罩英才。帝览而善之,因命昭具制举合行事件,条奏以闻。丙辰,以太常卿田敏为工部尚书,以太子宾客司徒羽为太常卿。辛未,诏在朝武班,各举武勇胆力堪为军职者一人。甲戌,赐左监门上将军许文缜、右千牛上将军边镐、右卫大将军王环、卫尉卿周延构、太府卿冯延鲁、太仆卿郑牧、鸿胪卿孙羽、卫尉少卿钟谟、工部郎中何幼冲各冬服绢二百匹,绵五百两。文缜已下,皆吴、蜀之士也。乙亥,宰臣李谷罢相,守司空,加食邑实封。谷抱疾周岁,累上表求退,至是方允其请,以枢密副使、户部侍郎王朴为枢密使、检校太保。癸未,前濮州刺史胡立自伪蜀回,蜀主孟昶寓书于帝,其末云:"昶昔在龆龀,即离并都,亦承皇帝凤起晋阳,龙兴汾水,合叙乡关之分,以陈玉帛之欢。倘蒙惠以嘉音,伫望专驰信使,谨因胡立行次,聊陈感谢披述"云。初,王师之伐秦、凤也,以立为排阵使,既而为蜀所擒。及秦、凤平,得降军数千人,其后帝念其怀土,悉放归蜀,至是蜀人知感,故归立于我,昶本生于太原,故其书意愿与帝推乡里之分,帝怒其抗礼,不答。

九月甲申朔,宰臣王溥、枢密使王朴皆丁内艰,并起复旧位。以侍卫马步军都指挥使、宋州节度使李重进为郓州节度使,典军如故。己丑,以前翰林学士、礼部侍郎窦仪为端明殿学士,依前礼部侍郎。

冬十月丙辰,赐京城内新修四寺额,以天清、天寿、显静、显宁为名。壬戌,左藏库使符令光弃市。时帝再议南征,先期令光广造军士袍襦,不即办集,帝怒,命斩之。时宰臣等至庭救解,帝起入宫,遂戮于都市。令光出勋阀之后,历职内庭,以清慎自守,累总繁剧,甚有廉干之誉。帝素重其为人,每加委用,至是以小过见诛,人皆冤之。戊午,诏悬制科凡三:其一曰贤良方正能直言极谏科,其二曰经学优深可为师法科,其三曰详闲吏理达于教化科。不限前资、见任职官,黄衣草泽,并许应诏。时兵部尚书张昭条奏,请兴制举,故有是命。癸亥,河东伪命麟州刺史杨重训以城归顺,授重训本州防御使、检校太傅。戊辰,诏取月内车驾暂幸淮上。己巳,以枢密使王朴为权东京留守,以三司使张美为大内都点检。壬辰,驾发京师。壬午,以前郓州节度使郭从义为徐州节度使,以徐州节度使向训为宋州节度使。

十一月癸未朔,以内客省使昝居润为宣徽北院使,权东京留守。丙戌,车驾至濠州城下。戊子,亲破十八里滩。砦在濠州东北淮水之中,四面阻水,上令甲士数百人跨驴以济。今上以骑军浮水而渡,遂破其砦,掳其战舰而回。癸巳,帝亲率诸军攻濠州,夺关城,破水砦,贼众大败;焚战舰七千余艘,斩首二千级,进军攻羊马城。丙申夜,伪濠州团练使郭廷谓上表陈情,且言家在江南,欲遣人禀命于李景,从之。辛丑,帝自濠州率大军水陆齐进,循淮而下,命令上率精骑为前锋。癸卯,大破淮贼于涡口,斩首五千级,收降卒二千余人,夺战船三百艘,遂鼓行而东,以追奔寇,昼夜不息,沿淮城栅,所至皆下。乙巳,至泗州。今上乘势麾军,焚郭门,夺月城,帝亲冒矢石以攻其垒。丙午,日南至,从臣拜贺于月城之上。

十二月乙卯,泗州守将范再遇以其城降,授再遇宿州团练。戊午,帝自泗州率众东下,命令上领兵行于南岸,与帝夹淮而进。己未,至清口,追及淮贼,军行鼓噪之声,闻数十里。辛酉,至楚州西北,大破贼众,水陆俱奔,有贼船数艘,顺流而逸。帝率骁骑与今上追之数十里,今上擒贼大将伪保义军节度使、江北都应援使陈承昭以献。收获舟船,除焚荡外得三百余艘,将士除杀溺外得七千余人。初,帝之渡淮也,比无水战之备,每遇贼之战棹,无如之何,敌人亦以此自恃,有轻我之意。帝即于京师大集工徒,修成楼舰,逾岁得数百艘,兼得江、淮舟船,遂令所获南军教北人习水战出没之势,未几,舟师大备。至是水陆皆捷,故江南大震。壬戌,伪濠州团练使郭廷谓以城归顺。乙丑,雄武军使崔万迪以涟水归顺。丙寅,以郭廷谓为亳州防御使,《隆平集》:廷谓望金陵大恸,再拜,然后以城降。世宗曰："江南诸将，惟卿断涡口桥，破定远寨，足以报李景禄矣。濠上使李景自守，亦何能为！"乃授以亳州防御使。以伪命濠州兵马都监陈迁为沂州团练使，以伪命保义军节度使陈承昭为右监门上将军，江南李景遣兵驱掳扬州士庶渡江，焚其州郭而去。丙子，故同州节度使白延遇赠太尉，故濠州刺史唐景思赠武清军节度使。丁丑，泰州平。《永乐大典》卷八千九百八十四。

# 旧五代史卷一一七考证

周世宗纪四是夜贼将朱元朱仁裕孙璘各举砦来降　案《通鉴》云：辛卯夜，朱元与先锋壕寨使朱仁裕等举寨万余人降。据是书则朱元等之降即在庚寅，与《通鉴》异。　壬午彭城郡夫人刘氏追册为皇后　案：《欧阳史》作癸未追册，与是书异。　壬申驾发京师　案：壬申，原本作壬辰。考《五代春秋》作十月壬辰，帝南征，与是书同。《欧阳史》作壬申南征。《通鉴》作壬申，帝发大梁，与是书异。据下文有壬午，则十月不应有壬辰，疑原本系传写之误，今从《欧阳史》、《通鉴》改正。　以内客省使昝居润为宣徽北院使权东京留守　案：上文以王朴为权东京留守，不应复以命昝居润。据《东都事略·昝居润传》，世宗幸淮上，命为副留守，疑原本脱"副"字。　壬戌伪命濠州团练使郭廷谓以城归顺　案：郭廷谓以城降，《欧阳史》作庚申，《通鉴》作辛酉，与是书异。

旧五代史卷一一八

周书九

# 世宗本纪第五

　　显德五年春正月癸末朔,帝在楚州城下,从臣诣行宫称贺。《隆平集·马仁瑀传》:世宗征淮南,登楚州水寨飞楼,距城百步,城卒诟骂,左右射莫能及。召仁瑀至,应弦而毙。乙酉,降同州为郡。右骁卫将军王环卒。丙戌,右龙武将军王汉璋奏,攻海州。戊子,诏:"诸道幕职州县官,并以三周年为考限,闰月不在其内,州府不得差摄官替正官"云。己丑,诏侍卫马军都指挥使韩令坤权知扬州军府事。庚寅,发楚州管内丁壮,开鹳河以通运路。乙巳,帝亲攻楚州。时今上在楚州城北,昼夜不解甲胄,亲冒矢石,麾兵以登城。丙午,拔之,斩伪守将张彦卿等,六军大掠,城内军民死者万余人,庐舍焚之殆尽。陆游《南唐书·张彦卿传》云:保大末,周世宗南侵,彦卿为楚州防御使。周师锐甚,旬日间,海、泰州、静海军皆破,元宗亦命焚东都官寺民庐,徙其民渡江。世宗亲御旗鼓攻楚州,自城以外皆已下,发州民浚老鹳河,遗齐云战舰数百,自淮入江,势如震霆烈焰。彦卿独不为动。及梯冲临城,凿城为窟室,实城而焚之,城皆摧圮,遂陷。彦卿犹结阵城内,誓死奋击,谓之巷斗。日暮,转至州廨,长短兵皆尽,彦卿犹取绳床亲搏战,及兵马都监郑昭业等千余人皆死之,无一人生降者。周兵死伤亦甚众,世宗怒,尽屠城中居民,焚其室庐,然得颜卿子光佑不杀也。又,赵鼎臣《竹隐畸士集》云:当城中之危也,彦卿方与诸将立城上,因泣谏以周唐强弱,势不足以相支,又城危甚,而外无一人援,恐旦夕徒死无益,劝彦卿趣降。彦卿颔之,因顾诸将,指曰:"视彼!"诸将方回顾,彦卿则抽剑断其子首,掷诸地,慷慨泣谓诸将曰:"此彦卿子,劝彦卿降周,彦卿受李家厚恩,谊

不降,此城吾死所也。诸军欲降任降,第勿劝我,劝我者同此子矣。"于是诸将
愕然亦泣,莫敢言降。

二月甲寅,伪命天长军使易赟以城归顺。戊午,车驾发楚州南
巡。丁卯,驻跸于广陵,诏发扬州部内丁夫万余人城扬州。帝以扬
州焚荡之后,居民南渡,遂于故城内就东南别筑新垒。戊辰,遣使祭
故淮南节度使杨行密、故升府节度使徐温等墓。癸酉,幸扬子渡观
大江。乙亥,黄州刺史司超奏,破淮贼三千人,擒伪舒州刺史施仁
望。丙子隰州奏,河东贼军逃遁。时刘钧闻帝南征,发兵围隰州,巡
检使李谦溥以州兵拒之而退。《东都事略·杨廷璋传》:隰州阙守,乃请监
军李谦溥摄州事,谦溥至隰,并人来围其城,或请速救之,廷璋曰:"贼遽至,未
必攻城。"乃募死士百余人,潜谕谦溥相应,夜衔枚击之,并人大溃,逐北数十
里。又,《李谦溥传》云:隰州阙守,谦溥摄州事,至则浚城隍,严兵备。未旬日而
并人至,方盛暑,谦溥服绨绤,挥羽扇,引二小吏登城徐步,并人望之,勒兵不
敢动。

三月壬午朔,幸泰州。丁亥,复幸广陵。辛卯,幸迎銮江口。遣
右武卫大将军李继勋率舟师至江岛以观寇。癸巳,帝临江望见贼船
数十艘,命今上帅战棹以追之,贼军退去,今上直抵南岸,焚其营栅
而回。甲午,以右武卫大将军李继勋为左领军上将军。乙未,殿前
都虞候慕容延钊奏,大破贼军于东沛州。丙申,江南李景遣其臣兵
部侍郎陈觉奉表陈情,兼贡罗谷䌷绵绢三千匹,乳茶三千斤,及香
药犀象等。觉至行在,睹楼船战棹已泊于江岸,以为自天而降,愕然
大骇。丁酉,荆南高保融奏,本道舟师已至鄂州。

戊戌,两浙钱俶奏,差发战棹四百艘,水军一万七千人,已泊江
岸,请师期。己亥,今上率水军破贼船百余只于瓜步。是日,李景遣
其臣刘承遇奉表以庐、舒、蕲、黄等四州来献,且清以江为界。帝报
曰:"皇帝恭问江南国主。使人至,省奉请分割舒、庐、蕲、黄等州,画
江为界者。顷逢多事,莫通玉帛之欢,适自近年,遂构干戈之役,两
地之交兵未息,蒸民之受弊斯多。一昨再辱使人,重寻前意,将敦久
要,须尽缕陈。今者承遇爰来,封函复至,请割州郡,仍定封疆,猥形

信誓之辞,备认始终之意,既能如是,又复何求。边陲顿静于烟尘,师旅便还于京阙,永言欣慰,深切诚怀。其常、润一路及沿江兵棹,今已指挥抽退;兼两浙、荆南、湖南水陆兵士,各令罢兵;其庐、黄、蕲三路将士,亦遣抽拔近内,侯彼中起揭逐处将员及军都家口丁毕,只清差人勾唤在彼将校,交割州城"云。淮南平,凡得州十四、县六十、户三十二万六千五百七十四。

先是,李景以江南危蹙,谋欲传位于世子,使附庸于我,故遣陈觉上表陈叙。至是帝以既许其通好,乃降书以答之,曰:"别睹来章,备形缛旨,叙此日传让之意,述向来高尚之怀。仍以数岁已还,交兵不息,备论追悔之事,无非克责之辞,虽古人有引咎责躬,因灾致惧,亦无以过此也。况君血气方刚,春秋甚富,为一方之英主,得百姓之欢心,即今南北才通,疆埸甫定,是玉帛交驰之始,乃干戈载戢之初,岂可高谢君临,轻辞世务,与其慕希夷之道,曷若行康济之心。重念天灾流行,分野常事,前代贤哲,所不能逃。苟盛德之日新,则景福之弥远,勉修政理,勿倦经纶,保高义于初终,垂远图于家国,流芳贻庆,不亦美乎!"

庚子,诏曰:"比者以近年贡举,颇事因循,频诏有司,精加试练,所冀去留无滥,优劣昭然。昨据贡院奏,今年新及第进士等,所试文字,或有否臧,爰命辞臣,再令考覆,庶泾、渭之不杂,免玉石之相参。其刘坦、战贻庆、李颂、徐纬、张觐等诗赋稍优,宜放及第;王汾据其文辞,亦未精当,念以顷曾剥落,将与成名;熊若谷、陈保衡皆是远人,深可嗟念,亦放及第;郭峻、赵保雍、杨丹、安玄度、张昉、董咸则、杜思道等,未甚苦辛,并从退黜,更宜修进,以俟将来,知贡举、右谏议大夫刘涛选士不当,有失用心,责授右赞善大夫,俾令省过,以戒当官。"先是,涛于东京放榜后,引新及第进士刘坦已下一十五人赴行在,帝命翰林学士李昉覆试,故有是命。

壬寅,复幸扬州,改庐州军额为保信军。甲辰,以右龙武统军赵赞为庐州节度使,以殿前都虞候慕容延钊为淮南节度使兼殿前副指挥使。遣盐城监使申屠谔赍书及御马一十匹,金银衔全,散马四十匹,羊千口,赐江南李景。谔先为王师所俘,故遣之。丙午,江南李景遣所署宰相冯延己献犒军银十万两,绢十万匹,钱十万贯,茶五十万斤,米麦二十万石。庚戌,诏:"故淮南节度使杨行密、故升府节度使徐温,各给守冢户,应江南臣僚有先代坟墓在江北者,委所在长吏差人检校。"辛亥,李景遣所署临汝郡公徐辽进买宴钱二百万,并遣伶官五十人与辽俱来献寿觞。

夏四月癸丑,宴从臣及江南进奉使冯延己等于行宫,徐辽代李景捧寿觞以献,进金酒器、御衣、犀带、金银、锦绮、鞍马等。乙卯,车驾发扬州还京。丙辰,太常博士、权知宿州军州事赵砺除名,坐推劾弛慢也。先是,翰林医官马道玄进状,诉寿州界被贼杀却男,获正贼,见在宿州,本州不为勘断。帝大怒,遣端明殿学士窦仪乘驿往按之,及狱成,坐族死者二十四人。仪奉辞之日,帝旨甚峻,故仪之用刑伤于深刻。戊午,以前延州留后李彦颏为沧州留后。庚申,新太庙成,迁五庙神主入于其室。壬申,至自淮南。癸酉,命宣徽北院使昝居润判开封府事。甲戌,澶州节度使张永德淮诏赴北边,以契丹犯境故也。丁丑,两浙奏,四月十九日杭州火,庐舍府署延烧殆尽。

五月辛巳朔,上御崇元殿受朝,仗卫如式。诏:"侍卫诸军及诸道将士,各赐等第优给。应行营将士殁于王事者,各与赠官,亲的子孙,并量才录用,伤痍残废者,别赐救接。淮南诸州及徐、宿、宋、亳、陈、颍、许、蔡等州,所欠去年秋夏税物,并与除放"云。丙戌,命端明殿学士窦仪判河南府兼知西京留守事。辛卯,以襄州节度使安审琦为青州节度使;以许州节度使韩通为宋州节度使,依前兼侍卫马步都虞候;以宋州节度使向训为襄州节度使;以今上为忠武军节度使,依前殿前都指挥使。淮南之役,今上之功居最,及是命之降,虽云酬勋,止于移镇而已,赏典太轻,物议不以为允。癸巳,以左武卫上将军武行德为鄜州节度使,以右神武统军宋延渥为滑州节度使,《小畜集·宋延渥神道碑》云:五月,授义成军节度使,其制略曰:"长驱下濑之师,若涉无人之境。除凶裁难,尔既立夫殊庸;砺岳盟河,予岂忘于丰报。南燕旧邦,北阙伊迩。河堧作翰,遥临白马之津;穰下统戎,既镇卧龙之地。"以前同州留后王晖为相州留后。乙未,立东京罗城诸门名额,东二门曰寅宾、延春,南三门曰朱明、景风、畏景,西二门曰迎秋、肃政,北三门曰元德、长景、爱景。辛丑,幸怀信驿。乙巳,诏在朝文武官各再举堪为幕职令录一人。戊申,以襄州节度使向训兼西南面水陆发运招讨使。己酉,以太府卿冯延鲁充江南国信使,以卫尉少卿钟谟为副。赐李景御衣,玉带,锦绮绫縠帛共十万匹,金器千两,银器万两,御马五匹,金玉鞍辔全,散马百匹,羊三百匹。赐江南世子李弘冀器币鞍马等。别赐李景书曰"皇帝恭问江南国主。煮海之利,在彼海滨,属疆埸之初分,虑供食之有阙。江左诸郡,素号繁饶,然于川泽之间,旧无斥卤之地,曾承素旨,常在所怀,愿均收积之余,以助军旅之用。已下三司,逐年支拨供军食盐三十万石。"又赐李景今年历日一轴。

六月庚午,命中书舍人窦俨参定雅药。辛未,放先俘获江南兵士四千七百人归本国。壬申,有司奏御膳料,上批曰:"朕之常膳,今后减半,余人依旧。"癸酉,禘于太庙。乙亥,兵部尚书张昭等撰《太祖实录》三十卷成,上之,赐器帛有差。丁丑,以中书舍人张正为工部侍郎,充江北诸州水陆转运使。戊寅,诏谏议大夫宜依旧为正五品上,仍班在给事中之下。

秋七月癸未,以右散骑常侍高防为户部侍郎,以左骁卫上将军李洪信为右龙武统军,以左领军上将军李继勋为右羽林统军,以工部尚书田敏为太子少保,以刑部侍郎裴巽为尚书左丞,以左武卫上将军薛怀让为太子太师,以右羽林大将军李尊为右千牛卫上将军。自敏已下皆致仕。丙戌,中书门下新进册定《大周刑统》,奉敕班行天下。丁亥,赐诸道节度使、刺史《均田图》各一面。唐同州刺史元稹,在郡日奏均户民租赋,帝因览其文集而善之,乃写其辞为图,以赐藩郡。时帝将均定天下赋税,故先以此图遍赐之。《五代会要》载原诏云:朕以环宇虽安,蒸民未泰,尝乙夜观书之际,较前贤阜俗之方。近览元稹《长庆集》,见在同州时所上《均田表》,较当时之利病,曲尽其情,伸一境之生灵,咸受其赐,传于方册,可得披寻。因令制素成图,直书其事,庶王公观览，触目惊心，利国便民，无乱条制，背经合道，尽系变通，但要适宜，所冀济务，繄乃勖旧，共庇黎元。今赐元稹所奏《均田图》一面，至可领也。

闰月壬子，废衍州为定平县，废武州为潘原县。壬戌，河决河阴县，溺死者四十二人。辛丑，幸新授青州节度使安审琦第。癸酉，邢州留后陈思让奏，破河东贼军千余人于西山下，斩首五百级。

八月庚辰，延州奏，滏溪水涨，坏州城，溺死者百余人。己丑，太子太师致仕宋彦筠卒。辛丑，江南李景上表乞降，诏书不允。

九月丁巳，以太府卿冯延鲁为刑部侍郎，以卫尉少卿钟谟为给事中，并放归江南。时延鲁、钟谟自江南复命，李景复奏欲传位于其世子弘冀，帝亦以书答之。甲子，赐江南羊万口，马三百匹，橐驼三百头；赐两浙钱俶羊五千口，马二百匹，橐驼二十头。乙居，赐宰臣、枢密使及近臣宴于玉津园。己巳，占城国王释利因德漫遣使贡方物。壬申，天清节，群臣诣广德殿上寿。江南进奉使商崇仪代李景捧寿觞以献。《宋类苑》云：汤悦，父殷举，唐末有才名。本名崇义，建隆初，避宣宗祖讳改姓汤。初在吴为舍人，受诏撰《扬州孝先寺碑》，世宗亲往，驻跸此寺，读其文赏叹。及画江议定，后主遣悦入贡，世宗为之加礼。自淮上用兵，凡书诏多悦之作，特为典赡，切于事情。世宗每览江南文字，形于嗟叹，当时沈遘、马士元皆不称职，复用陶谷、李昉于舍人，其后用扈载，率由此也。冬十月己卯，以户部侍郎高防为西南面水陆转运使，将用师于巴、邛故也。《宋史·高防传》：世宗谋伐蜀，以防为西南面水陆转运制置使，屡发刍粮赴凤州，为征讨之备。丙戌，邠州李晖移镇凤翔。戊子，幸迎春苑。己丑，太常卿司徒诩以本官致仕。壬辰，帝狩于近郊。癸巳，前相州节度使王饶卒。甲午，左监门上将军许文缜、右千牛上将军边镐、卫尉卿周延构，并归江南。乙未，诏淮南诸州乡军，并放归农。丁酉，遣左散骑常侍艾颖等均定河南六十州税赋。《五代会要》载赐诸道均田诏曰：朕以干戈既弭，寰海渐宁，言念地征，罕臻艺极，须并行均定，所冀永适重轻。卿受任方隅，深穷治本，必须副寡昧平分之意，察乡间治弊之原，明示条章，用分寄任，伫令集事，允属推公。今差使臣往彼检括，余从别敕。

十一月丁未朔，诏翰林学士窦俨，集文学之士，撰集《大周通礼》、《大周正乐》，从俨之奏也。辛亥，日南至，帝御崇元殿受朝贺，仗卫如式。己未,昭义李筠奏,破辽州长清砦,获伪命磁州刺史李再兴。甲子,帝狩于近郊。

十二月丁丑朔,朗州奏,醴陵县玉仙观山门中,旧有田二万顷,久为山石闭塞,今年七月十七日夜,暴雷劈开,其路复通。己卯,楚州兵马都监武怀恩弃市,坐擅杀降军四人也。丙戌,诏重定诸道州府幕职令录佐官料钱,其州县官俸户宜停。己丑,楚州防御使张顺赐死,坐在任隐落榷税钱五十万、官丝绵二千两也。壬辰,诏两京及五府少尹司参军各省一员,六曹判司内只直户法二曹,余及诸州观察支使、两蕃判官并省。甲午,帝狩于近郊。乙未,邓州刘重进移镇邠州,滑州宋延渥移镇邓州,以前河中节度使王仁镐为邢州节度使,以邢州留后陈思让为滑州留后。己亥,诏翰林学士,今后逐日起居,当直者仍赴朝。是月,江南李景杀其臣伪太傅中书令宋齐丘、伪兵部侍郎陈觉、伪南军节度副使李征古等。初,帝之南征也,吴人大惧,觉与征古皆齐丘门人,因进说于景,请委国事于齐丘,景徭是衔之。及吴人遣钟谟、李德明奉表至行在,帝寻遣德明复命于金陵,德明因说李景请割江北之地求和于我,而陈觉、李征古等以德明为卖国,请戮之,景遂杀德明。及江南内附,帝放钟谟南归,谟本德明之党也,因谮齐丘等,故齐丘等得罪。放齐丘归九华山,觉等贬官,寻并害之。景既诛刘丘等,令钟谟到阙,具言其事,故书。《永乐大典》卷八千九百八十四。

# 旧五代史卷一一八考证

周世宗纪五丙戌右龙武将军王汉璋奏攻海州 　案:《通鉴》作丁亥,王汉璋奏克海州。《欧阳史》亦作丁亥,取海州。是书祇载丙戌攻海州,而不载取城之日,疑有阙文。　　丙午拔之　案:《欧阳史》、《通鉴》俱作丁未,克楚州,与是书异。《五代春秋》从是书,作丙午。　　天长军使易赟　易赟《通鉴》作易文赟。　　乙未殿前都虞候慕容延钊奏大破贼军于东沛州　案:《通鉴》作甲午,延钊奏大破唐兵于东沛州,与是书异日。　　放先俘获江南兵士四千七百人归本国　案:《欧阳史》作四千六百人。　　十一月丁未朔诏翰林学士窦俨集文学之士撰集大周通礼大周正乐　案:《欧阳史》作十一月庚戌。

旧五代史卷一一九
周书一〇

# 世宗本纪第六

　　显德六年春正月丁未朔，帝御崇元殿受朝贺，仗卫如式。壬子，高丽国王王昭遣使贡方物。己卯，以翰林学士、中书舍人申文炳为左散骑常侍。辛酉，女真国遣使贡献。壬戌，青州奏，节度使、陈王安审琦为部曲所杀。乙丑，赐诸将射于内鞠扬。戊辰，幸迎春苑。甲戌诏："每年新及第进士及诸科闻喜宴，宜令宣徽院指挥排比。"乙亥，诏："礼部贡院今后及第举人，依逐科等第定人数姓名，并所试文字奏闻，候敕下放榜"云。是月，枢密使王朴详定雅乐十二律旋相为宫之法，并造律准，上之。诏尚书省集百官详议，亦以为可。语在《乐志》。

　　二月庚辰发徐、宿、宋、单等州丁夫数万浚汴河。甲申，发滑、亳二州丁夫浚五丈河，东流于定陶，入于济以通清、郓水运之路。又疏导蔡河，以通陈、颍水运之路。乙酉，诏诸道应差摄官各支半俸。丙戌，以翰林学士承旨、尚书兵部侍郎陶谷为尚书吏部侍郎充职。诏升湖州为节镇，以宣德军为军额，以湖州刺史钱偡为本州节度使，从两浙钱俶之请也。辛丑，幸迎春苑。甲辰，右补阙王德成责授右赞善大夫，坐举官不当也。诏赐诸道州府供用粮草有差。

　　三月庚申，枢密使王朴卒。甲子，诏以北虏未复，取此月内幸沧州。以宣徽南院使吴延祚为权东京留守，判开封府事；以宣徽北院使昝居润为副使；以三司使张美为大内都部署。《东都事略·张美传》：世宗北征，以美为大内都点检。命诸将各领马步诸军及战棹赴沧州。己巳，瀛州奏，钟离县饥民死者五百九十有四。癸酉，诏废诸州铜鱼。《五代会要》：显德六年，敕诸道牧守，每遇除移，特降制书，何假符契，其请纳铜鱼，宜废之。甲戌，车驾发京师。

夏四月辛卯，车驾次沧州，以前左谏议大夫薛居正为刑部侍郎。是日，帝率诸军北征。壬辰，至乾宁军，伪宁州刺史王洪以城降。丁酉，驾御龙舟，率舟师顺流而北，首尾数十里。辛丑，至益津关。《通鉴》：至益津关，契丹守将终廷晖以城降。自此以西，水路渐隘，舟师难进，乃舍舟登陆。壬寅，宿于野次。时帝先期而至，大军未集，随驾之士，不及一旅，赖今上率材官骑士以卫乘舆。癸卯，今上先至瓦桥关，伪守将姚内赟以城降。《隆平集》：姚内赟，平州人也。世宗北征，将兵至瓦桥关，内赟为关使，开门请降，世宗以为汝州刺史。甲辰，郑州刺史刘楚信以州来降。案：郑州之降，《通鉴》从《薛史》作四月，《辽史》作五月，疑误。

五月乙巳朔，帝驻跸于瓦桥关。侍卫亲军都指挥使李重进及诸将相继至行在，瀛州刺史高彦晖以本城归顺。关南平，凡得州三，县十七，户一万八千三百六十。是役也，王师数万，不亡一矢，边界城邑皆望风而下。丙午，帝与诸将议攻幽州，诸将皆以为未可，帝不听。是夜，帝不豫，乃止。戊申，定州节度使孙行友奏，攻下易州，擒伪命刺史李在钦来献，斩于军市。乙酉，以瓦桥关为雄州，《宋史·陈思让传》：得瓦桥关为雄州，命思让为都部署，率兵戍守。以益津关为霸州。《宋史·韩令坤传》：为霸州都部署，率所部兵戍之。是日，先锋都指挥使张藏英破契丹数百骑于瓦桥关北，攻下固安县。诏发滨、棣二州丁夫城霸州。庚戌，遣侍卫都指挥使李重进率兵出土门，入河东界。壬子，车驾发雄州，案：《辽史》作五月辛未，周师退，与《薛史》异。《通鉴》从《薛史》作壬子。还京。泉州节度使留从效遣别驾王禹锡奉贡于行在，帝以泉州比臣江南，李景方归奉国家，不欲夺其所属，但锡诏褒美而已。丁卯，西京奏，太常卿致仕司徒诩卒。己巳，侍卫都指挥使李重进奏，破河东贼军于百井，斩首二千级。甲戌，上至自雄州。《却扫编》:周世宗既定三关,遇疾而退,至澶渊迟留不行,虽宰辅近臣问疾者皆莫得见,中外恟惧。时张永德为澶州节度使,永德尚周太祖之女,以亲故,独得至卧内,于是群臣因永德言曰:"天下未定,根本空虚,四方诸侯惟幸京师之有变。今澶、汴相去甚迩,不速归以安人情,顾惮旦夕之劳,而迟回于此,如有不可讳,奈宗庙何!"永德然之,承间为世宗言如群臣旨,世宗问:"谁使汝为此言?"永德对以群臣之意皆愿为此,世宗熟思久之,叹曰:"吾固知汝必为人所教,独不喻吾意哉! 然观汝之穷薄,恶足当此!"即日趣驾归京师。

　　六月乙亥朔,潞州李筠奏,攻下辽州,获伪刺史张丕旦。案:《通鉴》作张丕。丙子,以皇女燕辑朝三日。戊寅,凤翔奏,节度使李晖卒。郑州奏,河决原武,诏宣徽南院使吴延祚发近县丁夫二万人以塞之。庚辰,命宣徽北院使昝居润判开封府事。晋州节度使杨廷璋奏,率兵入河东界,招降堡砦一十三所。癸未,立魏王符彦卿女为皇后,仍令所司择日备礼册命。以王长子宗训为特进左卫上将军,封梁王;以第二子宗让为左骁卫上将军,封燕国公。赐江南进奉使李从善钱二万贯,绢二万匹,银一万两;赐两浙进奉使吴延福钱三千贯,绢五千匹,银器三千两。丁亥,前青州节度使李洪义为永兴军节度使,永兴军节度使王彦超移镇凤翔。戊子,潞州部送所获辽州刺史张丕旦等二百四十五人以献,诏释之。己丑,宰臣范质、王溥并参知枢密院事。以枢密使魏仁浦为中书侍郎、平章事、集贤殿大学士,依前充枢密使;以宣徽南院使吴延祚为枢密使,行左骁卫上将军;以宋州节度使、侍卫都虞候韩通为侍卫亲军副都指挥使,加检校太尉、同平章事;澶州节度使并殿前都点检、驸马都尉张永德落军职,加检校太尉、同平章事;以今上为殿前都点检,加检校太傅,依前忠武军节度使。帝之北征也,凡供军之物,皆令自京递送行在。一日,忽于地中得一木,长二三尺,如人之揭物者,其上封全题云"点检做",观者莫测何物也。"至是,今上始受点检之命,明年春,果自此职以副人望,则"点检做"之言乃神符也。辛卯,以宣徽北院使、判开封事昝居润为左领军上将军,充宣徽南院使;以三司使、左领卫大将军张美为左监门卫上将军,充宣徽北院使,判三司。《东都事略·张美传》:美少为三司小吏、澶州粮料使,世宗镇澶州,每有求取,美悉力应之,及即位，连岁征讨，粮饭无乏，美之力也。然每思澶州所为，终不以公忠待之。癸巳，帝崩于万岁殿，圣寿三十九。甲午，宣遗制，梁王于柩前即皇帝位，服纪月日，一依旧制。是日，群臣奉梁王即位于殿东楹，中外发哀。其年八月，翰林学士、判太常寺事窦俨上谥曰睿武孝文皇帝，庙号世宗。十二月壬寅朔，葬于庆陵。宰臣魏仁浦撰谥册文，王溥撰哀册文云。《永乐大典》卷八千九百八十四。《五代史补》：世宗在民间，尝与邺中大商颉跌氏，忘其名姓，往江陵贩卖茶货。至江陵，见有卜者王处士，其术如神，世宗因颉跌氏同往问焉。方布卦，忽有一著跃出，卓然而立，卜者大惊曰："吾家筮法十余世矣，常记曾祖以来遗言，凡卜筮而著自跃而出者，其人贵不可言，况又卓立不倒，得非为天下之主乎！"遽起再拜。世宗虽佯为诘责，而私心甚喜。于逆旅中夜置酒，与颉跌氏半酣，戏曰："王处士以我当为天子，若一旦到此，足下要何官，请言之。"颉跌氏曰："某三十年作估来，未有不由京洛者，每见税官坐而获利，一日所获，可以敌商贾数月，私心羡之。若大官为天子，某愿得京洛税院足矣。"世宗笑曰："何望之卑耶！"及承郭氏之后践祚，颉跌犹在，召见，竟如初言以与之。世宗之征东也，驻跸于高平，刘崇契丹之众来迎战。时师多持两端，而王师不利。亲军帅樊爱能等各退衄，世宗赫然跃马入阵，引五十人直冲崇之牙帐。崇方张乐饮酒，以示闲暇，及其奄至，莫不惊骇失次，世宗因以奋击，遂败之，追奔于城下。凯旋，驻跸潞州，且欲出其不意以诛退衄者，乃置酒高会，指樊爱能等数人责之曰："汝辈皆累朝宿将，非不能用兵者也，然退衄者无他，诚欲将寡人作物货卖与刘崇尔。不然，何寡人亲战而刘崇始败耶？如此则卿等虽万死不足以谢天下，宜其曲膝引颈以待斧诛。"言讫，命行刑壮士擒出斩之。于是立功之士以次行赏，自行伍拔于军厢者甚众，其恩威并著，皆此类也。初，刘崇求援于契丹，得骑数千，及睹世宗兵少，悔之，曰："吾观周师易与尔，契丹之众宜勿用，但以我军攻战，自当万全，如此则不惟破敌，亦足使契丹见而心服，一举而有两利，兵之机也。"诸将以为然，乃使人谓契丹主将曰："柴氏与吾，主客之势，不烦足下余刃，敢请勒兵登高观之可。"契丹不知其谋，从之。洎世宗之阵也，三军皆贾勇争进，无不一当百，契丹望而畏之，故不救而崇败。论者曰：世宗患诸将之难制也久矣，思欲诛之，未有其衅，高平之役，可谓天假，故其斩决而无贷焉。自是姑息之政不行，朝廷始尊大，自非英主，其孰能为之哉。世宗既下江北，驻跸于建安，以书召伪主。伪主惶恐，命钟谟、李德明为使，以见世宗。德明素有词辩，以利害说世宗使罢兵。世宗具知之，乃盛陈兵师，排旗帜戈戟，为门项道以奏御，然后引明等入见。世宗谓之曰：“汝江南自以为唐之后，衣冠礼乐举世无比，何故与寡人隔一带水，更不发一使奉书相问，惟泛海以通契丹，舍华事夷，礼将安在？今又闻汝以词说寡人罢兵，是将寡人比六国时一群疾汉，何不知人之甚也！汝慎勿言，当速归报汝主，令径来跪寡人两拜，则无事矣。不然，则寡人须看金陵城，借府库以犒军，汝等得无悔乎！”于是德明等战惧，不能措一辞，即日告归。及见伪主，具陈世宗英烈之状，恐非四方所能敌。伪主计无所出，遂上表服罪，且乞保江南之地，以奉宗庙，修职贡，其词甚哀。世宗许之，因曰：“叛则征，服则怀，寡人之心也。”于是遣使者赍书安之，然后恺还。论者以世宗加兵于江南，不独临之以威，抑亦谕之以礼，可谓得大君之体矣。陈抟，陕西人，能为诗，数举不第，慨然有尘外之趣，隐居华山，自是其名大振。世宗之在位也，以四方未服，思欲牢笼英杰，且以抟曾践场屋，不得志而隐，必有奇才远略，于是召到阙下，拜左拾遗。抟不就，坚乞归山，世宗许之。未几，赐之书：“敕陈抟，朕以汝高谢人寰，栖心物外，养太浩自然之气，应少微处士之星，既不屈于王侯，遂高隐于岩壑，乐我中和之化，庆乎下武之期。而能远涉山涂，暂来城阙，浃旬延遇，弘益居多，白云暂驻于帝乡，好爵难縻于达士。昔唐尧之至圣，有巢、许为外臣，朕虽寡薄，庶遵前鉴。恐山中所阙，已令华州刺史每事供775。乍反故山，履兹春序，缅怀高尚，当适所宜，故兹抚问，想宜知悉。”即陶谷之词也。初，抟之被召，尝为诗一章云：“草泽吾皇诏，图南抟姓陈。三峰十年客，四海一闲人。世态从来薄，诗情自得真。超然居世外，何必使为臣。”好事者欣然谓之答诏诗。世宗以张昭远好古直，甚重之，因问曰：“朕欲一贤相，卿试为言朝廷谁可？”昭远对曰：“以臣所见，莫若李涛。”世宗常薄涛之为人，闻昭远之举甚惊，曰：“李涛本非重厚，朕以为无大体，卿首举之何也？”昭远曰：“陛下所闻止名行，曾不问才略如何耳。且涛事晋高祖，曾上疏论汾州节度使张彦泽蓄无君心，宜早图之，不然则为国患。晋祖不纳，其后契丹南侵，彦泽果有中渡之变，晋社阼焉。先帝潜龙时，亦上疏请解其兵权，以备非常之变，少主不纳，末几先帝遂有天下。以国家安危未兆间，涛已先见，非贤而何？臣首举之者，正为此也。”世宗曰：“今卿言甚公，然此人终不可于中书安置。”居无何，涛亦卒。涛为人不拘礼法，与弟澣虽甚雍睦，然聚话之际，不典之言，往往间作。澣娶礼部尚书窦宁固之女，年甲稍长，成婚之夕，窦氏出参，涛辄望尘下拜，澣惊曰：“大哥风狂耶！新妇参阿伯，岂有答礼仪？”涛应曰：“我不风，只将谓是亲家母。”澣且惭且怒。既坐，窦氏复拜，涛又叉手当胸，作歇后语曰：“惭无窦建，缪作梁山，嗒嗒嗒！”时闻者莫不绝倒。凡涛于闺门之内,不存礼法也如此,世宗以为无大臣体,不复任,宜哉!世宗志在四方,常恐运祚速而功业不就,以王朴精究术数,一旦从容问之曰:"朕当得几年?"对曰:"陛下用心,以苍生为念,天高听卑,自当蒙福。臣固陋,辄以所学推之,三十年后非所知也。"世宗喜曰:"若如卿言,寡人当以十年开拓天下,十年养百姓,十年致太平足矣。"其后自瓦桥关回戈,未到关而晏驾,计在位止及五年余六个月,五六乃三十之成数也,盖朴婉而言之。世宗末年,大举以取幽州,契丹闻其亲征,君臣恐惧,沿边城垒皆望风而下,凡蕃部之在幽州者,亦连宵遁去,车驾至瓦桥关,探逻是实,甚喜,以为大勋必集,登高阜,因以观六师。顷之,有父老百余辈持牛酒以献,世宗问曰:"此地何名?"对曰:"历世相传,谓之病龙台。"默然,遽上马驰去。是夜,圣体不豫,翌日病急,有诏回戈,未到关而晏驾,先是,世宗之在民间,已常梦神人以大伞见遗,色如郁金,加《道经》一卷,其后遂有天下。及瓦桥不豫之际,复梦向之神人来索伞与经,梦中还之而惊起,谓近侍曰:"吾梦不祥,岂非天命将去耶!"遂召大臣,戒以后事。初,幽州闻车驾将至,父老或有窃议曰:"此不足忧,且天子姓柴,幽者为燕,燕者亦烟火之谓也。此柴入火不利之兆,安得成功。"卒如其言。

史臣曰:世宗顷在仄微,尤务韬晦,及天命有属,嗣守鸿业,不日破高平之阵,逾年复秦,凤之封,江北、燕南,取之如拾芥,神武雄略,乃一代之英主也。加以留心政事,朝夕不倦,摘伏辩奸,多得其理,臣下有过,必面折之,常言太祖养成二王之恶,以致君臣之义,不保其终,故帝驾驭豪杰,失则明言之,功则厚赏之,文武参用,莫不服其明而怀其恩也。所以仙去之日,还近号慕。然禀性伤于太察,用刑失于太峻,及事行之后,亦多自追悔。逮至末年,渐用宽典,知用兵之频并,悯黎民之劳苦,盖有意于康济矣。而降年不永,美志不就,悲夫!《永乐大典》卷八千九百八十四。

# 旧五代史卷一一九考证

　　周世宗纪六甲辰郑州刺史刘楚信以州来降　案:郑州之降,《通鉴》从是书作四月,《辽史》作五月,疑误。　壬子车驾发雄州还京　案:《辽史》作五月辛未,周师退,与是书异。《通鉴》从是书,作壬子。　皇长子宗训　案:恭帝宗训,《通鉴注》作第四子。《欧阳史·汉家人传》,世宗子七人,长曰宜哥,次二皆未名,次曰恭皇帝,是亦以宗训为第四子也。是纪作皇长子,盖宜哥与其二皆为汉诛,指其现存者而长之耳。　第二子宗让　宗让,《欧阳史》作宗谊。

旧五代史卷一二〇
周书一一

# 恭帝本纪

恭帝，讳宗训，世宗子也。广顺三年，岁在癸丑，八月四日，生于澶州之府第。显德六年六月癸末，制授特进左卫上将军，封梁王，食邑三千户，实封五百户。癸巳，世宗崩。甲午，内出遗制，命帝枢前即皇帝位。是日，群臣奉帝即位而退。丁酉，北面兵马都部署韩令坤奏，败契丹五百骑于霸州北。戊戌，文武百僚，宰臣范质等上表请听政，表三上，允之。壬寅，文武臣僚上表，请以八月四日为天寿节，从之。癸卯，以司徒、平章事范质为山陵使，以翰林学士、判太常寺事窦俨为礼仪使，以兵部尚书张昭为卤簿使，以御史中丞边归谠为仪仗使，以宣徽南院使、判开封府事昝居润为桥道顿递使。是月，州郡十六奏大雨连旬不止。

秋七月丁末，以户部尚书李涛为山陵副使，以度支郎中卢亿为山陵判官。辛亥，左散骑常侍申文炳卒。乙卯，右拾遗徐雄夺三任官，坐诬奏雷泽县令虚破户也。丁巳，百僚释服。尚辇奉御金彦英，本东夷人也，奉使高丽，称臣于夷王，故及于罪。庚申，以邢州节度使王彦镐为襄州节度使，进封开国公；以侍卫步军都指挥使、曹州节度使、检校太保袁彦为陕州节度使，加检校太傅；以右羽林统军、权知邢州事、检校太保李继勋为邢州节度使，加检校太傅；以滑州留后、检校太保陈思让为沧州节度使；以侍卫马军都指挥使、陈州节度使、检校太傅韩令坤为侍卫马步都虞候，依前陈州节度使，加

检校太尉；以虎捷左厢都指挥使、岳州防御使、检校司徒高怀德为
夔州节度使，充侍卫马军都指挥使、检校太保；以虎捷左厢都指挥
使、常州防御使、检校司空张铎为遂州节度使，充侍卫步军都指挥
使、检校太保，仍改名令铎。《宋史·张令铎传》云：本名铎，以与河中张铎
同姓名，故赐今名。壬戌，以郓州节度使、充侍卫马步军都指挥使、检
校太傅、兼侍中李重进为淮南节度使、检校太尉、兼侍中，依前侍卫
马步军都指挥使；以襄州节度使、检校太尉、同平章事向拱为河南
尹，充西京留守，加检校太师、兼侍中；《通鉴》：向拱即向训也，避恭帝
名改焉。以宋州节度使、充侍卫马步军副都指挥、检校太尉、同平章
事韩通为郓州节度使，依前侍卫亲军马步军副都指挥使；以澶州节
度使、检校太尉、同平章事、驸马都尉张永德为许州节度使，进封开
国公；以今上为宋州节度使，依前检校太尉、殿前都点检，进封开国
侯；以淮南节度使兼殿前副都点检、检校太保慕容延钊为澶州节度
使、检校太傅，依前殿前副都点检，进封开国伯；以殿前都指挥使、
江州防御使、检校司空石守信为滑州节度使、检校太保，依前殿前
都指挥使。丙寅，制大赦天下。庚午，翰林学士、判太常寺窦俨撰进
大行皇帝太室酌献歌辞，舞曰《定功之舞》，歌辞不录。是月，诸道相
继奏大雨，所在川渠涨溢，漂溺庐舍，损害苗稼。

　　八月甲戌朔，以光录卿致仕柴守礼为太子太保致仕。乙亥，翰
林学士兼判太常寺窦俨撰进大行皇帝尊谥曰睿武孝文皇帝，庙号
世宗，从之。庚辰，天下兵马都元帅、守尚书令、兼中书令、吴越国王
钱俶加食邑一千户，实封四百户，改赐功臣；天雄军节度使、检校太
师、守太傅、兼中书令、魏王符彦卿加守太尉；夏州节度使、检校太
师、守太保、兼中书令、西平王李彝兴加守太傅；荆南节度使；检校
太师、守中书令、南平王高保融加守太保。壬午，山陵使范质撰进大
行皇帝陵名曰庆陵，从之。秦州节度使、西面沿边都部署、检校太
师、守中书令、褒国公王景进封凉国公，徐州节度使、检校太师、兼
中书令郭从义加开府仪同三司，鄜州节度使、检校太师、兼中书令、
邢国公武行德进封宋国公，永兴军节度使、检校太师、兼侍中李洪

义加开府仪同三司,凤翔节度使、检校太尉、兼侍中郭崇加检校太师,潞州节度使、检校太傅、兼侍中李筠加检校太尉,朗州节度使、检校太尉、兼侍中周行逢加检校太师。甲申,寿州节度使、检校太师、同平章事、韩国公杨信封鲁国公;邠州节度使、检校太师刘重进,庐州节度使、检校太尉赵赞,邓州节度使、检校太尉宋延渥,并加开府仪同三司;泾州节度使、检校太尉白重赞,河中节度使、检校太尉张铎,并加阶爵。丙戌,易定节度使孙行友、灵州节度使冯继勋、府州节使度使折德扆,并自检校太保加检校太傅,进阶爵,以延州留后、检校太傅李万全为延州节度使,进封开国公。庚寅,皇弟特进检校太保、左骁卫上将军、燕国公、食邑三千户宗让加检校太傅,进封曹王,改名熙让;熙谨可光禄大夫、检校太保、右武卫大将军,封纪王,食邑三千户;皇弟熙海可金紫光禄大夫、检校司徒、左领卫大将军,封蕲王,食邑三千户。制下,即令所司择日备礼册命。以晋国长公主张氏为晋国大长公主;以前陕州节度使、检校太尉药元福为曹州节度使,进阶爵。甲午,守司徒、同平章事、弘文馆大学士、参知枢密院事范质加开府仪同三司,进封萧国公;门下侍郎兼礼部尚书、同平章事、监修国史、参知枢密院事王溥加右仆射,进封开国公;枢密使、中书侍郎、同平章事、集贤殿大学士魏仁浦加兼刑部尚书,依前枢密使;检校太傅、右骁卫上将军吴延祚依前枢密使,进封庆国公;以左武卫上将军史佺为左金吾上将军致仕。乙未,以陇州防御使王全赟为相州留后。戊戌,宣徽南院使、判开封府事昝居润,宣徽北院使、判三司张美,并加检校太傅。已亥,前司空李谷加开府仪同三司、赵国公,以前太傅、少卿朱渭为太仆卿致仕。辛丑,左金吾上将军致仕史佺卒。壬寅,高丽国遣使朝贡,兼进《别序孝经》一卷、《越王孝经新义》一卷、《皇灵孝经》一卷、《孝经雌图》三卷。《文昌杂录》云:《别序》者,记孔子所生及弟子从学之事。《新义》者,以越王为问目,释疏文之意。《皇灵》者,止说延年避灾之事及符文,乃道书也。《雌图》者,止说日之环晕,星之彗孛,亦非奇书。

九月壬子,前沧州留后李彦頵卒。乙卯,高丽王王昭加检校太师，食邑三千户。丙辰，以三司副使王赞为内客省使兼北面诸州水陆转连使。癸亥，前开封县令路延规除名，流沙门岛。先是，延规有过停任，有司召延规宣敕，拒命，为宪司所按，故有是命。甲子，以端明殿学士、礼部侍郎窦仪为兵部侍郎充职；以尚书户部员外郎、直枢密院杜华为司门郎中，充枢密直学士，赐紫；以翰林学士、尚书度支员外郎王著为金部郎中、知制诰充职，仍赐金紫。是日，翰林学士、尚书屯田郎中、知制诰李昉，都官郎中、知制诰扈蒙，水部郎中、知制诰赵逢，并加柱国，赐金紫。乙丑，兵部尚书张昭进封舒国公，户部尚书李涛进封莒国公，以太子詹事刘温叟为工部侍郎，判国子祭酒事。是月，京师及诸州郡霖雨逾旬，所在水潦为患，川渠泛溢。

冬十月癸酉朔，以司农卿致仕李锴为太仆卿致仕，太常少卿致仕姚遂为将作监致仕。丁亥，太子太师薛怀让封杞国公。壬辰，翰林学士、判太常寺事窦俨撰进贞惠皇后庙歌辞。丁酉，世宗皇帝灵驾发引。戊戌，以前相州留后王晖为右神武统军。辛丑，江南国主李景来告，世子弘冀卒，遣御橱使张延范充吊祭使。

十一月壬寅朔，葬世宗皇帝于庆陵，以贞惠皇后刘氏祔焉。戊申，西京奏，太子太师致仕白文珂卒。丙辰，日南至，百僚奉表称贺。戊午，废兖州广利军，依旧为莱芜监。壬戌，升凤州固镇为雄胜军。丙寅，左羽林统军马希崇。案：原本有脱误。

十二月壬申朔，史馆奏，请差官修撰《世宗实录》，从之。甲戌，改万岁殿为紫宸殿。甲午，西京奏，左屯卫上将军致仕李萼卒。乙未，大霖，昼昏，凡四日而止，分命使臣赈给诸州遭水人户。

显德七年春正月辛丑朔，文武百僚进名奉贺，镇、定二州驰奏，契丹入寇，河东贼军自土门东下，与蕃寇合势，诏令上率兵北征。癸卯，发京师，是夕宿于陈桥驿。末曙，军变，将士大噪呼万岁，擐甲将刃，推戴今上升大位，扶策升马，拥迫南行。是日，诏曰："天生蒸民，树之司牧，二帝推公而禅位，三王乘时以革命，其极一也。予末小子，遭家不造，人心已去，国命有归。咨尔归德军节度使、殿前都点检赵案原空二字禀上圣之姿，有神武之略，佐我高祖，格于皇天，逮事世宗，功存纳麓，东征西怨，厥绩懋焉。天地鬼神，享于有德，讴谣狱讼，附于至仁，应天顺民，法尧禅舜，如释重负，予其作宾，呜呼钦哉，只畏天命。"今上于是诣崇元殿受命，百官朝贺而退。制封周帝为郑王，以奉周祀正朔，服色一如旧制，奉皇太后为周太后。《续通鉴长编》：建隆三年，周郑王出居房州。皇朝开宝六年春，崩于房陵。今上闻之震恸，发哀成服于便殿，百僚进名奉慰。寻遣中使监护其丧。《续通鉴长编》：开宝六年三月乙卯，房州上言，周郑王殂，上素服发哀，辍视朝十日。以其年十月，归葬于世宗庆陵之侧。诏有司定谥曰恭皇帝，陵曰顺陵。《永乐大典》卷八千九百八十九。《续通鉴长编》云：仁宗嘉祐四年，诏有司取柴氏谱系，于诸房中推最长一人，令岁时奉周祀。

　　史臣曰：夫四序之气，寒往则暑来；五行之数，金销则火盛。故尧、舜之揖让，汉、魏之传禅，皆知其数而顺乎人也。况恭帝当纨绮之冲年，会笙镛之变响，听讴歌之所属，知命历之有在，能逊其位，不亦善乎。终谥为恭，固其宜矣。《永乐大典》八千九百八十九。

# 旧五代史卷一二○考证

　　周恭帝纪恭帝讳宗训世宗子也　　案《五代会要》云：世宗，后宫所生。《欧阳史》作不知其母为谁氏，今附识于此。　　孝经雌图三卷三卷，《欧阳史》作一卷。

旧五代史卷一二一
周书一二

# 后妃列传第一

## 太祖圣穆皇后柴氏　淑妃杨氏
## 贵妃张氏　德妃董氏
## 世宗贞惠皇后刘氏　宣懿皇后符氏

　　太祖圣穆皇后柴氏,邢州龙岗人,世家豪右。太祖微时,在洛阳闻后贤淑,遂聘之。案《东都事略·张永德传》云:周太祖柴后,本唐庄宗之嫔御也,庄宗没,明宗遣归其家,行至河上,父母逆之,会大风雨,止于逆旅数日。有一丈夫走出其门,衣敝不能自庇,后见之,惊曰:"此何人耶?"逆旅主人曰:"此马步军使郭雀儿者也。"后异其人,欲嫁之,请于父母。父母惠曰:"汝帝左右人,归当嫁节度使,奈何欲嫁此人?"后曰:"此贵人也,不可失也。囊中装分半与父母,我取其半"父母知不可夺,遂成婚于逆旅中。所谓郭雀儿,即周太祖也。此事《薛史》不载,盖当时为之讳言。太祖壮年,喜饮博,好任侠,不拘细行,后规其太过,每有内助之力焉。世宗皇帝即后之侄也,幼而谨愿,后甚怜之,故太祖养之为己子。太祖尝寝,后见五色小蛇入颥鼻间,心异之,知其必贵,敬奉愈厚。未及贵而厌代。太祖即位,乃下制曰:"义之深无先于作配,礼之重莫大于追崇。朕当宁载思,抚存怀旧。河洲令德,犹传荇菜之诗;妫汭大名,不及珩璜之贵。俾盛副笄之礼,以伸求剑之情。故夫人柴氏,代籍贻芳,湘灵集庆。体柔仪而陈阙翟、芬若椒兰;持贞操以选中珰,誉光图史。懿范尚留于闺阉,昌言有助于箴规。深唯望气之艰,弥叹藏舟之速,将开宝祚,俄谢璧台。宜正号于轩宫,俾潜耀于坤象,可追命为皇后。仍令所司定谥,备礼册命。"既而有司上谥曰圣穆。显德初,太祖神主入庙,以后祔于其室。《永乐大典》卷八千九百八十九。

　　淑妃杨氏,镇州真定人。父弘裕,真定少尹。案《东都事略·杨廷璋传》云:父弘裕,少渔貂裘陂,有以二石雁授之者,其翼一掩左,一掩右,曰:"吾北岳使也。"言讫不知所之。是年生周室淑妃,明年生廷璋。当河朔全盛之时,所属封疆,制之于守帅,故诏彦美媛,皆被选于王宫。妃幼以良家子中选,事赵王王镕。张文礼之乱,妃流离于外。唐明宗在藩,录其遗逸。安重海保庇妃家,致其仕进,父母即以妃嫁于乡人石光辅,不数年嫠居。太祖佐汉之初,属圣穆皇后弃世,闻妃之贤,遂以礼聘之。《宋史·杨廷璋传》:有姊寡居京师,周祖微时欲聘之,姊不从。令媒氏传言恐逼,姊以告廷璋。廷璋往见周祖,归谓姊曰:"此人姿貌异常,不可拒。"姊乃从之。妃睦族抚孤,宜家内助,甚有力焉。晋天福末,卒于太原,因留葬于晋郊。广顺元年九月,追册为淑妃。太祖凡一后三妃,及嵩陵就掩,皆议陪祔。时以妃丧在贼境,末及迁窆,世宗乃诏有司于嵩陵之侧,预营一冢以虚之,俟贼平即议襄事。显德元年夏,世宗征河东,果成素志焉。

　　妃兄廷璋,早事太祖,即位累历内职,出为晋州节度使。皇朝抚运,移镇邢州,又改郴州,受代归阙,卒于私第。《永乐大典》卷一千二百六十六。

　　贵妃张氏,恒州真定人也。祖记,成德军节度判官、检校兵部尚书。父同芝,本州谘呈官、检校工部尚书,事赵王王镕,历职中要。天祐末,赵将张文礼杀王镕,以镇州归梁,庄宗命符存审讨平之。时妃年尚幼,有幽州偏将武从谏者,驻旆于家,见妃韶令,乃为其子聘之。武氏家在太原。太祖从汉祖镇并门,属杨夫人以疾终,无何武氏子卒,太祖素闻妃之贤,遂纳为继室。太祖贵,累封至吴国夫人。

汉隐帝末,萧墙变起,屠害大臣,太祖在邺都被谗,妃与诸皇属同日遇害于东京旧第。太祖践祚,追册为贵妃,发哀,故世宗有起复之命。世宗嗣位,以太祖旧宅即妃遇祸之地,因施为僧院,以皇建为名焉。《永乐大典》卷八千九百八十九。

德妃董氏,常山灵寿人也。祖文广,唐深州录事参军。父光嗣,赵州昭庆尉。妃孩提颖悟,始能言听,按丝管而能辨其声。年七岁,遇镇州之乱,亲党羁离,与妃相失。潞州牙将得之,匿于褚中,其妻以息女不育,得妃怜之,过于所生,姆教师箴,功容克备。妃家悲念,其兄瑀诸处求访,垂六七年,后潞将入官于朝,妃之乡亲颇有知者,瑀见潞将,欣归之,时年十三。妃归逾年,嫁为里人刘进超之妻,进超为内职,及契丹破晋之岁,陷蕃殁焉。妃嫠居洛阳。太祖杨淑妃与妃乡亲,平居恒言妃德。太祖从汉祖幸洛,因忆淑妃之言,寻以礼纳之。鼎命初建,张贵妃遇祸,中宫虚位,乃册为德妃。太祖自圣穆皇后早世以来,屡失邦媛,中帏内助,唯妃存焉,加以结珮脱簪,率由令范。

广顺三年夏,遇疾,医药之际,属太祖兖海之征,车驾将行,妃奏曰:"正当暑毒,劳陛下省巡,明发宵征,须人供侍,司簿已下典事者,各已处分从行。"太祖曰:"妃疾未平,数令诊视,此行在近,无烦内人。"及太祖驻跸鲁中,妃志欲令内人进侍,发中使往来言之。太祖手敕郑仁诲曰:"切虑德妃以朕至兖州行营,津置内人承侍。缘诸军在野,不可自安,令郑仁诲专心体候。如德妃津置内人东来,便须上闻约住,或取索鞍马,不得供应;如意坚确,即以手敕示之。"既而平定兖州,车驾还京,妃疾无减,俄卒于大内,时年三十九。辍朝三日。

妃长兄瑀,以左赞善大夫致仕,仲兄玄之,季兄自明,皆累历郡守。《永乐大典》卷八千九百八十九。

世宗贞惠皇后刘氏,将家女也,幼归于世宗。汉乾祐中,世宗在西班，后始封彭城县君。世宗随太祖在邺，后留居邸第。汉末李业等作乱，后与贵妃张氏及诸皇族同日遇祸。国初，追封彭城郡夫人。显德四年夏四月，追册为皇后，谥曰贞惠，陵曰惠陵。《永乐大典》卷八千九百八十九。

　　宣懿皇后符氏，祖存审，事后唐武皇、庄宗，位极将相，追封秦王。父彦卿，天雄军节度使，封魏王。后初适李守贞之子崇训。汉乾祐中，守贞叛于河中，太祖以兵攻之，及城陷，崇训自刃其弟妹，次将及后，后时匿于屏处，以帷箔自蔽，崇训仓黄求后不及，遂自刃，后因获免。太祖入河中，令人访而得之，即遣女使送于其父，自是后常感太祖大惠，拜太祖为养父。世宗镇澶渊日，太祖为世宗聘之。后性和惠，善候世宗之旨，世宗或暴怒于下，后必从容救解，世宗甚重之，及即位，册为皇后。世宗将南征，后常谏止之，言甚切直，世宗亦为之动容。洎车驾驻于淮甸，久冒炎暑，后因忧恚成疾。显德二年七月二十一日，崩于滋德殿，时年二十有六。世宗甚悼之。即而有司上谥曰宣懿，葬于新郑，陵曰懿陵，《永乐大典》卷八千九百八十九。案：世宗后符后，即宣懿之女弟也，《薛史》不为立传，未免缺略。《五代史补》：世宗皇后符氏，即魏王彦卿之女。时有相工视之大惊，密告魏王曰："此女贵不可言。"李守贞素有异志，因与子崇训娶之。礼毕，守贞甚有喜色。其后据河中叛，高祖为枢密使，受命出征。后知高祖与其父有旧，城破之际，据堂门而坐，叱诸军曰："我符魏王女也，魏王与枢密太尉，兄弟之不若，汝等慎勿无礼。"于是诸军耸然引退。顷之，高祖至，喜曰："此女子白刃纷挐之际保全，可谓非常人也。"乃归之魏王。至世宗即位，纳为皇后。既免河中之难，其母欲使出家，资其福寿，后不悦曰："死生有命，谁能髡首跣足以求苟活也！"母度不可逼，遂止。世宗素以后贤，又闻命不以出家为念，愈贤之，所以为天下母也。

　　史臣曰：周室后妃凡六人，而追册者四，故中闱内则，罕得而闻，唯董妃、符后之懿节，亦无愧于彤管矣。《永乐大典》卷八千九百八十九。案：是书无外戚传，考《五代会要》云：周太祖第三女乐安公主，为汉室所害，广顺元年二月追封，至显德四年四月又追封莒国长公主。第四女寿安公主,降张永德,广顺元年四月封,至显德元年,封晋国长公主。第五女永宁公主,广顺元年九月追封,至显德四年四月又追封梁国长公主。

# 旧五代史卷一二一考证

周列传一太祖圣穆皇后柴氏传邢州龙冈人　案:《龙川别志》作魏成安人。　淑妃杨氏传妃兄廷璋　案《东都事略》:廷璋系淑妃之弟,《续通鉴长编》亦云廷璋有姊为周太祖妃,俱与是书异。

旧五代史卷一二二
周书一三

# 宗室列传第二

## 剡王侗　杞王信　越王宗谊
## 曹王宗让　纪王熙谨　蕲王熙诲

剡王侗，太祖子，初名青哥，汉末遇害。太祖即位，诏赠太尉，赐名侗。显德四年追封。《永乐大典》卷一千二百六十六。

杞王信，太祖子，初名意哥，汉末遇害。太祖即位，诏赠司空，赐名信。显德四年追封。《永乐大典》卷一千二百六十六。案：太祖诸子早岁遇害，本无事迹。《永乐大典》所录《薛史》过于简略，疑有删节，今无可考。据《欧阳史·家人传》云：帝举兵于魏，汉以兵围帝第，时张贵妃与诸子青哥、意哥，侄守筠、奉超、定哥皆被诛。青哥、意哥不知其母谁氏。太祖即位，诏故第二子青哥赠太尉，赐名侗；第三子意哥赠司空，赐名信。皇侄守筠左领军卫将军，以"筠"声近"荣"，为世宗避讳，更名守愿。奉超赠左监门卫将军。定哥赠左千牛卫将军，赐名逊。世宗显德四年夏四月癸末，诏曰："礼以缘情，恩以悼往，剡在友于之列，尤钟恻怆之情，故皇弟赠太保侗、赠司空信，景运初启，天年不登，俾予终鲜，实恸予怀。侗可赠太傅，追封郑王；信赠司徒，杞王。"又诏曰："故皇从弟赠左领军卫将军守愿、赠右监门卫将军奉超、赠左千牛卫将军逊等，顷因季世，不享遐龄，每念非辜，难忘有恸。守愿可赠左卫大将军，奉超右卫大将军，逊右武卫大将军。"案：《欧阳史》所载诏辞，《薛史》已见本纪，今仍附录于此，以备参考。

越王宗谊，世宗子，汉末遇害。显德四年追封。《永乐大典》卷一万六千六百二十八。

曹王宗让，世宗子，显德六年封。《永乐大典》卷一万六千六百二十八。

纪王熙谨，世宗子，显德六年封，皇朝乾德二年卒。《永乐大典》卷一万六千六百二十八。

蕲王熙诲，世宗子，显德六年封。《永乐大典》卷一万六千六百二十八。案《欧阳史·家人传》云：世宗子七人，长曰宜哥，次二皆未名，次曰恭皇帝，次曰熙让，次曰熙谨，次曰熙诲，皆不知其母为谁氏。宜哥与其二皆为汉诛，太祖即位，诏赐皇孙名，谊赠左骁卫大将军，诚左武卫大将军，诚左屯卫大将军。显德三年，群臣请封宗室，世宗以谓为国日浅，恩信未及于人，须功德大成，庆流于世，而后议之可也。明年夏四月癸巳，先封太祖诸子。又诏曰："父子之道，圣贤不忘，再思夭阏之端，愈动悲伤之抱。故皇子左骁卫大将军谊、左武卫大将军诚、左屯卫大将军诚等，载惟往事，有足伤怀，宜增一字之封，仍赠三台之秩。谊可赠太尉，追封越王；诚太傅，吴王；诚太保，韩王。"而皇子在者皆不封。"六年，北复三关遇疾还京师。六月癸未，皇子宗训特进左卫上将军，封梁王，而宗让亦拜左骁卫上将军，封燕国公。后十日而世宗崩，梁王即位，是为恭皇帝。其年八月，宗让更名熙让，封曹王。熙谨、熙诲皆前末封爵，遂拜熙谨右武卫大将军，封纪王；熙诲右领军卫大将军，封蕲王。乾德二年十月，熙谨卒，熙让、熙诲不知其所终。案：《薛史》不载吴王诚韩王诚，疑有阙文。

# 旧五代史卷一二二考证

　　周列传二宗室传　案《欧阳史·周家人传》：世宗子七人，第四子嗣位，即恭皇帝。其应入列传者，尚有六子。是书不载、吴王诚、韩王诚，当是脱简。

旧五代史卷一二三
周书一四

# 列传第三

高行周　　安审琦　　安审晖　　安审信
李从敏　　郑仁诲　　张彦成　　安叔千
宋彦筠

　　高行周,字尚质,幽州人也,生于妫州怀戎军之雕窠里。曾祖顺厉,世戍怀戎。父思继,昆仲三人,俱雄豪有武干,声驰朔方。唐武皇之平幽州也,表刘仁恭为帅,仍留兵以戍之。以思继兄为先锋都将、妫州刺史,思继为中军都将、顺州刺史,思继弟为后军都将,昆仲分掌燕兵。部下士伍,皆山北之豪也,仁恭深惮之。武皇将归,私谓仁恭曰:"高先锋兄弟,势倾州府,为燕患者,必此族也,宜善筹之。"久之,太原戍军恣横,思继兄弟制之以法,所杀者多。太祖怒,诉让仁恭,乃诉以高氏兄弟,遂并遇害。仁恭因以先锋子行珪为牙将,诸子并列帐下,厚抚之以慰其心。时行周十余岁,亦补职,在仁恭左右。行珪别有传,在《唐书》。

　　及庄宗收燕,以行周隶明宗帐下,常与唐末帝分率牙兵。明宗征燕,率兵随行。乡人赵德钧谓明宗曰:"行周心甚谨厚,必享贵位。"梁将刘鄩之据莘也,与太原军对垒,且夕转斗,尝一日,两军成列,元钦为敌军追蹑,剑中其面,血战未解。行周以麾下精骑突阵解之，行钦获免。庄宗方宠行钦，召行周抚谕赏劳，而欲置之帐下，又念于明宗帐下已夺行钦，更取行周，恐伤其意，密令人以利禄诱之。行周辞曰："总管用人，亦为国家，事总管犹事王也。余家昆仲，脱难再生，承总管之厚恩，忍背之乎！"及两军屯于河上，觇知梁军自汴入杨村寨，明宗晨至斗门，设伏将邀之，众寡不敌，反为所乘。时矛槊丛萃，势甚危蹙。行周闻之，出骑横击梁军，遂得解去。明宗之袭郓州也，行周为前锋。会夜分澍雨，人无进志，行周曰："此天赞也，彼必无备。"是夜，涉河入东城，比曙平之。

庄宗平河南，屡加检校太保，领端州刺史。同光末，出守绛州。明宗即位，特深委遇。天成中，从王晏球围定州，败王都，擒塔纳，<sub>旧作秃馁，今改正。</sub>皆有功。贼平，迁颍州团练使。长兴初，以北边邻契丹，用为振武节度使。明年，以河西用军，移镇延安。清泰初，改潞州节度使。晋祖建义于太原，唐末帝命张敬达征之，行周与符彦卿为左右排军使。契丹主入援太原也，行周、彦卿引骑拒之，寻为契丹所败，遂与敬达保晋安砦，累月救军不至。杨光远欲图敬达，行周知之，引壮士护之。敬达性戆，不知其营护，谓人曰："行周每踵余后，其意何也？"由是不复敢然，敬达遂为光远所害。

晋祖入洛，令行周还藩，加同平章事。晋祖都汴，以行周为西京留守，未几，移邺都。晋祖幸邺，会安从进叛，命行周为襄州行营都部署。明年秋，平定汉南。晋少帝嗣位，加兼侍中，移镇睢阳，开运初，从幸澶渊，拒敌于河上。车驾还京，代景延广为侍卫亲军都指挥使，移郓州节度使。时李彦韬为侍卫都虞候，可否在己。行周虽典禁兵，每心游事外，退朝归第，门宇脩然，宾友过从，但引满而已。寻改归德军节度使，以李守贞代掌兵柄，许行周归藩。晋军降于中渡也，少帝命行周与符彦卿同守澶州。戎王入汴，召赴京师，会草寇攻宋州急，遣行周归镇。《宋史·高怀德传》：杜重威降契丹，京东诸州群盗大起，怀德坚壁清野，敌不能入，行周率兵归镇，敌遂解去。及契丹主死于栾城，契丹将萧翰立许王李从益知南朝军国事，遣死士召行周，辞之以疾，退谓人曰："衰世难辅，况儿戏乎！"汉高祖入汴，加守太傅、兼中书令,代李守贞为天平节度使。杜重威据邺叛,汉祖以行周为招讨使,总兵讨之。邺平,授邺都留守,加守太尉,进爵临清王。乾祐中,入觐,加守太师,进封邺王,复授天平节钺,改封齐王。太祖践阼,加守尚书令,增食邑至一万七千户。太祖以行周耆年宿将,赐诏不名,但呼王位而已。慕容彦超据兗叛,太祖亲征,奉迎舆驾,倾家载赍,奉觞进俎,率以身先,太祖待之逾厚,广顺二年秋,以疾薨于位,享年六十八。赗赙加等,册赠尚书令,追封秦王,谥曰武懿。

　　子怀德,皇朝驸马都尉、宋州节度使。《永乐大典》卷一万八千一百三十二。

　　安审琦,字国瑞,其先沙陀部人也。祖山盛,朔州牢城都校,赠太傅。父金全,安北都护、振武军节度使,累赠太师,《唐书》有传。审琦性骁果,善骑射,幼以良家子事庄宗为义直军使,迁本军指挥使。天成初,唐末帝由潞邸出镇河中,奏审琦为牙兵都校,未几,入为归化指挥使。王师伐蜀,充行营马军都指挥使,及凯旋,改龙武右厢都校,领富州刺史。清泰初,为捧圣指挥使,领顺化军节度使。其年镇邢州,兼北面行营排阵使。从张敬达围太原。及杨光远举晋安寨降于晋祖,审琦亦预焉。

　　晋祖践阼,加检校太傅、同平章事,充天平军节度使兼侍卫马步军都指挥使,旋以母丧起复。天福三年,就加检校太尉,寻改晋昌军节度使、京兆尹。七年,移镇河中。晋少帝嗣位,加检校太师。

　　开运末,朝廷以北戎入寇,以审琦为北面行营马军左右厢都指挥使,与诸将会兵于洺州。俄而敌骑大至,时皇甫遇、慕容彦超亦预其行,乃率所部兵与敌战于安阳河上。时遇马为流矢所中,势已危蹙,诸将相顾莫有敢救者。审琦谓首将张从恩曰:“皇甫遇等未至,必为敌骑所围,若不急救,则为擒矣。”从恩曰:“敌势甚盛,无以枝梧,将军独往何益?”审琦曰:“成败命也,若不济,与之俱死,假令失此二将,何面目以见天子!”遂率铁骑北渡。敌见尘起,谓救兵至,乃引去。遂救遇与彦超而还。晋少帝嘉之,加兼侍中,移镇许州,未几,移镇兖海。

汉有天下，授襄州节度使，兼中书令。属荆人叛命，潜遣舟师数千屠襄、郢，审琦御之而遁，朝廷赏功，就加守太保，进封齐国公。岁余，又加守太傅。国初，封南阳王。显德初，进封陈王。世宗嗣位，加守太尉。三年，拜章请觐，优诏许之，加守太师，增食邑至一万五千户，食实封二千三百户，审琦镇襄、沔仅一纪，严而不残，威而不暴，故南邦之民甚怀其惠。五年，移平卢军节度使，承诏赴镇，因朝于京师，世宗以国之元老，礼遇甚厚，车驾亲幸其第以宠之。六年正月七日夜，为其隶人安友进、安万合所害，时年六十三。

初，友进与审琦之爱妾私通，有年数矣。其妾常虑事泄见诛，因与友进谋害审琦，友进甚有难色。其妾曰："尔若不从，我当反告。"友进乃许之。至是夕，审琦沈醉，寝于帐中，其妾乃取审琦所枕剑与友进，友进犹惶骇不敢割刃，遽召其党安万合，使杀审琦。既而虑事泄，乃引其帐下数妓，尽杀以减其迹。不数日，友进等竟败，悉为子守忠裔而戮之。世宗闻之震悼，辍朝三日，诏赠尚书令，追封齐王。

守忠仕皇朝，累为郡守。《永乐大典》卷一万八千一百三十二。《五代史补》：安审琦素恶释氏，凡居方镇，僧凡有过，不问轻重杀之。及镇青州也，一旦方失宴，忽有紫衣僧持锡杖直上厅事，审琦赫怒连叱，是僧安然不顾，纵步而向内室，至中门，审琦仗剑逐之，将及而灭，但闻锡杖声铿然，入在卧所。审琦惊惧之际，有小苍头报曰："国夫人生子。"得非紫衣锡杖者乎？因命之曰僧哥，即安守忠也，自是审琦稍稍信重。

安审晖，字明远，审琦之兄也。起家自长直军使，转外衙左厢军使，从庄宗平幽、蓟，战山东，定河南，皆预其功。同光中，授蔚州刺史。天成初，改汝州防御副使，历凤翔徐州节度副使、河东行军司马。晋高祖龙飞，以霸府上寮授振武兵马留后。迁河阳节度使，不逾月，移镇郿州，丁内艰，起复视事。五年，李金全据安州叛，诏马全节为都部署，领兵讨之，以审晖为副。安陆平，移镇邓州，进位检校太傅。六年冬，襄州安从进叛，举汉南之众北攻南阳。南阳素无城壁，唯守衙城，贼傅城下，审晖登陴，召贼帅以让之，从进不克而退。襄州平，就加检校太尉。少帝嗣位，加检校太师，罢镇，授右羽林统军。岁余，出镇上党，属契丹内侵，授邢州节度使。居无何，目疾暴作，上章求代，归于京，归养疾累年。太祖即位，召于内殿，从容顾问，尤所叹重。将以禄起之，审晖辞以暮齿，愿就颐养。拜太子太师致仕，封鲁国公，累食邑五千户，实封四百户。广顺二年春卒，年六十三。废朝二日，诏赠侍中，谥曰静。

子守镠，仕皇朝为赞善大夫。《永乐大典》卷一万八千一百四十四。

安审信，字行光，审琦之从父兄也。父金祐，世为沙陀部偏将，名闻边塞。审信习骑射，世父金全，天成初，为振武节度使，补为牙将。俄而兄审通为沧州节度使，用为衙内都虞候，历同、陕、许三州马步军都指挥使。晋祖起义于太原，唐末帝命张敬达以兵攻之，而审信率先以部下兵遁入并州，晋祖以其故人，得之甚悦。其妻与二子在京师，皆为唐末帝所戮，但贷其老母而已。契丹既降晋安砦，晋高祖以审信为汾州刺史、检校太保，充马步军副部署。晋祖入洛，授河中节度使、检校太尉、同平章事。审信性既翻覆，率多疑忌，在蒲中时，每王人告谕，骑从稍多，必潜设备，以防其图已。寻历许、兖州镇，所至以聚敛为务，民甚苦之。会朝廷谋大举北伐，凡藩侯皆预将帅，以审信为马步军右厢都排阵使，俄改华州节度使。汉初，移镇同州，入为左卫上将军。国初，转右金吾上将军。三年夏四月，太祖御乾元殿入阁，审信不赴班位，为御史所弹，诏释之。时审信久病，神情恍惚，闻台司奏劾，扬言曰：“趋朝偶晚，未是大过，何用弹举，我终进奉二万缗，尽逐此乞索儿辈。”未几，以病请退，授太子太师致仕。是岁秋卒，年六十。赠侍中，谥曰成穆。《永乐大典》卷一万八千一百四十四。

李从敏，字叔达，唐明宗之犹子也。沈厚寡言，善骑射，多计数。初，庄宗召见，试弓马，用为衙内马军指挥使，从平汴、洛，补帐前都指挥使,迁捧圣都将。明宗移镇真定,表为成德军马步军都指挥使。从明宗入洛,补皇城使。出为陕府节度使。王都据定州叛,命王晏球为招讨使,率师讨之,以从敏为副,领沧州节度使。王都平,移授定州。寻代范延光为成德军节度使,加检校太尉,封泾王。

镇州有市人刘方遇,家富于财。方遇卒,无子。妻弟田令遵者,幼为方遇治财,善殖货,刘族乃共推令遵为方遇子,亲族共立券书,以为誓信。累年后,方遇二女取资于令遵不如意,乃讼令遵冒姓,夺父家财,从敏令判官陆浣鞫其狱,而杀令遵。《北梦琐言》云:镇州市民刘方遇,家财数十万。方遇妻田氏蚤卒,田之妹为尼,常出入方遇家,方遇使尼长发为继室,有田令遵者,方遇之妻弟也,善货殖,方遇以所财令令遵兴殖焉。方遇有子年幼,二女皆嫁。方遇疾卒,子幼不能督家业,方遇妻及二女以家财数为令遵兴殖,乃聚族合谋,请以令遵姓刘,为方遇继嗣,即令鬻券人安美为亲族请嗣。券书既定,乃遣令遵服斩衰居丧。而二女初立令遵时,先邀每月供财二万,及后求取无厌,而石、李二女夫使二女诣本府论诉,云令遵冒姓,夺父家财,令遵下狱。石、李二夫族与本府要吏亲党,上至府帅判官、行军司马、随使都押衙,各受方遇二女赂钱数千缗,而以令遵与姊及书券安美同情共盗,俱弃市,人知其冤。令遵父诣台诉冤,诏本州节度副使符蒙、掌书记徐台符鞫之,备明奸状。及诘二女,伏行赂于节度使赵环、代判高知柔、观察判官陆浣,并捕下狱,具服赃罪。事连从敏,甚惧,乃令其妻赴洛阳,入宫告王淑妃。明宗知之,怒曰:“朕用从敏为节度使,而枉法杀人,我羞见百官,又令新妇奔赴,不须见吾面。”时王淑妃颇庇护之,赵环等三人竟弃市,从敏罪止于罚俸而已。《北梦琐言》:从敏初欲削官,中官哀祈,竟罚一年俸。

长兴初,移镇宋州。唐末帝起兵于凤翔,其子重吉为亳州防御使,从敏承朝廷害之。清泰中,从敏与洋王从璋并罢归第,待之甚薄。尝宫中同饮,既醉,末帝谓从璋、从敏曰:“尔等何物,处雄藩大镇!”二人大惧,赖曹太后见之,叱曰:“官家醉,尔辈速出去!”方得解。

晋祖革命,降封莒国公,再领陕州,寻移镇上党,入为右龙武统军,出为河阳节度使。汉祖入汴,移授西京留守,累官检校太师、同平章事。隐帝即位,就加兼侍中,改封秦国公。岁余,以王守恩代还。广顺元年春,以疾卒,年五十四。诏赠中书令,谥曰恭惠。《永乐大典》卷一万三百九十。

郑仁诲,字日新,晋阳人。父霸,累赠太子太师。仁诲幼事唐骁将陈绍光,恃勇使酒,尝乘醉抽佩剑,将剚刃于仁诲,左右无不奔避,唯仁诲端立以俟,略无惧色。绍光因掷剑于地,谓仁诲曰:"汝有此器度,必当享人间富贵。"及绍光典郡,仁诲累为右职。后退归乡里,以色养称。

汉高祖之镇河东也,太祖累就其第,与之燕语,每有质问,无不以正理为答,太祖深器之。汉有天下,太祖初领枢务,即召为从职。及太祖西征,尝密赞军机,西师凯旋,累迁至检校吏部尚书。太祖践阼,旌佐命功,授检校司空、客省使兼大内都点检、恩州团练使,寻为枢密副使。逾年转宣徽北院使、右卫大将军,出镇澶渊,转检校太保,入为枢密使,加同平章事。

世宗之北征也,以仁诲为东京留守,调发军须,供亿无所阙,驾回,加兼侍中。寻丁内艰,未几起复。显德二年冬,疾亟,世宗幸其第,亲加抚问,欷歔久之。及卒,世宗亲临其丧,哭逾数举。是时,世宗将行,近臣奏云:"岁道非便,不宜临丧。"弗听,然而先之以桃茢之事,时以为得礼。

仁诲为人端厚谦逊,造次必由于礼。及居枢务,虽权位崇重,而能孜孜接物,无自矜之色,及终,故朝廷咸惜之。诏赠中书令,追封韩国公,谥曰忠正。既葬,命翰林学士陶谷撰神道碑文,官为建立,表特恩也。

子勋,累历内职,早卒,绝嗣。初,广顺末,王殷受诏赴阙,太祖遣仁诲赴邺都巡检,及殷得罪,仁诲不奉诏即杀其子,盖利其家财妓乐也。及仁诲卒而无后,人以为阴责焉。《永乐大典》卷一万八千八百八十。

张彦成，案《通鉴考异》：彦成本名彦威，避周祖讳，故改名。潞州潞城
人也。曾祖静，汾州刺史。祖述，泽州刺史。父砺，昭义行军司马。
彦成初为并门牙将。天成中，自秦州盐铁务官改郓州都押牙。汉祖
镇北门，表为行军司马，以隐帝娶其女，特见亲爱。从平汴、洛，累加
特进、检校太尉、同州节度使。隐帝即位，就加同平章事。太祖之伐
河中，彦成有馈挽之劳，河中平，加检校太师。乾祐三年冬，移镇相
州。广顺初，就加兼侍中，寻移镇南阳。三年秋，代归，授右金吾卫
上将军。其年秋，以疾卒，年六十。赠侍中。《永乐大典》卷六千三百五
十一。《宋史·杨克让传》：乾祐中，同州节度使张彦成表授掌书记。周广顺初，
彦成移镇安阳、穰下，克让以旧职从行。彦成入为执金吾，病笃，奏称其材可
用。克让以彦成死未葬，不忍就禄，退居别墅，俟张氏子外除，时论称之。

安叔干，沙陀三部落之种也。父怀盛，事唐武皇，以骁勇闻，叔
千习骑射，从庄宗定河南，为奉安部将。天成初，王师伐定州，命为
先锋都指挥使。王都平，授泰州刺史，连判涿、易二郡。清泰初，契
丹寇雁门，叔千从晋祖迎战，败之，进位检校太保、振武节度使。晋
祖践阼，就加同平章事，天福中，历邠、沧、邢、晋四镇节度使。叔千
鄙野而无文，当时谓之"安没字"，言若碑碣之无篆籀，但虚有其表
耳。开运初，朝廷将大举北伐，授行营都排阵使，俄改左金吾卫上将
军。契丹入汴，百僚迎见于赤冈，契丹主登高冈驻马而抚谕汉官，叔
千出班效国语，契丹主曰："尔是安没字否？卿比在邢州日，远输诚
款，我至此，汝管取一吃饭处。"叔千拜谢而退，俄授镇国军节度使。
案《辽史·太宗纪》：安叔千出班独立，上曰："汝邢州之请，朕所不忘。"乃加镇
国军节度使。与《薛史》微异。汉初，遇代归京，自以尝附幕庭，居常愧
惕，久之，授太子太师致仕，寻请告归洛。广顺二年冬卒，年七十二。
诏赠侍中。《永乐大典》卷一万八千一百四十四。

宋彦筠，雍丘人也。初隶滑州军，梁氏与庄宗夹河之战，彦筠时
为战棹都指挥使，以劳迁开封府牙校。庄宗有天下，擢领禁军。伐

蜀之役,率所部从康延孝为前锋,蜀平,历维、渝二州刺史。明宗在位,连典数郡。晋初,自汝州防御使讨安从进于襄阳,以功拜邓州节度使。累官至检校太尉。未几,历晋、陕二镇。晋少帝嗣位,再领邓州,寻移镇河中。汉初,授太子太师致仕。国初,拜左卫上将军。世宗嗣位,复为太子太师致仕。显德四年冬,卒于西京之私第。辍视朝一日,诏赠侍中。

初,彦筠入成都,据一甲第,第中资货钜万,妓女数十辈,尽为其所有。一旦,与其主母微忿,遽击杀之,自后常有所睹,彦筠心不自安,乃修浮屠法以禳之,因而溺志于释氏。其后,每岁至金仙入涅之日,常衣斩缞号恸于其像前,其佞佛也如是。家有侍婢数十人,皆令削发披缁,以侍左右,大为尝时所诮。又性好殖货,能图什一之利,良田甲第,相望于郡国。将终,以伊、洛之间田庄十数区上进,并籍于官焉。《永乐大典》卷一万三千四十四。

史臣曰:近代领戎藩,列王爵,禄厚而君子不议,望重而人主不疑,能自晦于饮�酌之间,保功名于始终之际,如行周之比者,几何人哉!奕世藩翰,固亦宜然。审琦有分阃之劳,乏御家之道,峰摧玉折,盖不幸也。其余虽拥戎旃,未闻阃政,固不足与文、邵、龚、黄为比也。《永乐大典》卷一万三千四十四。

# 旧五代史卷一二三考证

周列传三高行周传　行周,《通鉴考异》引《庄宗实录》作行温,是书《唐纪》尚仍《实录》之旧。　郑仁诲传太祖践阼旌佐命功授检校司空客省使　案《欧阳史》云:汉兴,周太祖为枢密使,乃召仁诲用之,累官至内客省使。太祖入立,以仁诲为大内都巡检。据此传,仁诲仕周始为客省使,与《欧阳史》异。　张彦成传　案《通鉴考异》:彦成本名彦威,避周祖讳,故改。　托诺,旧作秃馁,今改。

旧五代史卷一二四
周书一五

# 列传第四

### 王殷　何福进　刘词　王进
### 史彦超　史懿　王令温　周密
### 李怀忠　白文珂　白延遇　唐景思

王殷，瀛州人。案：《欧阳史》作大名人。曾祖昌裔，本州别驾。祖
光，沧州教练使，因家焉。唐末，幽、沧大乱，殷父咸珪，避地南迁，因
投于魏军。殷自言生于魏州之开元寺，既长从军，渐为偏将。唐同
光末，为华州马步军副使，因家于华下。天成中，移授灵武都指挥
使，久之代还。清泰中，张令昭据邺叛，殷从范延光讨之，首冒矢石，
率先登城，以功授祁州刺史，寻改原州。殷性谦谨好礼，事母以孝
闻，每与人结交，违从皆先禀于母，母命不从，殷必不往，虽在军旅，
交游不杂。及为刺史，政事小有不佳，母察之，立殷于庭，诘责而杖
之。案《欧阳史》云：殷为刺史，政事有少失，母责之，殷即取杖授婢仆，自笞于
母前，与《薛史》微异。

晋天福中，丁内艰，寻有诏起复，授宪州刺史，殷上章辞曰："臣
为末将，出处无损益于国家。臣本燕人，值乡国离乱，少罹偏罚，因
母鞠养训导，方得成人，不忍遽释苴麻，远离庐墓，伏愿许臣终母丧
纪。"晋高祖嘉而许之。晋少帝嗣位，会殷服阕，召典禁军。累迁奉

国右厢都指挥使。

汉祖受命，从讨杜重威于邺下，殷与刘词皆率先力战，矢中于首，久之，出折镞于口中，以是汉祖嘉之。乾祐末，迁侍卫步军都指挥使，领夔州节度使，会契丹寇边，遣殷领兵屯澶州。及李业等作乱，汉隐帝密诏澶帅李洪义遣图殷，洪义惧不克，反以变告殷，殷与洪义同遣人至邺，请太祖赴内难。殷从平京师，授侍卫亲军都指挥使。

太祖即位，授天雄军节度使，加同平章事，典军如故。殷赴镇，以侍卫司局从，凡河北征镇有戍兵处，咸禀殷节度。又于民间多方聚敛，太祖闻而恶之，因使宣谕曰："朕离邺时，帑廪所储不少，卿与国家同体，随要取给，何患无财。"三年夏，太祖征兖还，殷迎谒于路，宴赐而去。及王峻得罪，太祖遣其子飞龙使承诲往谒，令口谕峻之过恶，以慰其心。三年春，以永寿节上表请觐，太祖虽允其请，且虑殷之不诚，寻遣使止之。何福进在镇州，素恶殷之太横，福进入朝，摭其阴事以奏之，太祖遂疑之。是年冬，以郊禋有日，殷自镇入觐，太祖令依旧内外巡警。殷出入部从不下数百人，又以仪形魁伟，观者无不耸然。一日，遽入奏曰："郊礼在近，兵民大集，臣城外防警，请量给甲仗，以备非常。"太祖难之。时中外以太祖婴疾，步履稍难，多不视朝，俯逼郊禋，殷有震主之势，颇忧之。太祖乃力疾坐于滋德殿，殷入起居，即命执之，寻降制流窜，及出郡城，遽杀之，众情乃安。

是岁春末，邺城寺寺钟悬绝而落，又火光出幡竿之上。殷之入觐也，都人钱于离亭，上马失镫，翻坠于地，人讶其不祥，果及于祸。太祖寻令澶帅郑仁诲赴邺，殷次子为衙内指挥使，不候谒，仁诲诛之，迁其家属于登州。《永乐大典》卷六千八百五十一。

何福进，字善长，太原人。父神剑，累赠左骁卫大将军。福进少从军，以骁勇闻。唐同光末，郭从谦以兵围庄宗于大内，福进时为宿卫军校，独出死力拒战于内，后明宗知而嘉之，擢为捧圣军校，出为磁州刺史,充北面行营先锋都校。清泰中,自彰圣都虞侯率本军从范延光平邺,以功历郑、陇二州防御使。开运中,由颍州团练使入拜左骁卫大将军。属契丹陷中原,契丹中朝文武臣僚凡数十人随帐北归,时福进预其行。行次镇州,闻戎王已毙,其党尚据镇阳,遂与李筠、白再荣之俦合谋力战,尽逐契丹,据有镇阳,时汉祖已建号于河东,诏以福进为北面行营马步都虞侯,寻拜曹州防御使、检校太保。太祖出镇于邺,将谋北伐,奏以福进自随。及太祖入平内难,以辅佐功拜忠武军节度使,不数月,移领镇州。数年之间,北鄙无事。及闻太祖将有事于南郊,拜章入觐,改天平军节度使,加同平章事。未及之任,卒于东京之私第,年六十有六,时显德元年正月也。累赠中书令。

子继筠,仕皇朝,领建武军节度使卒。《永乐大典》卷一万八千一百三十二。

刘词,字好谦,元城人。梁贞明中,事故邺帅杨师厚,以勇捍闻。唐庄宗入魏,亦列于麾下,两河之战,无不预焉。同光初,为效节军使,转剑直指挥使,案:《欧阳史》作长剑指挥使。寻以忤于权臣,出为汝州小校,凡留滞十余年。清泰初,诏诸道选骁果以实禁卫,由是得入典禁军。

晋初,从侯益收氾水关,佐杨光远平邺都,累迁奉国第一军都虞侯。后从马全节伐安陆,败淮贼万余众,晋祖嘉之,授奉国都校,累加检校司空。又从杜重威败安重荣于宗城。及围镇阳,词自登云梯,身先士伍,以功加检校司徒、沁州刺史。时王师方讨襄阳,寻命词兼行营都虞侯,襄阳平,迁本州团练使。在郡岁余,临事之暇,必披甲枕戈而卧,人或问之,辞曰:"我以勇敢而登贵仕,不可一日而忘本也。若信其温饱,则筋力有息,将来何以报国也!"

及汉有天下,复为奉国右厢都校,遥领阆州防御使。从太祖平邺,加检校太保。乾祐初,李守贞叛于河中,太祖征之,朝廷以为侍卫步军都指挥使,遥领宁江军节度使,充行营马步都虞侯,命分屯于河西。二年正月，守贞遣敢死之士数千，夜入其营，皆怖惧不知所为，唯词神气自若，令于军中曰："此小盗耳，不足惊也。"遂免胄横戈，叱短兵以击之，贼众大败而退。自是守贞丧胆，不复有奔突之意。河中平，太祖嘉之，表其功为华州节度使，岁余，移镇邢台。太祖受命，加同平章事。三年秋，改镇河阳。

显德初，世宗亲征刘崇，词奉命领所部兵随驾，行及高平南，遇樊爱能等自北退回，且言官军已败，止词不行，词不听，疾驱而北。世宗闻而嘉之，寻命为随驾都部署，又授河东道行营副部署。其年夏，车驾还京，授永兴军节度使，加兼侍中，行京兆尹。二年冬，以疾卒于镇，年六十有五。赠中书令，案：《欧阳史》作赠侍中。据《薛史》则词以兼侍中赠中书令，非赠侍中也，疑《欧阳史》误。谥曰忠惠。词发身军校，亟历戎事，常以忠勇自负。洎领藩镇，能靖恭为治，无苛政以挠民，谥以忠惠，议者韪之。

子延执，仕皇朝为控鹤厢主。《永乐大典》卷九千九十九。

王进，幽州良乡人。少落魄，不事生业，为人勇悍，走及奔马，尝聚党为盗，封境患之。符彦超为河朔郡守，以略诱置之左右。长兴初，彦超镇安州，属部曲王希全搆乱军州，令进赍变状闻于朝廷，明宗赏其捷足，诏隶于军中。洎契丹内寇，战于膠口，进独追擒六十七人，时汉祖总侍卫亲军，知其骁果，擢为马前亲校，汉祖镇河东，或边上警急，令进赍封章达于阙下，自并至汴，不六七日复焉，繇是恩抚颇厚。继任戎职，累迁至奉国军都指挥使。从太祖入平内难，以功迁虎捷右厢都指挥使，历汝、郑防御使，亦有政声。俄授相州节度使，为政之道，顿减于前，议者惜之。显德元年秋，以疾卒于任。赠检校太师。《永乐大典》卷六千三百二十。

史彦超，云州人也。性骁犷有胆气，累功至龙捷都指挥使。太祖之赴内难，彦超以本军从。国初，与虎捷都指挥使何征戍晋州，案《欧阳史》：彦超迁虎捷都指挥使。与《薛史》异。会刘崇与契丹入寇，攻围州城月余,是时本州无帅,知州王万敢不协物情,彦超与何征协力固拒,累挫贼锋。攻击日急,御捍有备。军政甚严,居人无扰。及朝廷遣枢密使王峻总兵为援,戎寇宵遁。太祖嘉其善守之功,赏赐甚厚。未几,授龙捷右厢都指挥使,寻授郑州防御使。刘崇之寇潞州也,车驾亲征,以彦超为先锋都指挥使。高平之战,先登陷阵,以功授华州节度使,先锋如故。大军至河东城下,契丹营于忻、代之间,遥应贼势,诏天雄军节度使符彦卿率诸将屯忻州以拒之。彦卿袭契丹于忻口。彦超以先锋军追蕃寇,离大军稍远,贼兵伏发,为贼所陷。世宗痛惜久之,诏赠太师,示加等也,仍命优恤其家焉。《永乐大典》卷一万一百八十三。

　　史懿,字继美,代郡人也。本名犯太祖庙讳,故改焉。考建瑭,事唐庄宗为先锋都校,《唐书》有传。庄宗之伐镇阳,时建瑭为流失所中而卒,懿时年甫弱冠,庄宗以其父殁于王事,召拜昭德军使,俄迁先锋左右厢都校,俾嗣其家声。天成中,为涿州刺史。晋初,由赵州刺史迁洺州团练使,寻历亳、凤二州防御使。晋祖以其弟翰尚晋国长公主,故尤所注意。天福中,授彰武军节度观察留后。开运初,历澶、贝二镇节度使。三年,移镇泾原。未几,契丹入中原,时四方征镇为戎王所召者,靡不麇至,唯懿坚壁拒命,仍送款于汉祖。汉有天下,就拜检校太尉、同平章事,及赐功臣名号。广顺初,加检校太师、兼侍中,进封邠国公。显德元年春,以抱病归朝。《东都事略·杨廷璋传》周太祖尝谕廷璋图泾帅史懿,廷璋屏左右,示以诏书,懿受代入朝,遂免祸。途经洛,卒于其第,年六十二。赠中书令。《永乐大典》卷一万一百八十三。

　　王令温,字顺之,瀛州河间人也。父迪,德州刺史,累赠太子太师。令温少以武勇称,初隶唐庄宗麾下,稍迁厅直军校。明宗之为统帅,尝与契丹战于上谷。明宗临阵马逸,为敌所迫,令温乃以所乘马授明宗,而自力战,飞矢连发,敌兵为之稍却。及明宗即位,历迁神武彰圣都校，晋初，自淄州刺史迁洺州团练使。及安重荣称兵于镇州，晋祖以令温为行营马军都指挥使，与都帅杜重威败贼于宗城，以功授亳州防御使，寻拜永清军节度使。属契丹来寇，时令温奉诏入朝，契丹遂陷贝州，其家属因没于契丹。晋少帝悯之，授武胜军节度使。未几，移镇延州，又迁灵武。汉有天下，复为永清军节度使，寻改安州。国初，加检校太尉、同平章事。世宗嗣位，迁镇安军节度使，罢镇归阙。显德三年夏，以疾卒，时年六十有二。诏赠侍中。《永乐大典》卷一万八千一百三十三。

　　周密，字德峰，应州神武川人也。初事后唐武皇为军职。庄宗之平常山，明宗之袭汶阳，密皆从征有功。庄宗平梁，授镇州马军都指挥使。明宗即位，累迁河东马步军副都指挥使。天福初，除冀州刺史，累官至检校司徒，入为右羽林统军、检校太保。四年秋，授保大军节度使、检校太傅。属部民作乱，密讨平之，寻移镇晋州，加检校太尉。开运中，入拜右龙武统军。三年秋，出镇延州。其年冬，契丹陷中原，延州军乱，立高允权为帅，时密据东城，允权据西城，相拒久之。会汉高祖建义于太原，遣使安抚，密乃弃其城奔于太原，随汉祖归汴，久居于阙下。广顺初，授太子太师致仕。显德元年春卒，时年七十五。

　　长子锐，仕皇朝为内职。次子广，历诸卫大将军。《永乐大典》卷一万八千一百三十三。

　　李怀忠，字光孝，太原晋阳人。父海，本府军校。怀忠形质魁壮，初事唐庄宗，隶于保卫军。夹城之役，怀忠率先登城，以功补本军副兵马使。庄宗平定山东，累迁保卫军使。天成中，历陕府、许州、沧州都指挥使，遥领辰州刺史。清泰初，以河西蕃部寇钞，命怀忠屯方渠。晋祖受命，以怀忠故人，召典禁兵，三迁护圣左右厢都指挥使，遥领寿州节度使、检校太保。未几，为同州节度使、检校太傅。少帝嗣位，入为右羽林统军。改左武卫上将军，广顺中，以太子太傅致仕。三年夏卒,年六十六。诏赠太子太师。《永乐大典》卷一万三百九十。

白文珂,字德温,太原人也。曾祖辩。父君成,辽州刺史。文珂初事后唐武皇,补河东牙将,改辽州副使。庄宗嗣位,转振武都指挥使。天成中,镇州节度使王建立表为本州马步军都指挥使,遥授舒州刺史、检校司空,历青州、魏府都指挥使,历瀛、蔚、忻、代四州刺史。领代州日,兼蕃汉马步都部署。汉高祖镇并门,表为副留守、检校太保。汉高初建,授河中节度使、西南面招讨使、检校太傅。汉祖定两京,改天平军节度使,加同平章事。未几,镇陕州,检校太师。会河中李守贞叛,诏充河中府行营都部署。时文珂已老,朝议恐非守贞之敌,乃命太祖西征。河中平,文珂授西京留守、河南尹。太祖践阼,加兼中书令,顷之,以太子太师致仕。世宗即位,封晋国公。显德元年,卒于西京,年七十九。辍朝一日。

子延海,仕皇朝,历诸卫将军卒。《永乐大典》卷二万二千二百二十六。

白延遇,字希望,太原人也。幼蓄于晋之公宫,年十三,从晋祖伐蜀,以趫悍见称。晋有天下,历典禁军,累迁至检校司空。天福中,晋祖在邺,安重荣叛于镇州,帅众数万诣阙而来,晋祖命杜重威统诸将以御之。时延遇不预其行,乃泣告晋祖,愿以身先,许之。及阵于宗城,延遇率其属先犯之,斩级数十,战既酣,而剑亦折,诸将由是推伏。晋祖闻之,即命中使以宝剑良马赐之。常山平,以功授检校司徒,充马军左厢都校。后出为汾州刺史,迁复州防御使。

国初,加检校太保,寻受代归阙。属太祖亲征兖海,以延遇为先锋都校,兖州平,授齐州防御使。岁余,改兖州防御使。在兖二年,为政有闻,人甚安之,州民数百诣阙,乞立德政碑以颂其美。显德二年冬,世宗使命宰臣李谷为淮南道军都部署,乃诏延遇为先锋都校。三年春,帅其所部与韩令坤先入扬州,军声甚振,寻命以别部屯于盛唐,前后败淮贼万余众。四年夏,世宗回自寿春,制以延遇为同州节度使,未赴任,复命帅众南征。是年冬,以疾卒于濠州城下。诏赠太尉。《永乐大典》卷二万二千二百十六。

　　唐景思,秦州人也。幼以屠狗为业,善角觝戏。初事伪蜀为军校。唐同光中,庄宗命魏王继岌帅师伐蜀,时景思以所部戍于固镇,首以其城降于继岌,乃授兴州刺史,为贝州行军司马。属契丹攻其城,因陷于幕庭,赵延寿素知其名,令隶于帐下,署为所部壕砦使。

　　开运末,契丹据中原,以景思为亳州防御使。领事之日,会草寇数万攻围其城,景思悉力以拒之。后数日城陷,景思挺身而出,使人告于邻郡,得援军数百,逐其草寇,复有其城,亳民赖是以济。

　　汉初,改授邓州行军司马,常郁郁不得志,后受代归阙。乾祐中,命景思为沿淮巡检使,屡挫淮贼。时史弘肇淫刑黩货,多织罗南北富商杀之,夺其财,大开告密之门。景思部下有仆夫,希求无厌,虽委曲待之,不满其心,一日拂衣而去,见弘肇,言景思受淮南厚赂,私贮器械,欲为内应。弘肇即令亲吏殿三十骑往收之,告者谓收吏曰:“景思多力,十夫之敌也,见便杀之,不然则无及矣。”收骑至,景思迎接。有欲擒之者,景思以两手抱之,大呼曰:“冤哉!景思何罪?设若有罪,死亦非晚,何不容披雪?公等皆丈夫,安忍如此!”都将命释之,引告者面证景思,言受谁南赂,景思曰:“我从人家人并在此,若有十缗贮积,亦是受赂。言我贮甲仗,除官赐外,有一事亦是私贮。”使者搜索其家,唯衣一笥,军籍粮簿而已,乃宽之。景思曰:“使但械系送我入京。”先是,景思别有纪纲王知权者,在京闻景思被诬,乃见史弘肇曰:“唐景思赤心为国,某服事三十年,孝于父母,义于朋友,被此诬妄,何以伸陈,某请先下狱,愿公追劾景思,冤至免横。”弘肇愍之,令在狱,日与酒食。景思既桎梏就路,颍亳之人随至京师,众保证之。弘肇乃令鞫告事者,具伏诬陷,即斩之,遂奏释景思。

　　显德初,河东刘崇帅众来寇,世宗亲总六师以御之。及阵于高平,景思于世宗马前距踊数四,且曰:“愿赐臣坚甲一联,以观臣之效用。"世宗由是知其名,因以高平阵所得降军数千人,署为效顺指挥,命景思董之,使于淮上。三年春,世宗亲征淮甸,景思继有战功,乃命遥领饶州刺史。未几,改授濠州行刺史,令帅众攻围濠州。四年冬,因力战,为贼锋所伤,数日而卒。世宗甚悯之,诏赠武清军节度使。《永乐大典》卷六千三百七十一。

史臣曰:自古为人臣者,望重则必危,功崇则难保,自非贤者,畴能免之。况王郇帅昧明哲之规,周太祖乃雄猜之主,欲无及祸,其可得乎!自福进而下,皆将帅之英也,拥旌作翰,谅亦宜然。唯彦超以捍寇而没,可不谓忠乎!《永乐大典》卷六千三百七十一。

# 旧五代史卷一二四考证

史懿传本名犯太祖庙讳故改焉　案:本名二句疑为后人窜入,考懿名匡懿,避宋太祖御名,故去"匡"字。《薛史》成于开宝六年,不应豫称为太祖,或系宋人读是书者,附注于后,遂混入正文也。

旧五代史卷一二五
周书一六

# 列传第五

赵晖　王守恩　孙知濬　王继弘
冯晖　高允权　折从阮　王饶
孙方谏

　　赵晖，字重光，澶州人也。弱冠以骁果应募，始隶于庄宗帐前，
与大梁兵经百余战，以功迁马直军使。同光中，从魏王破蜀，命晖分
统所部，南戍蛮陬。明宗即位，征还，授禁军指挥使。

　　晋有天下，参掌卫兵，从马全节围安陆，佐杜重威战宗城，皆有
功，改奉国指挥使。开运末，以部兵屯于陕，属契丹入汴，慨然有愤
激之意。及闻汉祖建义于并门，乃与部将王晏、侯章戮力叶谋，逐契
丹所命官属，据有陕州，即时驰骑闻于汉祖。案《通鉴》：契丹主赐赵晖
诏，即以为保义留后。晖斩契丹使者，焚其诏，遣支使河间赵矩奉表晋阳。较
《薛史》为详。汉祖乃命晖为保义军节度、陕虢等州观察处置等使。

　　汉祖之幸东京，路出于陕，晖戎服朝于路左，手控六飞达于行
宫，君臣之义，如旧结焉，旋加检校太尉。乾祐初，移镇凤翔，加同平
章事。属王景崇叛据岐山，及期不受代，朝廷即命晖为西南面行营
都部署，统兵以讨之。时李守贞叛于蒲，赵思绾据于雍，与景崇皆递
相为援，又引蜀军出自大散关，势不可遏。晖领兵数千，数战而胜，

然后堑而围之。晖屡使人挑战，贼终不出，乃潜使千余人，于城南一舍之外，擐甲执兵，伪为蜀兵旗帜，循南山而下，诈令诸军声言川军至矣。须臾，西南尘起，城中以为信，乃令数千人溃围而出，以为应援，晖设伏以待，一鼓而尽殪之。自是景崇胆破，不复敢出。明年春，拔之，加检校太保、兼侍中。

国初，就加兼中书令。三年春，拜章请觐，诏从之，入朝授归德军节度使。显德元年，受代归阙，以疾告老，授太子太师致仕，进封秦国公。寻卒于其第，年六十七。制赠尚书令。《永乐大典》卷一万六千九百九十一。

王守恩，字保信，太原人。父建立，潞州节度使，封韩王，《晋书》有传。守恩以门荫，幼为内职，迁怀、卫二州刺史，后历诸卫将军。开运末，契丹陷中原，守恩时因假告归于潞。时潞州节度使张从恩惧契丹之盛，将朝于戎王，以守恩婚家，甚倚信之，乃移牒守恩，请权为巡检使。从恩既去，守恩以潞城归于汉祖，仍尽取从恩之家财。《通鉴》云：从恩以副使赵行迁知留后，牒守恩权巡检使，与高防佐之。高防与守恩谋，遣指挥使李万超白昼率众大噪，斩赵行迁，推守恩权知昭义留后。守恩杀契丹使者，举镇来降。《宋史·李万超传》云：张从恩将弃城归契丹，会前骁卫将军王守恩服丧私第，从恩即委以后事遁去。及契丹使至，专领郡务，守恩遂无所预，万超奋然谓其部下曰："我辈垂饵虎口，苟延旦夕之命，今欲杀使保其城，非止逃生，亦足建勋业，汝曹能乎？"众皆跃然喜曰："敢不唯命。"遂率所部大噪入府署，杀其使，推守恩为帅，列状以闻。汉祖从其请，乃命史宏肇统兵，先渡河至潞，见万超语之曰："收复此州，公之力也，吾欲杀守恩，以公为帅，可乎？"万超对曰："杀契丹使以推守恩，盖为社稷计耳，今若贼害于人，自取其利，非宿心也。"宏肇大奇之。汉祖即以守恩为昭义军节度使。汉有天下，移镇邠宁，加同平章事。乾祐初，迁永兴军节度使。时赵思绾已据长安，乃改授西京留守守。

恩性贪鄙，委任群小，以掊敛为务，虽病废残癃者，亦不免其税率，人甚苦之。洛都尝有豪士，为二姓之会，守恩乃与伶人数辈夜造，自为贺客，因获金百数筋而退。太祖回自河中，驻军于洛阳，诏以白文珂代之,守恩甚惧。而洛人有曾为守恩非理割剥者,皆就其第,征其旧物,守恩一一偿之。及赴阙,止奉朝请而已。乾祐末,既杀史弘肇等,汉少帝召群臣上殿以谕之,时守恩越班而扬言曰:"陛下令日始睡觉矣。"其出言鄙俚如此。

国初,授左卫上将军。显德初,改右金吾卫上将军,封许国公。二年冬,升疾归洛而卒。《永乐大典》卷六千八百五十一。《五代史补》:周高祖为枢密,凤翔、永兴、河中三镇反,高祖带职出讨之,回戈路由京洛。时王守恩为留守,以使相自专,乘檐子迎高祖于郊外。高祖遥见大怒,且疾驱入于公馆。久之,使令人传旨,托以方浴。守恩不知其怒,但安坐俟久。时白文珂在高祖麾下,召而谓曰:"王守恩乘檐子候吾,诚无礼也,安可久为留守,汝宜亟去代之。"文珂不敢违,于是即时礼上。顷之,吏驰去报守恩曰:"白侍中受枢密命,为留守讫。"守恩大惊,奔马而归,但见家属数百口皆被逐于通衢中,百姓莫不聚观。其亦有乘便号叫索取货钱物者。高祖使吏籍其数,立命偿之,家财为之一空。朝廷悚然,不甚为理。

孔知濬,字秀川,徐州滕县人。太子太师致仕勍之犹子也。父延绹,左武卫大将军致仕,年九十余卒。知濬仕梁为天兴军使。同光末,镇昭义,时庄宗用唐朝故事,以黄门为监军,皆恃恩暴横,节将不能制。明宗邺城之变,诸镇多杀监军。时监潞者惧诛,欲诱镇兵谋变,知濬伏甲于室,凌晨监军来谒,执而杀之,军城遂宁。明宗嘉之,洎勍罢镇,以知濬为泽州刺史,入为左骁卫大将军。长兴、清泰中,历唐、复、成三郡刺史。晋高祖既位,用为奉国右厢都指挥使,领舒州刺史,从征范延光于邺,迁宿州团练使,俄改陇州防御使。开运中,移刺凤州,累官至检校太傅。河池据关防之密迩邠、蜀,兵少势孤,知濬抚士得宜,人皆尽力,故西疆无牧圉之失。契丹主称制,署滑州节度使。汉祖受命,自镇入朝。隐帝嗣位,授密州防御使,逾岁,以疾受代归朝。广顺三年冬,卒于京师。《永乐大典》卷一万八千一百三十三。

王继弘,冀州南宫人。少尝为盗,攻剽闾里,为吏所拘,械系于镇州狱，会赦免死，配隶本军，时明宗作镇，致之麾下。晋高祖为明宗将，署为帐中小校。天福中，为六军副使。性负气不逊，禁中与同列忿争，出配义州军。岁余，为奉国指挥使，从契丹主至相州，遂令以本军戍守。契丹主留高唐英为相州节度使。唐英善待继弘，每候其第，则升堂拜继弘之母，赠遗甚厚，倚若亲戚，又给以兵仗，略无猜忌。会契丹主死，汉祖趋洛，唐英遣使归款，汉祖大悦，将厚待唐英。使未回，继弘与指挥使樊晖等共杀唐英，继弘自称留后，令判官张易奉表于汉祖。人或责以见利忘义，继弘曰："吾侪小人也，若不因利乘便，以求富贵，毕世以来，未可得志也。"及汉主征杜重威至德清军，继弘来朝，乃正授节旄。是岁，授加检校太傅。节度判官张易，每见继弘不法，必切言之，继弘以为轻己。乾祐中，因事诬奏杀之，寻又害观察推官张制。汉末，移镇贝州，就加检校太尉。广顺初，加同平章事。三月六日，移镇河阳，会永寿节入觐，遇疾卒于京师。诏赠侍中。

子永昌，仕皇朝，历内诸司使。《永乐大典》卷六千八百五十一。

冯晖，魏州人也。始为效节军士，拳勇骑射，行伍惮之。初事杨师厚为队长，唐庄宗入魏，以银枪效节为亲军，与梁人对垒河上，晖以犒给稍薄，因窜入南军，梁将王彦章置之麾下。庄宗平河南，晖首罪，赦之。从明宗征潞州，诛杨立有功。又从魏王继岌伐蜀，蜀平，授夔州刺史。时荆州高季兴叛，以兵攻其城，晖拒之，屡败荆军。长兴中，为兴州刺史，以乾渠为治所。会两川叛，蜀人来侵，晖以众寡不敌，奔归凤翔，朝廷怒其失守，诏于同州衙职安置。末几，从晋高祖讨蜀，蜀人守剑门，领部下兵逾越险阻，从地道出于剑门之左掩击之，杀守兵殆尽。会晋祖班师，朝廷以晖为澶州刺史。晋天福初，范延光据邺叛，以晖为马步都将，孙锐为监军，自六明镇渡河，将袭滑台，寻为官军所败，晖退归邺，为延光城守。明年秋，晖因出战而降，授滑州节度使、检校太傅。邺平，移镇灵武。

初，张希崇镇灵州，以久在北蕃，颇究边事，数年之间，侵盗并息。希崇卒，未有主帅，蕃部寇钞，无复畏惮，朝廷以晖强暴之名，闻于遐迩，故以命之。及晖到镇，大张宴席，酒声丰备，群夷告醉，争陈献贺，晖皆以锦采酬之，蕃情大悦。党项拓拔彦昭者，州界部族之大者，晖至来谒，厚加待遇，仍为治第，丰其服玩，因留之不令归部。河西羊马，由是易为交市。晖期年得马五千匹，而蕃部归心，朝议患之。《隆平集·药元福传》：西戎三族攻灵州，命元福佐朔方节度使冯晖讨之。朔方距威州七百里，地无水草，谓之"旱海"。携粮至，晖食尽，诘朝行四十里，而敌骑数万扼要路。晖大惧，遣人致赂求成，虽许，及日中犹未决。晖曰："奈何？"元福曰："彼正欲困我耳，察其势，敌虽众，特依西山而阵者，其精兵也，请以骁锐先薄西山，彼或少怯，当举黄旗为识。"晖善其谋，斩馘殆尽。

晋开运初，桑维翰辅政，欲图大举，以制北戎，命将佐十五人，皆列藩之帅也。唯晖不预其数，乃上章自陈，且言未老可用，而制书见遗。诏报云："非制书忽忘，实以朔方重地，蕃部窥边，非卿雄名，何以弹压？比欲移卿内地，受代亦须奇才。"晖得诏甚喜，又达情乞移镇邠州，即以节钺授之。行未及邠州，又除陕州，晖献马千匹、驼五百头。在陕未几，除侍卫步军都指挥使，兼领河阳，即以王令温为灵武节度使。晖既典禁兵，兼领近镇，为朝廷縻留，颇悔离灵武。及冯玉、李彦韬用事，晖善奉之，未几，复以晖为朔方节度使，加检校太师。汉高祖革命，就加同平章事。隐帝嗣位，加兼侍中。国初，加中书令，封陈留王。广顺三年夏，病卒，年六十。追赠卫王。

子继业，朔方衙内都虞侯。晖亡，三军请知军府事，因授检校太保，充朔方兵马留后。皇朝乾德中，移于内地，今为同州节度使。《永乐大典》卷一万八千一百三十三。

高允权，延州人。祖怀迁，本郡牙将。怀迁生二子，长曰万兴，次曰万金，梁、唐之间，为延州节度使，卒于镇。允权即万金子也。虽出于将门，不闲武艺，起家为义川主簿，历房施县令，罢秩归延州之第。

晋开运末，以周密为延帅，延有东西二城，其中限以深涧。及契丹犯阙,一日,州兵乱,攻密,密固守东城。乱兵既无帅,亦无敢为帅者,或曰:"取高家西宅郎君为帅可也。"是夜未曙,允权方寝,乱军排闼,请知留后事,遂居于西城,与密相拒数日。河东遣供奉官陈光穗宣抚河西,允权乃遣支使李彬奉表太原,周密弃东城而去。汉祖遣使就加允权检校太傅,仍正授旄钺。汉祖入汴,允权屡修贡奉。隐帝即位,加检校太尉、同平章事。

允权与夏州李彝兴不协,其年李守贞据河中叛,密搆彝兴为援,及朝廷用兵夏州,军逼延州,允权上章论列,彝兴亦纷然自诉,朝廷赐诏和解之。太子太师致仕刘景岩、允权妻之祖也,退老于州之别墅。景岩旧事高氏为牙校,亦尝为延帅,甚得民心。景岩以允权婚家后辈,心轻之。允权恒忌其强,是岁冬,尽杀景岩之家,收其家财万计,以谋叛闻,朝廷不能辨。关西贼平,方面例覃恩命,就加允权检校太师。

太祖即位,加兼侍中。广顺三年春卒,其子绍基匿丧久之,又擅主军政,欲邀承袭。观察判官李彬以为不可,当听朝旨。绍基与群小等恶其异议,乃杀彬,绐奏云:"彬结搆内外,谋杀都指挥使及行军副使,自据城池,已诛戮讫,其妻子及诸房骨肉,寻令捕系次。"太祖闻之,诏并释之,仍令都送汝州安置。后朝廷令六宅使张仁谦往巡检,绍基乃发丧以闻。辍视朝两日。《永乐大典》卷五千五百三十八。


折从阮,字可久,本名从远,避汉高祖旧名下一字,故改焉。代家云中,父嗣伦,为麟州刺史,累赠太子太师。从阮性温厚,弱冠居父丧,以孝闻。唐庄宗初有河朔之地,以代北诸部屡为边害,起从阮为河东牙将,领府州副使。同光中,授府州刺史。长兴初,入朝,明宗以从阮洞习边事,加检校工部尚书,复授府州刺史。

晋高祖起义,以契丹有援立之恩,略以云中、河西之地,从阮由是以郡北属。既而契丹欲尽徙河西之民以实辽东,人心大扰,从阮因保险拒之。晋少帝嗣位,北绝边好,乃遣使持诏谕从阮令出师。明年春,从阮率兵深入边界,连拔十余砦。开运初,加检校太保,迁本州团练使。其年，兼领朔州刺使、安北都护、振武军节度使、契丹西南面行营马步都虞侯。

汉祖建号晋阳，引兵南下，从阮率众归之。寻升府为永安军，析振武之胜州并泒河五镇以隶焉，授从阮光禄大夫、检校太尉、永安军节度使、府胜等州观察处置等使，仍赐功臣名号。乾祐元年，加特进、检校太师。明年春，从阮举族入觐，朝廷命其子德扆为府州团练使，授从阮武胜军节度使。

太祖受命，加同平章事，寻移镇滑州，又改陕州。二年冬，授静难军节度使。世宗即位，就加兼侍中，以年老上章请代，优诏许之。显德二年冬，赴阙，行次西京，以疾卒，时年六十四。制赠中书令。《永乐大典》卷一万八千一百三十三。

王饶，字受益，庆州华池人也。父柔，以饶贵，累赠太尉。饶沉毅有才干，始事晋高祖。天福初，授控鹤军使，稍迁奉国军校，累加检校尚书左仆射。六年，丛杜重威平常山，以功加检校司空，迁本军都校，领连州刺史。时安从进叛于襄阳，晋祖命高行周率兵讨之，以饶为行营步军都指挥使，贼平，授深州刺史。逾年，复入为奉国都校，加检校司徒，领钦州刺史。末几，改本军右厢都指挥使，领阆州团练使。晋末，契丹据中原，汉祖建义于晋阳，寻克复诸夏，唯常山郡为契丹所据。时饶在其郡，乃与李筠、白再荣之俦承间窃发，尽逐其党。汉祖嘉之，授鄜州观察留后，加光禄大夫，赐爵开国侯，复移授镇国军节度使，加检校太傅。国初，就加同平章事，赐推诚奉义翊戴功臣。显德初，以郊丘礼毕，加检校太尉，移镇贝州。世宗嗣位，加兼侍中，改彰德军节度使。满岁受代，入奉朝请。显德四年冬，以疾卒于东京之私第，年五十九。追封巢国公。饶性宽厚，体貌详雅，所莅藩镇，民皆便之。每接宾佐，必怡声缓气，恂恂如也，故士君子亦以此多之。《永乐大典》卷六千八百五十一。

孙方谏，郑州清苑县人也。本名方简，广顺初，以犯庙讳，故改焉。定州西北二百里有狼山，山上有堡，边人赖之以避剽掠之患，因中置佛舍。有尼深意，俗姓孙氏，主其事，以香火之教聚其徒，声言尸不坏，因复以衣襟，瞻礼信奉，有同其生。方谏即其宗人也，嗣行其教，率众不食荤茹，其党推之为砦主。

晋开运初，定帅表为边界游奕使。案《宋史·孙行友传》云：方谏惧主帅捕逐，乃表归朝，因署为东北面招收指挥使，且赐院额曰胜福。每契丹军来，必帅其徒袭击之，铠仗畜产所得渐多，人益依以避难焉。易定帅闻于朝，因以方谏为边界游奕使，行友副之。自是捍御，多所杀获，乘胜入祁沟关，平庸城，破飞狐寨，契丹颇畏之。求请多端，因少不得志，潜通于契丹。戎王之入中原也，以方谏为定州节度使，寻以其将耶律忠代之，改方谏云州节度使，方谏恚愤，与其党归狼山，不受契丹命。

汉初，契丹隳定州城垒，烧爇庐舍，尽驱居民而北，中山为之一空。方谏自狼山率其部众回保定州，上表请命，汉祖嘉之，即授以节钺，累官至使相。案《宋史》云：汉授行友易州刺史，行义泰州刺史，弟兄掎角以居，寇每入，诸军镇闭垒坐视，一无所得。

太祖受命，加兼侍中。末几，改华州节度使。朝廷以其弟行友为定州留后，案《宋史》云：行友上言，侦得契丹离合，愿得劲兵三千，乘间平定幽州。乃移方谏镇华州，以行友为定州留后。又以弟议为德州刺史，兄弟子侄职内廷者凡数人。世宗嗣位，史彦超代之，车驾驻跸于并门，方谏自华觐于行在，从大驾南巡，以疾就医于洛下。寻授同州节度使，加兼中书令，未及赴任，以疾卒于洛阳，年六十二。辍视朝两日，诏赠太师。

其弟行友继为定州节度。皇朝乾德中，以其妖妄惑众，诏毁狼山佛寺，迁其尼朽骨赴京，遣焚于北郊，以行友为诸卫大将军，自是妖徒遂息焉。《永乐大典》卷三千五百六十一。《续通鉴长编》：建隆二年八月，义成节度使、同平章事孙行友，在镇逾八年，而狼山妖尼深意党益盛。上初即位，行友不自安，累表乞解官归山，上不许，行友惧，乃缮治甲兵，将弃其帑，还据山寨以叛。兵马都监乐继能密奏其事，上遣阁门副使武怀节驰骑会镇、赵之兵，伪称巡边，直入定州，行友不之觉。既而出诏示之，令举族归朝，行友仓皇听命。既至，命侍御史李维岳即讯得实。己酉，制削夺行友官爵，禁锢私第，取尼深意尸,焚之都城西北隅。行友弟易州刺史方进,侄保塞军使全晖,皆诣阙待罪,诏释之。

　　史臣曰:昔晋之季也,敌骑长驱,中原无主,汉主难思拯溺,未果图南。赵晖首变陕郊,同扶义举,汉之兴也,晖有力焉。命以作藩,斯无愧矣。守恩乘时效顺,虽有可观,好利残民,夫何足贵!允权,方谏,因版荡之世,窃屏翰之权,比夫画云台之功臣,何相去之远也。《永乐大典》卷三千五百六十一。

# 旧五代史卷一二五考证

　　周列传五高允权传祖怀迁　怀迁,原本作怀远,今据欧阳史改正。孙方谏传又以弟议为德州刺史　弟议,《宋史》作行义。

旧五代史卷一二六
周书一七

# 列传第六

## 冯　道

　　冯道，字可道，瀛州景城人。其先为农为儒，不恒其业。道少纯厚，好学能文，不耻恶衣食，负米奉亲之外，唯以披诵吟讽为事，虽大雪拥户，凝尘满席，湛如也。天祐中，刘守光署为幽州掾。守光引兵伐中山，访于僚属，道常以利害箴之，守光怒，置于狱中，寻为人所救免。守光败，遁归太原，监军使张承业辟为本院巡官，承业重其文章履行，甚见待遇。时有周玄豹者，善人伦鉴，与道不洽，谓承业曰："冯生无前程，公不可过用。"时河东记室卢质闻之曰："我曾见杜黄裳司空写真图，道之状貌酷类焉，将来必副大用，玄豹之言不足信也。"承业寻荐为霸府从事，俄署太原掌书记，时庄宗并有河北，文翰甚繁，一以委之。

　　庄宗与梁军夹河对垒，一日，郭崇韬以诸校伴食数多，主者不办，请少罢减。庄宗怒曰："孤为效命者设席，都不自由，其河北三镇，令三军别择一人为帅，孤请归太原以避贤路。"遽命道对面草词，将示其众。道执笔久之，庄宗正色促焉，道徐起对曰："道所掌笔砚，敢不供职。今大王屡集大功，方平南寇，崇韬所谏，未至过当，阻拒之则可，不可以向来之言，喧动群议，敌人若知，谓大王君臣之不和矣。幸熟而思之，则天下幸甚也。"俄而崇韬入谢，因道之解焉，人始重其胆量。庄宗即位邺宫，除省郎，充翰林学士，自绿衣赐紫。梁平，迁中书舍人、户部侍郎。丁父忧，持服于景城。《谈苑》：道闻父丧，即徒步见星以行，家人从后持衣囊追及之。遇岁俭，所得俸余，悉赈于乡里，道之所居，唯蓬茨而已，凡牧宰馈遗，斗粟匹帛，无所受焉。时契丹方盛，素闻道名，欲掠而取之，会边人有备，获免。《永乐大典》卷四百三。

明宗入洛，遽谓近臣安重诲曰："先帝时冯道郎中何在？"重诲曰："今除翰林学士。"明宗曰："此人朕素谙悉，是好宰相。"俄拜端明殿学士，端明之号，自道始也。未几，迁中书侍郎、刑部尚书平章事。《永乐大典》卷一万七千九百三十。凡孤寒士子，抱才业、素知识者，皆与引用，唐末衣冠，履行浮躁者，必抑而置之。有工部侍郎任赞，因班退，与同列戏道于后曰："若急行，必遗《兔园册》。"道知之，召赞谓曰："《兔园册》皆名儒所集，道能讽之。中朝士子止看文场秀句，便为举业，皆窃取公卿，何浅狭之甚耶！"《欧阳史》云：《兔园策》者，乡校俚儒教田夫牧子之所诵也。《北梦琐言》云：《兔园策》乃徐、庾文体非鄙朴之谈，但家藏一本，人多贱之。《困学纪闻》云：《兔园策府》三十卷，唐蒋王恽令僚佐杜嗣先仿应科目策，自设问对，引经史为训注。恽，太宗子，故用梁王兔园名其书，冯道《兔园策》谓此也。赞大愧焉。复有梁朝宰臣李琪，每以文章自擅，曾进《贺平中山王都表》，云"复真定之逆城"。道让琪曰："昨来收复定州，非真定也。"琪昧于地理，顿至折角。其后百僚上明宗徽号凡三章，道自为之，其文浑然，非流俗之体，举朝服焉。道尤长于篇咏，秉笔则成，典丽之外，义含古道，必为远近传写，故渐畏其高深，由是班行肃然，无浇醨之态。继改门下侍郎、户部吏部尚书、集贤殿弘文馆大学士，加尚书左仆射，封始平郡公。一日，道因上谒既退，明宗顾谓侍臣曰："冯道性纯俭，顷在德胜寨居一茅庵，与从人同器食，卧则刍藁一束，其心晏如也。及以父忧退归乡里，自耕樵采，与农夫杂处，略不以素贵介怀，真士大夫也。"《永乐大典》卷四百三。

天成、长同中，天下屡稔，朝廷无事。明宗每御延英，留道访以外事，道曰："陛下以至德承天，天以有年表瑞，更在日慎一日，以答天心。臣每记在先皇霸府日，曾奉使中山，经井陉之险，忧马有蹶失，不敢急于衔辔。及至平地，则无复持控，果为马所颠仆，几至于损。臣所陈虽小，可以喻大。陛下勿以清晏丰熟，便纵逸乐，兢兢业业，臣之望也。"明宗深然之。他日又问道曰："天下虽熟，百姓得济否？"道曰："谷贵饿农，谷贱伤农，此常理也。臣忆得近代举子聂夷中《伤田家诗》云：'二月卖新丝，五月粜秋谷，医得眼下疮，剜去心头肉。我愿君王心，化作光明烛，不照绮罗筵，偏照逃亡屋。'"明宗曰："此诗甚好。"遽命侍臣录下，每自讽之。道之发言简正，善于裨益，非常人所能及也。时以诸经舛缪，同列李愚委学官田敏等，取西京郑覃所刊石经，雕为印板，流布天下，后进赖之。明宗崩，唐末帝嗣位，以道为山陵使，礼华，出镇同州，循故事也。道为政闲澹，狱市无挠。一日，有上介胡饶，本出军吏，性粗犷，因事诟道于牙门，左右数报不应。道曰："此必醉耳！"因召入，开尊设食，尽夕而起，无挠愠之色。未几，入为司空。

　　及晋祖入洛，以道为首相。二年，契丹遣使加徽号于晋祖，晋祖亦献徽号于契丹，谓道曰："此行非卿不可。"道无难色。晋祖又曰："卿官崇德重，不可深入沙漠。"道曰："陛下受北朝恩，臣受陛下恩，何有不可！"案杨内翰《谈苑》云：道与诸相归中书，食讫，外厅堂吏前白道，言北使事。吏人色变手战，道取纸一幅，署云"道去。"即遣写敕进，堂吏泣下。道遣人语妻子，不复归家，即日舍都亭驿，不数日北行。晋祖饯晏，语以家国之故，烦耆德远使，自酌卮酒赐之，泣下。及行，将达西楼，契丹主欲郊迎，其臣曰："天子无迎宰相之礼。"因止焉，其名动殊俗也如此。案《谈苑》云：契丹赐其臣牙笏及腊日赐牛头者为殊礼，道皆得之，作诗以纪云："牛头偏得赐，象笏更容持。"契丹主甚喜，遂潜谕留意，道曰："南朝为子，北朝为父，两朝皆为臣，岂有分别哉！"道在契丹，凡得所赐，悉以市薪炭，征其意，云："北地苦寒，老年所不堪，当为之备。"若将久留者。契丹感其意，乃遣归，道三上表乞留，固道乃去，犹更住馆中月余。既行，所至留驻，凡两月方出境，左右语道曰："当北土得生还，恨无羽翼，公独宿留，何也？"道曰："纵急还，彼以筋脚马，一夕即追及，亦何可脱，但徐缓即不能测矣。"众乃服。四年二月，始至京师。及还,朝廷废枢密使,依唐朝故事,并归中书,其院印付道,事无巨细,悉以归之。寻加司徒、兼侍中,进封鲁国公。晋祖曾以用兵事问道,道曰:"陛下历试诸艰,创成大业,神武睿略,为天下所知,讨伐不庭,须从独断。臣本自书生,为陛下在中书守历代成规,不敢有一毫之失也。臣在明宗朝,会以戎事问臣,臣亦以斯言答之。"晋祖颇可其说。道尝上表求退,晋祖不之览,先遣郑王就省,谓曰:"卿来日不出,朕当亲行请卿。"道不得已出焉。当时宠遇,无与为比。

晋少帝即位,加守太尉,进封燕国公。道尝问朝中熟客曰:"道之在政事堂,人有何说?"客曰:"是非相半。"道曰:"凡人同者为是,不同为非,而非道者,十恐有九。昔仲尼圣人也,犹为叔孙武叔所毁,况道之虚薄者乎!"然道之所持,始终不易。后有人问道于少帝曰:"道好平时宰相,无以济其艰难,如禅僧不可呼鹰耳!"由是出道为同州节度使。岁余,移镇南阳,加中书令。契丹入汴,道自襄、邓召入,戎王因从容问曰:"天下百姓,如何可救?"道曰:"此时百姓,佛再出救不得,唯皇帝救得。"其后衣冠不至伤夷,皆道与赵延寿阴护之所至也。是岁三月,随契丹北行,与晋室公卿俱抵常山。俄而戎王卒,永康王代统其众。及北去,留其族嘉哩〔旧作解理,今改正。〕以据常山。时汉军愤激,因共逐出嘉哩,寻复其城。道率同列,四出按抚,因事从宜,各安其所。人或推其功,道曰:"儒臣何能为,皆诸将之力也。"道以德重,人所取则,乃为众择诸将之勤宿者,以骑校白再荣权为其帅,军民由是帖然,道首有力焉。道在常山,见有中国士女为契丹所俘者,出囊装以赎之,皆寄于高尼精舍,后相次访其家以归之。又契丹先留道与李崧、和凝及文武官等在常山,是岁闰七月二十九日,契丹有伪诏追崧,令选朝士十人赴木叶山行事。契丹满达勒〔旧作麻答,今改正。〕召道等至帐所,欲谕之,崧偶先至,知其旨,惧形于色。满达勒将以明日与朝士齐遣之,崧乃不俟道,与凝先出,既而相遇于帐门之外,因与分手俱归。俄而李筠等纵火与契丹交斗,鼓噪相及。是日若齐至,与满达勒相见,稍或踌躇,则悉为俘矣。时论者以道布衣有至行,立公朝有重望,其阴报昭感,多此类也。

及自常山入觐，汉祖嘉之，拜守太师。案《洛阳搢绅旧闻记》：赠大监张公璨，汉祖即位之初为上党戎判。汉祖在北京时，大聚甲兵，禁牛皮不得私贸易及民间盗用之，如有牛死，即时官纳其皮，其有犯者甚众。及即大位，三司举行请禁天下牛皮法，与河东时同，天下苦之。会上党民犯牛皮者二十余人，狱成，罪俱当死。大监时为判官，独执曰："主上钦明，三司不合如此起请，二十余人死尚间可，使天下犯者皆衔冤而死乎！且主上在河东，大聚甲兵，须藉牛皮，严禁之可也，今为天下君，何少牛皮，立法至于此乎！"遂封奏之。时三司使方用事，执政之地，除冯瀛王外皆恶之，曰："岂有州郡使敢非朝廷诏敕！"力言于汉祖。祖亦怒曰："昭义一判官，是何敢如此！其犯牛皮者，依敕俱死。大监以非毁诏敕，亦死。"敕末下，独瀛王非时请见。汉祖出，瀛王曰："陛下在河东时，断牛皮可也，今既有天下，牛皮不合禁。陛下赤子枉死之，亦足为陛下惜。昭义判官，以卑位食陛下禄，居陛下官，不惜躯命，敢执而奏之，可赏不可杀。臣当辅弼之任，使此敕枉害天下人性命，臣不能早奏，使陛下正，臣罪当诛。"稽首再拜。又曰："张璨不合加罪，望加敕赦之。"汉祖久之曰："已行之矣。"冯瀛王曰："敕未下。"汉祖遽曰："与赦之。"冯曰："勒停可乎？"上曰："可。"由是改其敕，记其略曰："三司邦计，国法攸依，张璨体事未明，执理乖当，宜停见职，犯牛皮者贷命放之。"大监听宣敕讫，闻敕云"执理乖当"，尚曰："中书自不能执理，若一一教外道判官执理，则焉用彼相乎！"乾祐中，道奉朝请外，平居自适。一日，著《长药老自叙》云：

余世家家族，本始平、长乐二郡，历代之名实，具载于国史家牒。余先自燕亡归晋，事庄宗、明宗、闵帝、清泰帝，又事晋高祖皇帝、少帝。契丹据汴京，为戎主所制，自镇州与文武臣僚、马步将士归汉朝，事高祖皇帝、今上。雇以久叨禄位，备历艰危，上显祖宗，下光亲戚。亡曾祖讳凑，累至太傅，亡曾祖母崔氏，追封梁国太夫人；亡祖讳炯，累赠至太师，亡祖母褚氏，追封吴国太夫人；亡父讳良建，秘书少监致仕，累赠至尚书令，母张氏，追封魏国太夫人。

余阶自将仕郎，辅朝议郎、朝散大夫、银青光禄大夫、金紫光禄大夫、特进、开府仪同三司。职自幽州节度巡官、河东节度巡官、掌书记，再为翰林学士，改授端明殿学士、集贤殿大学士、太微宫使，再为弘文馆大学士，又充诸道盐铁转运使、南郊大礼使、明宗皇帝晋高祖皇帝山陵使，再授定国军节度、同州管内观察处置等使，一为长春宫使，又授武胜军节度、邓随均房等州管内观察处置等使。官自摄幽府参军、试大理评事、检校尚书祠部郎中兼侍御史、检校吏部郎中兼御史中丞、检校太尉，同中书门下平章事、检校太师、兼侍中，又授检校太师、兼中书令。正官自行台中书舍人，再为户部侍郎，转兵部侍郎、中书侍郎，再为门下侍郎、刑部吏部尚书、右仆射，三为司空，两在中书，一守本官，又授司徒、兼侍中，赐私门十六戟，又授太尉、兼侍中，又授戎太傅，又授汉太师。爵自开国男至开国公、鲁国公、再封秦国公、梁国公、燕国公、齐国公。食邑自三百户至一万一千户，食实封自一百户至一千八百户。勋自柱国至上柱国。功臣名自经邦致理翊赞功臣至守正崇德保邦致理功臣、安时处顺守义崇静功臣、崇仁保德宁邦翊圣功臣。

先娶故德州户掾褚讳溃女，早亡；后娶故景州弓高县孙明府讳师礼女，累封蜀国夫人。亡长子平，自秘书郎授右拾遗、工部度支员外郎；次子吉，自秘书省校书郎授缮部金部职方员外郎、屯田郎中；第三亡子可，自秘书省正字授殿中丞、工部户部员外郎；第四子幼亡；第五子义，自秘书郎改授银青光禄大夫、检校国子祭酒兼御史中丞，充定国军衙内都指挥使，职罢改授朝散大夫、左春坊太子司议朗，授太常丞；第六子正，自协律朗改授银青光禄大夫、检校国子祭酒兼御史中丞，充定国军节度使，职罢改授朝散大夫、太仆丞。长女适故兵部崔侍郎讳衍子太仆少卿名绚，封万年县君；三女子早亡。二孩幼亡。唐长兴二年敕，瀛州景城县庄来苏乡改为元辅乡，朝汉里为孝行里。洛南庄贯河南府洛阳县三州乡灵台里，晋天福五年敕，三州乡改为上相乡，灵台里改为中台里，时守司徒、兼侍中；又奉八年敕，上相乡改为太尉乡，中台里改为侍中里，时守太尉、兼侍中。

　　静思本末，庆及存亡，盖自国恩，尽从家法，承训诲之旨，开教化之源，在孝于家，在忠于国，口无不道之言，门无不义之货。所愿者下不欺于地，中不欺于人，上不欺于天，以三不欺为素。贱如是，贵如是，长如是，老如是，事亲、事君、事长、临人之道，旷蒙天恕，累经难而获多福，曾陷蕃而归中原，非人之谋，是天之祐。六合之内有幸者，百岁之后有归所，无以珠玉含，当以时服敛，以籧篨葬，及择不食之地而葬焉，以不及于古人故。祭以特羊，戒杀牲也，当不害命之物祭。无立神道碑，以三代坟前不获立碑故。无请谥号，以无德故。又念自宾佐至王佐及领藩镇时，或有微益于国之事节，皆形于公籍。所著文章篇咏，因多事散失外，收拾得者，编于家集，其间见其志，知之者，罪之者，未知众寡矣。有庄、有宅、有群书，有三子可以袭其业。于此日五盥，日三省，尚犹日知其所亡，月无忘其所能。为子、为弟、为人臣、为师长、为夫、为父、有子、有犹子、有孙，奉身既有余矣。为时乃不足，不足者何？不能为大君致一统、定八方，诚有愧于历职历官，何以答乾坤之施。时开一卷，时饮一杯，食味别声被色，老安于当代耶！老而自乐，何乐如之！时乾祐三年朱明月长乐老序云。

　　及太祖平内难，议立徐州节度使刘赟为汉嗣，遣道与秘书监赵上交、枢密直学士王度等往迎之。道寻与赟自徐赴汴，行至宋州，会澶州军变。枢密使王峻遣郭崇领兵至，屯于衙门外，时道与上交等宿于衙内。是日，赟率左右甲士阖门登楼，诘崇所自，崇言太祖已副推戴。左右知其事变，以为道所卖，皆欲杀道等以自快。赵上交与王度闻之，皆惶怖不知所为，唯道偃仰自适，略无惧色，寻亦获免焉。道微时尝赋诗云："终闻海狱归明主，未省乾坤陷吉人。"至是其言验矣。案《青箱杂记》载冯道诗全篇云：莫为危时便怆神，前程往往有期因，终闻海狱归明主，未省乾坤陷吉人。道德几时曾去世，舟车何处不通津，但教方寸无诸恶，狼虎业中也立身。广顺初，复拜太师、中书令，太祖甚重之，每进对不以名呼。及太祖崩，世宗以道为山陵使。会河东刘崇入寇,世宗召大臣议亲征,道谏止之,世宗因言:"唐初,天下草寇蜂起,并是太宗亲平之。"道奏曰:"陛下得如太宗否?"世宗怒曰:"冯道何相少也。"乃罢。及世宗亲征,不令扈从,留道奉太祖山陵。时道已抱疾。及山陵礼毕,奉神主归旧宫,未及祔庙,一夕薨于其第,时显德元年四月十七日也,享年七十有三。世宗闻之,辍视朝三日,册赠尚书令,追封瀛王,谥曰文懿。案:《五代通录》作谥文愍见《通鉴考异》。

道历任四朝,三入中书,在相位二十余年,以持重镇俗为己任,未尝以片简扰于诸侯。平生甚廉俭,逮至末年,闺庭之内,稍徇奢靡。其子吉,尤恣狂荡,道不能制,识者以其不终令誉,咸叹息之。《永乐大典》卷一万七千九百三十。《五代史补》:冯道之镇同州也,有酒务吏乞以家财修夫子庙,道以状付判官参详其事。判官素滑稽,因以一绝书之判后云:"荆棘森森绕杏坛,儒官高贵尽偷安,若教酒务修夫子,觉我惭惶也大难。"道览之有愧色,因出俸重创之。冯瀛王道之在中书也,有举子李导投贽所业,冯道见之,戏谓曰:"老夫名道,其来久矣,加以累居相府,秀才不可谓不知,然亦名导,于礼可乎?"李抗声对曰:"相公是无寸底道字,小子有寸底道字,何谓不可。"公笑曰:"老夫不惟名无寸,诸事亦无寸,吾子可谓知人矣。"了无怒色。冯吉,瀛王道之子,能弹琵琶,以皮为弦,世宗尝令弹于御前,深欣喜之,因号其琵琶曰"绕殿雷"也。道以其惰业,每加谴责,而吉攻之愈精,道益怒,凡与客饮,必使延立而弹之,曲罢或赐以束帛,命背负之,然后致谢。道自以为戒勖极矣,吉未能悛改,既而益自若。道度无可奈何,叹曰:"百工之司艺而身贱,理使然也。此子不过太常少卿耳。"其后果终于此。

史臣曰:道之履行,郁有古人之风;道之宇量,深得大臣之体。然而事四朝,相六帝,可得为忠乎!夫一女二夫,人之不幸,况于再三者哉!所以饰终之典,不得谥为文贞、文忠者,盖谓此也。《永乐大典》卷一万七千九百三十。

# 旧五代史一二六考证

　　周列传六冯道传谥曰文懿　　案《五代通录》作谥文愍，见《通鉴考异》。嘉里旧作解里，今改。满达勒，旧作麻答，今改。

旧五代史卷一二七
周书一八

# 列传第七

## 卢文纪　马裔孙　和凝　苏禹珪
## 景范

卢文纪,字子持,京兆万年人也。案:以下原本有阙文。长兴末,为
太常卿。文纪形貌魁伟,语音高朗,占对铿锵,健于饮啖。奉使蜀川,
路由岐下,时唐末帝为岐帅,以主礼待之,观其仪形旨趣,遇之颇
厚。清泰初,中书阙辅相,末帝访之于朝,左右曰:"臣见班行中所
誉,当大拜者,姚颛、卢文纪、崔居俭耳。"或品藻三人才行,其心愈
惑。末帝乃俱书当时清望达官数人姓名,投琉璃瓶中,月夜焚香,祷
请于天,旭旦以箸挟之,首得文纪之名,次即姚颛。末帝素已期待,
欢然命之,即授中书侍郎、同平章事,与姚颛同升相位。时朝廷兵革
之后,宗社甫宁,外寇内侵,强臣在境。文纪处经纶之地,无辅弼之
谋,所论者亲爱憎朋党之小瑕,所纠者铨选拟抡之微类。时有蜀人
史在德为太常丞,出入权要之门,评品朝士,多有讥弹,乃上章云:
"文武两班,宜选能进用。见在军都将校、朝廷士大夫,并请阅试澄
汰,能者进用,否者黜退,不限名位高下。"疏下中书,文纪以为非
己,怒甚,如谏议卢损为覆状,辞旨芜漫,为众所嗤。

三年夏,晋祖引契丹拒命,既而大军挫衄,官寨受围。八月亲
征,过徽陵,拜于阙门,休于仗舍。文纪扈从,帝顾谓之曰:"朕闻主

忧臣辱，予自凤翔来，首命卿为宰相，听人所论，将谓便致太平，今寇孽纷纷，今万乘自行战贼，于汝安乎？"文纪惶恐致谢。时末帝季年，天夺其魄，声言救寨，其实倦行。初次河阳，召文纪·张延朗谋议。文纪曰："敌骑倏往忽来，无利则去，大寨牢固，足以枝梧，况已有三处救兵，可以不战而解，使人督促，责以成功，舆驾且驻河桥，详观事势。况地处舟车之要，正当天下之心，必若未能解围，去亦非晚。"会延朗与赵延寿款密，傍奏曰："文纪之言是也。"故令延寿北行，末帝坐俟其败。

晋祖入洛，罢相为吏部尚书，再迁太子少傅。少帝嗣位，改太子太傅。汉祖登极，转太子太师。时朝官分司在洛，虽有留台御史，纪纲亦多不整肃，遂敕文纪别令检辖。侍御史赵砺及纠分司朝臣中有行香拜表疏怠者，杨邠怒，凡疾病不任朝谒者，皆与致仕官。时文纪别令检辖之职，颇甚滋章，因疾请假，复为留台所奏，遂以本官致仕。广顺元年夏卒，年七十六。赠司徒，辍视朝二日。文纪平生积财巨万，及卒，为其子龟龄所费，不数年间，以至荡尽，由是多藏者以为诫焉。《永乐大典》卷一万七千九百一十。


马裔孙，字庆先，棣州商河人。案：以下原本有阙文。唐末帝即位，用为翰林学士、户部郎中、知制诰、赐金紫；未满岁，改中书舍人、礼部侍郎，皆带禁职。寻拜中书侍郎、平章事。裔孙纯儒，性多凝滞，遽登相位，未悉朝廷旧事。初，冯道罢同州入朝，拜司空。唐朝故事，三公为加官，无单拜者，是时朝议率尔命道，制出，或曰"三公正宰相，便合参大政"；又云"合受册"。众言籍籍。卢文纪又欲祭祀时便令扫除，冯道闻之曰："司空扫除，职也，吾无所惮。"既而知非乃止。

刘昫为仆射，性刚，群情嫉之，乃共赞右常侍孔昭序论行香次第，言："常侍侍从之臣，立合在仆射之前。"行疏奏，下御史台定例。同光已来，李琪、卢质继为仆射，质性轻脱，不能守师长之体，故昭序轻言。裔孙以群情不悦刘昫、冯道，欲微抑之，乃责台司，须检则例，而台吏言："旧不见例，据南北班位，即常侍在前。"俄属国忌，将就列未定，裔孙即判台状曰："既有援据，足可遵行，各示本官。"刘昫怒，挥袂而退。自后日责台司定例，崔居俭谓南宫同列曰："从昭序言语，是朝廷人总不解语也。且仆射师长也，中丞大夫就班修敬，常侍班在南宫六卿之下，况仆射乎。已前骑省年深，望南宫工部侍郎如仰霄汉，痴人举止，何取笑之深耶！"众闻居俭言，纷议稍息。文士哂裔孙堂判有"援据"二字，其中书百职，裔孙素未谙练，无能专决，但署名而已。又少见宾客，时人目之谓"三不开"，谓口不开、印不开、门不开也。

及太原事起，唐末帝幸怀州，裔孙留司在洛。未几，赵德钧父子有异志，官砦危急，君臣计无所出。俄而裔孙自洛来朝，众相谓曰："马相此来，必有安危之策。"既至，献绫三百匹，卒无献可之言。晋祖受命，废归田里。

裔孙好古，慕韩愈之为人，尤不重佛。及废居里巷，追感唐末帝平昔之遇，乃依长寿僧舍读佛书，冀申冥报，岁余枕籍黄卷中，有《华严》、《楞严》，词理富赡，由是酷赏之，仍抄撮之，相形于歌咏，谓之《法喜集》。又纂诸经要言为《佛国记》，凡数千言。或嘲之曰："公生平以傅奕、韩愈为高识，何前倨而后恭，是佛佞公耶？公佞佛耶？"裔孙笑而答曰："佛佞予则多矣。"

李崧相晋，用李专美为赞善，裔孙以宾客致仕，专美转少卿，裔孙得太子詹事。晋、汉公卿以裔孙好为文章，皆忻然待之。太子即位，就加检校礼部尚书、太子宾客，分司在洛。每闭关养素，唯事讴吟著述，嗜八分书，往来酬答，必亲札以衒其墨迹。裔孙将卒之前，睹白虬缘于庭槐，驱之失所在。裔孙感赋鹏之文，作《槐虫赋》以见志。广顺三年秋七月，卒于洛阳，诏赠太子少傅，辍视朝一日。

裔孙初为河中从事，因事赴阙，宿于逻店。其地有上逻神祠，夜梦神见召，待以优礼，手授二笔，其笔一大一小，觉而异焉。及为翰林学士，裔孙以为契鸿笔之兆。旋知贡举，私自谓曰："此二笔之应也。"洎入中书上事，堂吏奉二笔，熟视大小如昔时梦中所授者。及卒后旬日，有侍婢灵语，一如裔孙声气，处分家事，皆有伦理，时人奇之。《永乐大典》卷一万七千九百一十。

　　和凝，字成绩，汶阳须昌人也。九代祖逢尧，唐高宗时为监察御史，自逢尧之下，仕皆不显。曾祖敞、祖濡，皆以凝贵，累赠太师。父矩，赠尚书令。矩性嗜酒，不拘礼节，虽素不知书，见士未尝有慢色，必罄家财以延接。凝幼而聪敏，姿状秀拔，神彩射人。少好学，书一览者咸达其大义。年十七举明经，至京师，忽梦人以五色笔一束以与之，谓曰："子有如此才，何不举进士？"自是才思敏赡，十九登进士第。滑帅贺瑰知其名，辟置幕下。

　　凝善射，时瑰与唐庄宗相拒于河上，战胡柳陂，瑰军败而北，惟凝随之。瑰顾曰："子勿相随，当自努力。"凝泣而对曰："丈夫受人知，有难不报，非素志也，但恨未有死所。"旋有一骑士来逐瑰，凝叱之，不止，遂引弓以射，应弦而毙，瑰获免。既而谓诸子曰："昨非和公，无以至此。和公文武全才而有志气，后必享重位，两宜谨事之。"遂以女妻之，由是声望益隆。后历郓、邓、洋三府从事。

　　唐天成中，入拜殿中侍御史，历礼部、刑部二员外，改主客员外郎、知制诰，寻召入翰林充学士，转主客郎中充职，兼权知贡举。贡院旧例，放榜之日，设幂于门及闭院门，以防下第不逞者。凝令撤棘启门，是日寂无喧者，所收多才名之士，时议以为得人。《渑水燕谈》：范质初举进士，时和凝知贡举，凝尝以宰辅自期，登第之日，名第十三人，及览质文，尤加赏叹，即第十三名处之，场屋间谓之"传衣钵"，若禅宗之相付授也。后质果继凝登相位。明宗益加器重，迁中书舍人、工部侍郎，皆充学士。

　　晋有天下，拜端明殿学士，兼判度支，转户部侍郎，曾废端明之职，复入翰林充承旨。晋祖每召问以时事，言皆称旨。五年，拜中书侍郎平章事。六年秋，晋高祖将幸邺都，时襄州安从政反状已彰，凝乃奏曰："车驾离阙，安从进或有悖逆，何以待之？"晋高祖曰："卿意如何？"凝曰"以臣料之，先人有夺人之心，临事即不及也。欲预出宣敕十数道，密付开封尹郑王，令有缓急即旋填将校姓名，令领兵击之。"晋高祖从之。及闻唐、邓奏报，郑王如所救，遣骑将李建崇、监军焦继勋等领兵讨焉，相遇于湖阳，从进出于不意，甚讶其神速，以至于败，由凝之力也。少帝嗣位，加右仆射。开运初，罢相守本官，未几，转左仆射。汉兴，授太子太保。国初，迁太子太傅。显德二年秋，以背疽卒于其第，年五十八。辍视朝两日，诏赠侍中。

　　凝性好修整，自释褐至登台辅，车服仆从，必加华楚，进退容止伟如也。又好延纳后进，士无贤不肖，皆虚怀以待之，或致其仕进，故甚有当时之誉。平生为文章，长于短歌艳曲，尤好声誉。有集百卷，自篆于板，模印数百帙，分惠于人焉。《宋朝类苑》：和鲁公凝有艳词一编名《香奁集》，凝后贵，乃嫁其名为韩偓，今世传韩偓《香奁集》，乃凝所为也。凝生平著述，分为《演纶》、《游艺》、《孝悌》、《疑狱》、《香奁》、《籝金》六集，自为《游艺集序》云：予有《香奁》、《籝金》二集，不行于世。"凝在政府避议论，讳其名，又欲后人知，故于《游艺集序》实之，此凝之意也。

　　长子峻，卒于省郎。次子岘，《锦绣万花谷》：范蜀公《蒙求》云：和岘，晋相和凝之子。岘生，会凝入翰林，加金紫，知贡举，凝喜曰："我生平美事，三者并集，此子宜于我矣。"因名曰三美。仕皇朝为司勋员外郎。《永乐大典》卷五千七百一十。


　　苏禹珪，字玄锡，其先出于武功，近世家高密，今为郡人也。父仲容，以儒学称于乡里，唐末举九经，补广文助教，迁辅唐令，累赠太师。禹珪性谦和，虚襟接物，克揽父业，以五经中第，辟辽州倅职，历青、郓从事，转潞、并管记，累检校官至户部郎中。汉高祖作镇并门，奏为兼判。开运末，契丹入汴，汉祖即位于晋阳，授中书侍郎平章事。汉祖至汴，兼刑部尚书，俄加右仆射、集贤殿大学士。汉祖大渐，与苏逢吉、杨邠等受顾命，立少主。明年，转左仆射。三年，太祖入平内难，禹珪遁入都城，为兵士所掳。翌日，太祖令人求之，既见，抚慰甚至，寻复其位。国初，加守司空，寻罢相守本官。世宗嗣位，封莒国公，未几，受代归第。显德三年正月旦，与客对食之际，暴疾而卒，时年六十二。禹珪纯厚长者，遭遇汉祖，及苏逢吉夷灭，禹珪恬然无咎,时人以为积善之报也。

子德祥,登进士第,累历台省。《永乐大典》卷三千三百九十三。

景范,淄州长山人。案:以下原本有阙文。景范父名初,以户部郎中致仕,见《世宗纪》。世宗之北征也,命为东京副留守。车驾回自河东,世宗以艰于国用,乃令范为中书侍郎平章事,判三司。案:《册府元龟》载世宗即位,七月癸巳,制曰:"朕自履宸极,思平泰阶,出一令虑下民之未从,行一事虑上玄之罔祐,晨兴夕惕,终岁于兹。虽礼让渐闻兴行,而风雨未之咸若,岂刑政之斯阙,而德教之未孚哉!蹊是进用良臣,辅宣元化,虽朕志先定,亦舆情具瞻,爰择佳辰,诞敷明命。枢密院直学士、中大夫、尚书工部侍郎、上柱国、晋阳县开国男、食三百户、赐紫金鱼袋景范,昔佐先帝,每罄嘉谟,逮事眇躬,愈倾忠节,奉上得大臣之体,检身为君子之儒。一昨戎辂亲征,皇都是守,赞勋贤于留府,副征发于行营,军政所需,国用无阙。今则灵台偃草,宣室图功,思先朝欲用之言,成圣考得贤之美,俾参大政,仍掌利权。尔其明听朕言,往敷玄化,予欲则垂象而清品汇,尔则顺天道以序彝伦,余欲恤刑名而息战争,尔则谨宪章而恢庙略。天人之际悬合,军民之事罔渝,则国相之尊,非尔孰处,邦计之重,惟财是臧。勉思偶傥以致君,勿效因循而保位,眇闻成绩,用副虚怀。可正议大夫、中书侍御平章事,判三司。范为人厚重刚正,无所屈挠,然理烦治剧,非其所长,虽悉心尽瘁,终无称职之誉。世宗知之,因其有疾,乃罢机计。寻以父丧罢相东归。显德三年冬,以疾卒于乡里。优诏赠侍中,官为立碑焉。《永乐大典》卷一万七千九百十一。案:《景范神道碑》以显德三年十二月立,今尚存。

史臣曰:夫以稽古之力,取秉钧之位者,岂常人乎!然文纪耽于货殖,裔孙伤于醒酲,则知全其德者鲜矣。如成绩之文彩,玄锡之履行,景范之纯厚,皆得谓之君子矣。以之爰立,何用不臧。《永乐大典》卷二千三百九十二。

# 旧五代史卷一二七考证

　　周列传七和凝传欲预出宣敕十数道密付开封尹郑王今有缓急即旋填将校姓名令领兵击之　　案：《洛阳搢绅旧闻记》作已命高行周为招讨，张从恩为都监，仍令焦继勋等数人备指使，是晋祖未北征已命将校矣，与是书异。　　补前《卢文纪传》遂以本官致仕。《欧阳史》：周太祖入立，即拜司空于家。

旧五代史卷一二八
周书一九

# 列传第八

## 王仆　杨凝式　薛仁谦　萧愿
## 卢损　王仁裕　裴羽　段希尧
## 司徒诩　边蔚　王敏

　　王朴,字文伯,东平人也。父序,以朴贵,赠左谏议大夫,朴幼警慧好学,善属文。汉乾祐中,擢进士第,解褐授校书郎,依枢密使杨邠,馆于邠第。是时,汉室浸乱,大臣交恶,朴度其必危,因乞告东归。未几,李业辈作乱,害邠等三族,凡游其门下者,多被其祸,而朴独免。

　　国初,世宗镇澶渊,朝廷以朴为记室。及世宗为开封尹,拜右拾遗,充开封府推官。世宗嗣位,授比部郎中,赐紫。二年夏,世宗命朝文学之士二十余人,各撰策论一首,以试其才。时朴献《平边策》,云:"唐失道而失吴、蜀,晋失道而失幽、并。观所以失之由,知所以平之术。当失之时,莫不君暗政乱,兵骄民困。近者奸于内,远者叛于外,小不制,而至于大;大不制,而至于僭。天下离心,人不用命。吴、蜀乘其乱而窃其号,幽、并乘其间而据其地。平之之术,在乎反唐、晋之失而已。必先进贤退不肖,以清其时;用能去不能,以审其财;恩信号令,以结其心;赏功罚罪,以尽其力;恭俭节用,以丰其财；徭役以时，以阜其民俟。其仓廪实器用备，人可用而举之。彼方之民，知我政化大行，上下同心，力强财足，人知将和，有必取之势，则知彼情状者，愿为之间谍；知彼山川者，愿为之先导。彼民与此民之心同，是与天意同；与天意同，则无不成之功。攻取之道，从易者始。当今吴国东至海，南至江，可挠之地二千里。从少备处先挠之，备东则挠西，备西则挠东，必奔走以救其弊。奔走之间，可以知彼之虚实、众之强弱，攻虚击弱，则所向无前矣。勿大举，但以轻兵挠之。彼人怯知我师入其地，必大发以来应，数大发，则必民困而国竭，一不大发则我获其利，彼竭我利，则江北诸州乃国家之所有也。既得江北，则用彼之民，扬我之兵，江之南亦不难而平之也。如此，则用力少而收功多。得吴，则桂、广皆为内臣，岷、蜀可飞书而召之，如不至，则四面并进席卷，而蜀平矣。吴、蜀平，幽可望风而至，唯并必死之寇，不可以恩信诱，必须以强兵攻之，但亦不足以为边患，可为后图，俟其便则一削以平之。方今兵力精练，器用具备，群下知法，诸将用命，一稔之后，可以平边。此岁夏、秋便可于沿边贮纳。臣书生也，不足以讲大事，至于不达大体，不合机变，望陛下宽之。"案《东都事略》：时朴与徐台符、窦仪同议。

世宗览之，愈重其器识。未几，迁左谏议大夫，知开封府事。

初，世宗以英武自任，喜言天下事，常愤广明之后，中土日蹙，值累朝多事，尚未克复，慨然有包举天下之志。而居常计事者，多不谕其旨，唯朴神气劲峻，性刚决有断，凡所谋画，动惬世宗之意，由是急于登用。寻拜左散骑常侍，充端明殿学士知府如故。是时，初广京城，朴奉命经度，凡通衢委巷广袤之间，靡不由其心匠。及世宗南征，以朴为东京副留守。车驾还京，改户部侍郎、兼枢密副使。未几，迁枢密使、检校太保。顷之，丁内艰，寻起复，授本官。四年冬，世宗再幸淮甸，兼东京留守京邑庶务，悉以便宜制之，比及还跸，都下肃如也。《默记》引《闲谈录》云：朴性刚烈，大臣藩镇皆惮之。世宗收淮南，俾朴留守。时以街巷隘狭，例从展拆，朴怒厢校驰慢，于通衢中鞭背数十，其人忿然叹云："宣补乡虞侯，岂得便从决。"朴微闻之，命左右擒至，立毙于马前。

世宗闻之，笑谓近臣曰：此大愚人。去王朴面前诮宣补朏虞侯，宜其死矣。"六年三月，世宗令树斗门于汴口，不逾时而归朝。是日，朴方过前司空李谷之第。交谈之顷，疾作而仆于座，遽以肩舆归第，是夕而卒，时年四十五。《默记》云：王朴仕周世宗，制礼作乐，考定声律，正星历，修刑统，百废俱起。又取三关、取淮南，皆朴为谋。然事世宗才四年耳，使假之寿考，安可量也。世宗闻之，骇愕。即时幸其第，及柩前，以所执玉钺卓地而恸者数四。赠赙之类，率有加等，优诏赠侍中。《宋史·王佑传》：朴卒，世宗幸其第，召见诸孤，以佑为东头供奉官。朴性敏锐，然伤于太刚，每稠人广座之中，正色高谈，无敢触其锋者，故时人虽服其机变，而无恭懿之誉。其笔述之外，多所该综。至如星纬声律，莫不毕殚其妙，所撰《大周钦天历》及律准律并行于世。《永乐大典》卷一万八千一百二十三。《默记》云：周世宗于禁中作功臣阁画，当时大臣如李谷、郑仁诲之属。太祖即位，一日过功臣阁，风开半门，正与朴象相对。太祖望见，却立耸然，整御袍襟带，磬折鞠躬。左右曰："陛下贵为天子，彼前朝之臣，礼何过也？"太祖以手指御袍云："此人在，朕不得此袍著。其敬畏如此。《五代史阙文》：周显德中，朴与魏仁浦俱为枢密使。时太祖皇帝已掌禁兵。一日，有殿直乘马误冲太祖导从，太祖自诣密地，诉其无礼。仁浦令徽院勘诘，朴谓太祖曰："太尉名位虽高，未加使相。殿直，廷臣也，与太尉比肩事主。太尉况带职不宜如此。"太祖唯唯而出。臣谨按，朴之行事，传于人口者甚众，而史氏缺书。臣闻重修《太祖实录》，已于《李谷传》中见朴遗事，今复补其大者。况太祖、太宗在位，每称朴有上辅之器，朝列具闻。

杨凝式，华阴人也。父涉，唐末梁初，再登台席，罢相，守左仆射卒。《欧阳史·杨涉传》云："祖收、父严。"吴缜《纂误》云："收与严乃兄弟，非父子也。"又《游宦纪闻》载《杨氏家谱》云："唐修行杨氏，系出越公房。本出中山相结，次子继生洛州刺史晖，晖生河间太守恩，恩生越恭公钧，出居冯翊，至藏器徙浔阳。唐相杨收之父曰遗直生四子，名皆从"又"。曰：发、假、收、严。以四时为义。故发之子名皆从木，假之子从火，收之子从金，严之子从水。严生涉，涉生凝式。而收乃藏器之兄，涉之伯也。《新五代史记·唐六臣传》乃以收为涉之祖，严之父，非也。凝式体虽蕞眇，而精神颖悟。《宣和书谱》云："凝

式形貌寝侻，然精神爽然，要大于身。"富有文藻，大为时辈所推。唐昭宗
朝，登进士第，解褐授度支巡官，再迁秘书郎直史馆。梁开平中，为
殿中侍御史、礼部员外郎、三川守。齐王张宗奭见而嘉之，请以本官
充留守巡官。梁相赵光裔素重其才，奏为集贤殿直学士，改考功员
外郎。唐同光初，授比部郎中知制诰。寻以心疾罢去，改给事中、史
馆修撰，判馆事。明宗即位，拜中书舍人，复以心疾不朝而罢。长兴
中，历右常侍、工户部、二侍郎。以旧恙免，改秘书监。清泰初，迁兵
部侍郎。唐末帝按兵于怀覃，凝式在扈从之列，颇以心恙谊哗于军
砦，末帝以其才名，优容之，诏遣归洛。晋天福初，改太子宾客，寻以
礼部尚书致仕，闲居伊、洛之间，恣其狂逸，多所干忤，自居守以降，
咸以俊才耆德，莫之责也。晋开运中，宰相桑维翰知其绝俸，艰于家
食，奏除太子少保，分司于洛。案：《游宦纪闻》引《杨凝式传》所载仕梁、仕
晋年月，皆与《薛史》异。汉乾祐中历少傅、少师。太祖总政，凝式候于
军门，且以年老不任庶事上诉，太祖特为奏免之。广顺中，表求致
政，寻以右仆射得请。显德初，改左仆射，又改太子太保，并悬车。元
年冬，卒于洛阳，年八十五。诏赠太子太傅。

　　凝式长于歌诗，《别传》云：凝式诗什，亦多杂以诙谐，少从张全义辟，
故作诗纪全义之德。云："洛阳风景实堪哀，昔日曾为瓦子堆。不是我公重葺
理，至今犹自一堆灰。"他类若此。张从恩尹洛，凝式自汴还，时飞蝗蔽日，偶与
之俱，凝式先以诗寄曰："押引蝗虫到洛京，合消郡守远相迎。"从恩弗怪也。然
凝式诗句自佳，其题壁有"院似禅心静，花如觉性圆"，清丽可喜。善于笔札，
洛州寺观蓝墙粉壁之上，题纪殆遍，时人以其纵诞，有"风子"之号
焉。《永乐大典》卷六千五百十二。《五代史补》：杨凝式父涉，为唐宰相。太祖
之篡唐祚也，涉当送传国玺时，凝式方冠，谏曰："大人为宰相，而国家至此，不
可谓之无过。而更手持天子印绶以付他人，保富贵，其如千载之后云云。何？其
宜辞免之。"时太祖恐唐室大臣不利于己，往往阴使人来探访群议，缙绅之士，
及祸甚众，涉常不自保。忽闻凝式言，大骇曰："汝灭吾族。"于是神色沮丧者数
日。凝式恐事泄，即日遂佯狂，时人谓之杨风子也。《游宦纪闻》载《凝式年谱》
云：唐咸通十四年癸巳，凝式是年生。故题识多自称癸巳人。又《别传》云：凝式
字景度。《列传》云：凝式虽仕历五代，以心疾闲居，故时人目以风子。其笔迹遒

放，宗师欧阳询与颜真卿，而加以纵逸。既久居洛，多遨游佛道祠，遇山水胜概，辄留连赏咏，有垣墙圭缺处，顾视引笔，且吟且书，若与神会。率保护之，其号或以姓名，或称癸巳人，或称杨虚白，或称希维居士，或称关西老农。其所题后，或真或草，不可原诘，而论者谓其书，自颜中书后一人而已。其佯狂之迹甚著，卜第于尹京之侧遇，入府前舆后马，犹以为迟，乃杖策徒行，市人随笑之。尝迫冬，家人未挟纩，会有故人过洛，赠以绵五十两、绢百端。凝式悉留之，修行尼舍，俾造袜以施崇德、普明两式饭僧。其家虽号寒啼饥，而凝式不屑屑也。留守闻其事，乃自制衣给米遗之，凝式笑谓家人曰："我固知留守必见赒也。"每旦，起将出，仆请所之，杨曰："宜东游广爱寺。"仆曰："不若西游石壁寺。"凝式举鞭曰："姑且广爱。"仆又以石壁为请，凝式乃曰："姑游西壁。"闻者拊掌。

　　薛仁谦，字守训，代居河东，近世徙家于汴，今为浚仪人也。父延鲁，仕唐为汝州长史，累赠吏部尚书。仁谦谨厚廉恪，深通世务，梁邺王罗绍威甚重之，累署府职。唐庄宗即位于魏，授通事舍人。梁开平中聘于吴，得使乎之体。迁卫尉少卿，引进副使，累加检校兵部尚书。长兴中，转客省使、鸿胪少卿，出为建雄军节度副使，进阶光禄大夫、检校左仆射。改光禄少卿。晋天福初，授检校司空。河中节度副使。归朝，为卫尉、太仆二卿。丁继母忧，居丧制满，授司农卿。汉乾祐中，以本官致仕。周初，改太子宾客致仕，仍加检校司徒，进封侯爵。显德三年冬，以疾终，年七十八。赠工部尚书。初，仁谦随庄宗入汴也，有旧第，为梁朝六宅使李宾所据，时，宾远适而仁谦复得其第，或告云："宾之家属厚藏金帛在其第内"。仁谦立命宾亲族尽出所藏，而后入焉。论者美之。子居正，皇朝门下侍郎平章事。《永乐大典》卷二万一千三百六十七。

　　萧愿，字惟恭，梁宰相顷之子也。顷，明宗朝终于太子少保，《唐书》有传。初，愿之曾祖倣，唐僖宗朝入相接客之次。愿为儿童戏，效传呼之声。倣谓客曰："余岂敢以得位而喜，所幸奕世寿考，吾今又有曾孙在目前矣。"愿弱冠举进士第，解褐为校书郎，改畿尉直、史馆监察、殿中侍御史、迁比部员外右司郎中、太常少卿。明宗朝祀大微宫，愿乘醉预公卿之列，为御史所弹，左迁右赞善大夫。未几，授兵部郎中，复金紫。丁内艰，服阕，自左司郎中拜右谏议大夫。历给事中、右常侍、秘书监、改太子宾客。广顺元年春，卒。赠礼部尚书。愿性纯谨，承事父母，未尝不束带而见。然性嗜酒无节，职事弛慢。为兵部郎中，日常掌告身印。覃恩之次，颇怠职司。父顷为吏部尚书，代愿视印篆，其散率如此。愿卒时年七十余，其母犹在，一门寿考，人罕及者。《永乐大典》卷五千二百二十五。

卢损，其先范阳人也，近世任于岭表。父颖，游宦于京师。损少学为文，梁开平初举进士，性颇刚介，以高情远致自许。与任赞、刘昌素、薛钧、高总同年擢第，所在相诟，时人谓之相骂榜。及任赞、刘昌素居要切之地，而损自异，不相亲狎。时左丞李琪，素薄刘昌素之为人，常善待损。琪有女弟眇，长年婚对不售，乃以妻损。损慕琪声称，纳之。及琪为辅相，致损仕进。梁贞明中，累迁至右司员外郎。唐天成初，由兵部郎中、史馆修撰转谏议大夫，屡上书言事，词理浅陋，不为名流所知。清泰中，卢文纪作相，密与损参议时政。初，长兴中，唐末帝镇河中，损尝为加恩使副，及末帝即位，用为御史中丞。拜命之日，以自前宪使，不能振举纲领，俾风俗颓坏，乃大为条奏。而有"平明放钥，日出守端"之语，大为士人嗤鄙。有顷，误详赦书，失出罪人，停任。晋天福中，复为右散骑常侍，转秘书监，大失所望。即拜章辞位，乃授户部尚书致仕，退居颍川。时少保李鏻年将八十，善服气导引，损以鏻遐龄有道术，酷慕之。仍以颍川逼于城市，乃卜居阳翟，诛茅种药，山衣野服，逍遥于林圃之间。出则柴车鹤氅，自称具茨山人。晚年与同辈五六人于大隗山中，疏泉凿坏为隐，所誓不复出山，久之，齿发不衰，似有所得。广顺三年秋卒，时年八十余。赠太子少傅。《永乐大典》卷二千二百十二。

王仁裕，字德辇，天水人。少孤，不从师训，年二十五，方有意就学。一夕，梦剖其肠胃，引西江水以浣之，又睹水中砂石，皆有篆文，因取而吞之。及寤，心意豁然，自是资性绝高。案：此下有阙文。《舆地纪胜》云：王仁裕知贡举时，所取进士三十三人，皆一时名公卿，李昉、王溥为冠。有诗万余首，勒成百卷，目之曰《西江集》，盖以尝梦吞西江文石，遂以为名焉。后为兵部尚书、太子少保，卒。《册府元龟》卷八百九十三。《舆地纪胜》：仁裕所著有《紫泥集》、《西江集》、《入洛记》，共百卷。《五代史补》：王尚书仁裕，乾□初放，一榜二百一十四人，乃自为诗云："二百一十四门生，春风初动羽毛轻，掷金换却天边柱，金壁偷将榜上名。"陶谷为尚书，素好恢谐，见诗伴声曰："大奇，大奇！不意王仁裕今日做贼头也。"闻者皆大笑。

裴羽，字用化，唐僖宗朝宰相赞之子也。羽少以父任为河南寿安尉。入梁，迁御史台主簿，改监察御史。唐明宗时，为吏部郎中，使于闽，遇飓风，飘至钱塘。时安重海用事，削夺吴越封爵，羽被留于钱塘。后吴越复通中国，羽始得还。晋初，累迁礼部侍郎、太常卿。广顺初，为左散骑常侍，卒赠工部尚书。羽之使闽也，正使陆崇卒于道，羽载其丧还，归其橐装，时人义之。《永乐大典》卷三千二百一。

段希尧，河内人也。祖约，定州户掾，赠太常少卿。父昶，晋州神山县令，累赠太子少保。希少有器局，累历州县。唐天成中，为卫州录事参军，会晋高祖作镇于邺，闻其勤干，奏改洺州纠曹。及晋祖镇太原，辟为从事。清泰中，晋祖总戎于代北，一日军乱，遽呼万岁。晋高祖惑之。希尧曰："夫兵，犹火也。弗戢将自焚。"遽请戮其乱首乃止。明年，晋祖将举义于太原，召宾佐谋之，希尧极言以拒之，晋祖以其纯朴，弗之咎也。晋祖龙飞霸府，旧僚皆至达官，唯希尧止授省郎而已。天福中，稍迁右谏议大夫，寻命使于吴越。及乘舟泛海，风涛暴起，檝师仆从皆相顾失色，希尧谓左右曰："吾平生履行不欺，暗室诏昭，天鉴岂无祐乎！汝等但以吾为托，必当无患。"言讫而风止，乃获利涉使，回授莱州刺史、检校尚书右仆射，未赴任，改怀州。六年秋，移棣州刺史、兼权盐矾制置使。少帝嗣位，加检校司空。开运中，历户部、兵部侍郎。汉初，迁吏部侍郎，判东西两铨事。国初,拜工部尚书。世宗嗣位,转礼部尚书。显德三年夏,卒于洛阳,时年七十九。赠太子少保。子思恭,右谏议大夫。《永乐大典》卷一万六千三百一十。

司徒诩,字德普,清河郡人也。父伦,本郡督邮,以清白称。诩少好读书,通五经大义。弱冠,应乡举不第。唐明宗之镇邢台,诩往谒之,甚见礼遇,命试吏于邯郸。历永年、项城令,皆能名。长兴初,唐末帝镇河中,奏辟为从事。未几,征拜左补阙、史馆修撰。秦王从荣之开府也,朝廷以诩为户部员外郎、充河南府判官。秦王遇害,从例贬宁州司马。清泰初,为兵部员外郎。晋祖践祚,改刑部郎中,充度支判官、枢密直学士。由兵部郎中迁左谏议大夫、给事中、充集贤殿学士、判院事、转左散骑常侍、工部侍郎。历知许、齐、亳三州事。汉初,除礼部侍郎。凡三主贡举,自起部贰卿,不数年间,遍历六曹,由吏部侍郎拜太子宾客。世宗即位,授太常卿。时世宗留意于雅乐,议欲考正其音,而诩为足疾所苦,居多假告,遂命以本官致仕。显德六年夏,卒于洛阳之私第,年六十有六。赠工部尚书。诩善谈论,性嗜酒,喜宾客,亦信浮屠之教。汉乾祐中,尝使于吴越,航海而往至渤澥之中,睹水色如墨。舟人曰:"其下龙宫也。"诩因炷香兴念曰:"龙宫珍宝无用俟,回棹之日,当以金篆佛书一帙,用伸赟献。"洎复经其所,遂以经一函投于海中。俄闻梵呗丝竹之音,喧于船下,舟人曰:"此龙王迎其经矣。"同舟百余人皆闻之,无不叹讶焉。《永乐大典》卷二千一百二十八。

边蔚,字得升,长安人。父操,华州下邽令,累赠太子少师。《宋史》边珝,华州郑人也。曾祖颀,石泉令。祖操,下邽令。父蔚,太常卿。《通鉴》:峻,至商州得腹疾,帝犹悦之,命其妻往视之,未几而卒。蔚幼孤,笃学,有乡里誉。从交辟,历晋、陕、华三府从事。唐庄宗之伐蜀,大军出于华下。时,属华方阙帅蔚为记室,诏令权领军府事,供亿军储,甚有干济之称。及明宗入洛,遣李冲赍诏于阙右,尽诛阉官。冲性深刻,而华人有为阉官所累者,冲欲尽戮之。蔚以理救护,获免者甚众。毛璋之镇邠宁,奏为廉判。时璋为麾下所惑,有跋扈之意。蔚因乘间极言,谕以逆顺之理,璋即时遣妻子入贡朝廷。以蔚有赞画之效,赐以金紫,改许州戎判。晋天福初,自泾州戎幕征拜虞部员外郎、盐铁判官,历开封、广晋少尹。晋少帝嗣位,拜左散骑常侍,判广晋府事,辅工、礼二部侍郎,再知开封府事。开运初,出为亳州防御使。为政清肃,亳民感之。岁余,入为户部侍郎。汉初,拜御史中丞,转兵部侍郎。太祖受命,复知开封府事,迁太常卿,后以足疾辞位。显德二年冬,卒于家,时年七十一。

子玕、玥,俱仕皇朝,为省郎。《永乐大典》卷四千七百二十。

王敏,字待问,单州金乡人。性纯直,少力学攻文,登进士第。后依杜重威,凡历数镇从事。汉初,重威叛于邺,时敏为留守判官,尝泣谏重威,恳请归顺。重威始虽不从,及其穷也,纳敏之言,以其城降。时魏之饥民十犹四五,咸保其余生者,敏之力也。入朝,拜侍御史。世宗镇澶渊,太祖以敏谨厚,遂命为澶州节度判官。及世宗,尹正王畿,改开封少尹。世宗嗣位,权知府事,旋拜左谏议大夫、给事中、迁刑部侍郎。敏尝以子婿陈南金荐于曹州节度使李继勋,表为记室,其后继勋偾军于寿春,及归阙而无待罪之礼,世宗以继勋武臣,不之责也。因迁怒南金,谓其裨赞无状,乃黜之。敏由是连坐,遂贬其官。岁余,复拜司农卿。显德四年秋,以疾卒。《永乐大典》卷六千八百五十一。

# 旧五代史卷一二八考证

　　周列传八杨凝式传历右常侍工户二部侍郎　　案:《别传》作工礼户三部侍郎。　　年八十五　　案:《别传》作八十二。　　裴羽传赠工部尚书　　案:《欧阳史》作户部尚书。　　段希尧传河内人也　　案:《宋史·段思恭传》作泽州晋城人。

旧五代史卷一二九
周书二〇

# 列传第九

常思　翟光邺　曹英　李彦頵
李晖　李建崇　王重裔　孙汉英
许迁　赵凤　齐藏珍　王环
张彦超　张颖　刘仁瞻

　　常思，字克恭，太原人也。父仁岳，河东牙将，累赠太子太师。唐庄宗之为晋王也，广募胜兵。时思以趫悍应募，累从戎役，后为长直都校，历捧圣军使。晋初，迁六军都虞侯。汉高祖出镇并门，奏以思从行，寻表为河东牢城都指挥使，以勤干见称。汉国初建，授检校太保，遥领邓州。汉有天下，迁检校太尉、昭义军节度使。乾祐初，李守贞叛于河中，太祖征之，朝廷命思帅部兵以副焉。既而御众无能，勒归旧藩。思在上党凡五年，无令誉可称，唯以聚敛为务，性双鄙吝，未尝与宾佐有酒肴之会。尝有从事欲求谒见者，思览刺而怒曰："彼必是来猎酒也。"命典客者饮而遣之，其鄙吝也如是。太祖受命，就加平章事。初，太祖微时，以季父待思，及即位，遣其妻入觐，太祖拜之如家人之礼，仍呼为叔母，其恩顾如是。广顺二年秋，思来朝，加兼侍中，移镇宋州。三年夏，诏赴阙，改授平卢军节度使。思将赴镇，奏太祖云："臣在宋州出镇，得丝十余万两，谨以上进，请行征督。”太祖领之，寻诏本州折券以谕其民。及到镇，未几，染风痹之疾，上表请医，既而舁疾归洛。显德元年春卒，年六十有九。赠中书令。《永乐大典》卷六千八百一十二。

翟光邺，字化基，濮州鄄城人。父景珂，倜傥有胆气。梁贞明初，唐庄宗始驻军于河上，景珂率聚邑人守永定驿，固守逾年，后为北军所攻，景珂战没，众溃。光邺时年十岁，为明宗军所俘，以其颖悟，俾侍左右，字之曰永定。既冠，沈毅有谋，莅事寡过。

明宗即位，时深委遇，累迁至皇城使、检校司空。长兴中，枢密使安重诲得罪，时光邺与中官孟小僧颇有力焉。居无何，出为耀州团练使。清泰初，入为左监门卫大将军。晋天福中，历棣、沂二州刺史，西京副留守。开运初，授宣徽使。杨光远叛灭，青州平，除为防御使，朝廷以兵乱之后，人物凋弊，故命光邺理之。光邺好聚书，重儒者，虚斋论议，唯求理道。时郡民丧亡十之六七，而招怀抚谕，视之如伤，故期月之间，流亡载辑。契丹入汴，伪命权知曹州。李从益假号，以光邺明宗旧臣，署为枢密使。汉祖至汴，改左领卫大将军。乾祐初，迁右金吾卫大将军，充街使、检校太保。太祖践阼，复授宣徽使、左千牛卫上将军、检校太傅。数月，兼枢密副使。会永兴李洪信入朝，代知军府。广顺二年十月，卒于长安，时年四十六。

光邺有器度，慎密敦厚，出于天然，喜愠不形于色。事继母以孝闻，兄弟皆雍睦。虽食禄日久，家无余财，任金吾日，假官屋数间，以蔽风雨，亲族累重，粝食才给，人不堪其忧，光邺处之晏如也。宾朋至，则贳酒延之，谈说终日，略无厌倦，士大夫多之。及权知京兆，以宽静为治，前政有烦苛之事，一切停罢，百姓便之。及病甚，召亲随于卧内，戒之曰：“气绝之后，以尸归洛，不得于此停留，虑烦军府。”言讫而终。京兆吏如丧所亲，或有以浆酒遥奠者。枢密使王峻素重光邺，且欲厚邺其家，为之上请，故自终及葬，所赐赗赙几千计。诏赠太子少师。光邺肤格肥晳，善于摄养，故司天监赵延义有袁、许之术，尝谓人曰：“翟君外厚而内薄，虽贵而无寿。”果如其言。《永乐大典》卷二万二千二百四十。

曹英，字德秀，旧名犯太祖庙讳，故改焉。本常山镇定人也。父全武，事赵王王镕为列校，英因得隶于镕之帐下。及张文礼之乱，唐庄宗奄有其地，乃录镕之左右，署为散指挥使。明宗即位，英侍于仗下，问其祖考，英以实对，明宗曰："乃朕之旧也。"擢为本班行首，每加顾遇。晋天福中，迁弩手军使。平张从宾于汜水，以功授本军都校。汉初，改奉国军主，加检校司徒，兼康州刺史。乾祐初，李守贞据河中叛，授行营步军都校。河中平，迁本军厢主，领岳州防御使，随太祖在魏，为北面行营步军都校，从平内难。国初，以翊戴功授昭武节度使、检校太傅、侍卫步军都指挥使。二年春，总兵讨慕容彦超于兖州，梯冲堙垒，颇有力焉。夏五月，太祖亲征，因并兵攻陷其城，及凯旋，领彰信军节度使，典军如故。世宗嗣位，加同平章事，授成德军节度使。车驾自太原回，加兼侍中。显德元年冬，卒于镇，时年四十九。制赠中书令。英性沉厚，谦恭有礼，虽衽席之际，接对宾客，亦未尝造次。及卒，缙绅之士亦皆惜之。《永乐大典》卷四千六百四十。

李彦頵，字德循，太原人也。本以商贾为业，太祖镇邺，置之左右，及即位，历绫锦副使、榷易使，世宗嗣位，以彦頵有旧，超授内客省使。未几，知相州军府事，寻改延州兵马留后。到镇颇以殖货为意，窥图赚利，侵渔蕃汉部人，群情大扰。会世宗南征，蕃部结聚，围迫州城，彦頵闭壁自守，求援于邻道，赖救兵至，乃解。世宗不悦，征赴京师，然犹委曲庇护，竟不之责。寻为西京水南巡检使，居无何，命权知泗州军州事，改沧州两使留后。彦頵到任，处置乖方，大为物情所鄙。显德六年秋，受代归阙，遇疾而卒，时年五十二。《永乐大典》卷一万三百九十。

李晖，字顺光，瀛州束城人。弱冠应募于龙骧军，汉祖领河东，晖请从，因得署为河东牙将。汉有天下，授检校司徒、大内皇城使。

未几，迁宣徽南院使。乾祐初，拜河阳节度使、检校太傅。太祖登极，加同平章事，寻移镇沧州。显德元年，就加兼侍中。二年秋，以世宗诞庆节来朝，改邠州节度使。五年，移镇凤翔。岁余，卒于镇。优诏赠中书令。晖之仪貌，不及于常人，而位极将相，年登耳顺，袁、许之术，夫何恃哉！然性贪鄙，而好小惠，以邀虚誉，故在河阳及沧州日，民皆诣阙请立碑以颂其美，识者亦未之许也。《永乐大典》卷一万三百九十。

李建崇，潞州人。少从军，善骑射。初事唐武皇，为铁林都将，转突骑、飞骑二军使。从庄宗攻常山，案巴坚旧作阿保机，今改正。来援，庄宗率亲军千骑，遇于满城，兵少，为契丹所围。时建崇为亲将，与契丹格斗，自午至申，会李嗣昭骑至，契丹乃解去。同光中，自龙武捧圣都指挥使，出历襄、秦、徐、雍都指挥使。建崇性纯厚，处身任遇，不能巧宦，以致久滞偏裨。明宗尝掌牙兵，与建崇共事，及即位，甚愍之，连授磁、沁二郡。入晋为申州刺史。天福七年冬，襄州安从进搆逆，率众寇南阳，时建崇领步骑千余屯于叶县，开封尹郑王遣宣徽使张从恩、皇城使焦继勋率在京诸军，会建崇军拒贼，至湖阳县之花山，遇从进军，建崇接战，大败之，以功授亳州团练使。襄阳平，迁安州防御使。历河阳、邢州兵马留后。汉初，入为右卫大将军。年逾七十，神气不衰。建崇始自代北事武皇，至是四十余年，前后所掌兵，麾下部曲多至节钺，零落殆尽，唯建崇虽位不及藩屏，而康强自适，以至期耄。太祖即位，授左监门卫上将军。广顺三年春卒。赠黔南节度使。《永乐大典》卷一万三百九十。

王重裔，陈州宛邱人。父达，历安、均、洛三州刺史，因家于洛。重裔幼沉厚有勇，善骑射。年未及冠，事庄宗为厅直，管契丹直。从安汴、洛，累为禁军指挥使。晋天福中，镇州安重荣谋叛，称兵指阙，朝廷命杜重威率师拒之，贼阵于宗城东，晋军进击之，再合不动。杜重威惧，谋欲抽退，重裔曰："兵家忌退，但请公分麾下兵击其两翼，重裔为公陷阵，当其中军，彼必狼狈矣。"重威从之，重荣即时退蹙，遂败。以功迁护圣右厢都指挥使，领费州刺史。汉初，仍典禁军，从征邺都平，迁深州刺史。淮夷以李守贞故数侵地，以重裔为亳州防御使，又令于徐州巡检，兼知军州，就加检校太傅。太祖践阼，加爵邑，改功臣。广顺元年夏，以疾卒，年五十三。赠武信军节度使。《永乐大典》卷六千八百五十一。

孙汉英，太原人也。父重进，事唐武皇、庄宗为大将，赐姓，名存进，《唐书》有传。汉英少事戎伍，稍至都将，迁东面马步军都指挥使。清泰初，兴元节度使张虔钊失律于岐下，遂以其地西臣于蜀，汉英兄汉韶，时为洋州节度使，因兹阴隔，亦送款于蜀，由是汉英与弟汉筠久之不调。汉乾祐中，太祖西征蒲、雍，以汉英戚里之分，奏于军中指使。蒲、雍平，班师，隐帝以汉英为绛州刺史、检校司徒。广顺元年冬卒于都。《永乐大典》卷一万八千一百三十三。

许迁，郓州人也。初为本州牙将，性刚褊。汉乾祐初，为左屯卫将军，与少府监马从赟同监造汉祖山陵法物，节财省用，减数万计。改左监门大将军，又加检校司空。汉末，权知隰州。太祖践阼，刘崇遣子钧率兵寇平阳，路由于隰，贼众攻城，城中兵少，迁感激指谕，士斗兼倍，贼众伤夷，寻自退去。太祖降诏抚谕，正授隰州刺史。迁切于除盗，嫉恶过当，或钉磔贼人，令部下脔割。误断不合死罪人，其家诣阙致讼，诏下开封府狱。时陈观为知府，素与迁不协，深劾其事，欲追迁对讼，太祖以事状可原，但罢郡而已。迁既奉朝请，因大诟陈观，谓王峻曰："相公执政，所与参议，宜求贤德。如陈观者，为儒无家行，为官多任情，苟知其微，屠沽儿耻与为侣，况明公乎！"峻无以沮之。既而婴疾，请告归汶上而卒。《永乐大典》卷一万八千一百三十三。

赵凤，冀州枣强县人，幼读书，举童子。既长，凶豪多力，以杀人暴掠为事，吏不能禁。安重荣镇常山，招聚叛亡，凤乃应募，既而犯法当死，即破械逾狱，遁而获免。天福中，赵延寿为契丹乡导，岁侵深、冀，凤往依焉。契丹主素闻其桀黠，署为羽林军使，累迁羽林都指挥使，常令将兵在边，贝、冀之民，日罹其患。晋末，契丹入洛，凤从至东京，授宿州防御使。汉祖即位，受代归阙，寻授河卫行军司马。乾祐初，入为龙武将军。丁父忧，起复授右千牛卫大将军。汉末，都城变起，兵集之夜，无不剽之室，唯凤里闾，兵不敢犯，人皆服其胆勇。广顺初，用为宋、亳、宿三州巡检使。凤出于伏莽，尤知盗之隐伏，乃诱致盗魁于麾下，厚待之，每桴鼓之发，无不擒捕，众以为能，然平民因捕盗而破家者多矣。凤善事人，或使臣经由，靡不倾财厚奉，故得延誉而掩其丑迹。太祖闻其干事，用为单州刺史，既刚忿不仁，得位逾炽，刑狱之间，尤为不道。尝掠夺人之妻女，又以进奉南郊为名，率敛部民财货，为人所讼。广顺三年十二月，诏削夺凤在身官爵，寻令赐死。《永乐大典》一万六千九百九十一。

齐藏珍·少历内职，累迁诸卫将军。前后监押兵师在外，颇称干事，然险诐无行，残忍辩给，无不畏其利口。广顺中，奉命滑州界巡护河堤，以弛慢致河决，除名，配沙门岛。世宗在西班时，与藏珍同列，每聆其谈论，或剖判世务，似有可采。及即位，自流所征还。秦、凤之役，令监偏师。及淮上用兵，复委监护，与军校何超领兵降下光州。藏珍欺隐官物甚多，超以为不可，藏珍曰："沙门岛已有屋数间，不失再去矣。"其不畏法也如此。世宗既破紫金山砦，追吴寇至涡口，因与藏珍言及克捷之状。对曰："陛下神武之功，近代无比，于文德则未光。"世宗颔之，又问以扬州之事，对曰："扬州地实卑湿，食物例多腥腐，臣去岁在彼，人以鳝鱼馈臣者，视其盘中虬屈，一如蛇虺之状，假使鹳雀有知，亦应不食，岂况于人哉！"其敷奏大率多此类，闻者无不悚然。一日，又奏云："唐景思已为刺史，臣犹未蒙圣泽。"世宗俯而从之，时濠梁未下，即命为濠州行州刺史。及张永德与李重进有间言，藏珍尝游说重进，洎寿阳兵回，诸将中有以藏珍之言上奏者。世宗怒，急召赴阙。四年夏，以其冒称检校官罪，按其事而毙之，盖不欲暴其恶迹也。《永乐大典》卷一万八千一百三十三。

王环，本真定人。唐天成初，孟知祥镇西川，环往事之，及知祥建号，环典军卫。孟昶嗣位，环兼领左、右卫。显德二年秋，王师西伐，时环为凤州节度使。初，偏师傅其城下，为环所败，裨将胡立为环所擒。是冬，王师大集，急攻其城，蜀之援兵相次败走。环闻之，守备愈坚，王师攻击数月方克。城陷，环就擒。及到阙，世宗以忠于所事，释其罪，授右骁卫大将军。四年冬，世宗南征，环随驾至泗州，遇疾而卒。《永乐大典》卷一万八千一百三十三。

张彦超，本沙陀部人也。素有却克之疾，时号为“跛子”。初，以骑射事唐庄宗为马直军使，庄宗入汴，授神武指挥使。明宗尝以为养子。天成中，擢授蔚州刺史。素与晋高祖不协，属其总戎于太原，遂举其城投于契丹，即以为云州节度使。契丹之南侵也，彦超率部众，颇为镇、魏之患。及契丹入汴，迁侍卫马军都校，寻授晋昌军节度使。汉高祖入洛，彦超飞表输诚，移授保大军节度使。乾祐初，奉诏归阙，止奉朝请而已。太祖自邺入平内难，隐帝令彦超董骑军为拒，刘子陂兵乱，彦超先谒见太祖。广顺中，授神武统军。显德三年冬，以疾终于第。制赠太子太师。《永乐大典》卷五千三百六十。

张颖，太原人，驸马都尉永德之父也。累为藩郡列校，由内职历诸卫将军。国初，以戚里之故，自华州行军司马历郓、怀二州刺史，迁安州防御使。颖性卞急峻刻，不容人之小过，虽左右亲信，亦皆怨之。部曲曹澄有处女，颖逼而娶之，澄遂与不逞之徒数人，同谋害颖，中夜挟刃入于寝门，执颖而杀之，遂奔于金陵。世宗征淮南，以永德之故，命江南李景，令执澄等送行在。及至，世宗以澄等赐永德，俾甘心而戮之。《永乐大典》卷六千三百五十二。

　　刘仁赡，略通儒术，好兵书，在泽国甚有声望。吴主知之，累迁为伪右监门卫将军，历黄、袁二州刺史，所至称治。洎李景僭袭伪位，俾掌亲军，迁鄂州节度使。居数年，复以兵柄任之，改寿州节度使。及王师渡淮，而仁赡固守甚坚。洎世宗驻跸于其垒北，数道齐攻，填堑陷壁，昼夜不息，如是者累月。世宗临城以谕之，而仁赡但逊词以谢。及车驾还京，命李重进总兵守之，复乘间陷我南砦。自是围之愈急，城中饥死者甚众。三年冬，淮寇复来救援，立砦于紫金山，夹道相属，垒然数十里，垂及寿壁，而重进兵几不能支，世宗患之，遂复议亲征。车驾至寿春，命今上率师破紫金山之众，擒其应援使陈承昭以献。仁赡闻援兵既败，计无所出，但扼腕浩叹而已。会世宗以紫金山之捷，飞诏以谕之，时仁赡卧疾已亟，因翻然纳款，而城内诸军万计，皆屏息以听其命。及见于行在，世宗抚之甚厚，赐与加等，复令入城养病，寻授天平军节度使、兼中书令。制出之日，薨于其家，年五十八。世宗闻之，遣使吊祭，命内臣监护丧事，进封彭城郡王。后以其子崇赞为怀州刺史。仁赡轻财重士，法令严肃，重围之中，其子崇谏犯军禁，即令斩之，故能以一城之众，连年拒守。逮其来降，而其下未敢窃议者，保其后嗣，抑有由焉。

　　崇赞仕周，累为郡守。幼子崇谅，后自江南归于本朝，亦位至省郎。《永乐大典》卷九千九十六。

# 旧五代史卷一二九考证

　　周列传九张颖传国初以戚里之故自华州行军司马历郓怀二州刺史迁安州防御使　案：《宋史》作事晋为安州防御使，与是书异。

　　刘仁赡传时仁赡卧疾已亟因翻然纳款　案《欧阳史》云：仁赡固守三月，病甚，已不知人，其副使孙羽诈为仁赡书以城降。是仁赡未尝亲纳款于周也。是书作翻然纳款，盖仍周实录原文，未及厘正。

案巴台，旧作阿保机，今改。　　补前赵凤传凤往依焉《宋史·荆罕儒传》云：罕儒少无赖，与赵凤、张荤为群盗。晋天福中，相率诣燕王赵延寿，得掌兵权。　　补前张颖传驸马都尉永德之父也《宋史》列传：永德，并州阳曲人，家世饶财，曾祖丕，尚气节。后唐武皇镇太原，急于用度，多严选富家子掌帑库，或调度不给，即坐诛，没入赀产。丕为之满岁，府财有余。宗人正当次补基任，率属泣拜，请丕济其急，丕又为代掌一年，卿里服其义。

旧五代史卷一三〇
周书二一

# 列传第一〇

## 王峻　慕容彦超　阎弘鲁 崔周度

王峻，字秀峰，相州安阳人也。父丰，本郡乐营使。峻幼慧黠善歌，梁贞明初，张筠镇相州，怜峻敏惠，遂畜之。及庄宗入魏州，筠弃镇南渡，以峻自随。时租庸使赵岩访筠于其第，筠召峻声歌以侑酒，岩悦，筠因以赠之，颇得亲爱。梁亡，赵氏族灭，峻流落无依，寄食于符离陈氏之家，久之弥窘，乃事三司使张延朗，所给甚薄。清泰末，延朗诛，汉祖尽得延朗之资产仆从，而峻在籍中，从历数镇，常为典客。汉祖践阼，授客省使，奉使荆南，留于襄、汉为监军，入为内客省使。及赵思绾作乱于永兴，汉隐帝命郭从义讨之，以峻为兵马都监。从义与峻不协，甚如水火。未几，改宣徽北院使。贼平，加检校太傅，转南院使。

太祖镇邺，兼北面兵马，峻为监军，留驻邺城。隐帝萧墙变起，峻亦为群小所搆，举家见害。从太祖赴阙，绸缪帷幄，赞成大事，峻居首焉。京师平定，受汉太后令，充枢密使。太祖北征，至澶州，为诸军拥迫，峻与王殷在京闻变，乃遣侍卫马军都指挥使郭崇往宋州，前申州刺史马铎往许州，以防他变，二州安然，亦峻之谋也。

太祖践阼，加平章事，寻兼右仆射、门下侍郎平章事，监修国史。时朝廷初建，四方多故，峻夙夜奉事，知无不为，每侍太祖商榷军事,未尝不移时而退,甚有裨益。然为性轻躁,举措率易,以天下之事为己任,每有启请,多自任情,太祖从而顺之,则忻然而退,稍未允可,则应声而愠,不逊之语随事辄发。太祖素知其为人,且以佐命之故,每优容之。峻年长于太祖二岁,太祖虽登大位,时以兄呼之,有时呼表字,不忘布衣之契也。峻以此益自负焉。

广顺元年冬,刘崇与契丹围晋州,峻请行应援,太祖用为行营都部署,以徐州节度使王彦超为副。诏诸军并取峻节度,许峻以便宜从事,军行资用,仰给于官,随行将吏,得自选择。将发之前,召宴于滋德殿,太祖出女乐以宠之。奉辞之日,恩赐优厚,不拘常制。及发,太祖幸西庄,亲临宴饯,别赐御马玉带,执手而别。峻至陕驻留数夕,刘崇攻晋州甚急,太祖忧其不可及,议亲征,取泽州路入,与峻会合,先令谕峻。峻遣驿骑驰奏,请车驾不行幸。时已降御札,行有日矣,会峻奏至,乃止。

峻军既过绛郡,距平阳一舍,贼军燔营,狼狈而遁。峻入晋州,或请追贼,心有大利,峻犹豫久之,翌日方遣骑军袭贼,信宿而还。向使峻极力追蹑,则并、汾之孽,无噍类矣。峻亦深耻无功,因计度增修平阳故城而回。时永兴军节度使李洪信,汉室之密戚也,自太祖践阼,恒有忧沮之意,而本城军不满千,峻出征至陕州,以救援晋州为辞,抽起数百人,及刘崇北遁,又遣禁兵千余人屯于京兆,洪信惧,遂请入朝。峻军回,太祖厚加优赐。

时慕容彦超叛于兖州,已遣侍卫步军都指挥使曹英、客省使向训率兵攻之。峻意欲自将兵讨贼,累言于太祖曰:“慕容剧贼,曹英不易与之敌耳。”太祖默然。未几亲征,命峻为随驾一行都部署,破贼之日,峻督军在城南,其众先登,颇有得色。从驾还京,未几贡表解枢机,即时退归私第。

峻贪权利,多机数,好施小惠,喜人附己。太祖登极之初,务存谦抑,潜龙将佐,未甚进用。其后郑仁诲、李重进、向训等稍迁要职,峻心忌之,至是求退,盖侦太祖之意也。未陈请之前,多发外诸侯书以求保证,旬浃之内,诸道驰骑进纳峻书,闻者惊骇其事。峻连贡三章,中使宣谕无虚日,太祖严驾将幸其第,峻闻之,即驰马入见,太祖慰劳久之,复令视事。峻又于北院之东,别建公署,廊庑厅事,高广华侈。及土木之功毕,请太祖临幸,恩赐甚厚。其后内园新起小殿,峻视之奏曰:"宫室已多,何用于此?"太祖曰:"枢密院舍宇不少,公更自兴造何也?"峻惭默而退。

时峻以前事赵岩,颇承宠爱,至是欲希赠官立碑。或谓峻曰:"赵岩以谄佞事君,破坏梁室,至今言者,无不切齿,苟如所欲,必贻物议。"乃止。岩侄崇勋,居于陈郡,峻为求官田宅以赐之,太祖亦从之。三年春,修利河堤,大兴土功,峻受诏检校。既而世宗自澶州入觐,峻素惮世宗之聪明英果,闻其赴阙,即自河次归朝。居无何,邀求兼领青州,太祖不得已而授之。既受命,求暂赴任,奏借左藏绫绢万匹,从之。

是岁,户部侍郎赵上交权知贡举,上交尝诣峻,峻言及一童子,上交不达其旨,榜出之日,童子不第,峻衔之。及贡院申中书门下,取日过堂,峻知印,判定过日。及上交引新及第人至中书,峻在政事堂厉声曰:"今岁选士不公,当须覆试。"诸相曰:"但缘已行指挥行过,临事不欲改移,况未敕下,覆试非晚。"峻愈怒,诟责上交,声闻于外。少顷,竟令引过。及罢,上诣本厅谢峻,峻又延之饮酌从容。翌日,峻奏上交知举不公,请致之法,太祖颔之而已。又奏请以颜衎、陈观代范质、李谷为相。太祖曰:"进退宰辅,未可仓卒,待徐思之。"峻论列其事,奏对不逊。太祖未食,日将亭午,诤之不已。太祖曰:"节假之内,未欲便行,已俟开假,即依所奏。"峻退至中书。是月,吏部选人过门下,峻当其事,颇疑选部不公,其拟官选人落下者三十余人。次日寒食时节,臣僚各归私第。午时,宣召宰臣、枢密使,及入,幽峻于别所。太祖见冯道已下,泣曰:"峻凌朕颇甚,无礼太过,拟欲尽去左右臣僚,翦朕羽翼。朕儿在外,专意阻隔,暂令到阙,即怀怨望。岂有既总枢机,又兼宰相,坚求重镇,寻亦授之,任其襟怀,尚未足,如此无君,谁能甘忍!"即召翰林学士徐台符等草制。其日,退朝宣制,贬授商州司马,差供奉官蒋光远投送赴商州。未几死于贬所,时广顺三年三月也。

初峻降制除青州,有司制造旌节,以备迎授。前一夕,其旄有声甚异,闻者骇之。主者曰:"昔安重诲授河中节,亦有此异焉。"又所居堂陛,忽然隐起如堆。又梦被官府追摄入司簿,即寤,心恶之,以是尤加狂躁。峻才疏位重,轻躁寡谋,听人穿鼻,既国权在手,而射利者曲为指画,乃唉饵虎臣,离间亲旧,加以善则称己,无礼于君,欲求无罪,其可得乎!《永乐大典》一万八千一百三十三。《五代史阙文》:广顺初,河东刘崇引契丹攻晋州。遣王峻率师赴援,峻顿兵于陕。周祖亲征,遣使谕之。峻见受宣讫,谓使曰:"与某驰还,附奏陛下,言晋州城坚,未易可破,刘崇兵锋方锐,不可与力争,所以驻兵者,待其气衰耳,非臣怯也。陛下新即位,不宜轻举。今朝中受圣知者,惟李谷、范质而已,陛下若车驾出氾水,则慕容彦超以贼军入汴,大事去矣。"还奏,周祖自以手提其耳曰:"几败吾事。"

慕容彦超,为兖州节度使,彦超即汉高祖之同产弟也。尝冒姓阎氏,体黑麻面,故谓之阎昆仑。《册府元龟》八百三十五。彦超镇兖州,汉隐帝欲杀周太祖,召彦超,方食,释匕箸而就道。周兵犯京师,隐帝出劳军,太后使彦超卫帝,彦超曰:"北兵何能为,当于阵上唱坐使归营。"彦超败,奔兖,隐帝遇弑。《永乐大典》卷一万七千三百八十三。周太祖时,案:《通鉴注》引《薛史·彦超传》,有"令兄事已至此"语,盖彦超以汉高祖为兄也。《通鉴》改作"今兄",似未喻其意。今全文无可考,姑附识于此。超进呈郓州节度使高行周来书,其书意即行周毁读言太祖结通彦超之意,帝览之,笑曰:"此必是彦超之诈也。"试令验之,果然。其郓州元有缺,文不相接,其为印即无阙处,帝寻令赍书示谕行周,行周上表谢恩。《永乐大典》卷一万八千四百十七。先是,填星初至角、亢,占者曰:角,郑分,兖州属焉。彦超即率军府宾佐,步出州西门三十里致祭,迎于开元寺,塑像以事之,谓之"菩萨",日至祈祷,又令民家竖黄幡以禳之。及城陷,彦超方在土星院燃香,急乃驰去。《永乐大典》卷七千八百五十八。案:慕容彦超,《永乐大典》仅存三条,今补录《册府元龟》一条,以存大概。《五代史补》:慕容彦超素有钩距。兖州有盗者,诈为大官从人,跨驴于衢中,市罗十余疋,价值既定,引物主诣一宅门,以驴付之,曰："此本宅使，汝且在此，吾为汝上白于主以请值。"物主许之。既而声迹悄然，物主怒其不出，叩门呼之，则空宅也。于是连叫"贼"巡司至，疑其诈，兼以驴收之诣府。产超悯之，且曰："勿忧，吾为汝擒此贼。"乃留物主府中，复戒廪卒高系其驴，通宵不与水草，然后密召亲信者，牵于通衢中放之，且曰："此盗者之驴耳，自昨日不与水草，其饥渴者甚矣，放之必奔归家，但可蹑踪而观之，盗无不获也。"亲信者如其言随之，其驴果入一小巷，转数曲，忽有儿戏于门侧，视其驴，连呼曰："驴归，驴归。"盗者闻之，欣然出视，遂擒之。高祖登极，改乾祐为广顺。是年，兖州慕容彦超反。高祖亲征，城将破，忽夜梦一人，状貌甚伟异，被王者之服，谓高祖曰："陛下明日当得城。"及觉，天犹未晓。高祖私谓征兆如此，可不预备乎。于是躬督将士，戮力急攻，至午而城陷。车驾将入，有司请由生方鸣鞘而进，遂取别巷，转数曲，见一处门墙甚高大，问之云夫子庙。高祖意豁然，谓近臣曰："寡人所梦，得非夫子乎？不然，何取路于此也。"因下马观之，方升堂，睹其圣像，一如梦中所见者，于是大喜，叩首再拜。近臣或谏，以为天子不合拜异世陪臣。高祖曰："夫子圣人也，百王取则，而又梦告寡人，得非夫子幽赞所及也？安得不拜！"仍以庙侧数十家为洒扫户，命孔氏袭文宣王者长为本县令。慕容彦超之被围也，乘城而望，见高祖亲临矢石，其势不可当，退而忧之，因勉其魔下曰："汝等宜为吾尽命，吾库中金银如山积，若全此城，吾尽以为赐，汝等勿患富贵。"顷之，有卒私言曰："我知库中银皆铁胎，得之何用？"于是诸军闻之，稍稍解体，未几城陷。及高祖之入也，有司阅其库藏，其间银铁胎者十有七八。初，彦超常令人开质库，有以铁银质钱者，经年后，库吏始觉，遂言之于彦超。初甚怒，顷之谓吏曰："此易耳，汝宜伪剽库墙，凡金银器用暨缣帛等，速皆藏匿，仍乱撒其余以为贼践，后申明，吾当擒此辈矣。"库吏如其教，于是彦超下令曰："吾为使长典百姓，而又不谨，遭贼剽去，其过深矣。今恐百姓疑彦超隐其物，宜令三日内各投状，明言质物色，自当倍偿之，不尔者有过。"百姓以为然，于是投状相继，翌日铁胎银主果出。于是擒之，置之深屋中，使教部曲辈昼夜造，用广府库，此银是也。

　　阎弘鲁者，后唐邢州节度使宝之子也。宝，《唐书》有传。弘鲁事唐明宗、晋高祖，累历事任。家本鲁中，泊告疾归里，慕容彦超初临，礼待极厚。及谋大逆，以弘鲁子希俊为镇宁军节度副使，在世宗幕下而恶之。闻朝廷出兵堤防，即责弘鲁曰："尔教儿捍我于朝，将覆吾族耶!"故罹其祸。

　　崔周度者,父光表,举进士甲科,卢质节制横海,辟为支使。周度有文学,起家长芦令,登朝历监察御史、右补阙,以家在齐州,欲谋葬事,恳外任,除泰宁军节度判官。而性刚烈,又以尝为谏官,睹凶帅之不法,不忍坐视其弊,加极言以谏彦超,故及斯祸。

　　太祖平兖州,诏曰:"阎弘鲁、崔周度,死义之臣,礼加二等,所以渗漏泽而贲黄泉也。尔等贞节昭彰,正容肃励,以从顺为己任,以立义作身谋,履此祸机,并罹冤横,宜伸赠典,以慰贞魂。弘鲁可赠左骁卫大将军,周度可赠秘书少监。"《永乐大典》卷九千八百二。

# 旧五代史卷一三〇考证

　　周列传十王峻传又奏请以颜愆陈观代范质李谷为相　案:颜愆、陈观,《欧阳史》作颜衎、陈周。　未几死于贬所时广顺三年三月也　案:《五代春秋》作三月诛王峻,与是书异。　补前王峻传时广顺三年三月也《通鉴》:峻至商州得腹疾,帝犹愍之,命其妻往视之,未几而卒。

旧五代史卷一三一
周书二二

# 列传第一一

## 刘皥　　张沆　　张可复　　于德辰
## 王延　　申文炳　　扈载　刘衮　　贾纬
## 赵延义　　沈遘　　李知损　　孙晟

刘皥，字克明，晋丞相谯国公昫之弟也。昫，《晋书》有传。皥少离乡里，唐天祐中，梁将刘郭袭太原，军至乐平时，皥客于县舍，为郭军所俘。谢彦章见之，知其儒者，待之以礼。谓其乡人刘去非曰："为君得一宗人。"即令皥见之去非，询其爵里，乃亲族也，对泣久之，自是，随去非客于彦章门下。彦章得罪，去非为郓州刺史，皥随之郡。

庄宗平河、洛，去非以尝从刘守奇归梁，深惧获罪，乃弃郡投高季兴于荆南，皥累为荆州摄官。既而，兄昫明宗朝为学士，遣人召归。梁汉颙镇邓州，辟为从事，入为监察御史，历水部员外郎、史馆修撰。长兴末，宰臣赵凤镇邢台，表为节度判官。清泰初，入为起居郎，改驾部员外郎，兼侍御史，知杂事，移河南少尹、兵部郎中，转太府卿。汉祖受命，用为宗正卿。周初，改卫尉卿。

广顺元年冬十月，税居于东京，夜梦鬼诧之曰："公于我冢上安床，深不奉益。"皥问鬼姓氏，曰李丕文。皥曰："君言殊诬，都城内岂可冢耶?"曰:"冢本在野,张十八郎展城时围入。"忽寤。又半月,复梦前鬼曰:"公不相信,屈观吾舍可乎?"即以手掊地,豁然见华第,花木业萃,房廊雕焕,立皞于西庑。久之,见一团火如电,前来渐近,即前鬼也。引皞深入,出其孥,泣拜如有所托。皞问丕文鬼事,曰:"冥司各有部属,外不知也。"皞曰:"余官何至?"再三不对,苦讯之,曰:"齐王判官。"皞曰:"张令公为齐王,去世久矣。今郓州高令公为齐王,余方为列卿,岂复为宾佐乎?"鬼曰:"不知也。"皞既寤,欲掘而视之。既又告人曰:"鬼虽见诉,其如吾税舍何?"乃止。

广顺二年春,朝廷以皞为高丽册使。三月,至郓。节度使高行周以皞嗜酒,留连累日,且晚沉醉。其月二十三日,晨兴栉发,状如醉寐,男泳视之,已卒矣。时年六十一。其年八月,郓帅齐王高行周亦梦鬼请齐王判官,得无是乎!皞从儒学,好聚书,嗜酒无仪检,然衷抱无他,急于行义,士友以此多之。《永乐大典》卷九千九十八。

张沆,字太元,徐州人。父严,本州牙将。沆少力学,攻词赋,登进士第。唐明宗子秦王好文,然童年疏率,动不由礼。每宾僚大集,手自出题,令面前赋诗,少不如意,则坏裂抵弃。沆初以刺谒,秦王属合座客各为《南湖厅记》,因谓沆曰:"闻生名久矣,请为此文。"沆不获已,从之。及群士记成,独取沆所为,勒之于石,由是署为河南府巡官。秦王败,勒归乡里。

晋初,桑维翰秉政,沆以文干进用,为著作佐郎、集贤校理,迁右拾遗。维翰出镇,奏为记室。从维翰入朝,授殿中侍御史。岁余,自侍御史改祠部员外郎,知制诰,召入翰林为学士。维翰罢相,冯玉用事,不欲沆居禁密,改右谏议大夫,罢其职。汉祖至汴,转右常侍,复用为学士。未几,迁工部尚书充职。明年,以营奉葬事解职,改礼部尚书。及归朝,复为学士。太祖以沆耳疾罢职,改刑部尚书。广顺二年秋,命为故齐王高行周册赠使,复命而卒。赠太子少保。

沆性儒雅,好释氏。虽久居禄位,家无余财。死之日,图书之外,唯使郓之赀耳。嗣子尚幼,亲友虑其耗散,上言于太祖,乃令三司差人主葬，余赀市邸舍，以赡其孤焉。沆记览文史，好征求辟事，公家应用，时出一联以炫奇笔，故不为冯玉所重。虽有聩疾，犹出入金门凡五六年。汉隐帝末年，杨、史遇害。翼日，沆方知之。听犹末审，忽问同僚曰："窃闻盗杀史公，其盗获否？"是时京师恟惧之次，闻者笑之。有士人申光逊者，与沆友善。沆未病时，梦沆手出小佛塔，示光逊视其上，有诗十四字，云："今生不见故人面，明月高高上翠楼。"光逊即癙，必恶之，俄闻沆卒。《永乐大典》卷六千三百五十。

张可复，字伯恭，德州平原人也。父达，累赠户部侍郎。可复略通儒术，少习吏事。梁末薄游于魏，邺王罗绍威表为安阳簿。唐天成初，依晋公霍彦威于青州，为从事。晋公以其滑稽好避事，目为"奸兔"。长兴中，入朝拜监察御史。六迁至兵部郎中。赐金紫。晋天福中，自西京留守判官入为秘书少监，改左司郎中。开运中，迁左谏议大夫。汉乾祐初，湘阴公镇徐方，朝行中选可以从戎者，因授武宁军节度副使、检校礼部尚书。及世宗镇澶渊，改镇宁军节度行军司马。三年，征拜给事中。世宗嗣位，以澶渊幕府之旧，拜右散骑常侍。显德元年秋，以疾卒，年七十三，制赠户部尚书。可复无他才，唯以谨愿保长年，加之迂懦，多为同列轻俊者所侮，而累阶至金紫，居三品之秩，亦其命耶！《永乐大典》卷六千三百五十。

于德辰，字进明，元城人也。幼敏悟，笃志好学，及射策文场，数上不调。后唐明宗镇邢州，德辰往谒焉。明宗见而器之，因得假官于属邑。后继历州县，历仕晋、汉、周官，至赠工部尚书。《永乐大典》卷三千八百三十八。

王延，字世美，郑州长丰人也。少为儒，善词赋，会乡曲离乱，不获从乡荐，因客于浮阳，随沧帅戴思远入梁。尝以所为赋谒梁相李琪，琪览之欣然，曰："此道近难其人，王生升我堂矣。"由是，人士称之。寻荐为即墨县令，历徐、宋、郓、青四镇从事。长兴初，乡人冯道、赵凤在相位,擢拜左补阙。逾年,以水部员外知制诰再迁中书舍人,赐金紫。清泰末,以本官权知贡举。时有举子崔颀者,故相协之子也。协素与吏部尚收卢文纪不睦,及延将入贡院,文纪谓延曰:"舍人以谨重闻于时,所以去冬老夫在相位时,与诸相首以长者闻奏,用掌文衡。然贡闱取士,颇多面目。说者云:'越人善泅,生子方晬,乳母浮之水上。或骇然止之,乳母曰,其父善泅,子必无溺。'今若以名下取士,即此类也。舍人当求实才,以副公望。"延退而谓人曰:"卢公之言,盖为崔颀也。纵与其父不悦,致意何至此耶!"来春以颀登甲科。其年,改御史中丞。岁满,尚书右丞。奉使两浙,吴人深重之。复命授吏部侍郎,改尚书左丞,拜太常卿,历工、礼、刑三尚书,以疾求分司西洛,授太子少保。既而连月请告,为留台所纠,改少傅致仕。广顺二年冬卒,时年七十三。

子亿仕,皇朝为殿中丞。《永乐大典》卷六千八百五十。

申文炳,字国华,洛阳人也。父鄂,唐左千牛卫将军。文炳长兴中进士擢第,释褐中正军节度推官,历孟、怀支使,郓城、陕县二邑宰。自澶州观察判官入为右补阙。晋开运初,授虞部员外知制诰,转金部郎中充职。广顺中,召为学士,迁中书舍人、知贡举。《玉壶清话》:李庆,显德中举进士,工诗,有云:"醉轻浮世事,老重故乡人。"枢密王朴以此一联荐于申文炳,文炳,知贡举,遂为第三人。显德五年秋,以疾解职,授左散骑常侍。六年秋,卒于家,时年五十。文炳为文典雅,有训诰之风。执性纾缓,待缙绅以礼,中年而卒,人皆惜之。《永乐大典》卷二千九百二十。

扈载,少好学,善属文赋,颂碑赞尤其所长。广顺初,随计于礼部,文价为一时之最。是岁,升高等。《册府元龟》卷八百四十二。载因游相国寺,见庭竹可爱,作《碧鲜赋》题其壁。世宗闻之,遣小黄门就壁录之,览而称善,因拜水部员外郎知制诰,迁翰林学士,赐绯。《宋史·李谷传》:扈载以文章驰名,枢密使王朴荐令知制诰,除书未下,朴诣中书言之，谷曰：“斯人命薄，虑不克享耳。”朴曰：“公在衡石之地，当以材进人，何得言命而遗才哉。”遂知制诰，迁翰林学士。未几，卒。世谓朴能荐士，谷能知人。而载已病，不能谢，居百余日，乃力疾入直学士院。世宗怜之，赐告还第，遣太医视疾。《永乐大典》卷一万四千八百二十七。载为翰林学士，年三十六卒。载始自解褐至终才四年，而与刘衮皆有才无命，时论惜之。《册府元龟》卷九百三十一。

　　刘衮，彭城人。神爽气俊，富有文藻，由进士第任左拾遗，与扈载齐名，年二十八而卒。《册府元龟》卷九百三十。案：《扈载传》原本残阙，今兼采《册府元龟》以存大概。


　　贾纬，真定获鹿人也。宋祁《景文集贾令君墓志铭》：贾氏自唐司空魏国公耽，世贯沧州南皮。子孙稍稍徙真定。五世祖谅，高祖瑾。曾祖处士讳初，有至性，疾世方乱，守乡里，不肯事四方。祖讳纬。少苦学为文，唐末举进士不第，遇乱归河朔。本府累署参军、邑宰。唐天成中，范延光镇定州。范延光镇定州，按延未尝当莅定，当是镇州之误。表授赵州军事判官，迁石邑县令。纬属文之外，勤于撰述。以唐代诸帝实录，自武宗已下阙而不纪，乃采掇近代传闻之事，及诸家小说，第其年月，编为《唐年补录》，凡六十五卷，识者赏之。《景文集》纬博学，善词章，论议明锐，一时诸儒皆屈。唐自武宗后，史录亡散，君掇拾残余，为《唐年补录》数十万言，叙成败事甚悉，书显于时。晋天福中，入为监察御史，改太常博士。纬常以史才自负，锐于编述，不乐曲台之任，乃陈情于相座。又与监修国史赵莹诗曰：“满朝唯我相，秉柄无亲仇，三年司大董，最切是编修，史才不易得，勤勤处处求。愚从年始立，东观思优游，昔时人未许，今来虚白头。春台与秋阁，往往兴归愁。信运北阙下，不系如虚舟。绵蕝非所好，一日疑三秋。何当适所愿，便如升瀛洲。”未几，转屯田员外郎，改起居郎、史馆修撰。又谓莹曰：“《唐史》一百三十卷，止于代宗。已下十余朝未有正史，请与同职修之。”莹以其言上奏，晋祖然之，谓李崧曰：“贾纬欲修唐史，如何？”对曰：“臣每见史官辈言唐朝近百年来无实录，既无根本，安能编纪。”纬闻崧言颇怒，面责崧沮己。崧曰："与公卿人，理须相惜，此事非细，安敢轻言。"纬与宰臣论说不已。明年春，敕修唐史。纬在籍中。月余，丁内艰，归真定。开运初，服阕，复起居郎修撰如故，寻以本官知制诰。纬长于记注，应用文笔，未能过人，而议论刚强，侪类不平之，因目之为"贾铁嘴"。

开运中，累迁中书舍人。契丹入京师，随契丹至真定。后与公卿还朝，授左谏议大夫。纬以久次纶阁，比望丞郎之拜。及迁谏署，觖望弥甚。苏逢吉监修国史，以纬频投文字，甚知之，寻充史馆修撰，判馆事。乾祐中，受诏与王伸、窦俨修汉高祖实录，纬以笔削为己任，然而褒贬之际，憎爱任情。晋相桑维翰执政，日薄纬之为人，不甚见礼，纬深衔之。及叙《维翰传》："身没之后，有白金八千铤，他物称是。"翰林学士徐台符，纬邑人也，与纬相善，谓纬曰："切闻吾友书魏公白金之数，不亦多乎？但以十目所睹，不可厚诬。"纬不得已，改为白金数十铤。纬以撰述之劳，每诣宰执，恳祈迁转，遇内难不果。太祖即位，改给事中，判馆如故。先是，窦贞固奏请修晋朝实录，既竟，亦望升擢。贞固犹在相位，乃上疏抗论除拜不平。既而，以所撰日历示监修王峻，皆媒孽贞固及苏禹珪之短，历诋朝士之先达者。恶之，谓同列曰："贾给事家有士子，亦要门阀无玷，今满朝并遭非毁，教士子何以进身！"乃于太祖前言之，出为平卢军行军司马。时符彦卿镇青州，以纬文士，厚礼之。纬妻以纬左迁，骇惋伤离，病留于京师。纬书侯之曰："勉医药，来春与子同归获鹿。"广顺二年春，纬卒。及讣至，妻一恸而终，果双枢北归，闻者叹之。纬有集三十卷，目曰《草堂集》，并所撰《唐年补录》六十五卷，皆传于世。《永乐大典》卷一万一千七百十四。

赵延义，字子英，秦州人。曾祖省躬，以明术数为通州司马，遇乱避地于蜀。祖师古，黔中经略判官。父温珪，仕蜀为司天监。温珪长于袁、许之术，兼之推步。王建时，深蒙宠待。延问得失，事微差跌，即被诘让。临终，谓其子曰："技术虽是世业，吾仕蜀已来，几由技术而死。尔辈能以他途致身，亦良图也。"延乂少以家法仕蜀，由荫为奉礼部翰林待诏。蜀亡入洛，时年三十。天成中，得蜀旧职。延乂世为星官，兼通三式，尤长于袁、许之鉴。清泰中，尝与枢密直学士吕琦同宿于内廷，琦因从容密问国家运祚，延乂曰："来年厄会之期，俟过别论。"琦讯之不已，延乂曰："保邦在刑政，保祚在福德。在刑政，则术士不敢言。奈际会诸公，罕有卓绝福德者，下官实有恤纬之僭。"其年，兼卫尉少卿。晋天福中，代马重绩为司天监。契丹入京师，随至镇州。时契丹将满达勒旧作麻答，今改正。为帅，会汉高祖定两京，控鹤都将李筠与诸校密谋劫库兵，逐契丹，犹豫末决，谋于延乂，因假以术数赞成之。契丹既去，还京师，官秩如旧。广顺初，加检校司徒，本官如故。太祖数召对焉。案《欧阳史》：周太祖自魏以兵入京师，召延乂问："汉祚短促者，天数耶？"延乂言："王者抚天下，当以仁恩德泽，而汉淫酷，刑法枉滥，天下称冤，此其所以亡也。"是时太祖方以兵围苏逢吉、刘铢第，欲诛其族，闻延乂言悚然，因贷其族，二家获全。延乂善交游，达机，兼有技术，见者欢心。二年，授太府卿，判司天监事。其年夏初，火犯灵台，延乂自言星官所忌，又言身命宫灾并，未几，其子卒。寻，又妻卒。俄而，延乂婴疾，故人省之，举手曰："多谢诸亲，死灾不可逭也。"寻卒，年五十八。赠光禄卿。《永乐大典》卷一万六千九百九十一。

沈遘，字期远，睢阳人也。父振，贝州永济令，累赠左谏议大夫。遘幼孤，以苦学为志。弱冠登进士第，释褐除校书郎，由御史台主簿拜监察御史。凡五迁，至金部郎中，充三司判官。广顺中，以本官知制诰。世宗嗣位，擢为翰林院学士，岁满，拜中书舍人充职。显德三年夏，以扈从南征，因而遇疾归，及京而卒。遘为人谦和，勤于接下，每文士投贽，必择其贤者而誉之，故当时后进之士多归焉。《永乐大典》卷一万二千一百五十六。

李知损，字化机，大梁人也。少轻薄，利口无行。梁朝时，以牒刺篇咏出入于内臣之门，由是浪得虚誉，时人目之为"李罗隐"。后累为藩镇从事，入朝拜左补阙，历刑、兵二员外、度支判官、右司郎中。坐受榷盐使王景遇厚赂，谪于均州。汉初归朝，除右司郎中兼侍御史知杂事。广顺中，拜右谏议大夫。时，王峻为枢密使。知损以与峻有旧，遂诣峻求使于江浙，峻为上言。太祖素闻知损所为，甚难之。峻曰："此人如或辱命，遣之可也。"太祖重违其请，遂可之。知损既受命，大恣其荒诞之意，遂假赀于人，广备行李。及即路，所经州郡无不强贷。又移书于青州符彦卿，借钱百万。及在邮亭，行止秽杂。王峻闻而复奏之，乃责授棣州司马。世宗即位。切于求人，素闻知损狂狷，好上封事，谓有可采，且欲闻外事，即命征还，遽与复资。数月之间，日贡章疏，多斥谗言贵近，自谋进取。又上章求为过海使。世宗因发怒，仍以其丑行日彰，故命除名，配沙门岛。知损将行，谓所亲曰："余尝遇善相者，言我三逐之后，尝居相位，余自此而三矣，子姑待我。"后岁余卒于海中，其庸诞也如此。《永乐大典》卷一万三百九十。《五代史补》：李知损，官至谏议大夫，好轻薄，时人谓之"李罗隐"。至于亲友间往还简牍，往往引里巷常谈，谓之偶对。常有朝士奉使回，以土物为赠，其意犹望却回。知损觉之，且遗书谢之曰："在小子一时间却拟送去，恐大官两罗更不将来。"乾祐中，奉使郑州。时宋彦筠为节度。彦筠小字忙儿，因宴会，彦筠酒酣，辄问曰："众人何为号足下为罗隐？"对曰："下官平素好为诗，其格致大抵如罗隐，故人为号。"彦筠曰："不然，盖为足下轻薄如罗隐耳。"知损大怒，厉声曰："只如令公，人皆谓之忙宋忙儿，未必便能放牛。"满座皆笑。

孙晟，本名凤。案《南唐书》云：孙忌，高密人，一名凤，又名晟，少举进士。性阴贼，好奸谋。少为道士，工诗于庐山简寂观，画唐诗人贾岛像悬于屋壁，以礼事之。观主以为妖妄，执杖驱出之，大为时辈所嗤。改儒服，谒唐庄宗于镇州，授秘书省著作郎。案《南唐书》云：豆卢革为相，雅知忌，辟为判官。天成初，朱守殷据夷门叛，时晟为幕宾，赞成其事。是时，晟常擐甲露刃，以十数骑自随，巡行于市，多所屠害，汴人为之切齿。城陷，朱氏被诛，晟乃匿迹更名，弃其妻子，亡命于陈、宋间。案《欧阳史》云：安重诲恶晟，以为教守殷反者晟也，画其像购之，不可得，遂族其家。晟奔于吴。与《薛史》微有详略，皆言晟因朱守殷事牵连而亡命也。《南唐书》则云：天成中，与高辇同事秦王从荣，从荣败，晟亡命至正阳。未及渡，追骑奄至，亦疑其状伟异，睨之。晟不顾，坐淮岸，扪散衣啮虱，追者乃舍去。是又以晟为秦王宾客而出亡也。与《五代史》异。会同恶者送之过淮，吴人方纳叛亡，即以伪官授之。晟亦微有词翰，李升伪尊杨溥为让皇之册文，即晟之词也。故江南尤重之。二十年间，累历伪任，财货邸第，颇适其意。晟以家妓甚众，每食不设食几，令众妓各执一食器，周侍于其侧，谓之"肉台盘"，其自养称惬也如是。案《玉壶清话》载：晟为舒州观察，有二卒白昼持刃求害晟，晟谕以祸福，解金带与之，使遁去。《南唐书》云：晟为舒州节度使，治军严。有归化卒二人，正昼挺白刃入府，求晟杀之。入自西门，吏士仓卒，莫能御适。晟闲行在东门，闻乱，得民家马乘之，奔桐城。叛卒不得晟，乃杀都押衙李建崇而逸。晟坐贬光禄卿。考孙晟在舒州，事不见五代正史，故传闻多失实。显德二年春，王师下广陵，江左惊窘，李景伪署晟为司空，令奉贡于行在。世宗遣右常侍刘悦伴之，赐与甚厚。洎随驾到阙，舍于都亭驿，礼遇殊优。每召见，饮之醇醴，问以江南事，晟但言："吴畏陛下之神武，唯以北面为求，保无二也。"先是，张永德守下蔡，素与李重进不协，每宴将校，多暴其短。一日，永德乘醉，乃大言重进潜畜奸谋，当时将校无不惊骇，由是人情大扰，后密遣亲信乘驿上言，世宗不听，亦不介意。一日，重进自寿阳去其部从，直诣永德帐下，宴饮终日而去，自此人情稍安。时李景觇而知，因密令人赍蜡书遗重进，劝为不轨，重进以其蜡书进呈，世宗览之，皆斥读言反间之言。世宗怒晟前言失实，因急召侍卫都虞侯韩通令收晟下狱，与其从者百余人皆诛之。案《南唐书》云：世宗命都承旨曹翰护至右军巡院，犹饮之酒。数酌，翰起曰："相公得罪，赐自尽。"晟怡然整衣，索笏东南望，再拜曰："臣受恩深，谨以死谢。"从者二百余人，亦皆诛死于东相国寺。翌日，宰臣上谒，世宗亲谕之，始知其事实。议者以晟昔搆祸于梁民，今伏法于梁狱，报应之道，岂徒然哉！晟性慷慨，常感李景之厚遇，誓死以报之。案《钓矶立谈》云：晟将命朝周，自知不免，私谓副使王崇质曰："吾思之熟矣，终不忍负永陵一抔土，余非所知也。"及将下狱，世宗令近臣问以江南可取之状，晟默然不对。临刑之祭，整其衣冠，南望金陵再拜，而言曰："臣惟以死谢。"遂伏诛。
《永乐大典》卷三千五十一。

# 旧五代史卷一三一考证

　　周列传十一王延传改少傅致仕　　案：《欧阳史》作以太子少保
致仕。　　贾纬传开运中累迁中书舍人　　案：王珪《华阳集·贾文元
墓志铭》作曾祖纬晋中书舍人。《宋史·贾昌朝传》因之。然纬实终
于周，非终于晋也。宋祁《景文集》又作汉、周间中书舍人。据此传，
纬仕汉、周，未尝再为舍人，疑《景文集》误。　　赵延义传　案《欧阳
史》作赵延乂。　　补前《刘皞传》视之已卒矣。《太平广记》云："衔命使吴
越，路由晖州，卒于邮亭。"

旧五代史卷一三二
世袭列传第一

# 李茂贞 从曮 从昶 茂勋　高万兴
## 允韬　韩逊 洙　李仁福 彝超
彝兴

　　李茂贞,本姓宋,名文通,深州博野人。祖铎,父端,唐乾符中镇
州有博野军,宿卫京师,屯于奉天。文通时隶本军,为市巡,累迁至
队长。黄巢犯阙,博野军留于凤翔,时郑畋理兵于岐下,畋遣文通以
本军败尚让之众于龙尾坡,以功为神策军指挥使。朱玫之乱,唐僖
宗再幸兴元,文通扈跸山南,论功第一,迁检校太保、同平章事、洋
蓬壁等州节度使,赐姓,名茂贞,僖宗亲为制字曰正臣。光化二年,
王行瑜杀朱玫于京师,李昌符拥兵于岐下,诏茂贞与陈佩等讨之。
三年,诛昌符,车驾还京,以茂贞为凤翔节度使,加检校太尉、兼侍
中陇西郡王。
　　大顺二年,观军容使杨复恭得罪,奔山南与杨守亮据兴元叛,
茂贞与王行瑜讨平之。诏以宰相徐彦若镇兴元,茂贞违诏,表其假
子继徽为留后,坚请旄钺,昭宗不得已而授之。自是,茂贞恃勋恣
横,擅兵窥伺,颇干朝政,始萌问鼎之志矣。既而逐泾原节度使张
球、洋州节度使杨守忠、凤州刺史满存皆夺据其地,奏请子弟为牧
伯,朝廷不能制。大臣奏议,言其过者,茂贞即上章论列,辞旨不逊。
奸邪者因之附丽,遂成朋党,朝政于是隳焉。昭宗性英俊,不任其
逼,欲加讨伐。乾宁初,命宰臣杜让能调发军旅,师未越境,为茂贞

所败。茂贞乘胜进屯三桥，京师大震，士庶奔散，天子乃诛中尉西门君遂、李周潼等谢之。茂贞严兵不解，势将指阙，抗言让能之罪，诛之方罢。及韦昭度、李溪为相，茂贞听崔昭纬之邪说，复沮其事，表昭度等无相业，不可置之台司，恐乱天下。诏报曰："军旅之事，吾则与藩臣图之，朝廷命相，出自朕怀。"又请授王珙河中节度使，诏报曰："太原表先至，已许王珂，不可追改。"乾宁二年五月，茂贞与王行瑜、韩建称兵入觐，京师震恐，天子御楼待之，抗表请杀宰相韦昭度、李溪以谢天下，移王珙于河中。既还，留其假子继鹏宿卫，即阎珪也。

时后唐武皇上表请讨三镇，以宁关辅。是岁七月，太原之师至河中。继鹏与中尉景宣之子继晟迫车驾幸凤翔，昭宗曰："太原军未至，鸾舆不可辄动。朕与诸王固守大内，卿等安辑京师。如太原实至，吾可以方略制之。"继鹏与景宣中尉骆全瓘因燔烧东市，中夜大噪，昭宗登承天门楼避乱，令捧日都将李云案：《新唐书》及《通鉴》俱作李筠，《薛史·韩建传》亦李筠，惟此传作李云。守楼下，继鹏率众攻云。昭宗凭轩慰谕，继鹏弯弧大呼，矢拂御衣，中楼楯。侍臣掖昭宗下楼还宫，继鹏即纵火攻宫门。昭宗召诸王谋其所向，李云奏曰："事急矣，请且幸臣营。"云乃与扈跸都将李君庆卫昭宗出启夏门，驻华严寺。晡晚，出幸南山之莎城，驻于石门山之佛寺。是月，武皇至渭北，遣副使王环奉表行在，昭宗以武皇为行营都统，进讨邠、岐。茂贞惧，斩继鹏、继晟，上表待罪，昭宗原之。武皇曰："不诛茂贞，关辅无由宁谧。"时附茂贞者奏云："若太原尽殄邠、岐，必入关辅，京师忧未艾也。"乃诏武皇与茂贞和。及行瑜诛，武皇班师，茂贞怨望骄横如故。

明年五月，制授茂贞东川节度使。仍命通王、覃王治禁军于阙下，如茂贞违诏，即讨之。茂贞惧，将赴镇。王师至兴平，夜自惊溃，茂贞因出乘之，官军大败。车驾仓卒出幸华州。茂贞之众因犯京师，焚烧宫阙，大掠坊市而去。自此，长安大内尽为丘墟矣。四年，昭宗复命宰臣孙偓统军进讨，韩建谏止，令茂贞上章请雪。光化中，加茂贞尚书令、岐王，令其子继筠以兵宿卫。

天复元年十月，梁祖攻同、华，势逼京师。十一月六日，继筠与中尉韩全诲劫昭宗幸凤翔，茂贞遂与全诲矫诏，征兵天下，将讨梁祖。宰相崔裔召梁祖，引四镇之兵屯岐下，重沟复垒围守。三年，茂贞山南诸州尽为王建所陷，泾、原、秦、陇、邠、鄜、延、夏皆降于汴。茂贞独据孤城，内外援绝，乃请车驾还京，求和于汴，即斩韩全诲等二十人，首级送于梁祖，自是兵力殚尽，垂翅不振。惧梁祖复讨，请落尚书令，许之。《九国志·李彦琦传》：彦琦，本姓杨氏，凤翔李茂贞委以心腹之任，易姓李氏，齿于诸子。后昭宗西幸，梁祖迎驾，攻逼岐下者累年，及昭宗东还，长围方解。大军之后，府库空竭，彦琦请使甘州以通回鹘，往复二载，美玉、名马相继而至，所获万计，茂贞赖之。及梁祖建号，茂贞与王建会兵于太原，志图兴复，竟无成功。茂贞疆土危蹙，不遂僭窃之志，但开岐王府，署天官，目妻为皇后，鸣鞘掌扇宣词令，一如王者之制。然尚行昭宗之正朔焉。茂贞鼠形多智数，军旅之事，一经耳目，无忘之者。性至宽，有部将符道昭者，人或告其谋变，茂贞亲至其家，去其爪牙，熟寝经宿而还。军士有斗而诉者，茂贞曰："吃令公一碗不托，与尔和解。"遂致上下服之。尤善事母，母终，茂贞哀毁几灭性，闻者嘉之。但御军整众，都无纪律，当食则造庖厨，往往席地而坐，内外持管钥者，亦呼为司空太保，与夫细柳、大树之威名，盖相远矣。及庄宗平梁，茂贞自为季父，以书贺之。及闻庄宗入洛，惧不自安，方上表称臣，寻遣其子继曮来朝，诏茂贞仍旧官，进封秦王，所赐诏敕不名。又以茂贞宿望耆老，特加优礼。及疾笃，遣中使赐医药问讯。同光二年夏四月薨，年六十九。谥曰忠敬。子从曮嗣。《永乐大典》一万三百九十。

从曮，茂贞之长子也。未冠，授谘议参军，则绯鱼袋，寻迁领彭州副使、凤翔衙门都指挥使。天复中，自秦王府行军司马、检校太尉出为泾州两使留后。茂贞寻承制加开府仪同三司、检校太尉、兼侍中，四镇北庭行军、彰义军节度使。及唐庄宗平梁，茂贞令从曮入觐，制加从曮兼中书令。俄而茂贞薨，遗奏权知凤翔军府事，诏起复，授凤翔节度、管内观察处置等使。三年九月，以魏王继岌伐蜀，诏充供军转运应接使。四年正月，蜀平，继岌命部属王衍一行东下，至岐，监军使柴重厚不与符印，促令赴阙。从曮至华下，闻内难归镇。明宗诏诛重厚，从曮以军民不扰，重厚之力也，不以前事为隙，上表论救，事虽不允，时议嘉之。天成元年五月，制落起复，加检校太师。其年九月，敕曰："李从曮等世联宗属，任重藩宣，庆善有称，忠勤甚著。既预维城之列，宜新定体之文，是降宠光，以隆敦叙，俾焕承家之美，贵从犹子之规，宜于'曮'、'昶'、'照'上改称从。"自长兴元年，明宗有事于南郊，从曮入觐，礼毕，移镇汴州。四年，复入觐，改天平军节度使。及唐末帝起兵于岐下，尽取从曮家财器仗，以助军须。末帝发离岐城，吏民扣马，乞以从曮为帅，末帝许之。清泰初，即以从曮复为凤翔节度使，仍封秦国公。晋高祖登极，继封岐王、秦王，累食邑至一万五千户，食实封一千五百户。少帝嗣位，加守太保。开运三年冬，卒于镇，年四十九。

从曮少敏悟，善笔札，性柔和，无节操。当庄宗新有天下，因入觐，献宝装针珇于皇后宫，时以为佞。但进退闲雅，慕士大夫之所为，有请谒者，无贤不肖皆尽其敬。镇于岐山，前后二纪，每花繁月朗，必陈胜会以赏之，客有困于酒者，虽吐茵堕帻而无厌色。左右或有过，未尝笞责。先人汧、陇之间，有田千顷，竹千亩，恐夺民利，不令理之，致岐阳父老再陈借寇之言，良有以也。

子永吉，历数镇行军司马。《永乐大典》卷一万三百九十。《五代史补》：李曮，岐王之子，昆仲间第六，官至中书令，世谓之"六令公"，性情好戏，为凤翔节度，因生辰，邻道持贺礼，使毕至。有魏博使，少年如美妇人，秦凤使，矬陋且多髯。二人坐又相接，而魏使在下，曮因曰："二使车一妍一丑，何不相嘲以为乐事。"魏博使恃少俊先起曰："今日不幸与水草大王接席。"秦凤使徐起应曰："水草大王不敢承命，然吾子容貌如此，又坐次相接，得非水草大王夫人耶？"在坐皆笑。

从昶，茂贞之第二子也。十余岁，署本道中军使。后唐同光中，茂贞疾，从昶年十五，遣代兄从曮为泾州两使留后，朝廷寻加节制。

天成中,明宗即位,改镇三峰,累官至检校太保。会郊天大礼,表请入觐,以恩加检校太傅。俄有代归阙,授左骁卫上将军,改右龙武统军。未几,出镇许田,在镇三年。清泰中,复入为右龙武统军,再迁左龙武统军。晋天福三年冬,卒于官,时年四十。赠太尉。

从昶生于纨绮,少习华侈,以逸游宴乐为务,而音律图画无不通之。然性好谈笑,喜接宾客,以文翰为赏,曾无虚日。复笃信释氏,时岐下有僧曰阿阇黎,通五天竺语,为士人所归。从昶凡历三镇,无尤政可褒,无苛法可贬,人用安之,亦将门之令嗣也。

弟从照,历陇州刺史、诸卫大将军,卒。《永乐大典》卷一万三百九十。

茂勋,茂贞之从弟也。唐末为凤翔都将,茂贞表为鄜州节度使,累官至兼侍中。梁祖之围凤翔也,茂勋兵屯岐山,梁祖以羸师诱之,命孔勍潜率劲兵袭下鄜州,尽俘其家,茂勋遂归于梁,改名周彝,署元帅府行军司马。开平中,为河阳节度使,从梁祖伐镇州,围枣强县。时有一民缒城而出,茂勋纳之而不疑。一日,其民窃发,以木檛击茂勋,踣于地,赖左右救至仅免。居无何,迁金吾上将军,副王瓒将兵于景店,瓒令分屯西寨,庄宗击而败之,降为左卫上将军。逾年,以太子太傅致仕。同光中,复名茂勋。天成初,以疾卒于洛阳。《永乐大典》卷一万三百九十。

高万兴,河西人。祖君佐,鄜延节度判官,父怀迁都押衙。万兴与弟万金俱有武干,效用于平军。河西自王行瑜败后,郡邑皆为李茂贞之所强据,以其将胡敬璋为节度使,万兴为敬璋骑将,昆弟俱有战功。邠州节度使杨崇本者,茂贞之假子也,号李继徽。梁祖既弑昭宗,茂贞、继徽与西川王建之师会于岐阳,以图兴复,皆陈兵关辅,梁祖遣将王重师守雍州、刘知俊守同州以拒之。天祐五年冬,敬璋卒,崇本以其爱将刘万子为鄜延帅,万子以凶暴而失士心。又,崇本为汴人所攻。六年二月,万子葬敬璋,将佐皆集于葬所,万兴、万金因会纵兵攻万子,杀之,归款于汴。梁祖以万兴为鄜延招抚使,与刘知俊合兵攻收鄜、坊、丹、延等州，梁祖乃分四州为二镇，以万兴、万金皆为帅。及万金卒，梁祖以万兴兼彰武、保大两镇，累加至太师、中书令，封北平王。庄宗定河洛，万兴来朝，预郊礼陪位，既还镇复以旧爵授之。同光三年十二月，卒于位，以其子允韬权典留后。《永乐大典》卷五千五百三十八。

允韬，字审机。初仕梁朝，起家授同州别驾，寻加检校右仆射，改金紫光禄大夫、检校司空，充保大军内外马步军指挥使。唐同光中，检校太保、充保大军两使留后。万兴卒，允韬自理所奔丧。天成初，起复检校太傅，充延州节度使。长兴元年，移镇邢州，顷之，为右龙武统军，未几，授滑州节度使。清泰二年八月，卒于任，年四十二。诏赠太师。《永乐大典》卷五千五百三十八。

韩逊，本灵州之列校也。会唐季之乱，因据有其地，朝廷乃授以节钺。梁初，累加检校太尉、同平章事。开平中，梁将刘知俊自同州叛归凤翔，李茂贞以地褊不能容，乃借兵以窥灵武，且图牧圉之地。知俊乃帅邠、岐、秦、泾之师数万攻逊于灵州，逊极力以拒之，久之，知俊遁去，梁祖嘉之。自是，累加官至中书令、封颍川郡王。逊亦善于为理，部民请立生祠堂于其地，梁祖许之，仍诏礼部侍郎薛廷珪撰文以赐之，其庙至今在焉。贞明初，逊卒于镇。《永乐大典》卷一万八千一百二十七。

洙，逊之子也。逊卒，三军推为留后。梁末帝闻之，起复正授灵武节度使、特进、检校太傅、同平章事。贞明四年春，灵武将军尚贴敏等上言，洙已服阕，乞落起复。梁末帝令中书商量，宰臣奏曰："旧例藩镇起复，如先人已是一品阶，即与加爵；如未是一品阶，即合加阶。"乃授洙开府仪同三司。唐庄宗、明宗累加官爵。天成四年夏，洙卒，朝廷以其弟澄为朔方军节度观察留后。是岁，有列校李宾作乱，部内不安，乃遣使上表，请帅于朝廷。明宗命前磁州刺史康福为朔方河西等军节度、灵威雄警凉等州观察处置度支、温池榷税等

使,仍遣福领兵万人赴镇,其后灵武遂受代焉。《永乐大典》卷三千六
百七十五。

李仁福,世为夏州牙将,本拓拔氏之族也。唐乾符中,有拓拔思
恭为夏州节度使。广明之乱,唐僖宗在蜀诏以思恭为京城西北收复
都统,预破黄巢有功,僖宗赐姓,故仁福亦以李为氏。思恭卒,弟思
谏继之。梁开平元年,授思谏检校太尉、兼侍中。二年,思谏卒,三
军立其子彝昌为留后,寻起复正授旄钺。三年春,牙将高宗益等作
乱,彝昌遇害。时仁福为审部指挥使,本州军吏迎立仁福为帅。其
年四月,梁祖降制,授仁福检校司空,充定难军节度使。未几,后唐
武皇遣大将周德威会邠、凤之师五万,同攻夏州,仁福固守月余,梁
援军至,德威遁去,梁祖喜之,超授检校太保、同平章事。仁福自梁
贞明龙德及后唐同光中累官至检校太师、兼中书令,封朔方王。长
兴四年三月,卒于镇。其年追封岐王。子彝超嗣。《永乐大典》卷一万
八千一百三十三。

彝超,仁福之次子也,历本州左都押牙、防遏使。仁福卒,三军
立为帅,矫为仁福奏云:“臣疾已甚,已委彝超权知军州事,乞降真
命。”明宗闻之,遂以彝超为延州留后,以延帅安从进为夏州留后。
朝廷虑不从命,诏邠州节度使药彦稠、宫苑使安从益等率师援送从
进赴镇,仍降诏谕之云:

近据西北藩镇奏,定难军节度使李仁福薨。朕以仁福自分
戎阃,远镇塞垣,威惠俱行,忠孝兼著。当本朝播越之后,及先
皇兴复之初,爰及眇躬,益全大节,统临有术,远迩咸安。委仗
方深,凋殒何速!忽窥所奏,深怆予怀,不朽之功,既存于社稷;
有后之庆,宜及于子孙。但以彼藩地处穷边,每资经略,厥子年
才弱冠,未历艰难,或亏驾御之方,定启奸邪之便。其李彝超已
除延州节度观察留后,便勒赴任。但夏、银、绥、宥等州,最居边
远,久属乱离,多染夷狄之风,少识朝廷之命,既乍当于移易,
宜普示于渥恩。应夏、银、绥、宥等州管内,罪无轻重,常赦所不

原者,并公私债负、残欠税物,一切并放。兼自刺史、指挥使、押衙已下,皆勒依旧,各与改转官资。

朕自总万几,惟弘一德,内安华夏,外抚戎夷,先既怀之以恩,后必示之以信。且如李从曮之守岐、陇,疆土极宽;高允韬之镇鄜、延,甲兵亦众。咸能识时知变,举族归朝。从曮则见镇大梁,允韬则寻除钜鹿,次及昆仲,并建节旄,下至将僚,悉分符竹。又若王都之贪上谷,李宾之吝朔方,或则结构契丹,偷延旦夕;或则依凭党项,窃据山河。不禀除移,唯谋旅拒,才兴讨伐,已见覆亡。何必广引古今,方明利害?只陈近事,聊谕将来。彼或要覆族之殃,则王都、李宾足为鉴戒;彼或要全身之福,则允韬、从曮可作规绳。朕设两途,尔宜自择。或虑将校之内,亲要之间,幸彼幼冲,恣其荧惑,遂成骚动,致累生灵。今特差邠州节度使药彦稠部领马步兵士五万人骑,送安从进赴任,从命者秋毫勿犯,违命者全族必诛。先令后行,有犯无赦云。

其年夏四月,彝超上言:“奉诏授延州留后,已迎受恩命,缘三军百姓拥隔,未敢赴任。”明宗遣阁门使苏继彦赍诏促之。五月,安从进领军至城下,彝超不受代,从进驻军以攻之。秋七月,彝超昆仲登城谓从进曰:“孤弱小镇,不劳王师攻取,虚烦国家饷运,得之不武,为仆闻天子,乞容改图。”时又四面党项部族万余骑,薄其粮运,而野无刍牧,关辅之人,运斗粟束藁,动计数千,穷民泣血,无所控诉,复为蕃部杀掠,死者甚众。明宗闻之,乃命班师。彝超亦上表谢罪,乃授彝超检校司徒,充定难军节度使,既而修贡如初。清泰二年,卒于镇。弟彝兴袭其位。《永乐大典》卷一万八千一百三十三。

彝兴,本名彝殷,宋受命之初,以犯庙讳,故改之。彝超既卒,时彝兴为夏州行军司马。三军,推为留后。唐末帝闻之,正授定难军节度使。晋天福初,加检校太尉、同平章事。少帝嗣位,加检校太师。八年秋,彝兴弟绥州刺史彝敏,与其党作乱,为彝兴所逐,彝敏奔延州,彝兴押送到阙,骨肉二百余口,朝廷以彝兴之故,縶送本道斩之。开运元年春，诏以彝兴为契丹西南面招讨使。汉乾祐元年春，加兼侍中。是岁，李守贞叛于河中，潜使人搆之，彝兴为之出师，驻于延州之北境。既而闻守贞被围，乃收军而退。周显德中，累加至守太傅、兼中书令、封西平王。皇朝建隆元年春，制加守太尉，始改名彝兴。乾德五年秋，卒于镇。制赠太师，追封夏王。子光睿继其位，其后事具皇朝日历。《永乐大典》卷一万八千一百三十。

# 旧五代史卷一三二考证

　　世袭列传一李茂贞传捧日都将李云　案：《新唐书》及《通鉴》俱作李筠，是书《韩建传》亦作李筠，惟此传作李云。　李茂勋传一日其民窃发以木檛击茂勋踣于地　案：《通鉴考异》引《唐余录》云："枣强民欲击梁祖，误中茂勋。"盖传闻之异辞也，附识于此。　高万兴传五年冬敬璋卒　卒，原本讹平。今据文改正。李仁福传拓拔思恭　案：思恭，《欧阳史》作思敬。

# 旧五代史卷一三三
## 世袭列传第二

# 高季兴 <small>从海保融</small>　马殷 <small>希范等</small>
<small>刘言</small> 钱镠 <small>元瓘 佐 倧 俶</small>

　　高季兴，字贻孙，陕州硖石人也。本名季昌，及后唐庄宗即位，避其庙讳改焉。幼隶于汴之贾人李七郎，梁祖以李七郎为子，赐姓名友让。梁祖尝见季兴于仆隶中，其耳面稍异，命友让养之为子。梁祖以季兴为牙将，渐能骑射。唐天复中，昭宗在岐下，梁祖围凤翔日久，众议欲班师，独季兴谏止之，语在《梁祖纪》中。既而，竟迎昭宗归京，以季兴为迎銮毅勇功臣、检校大司空、行宋州刺史。从梁祖平青州，改知宿州事，迁颍州防御使，梁祖令复姓高氏，擢为荆南兵马留后。荆州自唐乾符之后，兵火互集，井邑不完，季兴招辑离散，流民归复，梁祖嘉之，乃授节钺。梁开平中破雷彦恭于朗州，加平章事。荆南旧无外垒，季兴始城之，遂厚敛于民，招聚亡命，自后僭臣于吴、蜀，梁氏稍不能制焉。因就封渤海王。尝攻襄州为孔勍所败。

　　及庄宗定天下，季兴来朝于洛阳，加兼中书令。时论多请留之，郭崇韬以方推信义于华夏，请放归藩。季兴促程而去，至襄州，酒酣谓孔勍曰：“是行有二错：来朝一错，放回二错。”洎至荆南谓宾佐曰：“新主百战方得河南，对勋臣夸手抄《春秋》，又竖手指云：我于指头上得天下。如此则功在一人，臣佐何有？且游猎旬日不回，中外之情，其何以堪？吾高枕无忧矣。”乃增筑西面罗城，备御敌之具。时梁朝旧军多为季兴所诱，由是兵众渐多，跋扈之志坚矣。明年，册拜南平王。魏王继岌平蜀，尽选其宝货，浮江而下，船至峡口，会庄宗遇祸，季兴尽邀取之。明宗即位，复请夔、峡为属郡。初俞其请，后朝廷除刺史，季兴上言称已令子弟权知郡事，请不除刺史。不臣之状既形，诏削夺其官爵。天成初，命西方邺兴师收复三州，又遣襄州节度使刘训总兵围荆南，以问其罪。属霖潦，班师。三年冬，季兴病脚气而卒。其子从诲嗣立，累表谢罪，请修职贡，由是复季兴官爵，谥曰武信。《永乐大典》卷一万八千三百一十一。

从诲，初仕梁，历殿前控鹤都头、鞍辔库副使、左军巡使、如京使、左千牛大将军、荆南牙内都指挥使、领濠州刺史、改归州刺史，累官至检校太傅。初，季兴之将叛也，从诲常泣谏之，季兴不从。天成三年冬，季兴薨，从诲乃上表谢罪，复修职贡，明宗嘉之。寻命起复，授荆南节度使、兼侍中。长兴三年，加检校太尉。应顺中，封南平王。清泰初，加检校太师。晋天福中，加守中书令。六年，襄州安从进反，王师攻讨，从诲馈军食以助焉，诏书褒美，寻加守尚书令，从诲上章固让，朝廷遣使敦勉，竟不受其命。时有术士言：从诲年命有厄，宜退避宠禄故也。及契丹入汴，汉高祖起义于太原，间道遣使奉贡，密有祈请，言俟车驾定河、汴，愿赐郢州为属郡，汉祖依违之。及入汴，从诲致贡，求践前言，汉高祖不从。从诲怒，率州兵攻郢州，旬日为刺史尹实所败，自是朝贡不至。从诲东通于吴，西通于蜀，皆利其供军财货而已。末年，以镇星在翼轸之分，乃释罗纨，衣布素，饮食节俭，以禳灾咎。寻令人祈托襄州安审琦，请归朝待罪，朝廷亦开纳之。汉乾祐元年冬十一月，以疾薨于位。诏赠尚书，谥曰文献。

子保融嗣位，至荆南节度使、守太傅、中书令，封南平王。皇朝建隆元年秋，卒。谥曰贞懿。其诸将之倚任者，则有王保义。

保义本姓刘，名去非，幽州人。少为县吏，粗暴无行，习骑射，敢斗击。刘仁恭之子守奇善射，唯去非许以为能，守奇以兄守光夺父位，亡入契丹，又自契丹奔太原，去非皆从之。庄宗之伐燕也，守奇从周德威引军前进，师次涿州。刺史姜行敢登陴固守，去非呼行敢曰：“河东小刘郎领军，来为父除凶尔，何敢拒？”守奇免胄劳之，行敬遥拜，即开门迎降。德威害其功，密告庄宗，言守奇心不可保。庄宗召守奇还计事，行次土门，去非说守奇曰：“公不施寸兵下涿郡，周公以得非己力，必有如簧之间。太原不宜往也。公家于梁素有君臣之分，宜往依之，介福万全矣。”守奇乃奔梁。梁以守奇为沧州留后，以去非为河阳行军司马。时谢彦章移去非为郓州刺史，及庄宗平河洛，去非乃弃郡归高季兴，为行军司马，仍改易姓名。自是，季兴父子倚为腹心。凡守藩规画，出兵方略，言必从之。乾祐元年夏，高从诲奏为武泰军节度留后，依前荆南行军司马加检校太尉后，卒于江陵。《永乐大典》卷一万八千一百一十一。

　　保勗，季兴之幼子也，钟爱尤甚。季兴在世时，或因事盛怒，左右不敢窃视，唯保勗一见，季兴则怒自解，故荆人目之为万事休。皇朝建隆四年春卒。是岁荆门之地不为高氏所有，则万事休之言，盖先兆也。《永乐大典》卷五万五千五百三十九。《五代史补》：高季兴，本陕州陕人。为太祖裨将，出为郓州防御使。时荆南成汭征鄂州，不利而卒。太祖命季兴为荆南留后。到未几，为武陵土豪雷彦恭作乱，季兴破之，遂以功授荆南节钺。庄宗定天下，季兴首入觐，因拜中书令，封南平王。初季兴尝从梁太祖出征，引军早发，至逆旅未晓，有姬秉烛迎门，具礼甚厚，季兴疑而问之，对曰：“妾适梦有人叩关，呼：‘速起！速起！有裂土王来。’及起盥漱毕，秉烛开门，而君子奄至，得非所谓王者耶，所以不敢亵慢尔。”季兴喜，及来荆南，竟至封王。高从诲，季兴之庶子而处长，为性宽厚，虽士人不如也。天成中，季兴叛，从诲力谏之不从。及季兴卒，朝廷知从诲忠，使嗣，亦封南平王。初，季兴之事梁也，每行军常以爱姬张氏自随。一旦军败，携之而窜，遇夜，误入深涧中。时张氏方妊行迟，季兴恐为所累，俟其寝酣，以剑刺岸边。欲压杀之，然后驰去。既而岸欲崩，张氏且惊起，呼季兴曰：“妾适梦大山崩而压妾身，有神人披金甲执戈以手托之遂免。”季兴闻之，谓必生贵子，遂挈之行，后生从诲。梁震蜀郡人。有才略，登第后寓江陵，高季兴素闻其名，欲任为判官。震耻之，然难于拒，恐祸及，因谓季兴曰：“本山野鄙夫也，非有意于爵禄，若公不以孤陋，令陪军中，末议，但白衣从事可矣。”季兴奇而许之，自是，震出入门下，称前进士而已。同光中，庄宗得天下，季兴惧而入觐，时幕客皆赞成，震独以为不可，谓季兴曰：“大王本梁朝，与今上世称仇敌，血战二十年，卒为今上所灭。神器大宝虽归其手，恐余怒未息。观其旧将，得无加害之心，宜深虑焉。"季兴不从。及至，庄宗果欲留之，枢密郭崇韬切谏以为不可："天下既定，四方诸侯虽相继称庆，然不过子弟与将吏耳。惟季兴能躬自入觐，可谓尊奖王室者也。礼待不闻加等，反欲留縻之，何以来远臣？恐此事一行，则天下解体矣。"庄宗遂令季兴归行。已浃旬，庄宗易虑，遽以诏命襄州节度使刘训伺便卫之，时季兴至襄州就馆而心动，谓吏曰："吾方寸扰乱，得非朝廷使人追而杀吾耶？梁先辈之言中矣，与其住而生，不若去而死。"遂弃辎重，与部曲趋健者数百人南奔至凤林关，已昏黑，于是斩关而去。既而，是夜三更向之急递果至，襄州刘训料其去远，不可追而止。自是，季兴怨愤，以兵袭取复州之监利、玉沙二县，命震草奏请，以江为界。震又曰："不可，若然则师必至矣，非大王之利也。"季兴怒，卒使为之，既而奏发，未几，朝廷遣夏鲁奇、房知温等领兵来伐。季兴登城望之，见其兵少，喜欲开城出战，震复谏曰："大王何不思之甚耶？且朝廷礼乐征伐，之所自出兵虽小，而势实大，加以四方诸侯各以自吞噬为志，但恨未见得其便耳。若大王不幸，或得一战胜，则朝廷征兵于四方，其谁不欲仗顺而起，以取大王之土地耶！如此则则社稷休矣。为大王计者，莫若致书于主帅，且以牛酒为献，然后上表自劾，如此庶几可保矣。不然，则非仆之所知也。"季兴从之，果班师。震之裨赞皆此类也。洎季兴卒，子从诲继立，震以从诲生于富贵，恐相知不深，遂辞居于龙山别业，自号处士。从诲见召，皆跨黄牛直抵厅事前下，呼从诲不以官阀，但充召而已。末年尤好篇咏，与僧齐已友善，贻之诗曰："陈琳笔砚甘前席，角里烟霞忆共眠。"盖以写其高尚之趣也。

　　马殷，字霸图，许州鄢陵人也。案：《通鉴》作扶沟人，《欧阳史》从《薛史》。少为木工，及蔡贼秦宗权作乱，始应募从军。初随孙儒渡淮，陷广陵。及儒败于宣州，殷随别将刘建峰过江西，连陷洪、鄂、潭、桂等州，建峰尽有湖南之地，遂自为潭帅。顷之，建峰为部下所杀，潭人推行军司马张佶为帅。时殷方统兵攻邵州，佶曰："吾才不及马殷。"即䘏殷付以军府事，殷自邵州旋师，犒劳将士，诛害建峰者数十人，自为留后。久之，朝廷命为湖南节度使，遂有潭衡七州之地。唐天复中，杨行密急攻江夏，杜洪求援于荆南，成汭举舟师援之。时沣朗节度使雷彦恭乘汭出师袭取荆州，载其宝货，焚毁州城而去。彦恭东连行密，断江岭行商之路。殷与高季兴合势攻彦恭于沣朗，数年擒之，尽有其地。乃以张佶为朗州节度使，由是兵力雄盛。殷于梁贞明中，为时姑息所求，皆允累官至守太师、兼中书令，封楚王。又上章请依唐秦王故事，乃加天策上将军之号。又请官位内添制置静江、武平、宁远等军事，皆从之。既封楚王，仍请依唐诸王行台故事，署置天官幕府，有文苑学士之号，知诏令之名，总制二十余州，自署官吏，征赋不供，民间洒茶并抑而买之。又自铸铅铁钱，凡天下商贾所赍宝货入其境者，只以土产铅铁博易之无余，遂致一方富盛。穷极奢侈，贡奉朝廷不过茶数万斤而已。于中原卖茶之利，岁百万计。唐同光初，首修职贡，复授太师、兼尚书令、楚王。天成初，加守尚书令。长兴二年十一月十日，薨于位，时年七十八。明宗闻之，废朝三日，谥曰武穆。

子希声嗣。

初，殷微时，隐隐见神人侍侧，因默记其形像。及贵，因谒衡山庙，睹庙中神人塑像，宛如微时所见者。则知人之贵者，必有阴物护之，岂偶然哉。《永乐大典》卷一万八一百二十八。案：以下原本残阙。

希范，晋天福中，授江南诸道都统，又加天策上将军、溪州洞蛮彭士愁寇辰、沣二州，希范讨平之，士愁以五州乞盟，乃铭于铜柱。希范自言汉伏波将军援之后，故铸铜柱以继之。《永乐大典》卷八千二百二十一。案：此传有阙文。《马希广》、《希萼传》全篇俱佚。《五代史补》：高郁，为武穆王谋臣，庄宗素闻其名，及有天下，且欲离间之。会武穆王使其子希范入觐，庄宗以希范年少易激发，因其数奏敏速，乃拊其背曰："国人皆言马家社稷必为高郁所取，今有子如此，高郁安得取此耶！"希范居常嫉郁，忽闻庄宗言，深以为然。及归，告武穆，请诛之，武穆笑曰："主上争战得天下，能用机数，以郁资吾霸业，故欲间之耳！若梁朝罢王彦章兵权也。盖遭此计，必至破诛灭，今汝诛郁，正落其彀中，慎勿言也。"希范以武穆不决，祸在朝夕，因使诬告郁谋反而族灭之。自是，军中之政，往往失序，识者痛之。初，郁与武穆俱起行阵，郁贪且僭，常以所居之井不甚清澈，思所以澄汰之，乃用银叶护其四方，自内至外皆然，谓之"拓里"。其奉养过差，皆此类也。故庄宗得以媒蘖。自后，阴晦中见郁，后竟为所患尔。马希范，武穆之嫡子，性奢侈。嗣位未几，乞依故事，置天策府。僚属于是擢从事有才行者，有若都统判官李铎、静江府节度判官潘玘、武安军节度判官拓跋坦、都统掌书记李皋、镇南节度判官李庄、昭顺军节度判官徐收、沣州观察判官彭继英、江南观察判官廖图、昭顺军观察判官徐中雅、静江府掌书记邓懿文、武平军节度掌书记李松年、镇南军节度掌书记卫旿、昭顺军观察支使彭继勋、武平军节度推官萧铢、桂管观察推官何仲举、武安军节度巡官孟玄晖、容管节度推官刘昭禹等十八人，并为学士。其余列校，自袁友恭、张少敌等各以次授任。莫不大兴士木，以建兴府庭，其最为壮丽者即有九龙、金华等殿。殿之成也，用丹砂涂其壁，凡用数十万斤石，每僚吏谒见，将升殿，但觉丹砂之气蔼然袭人。其费用也皆此类。初，教令既下，主者以丹砂非卒致之物，相顾忧色。居无何，东境山崩，涌出丹砂，委积如丘陵，于是收而用之。契丹南侵，闻其事，以为希范非常人，遽使册为尚父。希范得册，以为契丹推奉，欣然当之矣。丁思仅，素有才略，为马氏骑将。以希范受契丹册命，深耻之。因谓希范曰：“今朝廷失守，正忠臣义士奋发之时，使驰檄四方，引军直趋京师，驱契丹，天子反正，然后凯旋。如此，则齐桓、晋文不足数矣。时不可失，愿大王急图之。”希范本无远略，加以兴作府署未毕，不忍弃去，遂寝思仅之谋。思仅不胜其愤，谓所亲曰：“古人疾没世而名不称，今遭逢扰攘，不能立功于天下，反顾恋数间屋子乎！诚可痛也。”自是，思仅常怏怏。文昭王夫人彭氏，封秦国夫人，常往城北报恩寺烧香。时僧魁谓之长老，问曰：“夫人谁家妇女？”彭氏大怒，索檐子疾驱而归，文昭惊曰：“何归之速也？”夫人曰：“今日好没兴，被个老秃兵问妾是谁家妇女，且大凡妇女皆不善之辞，安得对妾而发！”文昭笑曰：“此所谓禅机也，夫人宜答：弟子是彭家女，马家妇。是则通其理矣，何怒之有乎！”夫人素负才智，耻不能对，乃曰：“如此则妾所谓无见性也。”于是惭赧数日。石文德，连州人，形质矬陋，好学，尤工诗。霸国时屡献诗求用，文昭以其寝陋未曾礼待，文德由是穷悴。有南宅王子者，素重士，延于门下，其后文昭知之，亦兼怒王宅，欲庭辱文德而逐之。居无何，秦国夫人彭氏薨，文昭伤悼，乃命有文学者各撰挽词，文德亦献十余篇，共一联云：“月沉湘浦冷，花谢汉宫秋。”文昭览之大惊，曰：“文德有此作用，吾但以寝陋而轻之，乃不如南宫小儿却能知贤耶！”于是始召文德而愧谢之。未几，承制授水部员外郎，充融州刺史。文德晚尤好著述，乃撰《大唐新纂》十三卷，多名人遗事，词虽不工事，或可采时以多闻许之。何仲举，营道人，美姿容。年十三，俊迈绝伦。时家贫，输税不及限，李皋为营道令，怒之，乃荷项系狱，将棰楚焉。或有言于皋曰："此子虽卯，能为诗，往往间成立章，明府一察之。"皋闻，遽召而问曰："知汝有文，且速敏，今日之事，若能文不加点，为一篇以自述，吾当贷汝。"仲举援笔而成，曰："似玉来投狱，抛家去就枷。可怜两片木，夹却一枝花。"皋大惊，因自为脱枷，上厅与之抗礼，自是仲举始锐意就学。天成中，入洛，时秦王为河南尹，尤重士，仲举与张杭、江文蔚俱游其门。及其东荐也，公举数百人，独以仲举为擅场。仲举因献诗曰："碧云章句才离手，紫府神仙尽点头。"秦王大悦，称赏不已，故一举上第。及归，遇文昭马氏承制，依唐太宗故事，于天册府置十八学士，以皋为学士之首，且执政柄，而仲举自以出于皋之门下，虽策名中朝，事皋未尝暂懈，皋感悦，遂加引用。未几，与之同列，及出，又为全、衡二州刺史。先是，湖南尤多诗人，其最显者有沈彬、廖凝、刘昭禹、尚颜、齐己、虚中之徒，而仲举在诸公间尤为轻浅，惟李皋独推许之，往往对众吟《秋日晚望诗》曰："树迎高鸟归深野，云傍斜阳过远山。"以足扣地，叹曰："何仲举乃诗家之高逸者也，诸官见取舍，其余奴岳，乃间气尔。"故仲举感皋之见知，卒能自奋，至于名节，亦终始无玷，论者以皋有知人之监。欧阳彬，衡山人。世为县吏。至彬，特好学，工于词赋。马氏之有湖南也，彬将希其用，乃携所著诣府。求见之礼，必先通名纸。有掌客吏，众谓樊知客，好贿，阴使人谓彬曰："足下之来，非徒然也，实欲显族致身，而不以一物为贶，其可乎？"彬耻以贿进，竟不与。既而樊氏怒，掷名纸于地曰："岂吏人之子欲干谒王侯耶！"彬深恨之，因退而为诗曰："无钱将乞樊知客，名纸生毛不为通。"因而落魄街市，歌姬酒徒，无所不狎。有歌人瑞卿者，慕其才，遂延于家。瑞卿能歌，每岁武穆王生辰，必歌于筵上。时湖南自旧管七郡外，又加武陵、岳阳，是九州，彬作《九州歌》以授瑞卿，至时，使歌之。实欲感动武穆。既而竟不问，彬叹曰："天下分裂之际，厮徒负养皆能自奋，我贫而至此耶！"计无所出，思窜入邻道，但未有所向。居无何，闻西蜀图纲将发，彬遂谋入蜀，且私谓瑞卿曰："吾以干谒不遂，居于汝家，未尝有倦色，其可轻弃乎！然士以功名为不朽，不于此时图之，恐贻后悔。今吾他适，庶几有成，勿以为念。"瑞卿曰："君于妾不可谓之无情，然一旦不以妾自滞，割爱而去，得非功名之将至耶！妾诚异之，家财约数缗，虽不丰，愿分为半，以资路途。"彬亦不让，因以瑞卿所赠尽赂纲吏，求为驾船仆夫，纲吏许之。既至蜀，遂献《独鲤朝天赋》，蜀主大悦，擢居清要，其后官至尚书左丞相，出为夔州节度使。既领夔州，武穆王已薨，其子希范继立。因致书于希范，叙畴昔入蜀之由，仍以衡山宗族为托，希范得书大惭，彬之亲友悉免其赋役，下令搜访草泽，由是士无贤不肖参谒，皆延客之，因彬所致也。彬雅有风仪，其为文辞近而理真，闻之者虽不知书，亦释然晓之，竟以此遇。戴偃，金陵人。能为诗，尤好规讽。唐末，罹乱，游湘中，值马氏有国，至文昭王以公子得位，尤好奢侈，起天策府，构九龙、金华等殿，土木之工，斤斧之声，昼夜不绝。偃非之，自称玄黄子，著《渔父诗》百篇以献，欲讥讽之，故其句有："才把咽喉吞世界，盖因奢侈致危亡。"又曰："若须抛却便抛却，莫待风高更水深。"文昭览之怒，一旦谓宾佐曰："戴偃，何如人？"时宾佐不测，以偃为文昭所重，或对曰："偃诗人，章句深为流辈所推许，方今在贫悴，大王哀之，置之髦参短簿之间足矣。"文昭曰："数日前献吾诗，想其为人，大抵务以渔钓自娱尔，宜赐碧湘湖，便以遂其性，亦优贤之道也。"即日使迁居湖上，乃潜戒公私不得与之往还。自是偃穷饿日至，无以为计，乃谓妻曰："与汝结发，已生一男一女。今度不惟挤于沟壑，亦恐首领不得完全。宜分儿遁去，庶几可免。不然旦夕死矣。"于是举骰子与妻子约曰："彩多得儿，彩少得女。"既掷，偃彩少，乃携女，相与恸哭而别。偃将奔岭南，至永州，会文昭薨乃止，其后不知所终。李皋与弟节俱在湖南幕下，节亦有文学。同光初，马氏武穆王授江南诸道都统，诏赐战马数百匹，皋为谢表百余字。后思意艰涩，时节在侧，皋顾谓之曰："尝闻马有旋风之队，何如得一事为对？"节曰："马既有旋风队，军亦有偃月营，何患耶？"皋欣然下笔云："寻当偃月之营，摆作旋风之队。"表遂成，论者以此对最为亲切。僧洪道，不知何许人。通内外学，道行尤高，大为时人所重。天福中，居于衡州石羊镇山谷中，马氏文昭王之嗣位也，闻其名，召于府，使于报慈寺住持。洪不应命。文昭坚欲致之，督责州县，忧惧，计无所出，率五七十人拱拥入州。洪道知之，乃引徒弟数辈转徙入深山中，得一岩，遂且止息。然离旧居抵于山岩下，则众鸟千万和鸣而随之，州县虽失其踪，或有相谓曰："且深山之中，众鸟何故而鸣？又声韵优逸，得非和尚在彼耶？"试寻，果得之于岩所。父老再拜曰："和尚佛之徒也。佛不遗众生愿。大王崇重，要与和尚相见，辄不应命，窜入山林，于是和尚即得计矣，而州县与乡村得无劳扰，而和尚忍不为之开慈悯耶！"洪道于是始点头曰："如此则吾为汝行矣。"及至府，文昭以国师待之。未几，坚乞归山，文昭知不可留，乃许焉。其后竟不知所终。初，洪道之入岩也，见一虎在穴，乳二子，徒弟大骇，洪道叱曰："无惧，彼当移去。"言讫，虎衔二子趋出穴，至行之所感也如此。马希范常重一僧，号报慈长老，能入定观人休咎。希范因问之曰："吾于富贵固无遗恨，但不知者，寿尔。吾师以为何如？"报慈曰："大王无忧，当与佛齐年。"希范喜，以为享寿无穷。及薨也，止于四十九。先是，希范常嫉高郁之为人，因庄言而杀之，至是方临江观竞渡，置酒未及饮，而希范忽惊起，顾其弟曰："高郁来！"希广亦惊曰:"高郁死久矣,大王勿妄言。"而希范血自鼻出,是夕,遂卒。马希范卒,判官李皋以希范同母弟希广为天策府都尉,抚御尤非所长。大校张少敌忧之,建议请立希广庶兄朗陵帅希萼,且曰:"希萼处长负气,观其所为,必不为都尉之下,加之在武陵,九溪蛮通好,往来甚欢,若不得立,必引蛮军为乱,幸为思之。"李皋忽怒曰:"汝辈何知?且先大王为都尉,俱为嫡嗣,不立之,却用老婢儿可乎?"少敌曰:"国家之事,不可拘以一途,变而能通,所以国长久也。何嫡庶之云乎?若明公必立都尉,当妙设方略,以制武陵,使帖然不动乃可,不然则社稷去矣。"皋愈怒,竟不从少敌之谋。少敌度无可奈何,遂辞不出。未几,希萼果以武陵反,引洞溪蛮数路齐进,遂之长沙,缢希广于郊外,而支解李皋。自是,湖南大乱。未逾年而国灭,一如少敌之言。初,希萼之来也,希广以全军付亲校许可琼,使遂击之,可琼睹希萼众盛,恐惧,夜送旗鼓乞降,希萼大喜,于是兼可琼之众,长驱而至。希广素奉佛,闻之,计无所出,乃被缁衣引群僧念宝胜如来,谓之禳灾。顷之,府廨火起,人忽纷扰,犹念诵之声未辍,其戆如此。少敌忧之,良有以也。先是,城中街道尚种槐,其柳即无十一二,至是内外一变,皆种柳,无复槐矣。又,居人夜间好织草鞋,似槌芒之声闻于郊野,俄有童谣云:"湖南城郭好长街,竟栽柳树不栽槐,百姓奔窜无一事,只是槌芒织草鞋。"人无长少皆诵之,未几国乱,百姓奔窜,死于沟壑者十有八九。至是,议者始悟。盖长街者,通内外之路也。槐者,皆言怀也。不栽槐,盖兄弟不睦,以至国亡,失孔怀之义也。草鞋者,远行所用,盖百姓远行奔窜之象也。马希萼既立,不治国事,数与僚吏纵酒为乐。有小吏谢廷择者,本帐下厮养,有容貌,希萼素宠嬖之,每筵会,皆命廷择预坐,诸官甚有在下者,于是众怒,往往偶语曰:"此辈旧制,有燕会,唯用兵守门,以防他虞,今与我等齐列,何辱之甚耶!"其弟希崇因众怒咄咄,与其党窃发,擒希萼囚之于衡阳,又自立。未数日,江南遣袁州刺史边镐,乘其乱领兵来伐,希崇不能敌,遂降。先是,长沙童谣云:"鞭打马,走不暇。"未几,果为边镐所灭。初,镐尝为僧,以觇湖南,尤善弄钹,每侵晨必弄钹行乞,遇城往往掷起钹以度门之高下。及来湖南,士庶颇有识之者。廖氏,虔州赣县人。有子三人,伯曰图,仲曰偃,季曰凝。图、凝皆有诗名,偃骁勇绝伦。由是,豪横遂为乡里所惮,江南命功臣钟章为虔州刺史,深嫉之。于是图与凝等议曰:"观章所为,但欲灭吾族矣。若恋土不去,祸且及矣。"于是领其族暨部等三千余人,具铠仗号令而后行,章不敢逐,遂奔江南。时武穆王在位,见其众盛,恐难制,欲尽诛之。或者曰:"大王姓马,而廖来归,廖者料也。马得料,其势必肥。实国家大兴之北,其可杀之乎!"武遂善,虽善待,仍制下以凝为永州刺史,图为行军司马,偓以天策府列校,仍赐庄宅于衡山,自称逸人。偓能于马上挺身而立,取泾衣振奋而服之,以示轻捷。荆南高季兴次子,忘其名,管亲军云猛都,谓之"云猛郎君"。闻偓名,因两境交兵,请与偓斗,偓欣然而往。云猛能用枪,见偓瘦小,心轻之,驰骑而刺偓,垂及之,偓佯落马,云猛势未及止,偓自后奋戈一击坠地,因生擒之。自是,其名愈振。故武穆王终世不为邻境所轻者,偓之力焉。至其子希范嗣位,九溪蛮叛,命偓率兵讨之,为流矢所伤,死于蛮中。凶讣至,希范使人报其母张氏,张氏不哭,谓其使曰:"为妾谢大王,举家三百余口,受王分食解衣之赐,虽尽死未足以上报,况一子乎!望大王勿以为念。"希范闻而叹曰:"廖氏有此母,欲不兴其可得乎!"于是厚加存恤,仍遣使召凝,任为从事。至希范薨,国乱,为江南所灭,遂迁金陵。唐主授以水部员外郎,为洪州建昌县令,未几,又迁江州团练使。凝为人不羁,好恢谐。尝览裴说《经杜工部墓诗》曰:"拟凿孤坟破,重教大雅生。"因曰:"如此,裴说乃劫坟贼耳!"闻者笑之。在江州,盛暑,尝患体燥,乃以一大桶盛冷水,坐于其间,或至终日。虽宾友谒见,出露其首与之谈笑,其简率如此。先是,凝尝梦人以印授之,拜捧之际,其印缺其一角,凝不能测。及授江州之命,始悟曰:"印缺一角,盖偏裨之象也,团练副使,不亦宜乎!"时人异之。


　　刘言,本朗州之牙将也。初,马氏举族为江南所俘,朗州无帅,众乃推列校马光惠为武平军留后。光惠署言为副使。既而光惠耽荒僭侈,军情不附,遂行废黜,以言代光惠为留后。时,周广顺二年秋也。言既立,北则遣使奉表于周太祖,东亦上章于江南李景,求正授旄钺,景未之许。时边镐据湖南,潜遣人赍金帛,说诱武陵溪洞诸蛮,欲合势以攻朗州。会李景降伪诏,征言赴金陵,言惧,不从伪命,以其年冬十月三日,与其节度副使王进逵、行军司马何敬真、都指挥使周行逢等同领舟师以袭潭州。九日,攻拔益阳寨,杀淮军数千人。十三日,至潭州城下。是夕,边镐领其部众弃城东走,进逵、敬真遂入据其城。言乃遣牙将张崇嗣奉表于周太祖,且言潭州兵戈之后,焚烧殆尽,乞移使府于朗州,从之。诏升朗州为大都督府,在潭州之上。广顺三年春正月,制以言为检校太师、同平章事、朗州大都督,充武平军节使。制置武安、静江等军事。又以王进逵为武安军

节度使，何敬真为静江军节度使，并检校太尉。以周行逢领集州刺
史，充武安军节度行军司马。未几，言遣何敬真帅军南击广贼，敬真
失律，奔归潭州，为王进逵所杀。其年秋，进逵奏："刘言与淮贼通
连，差指挥使郑玟部领兵士，欲并当道，郑玟为军众所执，奔入武
陵，刘言寻为诸军所废，臣已至朗州安抚讫。"周太祖诏刘言宜勒归
私第，委王进逵取便安置。言寻遇害，朝廷乃正授进逵朗州节制。显
德元年秋，制以武安军节度副使。周行逢为鄂州节度使、权知潭州
军府事、加检校太尉。三年春正月，世宗将伐淮甸，诏进逵率兵入江
南界。二月，进逵准诏而行，仍遣部将潘叔嗣领兵五千为先锋。行
及鄂州界，叔嗣回戈以袭朗州。进逵闻之，倍道先入武陵，叔嗣据攻
其城，进逵败，为叔嗣所杀。遣人诣潭州请周行逢至朗州，斩叔嗣于
市。其年秋七月，制以行逢为朗州大都督、充武平军节度使、加兼侍
中。自是潭、朗之地，遂为行逢所有。皇朝建隆初，就加中书令。四
年，行逢卒。三军立其子保权为帅。未几，朗军乱，求救于朝廷。及
王师平定荆、湖，保权入朝，由是湖湘之地尽为王土矣。《永乐大典》
卷九千九十九。


　　钱镠，杭州临安县人。少拳勇，喜任侠，以解仇报怨为事。唐乾
符中，事于潜镇将董昌为部校属。天下丧乱，黄巢寇岭表，江、淮之
盗贼群聚，大者攻州郡，小者剽闾里。董昌聚众，恣横于杭、越之间。
杭州八县，每县召募千人为一都，时谓之"杭州八都"，以遏黄巢之
冲要。时有刘汉宏者，聚徒据越州，自称节度使，攻收邻郡。润州牙
将薛朗逐其节度使周宝，自称留后。唐僖宗在蜀，诏董昌讨伐，昌以
军政委镠，率八都之士，进攻越州，诛汉宏，回戈攻润州，擒薛朗。
江、浙平，董昌为浙东节度使、赵州刺史，表镠代己为杭州刺史。
　　唐景福中，朝廷以李镠为浙江西道镇海军节度使。时孙儒、杨
行密交乱，淮海烟尘数千里，镠常率师以为防捍。孙儒据宣州不敢
侵，江浙，由是镠勋名日著。久之，李镠终不至治所，朝廷以镠为镇
海军节度，仍移润州军，额于杭州为治所。又立威胜军于越州，董昌

为节度使。昌渐骄贵，自言身应符谶，又为妖人王白艺所诳，僭称尊号，乃于越州自称罗平国王，年号大圣，伪命镠为两浙都将。镠不受命，以状闻。唐昭宗命镠讨昌。乾宁四年，镠率浙西将士破越州，擒昌以献。朝廷嘉其功，赐镠铁券。又除宰臣王溥为威胜军节度使。而两浙士庶拜章，请以镠兼杭、越二镇，朝廷不能制，因而授之，改威胜军为镇东，镠乃兼镇海、镇东两藩节制。镠既兼两镇，精兵三万。而杨行密连岁兴戎，攻苏、湖、润等州，欲兼并两浙，累为镠所败，亦为行密侵盗数州，而镠所部止一十三州而已。天复中，镠大将许再思、徐绾叛，引宣州节度使田頵谋袭杭州。田頵等率师掩至城下，镠激厉军士，一战败之，生擒徐绾，田頵遁走。

镠于临安故里兴造第舍，穷极壮丽，岁时游于里中，车徒雄盛，万夫罗列。其父宽每闻镠至，走窜避之，镠即徒步访宽，请言其故，宽曰："吾家世田渔为事，未尝有贵达如此尔，今为十三州主，三面受敌，与人争利，恐祸及吾家，所以不忍见汝。"镠泣谢之。

镠于唐昭宗朝，位至太师、中书令、本郡王，食邑二万户。梁祖革命，以镠为尚父、吴越国王。梁末帝时，加诸道兵马元帅。同光中，为天下兵马都元帅、尚父、守尚书令，封吴越国王、赐玉册金印。初，庄宗至洛阳，镠厚陈贡奉，求为国王及玉册。诏下有司详议。群臣咸言："玉简金字，唯至尊一人。钱镠人臣，不可。又本朝以来，除四夷、远藩羁縻拜，或有国王之号。而九州之内亦无此事。"郭崇韬尤不容其僭，而枢密承旨段徊奸幸用事，能移崇韬之意，曲为镠陈情，崇韬俛俛从之。镠乃以镇海、镇东军节度使名目授其子元瓘，自称吴越国王，命所居曰宫殿，府署曰朝廷，其参佐称臣，僭大朝百僚之号，但不改年号而已。伪行制册，加封爵于新罗、渤海，海中夷落亦皆遣使行封册焉。明宗即位之初，安重诲用事，镠尝与重诲书云"吴越国王谨致书于某官执事，"不叙暄凉，重诲怒其无礼，属供奉官乌昭遇使于两浙，每以朝廷事私于吴人，仍目镠为殿下，自称臣，谒镠行舞蹈之礼。及回使副韩玫具述其事，重诲因削镠元帅、尚父、国王之号，以太师致仕。久之，其子元瓘等上表陈叙。时淮寇攻逼荆南，明宗疑其同恶，因降诏诘之。元瓘等复遣使，自淮南间道上表，云：

　　窃念臣父，天下兵马都元帅、吴越国王臣镠，爰自乾符之岁，便立功劳。至于天复之初，已封茅土。两珍稽山之僭伪，频叨凤诏之褒崇赐，铁券而砺岳带河，藏清庙而铭钟镂鼎。历事列圣，竟诚累朝，馨臣节以无亏，荷君恩而益重。楚茅吴柚，常居群后之先；赤豹黄罴，不在诸方之后。云台写像，盟府书勋，戮力本朝，一心体国。常诫臣兄弟曰："汝等诸子，须记斯言。老父起自诸军，早平多难，素推忠勇，实效辛勤。遂蒙圣主之畴庸，获参真王之列壤，恒积满盈之惧，豫怀燕翼之忧。盖以恩礼殊尤，宠荣抗极，名品既逾于五等，春秋将及于八旬，不讳之谈，尔当静听。而况手歼妖乱，亲睹兴亡，岂宜自为厉阶，更寻覆辙？老身犹健，且作国王之呼；嗣子承家，但守藩臣之分。"臣等鲤庭洒袂，雁序书绅，中心藏之，敬闻命矣。

　　顷以济阴归邸，梁苑称尊，所在英雄，递相仿效，互起投龟之诟，皆兴逐鹿之谋，唯臣父王，未尝随例。从微至著，悉蒙天子之丝纶；启土封王，自守诸侯之土宇。乙酉岁，伏蒙庄宗皇帝遥降玉册金印，恩加曲阜营丘，显自大朝，来封小国，遂有强名之改补，实无干纪之包藏。兼使人徐筠等进贡之时，礼仪有失，尚蒙赦宥，未置典刑，敢不投杖责躬，负荆请罪。且爽为臣之礼，诚乖事上之仪，夙夜包羞，寝食俱废，捧诏而神魂战栗，拜章而芒刺交并。

　　伏以皇帝陛下，浚哲文思，含弘光大，智周万物，日辟四方，既容能改之非，许降自新之路，将功补过，舍短从长，矧兹近代相持，岂足玄机远料。且臣本道，与淮南虽连疆畛，久结仇雠，交恶寻盟，十翻九覆，纵敌已逾于三纪，弭兵才仅于数年，谅非唇齿之邦，真谓腹心之疾。今奉诏书责问，合陈本末端由，布在众多，宁烦觇缕，彼既人而无礼，此亦和而不同。近知侵轶荆门，乖张事大，倘王师之问罪，愿率众以齐攻，必致先登，庶观后效。横秋雕鹗，只待指呼；跃匣蛟龙，誓平仇隙。今则训齐

楼橹，淬砺戈铤，决副天威，冀明臣节。伏以臣父王镠，已于泛
海，继有飞章，陈父子之丹诚，高悬皎日；展君臣之大义，上指
圆穹。其将修贡赋于梯航，混车书而表率，如亏奉赋，自有阴
诛。今春已具表章，未蒙便赐俞允，地远而经年方达，天高而沥
恳难通。伏乞圣慈，曲行明命。凌霜益翠，始知松柏之心；异日
成功，方显忠贞之节。臣元瓘等无任感激祈恩战惧依投之至。
谨遣急脚，间道奉绢表陈乞奏谢以闻。

　　明宗嘉之，乃降制，复授镠天下兵马都元帅、尚父、吴越国王。
未几，又诏赐上表不名。案《五代会要》载：长兴二年四月诏曰：周荣吕望，
有尚父之称；汉重萧何，有不名之礼。钱镠冠公侯之位，统吴越之封，宜示异
恩，俾当缛礼，其钱镠宜赐不名。

　　镠在杭州垂四十年，穷奢极贵。钱塘江旧日海潮逼州城，镠大
庀工徒，凿石填江，又平江中罗刹石，悉起台榭，广郡郭周三十里，
邑屋之繁会，江山之雕丽，实江南之胜概也。镠学书，好吟咏。江东
有罗隐者，有诗名闻于海内，依镠为参佐。镠尝与隐唱和，隐好讥
讽，尝戏为诗，言镠微时骑牛操梃之事，镠亦怡然不怒，其通恕也如
此。镠虽季年荒恣，然自唐朝于梁室庄宗中兴以来，每来扬帆越海，
贡奉无阙，故中朝亦以此善之。

　　镠以长兴三年三月二十八日薨，年八十一。制曰："故天下兵马
都元帅、尚父、吴越国王钱镠，累朝元老，当代勋贤，位已极于人臣，
名素高于简册，赠典既无其官爵，易名宜示其优崇。宜令所司定谥，
以王礼葬，仍赐神道碑。"谥曰武肃。镠初事董昌，时年甫壮室，性尚
刚烈。时有儒士谒于主帅，已进刺矣，见镠稍急，镠怒，投之罗刹江。
及典谒者将召，镠诈云："客已拂衣去矣。"及为帅时，有人献诗云：
"一条江水槛前流。"镠不悦，以为讥己，寻害之。迨于晚岁，方爱人
下士，留心理道，数十年间，时甚归美。镠尤恃崇盛，分两浙为数镇，
其节制署而后奏。左右前后皆儿孙甥侄，轩陛服饰，比于王者，两浙
里俗咸曰海龙王。梁开平中，浙民上言，请为镠立生祠，梁太祖许
之，令翰林学士李琪撰生祠堂碑以赐之，于今蒸黎飨之，子孙保之，

斯亦近代之名王也。《永乐大典》卷一万八千一百二十五。

　　玄瓘，镠第五子也。起家为盐铁发运巡官，表授尚书金部郎中，赐金紫。天复中，本州裨校许再思等为乱，构宣州节度使田頵，頵令兵奄至，镠击败，再思与頵通和。頵要盟于镠，镠偏召诸子，问之曰："谁能为吾为田氏之胥者？"例有难色，时元瓘年十六，进曰："唯大王之命。"由是就亲于宣州。唐天祐初，承制累迁检校尚书左仆射、内牙将指挥使。数年之间，伐叛御寇，大著勋绩。梁贞明四年夏，镠大举伐吴，以元瓘为水战诸军都指挥使。战棹抵东洲，吴人以舟师拒战，元瓘为大筏，顺风扬灰以坌之，白昼如雾，吴师迷方，遂败之，擒军使彭彦章并军校七十余人，得战舰四百只。吴人知不可校，通好于镠。以功奏授镇海军节度副使、检校同徒。梁末，迁清海军节度使、检校太傅、同平章事。后唐同光初，加检校太师、兼中书令、镇东等军节度观察处置等使。时镠自为天下兵马都元帅、尚父、守尚书令、吴越国王，及镠为太师致仕，元瓘累贡章，数乞复旧号，唐明宗许之。镠既年高，欲立嗣，召诸子，使各论功，请让于元瓘。及镠病，召将谓吏之曰："余病不起，儿皆愚懦，恐不能为尔帅，与尔辈决矣，帅当自择。"将吏号泣言曰："大令公有军功，多贤行仁孝，已领两镇，王何苦言及此！"镠曰："此渠定堪否？"曰："众等愿奉贤帅。"即出符钥数筐于前，谓元瓘曰："三军言尔可奉，领取此。"镠薨，遂袭父位。唐长兴四年，遣将作监李鏻起复元瓘官爵，又命户部侍郎张文宝授兼尚书令。清泰初，封吴王。二年，封越王。天福元年，赐金印。三年，封吴越国王。五年，加天下兵马元帅。六年授天下兵马都元帅。其年夏有疾。秋，府署灾焚之一空，乃移于他所，其疾皆随而发焉，元瓘因惊悸发狂，以是岁八月二十四日薨，年五十五岁。谥曰文穆。元瓘幼聪敏，长于抚驭，临戎十五年，决事神速，为军民所附。然奢僭营造，甚于其父，故有回禄之灾焉。元瓘有诗千篇，编其尤者三百篇，命曰《锦楼集》，浙中人士皆传之。子佐为嗣。《永乐大典》四千六百九十二。

　　佐，字玄祐，元瓘薨，遂袭其位。晋天福末，制授检校太师、兼中

书令、吴越王。仍篆玉册以赐之。前代玉册册夷王有之，伪梁时欲
厚于镠，首为式例，故因而不改。俄授开府仪同三司、守太尉。时以
建安为淮寇所攻，授东南面兵马都元帅，佐寻遣舟师进讨，淮人大
败，以功加守太师。汉高祖入汴，佐首献珍赍，表率东道，汉祖嘉之，
授诸道兵马都元帅。佐居列土凡七年，境内丰阜，父祖三世皆为元
帅，时以为荣。汉初，以疾卒于位，谥曰忠献。佐幼好书，性温恭，能
为五七言诗。凡官属遇雪月佳景，必同宴赏，由此士人归心。其班
品亦有丞相，已下名籍，而禄给甚薄，罕能自济。每朝廷降吏，则去
其伪官，或与会则公府助以仆马，处事龌龊，多如此类。然航海所
入，岁贡百万，王人一至，所遗至广，故朝廷宠之，为群藩之冠。佐有
子昱，年五岁，未任庶务，乃以其弟倧袭位。《永乐大典》卷四千六百九
十二。

　　倧，性明敏严毅，未立时，常以佐性宽善，疑掌兵权者难制。及
代佐为帅，以礼法绳下，宿将旧勋不甚优礼，大将胡进思颇不平之，
乃密与亲军谋去倧。汉祖入汴之岁十二月，进思率甲士三百人噪突
入衙署，倧阖户以拒之，左右与之格斗，尽为进思所杀，遂迁倧于别
馆。以甲士援送幽于衣锦军，立倧异母弟俶为帅。其年夏四月，进
思疽发背而卒，越人快之，以为阴灵之诛逆也。《永乐大典》卷四千六
百九十二。

　　俶，元瓘之子，倧之异母弟也。倧既为军校所幽，时俶为温州刺
史。众以无帅，遂迎立之，时汉乾祐元年正月十五日也。其年八月，
始授检校太师、兼中书令，充镇海镇东等军节度使、东南面兵马都
元帅。周广顺中，累官至守尚书令、中书令、吴越国王。皇朝建隆初，
复加天下兵马大元帅，其后事具皇朝日历。《永乐大典》卷四千六百九
十二。《五代史补》：钱镠封吴越国王后，大兴府署。版筑斤斧之声，昼夜不绝，
士庶怨嗟。或有中夜潜用白土书于门曰："没了期，侵早起，抵暮归。"镠一见欣
然，遽命书吏亦以白土书数字于其侧曰："没了期，春衣才罢又冬衣。"时人以
为神辅。自是，怨嗟顿息矣。僧昭者，通于术数，居两浙，大为钱塘钱镠所礼，谓
之国师。一旦谒镠，有官中小儿嬉于侧，坠下钱数十文，镠见，谓之曰："速收，
虑人恐踏破汝钱。"昭师笑曰："汝钱欲踏破，须是牛即可。"镠喜，以为社稷坚

牢之义。后至曾孙俶，举族入朝，因而国除。俶年属丑为牛，可谓牛踏钱而破矣。钱镠末年患双目，有医人不知所从来，自云累世医内外障眼，其术善于用针，无不效者。镠闻，召而使观之，医人曰："可治，然大王非常人，患殆天与之，若医，是违天地也，恐无益于寿，幸思之。"镠曰："吾起自行伍，跨有方面，富贵足矣。但得两眼见物，为鬼不亦快乎！"既而下手，莫不应手豁然。镠喜，所赐动以万计，医人皆辞不受。明年，镠卒。僧契盈，闽中人。通内外学，性尤敏速。广顺初，游戏钱塘。一旦，陪吴越王游碧浪亭，时潮水初满，舟楫辐辏，望之不见其首尾。王喜曰："吴越地去京师三千余里，而谁知一水之利有如此耶！""可谓三千里外一条水，十二时中两度潮。"时人谓之佳对。时江南未通，两浙贡赋自海路而至青州，故云三千里也。

　　史臣曰：自唐末乱离，海内分割，荆、湖、江、浙各据一方，翼子贻孙，多历年所，夫如是者何也？盖值诸夏多艰，王风不竞故也。洎皇宋之抚运也，因朗、陵之肇乱，命王师以遄征，一矢不亡，二方俱服。遂使瑶琨筱簜，咸遵作贡之文；江、汉、澨、漳，尽鼓朝宗之浪。夫如是者何也？盖属大统有归，人寰允洽故也。唯钱氏之守杭、越，逾八十年，盖事大勤王之节，与荆楚、湖湘不侔矣。《永乐大典》卷五千五百三十八。

# 旧五代史卷一三三考证

　　世袭列传二高季兴传至襄州酒酣谓孔勖曰是行有二错来朝一错回放二错　案：《欧阳史》作季兴，谓梁震语与，是书作孔勖，异。
　　高从诲传乾祐元年冬十一月以疾薨于位　十一月，《欧阳史》作十月。　高保勖传皇朝建隆四年春卒　四年，《欧阳史》作三年十一月。　马殷传许州鄢陵人也　案：《通鉴》作扶沟人。《欧阳史》从是书。长兴二年十一月十日薨于位时年七十八　案：《欧阳史》作长兴元年,殷卒,年七十九。　马希范传溪洞蛮彭士愁　士愁,原本讹士秋。今据《欧阳史》及《通鉴》改正。

## 旧五代史卷一三四
## 僭伪列传第一

# 杨行密 渥 渭 溥　李昪 景
# 王审知 延钧 昶延羲

　　杨行密,庐州人。少孤贫,有膂力,日行三百里。唐中和之乱,天子幸蜀郡,将遣行密徒步奏事,如期而复。案《北梦琐言》云:郑綮尝典杨行密为本州步奏官。光启初,秦宗权扰淮右,频寇庐、寿,郡将募能致战擒贼者,计级赏之,行密以胆力应募,往必有获,得补为队长。行密乃自募百余人,皆虓勇无行者,杀都将,自权州兵,郡将即以符印付之而去,朝廷因正授行密庐州刺史。

　　光启三年,扬州节度使高骈失政,委任妖人吕用之辈。牙将毕师铎惧为用之所潜,自高邮起兵,以袭广陵,为用之所却,乃乞师于宣州秦彦,且言事克之日,愿以扬州帅之。彦先遣将秦稠以兵三千人助师铎,攻陷广陵,高骈署师铎为行军司马。未几,秦彦率大众并家属渡江入扬州军府,自称节度使。初,扬州未陷,吕用之诈为高骈檄,征兵于庐州,及城陷,行密以军万人奄至。毕师铎之入广陵也,吕用之出奔于外,至是委质于行密。行密攻广陵,营于大明寺,秦、毕出兵以攻行密之营,短兵才接,行密伪遁,秦、毕之兵争入其栅,以取金帛,行密发伏兵以击之,秦、毕大败,退走其壁,自是不复出战。其年九月,秦、毕害高骈于幽所,少长皆死,同坎瘗于道院北垣下。行密攻围弥急,城中食尽,米斗四十千,居人相啖略尽。十月,城陷,秦、毕走东塘,行密入广陵,輂外寨之粟以食饥民,即曰米价减至三千。十一月，蔡贼孙儒以众万人自淮西奄至，还据外案，行密辎重、牛羊、军食未入城者，皆为儒所有。时秦、毕来自东塘，与儒军合，自是西门之外，复为敌境矣。初，吕用之遇行密于天长，绐行密曰："用之有白金五千铤，瘗于所居之庑下，寇平之日，愿备将士倡楼一醉之资。"至是，行密阅兵，用之在侧，谓用之曰："仆射许此辈银，何负心也！"遽命斩于三桥之下，夷其族。行密既有广陵，遣使至大梁，陈归附之意。是时，梁祖兼领淮南，及遣牙将张庭范使于淮南，与行密结盟。寻遣行军司马李璠权知淮南留后，令都将郭言以兵援送。行密初则厚礼廷范，及闻李璠之行，悖然有拒命意。廷范惧，易衣夜遁，遇梁祖于宋州，备言行密不轨之心，酌其兵势未可图也，乃追李璠等还，即表行密为淮南留后。

文德元年正月，孙儒杀秦彦、毕师铎于高邮，引军袭广陵，下之。儒自称节度使，行密收其众归于庐江。十一月，梁祖遣大将庞师古自颍上渡淮，讨孙儒之乱，师古引兵深入淮甸，不利，还。龙纪元年，孙儒出攻宣州，行密乘虚袭据扬州，北通时溥。孙儒引兵复攻行密。大顺元年，行密危蹙，率众夜遁，出据宣州，儒复入扬州。二年，乃搜练兵甲，以攻行密，属江、淮疾疫，师人多死，儒亦卧病，为部下所执，送于行密，杀之。行密自宣城长驱入于广陵，尽得孔儒之众。自光启末，高骈失守之后，行密与毕师铎、秦彦、孙儒递相窥图，六七年中，兵戈竞起，八州之内，鞠为荒榛，圆幅数百里，人烟断绝。

行密既并孔儒，乃招合遗散，与民休息，政事宽闲，百姓便之，搜兵练将以图霸道。所得孙儒之众，皆淮南之骁果也，选五千人，豢养于府第，厚其衣食，驱之即战，靡不争先。甲胄皆以黑缯饰之，命曰"黑云都"。

乾宁二年，行密尽有淮南之地。昭宗乃降制，授行密淮南节度副大使知节度事、管内营田观察处置等使、开府仪同三司、检校太傅、同中书门下平章事、兼扬州大都督府长史、上柱国、弘农郡王，食邑三千户，食实封一百户。四年，梁祖平兖、郓，朱瑾及沙陀将李承嗣、史俨等皆奔淮南，行必待之优厚，任以为将，瑾与承嗣皆位至方伯。是岁,行密纵兵侵掠邻部,两浙钱镠、江西钟传、鄂州杜洪皆遣使求救于梁。梁祖遣朱友恭率步骑万人渡江,取便讨伐。行密先令都将瞿章据黄州,及梁师至,即弃郡南渡,固守武昌寨。行密遣将马珣以精兵五千助之,友恭与杜洪大破其众,遂拔武昌寨,擒瞿章并淮军三千余人,获马五百疋,淮夷大恐。八月,梁祖遣葛从周领步骑万人自霍丘渡淮,遣庞师古率大军营于清口。淮人决堰纵水,流潦大至。又令朱瑾率劲兵以袭汴军,汴军大败,师古死之。葛从周闻师古之败,自濠梁班师,至淠河,为淮兴人所乘,诸军仅得北归。

光化二年,行密北侵,遣张归厚御之而退。天复三年,青州王师范叛,乞师于淮南,行密遣将王景仁帅师二万以援之,攻讨密州。七月,梁祖大破师范及景仁之众,景仁遁还,追至辅唐,杀数千人,进取密州。天祐元年十一月,淮人攻光州。梁祖率军抵霍丘,略地于庐、寿之境,淮人遁去。二年正月,进攻寿州,淮人闭壁不出,大掠而还。是月,行密攻陷鄂州,擒节度使杜洪,戮于扬州市。梁之戍兵数千人亦陷焉。其后,江西钟传、宣州田頵俱为行密所并。三年,行密以疾卒于广陵。及其子渥僭号,伪追尊为太祖武皇帝。《永乐大典》卷六千五十一。

渥,字奉天,行密长子也。行密卒,渥遂袭伪位,自称吴王。委军政于大将张颢。渥性猜忍,不能御下。天祐五年六月,渥为颢所杀,纳款于梁,遂自称留后,委别将徐温握兵权。居无何,温复杀颢,立行密次子渭为主。及渭僭号,伪追尊为景帝。《永乐大典》卷六千五十一。

渭,渥之弟也。既立,政事咸委于徐温。时温为镇海军节度、内外马步军都指挥使,乃于上元县置升州,盛开幕府,自握兵柄于上流,其子知训等于扬州居以秉政,凡十余年。温乃册渭为天子,国号大吴,改唐天祐十六年为武义元年,渭以温为大丞相,都督中外诸军事。渭僭号凡三年而卒,谥为惠帝。《永乐大典》卷六千五十一。

溥,行密幼子也。初封丹阳王。渭卒,徐温乃推溥为主,复僭伪号。唐同光元年,庄宗平梁,迁都于洛阳。十二月,溥遣使章景来朝,称"大吴国主致书上大唐皇帝"，其辞旨卑逊，有同笺表。明年八月，又遣其司农卿卢苹贡方物，及献贞简，太后珍玩。庄宗命左藏库使王居敏、通事舍人张朗等以名马报之。郭崇韬之平西川也，淮人大惧，将去伪号，称藩于唐。时崇韬欲陈舟师下峡为平吴策，会崇韬既诛，洛城有变，淮人闻之，比屋相庆。明宗篡嗣，溥复遣使修好，安重海奏曰："杨溥既不称藩，无足与之抗礼，来侦国情，不如辞绝。"乃谢其使，不受所贡，遣之。唐天成二年十月，徐温卒，追封为齐王。温之养子李昇伐温，佐辅秉政数年，位至太尉、中书令、录尚书事、袭封齐王，伪加九锡。晋天福二年，溥不得已逊位于昇。昇迁溥于润州，筑丹阳宫以处之。溥自是服羽衣，习辟谷之术，年余以幽死。昇又迁其族于海陵，吴人谓其居为永宁宫。周显德中，李景闻周师渡淮，虑其为变，使人尽杀之。自唐大顺二年，行密始有淮南之地，至溥逊位，凡四十七年而亡。《永乐大典》卷六千五十一。《五代史补》杨行密常命宣州刺史田頵，领兵围钱塘。钱镠危急，遣其于元瑓修好于行密，元瑓风神俊迈，行密见之甚喜，因以其女妻之，遽命頵罢兵。初，頵之围城也，尝遣使候钱镠起居，镠厚待之。将行，复与之小饮，时罗隐、皮日休在坐，意以頵之师无能为也，且欲讥之。于是，日休为令，取一字，四面被围，而不失其本音，因曰："其字上加'草'为萁莱，下加'石'为碁子，左加'玉'为琪玉，右加'月'为期会。"罗隐取"于"字上加"雨"为舞雩；下加"皿"为盎盂；左加"玉"玗玉；右加"邑"为邘邑。使者取"亡"字，讥镠必亡。然"亡"上加"草"为芒；下加"心"为忘'右加"邑"为邙　左加"心"为忙。其令必不通，合坐皆嘻笑之，使大惭而去。未几，頵果班师。先是，行密与镠势力相敌，其为忿怒，虽水火之不若也。行密常命以大索为钱贯，号曰"穿钱眼"。镠闻之，每岁命以大斧科柳，谓之斫杨头。至是，以元瑓通婚，二境渐睦，穿眼、斫头之论始止。

李昇，本海州人，伪吴大丞相徐温之养子也。温，字敦美，亦海州人。初，从淮南节度使杨行密起兵于庐州，渐至军校。唐末，青州王师范为梁祖所围，乞师于淮南，杨行密发兵赴之。温时为小将，亦预其行，师次青之南鄙，师范已败，淮兵大掠而还。昇时幼稚，为温所虏，温爱其慧黠，遂育为己子，名曰知诰。天祐初，行密卒，其子渥嗣,会左卫都指挥使张颢杀渥,欲归命于梁,温谓颢曰:"此去梁国,往复三千里,不月余,事不成。军国未有主,无主将乱,不如有所立,徐图其事。"颢然之,乃立渥弟渭为帅,温寻杀颢,渭伪授温常州刺使、检校司徒。温留广陵,遣昪知州事。是岁,唐天祐五年也。七年,丁母忧,起复授检校太尉、温州刺史、充本州团练观察。八年,宣州叛,温与都将柴再用讨平之,加同中书平章事、充淮南行军司马、内外马步都指挥使、镇海军节度、浙江西道观察等使。十二年八月,温出镇润州,以其子知训知政事,加温镇海军管内水陆马步军都军使、兼宁国军节度、宣、歙、池等州观察使。时昪为温属郡,升州刺史乃大理郡廨,温表移其府于金陵,伪授温升州大都督府长史、充镇海军节度副大使,知节度事,以昪为镇海军节度副使、行润州刺史、充本州团练使。十五年,知训授淮南行军副使、内外马步军都指挥使、通判军府事。居无何,知训为大将朱瑾所杀,温以昪代知政事。明年,温册杨渭为天子,僭称大吴,改唐天祐十六年为武义元年。十八年,渭死,温闻之,自金陵驰归扬州,夜入广陵,议有所立。或有希温旨,言及蜀先主遗命诸葛亮之事,温厉声曰:"若杨氏无男有女,当立矣,无得异议。"由是群心乃定,遂迎丹阳王溥于润州,以其年六月十八日即伪位,改元为顺义。自是,温父子愈盛,中外共专其国,杨氏主祭而已。温累官至竭忠定难建国功臣、大丞相、都督中外诸军事、诸道都统、镇海宁国等军节度、宣歙池等州管内营田观察等使、开府仪同三司、守太师、中书令、金陵尹、东海王,食邑一万户,实封五百户。伪顺义七年改乾贞元年,即后唐天成二年。其年十月二十三日,温卒,伪赠大元帅,追封齐王,谥曰忠武。昪前梦温负登山,逾月,温卒,昪乃伪授辅政兴邦功臣,知内外左右事,开府仪同三司,守太尉,中书令、宣城公。昪自平朱瑾之乱,遂执吴政。天成四年,伪吴改太和元年。是岁,昪出镇金陵,寻封东海王。至清泰二年,改天祚元年。其年以金陵为齐国,封昪为齐王,乃追谥温为忠武王,庙号太祖。昪又进位太尉、录尚书事、留镇金陵。以其子景总政于扬州,为东都。昪开国依齐、梁故事,用徐玠为齐国右丞相,宋

齐丘为左丞相，以为谋主。伪吴天祚二年，杨溥逊位于昪，国号大
齐，改元为升元，建都于金陵。时晋氏天福二年也。昪乃册杨溥为
让皇，其册文曰："受禅老臣知诰，谨上册皇帝为高尚思元弘古让
皇"云。仍以其子遥领平卢军节度使，迁于海陵。昪自云唐玄宗第
六子永王璘之裔，唐天宝末安禄山连陷两京，玄宗幸蜀，诏以璘为
山南、岭南、黔中、江南四道节度采访等使。璘至广陵，大募兵甲，有
窥图江左之意，后为官军所败，死于大庾岭北，故昪指之以为远祖。
因还姓李氏，始改名昪，国号大唐，尊徐温为义祖，僭位凡七年，子
景立。《永乐大典》卷一万三百九十。

　　景，本名璟，及将臣于周，以犯庙讳，故改之。昪之长子也。案
《钓矶立谈》云：烈祖一日昼寝，梦一黄龙出殿之西楹，矫首内向，如窥伺状。烈
祖惊起，使人侦之，顾见元宗方倚楹而立，遣人候上动静，于是立嫡之意遂决。
卒乃袭伪位，改元为保大，以仲弟遂为皇太弟，季弟达为齐王。仍于
父枢前设盟约，兄弟相继。景僭号之后，属中原多事，北土乱离，雄
据一方，行余一纪。其地东暨衢、婺；南及五岭；西至湖、湘；北据长
淮，凡三十余州。广袤数千里，尽为其所有。近代僭窃之地，最为强
盛。又尝遣使私赂北戎，俾为中国之患，自固偷安之计。案《南唐书》
云：契丹遣二使来，告曰："晋少主逆命背约，自贻废黜，吾主欲与唐，继先世之
好，将册君为中原主。"嗣主曰："孤守江、淮，社稷已固，与梁阻隔。若尔主不忘
先好，惠赐行人，受赐多矣，其他不敢拜命之辱。"

　　周显德二年冬，世宗始议南征，以宰臣李谷为前军都部署。是
冬，周师围寿春。三年春，世宗亲征淮甸，大败淮寇于正阳，遂进攻
寿州。寻又今上败何延锡于涡口，擒皇甫晖于滁州。景闻之大惧，
遣其臣钟谟、李德明等奉表于世宗，乞为附庸之国，仍岁贡百万之
数，又进金银器币及犒军牛酒。未几，又遣其臣孙晟、王崇质等奉表
修贡，且言景愿割濠、寿、泗、楚、光、海等六州之地，隶于大朝，乞罢
攻讨。世宗未之许。时李德明等见周师急攻寿春，虑不能保，乃奏
云："宽臣等五日之诛，容臣等自往江南，取本国章表，举江北诸州

尽献于大朝。”世宗许其行，久之，德明不至，乃权议回銮，唯留偏师数千围守寿春而已。四年春，世宗再驾南征。三月，大败江南援军于紫金山，寻下寿州，乃命班师。是岁冬十月，世宗复临淮甸，连下濠、泗二郡，进攻楚州。明年春正月，拔之，遂移幸扬州。驻大军于迎銮。将议济江，景闻之，自谓亡在朝夕，乃欲谋传位其世子，使称藩于周。案《南唐书》：正月改元交泰。遣其臣陈觉奉表陈情，且顺世宗之旨焉。觉至，世宗召对于御幄，是时江北诸州唯庐、舒、蕲、黄四郡未下，世宗因谓觉曰：“江南国主若能以江北之地尽归于我，则朕亦不至穷兵黩武。”觉闻命忻然，即遣人过江取景表，以庐、舒、蕲、黄等四州来上，乞画江为界，仍岁贡地征数十万，世宗许之，乃还京。自是，景始行大朝正朔，上章称“唐国主臣景”。累遣使修贡，亦不失外臣之礼焉。

皇朝建隆二年夏，景以疾卒于金陵，时年四十六。以其子煜袭伪位，其后事具皇家日历。《永乐大典》卷一万三百九十一。《五代史补》：李昪，本为徐温所养。温杀张颢，权出于己，自得大丞相、中书令、都统，及出居金陵。以嫡子知训为丞相，昪为润州节度。昪始为宣州，及得润州，甚怏怏，将白温辞之。宋齐丘素与昪善，因谓昪曰：“知训骄倨，不可大用，殆必有损足焚巢之患。宣州去江都远，难为应，润州方隔一水尔，有急则可以立功，慎勿辞也。”昪闻之，释然，遂行至润州。未几，知训果为朱瑾所杀。是夜，江都乱，火光亘天，昪望之曰：“宋公之言中矣。”遂引军渡江，尽诛朱瑾之党，后解甲去备以待徐温。温至，且喜且怒，谓昪曰：“犹幸汝在润州，不然吾家大事将去矣。汝于兄弟中有大功者耶。即日，用昪为左仆射、知政事，以代知训。昪善于抚御，内外之心翕然而归之。故徐温卒，未几，而江南遂为昪所有。先是，江南童谣云：“东海鲤鱼飞上天。”东海即徐之望也。鲤者李也。盖言李昪一旦自温家起，而为君尔。初，昪既蓄异志，且欲讽动僚属。雪天大会，酒酣出一令，须借雪取古人名，仍词理通贯。时齐丘、徐融在坐，昪举杯为令曰：“雪下纷纷，便是白起。”齐丘曰：“着屐过街，必须雍齿。”融意欲挫昪等，遽曰：“明朝日出，争奈萧何。”昪大怒，是夜，收融投于江，自是与谋者惟齐丘而已。宋齐丘，豫章人。父尝在钟传幕下。齐丘素落魄，父卒，家计荡尽，已在穷悴，朝夕不能度。时姚洞天为淮南骑将，素好士，齐丘欲谒之，且囊空，无备纸笔之费，计无所出，但于逆旅杜门而坐,如此殆数日。邻房有散乐女尚幼,问齐丘曰:"秀才何以数日不出?"齐丘以实告,女叹曰:"此甚小事,秀才何吝一言相示耶!"乃惠以数缗。齐丘用市纸笔为诗咏,以投洞天。其略曰:"某学武无成,攻文失志,岁华蹭蹬,身事蹉跎。胸中之万仞青山,压低气宇;头上之一轮红日,烧尽风云。加以天步凌迟,皇纲废绝,四海渊黑,中原血红。挹飞苍走黄之辩,有出鬼没神之机。"洞天怒其言大,不即接见。齐丘窘急,乃更其启,翌日复至,其略曰:"有生不如无生,为人不若为鬼。"又云:"其为诚恳万端,只为饥寒二字。"洞天始悯之,渐加以拯救。徐温闻其名,召至门下。及罪之有江南也,齐丘以佐命功,遂至将相,乃上表以散乐女为妻,以报宿惠,许之。韩熙载仕江南,官至诸行侍郎。晚年不羁,女仆百人,每延请宾客,而先令女仆与之相见,或调戏,或殴击,或加以争夺靴笏,无不曲尽。然后熙载始缓步而出,习以为常。复有医人及烧炼僧数辈,每来无不升堂入室,与女仆等杂处。伪主知之,虽怒,以其大臣,不欲直指其过,因命待诏画为图以赐之,使其自愧。而熙载视之安然。沈彬,宜春人。能为歌诗,格高逸应,进士不第,遂游长沙。会武穆方霸,彬献颂德诗云:"金翅动身摩日月,银河转浪洗乾坤。"武穆览而壮之,欲辟之在幕府,以其有足疾,遂止。彬由是往来衡、湘间,自称进士。边镐之下湖南也,后主闻其名,召归金陵,令为县宰,彬辞不就。遂授金部中致仕,年八十九。初,彬既致仕,尝别业于钟山,庭有古柏,可百余尺,一旦为迅雷所击,仆于地,自成四片。彬视之欣然,谓子庭瑞曰:"此天所以赐吾也,汝宜成之。"庭瑞曰:"雷击之木,恐非祥,不宜为棺。"彬怒曰:"吾命汝,安得违之耶!"庭瑞惧,遂如教。卒竟用此棺。及葬,掘地未及丈余,又得石廊上有篆文四字,云"枕彬之廊",其制度大小与棺正相称,遂葬之,时人异焉。僧谦光,金陵人也。素有才辩,江南国主以国师礼之。然无羁检,饮酒如常,国主无以禁制,而又于诸肉中尤嗜鹅、鳖,国主常以从容言及释氏果报,且谓曰:"老僧无他愿,但得鹅生四只腿,鳖长两重裙足矣。"国主大笑。显德中,政乱,国主犹晏,然不以介意。一旦,因赏花,命谦光赋诗,因为所讽,诗云:"拥衲对芳丛,由来事不同。鬓从今日白,花似去年红。艳冶随朝露,馨香逐晓风。何须对零落,然后始知空。"

　　王审知,字信通,光州固始人。父恁,世为农民。《册府元龟》卷二百一十九。唐广明中,黄巢犯阙,江淮盗贼蜂起。有贼帅王绪者,自称将军,陷固始县。审知兄潮,时为县佐,绪署为军正。蔡贼秦宗权以绪为光州刺史，寻遣兵攻之。绪率众渡江，所在剽掠，自南康转至闽中，入临汀，自称刺史。绪多疑忌，部将有出己之右者，皆诛之。潮与豪首数辈共杀绪，其众求帅，乃刑牲歃血为盟，植剑于前，祝曰："拜此剑动者为将军。"至潮拜，剑跃于地，众以为神异，即奉潮为帅。时泉州刺史廖彦若为政贪暴，军民苦之，闻潮为理整肃，耆老乃奉牛酒遮道请留。潮因引兵围彦若，岁余克之。又平狼山贼率薛蕴，兵锋日盛。唐光启二年，福建观察使陈岩表潮为泉州刺史。大顺中，岩卒，子婿范晖自称留后，潮遣审知将兵攻之，逾年城中食尽，乃斩晖而降，由是尽有闽、岭五州之地。潮即表其事，昭宗因建威武军于福州，以潮为节度福建管内观察使，审知为副。《册府元龟》卷二百二十三。

审知为观察副使，有过，潮犹加捶挞，审知无怨色。潮寝疾，舍其子延兴、延虹、延丰、延休，命审知知军府事。十二月丁未，潮薨，审知以让其兄审邽，审邽以审知有功，辞不受，审知自称福建留后，表于朝廷。《永乐大典》卷一万四千五百三十六。唐末，为威武军节度福建观察使，累迁检校太保，封琅琊郡王。梁朝开国，累加中书令，封闽王。《王审知德政碑》云：潮伏公以戎旅，仍具表奏，寻加刑部尚书、威武军留后。俄授金紫光禄大夫、右仆射、本军节度使。又改光禄大夫、检校司空、转特进、检校司徒。又转检校太保、琅邪郡王，食邑四千户，食实封一百户。是时，杨氏据江、淮，故闽中与中国隔越，审知每岁朝贡，泛海至登、莱抵岸，往复颇有风水之患，漂没者十四五。后唐庄宗即位，遣使奉贡制加功臣，进爵邑。《册府元龟》卷二百三十二。审知起自陇亩，以至富贵，每以节俭自处，选任良吏，省刑惜费，轻徭薄敛，与民休息。三十年间，一境晏然。《册府元龟》卷二百二十九。同光元年，审知卒，子延翰嗣，为弟延钧所杀。

延钧，审知次子。后唐长兴三年上言吴越国王钱镠薨，乞封为吴越王，不报。《册府元龟》卷二百一十九。未几，自称帝，国号大闽，改元龙启，然犹称藩于朝廷。《册府元龟》卷二百二十二。清泰二年，遇弑。子昶嗣。《册府元龟》卷二百一十九。

　　昶嗣伪位，朝廷因授昶福建节度使。晋天福三年，遣使贡奉，至阙止称闽王。其子继恭，称节度使。晋祖乃下制封昶为闽王。《册府元龟》卷二百三十二。改元通大，后遇弑，审知少子延羲嗣。《册府元龟》卷二百一十九。

　　延羲，嗣伪位，改元永隆，在位六年遇弑。兄进政自称帝于福州，晋开运三年为李景所灭。《册府元龟》卷二百一十九。《五代史补》：王潮之来福建也，值连帅陈岩卒，子婿范晖自称留后，潮攻拔之，尽有其地，遂为福建观察使。至其弟审知立，虽天下多事，犹能修其职贡，朝廷嘉之，封闽王。审知卒，子延钧嗣，无识，辄改审知制度，僭称大闽，改元龙启，其后为子昶杀。昶多行不道，闽人杀之，立从父延羲，改元永隆。延羲不恤政事，国乱，为其将连重遇所杀，王氏之族遂灭。先是，梁朝有王霸者，即王氏之远祖，为道士。居于福州之怡山时，爱二皂荚树，因其下筑坛，为朝礼之所，其后丹成，冲虚而去。霸尝云："吾子之孙，当有王于此方者。"乃自为谶，藏之于地。唐光启中，烂柯道士徐景玄因于坛东北隅取土，获其词曰："树枯不用伐，坛坏不须结。不满一千年，自有系孙列。"又曰："后来是三王，潮水荡祸殃。岩逢二卟间，未免有销亡。子孙依吾道，代代封闽疆。"议者以为：潮荡祸殃，谓王霸除其祸患，以开基业也。岩逢二卟间，谓陈岩逢王潮未几而亡，土地为其所有也。代代封闽疆，谓潮与审知也。代代，盖两世之称，明封崇不过潮与审知两世耳。初，王潮尝假道于洪州，时钟传为洪州节度使，以王潮若得福建，境土相接，必为己患，阴欲诛之。有僧上蓝者，通于术数，动皆先知，大为钟所重。因入谒，察传词气，惊曰："令公何故起恶意，是欲杀王潮否？"传不敢隐，尽以告之。上蓝曰："老僧观王潮与福建有缘，必变，彼时作一好世界。令公宜加礼厚待。若必杀之，令公之福去矣。"于是传加以援送。及审知之嗣位也，杨行密方盛，常有吞东南之志气。审知居常忧之，因其先人尝为上蓝所知，乃使人赍金帛往遗之，号曰送供。且问国之休咎，使回上蓝以十字为报，其词曰："不怕羊入屋，只怕钱入腹。"审知得之，叹曰："羊者杨也。腹者福也。得非福州之患，不在杨行密而在钱氏乎？今内外将吏无姓钱者，必为子孙后世之忧矣。"至延羲为连重遇所杀，诸将争立，江南乘其时，命查文徽领兵伐之，经年不能下。会两浙救兵至，文徽腹背受敌，遂大败。自是福州果为钱氏所有，入腹之谶始应。盖国之兴衰，皆冥数先定矣。徐寅登第归闽中，途径大梁，因献《太祖游大梁赋》。时梁祖与太原武皇为仇敌，武皇眇一目，而又出自沙陀部落，寅欲曲媚梁祖，故词及之云："一眼匈奴，望英威而胆落。"未几，有人得其本示太原者，武皇见而大怒。及庄宗之灭梁也，四方诸侯以为唐室复兴，奉琛为庆者相继。王审知在闽中，亦遣使至，遽召其使，问曰："徐寅在否？"使不敢隐，以无恙对。庄宗因惨然曰："汝归，语王审知，父母之仇，不可同天。徐寅指斥先帝，今闻在彼中，何以容之？"使回具以告，审知曰："如此则主上欲杀徐寅尔，今杀则未敢奉诏，但不可以用矣。"即日戒阍者不得引接，徐寅坐是，终身止于秘书正字。江为，建州人。工于诗。乾祐中，福州王氏国乱，有故人任福州官属，恐祸及一旦，亡去。将奔江南，乃间道谒为，经数日，为且与草投江南表。其人未出境，遭边吏所擒，仍于囊中得所撰表章，于是收为与奔者，俱械而送。为临刑，词色不挠，且曰："嵇康之将死也，顾日影而弹琴。吾今冤则不暇弹，赋一篇可矣。"乃索笔为诗曰："衔鼓侵人急，西倾日欲斜，黄泉无旅店，今夜宿谁家？"闻者莫不伤之。黄滔，在闽中为王审知推官。一旦馈之鱼。时滔方与徐寅对谈，遂请为代谢笺。寅援笔而成，其略曰："衔诸断索，才从羊续悬来；列在彫盘，便到冯欢食处。"时人大称之。

史臣曰：昔唐祚横流，异方割据，行密以高材捷足启之于前，李昪以履霜坚冰得之于后，以伪易伪，逾六十年。洎有周兴薄伐之师，皇上示怀柔之德，而乃走梯航而入贡，奉正朔以来庭，如是则长江之险，又何足以恃哉！审知僻据一隅，仅将数世，始则可方于吴芮，终则窃效于尉佗，与夫穴蜂井蛙，亦何相远哉！五纪之王，盖其幸也。《永乐大典》卷六千八百四十八。

# 旧五代史卷一三四考证

僭伪列传一杨行密传乃追李璠等还　案：《通鉴》作"李璠至盱眙，行密发兵袭之，郭言力战得免。"与是书异。瑾与承嗣皆位至方伯　案：《九国志》"行密承制，授朱瑾泰宁军节度使、李承嗣振武军节度使。"此云位至方伯，似未明晰，附识于此。　杨渭传渭渥之弟

也　案：渭，《欧阳史》及《通鉴》皆作隆演，惟是书作渭，详见《通鉴》考异。　　王审知传以为潮为节度福建管内观察使审知为副　案：《王审知德政碑》作诏授潮节度、累加检校右仆射。无审知为副事。

潮薨审知以让其兄审邽　案：《王审知德政碑》作仲兄审邦，此作审邽，当以碑为正。

# 旧五代史卷一三五
# 僭伪列传第二

# 刘守光　刘陟 玢 晟 铱　刘崇

　　刘守光，深州乐寿人也。其父仁恭，初随父晟客于范阳，晟以军吏补新兴镇将，事节使李可举。仁恭幼多智数，陈力于军中。李全忠之攻易定也，别将于晏围易州，累月不能拔，仁恭穴地道以陷之，军中号曰刘窟头，稍迁裨校。仁恭志大气豪，自言尝梦大佛幡出于指端，或云年四十九当领旄节。此言颇泄，燕帅李匡威恶之，不欲令典军，改为府掾，出为景城令。属瀛州军乱，杀郡守，仁恭募白丁千人，讨平之。匡威壮其才，复使为帐中爪牙，令将兵戍蔚州。兵士以过期不代，思归流怨。会李匡俦夺兄位，戍军拥仁恭为帅，欲攻幽州。比至居庸关，为府兵所败，仁恭挈族奔于太原。武皇遇之，甚厚赐田宅以处之，出为寿阳镇将，从征吐浑。仁恭数进画于盖寓，言幽州可图之状，愿得步骑万人，即指期可取。武皇从之，洎仁恭举兵，屡不克捷。

　　唐乾宁元年十一月，武皇亲征匡俦。十二月，破燕军于威塞，进拔妫州，收居庸。二十六日，匡俦弃城而遁，武皇令李存审与仁恭入城抚劳，封府库，即以仁恭为幽州节度使，留腹心燕留德等十余人分典军政，武皇乃还。二年七月，武皇讨王行瑜，师于渭北，上章请授仁恭节钺。九月，天子以仁恭为检校司空、幽州卢龙军节度使。三年，罗弘信背盟，武皇遣李存信攻魏州，征兵于燕，仁恭托以存丹入寇，俟敌退听命。四年七月，武皇闻兖、郓俱陷，复征兵于仁恭，数月之间,使车结辙,仁恭辞旨不逊,武皇以书让之。仁恭览书嫚骂,拘其使人,晋之戍兵在燕者,皆拘之。复以厚利诱晋之骁将,由是亡命者众矣。八月,武皇讨仁恭。九月五日,次安塞军。九日,渡木瓜涧。大为燕军所败,死伤大半,既而仁恭告捷于梁祖,梁祖闻之喜,因表仁恭加平章事。仁恭又遣使于武皇,自陈边将擅兴之罪,武皇以书报之。仁恭既绝于晋。恒惧讨伐,募兵练众,常无虚月。

光化元年三月,令其长子袭沧州,卢彦威委城而遁,遂兼有沧、景、德三郡,以守文为留后。请节钺于朝,昭宗怒其擅兴,不时与之。会中使至范阳,仁恭私之曰:“旄节,吾自有。但要长安本色耳。何以累章见阻?为吾言之。”其悖戾如此。仁恭兵锋益盛,每战多捷,以为天赞,遂有吞噬河朔之志。二年正月,仁恭率幽、沧步骑十万,号三十万,将兼并魏博、镇定。师次贝州,一鼓而拔,无少长皆屠之,清水为之不流。罗绍威求援于汴,汴将李思安、葛从周赴之,思安屯内黄,仁恭兵围魏州,闻汴军在内黄,戒其子守文曰:“李思安怯懦,汝之智勇,比之十倍。当先殄此鼠辈,次掳绍威。”守文与单可及率渔阳精甲五万,夹清水而上。思安设伏于内黄清水之左,袁象先设伏于内黄清水之右。思安逆战于繁阳城,伪不胜,徐退,燕人追蹑至于内黄。思安步兵成列,回击之,燕人将引退,左右伏兵发,燕军大败。临阵斩单可及,守文单骑仅免。五万之众无生还者。时葛从周率邢、洺之众入魏州,与贺德伦、李晖出击贼营。是夜,仁恭烧营遁走,汴人长驱追击,自魏至长河数百里,僵尸蔽地,败旗折戟累累于路。镇人又邀击于东境,燕军复败,仁恭自是垂翅不振者累年。汴人乘胜攻沧州,仁恭率师援之,营于乾宁军。汴将氏叔琮逆战,燕军逗挠,退保瓦桥,乃卑辞厚礼乞师于晋。武皇遣兵,逼邢、洺以应之。十月,汴人陷瀛、鄚二州,晋将周德威将兵出飞狐,仁恭复修好于晋。

天祐三年七月,梁祖自将兵攻沧州,营于长芦。仁恭师徒屡丧,乃酷法尽发。部内男子十五已上,七十已下,各自备兵粮以从军,闾里为之一空。部内男子无贵贱,并黥其面,文曰定霸都,士人黥其

臂，文曰一心事主。繇是燕、蓟人士例多黥涅，或伏窜而免。仁恭阅
众，得二十万，进至瓦桥。汴人深沟高垒，以攻沧州，内外阻绝，仁恭
不能合战，城中大饥，人相篡啖，析骸而爨，丸土而食，转死骨立者
十之六七。自七月至十月，仁恭遣使求援于晋，前后百余辈。武皇
乃征兵于燕，仁恭遣都将李溥、夏侯景，监军张居翰、书记马郁等，
以兵三万来会。十二月，合晋帅以攻潞州，降丁会乃解沧州之围。是
时，天子播迁，中原多故，仁恭啸傲蓟门，志意盈满，师道士王若讷，
祈长生羽化之道。幽州西有名山曰大安山，仁恭乃于其上盛饰馆
宇，僭拟宫掖，聚室女艳妇，穷极侈丽。又招聚缁黄合仙丹，讲求法
要。又以瑾泥作钱，令部内行使，尽敛铜钱于大安山巅，凿穴以藏
之。藏毕，即杀石匠以灭其口。又禁江表茶商自撷山中草叶为茶，
以邀厚利。改山名为大恩山。仁恭有嬖妾曰罗氏，美姿色，其子守
光蒸之。事泄，仁恭怒笞守光，谪而不齿。四年四月，汴将李思安以
急兵攻幽州，营于石子河。仁恭在大安山城中无备，守光自外帅兵
来援，登城拒守，汴军即退。守光乃自为幽州节度，令其部将李小
喜、元行钦将兵攻大安山，仁恭遣兵拒战，为小喜所败。乃掳仁恭归
幽州，囚于别室。仁恭左右，迨至婢媵与守光不协者毕诛之。其兄
守文在沧州，闻父被囚，聚兵大哭，谕之曰：“哀哀父母，生我劬劳。
自古岂有子仇父者，吾家生此枭獍，吾生不如死。”即率沧、德之师
讨之。守光逆战于鸡苏，为守文所败。既而守文诈悲，单马立于阵
场，泣谕于众曰：“勿杀吾弟！”时守光骁将元行钦识之，被擒，沧兵
失帅自溃。守光乃絷兄行别室，围以丛棘，乘胜进攻沧州。沧州宾
佐孙鹤、吕兖已推守文子延祚为帅，守光携守文于城下，攻围累月，
城中乏食，米斗直三万，人首级亦直十千，军士食人，百姓食墐土，
驴马相遇，食其鬃尾，士人出入，多为强者屠杀。久之，延祚力穷。以
城降于守光，守文寻亦遇害。

　　守光性本庸昧，以父兄失势，谓天所助，淫虐滋甚。每刑人必以
铁笼盛之，薪火四逼。又为铁刷刷剔人面。尝衣赭黄袍，顾谓将吏
曰：“当今海内四分五裂，吾欲南面以朝天下，诸君以为何如？”宾佐

有孙鹤者，骨鲠方略之士也，率先对曰："王西有并、汾之患，北有契丹之虞，乘时观衅，专待薄人。彼若结党连衡，侵我疆场，地形虽险，势不可支。甲兵虽多，守恐不暇。纵能却敌，未免生忧。王但拊士爱民，补兵完赋，义声驰于天下，诸侯自然推戴。今若恃兵与险，未见良图。"守光不悦。及梁军据深、冀，王镕乞师于守光，孙鹤劝守光出援军以图霸业，守光不从。及庄宗有柏乡之捷，守光谋攻易定，讽动镇人，欲为河朔元帅。庄宗乃与镇州节度使王镕、易定节度使王处直、昭义节度使李嗣昭、振武节度使周德威、天德军节度使宋瑶，同遣使奉册，推守光为尚父，以稔其恶。守光不悟，谓藩镇畏己，仍以诸镇状送梁祖，言："臣被晋王等推臣为尚父，坚辞不获，又难拒违。臣窃料所宜，不如陛下与臣河北道都统，则并、镇之叛，不足平殄矣。"梁祖知其诈，优答之。仍命阁门使王瞳、供奉官史彦璋等使于燕，册守光为河北道采访使。

六月，梁使至，守光令所司定尚父采访使，仪注所司，取唐朝册太尉礼以示之。守光曰："此仪注中何无郊天改元之事？"梁使曰："尚父虽尊，犹是人臣"。守光怒投于地，谓将吏曰："方今天下鼎沸，英雄角逐，朱公创号于夷门，杨渭假名于淮海，王建自尊于巴蜀，茂贞矫制于岐阳，皆因茅土之封，自假帝王之制。然兵虚力寡，疆场多虞，我大燕地方二千里，带甲三十万，东有鱼盐之饶，北有塞马之利，我南面称帝，谁如我何！今为尚父，孰当帝者？公等促具帝者之仪，予且为河朔天子。"燕之将吏窃议以为不可。守光置斧锧于廷，令将佐曰："今三方协赞，予难重违，择日而帝矣。从我者赏，横议者诛。"孙鹤对曰："沧州破败，仆乃罪人，大王宽容，乃至今日，不敢阿旨，以误家国。苟听臣言，死且无悔。"守光大怒，推之伏锧，令军士割其肉生啖之。鹤大呼曰："百日之外，必有急兵矣！"守光命窒其口，寸斩之，有识为之嗟惋。乃悉召部内官吏，教习朝仪，边人既非素习，举措失容，相顾诮笑。

八月十三日，守光僭号大燕皇帝，改年曰应天，以梁使王瞳、判官齐涉为宰相，史彦璋为御史大夫。伪册之日，契丹陷平州。庄宗闻之大笑，监军张承业曰："恶不积不足以灭身，老氏所谓将欲取之，必先与之，今守光狂蹶，请遣使省问，以观其衅。"十月，庄宗令太原少尹李承勋往，使承勋至，守光怒不称臣，械之于狱。十二月，庄宗遣周德威出飞狐，会镇定之师以讨之。德威攻围历年，属郡皆下。守光坚保幽州，求援于梁，北诱契丹，救终不至。十年十月，守光遣使持币马见德威乞降，又乘城呼曰："予俟晋王至耶即出城。"十一月，庄宗亲征。二十三日，至幽州。单骑临城，召守光曰："丈夫成败，须决所向，公将何如？"守光曰："某俎上肉耳！"庄宗愍之，折弓为盟，许其保全。守光辞以他日，庄宗乃令诸军攻之。二十四日，四面毕攻，庄宗登燕太子墓观之。俄而，数骑执仁恭并其孥来献。檀州游奕将李彦晖于燕乐县获守光并妻李氏、祝氏，男继珣、继方、继祚等来献。初，守光城破后，携其妻子将走关南，依刘守奇。沿路寒疮足踵，经日不食。至燕乐县，匿于坑谷，令妻祝氏乞食于田父张师造家，怪妇人异状，诘之，遂俱擒焉。庄宗方宴府第，引仁恭、守光至席，父子号泣谢罪。庄宗慰抚之曰："往事不复言。人谁无过，改之为贵。"乃归之传舍。是月己卯，晋人执守光及仁恭，露布表其罪，驱以班师。十一年正月，至晋阳。仁恭父子荷校于露布之下，父母唾面骂守光曰："逆贼，破家如是！"守光俯首不顾。自范阳至晋阳，涉千余里，所在聚观呼守光为刘黑子，略无愧色。庄宗以仁恭、守光徇于都城，即告南宫七庙。礼毕，守光与李小喜、郑藏斐、刘延卿及其二妻皆伏诛。李小喜者，本晋之小校。先奔于燕，守光以为爱将。守光虽凶淫出于天性，然而稔恶侈毒，抑亦小喜赞成。守光将败，前一日来降。守光将死大呼曰："臣之误计，小喜荧惑故也。若罪人不死，臣必诉于地下。"庄宗急召小喜至，令证辩。小喜瞋目叱守光曰："囚父杀兄，烝淫骨肉，亦我教耶！"庄宗怒小喜失礼，先斩之。守光恸哭曰："王将定天下，臣精于骑，何不且留指使。"二妻让之曰："皇帝事势及此，生不如死！"即延颈就戮。守光犹哀诉不已，既诛，命判官司马拨备蒉楼祭酹，瘗于城西三里龙山下。令副使卢安弼、李存霸拘送仁恭至代州，于武皇陵前刺心血以祭，诛于雁门山下。自仁恭乾

宁二年春入幽州，至天祐十年，父子相承，十九年而灭。《永乐大典》
卷九千九百九。

刘陟，即刘龑，初名陟，其先彭城人，祖仁安仕唐，为潮州长史，
因家岭表。父谦，素有才识。唐咸通中宰相韦宙出镇南海，谦时为
牙校，职级甚卑，然气貌殊常，宙以犹女妻之。妻以非其类，坚止之，
宙曰："此人非常流也。他日我子孙或可依之。"谦后果以军功拜封
州刺史兼贺水镇使，甚有称誉。

谦之长子曰隐，即韦氏女所生也。幼而奇特。及谦卒，贺水诸
将有无赖者，幸变作乱，隐定计诛之。连帅刘崇龟闻其才，署为右都
校，复领贺水镇。俄奏兼封州刺史。用法清肃，威望颇振。唐昭宗
以嗣薛王知柔石门扈跸功，授清海军节度使。诏下，有府之牙将卢
琚、谭弸谋不禀朝命，隐举部兵诛琚、弸以闻。知柔至，深德之，辟为
行军司马，委以兵赋。唐昭宗命宰相徐彦若代知柔复署前职，彦若
在镇二年，临薨，手表奏隐为两使留后，昭宗未之许，命宰相崔远为
节度使。远行及江陵，闻岭表多盗，惧隐违诏，迟留不进，会远复入
相，乃诏以隐为留后，然久未即真。及梁祖为元帅，隐遣使持重赂以
求保荐，梁祖即表其事，遂降旄节。梁开平初，恩宠殊厚，迁检校太
尉、兼侍中、封大彭郡王。梁祖郊禋礼毕，加检校太师、兼中书令。又
命兼领安南都护、充清海、静海两军节度使，进封南海王。案：《东都
事略》不载隐封南海王，《宋史》不载隐封大彭郡王，与《薛史》互有详略。考《五
代会要》，刘隐进封南海王在开平四年。开平四年三月卒。

陟，隐之弟也。隐卒，代据其位。及梁末帝嗣位，务行姑息之政，
乃尽以隐之官爵授陟。先是，邕州叶广略、容州庞巨源，或自擅兵
赋，数侵广之西鄙。陟举兵讨之。邕、容皆败，因附庸于陟。又交州
土豪曲承美亦专据其地，送款于梁，因正授旄钺。陟不平之，遣将李
知顺伐之，执承美以献，陟自是尽有岭表之地。及闻钱镠册封吴越
王，陟耻称南海之号，乃叹曰："中原多故，谁为真主？安能万里梯航
而事伪庭乎！"梁贞明三年八月，陟乃僭号于广州，国号大汉，伪改

元为乾亨。明年，僭行郊礼，赦其境内，及改名岩。陟僭位之后，广聚南海珠玑，西通黔、蜀，得其珍玩，穷奢极侈，娱僭一方。与岭北诸藩岁时交聘。及庄宗平梁，遣伪宫苑使何词来聘，称"大汉国主致书上大唐皇帝"，庄宗召见于邺宫，问南海事状。且言"本国已发使臣，大陈物朝贡，今秋即至。"初，陟闻庄宗兵威甚盛，故令何词来视虚实。时朝政已紊，庄宗亦不能以道制御远方，南海贡亦不至，自是与中国遂绝。

唐同光三年冬，白龙见于南海，改伪乾亨元年为白龙元年。陟又改名龚，以符龙之瑞也。白龙四年春，又改大有元年。是岁陟僭行籍田之礼。陟之季年，有梵僧善占算之术，谓陟不利名龚，他年虑有此姓败事，陟又改名龑。龑读为俨，古文无此字，盖安撰也。陟性虽聪辩，然好行苛虐，至有炮烙、刳剔、截舌、灌鼻之刑，一方之民若据炉炭。惟厚自奉养，广务华靡。末年起玉堂珠殿，饰以金碧翠羽。岭北行商或至其国，皆召而示之，夸其壮丽。每对北人自言家本咸秦，耻为蛮夷之主。又呼中国帝王为洛州刺史。其妄自尊大，皆此类也。晋天福七年夏四月，陟以疾卒，凡僭号二十六年，年五十四。伪谥为天皇大帝，庙号高祖，陵曰康陵。子玢嗣。《永乐大典》卷九千九百九。

玢，陟长子也。初封宾王，又封秦王。陟卒，遂袭位，伪号光天。玢性庸昧，僭位之后，大恣荒淫。寻为其弟晟所弑，在位一年，伪谥为殇帝。《永乐大典》卷九千九百九。

晟，陟第二子也。伪封勤王，又封晋王。玢之立也，多行淫虐，人皆恶之。晟因与其弟伪越王昌等同谋弑玢，自立为帝，改元为应乾，又改为乾和。晟率性荒暴，得志之后，专以威刑御下，多诛灭旧臣及其昆仲。数年之间，宗族殆尽。又造生地狱，凡汤镬、铁床之类，无不备焉。人有小过，咸被其苦。及湖南马氏昆弟寻戈，晟因其衅，遣兵攻桂林管内诸郡及郴、连、梧、贺等州，皆克之。自此，全有南越之地。周显德五年秋八月，晟以疾卒，伪谥曰文武光圣明孝皇帝，庙号中宗，陵曰昭陵。是岁，晟以六月望夜，宴于甘泉宫。是夕，月有蚀之，测在牛女之域，晟自览占书，既而投之于地，曰："自古谁能不死乎！"纵长夜之饮，至是而卒。《永乐大典》卷九千九百九。

铢，晟长子也。伪封卫王。晟卒，乃袭伪位，时年十七，改元为大宝。铢性庸懦，不能治其国，政事咸委于阉官。复有宫人具冠带，预职官，理外事者，由是，纲纪大坏。先是，广州法性寺有菩提树一株，高一百四十尺，大十围，传云萧梁时西域僧真谛之所手植，盖四百余年矣。皇朝乾德五年夏，为大风所拔。是岁秋，铢之寝室屡为雷震，识者知其必亡。皇朝开宝三年夏，王师始议南征。四年二月五日，王师压广州，铢尽焚其府库，将赴火而死。既而不能引决，寻为王师所擒。举族迁于京师。皇上赦而不诛，仍赐爵为恩赦侯，其后事具皇家日历。陟始自梁贞明二年，僭号历三世四主，至皇朝开宝四年，凡五十五年而亡。《永乐大典》卷九千九百九。

刘崇，太原人，汉高祖之从弟也。少无赖，好陆博意钱之戏。弱冠隶河东军。唐长兴中，迁虢州军校。汉祖镇并、汾，奏为河东步军都指挥使。逾年，授麟州刺史。复为河东马步军都指挥使、兼三城巡检使、遥领泗州防御使。汉祖起义于河东，以崇为特进、检校太尉、行太原尹。是岁五月，汉祖南行，以崇为北京留守，寻加同平章事。隐帝嗣位，加检校太师，兼侍中。乾祐二年九月，加兼中书令。时汉隐帝以幼年在位，政在大臣，崇亦招募亡命，缮完兵甲，为自全之计。朝廷命令多不禀行，征敛一方，略无虚日，人甚苦之。三年十一月，隐帝遇害，朝廷议立崇之子徐州节度使赟为主，会周太祖为军众所推，降封赟为湘阴公，崇乃遣牙将李晋奉书求赟归藩，会赟已死，唯以优辞答之。

周广顺元年正月，崇僭号于河东，称汉。改名旻，仍以乾祐为年号，署其子承钧为侍卫亲军都指挥使、太原尹，以判官郑拱、赵华为宰相，副使李瑰代州刺史，张晖为腹心。寻遣承钧率兵攻晋、隰二州，不克而退。九月，崇自领兵由阴地关寇晋州，乞师于契丹，契丹以五千骑助之，合兵以攻平阳。又分兵寇昭义。周太祖遣枢密使王峻等,率大军以援晋、绛。崇闻周师至,遂焚营而遁。是岁,晋、绛大雪,崇驻兵六十余日,边民走险自固,兵无所掠,士有饥色,比至太原,十亡三四。二年二月,崇遣军三千余众寇府州,为折德扆所破。其所部岢岚军为德扆所取。崇自僭称之后,以重币求援于契丹,仍称侄以事之。契丹伪册崇为英武皇帝。及周世宗嗣位,崇复乞师于契丹,以图入寇。契丹遣将杨衮合势,大举来迫潞州。显德元年三月,周世宗亲征,与崇战于高平,大败之。崇与亲骑十数人,逾山而遁。中夜迷懵,不知所适,劫村民使为乡导,误趋晋州。路行百余里方觉,崇怒杀乡导者,得佗路而去,乃易名号,被毛褐,张草笠,而行至沁州,与从者三五骑止于郊舍。寒馁尤甚,潜令告伪刺史李廷海,廷海馈盘餐、解衣裘而与之。每至属邑,县吏奉食,匕箸未举,闻周师至,即苍黄而去。崇年老力惫,伏于马上,日夜奔窜,仅能支持。距太原一舍,其子承钧夜以兵百人迎之而入。及周师临城下,崇气慑,自固闭垒,不出月余。世宗乃旋军。

显德二年十一月,崇以病死,其子承钧袭伪位。钧之事迹,具皇家日历。《永乐大典》卷九千九百九。

史臣曰:守光逆天反道,从古所无。迨至临刑,尚求免死,非唯恶之极也,抑亦愚之甚也。刘晟据南极以称雄,属中原之多事,洎乎奕世,遇我昌朝,力惫而亡,不泯其嗣,亦其幸也。刘崇以亡国之余,而窃伪王之号,多见其不知量也。今元恶虽毙,遗孽尚存,势蹙民残,不亡何待!《永乐大典》卷九千九百九。

# 旧五代史卷一三五考证

僭伪列传二刘守光传汴人陷瀛郱二州　郱原本讹郑,今据《欧阳史》改正。　书记马郁　马郁原本作马都今据是书列传改　尽敛铜钱于大安山颠　铜钱,原本作钱镈,引用错谬。今据《欧阳史》改正。　即杀匠石以灭其口　案:庄子石,乃匠者之名。词家引用泛作工匠解者,非乃纪事之文,亦沿其误。殊乖史体,今姑仍原文而驳正于此。　刘陟传谦之长子曰隐梁开平初封大彭郡王梁祖郊禋礼毕进封南海王　案:《东都事略》不载隐封南海王,《宋史》不载隐封大彭郡王,与是书互有详略。考《五代会要》刘隐进封南海王,在开平四年。

# 旧五代史卷一三六
# 僭伪列传第三

# 王建 衍　孟知祥 昶

　　王建,陈州项城人。唐末,隶名于忠武军。秦宗权据蔡州,悬重赏以募之,建始自行间得补军候。广明中,黄巢陷长安,僖宗幸蜀。时梁祖为巢将,领众重攻襄、邓,宗权遣小校鹿晏弘从监军杨复光率师攻之,建亦预行。是岁,复光入援京师。明年破贼,收京城。初,复光以忠武军八千人立为八都,晏弘与建各一都校也。复光死,晏弘率八都迎僖行在,至山南,乃攻剽金、商诸郡县,得兵数万,进逼兴元,节度使牛丛弃城而去,晏弘因自为留后,以建等为属郡刺史,不令之任。俄而,晏弘正授节旄,恐部下谋己,多行忍虐,由是部众离心。建与别将韩建友善,晏弘益猜二建,伪待之厚,引入卧内。二建惧,夜登城慰守陴者,因月下共谋所向,谓韩建曰:“仆射甘言厚德,是疑我也。祸难无日矣。早宜择利而行。”韩曰:“善。”因率三千人趋行在,僖宗嘉之,赐与巨万。分其兵为五都,仍以旧校主之,即晋晖、李师泰、张造、与二建也。因号曰随驾五都。田令孜皆录为假子。及僖宗还宫,建等分典神策军,皆遥领刺史。光启初,从僖宗再幸兴元,令孜惧逼,求为西川监军,杨复恭代为观军容使。建等素为令孜所厚,复恭惧不附己,乃出五将为郡守,以建为壁州刺史。案《通鉴》:杨复恭出建为利州刺史。《蜀梼杌》作利州防御使,与《薛史》异。天子还京,复恭以杨守亮镇兴元,尤畏建侵己,屡召之。建不安其郡,因招合溪洞豪猾,有众八千,寇阆州,陷之。复攻利州,刺史王珙弃城

而去。建播剽二郡，所至杀掠，守亮不能制。东川节度使顾彦朗，初
于关辅破贼时与建相闻，每遣人劳问，分货币军食以给之，故建不
侵梓、遂。西川节度使陈敬瑄忧其胶固，谋于监军，田令孜曰："王
八，吾子也，彼无他肠，作贼山南，实进退无归故也。吾驰咫尺之书，
可以坐置麾下。"即飞书招建，建大喜，遣使谓彦朗曰："监军阿父遣
信见招，仆欲诣成都省阿父，因依陈太师得一大郡，是所愿也。"即
之梓州，见彦朗，留家寄东川，选精甲三千之成都。行次鹿头，或谓
敬瑄曰："建，今之剧贼，鸱视狼顾，专谋人国邑，倘其即至，公以何
等处之？彼建雄心，终不居人之下，公如以将校遇之，是养虎自贻其
患也。"案《蜀梼杌》：李义曰："建今之奸雄，狼顾久矣，必不为人下，若为将
校，亦非公之利。"《通鉴》亦作李义。敬瑄惧，乃遣人止建，遽修城守。建
怒，遂据汉州，领轻兵至成都，敬瑄让之曰："若何为者而犯吾疆
理？"建军吏报曰："阆州司徒比寄东川，而军容太师使者继召，今复
拒绝，何也？司徒不惜改辕而东，来此省太师，反为拒绝，恐顾梓州
复相嫌间谓我何心故也。使我来报，且欲寄食汉州，公勿复疑。"时
光启三年。居浃旬，建尽取东川之众，设梯冲攻成都，三日不克而
退，复保汉州。月余，大剽蜀土，进逼彭州，百道攻之，敬瑄出兵来
援，建解围，纵兵大掠，十一州皆罹其毒，民不聊生。

　　建军势日盛，复攻成都，敬瑄患之，顾彦朗亦惧侵己。昭宗即
位，彦朗表请雪建，择大臣为蜀帅，移敬瑄他镇，乃诏宰臣韦昭度镇
蜀，以代敬瑄。敬瑄不受代，天子怒，命顾彦朗、杨守亮讨之，时昭度
以建为牙内都校，董其部兵。按《鉴戒录》云：昭度以部兵置行府。及王师
无功，建谓昭度曰："相公兴数万之众，讨贼未效，饷运交不相属。近
闻迁洛以来，藩镇相噬，朝廷姑息不暇，与其劳师以事蛮方，不如从
而赦之，且以兵威靖中原，是国之本也。相公盍归朝觐，与主上画
之。"昭度持疑未决。一日，建阴令军士于行府门外擒昭度亲吏，脔
而食之，建徐启昭度曰："盖军士乏食，以至于是耳！"昭度大惧，遂
留符节与建，即日东还。才出剑门，建即严兵守门，不纳东师。月余，
建攻西川管内八州，所至响应，遂急攻成都，田令孜登城谓建曰：

"老夫与八哥军相厚,太师久以知闻,有何嫌恨,如是困我之甚耶!"
建曰:"军容父子之恩,心何敢忘,但天子付以兵柄,太师孤绝朝廷
故也。苟太师悉心改图,何福如之!"又曰:"吾欲与八哥中相款,如
何?"曰:"父子之义,何嫌也。"是夜,令孜携蜀帅符印入建军授建。
建泣谢曰:"太师初心太过,致有今日相戾,既比推心,一切如旧。"
翌日,敬瑄启关迎建,以蜀帅让之,建乃自称留后,表陈其事。明年
春,制授检校太傅、成都尹、西川节度副大使、知节度事、管内观察
处置云南八国招抚等使,时龙纪元年也。移敬瑄于雅州安置,仍以
其子为刺史。既行,建令人杀之于路,令孜仍旧监军事。数月,或告
令孜通凤翔书问,下狱饿死。案《蜀梼杌》云:敬瑄废处雅州,以其子为刺
史。既行,建遣杀于三江,令孜仍监其军。复以令孜阴附凤翔,下狱饿死。

　　建雄猜多机略,意尝难测。既有蜀土,复欲窥伺东川。又以彦
朗婚姻之旧,未果行。会彦朗卒,弟彦晖代为梓帅,交情稍息。李茂
贞乘其有间,密构彦晖,因与茂贞连盟,关征疆吏之间,与蜀人得
失。大顺末,建出师攻梓州,彦晖求援于凤翔,李茂贞出师援之,建
即围解。自是、秦川交恶者累年。后建大起蜀军,败岐梓之兵于利
州,彦晖惧,乞和,请与岐人绝,许之。景福中,山南之师寇东川,彦
晖求援于建,建出兵赴之,大败兴元之众。洎军旋,建乘虚奄袭梓
州,掳彦晖置于成都,遂兼有两川,自此军锋益炽。天复初,李茂贞、
韩全诲劫迁车驾在凤翔,梁祖攻围历年。建外修好于汴,指茂贞罪
状,又阴与茂贞间使往来,且言坚壁勿和,许以出师赴援,因分命诸
军攻取兴元。比及梁祖解围,茂贞山南诸州皆为建所有,自置守将。
及茂贞垂翅,天子迁洛阳,建复攻茂贞之秦、陇等州,茂贞削弱不能
守。或劝建因取凤翔,建曰:"此言失策,吾所得已多,不俟复增岐
下。茂贞虽常才,然名望宿素,与朱公力争不足,守境有余。韩生所
谓入为捍蔽,出为席藉是也。适宜援而固之,为吾盾卤耳。"及梁祖
将谋强禅,建与诸藩同谋兴复,乃令其将康晏率兵三万会于凤翔,
数与汴将王重师战,不利而还。赵匡凝之失荆、襄也,弟匡明以其孥
奔蜀,建因得夔、峡、忠、万等州。及梁祖开国,蜀人请建行刘备故

事,建自帝于成都,《册府元龟》卷二百二十三。改元永平。五年,改元通正。是年冬,改元天汉,又改元光天。在位十二年,年七十二。子衍嗣。《册府元龟》卷二百一十九。

衍,建子幼之也。建卒,衍袭伪位,改元乾德。六年十二月,改明年为咸康。秋九月,衍奉其母徐妃同游于青城山,驻于上清宫。时宫人皆衣道服,顶金莲花冠,衣画云霞,望之若神仙。及侍宴,酒酣,皆免冠而退,则其髻鬌然。又构怡神亭,以佞臣韩昭等为狎客,杂以妇人,以恣荒宴,或自旦至暮,继之以烛。伪嘉王宗寿侍宴,因以社稷国政为言,言发涕流,至于再三。同宴佞臣潘在迎等并奏衍云:"嘉王好酒悲。"因翻恣谐谑,取笑而罢。自是忠正之臣结舌矣。《永乐大典》卷三千一百九十三。

时中国多故,衍得以自安。唐庄宗平梁,遣使告捷于蜀。蜀人恟惧,致礼复命,称"大蜀国主致书上大唐皇帝",词理稍抗,庄宗不能容。遣客省使李严报聘,且市宫中珍玩。蜀人皆禁而不出。衍既冲骏,军国之政咸委于人。有王宗弼者,为六军使,总外任。宋光嗣者,为枢密使,总内任。洎严至蜀,光嗣等曲宴,因言中国近事,严亦引近事折之,语在严传。光嗣等闻严辩对,畏而奇之。及严使还,奏庄宗曰:"王衍骏童耳。宗弼等总其兵柄,但益家财,不恤民事。君臣上下,唯务穷奢。其旧勋故老,弃而不任,蛮蜑之人,痛深疮痏。以臣料之,大兵一临,望风瓦解。"庄宗深然之。遂搜兵括马,有平蜀之志。唐师未起时,伪东川节度使宋承葆献计于衍,云:"唐国兵强,不早为谋,后将焉救。请于嘉州沿江造战舰五百艘,募水军五千,自江下峡,臣以东师出襄、邓。水陆俱进,东北沿边严兵据险,南师出江陵,利则进取,否则退保峡口。又选三蜀骁壮三万,急攻岐、雍,东据河、潼,北招契丹,啖以美利,见可则进,否则据散关以固,吾围事纵不捷,亦攻敌人之心矣。"衍不从。唐同光三年九月十日,庄宗下制伐蜀。命兴圣宫使魏王继岌为都统,枢密使郭崇韬为行营都招讨。其月十八日,魏王统阙下诸军发洛阳。十一月二十一日,魏王至德阳,衍报云:"比与将校谋归国,伪枢密使宋光嗣、景润澄,南北院宣徽使李周辂、欧阳晃等四人异谋荧惑，臣各已处斩，今送纳首级。"
案:《蜀梼杌》皇太子开宗贤府，募兵以拒唐师。是日，衍上表曰:"臣衍先
人建，久在坤维，受先朝宠泽，一开土宇，将四十年。顷以梁孽兴灾，
洪图板荡，不可助逆，遂乃从权，勉徇众情，止王三蜀，固非获已，未
有所归。臣辄绍镃基，且安生聚。臣衍诚惶诚恐，伏惟皇帝陛下，嗣
尧、舜之业，陈汤、武之师，廓定寰区，削平凶逆，梯航垂集，文轨浑
同。臣方议改图，便期纳款，遽闻王师致讨，实抱惊危。今则将千里
之封疆，尽为王土;冀万家之臣妾，皆沐皇恩。必当舆榇乞降，负荆
请命。伏惟皇帝陛下，回照临之造，施覆帱之仁，别示哀矜，以安反
侧。倘坟茔而获祀，实存没以知归，臣无任望恩虔祷之至。乙酉年
十一月日，臣王衍上表。"其月二十七日，魏王至成都北五里升仙
桥，伪百官班于桥下，衍乘行舆至，素衣白马，牵羊草索，系首面缚，
衔璧舆榇而从。魏王下马，受其璧，崇韬释其缚，及燔其榇，衍率伪
百官东北舞蹈谢恩。礼毕，拜魏王、崇韬、李严，皆答拜。二十八日，
王师入成都，自起师至入蜀城，凡七十五日。《永乐大典》六千八百四十
九。按:以下原本残阙。据《欧阳史》云:同光四年，衍行至秦川驿。庄宗用伶人
景进计，遣宦者向延嗣诛其族。天成二年，封衍顺正公，以诸侯葬。《五代史
补》:王建在许下时，尤不逞，尝坐事遭徒，但无杖痕尔。及据蜀得马涓为从事，
涓好讦讦，建恐为所讥，因问曰:"窃闻外议，以吾曾遭徒刑，有之乎?"涓对曰:
"有之。"建恃无杖痕，且对众因袒背以示涓曰:"请足下试看，有遭杖责而肌肉
中是耶!"涓知其诈，乃抚背而叹曰:"大奇，当时何处得此好膏药。"来宾佐皆
失色，而涓晏然。王建之僭号也，惟翰林学士最承恩顾，侍臣或谏其礼过，建
曰:"盖汝辈未之见也。且吾在神策军时，主内门鱼钥，见唐朝诸帝待翰林学
士，虽交友不若也。今我恩顾，比当时才有百分之一尔，何谓之过当耶!"论者
多之。杜光庭，长安人。应九经举，不第。时长安有潘尊师者，道术甚高，僖宗
所重。光庭素所希慕，数游其门。当僖宗之幸蜀也，观蜀中道门牢落，思得名士
以主张之。驾回诏潘尊师使于两街，求其可者，尊师奏曰:"臣观两街之众，道
听涂说，一时之俊即有之，至于掌教之士，恐未合应圣旨。臣于科场中识九经
杜光庭，其人性简而气清，量宽而识远，且困于风尘，思欲脱屣名利久矣。以臣
愚思之，非光庭不可。"僖宗召而问之，一见大悦，遂令披戴，仍赐紫衣，号曰广

成先生，即日驰驿遣之。及王建据蜀，待之愈厚，又号为天师。光庭尝以《道德》二经，注者虽多，皆未能演畅其旨，因著《广成义》八十卷，他术称是，识者多之。

　　孟知祥，字保裔，邢州龙冈人也。祖察、父道，世为郡校。伯父方立，终于邢、洺节度使。从父迁位，至于泽、潞节度使。知祥在后唐庄宗同光三年授西川节度副大使、知节度事。《册府元龟》卷二百一十九。天成中，安重诲专权用事，以知祥庄宗旧识，方据大藩，虑久而难制，僭欲图之。是时，客省使李严以尝使于蜀，洞知其利病，因献谋于重诲，请以己为西川监军，庶效方略，以制知祥。朝廷可之。及严至蜀，知祥延接甚至，徐谓严曰："都监前因奉使，请兵伐蜀，遂使东、西两川俱至破灭，川中之人，其怨已深。今既复来，人情大骇，固奉为不暇也。"案：此句疑有舛误。即遣人拽下阶，斩于阶前。案《欧阳史》云：李严至境上，遣人持书候知祥。知祥盛兵见之，冀严惧而不来。严闻之自若。天成二年正月，严至成都。知祥置酒召严，因责严曰："今诸方镇已罢监军，公何得来？"《鉴诫录》云：李严于天成初复来监护，孟祖加之礼分，从容数其五罪，命剑斩之。与《薛史》异。其后朝廷每除剑南牧守，皆令提兵而往，或千或百，分守郡城。时董璋作镇东川已数年矣，亦有雄据之意。会朝廷以夏鲁奇镇遂州，李仁矩镇阆州，皆领兵千人赴镇，复授以密旨，令制御两川。董璋觉之，乃与知祥通好，结为婚家，以固辅车之势。知祥虑唐军骤至，与遂、阆兵合，则势不可支吾。遂与璋协谋，令璋以本部军先取阆州。知祥遣大将军李仁罕、赵廷隐率军围遂州。长兴元年冬，唐军伐蜀，至剑门。二年，以遂、阆既陷，又粮运不接，乃班师。三年，知祥又破董璋。乃自领东、西两川节度使。《册府元龟》卷二百二十七。应顺元年，以剑南东、西川节度使、蜀王称帝于蜀，改元明德。七月卒，年六十一。《册府元龟》卷二百二十九。按《薛史·孟知祥传》，《永乐大典》原阙，今采《册府元龟》僭伪部以存梗概。

　　昶，知祥之第三子也。按《宋朝事实》云：昶，初名仁赞。《挥尘余话》云：昶，字保元。母李氏，本庄宗之嫔御，以赐知祥。唐天祐十六年，岁在己卯,十一月十四日,生昶于太原。按:《花蕊夫人宫词》云:"法云寺里中元节,又是官家降诞辰。"是昶以七月十五为生辰也,与《薛史》异。及知祥镇蜀,昶与其母从知祥妻琼华长公主同入于蜀。知祥僭号,伪册为皇太子。知祥卒,遂袭其伪位,时年十六,尚称明德元年。及伪明德四年冬,伪诏改明年为广政元年。是岁,即晋天福三年也。伪广政十三年,伪上尊号为睿文英武仁圣明孝皇帝。皇朝乾德三年春,王师平蜀,诏昶举族赴阙,赐甲第于京师。迨其臣下,赐赉甚厚,寻册封楚王。是岁秋,卒于东京,时年四十七。事具皇家日历。自知祥同光二年丙戌岁入蜀,父子相继,凡四十年而亡。《永乐大典》卷一万三千一百六十一。《五代史补》:孟知祥之入蜀也,视其险固,阴有割据之志。洎抵成都,值晚,且憩于郊外,有推小车子过者,其物皆以布袋盛之,知祥问曰:"汝力能胜几袋?"推者曰:"极力不过两袋。"知祥恶之,后果两代而亡。知祥与董璋有隙,举兵讨之。璋素勇悍,闻知祥之来也,以为送死,诸将两端,李镐为知祥判官,深忧之。及将战,知祥欲示闲暇,自写一字以遗董璋。无何,举笔辄误书"董"为"重"字,不悦久之。镐在侧大喜,且引诸将贺于马前,知祥不测,曰:"事未可测,何贺耶!"镐曰:"其'董'字'廿'下施'重',今大王去'草而书重',是'董'已无头,此必胜之兆也。"于是三军欣然,一战而董璋败。

史臣曰:昔张孟阳为《剑阁铭》云:"惟蜀之门,作固作镇,世浊则逆,道清斯顺。"是知自古坤维之地,遇乱代则闭之而不通,逢兴运则取之如俯拾。然唐氏之入蜀也,兵力虽胜,帝道犹昏,故数年间得之复失。及皇上之平蜀也,煦之以尧日,和之以舜风,故比户之民,悦而从化。且夫王衍之遭季世也,则赤族于秦川;孟昶之遇明代也,则受封于楚甸。虽俱为亡国之主,何幸与不幸相去之远也。《永乐大典》一万三千一百六十一。

# 旧五代史卷一三六考证

　　僭伪列传三王建传以建为壁州刺史　　案:《通鉴》作出建为利州刺史。《蜀梼杌》作利州防御使,俱与是书异。

# 旧五代史卷一三七
## 外国列传第一

# 契　丹

　　契丹者,古匈奴之种也。代居辽泽之中,潢水南岸,南距榆关一千一百里,榆关南距幽州七百里,本鲜卑之旧地也。其风土人物,世代君长,前史载之详矣。唐咸通末,其王曰锡里济旧作习尔之,今改正。疆土稍大,累来朝贡。光启中,其王沁丹旧作钦德,今改正。者,乘中原多故,北边无备,遂蚕食诸郡。达靼、奚、室韦之属,咸被驱役,族帐浸盛,有时入寇。刘仁恭镇幽州,素知契丹军情伪,选将练兵,乘秋深入,逾摘星岭讨之,霜降秋暮,即燔塞下野草以困之,马多饥死,即以良马赂仁恭,以市牧地。仁恭季年荒恣,出居大安山,契丹背盟,数来寇钞。时刘守光戍平州,契丹实里旧作舍利,今改正。王子率万骑攻之,守光伪与之和,张幄幕于城外以享之,部族就席,伏甲起,擒舍利王子入城。部族聚哭,请纳马五千以赎之,不许,沁丹乞盟约赂以求之,自是十余年不能犯塞。及沁丹政衰,有别部长耶律案巴坚旧作阿保机,今改正。最推雄劲,族帐渐盛,遂代沁丹为主。

　　先是,契丹之先大贺氏有胜兵四万,分为八部,每部皆号大人,内推一人为主,建旗鼓以尊之。每三年第其名以代之。及案巴坚为主,乃怙强恃勇,不受诸族之代,遂自称国王。天祐四年,大寇云中。后唐武皇遣使连和,因与之面会于云中东城,大具享礼,延入帐中,约为兄弟,谓之曰:"唐室为贼所篡,吾欲今冬大举,弟可以精骑二万,同收汴、洛。"案巴坚许之,赐与甚厚,留马三千匹以答贶。左右咸劝武皇可乘间掳之，武皇曰："逆贼未殄，不可失信于部落，自亡之道也。"乃尽礼遣之。及梁祖建号，案巴坚亦遣使送名马、女乐、貂皮等，求封册，梁祖与之书曰："朕今天下皆平，唯有太原未伏，卿能长驱精甲，径至新庄，为我翦彼寇仇，与尔便行封册。"庄宗初嗣世，亦遣使告哀，赂以金缯，求骑军以救潞州，答其使曰："我与先王为兄弟，儿即吾儿也，宁有父不助子耶！"许出师，会潞平而止。

　　刘守光末年苛惨，军士亡叛，皆入契丹。洎周德威攻围幽州，燕之军民多为寇所掠，既尽得燕中人士，教之文法，由是渐盛。十三年八月，案巴坚率诸部号称百万，自麟胜陷振武，长驱云朔，北边大扰。庄宗赴援于代，敌众方退。十四年，新州大将卢文进为众所迫，杀新州团练使李存矩于祁沟关，返攻新武。周德威以众击之，文进不利，乃奔于契丹，引其众陷新州。周德威率兵三万以讨之，敌骑援新州，德威为敌所败，杀伤殆尽，契丹乘胜攻幽州。是时，或言契丹三十万，或言五十万，幽蓟之北所在，敌骑皆满。庄宗遣明宗与李存审、阎宝将兵救幽州，遂解其围，语在《庄宗纪》中。十八年十月，镇州大将张文礼弑其帅王熔，庄宗讨之。时定州王处直与文礼合谋，遣威塞军使王郁复引契丹为援。十二月，案巴坚倾塞入寇，攻围幽州。李绍宏以兵城守，契丹长驱陷涿郡，执刺史李嗣弼，进攻易、定，至新乐渡沙河，王郁遣使告急。时，庄宗在镇州行营，闻前锋报曰"敌渡沙河，军中咸恐"。议者请权释镇州之围以避之，庄宗曰："霸王举事，自有天道，契丹其如我何！国初，突厥入寇，至于渭北，高祖欲弃长安，迁都樊邓，太宗曰：'猃狁孔炽，自古有之，未闻迁移都邑。霍去病，汉廷将帅，犹且志灭匈奴，况帝王应运而欲移都避寇哉！'文皇雄武，不数年俘二突厥为卫士。今吾以数万之众安集山东，王德明厮养小人，案巴坚生长边地，岂有退避之理？吾何面视苍生哉！尔曹但驾马同行，看吾破敌。"庄宗亲御骑五千，至新城北遇契丹前锋万骑，庄宗精甲自桑林突出，光明照日，诸部愕然缓退，庄宗分二广以乘之，敌骑散退时，沙河微冰，其马多陷，案巴坚退保望都。是夜，庄宗次定州。翌日，出战，遇奚长塔纳旧作秃馁，今改正。五千骑,庄宗亲军千骑与之斗,为敌所围,外救不及,庄宗挺马奋跃,出入数回,酣战不解。李嗣昭闻其急也,洒泣而往,攻破敌阵,掖庄宗而归。时契丹值大雪,野无所掠,马无刍草,冻死者相望于路。案巴坚召卢文进,以手指天谓之曰:"天未令我到此。"乃引众北去。庄宗率精兵骑蹑其后,每经案巴坚野宿之所,布秸在地,方而环之,虽去,无一茎乱者,庄宗谓左右曰:"蕃人法令如是,岂中国所及!"庄宗至幽州,发二百骑侦之,皆为契丹所获,庄宗乃还。

天祐末,案巴坚乃自称皇帝,署中国官号。其俗旧随畜牧,素无邑屋,得燕人所教,乃为城郭宫室之制于漠北,距幽州三千里,名其邑曰西楼邑,屋门皆东向,如车帐之法。城南别作一城,以实汉人,名曰汉城,城中有佛寺三,僧尼千人。其国人号案巴坚为天皇王。同光中,案巴坚深著阐地之志,欲收兵大举,虑渤海蹑其后。三年,举其众讨渤海之辽东,令塔纳、卢文进据营平等州,扰我燕蓟。

明宗初篡嗣,遣供奉官姚坤奉书告哀至西楼邑,属案巴坚在渤海,又径至慎州,崎岖万里。既至,谒见案巴坚,延入穹庐,案巴坚身长九尺,被锦袍,大带垂后,与妻对榻,引见坤。坤未致命,案巴坚先问曰:"闻尔汉土河南、河北各有一天子,信乎?"坤曰:"河南天子今年四月一日洛阳军变,今凶问至矣。河北总管令公,比为魏州军乱,先帝诏令除讨,既闻内难,军众离心,及京城无主,上下坚册令公,请主社稷,今已顺人望,登帝位矣。"案巴坚号啕,声泪俱发,曰:"我与河东先世约为兄弟,河南天子,吾儿也。近闻汉地兵乱,点得甲马五万骑,比欲自往洛阳救助吾儿,又缘渤海未下,我儿果致如此,冤哉!"泣下不能已。又谓坤曰:"今汉土天子,初闻洛阳有难,不急救,致令及此。"坤曰:"非不急切,地远阻隔不及也。"又曰:"我儿既殂,当合取我商量,安得自立!"坤曰:"吾皇将兵二十年,位至大总管,所部精兵三十万,众口一心,坚相推戴,违立,之则立见祸生,非不知禀天皇王意旨,无奈人心何。"其子突允旧作哭欲,今改正。在侧,谓坤曰:"汉使勿多谈。"因引左氏牵牛蹊田之说以折坤,坤曰:"应天顺人,不同匹夫之义。祗如天皇王初领国事,岂是强取之耶!"案巴

坚因曰："理当如此。我汉国儿子致有此难，我知之矣。闻此儿有宫
婢二千，乐官千人，终日放鹰走狗，耽酒嗜色，不惜人民，任使不肖，
致得天下皆怒。我自闻如斯，常忧倾覆。一月前，已有人来报，知我
儿有事，我便举家断酒鲜，放鹰犬，休罢乐官。我亦有诸部家乐千
人，非公宴未尝妄举。我若所为似我儿，亦应不能持久矣。从此愿
以为戒。"又曰："汉国儿与我虽父子，亦曾彼此仇敌，俱有恶心。与
尔今天子无恶，足得欢好尔。先复命，我续将马万骑至幽、镇以南，
与尔家天子面为盟约。我要幽州，令汉儿把捉，更不复侵入汉界。"
又问："汉收东、西川，信不？"坤曰："去年九月出兵，十一月十六日
收下东、西川，得兵马二十万，金帛无算。皇帝初即位，未办送来，续
当遣使至矣。"案巴坚忻然曰："闻西川有剑阁，兵马从何过得？"坤
曰："川路虽险，然先朝收复河南有精兵四十万，良马十万骑，但通
人行处，便能去得，视剑阁如平地耳。"案巴坚善汉语，谓坤曰："吾
解汉语，历口不敢言，惧部人效我，令兵士怯弱故也。"坤至止三日，
案巴坚病伤寒。一夕大星殒于其帐前，俄而卒于扶余城，时天成元
年七月二十七日也。其妻舒噜〔旧作述律，今改正。〕氏自率众护其丧归
西楼，坤亦从行，得报而还。既而舒噜氏立其次子德光为渠帅，以总
国事。寻遣使告哀，明宗为之辍朝。明年正月，葬案巴坚于木叶山，
伪谥曰"大圣皇帝"。案巴坚凡三子，皆雄伟。长曰人皇王托允，即
东丹王也。次曰元帅太子，即德光也。幼曰安端少君。

　　德光本名耀衢芝，〔旧作耀屈之，今改正。〕后慕中华文字，遂改焉。
唐天成初，案巴坚死，其母令德光权主牙帐，令少子安端少君往渤
海国代托允。托允将立，而德光素为部族所服，又其母亦常钟爱，故
因而立之。明宗时，德光遣使摩琳〔旧作梅老，今改正。〕等三十余人来修
好，又遣使为父求碑石，明宗许之，赐与甚厚，并赐其母璎珞锦采。
自是，山北安静，蕃汉不相侵扰。三年，德光伪改为天显元年。是岁，
定州王都作乱，求援于契丹，德光遂陷平州塔纳，以骑五千援都于
中山，招讨使王晏球破之于曲阳，塔纳走保贼城。其年七月，又遣特
哩衮〔旧作惕隐，今改正。〕率七千骑救定州，王晏球逆战于唐河北，大破

之。幽州赵德钧以生兵接于要路,生擒特哩衮等首领五千余人,献于阙下。明年,王都平,擒塔纳及余众,斩之。自是,契丹大挫,数年不敢窥边。尝遣使纽赫美稜,旧作搽括梅里,今改正。来求塔纳骸骨,明宗怒其诈,斩之。长兴二年,东丹王托允在阙下,其母继发使申报,朝廷亦优容之。长兴末,契丹迫云州,明宗命晋高祖为河东节度使、兼北面蕃汉总管。清泰三年,晋高祖为张敬达等攻围甚急,遣指挥使何福赍表乞师,愿为臣子。德光白其母曰:"儿昨梦太原石郎发使到国,今果至矣。事符天意,必须赴之。"德光乃自率五万骑,由雁门至晋阳,即日大破敬达之众于城下,寻册晋高祖为大晋皇帝,约为父子之国,割幽州管内及新、武、云、应、朔州之地以赂之。仍每岁许输帛三十万。时幽州赵德钧屯兵于团柏谷,遣使至幕帐求立己为帝,以石氏世袭太原,德光对使指帐前一石曰:"我已许石郎为父子之盟,石烂可改矣。"杨光远等杀张敬达降于契丹,德光戏谓光远等曰:"汝辈大是恶汉儿,不用盐酪,食却一万匹战马。"光远等大惭。晋高祖南行,德光自送至潞州。时赵德钧、赵延寿自潞州出降于契丹,德光锁之,令随牙帐。晋高祖入洛,寻遣宰相赵莹致谢于契丹。天福三年,又遣宰臣冯道、左仆射刘昫等持节册德光及其母氏徽号,赍卤簿、仪仗、法服、车辂于本国行礼,德光大悦。寻遣使奉晋高祖为英武明义皇帝。是岁,契丹改天显十一年为会同元年,以赵延寿为枢密使。升幽州为南京,以赵思温为南京留守。既而德光请晋高祖不称臣,不上表,来往缄题止用家人礼,但云儿皇帝,晋祖厚赍金帛以谢之。晋祖奉契丹甚至,岁时问遗,庆吊之礼必令优厚。每敌使至,即于别殿致敬。德光每有邀请,小不如意,则来谴责,晋祖每屈己以奉之,终晋祖世,略无衅隙。

及少帝嗣位,遣使入契丹。德光以少帝不先承禀,擅即尊位,所赍文字略去臣礼,大怒,形于责让。朝廷使去,即加谴辱。会契丹回图使乔荣北归,侍卫亲军都指挥使景延广谓荣曰:"先朝是契丹所立,嗣君乃中国所册,称孙可矣,称臣未可。中国自有十万口横磨剑,要战即来。"荣至本国,具言其事,德光大怒。会青州杨光远叛,

遣使携之。明年冬，德光率诸部南下。开运元年春，陷祁州，直抵大
河。少帝幸澶州以御之。其年三月，德光败于阳城，弃其车帐，乘一
橐驰奔至幽州。因怒其失律，自大首领已下各杖数百，唯赵延寿免
焉。是时，契丹连岁入寇，晋氏疲于奔命，边民被苦，几无宁日。晋
相桑维翰劝少帝求和于契丹，以纾国难。少帝许之，乃遣使奉表称
臣，卑辞首过，使回，德光报曰：“但使桑维翰、景延广自来，并割镇、
定与我，则可通和也。”朝廷知其不可乃止。时契丹诸部频年出征，
蕃国君臣稍厌兵革。德光母尝谓蕃汉臣僚曰：“南朝汉儿争得一向
卧耶！自古及今，惟闻汉来和蕃，不闻蕃去和汉。待伊汉儿的当回
心，则我亦不惜通好也。”三年，乐寿监军王峦继有密奏，苦言瀛、郑
可取之状。十月，少帝遣杜重威、李守贞等率兵经略。十一月，蕃将
高牟翰败晋师于瀛州之北，梁汉璋死之。契丹主闻晋既出兵，自率
诸部由易定抵镇州，杜重威等自瀛州西趋常山，至中渡桥，敌已至
矣。两军隔滹水而砦焉。十二月十日，杜重威率诸军降于契丹，语
在《晋少帝纪》中。十二日，德光入镇州，大犒将士。十四日，自镇州
南行中渡，降军所释甲仗百万计，并令于镇州收贮战马数万匹，长
驱而北。命张彦泽领二千骑先取东京，遣重威部辖降兵取邢、相路
前进。晋少帝遣子延煦、延宝奉降表于契丹，并传国宝一纽至牙帐。
明年春正月朔日，德光至汴北。文武百官迎于路。是日，入宫。至
昏复出。次于赤岗。五日，伪制降晋少帝为负义侯，于黄龙府安置。
七日，德光复自赤岗入居于大内，分命使臣于京城及往诸道括借钱
帛，伪命以李崧为西厅枢密使，以冯道为太傅，以左仆射和凝及北
来翰林学士承旨张砺为宰相。。二月朔日，德光服汉法服，坐崇元
殿，受蕃汉朝贺。伪制大赦天下，改晋国为大辽国。以赵延寿为大
丞相、兼政事令、充枢密使、兼中京留守。降东京为防御州，寻复为
宣武军。

　　十五日，汉高祖建号于晋阳。德光闻之，削夺汉祖官爵。是月，
晋州、潞州并归河东。时盗贼所在，群起攻劫州郡，断澶州浮梁，契
丹大恐。沿河诸藩镇并以腹心镇之。三月朔日，德光坐崇元殿，行

入阁之礼,睹汉家仪法之盛,大悦。以番大将萧翰为汴州节度使。十七日,德光北还。初,离东京宿于赤岗,有大声如雷,起于牙帐之下。契丹自黎阳济河,次汤阴县界,有一岗,土人谓之愁死岗。德光憩于其上,谓宣徽使高勋曰:"我在上国以打围食肉为乐,自及汉地,每每不快。我若得归本土,死亦无恨。"勋退而谓人曰:"其语偷殆将死矣。"时贼帅梁晖据相州,德光亲率诸部以攻之。四月四日,屠其城而去。德光闻河阳军乱,谓番汉臣僚曰:"我有三失:杀上国兵士,打草谷,一失也;天下括钱,二失也;不寻遣节度使归藩,三失也。"十六日,次于栾城县,杀胡林之侧。时德光已得寒热疾数日矣,命胡人赍酒脯祷于得疾之地。十八日晡时,有大星落于穹庐之前,若迸火而散,德光见之西望而唾,连呼曰:"刘知远灭,刘知远灭!"是月二十一日卒,时年四十六,主契丹凡二十二年。契丹人破其尸,摘去肠胃,以盐沃之,载而去,汉人目之为帝羓焉。《永乐大典》卷四千五百五十八。案:以下原本阙佚,据《五代会要》云:四月十八日德光卒于栾城。五月,宣遗制以永康王袭位。永康王者,东丹王之长子,以其月二十一日领部族归国,改会同十年为天禄元年,自称天授皇帝。汉乾祐三年十一月,率骑数万陷邢州之内丘县,深州之饶阳县。周广顺元年正月,太祖命左千牛卫将军朱宪往修和好。永康王亦遣使报命,献良马四匹。太祖复遣尚书左丞田敏、供奉官蒋光遂衔命往聘。其年四月,田敏等回永康王,遣使献碧玉金镀银裹鞍辔有并马四十匹。其月,太祖又命左金吾将军姚汉英、左神武将军华光裔往使。其年九月,永康王为部下太宁王所弑。德光之子勒所部兵诛太宁王,自立,称应历元年,号天顺皇帝。显德元年春,太原刘崇将图南寇,契丹将杨衮率骑万余以助之。三月,世宗亲征,与崇战于潞州高平县之南原,崇军大败,契丹众弃甲而遁。二年三月,命许州节度使王彦超等筑垒于李晏口,与契丹兵数千骑战于安平县,败之。

# 旧五代史卷一三七考证

外国列传一契丹传儿即吾儿也　案：《契丹国志》作吾定儿也，与是书异。　遣供奉姚坤　案：《通鉴考异》引《庄宗实录》作苗绅。　儿昨梦太原石郎发使到国今果至矣　案：《契丹国志》作太宗梦见真武使之救晋，与是书微异。　锡里济旧作习尔之今改　沁丹，旧作钦德，今改。　实里，旧作舍利，今改。　案巴坚，旧作阿保机，今改。　托诺，旧作秃馁，今改。　托云，旧作突欲，今改。　舒噜，旧作述律，今改。　阿敦，旧作安端，今改。　耀库济，旧作耀屈之，今改。　摩琳，旧作梅老，今改。　特哩衮，旧作惕隐，今改。纽赫美陵，旧作捺括梅里，今改。

旧五代史卷一三八
外国列传第二

# 吐蕃　回鹘　高丽
# 渤海靺鞨　黑水靺鞨　新罗
# 党项　昆明部落　于阗
# 占城　牂牁蛮

　　吐蕃,本汉西羌之地,或云南凉秃发利鹿孤之后,其子孙以秃发为国号,语讹为吐蕃。国人号其主为赞普,置大论、小论以理国事。其俗随畜牧,无常居,然亦有城廓都城,号逻些城。不知节候,以麦熟为岁首。唐时屡为边患。初唐分天下为十道,河西、陇右三十三州最为大镇。天宝置八监,牧马三十万,又置都护以控制之。安禄山之乱,肃宗在灵武悉召河西戍卒,收复两京,吐蕃乘虚取河西、陇右,华人百万皆陷于吐蕃。开成时,朝廷尝遣使至西域,见甘、凉、瓜、沙等州城邑如故,陷吐蕃之人见唐使者旌节,夹道迎呼,涕泣曰:"皇帝犹念陷蕃生灵否?"其人皆天宝中陷吐蕃者子孙,其语言小讹,而衣服未改。至五代时,吐蕃已微弱,回鹘、党项、诸羌夷分侵其地,而不有其人民。值中国衰乱。不能抚有。惟甘、凉、瓜、沙四州常自通于中国。甘州分回鹘牙帐,而凉、瓜、沙三州将吏犹称唐官,数来请命。自梁太祖常以灵武节度使兼领河西节度,而观察甘、肃、威等州。然虽有其名,而凉州自立守将。唐长兴四年,凉州留后

孙超、遣大将拓拔承谦及僧道士耆老杨通信等至京师,明宗拜孙超
节度使。清泰元年,留后李文谦来请命。后数年,凉州人逐出文谦,
灵武冯晖遣牙将吴继兴代文谦为留后。是时,天福七年。明年,晋
高祖遣泾州押牙陈延晖赍诏书安抚凉州,凉州人共劫留延晖,立以
为刺史。至汉隐帝时,凉州留后折逋嘉施来请命,汉即以为节度使
嘉施土豪也。周广顺二年,嘉施遣人市马京师。是时,枢密使王峻
用事,峻故人申师厚者,少起盗贼,为兖州牙将,与峻相友善。后峻
贵,师厚弊衣蓬首,日候峻出,马前诉以饥寒,峻未有以发,而嘉施
等来请帅,峻即建言凉州深入夷狄,中国未尝命使,请募率府率供
奉官能往者。月余无应募者乃奏,起师厚为左卫将军,已而拜河西
节度使。师厚至凉州,奏荐押衙副使崔虎心、杨妃谷首领沈念般等,
及中国留人子孙王廷汉、温崇乐、刘少英为将吏,又自安国镇至凉
州,立三城以控扼诸羌,用其酋豪为刺史。然凉州夷夏杂处,师厚小
人,不能抚有。至世宗时,师厚留其子而逃归,凉州遂绝于中国。独
瓜、沙二州终五代常来。

　沙州,梁开平中有节度使张奉,自号金山白衣天子。至唐庄宗
时,回鹘来朝,沙州留后曹义金亦遣使附回鹘以来,庄宗拜义金为
归义军节度使,瓜、沙等州观察处置等使。晋天福五年,义金卒,子
元德立。至七年,沙州曹元忠、瓜州曹元深皆遣使来。周世宗时,又
以元忠为归义军节度使,元恭为瓜州团练使。其所贡硇砂、羚羊角、
波斯锦、安西白氎、金星矾、大鹏砂、眊褐、玉团,皆因其来者以名
见,而其卒立世次,史皆失其纪。

　而吐蕃不见于梁世。唐天成三年,回鹘王仁喻来朝,吐蕃亦遣
使附以来,自此数至中国。明宗尝御端明殿,见其使者问其牙帐所
居,曰:“西去泾州三千里。”明宗赐以虎皮人一张,皆披以拜,委身
宛转,落其毡帽,发乱如蓬,明宗及左右皆大笑。至汉隐帝时,犹来
朝,后遂不复至,史亦失其君世云。《永乐大典》卷四千二百五十七。案:
此传多与《欧阳史》同,疑《永乐大典》传写之误也。今无可复考,姑仍其旧。

回鹘,其先匈奴之种也。后魏时,号为铁勒,亦名回纥。唐元和四年,本国可汗遣使上言,改为回鹘,义取回旋搏击,如鹘之迅捷也。本牙在天德西北婆陵水上,距京师八千余里。唐天宝中,安禄山犯阙,有助国讨贼之功,累朝尚主。自号天骄,大为唐朝之患。会昌初,其国为黠戛斯所侵,部族扰乱,乃移帐至天德、振武间。时为石雄、刘沔所袭破之,复为幽州节度使张仲武所破,余众西奔,归之吐蕃,吐处之甘州。由是族帐微弱。其后时通中国,世以中国为舅。朝廷每赐书诏,亦常以甥呼之。梁乾化元年十一月,遣都督周易言等入朝进贡,太祖御朝元殿引对,以易言为右监门卫大将军同正,以石寿儿、石论思并为右千牛卫将军同正,仍以左监门卫将军杨沼充押领回鹘还蕃使,通事舍人。案《五代会要》:以易言为右监门卫大将军同正,弟略麦之,石论思并为左千牛卫将军同正,李屋珠、安盐山并为右千牛卫将军同正,仍以左监门卫上将军杨沼为左骁卫上将军,充押领回鹘还番使。通事舍人。仇玄通为判官,厚赐缯帛,放令归国。又赐其入朝僧凝卢、宜李思、宜延锾等紫衣。后唐同光二年四月,其本国权知可汗仁美遣都督李引释迦、副使铁林、都监杨福安等共六十六人来贡方物,并献善马九匹。案:《欧阳史》作贡玉马。庄宗召对于文明殿,乃命司农卿郑缋、将作少监何延嗣持节册仁美为英义可汗。至其年十一月,仁美卒。其弟狄银嗣立,遣都督安千等来朝贡。狄银卒,案《欧阳史》:同光四年,狄银卒。阿咄欲立,亦遣使来贡名马。天成三年二月,其权知可汗仁裕遣都督李阿山等一百二十人入贡,明宗召对于崇元殿,赐物有差。其年三月,命使册仁裕为顺化可汗。四年,又遣都督掣拨等五人来朝,授掣拨等怀化司戈,遣令还蕃。长兴元年十二月,遣使翟未思三十余人进马八十匹、玉一团。四年七月,复遣都督李未等三十人朝,进白鹘一联,明宗召对于广寿殿,厚加锡赉,仍命解放其鹘。清泰二年七月,遣都督陈福海已下七十八人进马三百六十匹,玉二十团。八月初,回鹘朝贡使、密录都督陈福海可怀化郎将,副使达奚相温可怀化司阶,监使屈密录阿拨可归德司戈,判官安均可怀化司戈。晋天福三年十月,遣使都督李万全等朝贡,以万全为归义大将军监使，雷福德为顺化将军。四年三月，又遣都督拽里敦来朝，兼贡方物。其月命卫尉卿邢德昭持节就册，为奉化可汗。案《欧阳史》：晋高祖时，又加册命，阿咄欲不知其为狄银亲疏，亦不知其立卒，而仁裕记五代常来朝贡，史亦失其纪。五年正月，遣都督石海金等来贡良马百驷，并白玉团、白玉鞍辔等，谢其封册。

汉乾祐元年五月，遣使李屋等入朝贡马，并白玉、药物等。七月，以入朝使李屋为归德大将军，副使安铁山、监使末相温为归德将军，判官翟毛哥为怀化将军。周广顺元年二月，遣使并摩尼贡玉团七十有七，白氎、貂皮、牦牛尾、药物等。先是，晋、汉已来，回鹘每至京师，禁民衰以私市易其所有，宝货皆鬻之入官，民间市易者罪之。至是，周太祖命除去旧法，每回鹘来者听私下交易，官中不得禁诘。由是玉之价直十损七八。显德六年二月，又遣使朝贡，献玉并硇砂等物，皆不纳。所入马，量给价钱。时世宗以玉虽称宝，无益国用，故因而却之。《永乐大典》卷二万一千一百九十九。

高丽，本扶余之别种。其故都平壤城，即汉乐浪郡之故地，在京师东四千余里。东渡海至于新罗，西北渡辽水至于营州，南渡海至于百济，北至靺鞨，东西三千一百里，南北二千里。其官大者号大对卢，比一品，总知国事，三年一代。若称职者，不拘年限。对卢已下，官总十二级。外置州县六余，大城置偻萨一人，比都督；小城置道使一人，比刺史；其下各有僚佐，分曹掌事。其王以白罗为冠，白皮小带，咸以金饰。唐贞观末，太宗伐之，不能下。至总章初，高宗命李绩率军征之，遂拔其城，分其地为郡县。及唐之末年，中国多事，其国遂自立君长，前王姓高氏。唐同光天成中，累遣使朝贡。《永乐大典》卷四千四百四十一。周显德六年，高丽遣使贡紫白水晶二千颗。《永乐大典》卷八千五百三十。

渤海靺鞨，其俗呼王为可毒夫，对面呼圣，笺奏呼基下。父曰老王，母曰太妃，妻曰贵妃，长子曰副王，诸子曰王子。世以大氏为酋长。《永乐大典》卷二万五十四。

黑水靺鞨，其俗皆编发，性凶悍，无忧戚，贵壮而贱老。俗无文字，兵器有弓角楛矢。《永乐大典》卷二万一千一百二十七。

新罗，其国俗重九日相庆贺，每以是月拜日月之神，妇人以发绕头，用彩及珠为饰，发甚鬒美。《永乐大典》卷六千二百一十。

党项，其俗皆土著，居有栋宇，织毛罽以覆之。尚武，其人多寿，至百五十、六十岁。不事生业，好为盗贼。党项自同光以后，大姓之强者各自来朝贡。明宗时，诏沿边置场市马，诸夷皆入市中国。有回鹘、党项马最多。明宗招怀远人，马来无驽壮皆集，而所售过常直，往来馆给，道路倍费。其每至京师，明宗为御殿见之，劳以酒食。既醉，连袂歌呼，道其土风以为乐。去又厚以赐赍，岁耗百万计。唐大臣皆患之，数以为言，乃诏吏就边场售马给直，止其来朝，而党项利其所得，来不可止。其在灵、庆之间者，数犯边为盗。自河西回鹘朝贡中国，道其部落，辄邀劫之，执其使者，卖之他族以易牛马。明宗遣灵武康福、邠州药彦稠等出兵讨之。福等击破阿埋、韦悉、褒勒、强赖、埋斯骨尾及其大首领连香、李八萨王、都统悉那、埋摩，侍御乞埋、嵬悉逋等族，杀数千人，获其牛羊钜万计。及其所劫国宝玉等，悉以赐军士，由是党项之患稍息。其他诸族，散处沿边界上甚众，然皆无国邑、君长，故莫得而纪次云。《永乐大典》卷一万八千二百八十五。

昆明部落，其俗椎跣髽足。酋长披虎皮，下者披毡。

于阗，其俗好事妖神。《永乐大典》卷八千五百二十。

占城，本地鸟之大者有孔雀。《永乐大典》卷八千四百三十九。

牂牁蛮，其国法劫盗者三倍还赃，杀人者出牛马三十头乃得赎死。《永乐大典》卷五千一百五十。

# 旧五代史卷一三八考证

外国列传二吐蕃传甘州为回鹘牙帐　案：原本脱帐字，今据《欧阳史》增入。　回鹘传来贡方物并献善马九匹　案：《欧阳史》作贡玉马。

# 旧五代史卷一三九
# 志第一

# 天 文

案：《薛史·天文志》序，《永乐大典》原阙，然其日食星变诸门，事迹具存，较《欧阳史·司天考》为详备。今考《五代会要》所载星变物异诸门，与《司天考》互有详略，盖五代典章散佚，各记所闻未能画一也。参考诸书，当以《薛史》为得其实焉。

日食

梁太祖乾化元年正月丙戌朔，日有蚀之。时言事诸臣，多引汉高祖末年日蚀于岁首，太祖甚恶之，于是素服避正殿，百官各守本司。是日有司奏："云初阴晦，事同不蚀。"百僚奉表称贺。

末帝龙德三年十月辛未朔，日有蚀之。

唐庄宗同光三年四月癸亥朔，时有司奏："日蚀在卯，主岁大旱。"明宗天成元年八月乙酉朔，日有蚀之。二年八月己卯朔，日食蚀之。三年二月丁丑朔，日食。其日阴云不见，百官称贺。

长兴元年六月癸巳朔，日食，其日阴冥不见，至夕大雨。二年十一月甲申朔，先是司天奏："朔日合蚀二分，伏缘所蚀微少，太阳光影相铄，伏恐不辨亏阙，请其日不入阁，百官守司。"从之。

晋高祖天福二年正月乙卯，先是司天奏："正月二日太阳亏蚀，宜避正殿，开诸营门，盖藏兵器，半月不宜用军。"是日太阳亏十分，内食三分，在尾宿十七度，日出东方，以带蚀三分渐生，至卯时复满。三年正月戊申朔，司天先奏："其日日蚀。"至是不蚀，内外称贺。四年七月庚子朔，时中书门下奏："谨案旧礼，日有变，天子素服避正殿,太史以所司救日于社,陈五兵、五鼓、五麾,东戟、西矛、南弩、北楯,中央置鼓,服从其位。百职废务,素服守司。重列于庭,每等异位,向日而立,明复而止。今所司法物咸不能具,去岁正旦日蚀,唯谨藏兵仗,皇帝避正殿、素食,百官守司,今且欲依近礼施行。"从之。七年四月甲寅朔,是日百官守司,太阳不蚀,上表请贺。八年月戊申朔,日有蚀之。

少帝开运元年九月庚午朔,日有蚀之。二年八月甲子朔,日有蚀之。三年三月壬戌朔,日有蚀之。

汉隐帝乾祐三年十一月甲子朔,日有蚀之。周太祖广顺二年四月丙戌朔,日有蚀之。

月食

梁太祖开平四年十二月十四日夜,先是司天奏:"是日月食,不宜用兵。"时王景仁方总大军北伐,追之不及。至五年正月二日,果为后唐庄宗大败于柏乡。

唐庄宗同光三年三月戊申,月食。九月甲辰,月食。

明宗天成三年十二月乙卯,月食。四年六月癸丑望,月食。十二月庚戌,月食。

晋高祖天福二年七月丙寅,月食。五年十一月丁丑,月食。鹑首之分。

少帝开运二年三月戊子,月食。九月丙戌,月食。

汉高祖天福十二年十二月乙未,月食。周世宗显德三年正月戊申,月食。五年十一月辛未,月食。

月晕

唐明宗天成元年十一月,月晕匝火木。

彗孛

梁太祖乾化二年四月甲戌夜,彗见于灵台之西。

唐明宗天成三年十月庚午夜,西南有孛,长丈余,东南指在牛五度。

末帝清泰三年九月乙丑,彗出虚危,长尺余,形细微,经天垒哭星。

晋高祖天福六年九月,有彗星长丈余。八年十月庚戌夜,有彗见于东方,西指,尾长一丈,在角九度。周太祖显德三年正月壬戌夜,有星孛于参角,其芒指于东南。

五星凌犯

梁太祖开平二年正月乙亥,岁星犯月。

乾化二年五月壬戌,荧惑犯心大星,去心四度,顺行。占曰:“心为帝王之星。”其年六月五日,帝崩。案:《欧阳史》正月丙申荧惑犯房第二星,与《薛史》异。《五代会要》与《薛史》异。

唐庄宗同光二年八月戊子,荧惑犯星。三年三月丙申,荧惑犯上相。四月甲申,荧惑犯左执法。六月丙寅,岁犯右执法。九月己亥,荧惑在江东犯第一星。案:《欧阳史》九月丙辰太白岁相犯,《薛史》不载,疑有阙文。

明宗天成元年八月癸卯,太白犯心大星。辛亥,荧惑犯上将。九月庚午,荧惑犯右执法。己卯,荧惑犯左执法。十月戊子,荧惑犯上相。十二月,荧惑犯氐。二年正月甲戌,荧惑岁相犯。二月辛卯,荧惑犯键闭。三月,荧惑犯上相。六月辛丑,荧惑犯房。九月壬子,岁犯房。三年正月壬申,太白、荧惑合于奎。八月癸卯,荧惑犯上将。乙卯,荧惑犯右执法。庚午,太白犯左执法。九月庚辰,镇岁合于箕。辛巳,太白荧惑合于轸。十二月壬寅,荧惑犯房。太白岁相犯于斗。四年三月壬辰,岁犯牛。九月内子,荧惑入哭星。

长兴元年六月乙卯,太白犯天樽。十一月壬戌,荧惑犯氐。十二月丙辰,荧惑犯天江。二年正月乙亥,太白犯羽林。四月甲寅,荧惑犯羽林。八月辰,犯端门。十一月丙戌,太白犯键。三年四月庚辰,荧惑犯积尸。九月庚寅,太白犯哭星。十一月己亥,太白犯壁垒。四年八月己未,五鼓、三筹、荧惑近天高星,岁星近司怪,太白近轩辕大星。案《欧阳史》:九月辛巳,太白犯右执法。《薛史》不载。

末帝清泰元年六月甲戌,太白犯右执法。

晋天福元年三月壬子,荧惑犯积尸。四年四月辛巳,太白犯东井北辕。甲申，太白犯五诸侯。五月丁未，太白犯舆鬼中星。六年八月辛卯，太白犯轩辕。九月己卯，荧惑犯上将。八年八月丙子，荧惑犯右掖。十月丙辰，荧惑犯进贤。

开运元年二月壬戌，太白犯昴。己巳，荧惑犯天钥。四月丁巳，太白犯五诸侯。七月甲申，太白犯东井。八月甲辰，荧惑入南斗。十月壬戌，荧惑犯哭星。案：此条《欧阳史》不载。十二月，太白犯辰。二年八月甲戌，岁犯东井。九月甲寅，太白犯南斗。十一月甲午朔，太白犯哭星。

汉天福十二年十月己丑，太白犯亢距星。

乾祐元年八月己丑，镇星入太微西垣。戊戌，岁犯右执法。十月丁丑，岁犯左执法。二年九月壬寅，太白犯右执法。庚戌，太白犯镇。丁卯，太白犯岁。十一月，镇星始出太微之左掖门。自元年八月己丑，镇星入太微垣，犯上将、左右执法、内屏、谒者勾己。案：原本作"旬己"，今从《欧阳史》改正。往来凡四百四十三日，方出左掖。三年六月乙卯，镇犯左掖。七月甲申，荧惑犯司怪。八月癸卯，太白犯房。庚戌，太白犯心大星。十月辛酉，太白犯岁。

周广顺元年二月丁巳，岁犯咸池。己未，荧惑犯五诸侯。三月甲子，岁守心。己卯，荧惑犯鬼。壬午，荧惑犯天尸。四月甲午，岁犯钩钤。二年七月，荧惑犯井钺。八月乙未，荧惑犯天樽。九月辛酉，荧惑犯鬼。庚辰，荧惑掩右执法。十月壬辰，太白犯进贤。三年四月乙丑，荧惑犯灵台。五年荧惑犯上将。

显德六年六月庚子，荧惑与心大星合度，光芒相射。先是，荧惑、勾己于房心间，凡数月，至是与心大星合度，是夜顺行。案：此条《欧阳史》不载。

星昼见

唐同光三年六月己巳，太白昼见。

天成元年七月庚申，太白昼见。

长兴二年五月己亥，岁星昼见。案《欧阳史》作癸亥，太白昼见。闰五月己巳，岁星昼见。八月戊子，太白昼见。三年十月壬申，太白昼见。四年五月癸卯,太白昼见。

清泰元年五月己未,太白昼见。

汉天福十二年四月丙子,太白昼见。

乾祐三年四月壬午,太白昼见。

周广顺二年二月庚寅,太白经天。

流星

梁乾化元年十一月甲辰,东方有流星如数升器,出毕宿口,曳光三丈余,有声如雷。

唐长兴二年九月丙戌夜,二鼓初,东北方有小流星入北斗魁灭。至五鼓初,西北方次北有流星,状如半升器。初小后大,速流如奎灭。尾迹凝天,屈曲似云而散,光明烛地。又东北有流星如大桃,出下台星,西北速流,至斗柄第三星旁灭。五鼓后至明,中天及四方有流小星百余,流注交横。

应顺元年春二月辛未,夜有大星如五升器,流于东北,有声如雷。

清泰元年九月辛丑夜,五鼓初,有大星如五斗器而南流,尾迹长数丈,亦赤色,移时盘屈如龙形,蹙缩如二铧,相斗而散。又一星稍小,亦东流,有尾迹凝成白气,食顷方散。

晋天福三年三月壬申,夜四鼓后,东方有大流星,状如三升器,其色白,长尺余,屈曲流出河鼓星东三尺,流丈余灭。

周显德元年正月庚寅,子夜后,东北有大星坠,有声如雷,牛马震骇。六街鼓人方寐,而惊以为晓鼓,乃齐伐鼓以应之,至曙方知之。三月,高平之役战之前夕,有大流星如日,流行数丈,坠于贼营之所。

云气

梁开平二年三月丁丑夜,月有苍白晕,又有白气如人形十余,东向,出于晕内。九月乙酉,平旦,西方有气如人形甚众,皆若俯伏之状,经刻乃散。

唐同光二年日有背气,凡十二。三年九月丁未,遍天阴云,北方有声如雷,四面鸡雉皆雊,俗谓之天狗落。是岁,日有背气,凡十三。是月,司天监奏:"自七月三日阴云大雨,至九月十八后方晴。三辰行度灾祥,数日不见。"闰十二月庚午,日有黑气,似日,交相错磨,测在室十度。

天成二年十二月壬辰,西南有赤气,如火焰焰,约二千里。占者云:"不出二年,其下当有大兵。"

长兴三年六月,司天监奏:"自月初至月终,每夜阴云蔽天,不辨星月。"

应顺元年四月九日,白虹贯日。是时,闵帝遇害。

晋天福初,高祖将建义于太原,日傍多有五色云如莲荚之状。二年正月丙辰,一鼓初,北方有赤气向西,至戌亥地。东北至丑地已来向北?阔三丈余,状如火光,赤气内见紫微宫共北斗诸星,其气乍明乍暗,至三点后,后有白气数条,相次西行,直至三鼓后散。

汉乾祐二年十二月,日晕三重,上有背气。

周显德三年十二月庚午,白虹贯日,气晕勾环。《永乐大典》卷三千二百七。

# 旧五代史卷一三九考证

志一天文志乾化二年五月壬戌荧惑犯心　案《欧阳史》作正月丙申,荧惑犯房第二星。与是书异。《五代会要》与是书同。　内屏谒者勾已　勾已,原本讹旬已。今据《欧阳史》改正。长兴二年五月己亥岁星书见　案《欧阳史》作癸亥,太白昼见。　应顺元年春　应顺,原本讹广顺。今据《欧阳史》改正。

# 旧五代史卷一四〇

## 志第二

# 历

案：五代修历法，知晋马重绩《调元历》、周王朴《钦天历》，《五代会要》所
载甚略，盖因知历者稀，莫能是正也。《薛史》载《钦天历》用数，为《欧阳
史》所本，其字句异同，彼此可互证云。

古先哲王，受命而帝天下者，必先观象以垂法，治历以明时，使
万物服其化风，四海同其正朔，然后能允厘下土，钦若上天。故虞舜
之绍唐尧，先齐七政；武王之得箕子，首叙九畴。皇极由是而允兴，
人时以之而不忒。历代已降，何莫由斯。

粤自轩黄，肇正天统，岁躔辛卯，历法时成。故黄帝始用《辛卯
历》、颛顼次用《乙卯历》、虞用《戊午历》、夏用《丙寅历》、商用《甲寅
历》、周用《丁巳历》、鲁用《庚子历》、秦用《乙卯历》、汉用《太初历》、
《四分历》、《三统历》凡三本。魏用《黄初历》、《景初历》，凡二本。晋
用《元始历》、《合元万分历》，凡二本。宋用《大明历》、《元嘉历》，凡
二本。齐用《天保同章历》、《正象历》，凡三本。后魏用《兴和历》、
《正光历》、《正元历》，凡三本。梁用《大同历》、《乾象历》、《永昌历》
凡三本。后周用《天和历》、《丙寅历》、《明元历》，凡三本。隋用《甲
子历》、《开皇历》、《皇极历》、《大业历》，凡四本。唐用《戊寅历》、《麟
德历》、《神龙历》、《大衍历》、《元和观象历》、《长庆宣明历》、《宝应
历》、《正元历》、《景福崇元历》，凡九本。洎梁氏之应运也，乘唐室陵
迟之后，黄巢离乱之余，众职未修，三辰失验。故当时岁历犹用《宣
明》、《崇玄》二法，参而成之。及晋祖肇位，司天监马重绩始造新历，

奉表上之,云:"臣闻为国者,正一气之元,宣万邦之命,爰资历以立章程。《长庆宣明》虽气朔不渝,即星躔罕验。《景福崇元》,纵五历甚正,而年差一日。今以《宣明》气朔,《崇元》星纬二历相参,方得符合。自古诸历皆以天正十一月为岁首,循太古甲子为上元,积岁弥多,差阔至甚。臣改法定元创为新历一部,二十一卷,七章:上下经二卷,算草八卷,立成十二卷。取唐天宝十四载乙未,立为上元;以雨水正月朔,为岁首。谨诣阁门上进。"《玉海》:《调元历》,盖仿曹士芳《小历》之旧。唐建中时,曹士芳始变古法,以显庆五年为上元,雨水为岁首。世谓之《小历》。晋高祖命司天少监赵仁锜、张文皓,秋官正徐皓,天文参谋赵延义、杜升、杜崇龟等,以新历与《宣明崇元》考核得失,俾有司奉而行之,因赐号《调元历》,仍命翰林学士承旨和凝撰序。

其后数载法度寝差,至周显德二年世宗以端明殿学士、左散骑常侍王朴明于历算,乃命朴考而正之。朴奉诏岁余撰成《钦天历》十五卷上之,表云:

臣闻圣人之作也,在乎识天人之变者也。人情之动,则可以言知之;天道之动,则当以数知之。数之为用也,圣人以之观天道焉。岁月日时,由斯而成;阴阳寒暑,由斯而节;四方之政,由斯而行。夫为国家者,履端立极,必体其元;布政考绩,必因其岁;礼动乐举,必正其朔;二农百工,必授其时;五刑九伐,必顺其气;庶务有为,必从其日月。六籍宗之为大典,百王执之为要道,是以圣人受命必治历数,故得五纪有常度,庶征有常应,正朔行之于天下也。

自唐而下,凡历数朝,乱日失天,垂将百载,天之历数,汩陈而已矣。今陛下顺考古道,寅畏上天,咨询庶官,振举坠典。以臣薄游曲艺,尝涉旧史,遂降述作之命,俾究推测之要,虽非能者,敢不奉诏!乃包万象以立法,齐七政以立元,测圭箭以候气,审胐朒以定朔,明九道以步月,校迟疾以推星,考黄道之斜正,辨天势之升降,而交蚀详焉。

夫立天之道,曰阴与阳。阴阳各有数,合则化成矣。阳之第三十六，阴之策二十四，奇偶相命，两阳三阴，同得七十二，同则阴阳之数合。七十二者，化成之数也，化成，则谓之五行之数，五之得期之数，过者谓之气盈，不及谓之朔虚。至于应变分用，无所不通，所谓包万象矣。故以七十二为经法，经者，常也，常用之法也。百者，数之节也，随法进退，不失旧位，故谓之通法。以通法进经法，得七千二百，谓之统法。自元入经，先用此法，统历之诸法也。以通法进统法，得七千二百万。案：下文以通法进全率得大率七千二百万，则此云七千二百万者，乃大率之数，以言全率，盖传写之讹。据统法七千二百，通法一百，以通法进统法，当云得七十二万。气朔之下，收分必尽，谓之全率。以通法通全率，得七千二百万，谓之大率，而元纪生焉。元者，岁月时皆甲子，日月五星，合在子正之宿，当盈缩先后之中，所谓七政齐矣。

古之植圭于阳城者，以其近洛故也，盖尚慊其中，乃在洛之东偏。开元十二年，遣使天下候影，南距林邑国，北距横野军，中得浚仪之岳台，应南北弦，居地之中。皇家建国，定都于梁，今树圭置箭，测岳台晷漏，以为中数，晷漏正，则日之所至，气之所应得之矣。

日月皆有盈缩。日盈月缩，则后中而朔；月盈日缩，则先中而朔。自古朒朒之法，率皆平行之数，入历既有前次，而又衰稍不伦。《皇极》旧述，则迂回而难用，降及诸历，则疏远而多失。今以月离朒朒，随历较定，日躔朒朒，临用加减，所得者入离定日也。一日之中，分为九限，逐限损益，衰稍有伦。朒朒之法，所谓审矣。

赤道者，天之弦带也，其势圆而平，纪宿度之常数焉。黄道者，日轨也，半在赤道内，半在赤道外，去赤道极远二十四度。当与赤道交，则其势斜；当去赤道远，则其势直。当斜则日行宜迟，当直则日行宜速。故二分前后加其度，二至前后减其度。九道者，月轨也，其半在黄道内，半在黄道外，去黄道极远六度。出黄道谓之正交，入黄道谓之中交。若正交在秋分之宿，中交在春分之宿，则比黄道益斜。若正交在春分之宿，中交在秋分之宿，则比黄道反直。若正交、中交在二至之宿，则其势差斜。故较去二至、二分远近，以考斜正，乃得加减之数。自古虽有九道之说，盖亦知而未详，空有祖述之文，全无推步之用。今以黄道一周，分为八节，一节之中，分用九道，尽七十二道而复，使日月之轨，无所隐其斜正之势焉。九道之法，所谓明矣。

星之行也，近日而疾，远日而迟，去日极远，势尽而留。自古诸历，分段失实，隆降无准，今日行分尚多，次日便留，自留而退，唯用平行，仍以入段行度为入历之数，皆非本理，遂至乖戾。今校定逐日行分，积逐日行分以为变段。于是日疾渐而迟，势尽而留，自留而行，亦积微而后多。别立诸段变历，以推变差，俾诸段变差际会相合，星之迟疾，可得而知之矣。

自古相传，皆谓去交十五度以下，则日月有蚀，殊不知日月之相掩，与暗虚之所射，其理有异焉。今以日月径度之大小，校去交之远近，以黄道之斜正，天势之升降，度仰视旁视之分数，则交亏得其实矣。乃以一篇步日，一篇步月，一篇步星，案：以下脱"一篇步发敛"五字。下云"以卦候没灭，为之下篇"者，言为步发敛之下篇。《欧阳史》约其文，称"谨以步日、步月、步星、步发敛为四篇"。是也。以卦候没灭为之下篇，都四篇，为历经一卷，历十一卷，草三卷，《显德三年七政细行历》一卷。

臣检讨先代图籍，今古历书，皆无蚀神首尾之文，盖天竺胡僧之祅说也。只自司天卜祝小术，不能举其大体，遂为等接之法。盖从假用以求径捷，于是乎交有逆行之数，后学者不能详知，便言历有九曜，以为注历之恒式，今并削而去之。

昔在唐尧，钦若昊天，陛下亲降圣谟，考历象日月星辰，唐尧之道也。其历谨以显德钦天为名。天道元远，非微臣之所尽知，但竭两端以奉明诏。疏略乖谬，甘俟罪戾。

世宗览之，亲为制序，仍付司天监行用，以来年正旦为始，自前诸历并废。其历经一卷，今聊纪于后，以备太史氏之周览焉。《永乐

大典》卷二万八百一十七。《显德钦天历经》

演纪上元甲子，距今显德三年丙辰，积七千二百六十九万八千四百五十二。

《钦天》统法：七千二百。

《钦天》经法：七十二。

《钦天》通法：一百。《钦天》步日躔术

岁率：二百六十二万九千七百六十四十

轨率：二百六十二万九千八百四十四八十

朔率：二十一万二千六百二十二十八

| 岁策：三百六十五 | 一千七百六十四十 |
| 轨策：三百六十五 | 一千八百四十四八十 |
| 岁中：一百八十三 | 四千四百八十二十 |
| 轨中：一百八十二 | 四千五百二十二四十 |
| 朔策：二十九 | 三千八百二十二十八 |
| 气策：一十五 | 一千五百七十三三十五 |
| 象策：七 | 二千七百五十五七 |

周纪：六十

岁差：八十四四十

| 辰则：六百 | 八刻二十四分 |

案：以上题称步日躔术及后步月离术、步五星术，合为历经四篇者之三，又皆仅列用数而不及推步。据《欧阳史》云："旧史亡其步发敛一篇，而在者三篇，简略不完。"然则《薛史》原文固已阙矣。《钦天》步月离术

| 离率：一十九万八千三百九十三九 | | |
| 交率：一十九万五千九百三十七九十七 | 五十六 |
| 离策：一十七 | 三千九百九十三九 |

案：《欧阳史》作离策二十七，此云一十七，当是传写之讹。以统法除离率，得二十七日及余分

| 交策：二十七 | 一千五百二十七九十七 | 五十六 |
| 望策：一十四 | 五千五百一十四 |

交中：一十三　　　　四千四百六十三九十八　　　七十八

案：四千四百，《欧阳史》作四千三百，据交策半之为交中，当从《欧阳史》。

离朔：一　　　　　　七千二十七一十九

交朔：二　　　　　　二千二百九十二三十　　　四十四

中准：一千七百三十六

中限：四千七百八十

平离：九百六十三

程节：八百　《钦天》步五星术

岁星

周率：二百八十七万一千九百七十六六

变率：二十四万二千二百一十五六十六

历率：二百六十二万九千七百六十一七十八

案：七百六十一，《欧阳史》讹作九百六十六，非也。据历率半之为历中。彼此互订，此条足正《欧阳史》之讹。

周策：三百九十八　　　六千三百七十六六

历中：一百八十二　　　四千四百八十九十六

案：《欧阳史》小分作八十九，此云九十六，非也。据历中倍之为历率，倍九十六，适得大分一，小分七十八。

| 变段 | 变日 | 变度 | 变历 |
| --- | --- | --- | --- |
| 晨见 | 一十七 | 三三十七 | 二二十四 |
| 顺迟 | 二十五 | 二九 | 一二十九 |
| 退迟 | 一十四 | 一一十二 | 空二十八 |
| 退疾 | 二十七 | 四三十八 | 一三十七 |
| 后留 | 二十六三十二 | | |
| 顺疾 | 九十 | 一十六六十三 | 一十一一十三 |
| 顺疾 | 九十 | 一十六六十三 | 一十一一十三 |
| 前留 | 二十六三十二 | | |
| 退疾 | 二十七 | 四三十八 | 一三十七 |
| 退迟 | 一十四 | 一一十二 | 空二十八 |

| 顺迟 | 二十五 | 二九 | 一二十九 |
| 夕伏 | 一十七 | 三三十七 | 二二十四 |

荧惑

周率：五百六十一万五千四百二十二一十一

变率：二百九十八万五千六百六十一七十一

历率：二百六十二万九千七百六十

周策：七百七十九　六千六百二十二一十一

历中：百八十二　四千四百八十

| 变段 | 变日 | 变度 | 变历 |
| --- | --- | --- | --- |
| 晨见 | 七十三 | 五十三六十八 | 五十五十八 |
| 顺疾 | 七十三 | 五十一一 | 四十八三 |
| 次疾 | 七十一 | 四十六六十九 | 四十四一十六 |
| 次迟 | 七十一 | 四十五三十三 | 四十二五十八 |
| 顺迟 | 六十二 | 一十九二十九 | 一十八二十 |
| 前留 | 八六十九 | | |
| 退迟 | 一十 | 一五十八 | 空四十四 |
| 退疾 | 二十一 | 七四十六 | 二四十 |
| 退疾 | 二十一 | 七四十六 | 二四十 |
| 退迟 | 一十 | 一五十八 | 空四十四 |
| 后留 | 八六十九 | | |
| 顺迟 | 六十二 | 一十九二十九 | 一十八二十 |
| 次迟 | 七十一 | 四十五三十三 | 四十二五十八 |
| 次疾 | 七十一 | 四十六六十九 | 四十四一十七 |
| 顺疾 | 七十三 | 五十一一 | 四十八三 |
| 夕伏 | 七十三 | 五十三六十八 | 五十五十八 |

镇星

周率：二百七十二万二千一百七十六九十

变率：九万二千四百一十六五十

历率：二百六十二万九千七百五十九八十

周策：三百七十八　　五百七十六九十

历中：一百八十二　　四千四百七十九九十

| 变段 | 变日 | 变度 | 变历 |
|---|---|---|---|
| 晨见 | 一十九 | 二七 | 一一十四 |
| 顺疾 | 六十五 | 六三十八 | 三五十一 |
| 顺迟 | 一十九 | 空六十三 | 空三十五 |
| 前留 | 三十七 | | |
| 退迟 | 一十六 | 空四十三 | 空一十四 |
| 退疾 | 三十三 | 二三十五 | 空六十 |
| 退疾 | 三十三 | 二三十五 | 空六十 |
| 退迟 | 一十六 | 空四十三 | 空一十四 |
| 后留 | 三十七三 | | |
| 顺迟 | 一十九 | 空六十三 | 空三十五 |
| 顺疾 | 六十五 | 六三十八 | 三五十一 |
| 夕伏 | 一十九 | 二七 | 一一十四 |

太白

周率：四百二十万四千一百四十三九十六

变率：四百二十万四千一百四十三九十六

历率：二百六十万九千七百五十五十六

周策：五百八十三　　　　　六千五百四十三九十六

案：原本作周策五百八十三万，考周率满统法得周策五百八十三日及余分，"万"字系衍文，《欧阳史》亦无"万"字，今删去。

历中：一百八十二　　　　　四千四百七十五二十八

案：原本作历中一百八十二万，考历率半之满统法得历一百八十二日，及余分，"万"字系衍文。《欧阳史》亦无，万字今删去。

| 变段 | 变日 | 变度 | 变历 |
|---|---|---|---|
| 夕见 | 四十二 | 五十三四十 | 五十一一十七 |
| 顺疾 | 九十六 | 一百二十一五十七 | 一百一十六三十九 |
| 次疾 | 七十三 | 八十三十七 | 七十七一 |

| 次迟 | 三十三 | 三十四一 | 三十二四十 |
|---|---|---|---|
| 顺迟 | 二十四 | 一十一六十一 | 一十一二十四 |
| 前留 | 六六十九 | | |
| 退迟 | 四 | 一二十二 | 空三十一 |
| 退疾 | 六 | 三六十五 | 一二十二 |
| 夕伏 | 七 | 四四十 | 一三十七 |
| 晨见 | 七 | 四四十 | 一三十七 |
| 退疾 | 六 | 三六十五 | 一二十二 |
| 退迟 | 四 | 一二十二 | 空三十一 |
| 后留 | 六六十九 | | |
| 顺迟 | 二十四 | 一十一六十一 | 一十一二十四 |
| 次迟 | 三十三 | 三十四一 | 三十二四十 |
| 次疾 | 七十三 | 八十三三十七 | 七十七一 |
| 顺疾 | 九十六 | 一百二十一五十七 | 一百一十六三十九 |
| 晨伏 | 四十二 | 五十三三十 | 五十一一十七 |

辰星

周率：八十三万四千三百三十五五十二

变率：八十三万四千三百三十五五十二

历率：二百六十二万九千七百六十四十四

周策：一百一十五　六千三百三十五五十二

历中：一百八十二　四千四百八十二十二

| 变段 | 变日 | 变度 | 变历 |
|---|---|---|---|
| 夕见 | 一十七 | 三十四一 | 二十九五十四 |
| 顺疾 | 一十一 | 一十八二十四 | 一十六四 |
| 顺迟 | 一十六 | 一十一四十三 | 一十一十 |
| 前留 | 二六十八 | | |
| 夕伏 | 一十一 | 六 | 二 |
| 晨见 | 一十一 | 六 | 二 |
| 后留 | 二六十八 | | |

| 顺迟 | 一十六 | 一十一四十三 | 一十一十 |
| 顺疾 | 一十一 | 一十八二十四 | 一十六四 |
| 晨伏 | 一十七 | 三十四一 | 二十九五十四 |

# 旧五代史卷一四○考证

　　志二历志正元历　　案:《玉海》作正统,《五代会要》作正元。创为新历一部二十一卷　　案:《玉海》引《崇文总目》作二十卷。　五行得期之数　五行,原本讹"五之"。今据《五代会要》改正。　法者数之节也　法,原本讹百。今据《五代会要》改正。　以通法进统法得七十二万　案:七十二万,原本作七千二百万,考下文以通法进全率得七千二百万谓之大率,则此当云以通法进统法得七十二万,谓之全率。原本全率之数併作大率之数,盖传写之讹,今据《欧阳史》改正。　钦天步月离术离策二十七　二十七,原本讹作一十七。案以统法除离率得二十七日及余分,今据《欧阳史》改正。　交中一十三四千三百六十三　四千三百,原本讹作四千四百。案交策半之为交中,当从《欧阳史》作四千三百,今改正。　钦天步五星术岁星历率二百六十二万九千七百六十一一七十八　案:七百六十一,《欧阳史》作九百六十六,非也。据历率半之为历中,彼此互订,此条当以是书为正。　历中一百八十二四千四百八十八十九　案:小分八十九,原本作九十六,非也。据历中倍之为历率倍,八十九适得大分一,小分七十八,此条当以《欧阳史》为正,今据改。　太白周策五百八十三　案:原本作周策五百八十三万,考周率满统法得周策五百八十三日及余分,万字系衍文。《欧阳史》亦无万字,今删去。　历中一百八十二　案:原本作历中一百八十二万,考历率半之满统法得历中一百八十二日,万字系衍文,《欧阳史》亦无万字,今删去。

旧五代史卷一四一
志第三

# 五　行

　　昔武王克商，以箕子归，作《洪范》。其九畴之序，一曰五行，所以纪休咎之征，穷天人之际。故后之修史者，咸有其说焉。盖欲使后代帝王见灾变而自省，责躬修德，崇仁补过，则祸消而福至，此大略也。今故按五代之简编，记五行之灾沴，追为此志，以示将来。其于京房之旧说，刘向之绪言，则前史叙之祥矣，此不复引以为证焉。

　　水淹风雨

　　梁开平四年十月，梁、宋、辉、亳水，诏令本州开仓赈贷。十一月，大风。下诏曰："自朔至今，异风未息，宜命祈祷。"

　　唐同光二年七月，汴州雍丘县大雨，风拔树，伤稼。曹州大水，平地三尺。八月，江南大雨溢漫，流入郓州界。十一月，中书门下奏："今年秋，天下州府多有水灾，百姓所纳秋税，请特放加耗。"从之。

　　三年六月至九月，大雨。江河崩决，坏民田。七月，洛水泛涨，坏天津桥，漂近河庐舍，舣舟为渡，覆没者日有之。邺都奏，御河涨于石灰窑口，开故河道以分水势。巩县河堤破，坏仓厫。八月，敕："如闻天津桥未通，往来百官以舟楫济渡，因兹倾覆，兼蹈泥涂。自今文武百官三日一趋朝，宰臣即每日中书视事。"

　　四年正月敕："自京以来，案：此句疑有脱误。幅圆千里，水潦为沴，流亡渐多。宜自今年三日后，避正殿，减常膳，彻乐省费，以答天谴。应去年经水灾处乡村，有不给及逃移人户，夏秋雨税及诸折科，委诸处长吏切加点检，并与放免，仍一年内不得杂差遣。应在京及诸县，有停贮斛斗，并令减价出粜，以济公私，如不遵守，仰具闻奏。"

长兴元年夏，鄜州上言，大水入城，居人溺死。

二年四月，棣州上言，水坏其城。是月己巳，郓州上言，黄河水溢岸，阔三十里，东流。五月丁亥，申州奏大水，平地深七尺。是月戊申，襄州上言，汉水溢入城，坏民庐舍，又坏均州郛郭，水深三丈。居民登山避水，仍画图以进。是月甲子，洛水溢，坏民庐舍。六月壬戌，汴州上言，大雨，雷震文宣王庙讲堂。十一月壬子，郓州上言，黄河暴涨，漂溺四千余户。

三年七月，诸州大水，宋、亳、颍尤甚。宰臣奏曰："今秋宋州管界，水灾最盛，人户流亡，粟价暴贵。臣等商量，请于本州仓出斛斗，依时出粜，以救贫民。"从之。是月，秦州大水，溺死窑谷内居民三十六人。夔州赤甲山崩，大水漂溺居人。

清泰元年九月，连雨害稼。诏曰："久雨不止，礼有祈禳，都城门三日不止，乃祈山川，告宗庙社稷。宜令太子宾客李延范等禜诸城门，太常卿李怿等告宗庙社稷。"

晋天福初，高祖将建义于太原城中，数处井泉暴溢。

四年七月，西京大水。伊、洛、瀍涧皆溢，坏天津桥。八月，河决。博平、甘陵大水。六年九月，河决于滑州，一概东流，居民登丘冢，为水所隔。诏所在发舟楫以救之。兖州、濮州界皆为水所漂溺，命鸿胪少卿魏玭，将作少监郭廷让，右金吾卫将军安浚，右骁卫将军田峻于滑、濮、澶、郓四州，检河水所害稼，并抚问遭水百姓。兖州又奏，河水东流，阔七十里。至七年三月，命宋州节度使安彦威率丁夫塞之。河平，建碑立庙于河决之所。

开运元年六月，黄河、洛河泛溢堤堰，郑州原武、荥泽县界河决。

周广顺二年七月，暴风雨，京师水深二尺，坏墙屋不可胜计，诸州皆奏大雨，所在河渠泛溢害稼。三年六月，诸州大水，襄州汉江涨溢入城,城内水深五尺,仓库漂尽,居人溺者甚众。

地震

唐同光二年十一月,镇州地震。三年十一月二十五日夜,魏博徐宿地大震。

天成三年七月,郑州地震。

长兴二年六月,太原地震。自二十五日子时,至二十七日申时,二十余度。左补阙李详上疏曰:

"臣闻天地之道,以简易示人,鬼神之情以祸福为务。王者,祥瑞至而不喜,灾异见而辄惊,罔不寅畏上穹,思答天谴。臣闻北京地震,日数稍多。臣曾览国书,伏见高宗时,晋州地震,上谓群臣曰:"岂朕政教之不明,使晋州地震耶? 侍中张行成奏曰:天阳也,地阴也。天阳君象,地阴臣象。君宜转动,臣宜安静。今晋州地震,弥旬不休,将恐女谒任事,臣下阴谋。且晋州是陛下本封,今地震焉,尤彰其应。伏愿深思远虑,以杜未萌。又,开元中,秦州地震。寻差官宣慰,兼降使致祭山川,所损之家,委量事安置奏闻。伏惟陛下中兴唐祚,起自晋阳,地数震于帝乡,理合思于天诫。况圣明御宇,于今六年,岁稔时康,人安物阜。臣虑天意恐陛下忘创业艰难之时,有功成秩满之意。伏望特委亲信兼选勋贤,且往北京慰安,密令巡问黎民之疾苦,严山川之祭祀,然后鉴前朝得丧之本,采历代圣哲之规,崇不讳之风,罢不急之务。明宗深嘉之,锡以三品章服。十一月,雄武军上言,洛阳地震。三年八月,秦州地震。

汉乾佑二年四月丁丑,幽、定、沧、营、深、洺,等州地震,幽、定尤甚。

周广顺三年十月,魏、邢、洺,等州地震。数日凡十余度,魏州尤甚。

虫鱼禽兽

梁龙德末,许州进绿毛龟,宫中造室以畜之,命之曰龟堂。识者以为不祥之言。

唐天佑十八年二月,张文礼叛于镇州。时野河水变其色如血,游鱼多死，浮于水上，识者知其必败。十九年，定州王处直卒。先是，处直自为德政碑，建楼于衙城内，言有龙见。或睹之，其状乃黄幺晰蝎也。处直以为神异，造龙床以安之。又城东麦田有群鹊数百，平地为巢。处直以为己德所感，识者窃论曰："虫蛇阴物，比藏山泽，今据屋室，人不得而有也。南方为火，火主礼，礼之坏，则羽虫失性。以文推之，上失其道，不安于位之兆也。"果为其子都所废。

应顺元年闰正月丙寅辰时，唐闵帝幸至德宫。初出兴教门，有飞鸢自空而落，死于御前。是日大风晦冥。

清泰元年十月辛未巳时，有雉金色自南飞入中书，止于政事堂之上，吏驱之不去。良久，又北飞。是日，民家得之。

二年，郱西李固镇有大鼠与蛇斗于桥下，斗及日之中，蛇不胜而死。三年三月戊午，有蛇鼠斗于洛阳师子门外，而鼠杀蛇。夏四月戊子，熊入市，形如人，搏人。又一熊自老君庙南走向城，会车驾幸近郊，从官射之而毙。

汉乾祐三年正月，有狐出明德楼，获之，比常狐毛长，腹别有二足。

周广顺三年六月，河北诸州旬日内无鸟，既而聚潞、泽之间山谷中，集于林木，压树枝皆折。是年，人疾疫死者，甚众。至显德元年，河东刘崇为周师所败，伏尸流血，故先萌其兆。

显德元年三月，潞州高平县有鹊巢于县郭之南平地，巢中七八雏。

蝗

梁开平元年六月，许、陈、汝、蔡、颖五州蟓生，有野禽群飞蔽空，食之皆尽。

唐同光三年九月，镇州奏，飞蝗害稼。

晋天福七年四月，山东、河南、关西诸郡，蝗害稼。至八年四月，天下诸州飞蝗害田，食草木叶皆尽，诏州县长吏捕蝗。华州节度使杨彦询、雍州节度使赵莹命百姓捕蝗一斗，以禄粟一斗偿之。时蝗旱相继，人民流移，饥者盈路，关西饿殍尤甚，死者十七八。朝廷以军食不充,分命使臣诸道括粟麦,晋祚自兹衰矣。

汉乾祐元年七月,青、郓、兖、齐、濮、沂、密、邢、曹皆言蝝生。开封府奏,阳武、雍丘、襄邑等县蝗。开封尹侯益遣人以酒肴致祭,寻为鸜鹆食之皆尽。敕禁罗弋鸜鹆,以其有吞蝗之异也。

二年五月,博州奏,有蝝化生为蝶飞去。宋州奏,蝗一夕抱草而死,差官祭之。

火

唐天成四年十一月,汝州火烧羽林军营五百余间。先是,司天奏荧惑入羽林,饬京师为火备,至是果应。

长兴二年四月辛丑,汴州封禅寺门扉上歘然火起,延烧近舍。是月,卫州奏黎阳大火。先是,下诏于诸道,令为火备,至是验之。三年十二月壬戌,怀州军营内三处火光自起,人至即灭,并不焚烧舍宇。明宗谓侍臣曰:"火妖乎?"侍臣曰:"恐妖人造作,宜审诘之。"

晋天福三年十一月,襄州奏火烧居民千余家。九年春,左龙武统军皇甫遇从少帝御契丹于郓州北,将战之夕,有火光荧然生于牙竿之上。

周显德五年四月,吴越王钱俶奏:"十日夜,杭州火,焚烧府署殆尽。世宗命中使赍诏抚问。

草木石冰

梁开平三年春正月,潞州军前李思安奏:"壶关县庶穰乡村人因伐树倒,自分为两片,内有六字,皆如左书曰天十四载石进。乃图其状以进。梁祖异之,命示百官,莫有详其义者,及晋高祖即位,人以为虽有图姓,计其甲子则二十有九年矣。识者曰:"天字,取四字中两画加之于傍,则丙字也;四字去中间两画加十字,则申字也。"晋祖即位之年乃丙申也。

唐天祐五年,长柳巷田家有僵桃树,经年旧坎犹在,其仆木一朝屹然而起,行数十步,复于旧坎,其家骇异,仓皇散走。议者以汉昭帝时,上林仆木起生枝,时虫蠹成文而宣帝兴。今木理成文,仆而重起,乃庄宗中兴之兆也。

同光元年冬十二月辛卯，亳州，太清宫道士上言，玄元皇帝殿前枯桧，年久再生一枝，画图以进。

清泰末年，末帝先人坟侧古佛刹中石像，忽然摇动不已，观者咸讶焉。

晋开运元年七月一日，少帝御明德门，宣赦改元。是日，遇大雷雨。门内有井亭，亭有石盆，有走水槽，槽有龙首，其夕悉飘行数十步，而龙首断焉。识者曰："石，国姓也。此兆非祥。石氏其迁乎？其绝乎？"二年正月，汴州封丘门外，壕水东北隅水上有文，若大树花叶芬敷之状，相连数十株，宛若图画，倾都观之。识者云："唐景福中，卢彦威浮阳壕水有树文亦如此，时有高尼辞郡人曰："此地当有兵难。至光化中，其郡果为燕帅刘仁恭所陷。"

三年九月，大水，太原葭芦茂盛最上一叶如旗状，皆南指。十二月己丑，雨木冰。是月戊戌，霜雾大降，草木皆如冰。

汉乾佑元年八月，李守贞叛于河中，境内芦叶皆若旗旄之状。

周广顺三年春，枢密使王峻遥镇青州，有司制旄节以备迎授。前夕，其节有声，主者曰："昔后唐长兴中，安重海授河中，其节亦有声，斯亦木之妖也。"

# 旧五代史卷一四一考证

志三五行志夔州赤甲山崩　赤甲，原本讹求甲。今据《五代会要》改正。　华州节度使杨彦询　彦询，原本作彦珣。今从列传改正。

旧五代史卷一四二
志第四

# 礼　上

案:《礼志序》,《永乐大典》原阙。

梁开平元年夏四月,太祖初受禅,乃立四庙于西京,从近古之制也。

唐同光二年六月,太常礼院奏:"国家兴建之初,已于北都置庙,今克复天下,迁都洛阳,却复本朝宗庙。按礼无二庙之文,其北都宗庙请废。"乃下尚书省集议。礼部尚书王正言等奏议曰:"伏以都邑之制,宗庙为先。今卜洛居尊,开基御宇,事当师古,神必依人。北都先置宗庙,不宜并设,况每年朝享,礼有常规,时日既同,神何所据?窃闻近例亦有从权。如神主已修,迎之藏于夹室,若庙宇已崇,虚之以为恒制。若齐桓公之庙二主,礼无明文,古者师行,亦无迁于庙主。昔天后之崇巩、洛,礼谓非宜;汉皇之恋丰、滕,事无所法。况本朝故事,礼院具明,洛邑旧都,嵩丘正位,岂宜远宫阙之居,建祖宗之庙?事非可久,理在从长。其北都宗庙,请准太常礼院申奏停废。"从之。

天成元年,中书舍人马缟奏曰:"伏见汉晋已来,诸侯王宗室承袭帝统,除七庙之外,皆别追尊亲庙。汉光武皇帝立先四代于南阳,其后桓帝已下,亦皆上考前修,追崇先代。乞依两汉故事,别立亲庙。"诏下尚书省集百官定议。礼部尚书萧顷等议曰:"伏见方册所载,圣概所存,将达苹藻之诚,宜有粢梲之制。臣等集议,其尊追位号及建庙都邑,乞特降制命,依马缟所议。"

天成二年,中书门下又奏:"伏以两汉以诸侯王入继帝统,则必易名上谥,广孝称皇,载于诸王故事。孝德皇、孝仁皇、孝元皇是也。伏乞圣慈,俯从人愿,许取皇而荐号,兼上谥以尊名,改置园陵,仍增兵卫。"还诏太常礼院定其仪制焉。太常博士王丕等引汉桓帝入嗣,尊其祖河间孝王曰孝穆皇帝、蠡吾侯曰孝崇皇帝为例,请付太常卿定谥。刑部侍郎、权判太常卿马缟复议曰:"伏准两汉故事,以诸侯王宗室入承帝统,则必追尊父祖,修树园陵。西汉宣帝、东汉光武,孝飨之道,故事具存。自安帝入嗣,遂有皇太后令,别崇谥法,追曰某皇,所谓孝德、孝穆之类是也。前代惟孙皓自乌程侯继嗣,追封父和为文皇帝,事出非常,不堪垂训。今据礼院状,汉安帝以下,若据本纪,又不见帝字。伏以谥法,德象天地曰帝。伏缘礼院已曾奏闻,难将两汉故事,便述尊名,请诏百官集议。"时右仆射李琪等议曰:"伏睹历代已来,宗庙成制,继袭无异,沿革或殊。马缟所奏,礼有按据,乞下制命,令马缟虔依典册,以述尊名。"

时明宗意欲兼加"帝"字,乃下诏曰:"朕开国承家,得以制礼作乐。故三皇不相袭,五帝不相沿,随代创规,于礼无爽。矧或情关祖祢,事系烝尝。且追谥追尊,称皇与帝,既有减增之字,合陈褒贬之辞。大约二名俱为尊称,若三皇之代故不可加帝,五帝之代不可言皇,爰自秦朝,便兼二号。至若玄元皇帝,事隔千祀,宗追一源,犹显册于鸿名,岂须遵于汉典。况朕居九五之位,为亿兆之尊,不可总二名于眇躬,惜一字于先代,苟随执议,何表孝诚?可委宰臣与百官详定,集两班于中书,逐班各陈所见。"唯李琪等请于祖祢二室先加"帝"字。宰臣合众议奏曰:"恭以朝廷之重,宗庙为先,事系承祧,义符致美。且圣朝追尊之日,即引汉氏旧仪,在汉氏封崇之时,复依何代故事?理关凝滞,未叶圣谟;道合变通,方为民则。且王者功成治定,制礼作乐,正朔服色,尚有改更,尊祖奉先,何妨沿革?若应州必立别庙,即地远上都。今据开元中追尊皋陶为德明皇帝,凉武昭王为兴圣皇帝,皆立庙于京都。臣等商量所议追尊四庙,望依御札并加皇帝之号，兼请于洛京立庙。敕：“宜于应州旧宅立庙，余依所奏。”案《文献通考》：后唐之所谓七庙者，以沙陀之献祖国昌、太祖克用、庄宗存勖，而上继唐之高祖、太宗、懿宗、昭宗。此所谓四庙者，又明宗代北之高、曾、祖、父也。

其年八月，太常礼院奏：“庄宗神主以此月十日祔庙，七室之内，合有祧迁。”中书门下奏议，请祧懿祖一室，后下百僚集议，礼部尚书萧顷等奏请从中书所奏，从之。

应顺元年正月，中书门下奏：“太常以大行山陵毕祔庙。今太庙见飨七室，高祖、太宗、懿宗、昭宗、献祖、太祖、庄宗，大行升祔，礼合祧迁献祖，请下尚书省集议。”太子少傅卢质等议曰：“臣等以亲尽从祧，垂于旧典，疑事无质，素有明文。顷庄宗皇帝再造寰区，复隆宗庙，追三祖于先远，复四室于本朝，式遇祧迁，旋成沿革。及庄宗升祔，以懿祖从祧，盖非嗣立之君，所以先迁其室。光武灭新之后，始有追尊之仪，比祗在于南阳，元不归于太庙，引事且疏于故实，此时须禀于所规。将来升祔先庙，次合祧迁献祖，既协随时之义，又符变礼之文。”从之。时议以懿祖赐姓于懿宗，以支庶系大宗例，宜以懿为始祖，次昭宗可也，不必祖神尧而宗太宗。若依汉光武，则宜于代州立献祖而下亲庙，其唐庙依旧礼行之可也。而议谥者忘咸通之懿宗，又称懿祖，父子俱“懿”，于礼可乎？将朱耶三世，与唐室四庙连叙昭穆，非礼之甚也。议祧者不知受氏于唐懿宗而祧之，今又及献祖。以礼论之，始祧昭宗，次祧献祖可也，而懿祖如唐景皇帝，岂可祧乎？

晋天福二年正月，中书门下奏：“皇帝到京未立宗庙，望令所司速具制度典礼以闻。”从之。二月，太常博士段颙议曰：

夫宗庙之制，历代为难，须考礼经，以求故事。谨按《尚书·舜典》曰：“正月上日，受终于文祖。”此是尧之庙也。犹未载其数。又按《效祀录》曰：夏立五庙，商立六庙，周立七庙。汉初立祖宗庙于郡国，共计一百六十七所。后汉光武中兴后，别立六庙。魏明帝初，立亲庙四；后重议依周法立七庙。晋武帝受禅,初立六庙,后复立七庙。宋武帝初立六庙,齐朝亦立六庙。随文帝受命,初立亲庙四,至大业元年,炀帝欲遵周法,议立七庙。次属传禅于唐,武德元年六月四日,始立四庙于长安,至贞观元年,命有司详议庙制,遂立七庙。至开元十一年后,创立九庙。又按《礼记·丧服小记》曰:"王者禘其祖之所自出,以其祖配之,而立四庙。"郑玄注云:"高祖以下至祢四世,即亲尽也,更立始祖,为不迁之庙,共五庙也。"又按《礼记·祭法》及《王制》、《孔子家语》、《春秋谷梁传》并云:"天子七庙、诸侯五庙、大夫三庙、士一庙。"此是降杀以两之义。又按《尚书·咸有一德》曰:"七世之庙,可以观德。"又按《疑义》云:"天子立七庙,或四庙,盖有其义也。"如四庙者,从祢至高祖已下亲尽,故有四庙之理;又立七庙者,缘自古圣王,祖有功,宗有德,更封立始祖,即于四亲庙之外,或祖功宗德,不拘定数,所以有五、六庙,或七庙、九庙,欲后代子孙观其功德。故《尚书》云:"七世之庙,可以观德矣。"又按周舍论云:"自江左已来,晋、宋、齐、梁相承,多立七庙。"今臣等参详,唯立七庙,即并通其理。伏缘宗庙事大,不敢执以一理定之,故检七庙、四庙二件之文,俱得其宜,他所论者,并皆不取。伏请下三省集百官详议。

敕旨宜依。左仆射刘昫等议曰:

臣等今月八日,伏奉敕命于尚书省集议太常博士段颙所议宗庙事。伏以将敷至化,以达万方,克致平和,必先宗庙。故《礼记·王制》云:"天子七庙,诸侯五庙,大夫三庙。"疏云:"周制之七者,太祖庙及文王、武王之祧,与亲庙四。太祖,后稷也。商六庙,契及汤与二昭、二穆。夏则五庙,太祖禹与二昭、二穆而已。自夏及周,少不减五,多不过七。"又云:"天子七庙,皆据周也。有其人则七,无其人则五。若诸侯庙制虽有其人,则不过五。此则天子、诸侯七、五之异明矣。"至于三代已后,魏、晋、宋、齐、隋及唐初,多立六庙或四庙,盖于建国之始,不盈七庙之数也。今欲请立自高祖以下四亲庙,其始祖一庙,未敢轻议,伏俟圣裁。

御史中丞张昭远奏议曰：

臣前月中预都省集议宗庙事。伏见议状，于亲庙之外，请别立始祖一庙。近奉中书门下牒，再令百官于都省议定闻奏者，

臣读十四代史书，见二千年故事，观诸家宗庙，都无始祖之称，唯商周二代以稷、契为太祖。《礼记》曰："天子七庙、三昭三穆、与太祖之庙而七。"郑玄注："此周制也。七者，太祖、后稷、及文王、武王与四亲庙。"又曰："商人六庙，契及成汤与二昭二穆也。夏后氏立五庙，不立太祖，唯禹与二昭、二穆而已。"据《王制》郑玄所释，即商周以稷、契为太祖，夏后无太祖，亦无追谥之庙。自商周以来，时更十代，皆于亲庙之中以有功者为太祖，无追崇始祖之例。具引今古，即恐词繁，事要证明，须陈梗概。汉以高祖父太上皇执嘉无社稷功，不立庙号，高帝自为高祖。魏以曹公相汉垂三十年，始封于魏，故为太祖。晋以宣王辅魏有功，立为高祖，以景帝始封晋，故为太祖。宋氏先世，官阀卑微，虽追崇帝号，刘裕自为高祖。南齐高帝之父，位至右将军，生无封爵，不得为太祖，高帝自为太祖。梁武帝父顺之，佐佑齐室，封侯，位至领军、丹阳尹，虽不受封于梁，亦为太祖。陈武帝父文赞，生无名位，以武帝功，梁室赠侍中，封义兴公，及武帝即位，亦追为太祖。周闵帝以父泰相西魏，经营王业，始封于周，故为太祖。隋文帝辅周室有大功，始封于隋，故为太祖。唐高祖神尧祖父虎，为周八柱国，隋代追封唐公，故为太祖。唐末梁室朱氏有帝位，亦立四庙，朱公先世无名位，虽追册四庙，不立太祖，朱公自为太祖。此则前代追册太祖，不出亲庙之成例也。

王者，祖有功，而宗有德。汉魏之制，非有功德不得立为祖宗。商周受命，以稷契有大功于唐虞之际，故追尊为太祖。自秦汉之后，其礼不然，虽祖有功，仍须亲庙。今亦粗言往例，以

取证明。秦称造父之后，不以造父为始祖；汉称唐尧刘累之后，不以尧累为始祖；魏称曹参之后，不以参为始祖；晋称赵将司马卬之后，不以卬为始祖；宋称汉楚元王之后，不以元王为始祖；齐、梁皆称萧何之后，不以萧何为始祖；陈称太丘长陈寔之后，不以寔为始祖；元魏称李陵之后，不以陵为始祖；后周称神农之后，不以神农为始祖；隋称杨震之后，不以杨震为始祖；唐称皋陶、老子之后，不以皋陶、老子为始祖。唯唐高宗、则天武后临朝，革唐称周，又立七庙，仍追册周文王姬昌为始祖，此盖当时附丽之徒，不谙故实，武立姬庙，乖越已甚，曲台之人，到今嗤诮。臣远观秦、汉，下至周、隋，礼乐衣冠，声明文物，未有如唐室之盛。武德议庙之初，英才间世，如温、魏、颜、虞通今古，封、萧、薛、杜达礼仪，制度宪章，必有师法。

　　夫追崇先王、先母之仪，起于周代，据《史记》及《礼经》云："武王缵太王、王季、文王之绪，一戎衣而有天下，尊为天子，宗庙飨之。周公成文、武之德，追王太王、王季，祀先公以天子之礼。"又曰："郊祀后稷以配天。"据此言之，周武虽祀七世，追为王号者，但四世而已。故自东汉以来，有国之初，多崇四庙，从周制也。况商因夏礼，汉习秦仪，无劳博访之文，宜约已成之制。请依隋唐有国之初，创立四庙，推四世之中名位高者为太祖。谨议以闻。

敕："宜令尚书省集百官，将前议状与张昭远所陈，速定夺闻奏。"左仆射刘昫等再奏议曰：

　　臣等今月十三日，再于尚书省集百官详议。夫王者祖武宗文，郊天祀地，故有追崇之典，以申配飨之仪。切详太常礼院议状，唯立七庙四庙，即并通其理，其他所论并皆勿取。七庙者，按《礼记·王制》曰："天子七庙：三昭三穆与太祖之庙而七。"郑玄注云："此周制也。"详其《礼经》，即是周家七庙之定数。四庙者，谓高、曾、祖、祢四世也。按《周本纪》及《礼记·大传》皆曰："武王即位，追王太王、王季、文王。以后稷为尧稷官，故追尊为太祖。此即周武王初有天下追尊四庙之明文也。故自汉、魏已降，迄于周隋，创业之君，追谥不过四世，约周制也。此礼行之也久，事在不疑，今参详都省前议状，请立四庙外，别引始祖，取裁未为定议。续准敕据御史中丞张昭远奏，请创立四庙之外，无别封始祖之文。况国家礼乐刑名，皆依唐典，宗庙之制，须约旧章，请依唐朝追尊献祖宣皇帝、懿祖光皇帝、太祖景皇帝、代祖元皇帝故事，追尊四庙为定。

从之。

七年七月，太常礼院奏：“国朝见飨四庙：靖祖、肃祖、睿祖、宪祖。今大行皇帝将行升祔，按《会要》：唐武德元年立四庙于长安，贞观九年高祖神尧皇帝崩，命有司详议庙制，议以高祖神主并旧四室祔庙。今先帝神主，请同唐高祖升祔。”从之。

汉天福十三年闰七月，时汉高祖已即位，尚仍天福之号，太常博士段颙奏议曰：“伏以宗庙之制，历代为难，须按《礼经》，旁求故实。又缘礼贵随时，损益不定，今参详历代故事，立高、曾、祖、祢四庙，更上追远祖光武皇帝为始祖，百代不迁之庙，居东向之位，共为五庙，庶符往例，又合《礼经》。”诏尚书省集百官议。吏部尚书窦贞固等议云：“按《礼记·王制》云：天子七庙，诸侯五庙，大夫三庙。疏云：周制之七庙者，太祖及文王、武王之祧，与亲庙四。太祖，后稷也。”又云：天子七庙，皆据周也。有其人则七，无其人则五。至于光武中兴，及历代多立六庙或四庙，盖建国之始未盈七庙之数。又按《郊祀录》王肃云：德厚者，流泽广，天子可以事六代之义也。今欲请立高祖已下四亲庙。又，自古圣王，祖有功，宗有德，即于四亲庙之外。祖功宗德不拘定数，今除四亲庙外，更请上追高皇帝、光武皇帝，共立六庙。”从之。案《文献通考》：庄宗、明宗既舍其祖，而祖唐之祖矣。及敬瑭、知远崛起，而登帝位，俱欲以华胄自诡，故于四亲之外，必求所谓始祖而祖之。张昭之言议正而词伟矣。至汉初，则段颙、窦贞固之徒曲为谄附，乃至上祖高光以为六庙云。

周广顺元年正月，中书、门下奏：“太常礼院议合立太庙室数，

若守文继体,则魏、晋有七庙之文。若创业开基,则隋、唐有四庙之
议。圣朝请依近礼,追谥四庙,伏恐所议未同,请下百官集议。"太子
太傅和凝等议请据礼官议立四亲庙,从之。案:《五代会要》和凝议曰:
"恭以肇启洪图,惟新黄屋。左宗庙而右社稷,率由旧章。崇祖称,而辨尊卑,载
于前史,虽质文互变,义趣各殊,或观损益之规,或系兴隆之始。陛下体元立
极,本义祖仁,开变家成国之基,遵奉先思孝之道,合据礼官议立四亲庙,以叶
前文。"从之。

其年四月,中书门下奏:"太常礼院申,七月一日,皇帝御崇元
殿,命使奉册四庙。准旧仪,服衮冕即座,太尉引册案入,皇帝降座,
引立于御座前南向。中书令奉册案进,皇帝搢圭捧授,册使跪受,转
授舁册官,其进宝授宝仪如册案。臣等参详,至时请皇帝降阶授
册。"从之。

三年九月,将有事于南郊,议于东京别建太庙。时太常礼院言:
"准洛京庙室一十五间,分为四室,东西有夹室,四神门每方屋一
间,各三门,载二十四。别有斋宫神厨屋宇。准礼左宗庙、右社稷,
在国城内,请下所司修奉。"从之。

其月太常礼院奏:"迎太庙社稷神主到京,其日未审皇帝亲出
郊外迎奉否?检讨故事,元无礼例,伏请召三省官集议。"敕:"宜令
尚书省四品已上、中书门下五品以上同参议。"司徒窦贞固、司空苏
禹珪等议:"按吴主孙休即位,迎祖父神主于吴郡,入祔太庙,前一
日出城野次,明日常服奉迎,此其例也。"遂署状言车驾出城奉迎为
是,请下礼仪使草定仪注。至十月,礼仪使奏:"太庙神主将至,前一
日仪仗出城掌次,于西御庄东北设神主行庙幄幕,面南。其日放朝,
群臣早出西门,皇帝常服出城诣行宫,群臣毕就次。神主将至,群臣
班定,皇帝立于班前。神主至,太常卿请皇帝再拜,群臣俱拜。神主
就行庙幄幕座,设常馔,群臣班于神幄前。侍中就次,请皇帝谒神
主,既至,群臣再拜,皇帝进酒毕再拜,群臣俱拜。皇帝还幄,群臣先
赴太庙门外,立班,俟皇帝至起居。俟神主至,群臣班于庙门外,皇
帝立于班前,太常卿请皇帝再拜,群臣俱拜,皇帝还幄,群臣就次,

宫闱令安神主于本室讫，群臣班于庙庭。太常卿请皇帝于四室奠
飨，逐室皇帝再拜，群臣俱拜。四室祔飨毕，皇帝还宫。前件仪注，
望付中书门下宣下。"从之。

　　显德六年七月，诏以大行皇帝山陵有期，神主将祔太庙，其庙
殿室宇合添修否？国子司业兼太常博士聂崇义奏议曰："奉敕，为大
行皇帝山陵有期，神主祔庙，恐殿室间数少，合重添修。今诣庙中相
度，若是添修庙殿一间至两间，并须移动诸神门及角楼宫墙仗舍，
及堂殿正面檐桅阶道，亦须东省牲立班位直至斋宫，渐近迫窄。今
重拆庙殿，续更添修，不唯重劳，兼恐未便。窃见庙殿见虚东西二夹
室，况未有桃迁之主，欲请不拆庙殿，更添间数，即便将夹室重安排
六室位次。所有动移神主，若准旧礼，于殿庭权设行庙幕殿，即恐雨
水犹多，难于陈设。伏请权于太庙斋宫内奉安神主，至修奉毕日，庶
为宜称。又，按《礼记》云：庙成则于中屋刉羊，以衅之。夹室则用鸡。
又《大戴礼》及《通典》亦有夹室，察文观义，乃是备庙之制。况新主
祔庙，诸经有迁易之文，考古沿今，庶合通礼。伏请递迁诸室奉安大
行皇帝神主，以符礼意。"敕依典礼。《永乐大典》卷一万七千五十二。

# 旧五代史卷一四二考证

　　志四礼志上蠹吾侯　蠹吾，原本讹蠹愚。今据《后汉书》改正。
　　周舍论　周舍，原本讹周拾。今据《新唐书·礼志》改正。　汉称
唐尧刘累之后　刘累，原本讹刘里。今据《汉书》改正。　懿祖光皇
帝　懿祖，原本作义祖。今从《新唐书》改正。

旧五代史卷一四三
志第五

# 礼　下

　　后唐长兴元年九月，太常礼院奏："来年四月孟夏，禘祫于太庙。谨按《礼经》，三年一禘以孟冬，五年一祫以孟夏。已毁未毁之主，并合食于太祖之庙，逐庙功臣，配飨于本庙之庭。本朝宝应元年定礼，奉景皇帝、高祖、太宗为始封之祖。既庙号太祖，百代不迁，每遇禘祫，位居东向之尊。自代祖元皇帝、高祖、太宗已下，列圣子孙，各序昭穆，南北相向，合食于前。圣朝中兴，重修宗庙，今太庙见飨高祖、太宗、懿宗、昭宗、献祖、太祖、庄宗七庙，太祖景皇帝在祧庙之数，不列庙飨。将来禘礼，若奉高祖居东向之尊，则禘飨不及于太祖、代祖；若以祧庙太祖居东向之位，则又违于礼意。今所司修奉祧庙神主，及诸色法物已备，合预请参详，事须具状申奏。"敕下尚书省集百官详议。户部尚书韩彦恽等奏议曰："伏以本朝尊受命之祖景皇帝为始封之君，百代不迁，长居庙食，自贞观至于天祐无所改更。圣祖神孙，左昭右穆，自中兴国祚，再议宗祊，以太祖景皇帝在祧庙之数，不列祖宗，欲尊太祖之位，将行东向之仪，爰命群臣，同议可否。伏详本朝列圣之旧典，明皇定礼之新规，开元十年，特立九庙，子孙遵守，历代无亏。今既行定礼之规，又以祧太祖之室。昔德宗朝，将行禘祫之礼，颜真卿议请奉献祖居东向之位，景皇帝暂居昭穆之列，考之于贞元，则以为误，行之于今日，正得其礼。今欲请每遇禘祫之岁，暂奉景皇帝居东向之尊，自元皇帝以下，叙列昭穆。"从之。

周广顺三年冬十月,礼仪使奏:"郊庙祝文,《礼》例云:古者大事皆书于册,而有长短之差。魏晋郊庙祝文书于册,唐初悉用祝版,惟陵庙用玉册。玄宗亲祭郊庙,用玉为册。德宗朝,博士陆淳议,准礼用祝版,祭已燔之,可其议。贞元六年亲祭,又用竹册。当司准《开元礼》并用祝版。梁朝依礼行之,至明宗郊天,又用竹册。今详酌礼例,祝版为宜。"从之。

周广顺三年九月南郊,礼仪使奏:"郊祀所用圭璧制度,准《礼》:祀上帝以苍璧,祀地祇以黄琮。祀五帝以圭璋琥璜,其玉各依本方正色,祀日月以圭璋,祀神州以两圭有邸。其用币,天以苍色,地以黄色,配帝以白色,日月五帝各从本方之色。皆长一丈八尺。其圭璧之状,璧圆而琮八方,圭上锐而下方,半圭曰璋,琥为虎形。半璧曰璜,其圭璧琮璜皆长一尺二寸。四圭有邸,邸,本也。圭著于璧,而整肃也。日月星辰以圭璧五寸,前件圭璧虽有图样,而长短之说或殊,按唐开元中玄宗诏曰:祀神以玉,取其精洁。比来用珉,不可行也。如或以玉难办,宁小其制度,以取其真。今郊庙所修圭璧,量玉大小不必皆从古制。伏请下所司修制。"从之。

显德四年夏四月,礼官博士等准诏,议祭器祭玉制度以闻。时国子祭酒尹拙引崔灵恩《三礼义宗》云:"苍璧所以祀天,其长十有二寸,盖法天之十二时。"又引《江都集》、《白虎通》等诸书所说,云:"璧皆外圆内方。"又云:"璜琮所以祀地,其长十寸,以法地之数。其琮外方内圆,八角而有好。"国子博士聂崇义以为璧内外皆圆,其径九寸,又按阮氏、郑玄图皆云九寸。《周礼·玉人》职又有九寸之璧。又引《尔雅》云:"肉倍好谓之璧,好倍肉谓之瑗,肉好若一谓之环。"郭璞注云:"好,孔也。肉,边也。"而不载尺寸之数。崇义又引《冬官·玉人》云:"璧好三寸"。《尔雅》云:"肉倍好谓之璧,两边肉各三寸。"通好共九寸,则其璧九寸明矣。《崇义》又云:"璜琮八方以象地,每角各剡出一寸六分,共长八寸,厚一寸。按《周礼》疏及阮氏图并无好。"又引《冬官·玉人》云:"琮八角而无好。"《崇义》又云:"琮璜圭璧俱是祀天地之器，而《尔雅》唯言璧环瑗三者有好，其余璜琮诸器并不言之，则璜琮八角而无好明矣。"太常卿田敏以下议，以为尹拙所说虽有所据。而崇义援《周礼》正文，其理稍优，请从之。其诸祭器制度，亦多以崇义所议为定。

显德二年秋八月，兵部尚书张昭上言："今月十二日，伏蒙宸慈召对，面奉圣旨，每年祀祭，多用太牢，念其耕稼之劳，更备牺牲之用，比诸豢养特可愍伤，令臣等讨故事，可以佗牲代否。臣仰禀纶言，退寻礼籍，其三牲八簋之制，五礼六乐之文，著在典彝，迭相沿袭，累经朝代，无所改更。臣闻古者燔黍捭豚尚多质略，近则梁武面牲竹脯不可宗师，虽好生之德则然，于奉先之仪太劣。盖礼主于信，孝本因心，黍稷非馨，鬼神飨德，不必牲牢之巨细，笾豆之方圆，苟血祀长保于宗祧，而牲俎何须于茧栗！但以国之大事，儒者久行，易以佗牢，恐未为便。以臣愚见，其南北郊，宗庙社稷朝日夕月等大祠如皇帝亲行事备三牲如有司摄行事，则用少牢。已下，虽非旧典，贵减牲牛。"是时太常卿田敏又奏云："臣奉圣旨为祭用犊事。今太仆寺供犊，一年四季都用犊二十二头。《唐会要》武德九年十月诏，祭祀之意本以为民，穷民事神，有乖正直。杀牛不如礿祭，明德即是馨香。望古推今，民神一揆。其祭圜丘、方泽、宗庙已外，并可止用少牢。用少牢者，用特牲代。时和年丰，然后克修常礼。又按《会要》天宝六载正月十三日赦文，祭祀之典，牺牲所备，将有达于虔诚，盖不资于广杀。自今后，每大祭祀应用骍犊。宜令有司量减其数，仍永为恒式。其年起请以旧料，每年用犊二百一十二头，今请减一百七十三头，止用三十九头，余祠飨并停用犊。至上元二年九月二十一日赦文，国之大事，郊祀为先。贵其诚，不美多品。黍稷虽设，犹或非馨；牲牢空多，未为能飨。圜丘、方泽任依恒式，宗庙诸词，临时献熟，用怀明德之馨，庶合西邻之祭。其年起请昊天上帝，太庙各太牢一，余祭并随事市供。若据天宝六载，自二百一十二头，减用三十九头。据武德九年，每年用犊十头，圆丘、方泽一、宗庙五。据上元二年起请祗昊天上帝、太庙又无方泽则九头矣。今国家用牛比升元、天宝则不多，比武德、上元则过其大半。案《会要》，太仆寺有牧监掌孳课之事。乞今后太仆寺养孳课牛，其犊遇祭昊天前三月养之涤宫，取其荡涤清洁，余祭则不养涤宫。若临时买牛，恐非典故。"奉敕："祭祀尚诚，祝史贵信，非诚与信，何以事神？祈祭重于杀牛，黍稷轻于明德，牺牲之数具载典经。前代以来，或有增损，宜采酌中之礼，且从贵少之文。起今后祭圜丘、方泽、社稷并依旧用犊，其太庙及诸祠宜准上元二年九月二十一日制，并不用犊。如皇帝亲行事，则依常式。"

后唐同光二年三月十日，祠部奏："本朝旧仪，太微宫每年五荐献，其南郊坛每年四祠祭。吏部申奏，请差中书、门下摄太尉行事。其太庙及诸郊坛并吏部差三品已上摄太尉行事。"从之。至其年七月，中书门下奏："据尚书祠部状，每年太微宫五荐献，南郊坛四祠祭，并宰相摄太尉行事。惟太庙时祭，独遣庶僚，虽为旧规，虑成阙礼。臣等商量，今后太庙时祭，亦望差宰臣行事。"从之。三年十一月，礼仪使奏："伏准《礼经》，丧三年不祭，天地社稷为越绋行事，此古制也。爰自汉文，益尊神器，务徇公绝私之义，行以日易月之制，事久相沿，礼从顺变。今园陵已毕，祥练既除，宗庙不可以乏享，神祇不可以废祀，宜遵礼意，式展孝思。伏请自贞简太后升祔礼毕，应宗庙仪乐及群祀并准旧施行。"从之。

天成四年九月，太常寺奏："伏见大祠则差宰臣行事，中祠则差诸寺卿监行事，小祠则委太祠奉礼。今后凡小事，请差五品官行事。"从之。其年十月中书门下奏："太微宫、太庙、南郊坛，宰臣行事。宿斋宫，百官皆入白事。伏以奉命行事，精诚斋宿，倘偏见于朝官，涉不虔于祠祭。今后宰臣行事，文武两班，望令并不得到宿斋处者。"奉敕宜依。其年十二月，中书门下奏："今后宰臣致斋内，请不押班、不知印、不起居。或遇国忌，应行事官受誓戒，并不赴行香，并不奏覆刑杀公事。及大祠致斋内，请不开宴。"从之。

长兴二年五月，尚书左丞崔俭奏："大祠差官行事，皇帝虽不预祭，其日亦不视朝。伏见车驾其日或出，于理不便。今后请每遇大祀、中祀，车驾不出。"从之。四年二月，太常博士路航奏："比来小祠已上，公卿皆著祭服行事。近日唯郊庙、太微宫具祭服。五郊迎气、日月诸祠并祇常服行事。兼本司执事人等，皆著随事衣装，狼藉鞋履，便随公卿升降于坛墠。按祠部令：中祠以上，应斋郎等升坛行事者，并给洁服，事毕收纳。今后中祠以上，公卿请具祭服执事，升坛人并着具绯衣帻子。又臣检礼阁新仪，太微宫使卯时行事。近年依诸郊庙例，五更初便行事，今后请依旧以卯时。"从之。

清泰元年五月，中书门下奏："据太常礼院申，明宗圣德和武钦孝皇帝今月二十日祔庙，太尉合差宰臣摄行。缘冯道在假，李愚十八日私忌，在致斋内。今刘昫又奏见判三司事烦，请免祀事。今与礼官参酌，诸私忌日，遇大朝会，入阁宣召，尚赴朝参。今祔祫事大，忌日属私，斋日请比大朝会宣召例，差李愚行事。"从之。

晋开运三年六月，西京留司监祭使奏："以祠祭所定行事官，临日或遇疾病，或奉诏赴阙，留司吏部郎中一人主判，有阙便依次第定名，庶无阙事。"从之。

天成三年十一月，太常定唐少帝为昭宣光烈孝皇帝，庙号景宗。博士吕朋龟奏："谨按《礼经》，臣不谍君，称天以谥之，是以本朝故事，命太尉率百僚奉谥册告天于圜丘，回读于灵座前，并在七月之内谥册入陵。若追尊定谥，命太尉读谥册于太庙，藏册于本庙。伏以景宗皇帝顷负沈冤，岁月深远，园陵已修，不祔于庙，则景宗皇帝亲在七庙之外。今圣朝申冤，追尊定谥，重新帝号，须撰礼仪。又《礼》云：君不逾年，不入宗庙。且汉之殇、冲、质，君臣已成；晋之惠、怀、愍，俱负艰难，皆不列庙食，止祀于园寝。臣等切详故实，欲请立景宗皇帝庙于园所，命使奉册书宝绶，上谥于庙，便奉太牢祀之，其四时委守奉荐。请下尚书省集三省官详议施行。"右散骑常侍萧希甫等议请依礼院所奏。奉敕：宜令本州城内选地起庙。乃于曹州立庙。四年五月，中书门下奏："先据太常寺定少帝谥昭宣光烈孝皇帝，号景宗者。伏以景宗生曾为帝，祫乃承祧，既号景宗，合入宗庙，如不入宗庙，难以言宗。于理而论，祧一远庙，安少帝神主于太庙，即昭穆序而宗祀正。今或且居别庙，即请不言景宗，但云昭宣光烈孝皇帝。兼册文内有基字，是玄宗庙讳，虽寻常诏敕皆不回避，少帝是继世之孙，不欲斥列圣之讳，今改基为宗。"从之。案《五代会要》《风俗通》陈孔璋云：尊卑有叙，丧祭哀敬，各有终始。欲令言著而可遵，事施而不犯。《礼》云："卒哭之后，宰执木铎徇于宫，曰舍故而讳新。"故，谓毁庙之主也，恩远属绝，名不可讳。今昭宣上去玄宗十四世，奏改册文，非典故也。八月戊申，明宗服衮冕，御文明殿，追册昭宣光烈孝皇帝。礼毕，册使兵部尚书卢质押册出应天门登车，卤簿鼓吹前导，入都亭驿，翌日，登车赴曹州。时议者以追尊则可，立之为宗不入太庙，深为失礼。夫言宗者，功业纂于祖祢，德泽被于生民，发号申令可也。且辉王纂嗣之日，国命出于贼臣，君父衔冤，母后涂炭，遭罹放逐，鼎祚覆亡。追谥易名，当循故实，如汉之冲、质，晋之闵、怀，但尊称而无庙号，前代亡国者周赧、汉献、魏陈留亦不称宗。中兴之追谥者，孺子婴、光武竟无追宗之典。设如自我作古，酌于人情，则谓之为"景宣光烈"，深不称也。古之周景、汉景、周宣、汉宣皆中兴再造之主。至如国朝，太祖曰景皇帝，以受命而有唐室。宣宗皇帝以隔代承运，皇纲复振故也。今辉王亡国坠业，谓之宣景，得无谬乎！先是，太常既奏，下尚书省集议，虽有智者，依违不言。至是，既立为景宗，陵号温陵，乃于曹州置庙，以时告享，仍以本州刺史以下为三献官，后宰臣知其非乃奏去庙号。

晋天福四年十一月，太常礼院奏议立唐朝帝庙，引武德年故事，祀隋三帝。今请立近朝庄宗、明宗、闵帝三庙，庶合前规。诏曰："德莫盛于继绝，礼莫重于奉先。庄宗立兴复之功，明宗垂光大之业。逮乎闵帝，实继本枝，然则丕绪洪源，皆尊唐室。继周者须尊后稷，嗣汉者必奉高皇，将启严祠，当崇茂典。宜立唐高祖、太宗及庄宗、明宗、闵帝五庙。"

其月，太常礼院又奏："唐庙制度请以至德宫正殿隔为五室，三分之。南去地四尺，以石为坎，中容二主。庙之南一屋三门，门戟二十有四。东西一屋一门，门无棨戟。四仲之祭，一羊一豕如中祠，其币帛牲牢之类,光禄主之。祠祝之文,不进不署,神厨之具,鸿胪督之。五帝五后凡十主,未迁者六,未立者四,未谥者三。高宗、太宗与其后暨庄宗、明宗凡主在清化里之寝宫,祭前二日以殿中伞扇二十,迎置新庙,以享礼。闵皇帝、庄宗、明宗二后及鲁国孔夫人神主四座,请修制祔庙,及三后请定谥法。"从之。

周广顺元年二月,太常礼院上言:"准敕迁汉庙入升平宫,其唐、晋两朝皆止五庙迁移。今汉七庙未审总移,为复祇移五庙?敕宜准前敕,交移于升平宫。其法物、神厨、斋院、祭服、祭器、馔料皆依中祠例,用少牢,光禄等寺给。其读文,太祝及奉礼郎、太常寺差。每仲飨,以汉宗子为三献。"从之。

# 旧五代史卷一四三考证

志五礼志下宝应元年"宝应",原本讹"宝宁"。考《新唐书》宝应,系代宗年号,无所谓宝宁者,今改正。 并著具绯衣帻子 绯衣,原本作绛衣。今据《五代会要》改正。 唐天成三年十一月太常寺定议唐少帝谥庙号景宗四年八月戊申明宗服衮冕御文明殿追册昭宣光烈孝皇帝 《欧阳史》作四年五月乙酉追谥,与是志定谥册庙月日俱不符。

旧五代史卷一四四
志第六

# 乐　上

　　古之王者理定制礼，功成作乐，所以昭事天地，统和人神。历代以来，旧章斯在。洎唐季之乱，咸、镐为墟；梁运虽兴，《英》、《茎》扫地；庄宗起于朔野，经始霸国，其所存者不过边部郑声而已。先王雅乐，殆将泯绝。当同光、天成之际，或有事清庙，或祈祀泰坛，虽簨簴犹施，而宫商孰辨？遂使磬襄、鼗武入河、汉而不归；汤濩、舜韶，混陵谷而俱失。洎晋高祖奄登大宝，思迪前规，爰诏有司，重兴二舞。旋属烽火为乱，明法阙修，汉祚几何，无暇制作。周显德五年冬，将立岁仗。有司以崇牙树羽，宿设于殿庭，世宗因亲临乐悬，试其声奏。见钟磬之类，有设而不击者，讯于工师，皆不能对，世宗恻然，乃命翰林学士、判太常寺事窦俨参详其制，又命枢密使王朴考正其声。朴乃用古累黍之法，以审其度，造成律准。其状如琴而巨，凡设十三弦以定六律、六宫旋相为宫之义，世宗善之。申命百官议而行之，今亦备纪于后，以志五代雅乐沿革之由焉。

　　梁开平初，太祖受禅，始建宗庙，凡四室。每室有登歌、酌献之舞：
　　肃祖宣元皇帝室曰《大合之舞》。
　　敬祖光宪皇帝室曰《象功之舞》。
　　宪祖昭武皇帝室曰《来仪之舞》。

烈祖文祖皇帝室曰《昭德之舞》。

登歌乐章各一首。《五代会要》云：太常少卿杨焕撰。

二年春，梁祖将议郊禋，有司撰进乐名、舞名：

乐曰《庆和之乐》。

舞曰《崇德之舞》。皇帝行奏《庆顺》。

奠玉帛登歌奏《庆平》。

迎俎奏《庆肃》。

酌献奏《庆熙》。

饮福酒奏《庆隆》。

送文舞迎武舞奏《庆融》。

亚献奏《庆和》。

终献奏《庆休》。

乐章各一首

太庙迎神舞名《开平》。

皇帝、盥手、登歌、饮福酒、彻豆、送神，皆奏乐。

乐章各一首。

唐庄宗光圣神闵孝皇帝庙室酌献，舞《武成之舞》。

登歌乐章一首。《五代会要》云：尚书兵部侍郎崔居俭撰。

明宗圣德和武钦孝皇帝庙室酌献，舞《雍熙之舞》。

登歌乐章一首。《五代会要》云：太常卿卢文纪撰。

晋高祖圣文章武明德孝皇帝庙室酌献，舞《咸和之舞》。

登歌乐章一首。《五代会要》云：太子宾客判太常寺事赵光辅撰。

汉文祖明元皇帝庙室酌献，舞《灵长之舞》。

德祖恭僖皇帝庙室酌献，舞《积善之舞》。

翼祖昭献皇帝庙室酌献，舞《显仁之舞》。

显祖章圣皇帝庙室酌献，舞《章庆之舞》。

登歌乐章各一首。《五代会要》云：太常卿张昭撰。

高祖睿文圣武昭肃孝皇帝庙室酌献，舞《观德之舞》。

登歌乐章一首。

周信祖睿和皇帝庙室酌献,舞《肃雍之舞》。

僖宗明宪皇帝庙室酌献,舞《章德之舞》。

义祖翼顺皇帝庙室酌献,舞《善庆之舞》。

庆祖章肃皇帝庙室酌献,舞《观成之舞》。

登歌乐章各一首。

太祖圣神恭肃文武孝皇帝庙室酌献,舞《明德之舞》。

世宗睿武孝文皇帝庙室酌献,舞《定功之舞》。

登歌乐章各一首。《五代会要》云:太祖庙室乐章,太常卿田敏撰。世宗庙室乐章,翰林学士、判太常寺事窦俨撰。乐章词多不录。

右乐章

晋天福四年十二月,礼官奏:"来岁正旦,王公上寿,皇帝举酒,请奏《元同之乐》;再举酒,奏《文同之乐》。"从之。

五年始议重兴二舞,诏曰:"正冬二节,朝会旧仪,废于离乱之时,兴自和平之代。将期备物,全系用心;须议择人,同为定制。其正冬朝会礼节、乐章、二舞行列等事宜,差太常卿崔梲、御史中丞窦贞固、刑部侍郎吕琦、礼部侍郎张允与太常寺官一一详定。礼从新意,道在旧章,庶知治世之和,渐见移风之善。"其年秋,梲等具述制度,上奏云:

按《礼》云:"天子以德为车,以乐为御。""大乐与天地同和,大礼与天地同节。"又曰:"安上治人,莫善于礼;移风易俗,莫善于乐。"故乐书议舞云:夫乐在耳曰声,在目曰容。声应乎耳可以听之;容藏于心难以貌睹。故圣人假干戚羽旄以表其容,发扬蹈厉以见其意,声和合,则大乐备矣。

又按《义镜》问鼓吹十二按合于何所?答云:《周礼》鼓人掌六鼓四金,汉朝乃有黄门鼓吹。崔豹《古今注》云:因张骞使西域,得《摩诃兜勒》一曲,李延年增之,分为二十八曲。梁置鼓吹清商令二人。唐又有坎鼓、金钲、大鼓、长鸣、歌箫、笳、笛,合为鼓吹十二按,大享会则设于悬外。此乃是设二舞及鼓吹十二按之由也。

今议一从令式，排列教习。文舞郎六十四人，分为八佾，每佾八人。左手执龠。《礼》云："苇龠，伊耆氏之乐也。"《周礼》有"龠师教国子"。《尔雅》曰：龠如笛，三孔而短，大者七孔，谓之筸。"历代已来，文舞所用，凡用龠六十有四。右手执翟。《周礼》所谓羽舞也。《书》云："舞干羽于两阶。"翟，山雉也。以雉羽分析连攒而为之，二人执翣前引，数于舞人之外。舞人冠进贤冠，服黄纱中单，皂领襟，白练襦裆，白布大口裤，革带，乌皮履，白布袜。武舞郎六十四人，分为八佾，左手执干。干楯，今之旁牌所以翳身也，其色赤，中画兽形，故谓之朱干。《周礼》所谓兵舞，取武象，用楯六十有四。右手执戚，斧也。上饰以玉，故谓之玉戚。二人执旌前引，旌似旗而小，绛色，画升龙。二人执鼗鼓，二人执铎。《周礼》有四金之奏。其三曰金铎，以通鼓，形如大铃，仰而振之。金镯二，每镯二人举之，一人奏之。《周礼》四金之奏，一曰金镯，以和鼓铜铸为之。其色玄，其形圆，若椎上大下小，高三尺六寸有六分，围二尺四寸，上有伏虎之状，旁有耳，兽形衔镮。二人执铙以次之。《周礼》四金之奏，二曰金铙，以止鼓，如铃无舌，摇柄以鸣之。二人掌相在左。《礼》云："理乱以相。"制如小鼓，用皮为表，实之以糠，抚之以节乐。二人掌雅在右，《礼》曰："讯疾以雅。"以木为之，状如漆筒而掩口，大二尺，围长五尺六寸，以羖皮鞔之，旁有二纽，鬃画，宾醉而出，以器筑地，明行不失节。武舞人服弁，平巾帻，金支绯丝大袖，绯丝布裲裆，甲金饰，白练襦裆，锦腾蛇起梁带，豹文大口布裤，乌皮靴。工人二十，数于舞人之外。武弁朱褠，革带，乌皮履，白练襦裆，白布袜。殿庭仍加鼓吹十二按。《义镜》云：帝设毡按，以毡为床也。今请制大床十二，床容九人，振作歌乐，其床为熊罴驱豹腾倚之状以承之，象百兽率舞之意。分置于建鼓之外，各三按，每按羽葆鼓一，大鼓一，金镯一，歌二人，箫二人，笳二人。十二按，乐工百有八人，舞郎一百三十有二人,取年十五已上,弱冠已下,容止端正者。其歌曲名号、乐中词句、中书条奏、差官修撰。

从之。案:《欧阳史·崔棁传》:高祖诏太常复文武二舞,详定正冬朝会礼及乐章。自唐末之乱,礼乐制度亡失已久,棁与御史中丞窦贞固、刑部侍郎吕琦、礼部侍郎张允等草定之。其年冬至,高祖朝会崇元殿,廷设宫悬,二舞在北,登歌在上。文舞郎八佾六十有四人,冠进贤,黄纱袍,白中单,白练襈裆,白布大口裤,革带履,左执籥,右秉翟。执纛引者二人。武舞郎八佾,六十有四人,服平巾帻,绯丝布大袖绣裆,甲金饰,白练襈裆,腾蛇起梁带,豹文大口裤,乌皮靴,左执干,右执戚,执旌引者二人。加鼓吹十二按,负以熊豹,以象百兽率舞。按设羽葆鼓一,大鼓一,金镯一,歌箫、笳各二人。王公上寿,天子举爵,奏《元同》;二举,登歌奏《文同》;举食,文舞《昭德》、武舞《成功》之曲。礼毕,高祖大悦,赐棁金帛。群臣左右睹者,皆赞叹之。然礼乐废久,而制作简缪,又继以龟兹部《霓裳法曲》参乱雅音,其乐工舞郎,多教坊伶人、百工商贾、州县避役之人,又无老师良工教习。明年正旦,复奏于廷,而登歌发声悲离,烦懑如《薤露》、《虞殡》之音,舞者行列进退皆不应节,闻者皆悲愤。开运二年,太常少卿陶谷奏废二舞。

汉高祖受命之年,秋九月,权太常卿张昭上疏,奏改一代乐名,其略曰:

> 昔周公相成王,制礼作乐,殿庭偏奏六代舞,所谓《云门》、《大咸》、《大韶》、《大夏》《大濩》、《大武》也。周室既衰,王纲不振,诸乐多废,唯《大韶》、《大武》二曲存焉。秦汉以来,名为二舞,文舞《韶》也、武舞《武》也。汉时改为《文始》、《五行之舞》,历代因而不改。贞观作乐之时,祖孝孙改隋文舞为《治康之舞》、武舞为《凯安之舞》。贞观中,有《秦王破阵乐》、《功成庆善乐》二舞。乐府又用为二舞,是舞有四焉。前朝行用年深,不可遽废矣。国家偃武于灵台,即别召工师,更其节奏,今改其名具书如左:祖孝孙所定二舞名,文舞曰《治康之舞》,请改为《治安之舞》;武舞曰《凯安之舞》,请改为《振德之舞》。贞观中二舞名,文舞《功成庆善乐》,前朝名《九功舞》,请改为《观象之舞》;《秦王破阵乐》,前朝名为《七德舞》,请改为《讲功之舞》。其《治

安》、《振德》二舞请依旧郊庙行用,以文舞降神,武舞送神。其
《观象》、《讲功》二舞,请依旧宴会行用。

又请改十二和乐云:

　　昔周朝奏六代之乐,即今二舞之类是也。其宾祭常用,别
有《九夏之乐》,即《肆夏》、《皇夏》等是也。梁武帝善音乐,改
《九夏》为《十二雅》,前朝祖孝孙改雅为和,示不相沿也。臣今
改和为成,取《韶》乐九成之义也。《十二成乐曲》名:祭天神奏
《豫和之乐》,请改为《禋成》;祭地祇奏《顺和》,请改为《顺成》;
祭宗庙奏《永和》,请改为《裕成》;祭天地宗庙登歌奏《肃和》,
请改为《肃成》;皇帝临轩奏《太和》,请改为《政成》;王公出入
奏《舒和》,请改为《弼成》;皇帝食举及饮宴奏《休和》,请改为
《德成》;皇帝受朝,皇后入宫奏《正和》,请改为《宸成》;皇太子
轩悬出入奏《承和》,请改为《胤成》;元日冬至,皇帝礼会登歌
奏《昭和》,请改为《庆成》;郊庙俎入奏《雍和》,请改为《騂成》;
皇帝祭享酌献、读祝文及饮福受胙奏《寿和》,请改为《寿成》。

　　祖孝孙元定十二和,开元朝又奏三和,遂有《十五和》之
名。凡制作礼法,动依典故,梁置《十二雅》,盖取十二天之成
数,契八音十二律之变,辄益三和,有乖稽古。又缘祠祭所用,
不可尽去,臣取其一焉,祭孔宣父、齐太公庙降神奏《宣和》,请
为《师雅之乐》;三公升殿、会讫下阶履行奏《祴和》,请废,同用
《弼成》;享先农、耕籍奏《丰和》,请废,同用《顺成》。

　　已上四舞、《十二成》、《雅乐》等曲,今具录合用处所及乐
章首数,一一条列在下。

其歌词文多不录。

# 旧五代史卷一四四考证

　　志六乐志上庙室酌献舞武成之舞　　原本脱成字,今据《五代会要》增入。　　以雉羽分析连攒而为之　　连攒,原本讹运攒。今据《五代会要》改正。　　朱褠革带　　褠,原本讹褠。今据《五代会要》改正。

旧王代史卷一四五
志第七

# 乐　下

　　周广顺元年,太祖初即大位,惟新庶政。时太常卿边蔚上疏请改舞名,其略云:"前朝改祖孝孙所更定十二和之名,文舞曰《治安之舞》,武舞曰《振德之舞》,今请改《治安》为《政和之舞》,《振德》为《善胜之舞》。前朝改贞观中二舞名,文舞曰《观象之舞》、武舞曰《讲功之舞》,今请改《观象》为《崇德之舞》、《讲功》为《象成之舞》。又议改《十二成》,今改为顺。《十二顺乐曲》名:祭天神奏《禋成》,请改为《昭顺之乐》;祭地祇奏《顺成》,请改为《宁顺之乐》;祭宗庙奏《裕成》,请改为《肃顺之乐》;祭天地、宗庙,登歌奏《肃成》,今请改为《感顺之乐》;皇帝临轩奏《政成》,请改为《治顺之乐》;王公出入奏《弼成》,请改为《忠顺之乐》;皇帝食举奏《德成》,请改为《康顺之乐》;皇帝受朝、皇后入宫奏《宸成》,请改为《雍顺之乐》;皇太子轩悬出入奏《胤成》,请改为《温顺之乐》;元日、冬至,皇帝礼会,登歌奏《庆成》,请改为《礼顺之乐》;郊庙俎入奏《驿成》请改为《禋顺之乐》;皇帝祭享、酌献、读祝及饮福、受胙奏《寿成》,请改为《福顺之乐》。梁武帝改《九夏》为《十二雅》,以协阳律、阴吕、十二管旋宫之义,祖孝孙改为《十二和》。开元中,乃益三和,前朝去二和,改一雅。今去雅,只用《十二顺》之曲。祭孔宣父、齐太公庙降神奏《师雅》,请同用《礼顺之乐》;三公升殿、下阶履行,同用《弼成》,请同用《忠顺之乐》;享籍田同用《宁顺之乐》。"曲词文多不载。案:《五代会要》:边蔚请添召乐师,令在寺习乐。敕太常寺见管两京雅乐、节级、乐工共四十人,外更添六十人,内三十八人,宜抽教坊贴部乐官兼充。余二十二人,宜令本寺照名充填。仍令三司定支春冬衣粮,月报闻奏,其旧管四十人,亦量添请。

世宗显德元年即位,有司上太祖庙室酌献,奏《明德之舞》。

五年六月,命中书舍人窦俨参详太常雅乐。十一月,翰林学士窦俨上疏,论礼、乐、刑、政之源,其一曰:"请依《唐会要》所分门类,上自五帝,迄于圣朝,凡所施为,悉命编次。凡关礼乐,无有缺漏,名之曰大周通礼,俾礼院掌之。"其二曰:"伏请命博通之士,自五帝迄于圣朝,凡乐章沿革,总次编录,系于历代乐录之后,永为定式,名之曰大周正乐,俾乐寺掌之。依文教习,务在齐肃。"诏曰:"窦俨所上封章,备陈政要,举当今之急务,疾近世之因循,器识可嘉,辞理甚当,故能立事,无愧莅官。所请编集大周通礼、大周正乐,宜依。仍令于内外职官前资前名中,选择文学之士,同共编集,具名以闻。委俨总领其事。所须纸笔,下有司供给。"

六年春正月,枢密使王朴奉诏详定雅乐十二律旋相为宫之法,并造律准,上之。其奏疏略曰:

夫乐作于人心,成声于物,声气既和,反感于人心者也。所假之物,大小有数。九者,成数也。是以黄帝吹九寸之管,得黄钟之声,为乐之端也。半之,清声也。倍之,缓声也。三分其一以损益之,相生之声也。十二变而复黄钟之总数也。乃命之曰十二律。旋迭为均,均有七调,合八十四调,播之于八音,著之于歌颂。宗周而上,率由斯道。自秦而下,旋宫声废。洎东汉虽有太子丞鲍邺兴之,人亡而政息,无嗣续之者。汉至隋,垂十代,凡数百年,所存者黄钟之宫一调而已。十二律中,唯用七声,其余五律,谓之哑钟,盖不用故也。唐太宗复古道,乃用祖孝孙、张文收考正雅乐,而旋宫八十四调复见于时。在悬之器,方无哑者。安史之乱,京都为墟,器之与工,十不存一,所用歌奏渐多纰缪。逮乎黄巢之余,工器都尽,购募不获,文记亦亡,集官详酌,终不知其制度。时有太常博士商盈孙,按《周官·考工记》之文铸镈钟十二，编钟二百四十。处士萧承训校定石磬，今之在悬者是也。虽有乐器之状，殊无相应之和。逮乎朱梁、后唐，历晋与汉，皆享国不远，未暇及于礼乐。以至于十二镈钟不问声律宫商，但循环而击，编钟、磬徒悬而已。丝、竹、匏、土仅有七声，作黄钟之宫一调，亦不和备，其余八十三调，于是乎泯绝，乐之缺坏，无甚于今。

　　陛下天纵文武，奄宅中区，思复三代之风，临视乐悬，亲自考听，知其亡失，深动上心。乃命中书舍人窦俨参详太常乐事，不逾月调品八音，粗加和会。以臣尝学律历，宣示古今乐录，令臣讨论。臣虽不敏，敢不奉诏。遂以周法，以积黍校定尺度，长九寸，虚径三分，为黄钟之管，与见在黄钟之声相应。以上下相生之法，推之得十二律管。以为众管互吹，用声不便，乃作律准。十三弦宣声，长九尺张弦，各如黄钟之声。以第八弦六尺，设柱为林钟；第三弦八尺，设柱为太簇；第十弦五尺三寸四分，设柱为南吕；第五弦七尺一寸三分，设柱为姑洗；第十二弦四尺七寸五分，设柱为应钟；第七弦六尺三寸三分，设柱为蕤宾；第二弦八尺四寸四分，设柱为大吕；第九弦五尺六寸三分，设柱为夷则；第四弦七尺五寸一分，设柱为夹钟；第十一弦五尺一分，设柱为无射；第六弦六尺六寸八分，设柱为仲吕；第十三弦四尺五寸，设柱为黄钟之清声。十二律中，旋用七声为均。为均之主者，宫也。征、商、角、羽、变宫、变征次焉。发其均主之声，归乎本音之律，七声迭应而不乱，乃成其调。均有七调，声有十二均，合八十四调，歌奏之曲，由之出焉。

　　伏以旋宫之声久绝，一日而补，出臣独见，恐未详悉，望集百官及内外知音者较其得失，然后依调制曲。八十四调，曲有数百，见存者九曲而已，皆谓之黄钟之宫。今详其音数，内三曲即是黄钟宫声。其余六曲，错杂诸调，盖传习之误也。唐初虽有旋宫之乐，至于用曲，多与礼文相违。既不敢用唐为则，臣又槽学独力，未能备究古今，亦望集多闻知礼文者，上本古曲，下顺常道,定其义理。于何月行何礼,合用何调何声,曲数长短,几变几成,议定而制,曲方可久长行用。所补雅乐旋宫八十四调,并所定尺、所吹黄钟管、所作律准,谨同上进。

世宗善之,诏尚书省集百官详议。兵部尚书张昭等议曰:

昔帝鸿氏之制乐也,将以范围天地,协和人神。候八节之风声,测四时之正气,气之清浊,不可以笔授;声之善否,不可以口传。故凫氏铸金,伶伦截竹,为律吕相生之算,宫商正和之音。乃播之于管弦,宣之于钟石,然后覆载之情䜣合,阴阳之气和同,八风从律而不奸,五色成文而不乱。《空桑》、《孤竹》之韵,足以礼神;《云门》、《大夏》之容,无亏观德。然月律有还宫之法,备于太师之职。经秦灭学,雅道凌夷。汉初制氏所调,惟存鼓舞,旋宫十二均更用之法,世莫得闻。汉元帝时,房善《易》、别音,探求古义,以《周官》均法,每月更用五音,乃立准调,旋相为宫,成六十调。又以日法析为三百六十,传于乐府,而编悬复旧,律吕无差。遭汉中微,雅音沦缺,房准法,屡有言者,事终不成。钱乐空记其名,沈重但条其说,六十律法,寂寥不传。梁武帝素精音律,自造四通十二笛,以鼓八音。又引古五正、二变之音,旋相为宫,得八十四调,与律准所调,音同数异。侯景之乱,其音又绝。隋朝初定雅乐,群党沮议,历载不成。而沛公郑译,因龟兹琵琶七音,以应月律。五正、二变,七调克谐,旋相为宫,复为八十四调。工人万宝常又减其丝数,稍令古淡。隋高祖不重雅乐,令儒官集议。博士何妥驳奏,其郑、万所奏八十四调并废。隋氏郊庙所奏,唯黄钟一均,与五郊迎气,杂用蕤宾,但七调而已。其余五钟,悬而不作。三朝宴乐,用缦乐九部,迄于革命,未能改更。唐太宗受命旧工祖孝孙、张文收整比郑译、万宝常所均七音八十四调,方得丝管并施,钟石俱奏,七始之音复振,四庙之韵皆调。自安史乱离,咸秦汤覆,崇牙树羽之器,扫地无余。夏击搏拊之工,穷年不嗣。郊庙所奏,何异南箕,波荡不还,知音殆绝。

　　　臣等窃以音之所起，出自人心，夔、旷不能长秦，人亡则音息，世乱则乐崩。若不深知礼乐之情，安能明制作之本。陛下心苞万化，学富三雍，观兵耀武之功，已光鸿业；尊祖礼神之致，尤轸皇情。乃睠奉常，痛沦乐职，亲阅四悬之器，思复九奏之音，爰命廷臣，重调钟律。枢密使王朴，采京房之准，法练梁武之通音，考郑译、宝常之七均，校孝孙、文收之九变，积累黍以审其度，听声诗以测其情，依权衡嘉量之前文，得备数和声之大旨，施于钟簴，足洽《箫韶》。臣等今月十九日于太常寺集，命大乐令贾峻奏王朴新法黄钟调七均，音律和谐不相凌越。其余十一管诸调，望依新法教习，以备礼寺视用。其五郊天地、宗庙、社稷、三朝大礼，合用十二管诸调，并载唐史、《开元礼》，近代常行。广顺中，太常卿边蔚奉敕定前件祠祭朝会舞名、乐曲、歌词，寺司合有簿籍，伏恐所定与新法曲调声韵不协，请下太常寺检详校试。如或乖舛，请本寺依新法声调，别撰乐章舞曲，令歌者诵习，永为一代之法，以光六乐之书。

世宗览奏，善之。乃下诏曰："礼乐之重，国家所先。近朝以来，雅音废坠。虽时运之多故，亦官守之因循，遂使击拊之音，空留梗概。旋相之法，莫究指归。枢密使王朴，博识古今，悬通律吕，讨寻书典，撰集新声，定六代之正音，成一朝之盛事。其王朴所奏旋宫之法，宜依张昭等议状行。仍令有司，依调制曲，其间或有疑滞，更委王朴裁酌施行。"自是雅乐之音，稍克谐矣。

# 旧五代史卷一四五考证

　　志七乐志下太子丞鲍郵　鲍郵，原本讹"鲍节"，今据《五代会要》及《文献通考》改正。　十二镈钟　镈钟，原本讹"钟镈"。考《隋书·乐志》:宫悬各设十二镈钟于其辰位,则知钟镈之为镈钟也,今改正。　　汉初制氏所调　制氏,原本讹"知氏",今据《汉书》改正。

# 旧五代史卷一四六
## 志第八

# 食货

案:《薛史·食货志序》,《永乐大典》原阙,卷中唯盐法载之较详,其田赋、杂税诸门仅存大略,疑明初《薛史》已有残阙也。今无可采补,姑存其旧。

梁祖之开国也,属黄巢大乱之后,以夷门一镇,外严烽候,内辟汗莱,历以耕桑,薄以租赋,士虽苦战,民则乐输。二纪之间,俄成霸业。及末帝与庄宗对垒于河上,河南之民虽困于辇运,亦未至流亡,其义无他,盖赋敛轻而丘园可恋故也。及庄宗平定梁室,任吏人孔谦为租庸使,峻法以剥下,厚敛以奉上,民产虽竭,军食尚亏。加之以兵革,因之以饥馑,不三四年以致颠陨,其义无他,盖赋役重而寰区失望故也。按:以上见《容斋三笔》所引《薛史》,绎其文义,当系《食货志·序》,今录于卷首。

唐同光三年二月,敕:“魏府小绿豆税,每亩减放三升。城内店宅园囿,比来无税,顷因伪命,遂有配征。后来以所征物色,添助军装衣赐,将令通济,宜示矜蠲。今据紧慢去处,于见输税丝上,每两作三等,酌量纳钱,收市军装衣赐,其丝仍与除放。”其年闰十二月,吏部尚书李琪上言:“请赋税不以折纳为事,一切以本色输官。又不以纽配为名,止以正税加纳。”敕曰:“本朝征科,唯配有两税。至于折纳,当不施为。宜依李琪所论,应逐税合纳钱物斛斗盐钱等,宜令租庸司指挥并准元征本色输纳,不得改更,若合有移改,即须具事由奏闻。”

天成元年四月，敕："应纳夏秋税，先有省耗，每斗一升，今后止纳正税数，不量省耗。"四年五月，户部奏："三京、邺都、诸道州府，逐年所征夏秋税租，兼盐曲折征，诸般钱谷起征，各视其地节候早晚分立期限。"其月敕："百姓今年夏苗，委人户自通供手状，具顷亩多少，五家为保。委无隐漏，攒连状本州，具状送省，州县不得迭差人检括。如人户隐欺，许令陈告，其田倍令并征。"

长兴二年六月，敕："委诸道观察使，属县于每村定有力人户充村长。与村人议，有力人户出剩田苗，补贫下不迨，肯者即具状征收，有辞者即排段检括。自今年起为定额。有经灾渗及逐年逋处，不在此限。"三年十二月，三司奏请："诸道上供税物，充兵士衣赐不足，其天下所纳斛斗及钱除支赡外，请依时折纳绫罗绢帛。"从之。

晋天福四年正月，敕："应诸道节度刺史，不得擅加赋役及于县邑别立监征。所纳田租，委人户自量自概。"

周显德三年十月，宣三司指挥诸道州府，今从夏税以六月一日起征，秋税至十月一日起征，永为定制。五年七月，赐诸道均田图。十月，命左散骑常侍艾颖等三十四人下诸州，检定民租。

周显德六年春，诸道使臣回总计检到户二百三十万九千八百一十二。

唐同光二年，度支造请榜示府州县镇军民商旅，凡有买卖，并须使八十陌钱。唐同光二年二月，诏曰："钱者，古之帛布。盖取其流行天下，布散人间，无积滞则交易通，多贮藏则士农困。故西汉兴，改币之制，立告缗之条，所以权蓄贾而防大奸也。宜令所司散下州府，常须检察，不得令富室分外收贮见钱，又工人销铸为铜器，兼沿边州镇设法钤辖，勿令商人般载出境。"三月，知唐州晏驸安奏："市肆间，点检钱帛，内有锡镴小钱，拣得不少，皆是南纲商挟带而来。"诏曰："帛布之币，杂以铅锡，惟是江湖之外，盗铸尤多。市肆之间，公行无畏，因是纲商挟带，舟楫往来，换易好钱，藏贮富室，实为蠹弊，须有条流。宜令京城诸道，于坊市行使钱内，点检杂恶铅锡钱,并宜禁断。沿江州县,每有舟船到岸,严加觉察,不许将杂铅锡恶钱往来换易好钱。如有私载,并行收纳。"

天成元年八月,中书门下奏:"访闻近日诸道州府所卖器价贵,多是销熔见钱,以邀厚利。"乃下诏曰:"宜令遍行晓告,如元旧系铜器及碎铜,即许铸造器,仍令生铜器物,每斤价定二百文;熟铜器物,每斤四百文。如违省价,买卖之人,依盗铸钱律文科断。"

清泰二年十二月,诏御史台:"晓告中外,禁用铅钱。如犯,准条流处分。"

晋天福二年诏:"禁一切铜器,其铜镜今后官铸造,于东京置场,货卖,许人收买,于诸处兴贩去。"

广顺元年三月,敕:"铜法,今后官中更不禁断,一任兴贩。所在一色即不得泻破为铜器货卖,如有犯者,有人纠告捉获,所犯人不计多少斤两,并处死。其地分所由节级,决脊杖十七放,邻保人决臀杖十七放,其告事人给与赏钱一百贯文。"江南因唐旧制,饶州置永平监,岁铸钱。池州、永宁监;建州、永丰监,并岁铸钱。杭州置保兴监,铸钱。

唐同光二年二月,诏曰:"会计之重,咸醝居先,刻彼两池,实有丰利。顷自兵戈扰攘,民庶流离,即场务以隳残,致程课之亏失。重兹葺理,须仗规模,将立事以成功,在从长而就便。宜令河中节度使冀王李继麟兼充制置安邑、解县两池榷盐使,仍委便制一一条贯。"

《五代会要》:同光三年二月,敕:"魏府每年所征随丝盐钱,每两与减放五文。逐年表卖盐、食盐、大盐、甜次冷盐,每斗与减五十。栾盐与减三十。"天成元年四月,敕:"诸州府百姓合散蚕盐,今后每年只二月内一度表散,依夏税限纳钱。"长兴四年五月七日,诸道盐铁转运使奏:"诸道州府盐法条流元末,一概定夺,谨具如后:应食颗盐州府,省司各置榷粜折博场院。应是乡村,并通私商兴贩。所有折博并每年人户蚕盐,并不许将带一斤一两入城,侵夺榷粜课利。如违犯者,一两已上,至一斤,买卖人各杖六十。一斤已上至三斤,买卖人各杖七十。三斤已上至五斤,买卖人各杖八十。五斤已上至十斤,买卖人各徒二年。十斤已上,不计多少,买卖人各决脊杖二十,处死。所有犯盐人随行钱物、驴畜等,并纳入官。所有元本家业庄田,如是全家逃走者,即行点纳,仍许般载脚户,经过店主并脚下人力等纠告,等第支与优给。如知清不告,与卖盐人同罪。其犯盐人经过处,地分门司、厢界巡检、节级所由并诸色关连人等,不专觉察,委本州临时断讫报省。如是门司关津口铺,捉获私盐,即依下项等第,一半赏钱。一斤以上至十斤,支赏钱二十千;五十斤已上至一百斤,支赏钱三十千;一百斤已上,支赏钱五十千。一应食末盐地界,州府县镇并有榷柴场院,久来内外禁法,即未一概条流。应刮咸煎盐,不计多少斤两,并处极法,兼许四邻及诸色人等陈告,等第支给赏钱。欲指挥,此后犯一两已上至一斤,买卖人各杖六十;一斤已上至二斤,买卖人各杖七十;二斤以上至三斤,买卖人各徒一年;三斤以上至五斤,买卖人各徒二年;五斤以上,买卖人各决脊杖二十,处死。如是收到咸土盐水,即委本处煎炼,盐数准条科断。或有已曾违犯,不至死刑,经断后公然不惧条流再犯者,不计斤两多少,所犯人并处极法。其有榷柴场院员僚节级人力、煎盐池客灶户、般盐船纲押纲军将衙官梢工等,具知盐法,如有公然偷盗官盐,或将货卖,其买卖人及窝盘主人知情不告,并依前项刮碱例,五斤已上处死。其诸色关连人等,并合支赏钱,即准洛京、诸镇条流事例指挥。颗、末、青、白等盐,元不许界分参杂,其颗盐先许通商之时指挥,不得将带入末盐地界。如有违犯,一斤一两并处极法。所有随行物色,除盐外,一半纳官,一半与捉事人充赏。其余盐色未有画一条流,其洛京并镇、定、邢州管内,多北京末盐入界,捉获并依洛京条流科断。欲指挥此后但是颗、末、青、白诸色盐侵界参杂,捉获并准洛京条流施行。一应诸道,今后若捉获犯私盐曲人,罪犯分明,正该条法,便仰断遣讫奏。若稍涉疑误,只须申奏取裁。”

晋天福中,河南、河北诸州,除表散蚕盐征钱外,每年末盐界分场务约柴钱一十七万贯有余。言者称:“虽得此钱,百姓多犯盐法,请将上件食盐钱于诸道州府计,每户一贯至二百为五等配之,然徒任人逐便兴贩,既不亏官,又益百姓。”朝廷行之,诸处场务亦且仍旧。俄而,盐货顿贱,去出盐远处州县,每斤不过二十文。近处不过一十文。掌事者又难骤改其法,奏请重制盐场税,盖欲绝其兴贩,归利于小官也。七年十二月,宣旨下三司:“应有往来盐货悉税之,过税每斤七文,住税每斤十文。其诸道州府,应有属州盐务,并令省司差人勾当。”既而,柴盐虽多,而人户盐钱又不放免,至今民甚苦之。按《五代会要》:晋天福元年十一月,敕节文:“洛京管内逐年所配人户食盐,起来年每斗减放十文。”

　　周广顺元年九月，诏改盐法，凡犯五斤已上者，处死；煎咸盐犯，一斤已上者，处死。先是，汉法不计斤两多少，并处极刑，至是始革之。三年三月，诏曰："青、白池务，素有定规，祇自近年，颇乖循守。比来青盐一石，抽税钱八百文足陌、盐一斗；白盐一石，抽税钱五百文、盐五升。其后青盐一石，抽钱一千、盐一斗。访闻更改已来，不便商贩，蕃人汉户，求利艰难，宜与优饶，庶令存济。今后每青盐一石，依旧抽税钱八百文，以八十五为陌，盐一斗；白盐一石，抽税钱五百，盐五升。此外更不得别有邀求。访闻边上镇铺，于蕃汉户市易枭枲，私有抽税，今后一切止绝。"按《五代会要》：周广顺二年九月十八日，敕："条流禁私盐曲法如后：一、诸色犯盐曲，所犯一斤已下至一两，杖八十，配役；五斤以下，一斤以上，徒三年，配役；五斤以上，并决重杖一顿，处死。一、应所犯盐曲，关津门司、厢巡门保，如有透漏，并行勘断。一、刮碱煎炼私盐，所犯一斤已下，徒三年，配役；一斤以上，并决重杖一顿，处死。犯私盐若捉到咸水，只煎成盐，秤盘定罪。逐处凡有碱卤之地，所在官吏节级所由，常须巡检，村坊邻保，递相觉察，若有所犯处彰露，并行勘断。一、所犯私盐，捉事告事人各支赏钱，以系省钱充。至死刑者，赏钱五十千；不及死刑者，三十千。一、颗、末盐各有界分，若将本地分盐侵越疆界，同诸色犯盐例科断。一、乡村人户，所请蚕盐，只得将归零疋供食，不得别将博易货卖，投托与人。如违，并同诸色犯盐例科断。若是所请蚕盐，道路津济须经过州府县镇，委三司明行指挥。一、凡买盐曲，并须于官场务内买，若衷私投托兴贩，其买卖人并同诸色犯盐曲例。一、诸官场官务，如有羡余出剩盐曲，并许尽底报官，如衷私货卖者，买卖人并同诸色犯盐曲例科断。若盐铺酒店户，及诸色人与场院衷私货卖者，并同罪科断。一、所犯私盐曲，有同情共犯者，若是骨肉、卑幼、奴婢同犯，只罪家长主首。不知情，只罪造意者；余减等科断。若是他人同犯并同罪断；若与他人同犯，据逐人脚下所犯斤两依轻重定断遣。一、州城、县镇、郭下人户，系屋税合请盐者，若是州府，并于城内请给；若是外县镇、郭下人户，亦许将盐归家供食。仰本县预取逐户合请盐数目，攒定文账部领人户请拨，勒本处官吏及所在场务同点检入城。若县镇郭下人户，城外别有庄田，亦仰本县预先分擘开坐，勿令一处分给供使。"三年十二月，敕："诸州府并外县镇城内，其居人屋税盐，今后不表，其盐钱亦不征纳。所有乡村人户，合请蚕盐，所在州城县镇严切检校，不得放入城门。"

　　显德元年十二月,世宗谓侍臣曰:"朕览食末盐州郡,犯私盐多于颗盐界分,盖卑湿之地,易为刮咸煎造,岂唯违我榷法,兼又污我好盐。况末盐煎炼、般运费用,倍于颗盐。今宜分割十余州,令食颗盐,不唯辇运省力,兼且少人犯禁。"自是曹、宋已西十余州,皆尽食颗盐。按《五代会要》:显德二年八月二十四日,宣头节文:"改立盐法如后:一、赡国军堂场务邢、洺州盐务,应有见垛贮盐货处,并煎盐场灶及应是碱地,并须四面修置墙堑。如是地里遥远,难为修置墙堑,即作壕篱为规隔。内偷盗、夹带官盐,兼于壕篱外煎造盐货,便仰收捉,及许诸色人陈告。所犯不计多少斤两,并决重杖一顿,处死。其经历地分及门司节级人员,并当量罪勘断。所有捉事、告事人赏钱二十千。一斤已上至十斤,赏钱三十千;一十斤已上,赏钱五十千。一、应有不系官中煎监处碱地,并须标识,委本州府差公干职员与巡盐节级、村保、地主、邻人同共巡检。若诸色人偷刮卤地,便仰收捉,及许人陈告。若勘逐不虚,捉事人每获一人赏绢一十匹;获二人赏绢二十匹;获三人已上,不计人数,赏绢五十匹。刮碱煎盐人、并知情人所犯,不计多少斤两,并决重杖一顿,处死。其刮碱处地分并刮碱人住处巡检节级所由村保等,各徒二年半,令众一月,依旧勾当。刮碱处地主,不切检校,徒二年,令众一月。一、颗盐地分界内,有人刮碱煎炼盐货所犯,并依前法。一、今缘改价卖盐,虑有别界分盐货递相侵犯,及将盐入城,诸色犯盐人,令下三司,依下项条流科断:其犯盐人随行物色,给与本家,其盐没纳入官。所经历地分节级人员,并行勘断。一两至一斤,决臀杖十五,令众半月,捉事、告事人赏钱五千;一斤已上至一十斤,徒一年半,令众一月,捉事人赏钱七千;十斤已上,不计多少,徒二年,配发运务役一年,捉事、告事人赏钱十千。一、诸州府人户所请蚕盐,不得于乡村衷私货卖,及信团头、脚户、县司、请盐节级、所由等尅折粜卖,如有犯者,依诸色犯盐例科断。一、如有人于河东界将盐过来,及自家界内有人往彼兴贩盐货,所犯者并处斩。其犯盐人随行、驴畜、资财并与捉事人充赏。庆州青、白榷税院,元有透税条流,所有随行、驴畜、物色,一半支与捉事人充赏,其余一半并盐并纳入官,欲并且依旧:一斗已上至三斗,杖七十;三斗已上至五斗,徒一年;五斗已上,处死。安邑、解县两池榷盐院,河中节度使兼判之时申到画一事件条流等,准敕牒,两池所出盐,旧日若无文榜,如擅将一斤一两,准元敕条,并处极法。其犯盐人应有钱物,并与捉事充赏者。切以两池禁棘峻阻,不通人行,四面各置场门弓射,分擘盐池分居住,并在棘围里面,更不别有差遣,只令巡护盐池。如此后有人偷盗官盐,一斤一两出池,其犯盐人并准元敕条流处分。应有随行、钱物,并纳入官,其捉事人依下项定支优给。若是巡检、弓射、池场门子,自不专切巡察,致有透漏到棘围外,被别人捉获,及有纠告,兼同行反告,官中更不坐罪。陈告人亦依捉事人支赏。应有知情偷盗官盐之人,亦依犯盐人一例处断。其不知情关连人,临时酌情定罪。所有透漏地分弓射及池场门子,如是透漏出盐一十斤已下,徒一年半;一十斤已上至二十斤,支赏钱一十千;二十斤已上至五十斤,支赏钱二十千;五十斤已上至一百斤,支赏钱三十千;一百斤已上,支赏钱五十千。前项所定夺到盐法条流,其应属州府捉获抵犯之人,便委本州府检条流科断讫申奏,别报省司。其属省院捉到犯盐之人,干死刑者,即勘情罪申上,候省司指挥。不至极刑者,便委务司准条流决放讫申报。”从之。三年十月,敕:“漳河已北州府界,元是官场粜盐,今后除城郭草市内,仍旧禁法,其乡村并许盐货通商。逐处有咸卤之地,一任人户煎炼,兴贩则不得逾越漳河,入不通商地界。”按《文献通考》:五年,既取江北诸州。唐主奉表入贡,因白帝以江南无卤田,愿得海陵盐监南属以赡军。帝曰:“海陵在江北,难以交居。当别有处分。”乃诏岁支盐三十万斛以给江南,士卒稍稍归之。

周显德二年正月,世宗谓侍臣曰:“转输之物,向来皆给斗耗,自晋、汉已来,不与支破。食廪所纳新物,尚除省耗。况水路所般,岂无损折?起今后每石宜与耗一斗。”

后唐天成三年七月,诏曰:“应三京、邺都、诸道州府、乡村人户,自今年七月后,于是秋田苗上,每亩纳曲钱五文足陌,一任百姓自造私曲,酝酒供家,其钱随夏秋征纳。其京都及诸道州府县镇坊界内,应逐年买官曲酒户,便许自造曲,酝酒货卖。仍取天成二年正月至年终一年逐户计算都买曲钱数征,十分只纳二分,以充榷酒钱。便从今年七月后,管数征纳。榷酒户外,其余诸色人亦许私造酒曲供家,即不得衷私卖酒,如有故违,便即纠察,勒依中等酒户纳榷。其坊村一任沽卖,不在纳榷之限。”时孔循以曲法杀一家于洛阳,或献此议以为爱其人,便于国,故行之。

长兴元年二月,敕书节文:“诸道州府人户,每秋苗一亩上,元征曲钱五文,今后特放二文,只征三文。"二年,诏曰:"酒醴所重,曲蘖是须,缘卖价太高,禁条颇峻,士庶因斯而抵犯,刑名由是以滋彰。爰行改革之文,庶息烦苛之政,各随苗亩,量定税钱,访闻数年已来,虽犯法者稀,而伤民则甚。盖以乱离日久,贫下户多。才遇升平,便勤稼穑,各务耕田凿井,孰能枕曲藉糟?既随例以均摊,遂抱虚而输纳,渐成凋敝,深可悯伤。况欲致丰财,必除时病,有利之事,方切施行,无名之求,尤宜废罢。但得日新之理,何辞夕改之嫌。应在京诸道苗亩上所征曲钱等,便从今年夏并放。其曲官中自造,委逐州减旧价一半,于在城扑断货卖。除在城居人不得私造外,乡村人户或要供家,一任私造。"敕下之日,人甚悦之。《永乐大典》卷四千六百八十一。

周显德四年七月,诏曰:"诸道州府曲务,今后一依往例,官中禁法卖曲,逐处先置都务,候敕到日,并仰停罢。据见在曲数,准备货卖,兼据年计合,使曲数依时蹋造,候人户将到价钱,据数给曲,不得赊卖抑配与人。《永乐大典》卷一万四千九百八十。

# 旧五代史卷一四六考证

志八食货志至于折纳　折纳,原本讹"折约"。今据文改正。
委人户自量自檠,　檠,原本讹"檗"。今据《五代会要》改正。置场货卖　置场,原本讹置常。今据《五代会要》改正。

旧五代史卷一四七
志第九

# 刑　法

案:《刑法志序》,《永乐大典》原阙。

梁太祖开平三年十一月,诏太常卿李燕、御史萧顷、中书舍人张衮、户部侍郎崔沂、大理卿王鄯、刑部郎中崔诰,共删定律令格式。四年十二月,宰臣薛贻矩奏:"太常卿李燕等重刊定律令三十卷、式二十卷、格一十卷、并目录一十三卷、律疏三十卷,凡五部、一十帙、共一百三卷。敕中书舍人李仁俭诣阁门奉进,伏请目为《大梁新定格式律令》,仍颁下施行。"从之。原注:是时,大理卿李保殷进所撰《刑律总要》十二卷。

唐庄宗同光元年十二月,御史台奏:"当司刑部、大理寺,本朝法书,自朱温僭逆,删改事条,或重货财,轻入人命;或自徇枉过,滥加刑罚。今见在三司收贮刑书,并是伪廷删改者,兼伪廷先下诸道追取本朝法书焚毁,或经兵火所遗,皆无旧本节目。只定州敕库,有本朝法书具在,请敕定州节度使速写副本进纳,庶刑法令式并合本朝旧制。"从之。未几,定州王都进纳唐朝格式律令凡二百八十六卷。二年二月,刑部尚书卢价奏,纂集《同光刑律统类》,凡一十三卷,上之。

周太祖广顺元年六月,敕侍御史卢亿、刑部员外郎曹匪躬、大理正段涛同议定,重写法书一百四十八卷。先是,汉隐帝末,因兵乱,法书亡失。至是,大理奏重写律令格式、统类编敕,凡改点画及义理之误字,凡二百一十四。以晋、汉及国初,事关刑法敕条,凡二十六件,分为二卷,附于编敕,目为《大周续编敕》,命省寺行用焉。

《宋史》:卢亿,周初为侍御史。汉末兵乱,法书亡失,至是大理奏重写律令格式、统类编敕,乃诏亿与刑部员外曹匪躬、大理正段涛同加议定旧本,以京兆府改同五府,开封、大名府改同河南府,长安、万年改为次赤县,开封、浚仪、大名、元城改为赤县。又定东京诸门薰风等为京城门,明德等为皇城门,启运等为宫城门,升龙等为宫门,崇元等为殿门。庙讳书不成字凡改点画及义理之误字,二百一十有四。又以晋、汉及周初事关刑法敕条者,分为二卷,附编敕,目为《大周续编敕》。诏行之。二年二月,中书门下奏:"准元年正月五日敕书节文,今后应犯窃、盗、赃及和奸者,并依晋天福元年已前条制施行。诸处犯罪人等,除反逆罪外,其余罪并不籍没家产、诛及骨肉。一依格令处分者。请再下明敕,颁示天下。"乃下诏曰:"敕书节文,明有厘革。切虑边城远郡,未得审详,宜更申明,免至差误。其盗贼,若是强盗并准自来格条断遣;其犯窃盗者,计赃绢满三匹已上者并集众决杀。其绢以本处上估价为定。不满三匹者,等第决断。应有夫妇人被强奸者,男子决杀,妇人不坐。其犯和奸者,并准律科断罪,不至死。其余奸私罪犯,准格律处分。应诸色罪人,除谋反大逆外,其余并不得诛杀骨肉,籍没家产。"先是,晋天福中敕,凡和奸者,男子妇人并处极法,至是始改从律文焉。

世宗显德四年五月,中书门下奏:"准宣,法书行用多时,文意古质,条目繁细,使人难会,兼前后敕格,互换重叠,亦难详定。宜令中书门下并重删定,务从节要,所贵天下易为详究者。伏以刑法者御人之衔勒,救弊之斧斤,故鞭扑不可一日弛之于家,刑法不可一日废之于国,虽尧舜淳古之代,亦不能舍此而致理矣。今奉制旨删定律令,有以见圣君钦恤明罚敕法之意也。窃以律令之书,政理之本,经圣贤之损益,为古今之章程,历代以来谓之彝典。今朝廷之所行用者一十二卷,《律疏》三十卷,《式》二十卷,《令》三十卷,《开成格》一十卷,《大中统类》一十二卷。后唐以来至汉末编敕三十二卷,及皇朝制敕等。折狱定刑,无出于此。律令,则文辞古质,看览者难以详明;格敕,则条目繁多,检阅者或有疑误,加之边远之地,贪猾之徒,缘此为奸,浸以成弊。方属盛明之运,宜伸画一之规,所冀民不陷刑,吏知所守。臣等商量,望准圣旨施行,仍差侍御史知杂事张湜、太子右庶子剧可久、殿中侍御史帅汀、职方郎中邓守中、仓部郎中王莹、司封员外郎贾玭、太常博士赵砺、国子博士李光赞、大理正苏晓、太子中允王伸等一十人编集新格,勒成部帙。律令之有难解者,就文训释;格敕之有繁杂者,随事删除。止要谐理省文,兼且直书易会。其中有轻重未当,便于古而不便于今;矛盾相违,可于此而不可于彼,尽宜改正,无或牵拘。候编集毕日,委御史台、尚书省四品以上及两省五品以上官参详可否,送中书门下议定,奏取进止。"诏从之。自是,湜等于都省集议删定,仍令大官供膳。

五年七月,中书门下奏:"侍御史知杂事张湜等九人,奉诏编集刑书,悉有条贯。兵部尚书张昭等一十人参详旨要,更加损益。臣质、臣溥,据文评议,备见精审。其所编集者,用律为主;辞旨之有难解者,释以疏意;义理之有易了者,略其疏文;式令之有附近者,次之;格敕之有废置者,又次之。事有不便于该说未尽者,别立新条于本条之下。其有文理深古,虑人疑惑者,别以朱字训释。至于朝廷之禁令,州县之常科,各以类分,悉令编附,所冀发函展卷,纲目无遗,究本讨源,刑政咸在。其所编集勒成一部,别有目录凡二十一卷,刑名之要尽统于兹,目之为《大周刑统》。欲请颁行天下,与律疏令式通行。其《刑法统类》、《开成格》、《编敕》等采掇既尽,不在法司行使之限,自来有宣命指挥公事及三司临时条法,州县见今施行,不在编集之数。应该京百司公事,逐司各有见行条件,望令本司删集送中书门下详议闻奏。"敕宜依,仍颁行天下。乃赐侍御史知杂事张湜等九人各银器二十两,杂彩三十匹,赏删定刑统之劳也。案:以下疑原本有阙佚。

唐同光二年六月己巳,敕:"应御史台、河南府行台、马步司左右军巡院,见禁囚徒,据罪轻重,限十日内并须决遣申奏。仍委四京、诸道州府,见禁囚徒,速宜疏决,不得淹停,兼恐内外形势官员私事寄禁,切要止绝,俾无冤滞。"

三年五月己未,敕:"在京及诸道州府,所禁罪人,如无大过,速令疏决,不得淹滞。"六月甲寅,敕:"刑以秋冬,虽关恻隐,罪多连累,翻虑滞淹。若或十人之中,止为一夫抵死,岂可以轻附重,禁锢逾时。言念哀矜,又难全废。其诸司囚徒,罪无轻重,并宜各委本司,据罪详断申奏。轻者,即时疏理;重者,候过立春至秋分,然后行法。如是事系军机,须行严令,或谋恶逆,或畜奸邪,或行劫杀人,难于留滞,并不在此限。

天成元年十一月庚申,敕:"应天下州使系囚,除大辟罪以上,委所在长吏,速推勘决断,不得傍追证对,经过食宿之地,除当死刑外,并仰释放,兼不许惩治。"二年春,左拾遗李同上言:"天下系囚,请委长吏逐旬亲自引问,质其罪状真虚,然后论之以法,庶无枉滥。"从之。六月,大理少卿王郁上言:"凡决极刑,合三覆奏,近年以来,全不守此,伏乞今后前一日,令各一覆奏。"奉敕宜依。八月,西京奏:"奉近敕,在京犯极刑者令决前一日各一覆奏。缘当府地远,此后凡有极刑,不审准条疏覆奏。"奏敕旨:"昨六月二十日所降敕文,只为应在洛京有犯极刑者覆奏。其诸道已降旨命,准旧例施行。今详西京所奏,尚未明近敕,兼虑诸道有此疑惑,故令晓谕。"十月辛丑,德音:"为政之要,切在无私。听讼之方,唯期不滥。天下诸州府官员,如有善推疑狱及曾雪冤滥兼有异政者,当具姓名闻奏,别加甄奖。"

长兴元年二月,制曰:"欲通和气,必在伸冤,将设公方,实资奖善。州县官僚,能雪冤狱,活人生命者,许非时选仍加阶、超资注官、与转服色。已著绯者,与转兼官。"二年二月辛亥,敕:"朕猥以眇躬,荐承鸿业,念彼疲瘵,劳于寐兴。或虑官不得人,因成紊乱;或虑刑非其罪,遂至怨嗟。王化所兴,狱讼为本,苟无训励,必有滞淹。近日诸道百姓,或诸多违犯,或小可斗争。官吏曲纵胥徒,巧求瑕衅。初则滋张节目,作法拘囚;终则诛剥货财,市恩出拔。外恣公道,内循私情,无理者转务迁延,有理者却思退缩。积成讹弊,渐失纪纲。自今后,切委逐处官吏州牧县宰等,深体余怀,各举尔职。凡阙推究,速与划裁。如敢苟纵依违,遂成枉滥,或经台诉屈,或投匦申冤,勘问不虚,其元推官典并当责罚。其逐处观察使、刺史别议朝典。宜令诸道州府各依此处分,所管属郡,委本道严加指挥。”八月丁卯,敕:“三京、诸道州府刑狱,近日访问,依前禁系人,多不旋决,诸道宜令所在各委长吏,专切推穷,不得有滞淹。”四月,前濮州录事参军崔琮上言:“诸追狱囚,恐不依法拷掠,或不胜苦致毙,翻以病闻,请置病囚院,兼加医药。”中书覆云:“有罪当刑,仰天无恨,无病致毙,没地衔冤。燃死灰而必在至仁,照露盆而须资异鉴,《书》著钦哉之旨,《礼》标侀也之文,因彰善于泣辜,更推恩于扇暍。所谓置病囚院,望依。仍委随处长吏,专切经心。或有病囚,当时遣医人诊候,治疗后,据所犯轻重决断。如敢故违,致病囚负屈身亡,本处官吏,并加严断。兼每及夏至,五日一度,差人洗刷枷匣。”

应顺元年三月戊午,诏:“应三京、诸道州府系囚,据罪轻重,疾速断遣。比来停滞,须奏取裁。不便区分,故为留滞。今后凡有刑狱,据理断遣。如有敕推按,理合奏闻,不在此限。”

清泰元年五月丁丑,诏:“在京诸狱及天下州府,见系罪人,正当暑毒之时,未免拘囚之苦。诚知负罪,特轸予怀。恐法吏生情,滞于决断。诏至,所在长吏亲自虑问,据轻重疾速断遣,无淹滞。”

晋天福二年八月,敕下刑部、大理寺、御史台及三京、诸道州府:“今后或有系囚染疾者,并令逐处军医看候,于公廨钱内量支药价,或事轻者仍许家人看候。”四年九月,相州节度使桑维翰奏:“管内所获贼人,从来籍没财产,云是邺都旧例格律,未见明文。”敕:“今后凡有贼人,准格定罪,不得没纳家赀,天下诸州,准此处分。”

三月庚午,详定院奏:“前守洪洞县主簿卢灿进策云:伏以刑狱至重,朝廷所难。尚书省分职六司,天下谓之会府。且请决狱,若关人命,即刑部不合不知。欲请州府凡断大辟罪人讫,逐季具有无申报刑部,仍俱录案款事节,并本判官、马步都虞候、司法参军、法直官、马步司判官名衔申闻，所责或有案内情曲不圆，刑部可行覆勘。如此，则天下遵守法律，不敢轻易刑书，非唯免有衔冤，抑亦劝其立政者。臣等参详，伏以人命至重，国法须精，虽载旧章，更宜条理，诚为允当，望赐施行。"从之。五月，诏曰："刑狱之难，古今所重。但关人命，实动天心。或有冤魂，则伤和气。应诸道州府，凡有囚徒，据推勘到案款，一一尽理，子细检律令格敕，其间或有疑者，准令又谳，大理寺亦疑，申尚书省，省寺明有指归，州府然后决遣。"五年三月丙子，诏曰："自大中六年已来，剺耳称冤，决杖流配，诉虽有理，不在申明。今后据其所陈，与为勘断。厘耳之罪，准律别科。"六年秋七月庚辰，诏曰："政教所切，狱讼惟先。推穷须察于事情，断遣必遵于条法。用弘钦恤，以致和平。应三京、邺都及诸道州府，见禁诸色人等，宜令逐处长吏，常切提撕，疾速决遣，每务公当，勿使滞淹。"

天福八年四月壬申，敕："朕自临寰宇，思致和平，将以四海为家，虑有一物失所。每念狴牢之内，或多枉挠之人，属此炎蒸，倍宜轸悯，冀绝滞淹之叹，用资钦恤之仁。应三京、邺都及诸道州府，见禁罪人等，宜令逐处长吏，严切指挥本推司及委本所判官，疾速结绝断遣，不得淹延，及致冤滥，仍付所司。"

开运二年五月壬戌，殿中丞桑简能上封事曰："伏以天地育万物，广博厚之恩；帝王牧黎元，行宽大之令。是知恤刑缓狱，乃为政之先；布德行惠，实爱民之本。今盛夏之月，农事方殷，是雷风长养之时，乃动植蕃芜之际，宜顺时令，以弘至仁。窃以诸道州府都郡县，应见禁罪人，或有久在囹圄，稍滞区分，胥吏侮文，枝蔓乃众。捶楚之下，或陷无辜；缧绁之中，莫能自理。苟一人拘系，则数人营财，物用既殚，工业亦罢。若此之类，实繁有徒，切恐官吏因循，浸成斯弊。伏乞降诏，令所在刑狱，委长吏亲自录问量罪，疾速断遣，务绝冤滥，勿得淹留，庶免虚禁平人，妨夺农力，冀召和气，以庆明时。"敕曰："囹圄之中，缧绁之苦，奸吏苟穷于枝蔓，平人用费于货财，由兹滞淹，兼致屈塞。桑简能体兹轸悯，专有敷陈，请长吏躬亲，免狱

官抑逼，深为允当，宜再颁行，宜依。"十月甲子，秘书省著作郎边玕
上封事曰："臣闻从谏如流，人君之令范；极言无隐，臣子之常规。盖
欲表大国之任人，致万邦之无事，前文备载，可举而行。伏以皇帝陛
下，德合上元，运膺下武，旰食宵衣而轸念，好生恶杀以推仁，凡措
典刑，固无冤枉。然以照临之内，州郡尤多，若不再举明，伏恐渐成
奸弊。臣窃见诸道刑狱，前朝曾降敕文，凡是禁系罪人，五日一度录
问。但以年月稍远，渐致因循。或长吏事烦，不暇躬亲点检；或胥徒
启幸，妄要追领证明。虑有涉于淫刑，即恐伤于和气。伏乞特降诏
敕，自今后诸道并委长吏五日一度，当面同共录问，所冀处法者无
恨，衔冤者获申。俾令四海九州，咸歌圣德；五风十雨，永致昌期。"
敕曰："人之命无以复生，国之刑不可滥举。虽一成之典，务在公平；
而三覆其词，所宜详审。凡居法吏，合究狱情。边玕近陟周行，俄陈
说议，更彰钦恤，宜允申明。"三年十一月丁未，左拾遗窦俨上疏曰：
"臣伏睹名例律疏云：死刑者，古先哲王，则天垂象，本欲生之，义期
止杀，绞斩之坐，皆刑之极也。又准天成三年闰八月二十三日敕，行
极法日，宜不举乐，减常膳；又刑部式，决重杖一顿处死，以代极法，
斯皆人君哀矜不舍之道也。窃以蚩尤为五虐之科，尚行鞭扑；汉祖
约三章之法，止有死刑。绞者，筋骨相连。斩者，头颈异处。大辟之
目，不出两端。淫刑所兴，近闻数等。盖缘外地，不守通规，肆率情
性，或以长钉贯篸人手足，或以短刀脔割人肌肤，乃至累朝半生半
死，俾冤声而上达，致和气以有伤。将宏守位之仁，在峻惟行之令，
欲乞特下明敕，严加禁断者。"敕曰："文物方兴，刑罚须当，有罪宜
从于正法，去邪渐契于古风。窦俨所贡奏章，实裨理道，宜依所奏，
准律令施行。"

　　汉乾祐二年正月，敕："政贵宽易，刑尚哀矜，虑滋蔓之生奸，实
轸伤而是念。今属三元改候，四序履端，将冀和平，无如狱讼。应三
京、邺都、诸道州府见系罪人，委逐处长吏躬亲虑问，其于决断，务
在公平，但见其情，即为具狱，勿令率引，遂致淹停，无纵舞文，有伤
和气。"四月甲午，敕曰："月届正阳，候当小暑，乃挺重出轻之日，是

恤刑议狱之辰,有罪者速就勘穷,薄罚者画时疏决,用符时令,勿纵滞淹。三京、邺都、诸道州府在狱见系罪人,宜令所司疾速断遣,无致淹滞枉滥。"五月辛未,敕:"政化所先,狱讼攸切,不唯枉挠,兼虑滞淹。适当长养之时,正属熇蒸之候,累行条贯,俾速施行,靡不丁宁,未曾奏报,再颁告谕,无或因循。应三京、邺都、诸道州府,诏至,宜具疏放已行未行申奏,无致逗留。"

周广顺三年四月乙亥,敕:"朕以时当化育,气属炎蒸,乃思缧继之人,是轸哀矜之念,虑其非所,案鞫淹延,或枉滥穷屈而未得申宣,或饥渴疾病而无所控告。以罪当刑者,唯彼自召,法不可移;非理受苦者,为上不明,安得无虑?钦恤之道,夙夜靡宁。应诸道州府见系罪人,宜令官吏疾速推鞫,据经断遣,不得淹滞。仍令狱吏,洒扫牢狱,当令虚歇;洗涤枷械,无令蚤虱;供给水浆,无令饥渴。如有疾患,令其家人看承,囚人无主,官差医工诊候,勿致病亡。循典法之成规,顺长赢之时令,俾无淹滞,以致治平。"又,赐诸州诏曰:"朕以敷政之勤,惟刑是重。既未能化人于无罪,则不可为上而失刑。况时当长赢,事贵清适,念囹圄之闭固,复桎梏之拘縻,处于炎蒸,何异焚灼在州及所属刑狱,见系罪人,卿可躬亲录问,省略区分,于入务不行者,令俟务开系。有理须申者,速期疏决。俾皆平允,无至滞淹。又以狱吏逞任情之奸,囚人被非法之苦,宜加检察,勿纵侵欺。常令净扫狱房,洗刷枷匣,知其饥渴,供与水浆,有病者听骨肉看承,无主者遣医工救疗,勿令非理致毙,以致和气有伤。卿忠干分忧,仁明莅事,必能奉诏,体我用心,眷委于兹,兴寐无已。余从敕命处分。"

显德元年十一月,帝谓侍臣曰:"天下所奏狱讼,多追引证,甚致淹延,有及百余日而未决者。其中有徒党反告者、劫主陈诉者及妄遭牵引者,虑狱吏作幸迟留,致生人休废活业,朕每念此,弥切疚怀。此后宜条贯所在藩郡,令选明干僚吏,当其诉讼。如狱不滞留,人无枉挠,明具闻奏,量与甄奖。"

内外官当赎之法,梁、唐皆无定制,多示优容,或因时分轻重。晋天福六年五月,尚书刑部员外郎李象请:"今后凡是散官,不计高低,若犯罪不得当赎,亦不请上请详定院覆奏。应内外文武官,有品官者有从品官法,无品官有散试官者,应内外带职廷臣宾从、有功将校等并请同九品官例。其京都运巡使及诸道州府衙前职员内外杂任镇将等,并请准律,不得上请当赎。其巡司马步,虽有曾历品官者,亦请同流外职。准律,杖罪以下,决罚例;徒以上,仍依当赎法。"至周显德五年七月,新定《刑统》:"今后定罪,诸道行军司马、节度副使、留守,准从五品官例;诸道两使判官、防御团练副使,准从六品官例;节度掌书记、防团判官、两蕃营田等使判官,准从七品官例;诸道推巡及军事判官,准从八品官例;诸军将校内诸司使、副使、供奉、殿直,临时奏听敕旨。"由是内外品官当赎之法,始有定制焉。《永乐大典》卷八千二百九十。

# 旧五代史卷一四七考证

志九刑法志统类编敕《统类》,原本讹"《统数》"。今据《文献通考》改正。 仓部郎中 仓部,原本讹"臧部"。今据《新唐书·百官志》改正。 前濮州录事参军崔琮 崔琮,原本作"崔琮"。今据《册府元龟》改正。 相州节度使桑维翰 相州,原本讹"松州"。今据《通鉴》改正。 团判官 团判官,疑当作"团练判官"。考《五代会要》亦作团判官,盖当时案牍之文,官名各从简省,今姑仍其旧。

旧五代史卷一四八
志第一〇

# 选　举

按《唐典》，凡选授之制，天官卿掌之，所以正权衡而进贤能也；凡贡举之政，春官卿掌之，所以核文行而第隽秀也。洎梁氏以降，皆奉而行之，纵或小有厘革，亦不出其轨辙。今采其事，备纪于后，以志五代审官取士之方也。

梁开平元年七月，敕：“近年举人，当秋荐之时，不亲试者号为拔解，今后宜止绝。”

四月，兵部尚书权知贡举姚洎奏：“近代设文科、选胄子，所以纲维名教，崇树邦本也。今在公卿亲属、将相子孙，有文行可取者，请许所在州府荐送，以广疏材之路。”从之。案《文献通考》：唐时知贡举皆用礼部侍郎，梁开平中始命兵部侍郎杨涉权知贡举，此事《薛史》不载。

唐同光二年十月，中书奏请，停举选一年。敕：“举、选二门，国朝之重事，但要精确，难议权停，宜准常例处分。”

天成元年八月，敕：“应三京、诸道，今年贡举人，可依常年取解，仍令随处量事，津送赴阙。”

五年二月九日，敕：“近年文士轻视格条，就试时疏于帖经，登第后耻于赴选。宜绝躁求之路，别开奖劝之门。其进士科已及第者，计选数年满日，许就中书，陈状于都堂前各试本业诗赋判文。其中才艺灼然可取者，便与除官如或事业不甚，精者，自许准添选。”

晋天福三年三月，翰林学士承旨、兵部侍郎权知贡举崔棁奏：

"臣谬蒙眷渥，叨掌文，衡实忧庸懦之材，不副搜罗之旨，敢不揣摩顽钝，杜绝阿私。上则显陛下求贤，次则使平人得路。但以今年就举，比常岁倍多，科目之中，凶豪甚众。每驳榜出后，则时有喧张，不自省循，但言屈塞，互相朋扇，各出言词，或云主司不公，或云试官受赂，实虑上达圣听，微臣无以自明。昼省夜思，临深履薄。今臣欲请令举人落第之后，或不甘心，任自投状披陈，却请所试，与疏义对证，兼令其日一甲同共校量。若独委试官，恐未息词理，倘是实负抑屈，则所司固难逭宪章。如其妄有陈论，则举人乞痛加惩断。冀此际免虚遭谤议，亦将来可久远施行。倘蒙圣造允俞，伏乞降敕处分。"从之。五年三月，诏："及第举人与主司选胜筵宴，及中书舍人靸鞋接见举人。兵部、礼部引人过堂之日，幕次酒食会客，悉宜废之。"四月，礼部侍郎张允奏曰："明君侧席，虽切旁求；贡士观光，岂宜滥进？窃窥前代未设诸科，始以明经，俾升高第。自有《九经》、《五经》之后，及《三礼》、《三传》已来，孝廉之科，遂因循而不废。搢绅之士，亦缄默而无言。以至相承，未能改作。每岁明经一科，少至五百以上，多及一千有余，举人如是繁多，试官岂能精当？况此等多不究义，唯攻帖书，文理既不甚通，名第岂可妄与。且常年登科者不少，相次赴选者甚多，州县之间必无遗阙，辇毂之下，须有稽留。怨嗟自此而兴，谤讟自兹而起。但今广场大启，诸科并存，明经者悉包于《九经》、《五经》之中，无出于《三礼》、《三传》之内，若无厘革，恐未便宜。其明经一科，伏请停废。"又奏："国家悬科侍士，贵务搜扬；责实求才，须除讹滥。童子每当就试，止在念书。背经，则虽似精详；对卷，则不能读诵。及名成贡部，身返故乡，但矜日以取官，更无心而习业。滥蠲徭役，虚占官名，其童子一科，亦请停废。"敕明经、童子、宏词、拔萃、明算、道举、百篇等科并停。七年五月，敕："应诸色进策人等，皆抱材能，方来投献，宜加明试，俾尽臧谋。起今后应进策条，中书奏覆，敕下，其进策人委门下省试策三道，仍定上、中、下三等。如是元进策内，有施行者，其所试策或上或中者，委门下省给与减选。或出身优牒合格。参选日，其试策上者，委铨司超壹资注拟，其试策中者，委铨司依资注拟。如是所试策，或上或中，元进策条并不施行。所试策下，元进策条内有施行者，其本官并仰量与恩赐发遣。若或所试策下，所进策条并不施行，便仰晓示发遣，不得再有投进。余并准前后敕文处分。"

开运元年八月，诏曰："明经、童子之科，前代所设。盖其取士，良谓通规。爰自近年，暂从停废。损益之机未见，牢笼之义全亏，将阐斯文，宜依旧贯，庶臻至理，用广旁求。其明经、童子二科今后复置。"

十一月，工部尚书、权知贡举窦贞固奏："进士考试杂文及与诸科举人入策，历代已来，皆以三条烛尽为限。长兴二年，改令昼试。伏以悬科取士，有国常规，沿革之道虽殊，公共之情难失。若使就试两廊之下，挥毫短景之中，视晷刻而惟畏稽迟，演词藻而难求妍丽，未见观光之美，但同款答之由，既非师古之规，恐失取人之道。今欲考试之时，准旧例以三条烛为限。其进士、诸色举贡人等，有怀书册入院者，旧例扶出，不令就试。近年以来，虽见怀藏，多是容纵。今欲振举驰紊，明辨臧否，冀在必行，庶为定式。"

汉乾祐二年，刑部侍郎边归谠上言："臣窃见每年贡举人数甚众，动引五举、六举，多至二千、三千。既事业不精，即人文何取？请敕三京、邺都、诸道州府长官，合发诸色贡举人文解者，并须精加考校，事业精研，即得解送，不得滥有举送，塞滥进之门，开与能之路。"敕从之。其间条奏未尽处，下贡院录天福五年四月二十七日敕文，告谕天下，依元敕条件施行。如有故违，其随处考试官员，当准敕条处分。

周广顺二年二月，礼部侍郎赵上交奏："贡院诸科，今欲不试泛义其口义五十道，改试墨义十道。"从之。三年正月，赵上交奏："进士元试诗赋各一首，帖经二十帖，对义五通，今欲罢帖经、对义，别试杂文二首、试策一道。"从之。其年八月，刑部侍郎、权知贡举徐台符奏："请别试杂文外，其帖经、墨义，仍依元格。"从之。

显德二年三月，礼部侍郎窦仪奏："请诸科举人，若合解不解，不合解而解者，监试官为首罪。勒停见任，举送长官，奏闻取裁。监试官如受赂，及今后进士，如有倩人述作文字应举者，许人言告，送本处色役，永不进仕。"

唐同光四年三月，中书门下奏议："左拾遗王松、吏部员外郎李慎仪上疏，以诸道州县，皆是摄官，诛剥生灵，渐不存济。比者，郭崇韬在中书日，未详本朝故事，妄被闲人献疑，点检选曹，曲生异议。或告赤欠少，一事阙违，保内一人不来，五保即须并废。文书一纸有误，数任皆不勘详。其年选人及行事官一千二百五十余员，得官者才及数十，皆以偷滥为名，尽被焚毁弃逐。或毙踣于旅店，或号哭于道途。以至二年已来，选人不敢赴集，铨曹无人可注，中书无人可除。去年阙近二千，授官不及六十。伏请特降敕文，宣布遐迩，明往年制置，不自于宸衷，此日焦劳，特颁于睿泽。望以中书条件及王松等所论事节，委铨司点检，务在酌中，以为定制。"从之。时议者以铨注之弊，非止一朝。搢绅之家，自无甄别，或有伯叔告赤，鬻于同姓之家，随赂更改，因乱昭穆。至有季父、伯、舅反拜侄甥者。郭崇韬疾恶太深，奏请厘革，豆卢革、韦说俋免赞成。或有亲旧讯其事端者，革、说曰："此郭汉子之意也。"及崇韬诛，韦说即教门士王松上疏奏论，故有此奏，识者非之。

天成四年冬十月丙申，诏曰："本朝一统之时，除岭南、黔中去京地远，三年一降选补使，号为南选外，其余诸道及京百司诸色选人，每年动及数千，分为三选，尚为繁重。近代选人，每年不过数百，何必以一司公事，作三处官方。况有格条，各依资考，兼又明行敕命，务绝阿私，宜新公共之规，俾慎官常之要。其诸道选人，宜令三铨官员都在省署子细磨勘，无违碍后，即据格同商量注拟，连署申奏，仍不得踵前于私第注官，如此则人吏易可整齐，公事亦无迟滞。"

长兴元年三月，敕："凡是选人，皆有资考，每至赴调，必验文书，或不具全，多称失坠，将明本末，须示规程。其判成诸色选人，黄甲下后,将历任文书告赤连粘,宜令南曹逐缝使印,都于后面粘纸,其前后历任文书,都计多少纸数,仍具年月日,判成授某官。"盖惧其分假于人故也。其年十月,中书奏:"吏部流内铨诸色选人,先条流试判两节,并委本官优劣等第申奏。文优者,宜超一资注拟;其次者,宜依资;更次者,以同类官注拟。所以励援毫之作,亦不掩历任之劳。其或于理道全疏者,以人户少处州县同类官中比拟,仍准元敕。业文者任征引古今,不业文者但据公理判断可否。不当,罪在有司。兼诸色选人,或有元通家状,不实乡里名号,将来赴选者,并令改正,一一坚本贯属乡县,兼无出身,一奏一除官等,宜并不加选限。"从之。

应顺元年正月丁卯,中书门下奏:"准天成二年十二月敕,长定格应经学出身人,一任三考,许入下县令、下州录事参军、亦入中下州录事参军;两任四考,许入中下县令、中州录事参军;两任六考,许入上县令及紧州录事参军。凡为进取,皆有因依,或少年便受好官,或暮齿不离卑任。况孤贫举士,或年四十始得经学及第,八年合选,方受一官。在任多不成三考,第二选渐向蹉跎,一生终不至令录者。若无改革,何以发扬?自此经学出身,请一任两考,许入中下县令、下州录事参军者。"诏曰:"参选之徒,艰辛不一,发身迟滞,到老卑低,宜优未达之人,显示惟新之泽。其经学出身,一任两考,元敕入中下县令、下州录事参军。起今后,更许入中下县令、下州录事参军;一任三考者,于人户多处州县注拟。如于近敕条内,资叙相当者,即准格循资考入官。其两任四考者,准二任五考例入官。余准格条处分。"

晋天福三年正月,诏曰:"举选之流,苦辛备历。或则耽书岁久,或则守事年深,少有违碍格条,例是不知式样。今则方求公器,宜被皇恩。所有选人等,宜令所司,除元驳放及落下事由外,如无违碍,并与施行。仍令所司遍下诸道,起今后文解差错,过在发解州府官吏。"

汉乾祐二年八月,右拾遗高守琼上言:"仕宦年未三十,请不除授县令。"因下诏曰:"起今后诸色选人,年七十者宜注优散官;年少未历资考者,不得注授令录。"其年十二月,中书门下奏:"应出选门官并历任内曾升朝及两使判官,今任却授令录者,并依见任官选数赴集。"从之。

周广顺元年二月,诏曰:"自前朝廷除官,铨司选授,当其用阙皆禀旧规。近闻所得官人,或他事阻留,或染疾淹驻,始赴任者既过月限,后之官者遂失期程,以至相沿,渐成非次。是致新官参谢欲上,旧官考秩未终,待满替移,动逾时月,凋残一处,新旧二官,在迎送以为劳,必公私之失绪。今后应诸道州府录事参军、判司、县令、主簿等,宜令本州府,以到任月日,旋具申奏及报吏部,此后中书及铨司,以到任月日用阙,永为定制。"其年十月,诏曰:"选部公事,比置三铨,所有员阙选人,分在三处。每至注拟之际,资叙难得相当。况今年选人不多,宜令三铨公事并为一处,委本司长官、通判同商量可否施行。今当开泰之期,宜轸单平之众,自今后合格选人,历任无违碍者,并仰吏部南曹判成,如文解差错不合式样,罪在发解官吏。"《永乐大典》卷一万六千七百八十三。

# 旧五代史卷一四八考证

志十选举志疏于帖经　　帖经,原本作"帖括",今据《五代会要》改正。　　不试泛义　　案原本作"不泛试口义",今据《册府元龟》改正。　　王松等所论　　王松,《册府元龟》作王權,考《文献通考》作王松。是书韦说传亦作松,今仍其旧。

旧五代史卷一四九

志第一一

# 职　官

　　夫官非位无以分贵贱，位非品无以定高卑，是以历代史官，咸有所纪，皆穷源而讨本，期与世以作程。迨乎唐祚方隆，玄宗在宥，采累朝之故事，考众职之遐源，申命才臣，著成《六典》。其勋阶之等级，品秩之重轻，则已备载于其中矣。故今之所撰，不敢相沿，祖述五代之命官，以踵百王之垂范，或厘革升降，则谨而志之，俾后之为天官卿者，得以观焉。案：《薛史·职官志》，本《唐六典》而纪其厘革，故载同光、天成之改制者，称后唐，所以别于《六典》也。

　　梁开平三年三月，诏升尚书令为正一品，按《唐六典》，尚书令正二品。是时，以将授赵州王熔此官，故升之。

　　后唐天成四年八月，诏曰："朝廷每有将相恩命，准往例，诸道节度使带平章事、兼侍中、中书令，并列衔于敕牒后，侧书使字。今两浙节度使钱镠是元帅、尚父，与使相名殊，承前列衔，久未改正。湖南节度使马殷，先兼中书令之时，理宜齿于相位，今守太师、尚书令，是南省官资，不合列署敕尾。今后每署将相敕牒，宜落下钱镠、马殷官位，仍永为常式。"

　　梁开平二年四月，改左右丞为左右司侍郎，避庙讳也。至后唐同光元年十月，复旧为左右丞。

　　后唐长兴元年九月，诏曰："台辖之司，官资并设，左右貂素来相类，左右揆不至相悬。以此比方，岂宜分别？自此宜升尚书右丞官品，与左丞并为正四品。"

右都省

后唐长兴四年九月，敕："冯赟有经邦之茂业，宜进位于公台。但缘平章事字犯其父名，不欲斥其家讳，可改同平章事为同中书门下二品。"后至周显德中，枢密使吴廷祚亦加同中书门下二品，避其讳也。

晋天福五年二月，敕："以门下侍郎、中书侍郎，并为清望正三品。"

晋天福五年九月，诏曰："《六典》云：中书舍人掌侍奉进奏参议表章，凡诏旨制敕、玺书策命，皆按故事起草进画。既下，则署而行之。其禁有四：一曰漏泄，二曰稽缓，三曰违失，四曰忘误。所以重王命也。古昔已来，典实斯在，爰从近代，别创新名。今运属兴王，事从师古，俾仍旧贯，以耀前规。其翰林学士院公事，宜并归中书舍人。"七年五月，中书门下上言："有司检寻长兴四年八月二十一日敕：准《官品令》，侍中、中书令正三品；按《会要》，大历二年十一月升为正二品。左右常侍从三品；按《会要》广德二年五月升为正三品。门下、中书侍郎正四品；大历二年十一月升为正三品。谏议大夫正五品；按《续会要》会昌二年十二月升为正四品。以补中书门下四品之阙。御史大夫从三品，会昌二年十二月升为正三品。御史中丞正五品，亦与大夫同时升为正四品。"敕："宜各准元敕处分。仍添入令文，永为定制。"又诏："门下侍郎，班在常侍之下，俸禄同常侍。"

周显德五年六月，敕："谏议大夫宜依旧正五品上，仍班位在给事中之下。"按《唐典》，谏议大夫四员，正五品上，皆隶门下省，班在给事中之下。至会昌二年十一月，中书门下奏，升为正四品下，仍分为左右，以备两省四品之阙，故其班亦升在给事中之上。近朝自谏议大夫拜给事中者，官虽序迁，位则降等，至是以其迁次不备，故改正焉。

右两省

后唐清泰二年十一月，制："以前同州节度使、检校太尉、同平章事冯道为守司空。"时议者曰："自隋、唐以来，三公无职事，自非亲王不恒置，于宰臣为加官，无单置者。"道在相位时带司空，及罢镇，未命官，议者不练故事，率意行之。及制出，言议纷然，或云便可综中书门下事、或云须册拜开府。及就列，无故事，乃不就朝堂叙班。台官两省官入就列，方入，宰臣退，踔后先退。刘昫又以罢相为仆射，出入就列，一与冯道同，议者非之。及晋天福中，以李鏻为司徒，周广顺初，以窦贞固为司徒，苏禹珪为司空，遂以为例，议者不复有云。

右三公

后唐天成元年夏六月，以李琪为御史大夫。自后不复除。其年冬十一月丙子，诸道进奏官上言："今月四日，中丞上事，臣等礼合至台，比期不越前规，依旧传语，忽蒙处分通出，寻则再取指挥，要明审的。又蒙问大夫相公上事日如何，臣等诉云：大夫曾为宰相，进奏官伏事中书，事体之间，实为旧吏。若以别官除授，合云传语劳来，又坚令通出。臣等出身藩府，不会朝仪，拒命则恐有奏闻，遵禀则全隳则例，伏恐此后到台参贺，仪则不定者。"诏曰："御史台是大朝执宪之司，乃四海绳违之地，凡居中外，皆所整齐，藩侯尚展于公参，邸吏岂宜于抗礼？遽观论列，可验侮轻。但以丧乱孔多，纪纲隳紊，霜威扫地，风宪销声。今则景运惟新，皇图重正，稍加提举，渐止浇讹。宜令御史台，凡关旧例，并须举行。如不禀承，当行朝典。"时卢文纪初拜中丞，领事于御史府。诸道进奏官来贺，文纪曰："事例如何？"台吏乔德威言："朝廷在长安日，进奏官见大夫中丞，如胥吏见长官之礼。及梁氏将革命，本朝微弱，诸藩强据，人主大臣姑息邸吏，时中丞上事，邸吏虽至，皆于客次传语，竟不相见。自经兵乱，便以为常。"文纪令台吏谕以旧仪相见，据桉端简，通名赞拜。邸吏辈既出,怒不自胜,相率于阁门求见,腾口喧诉。明宗谓赵凤曰:"进奏官比外何官?"凤对曰:"府县发递祇候之流也。"明宗曰:"乃吏役耳,安得慢吾法官!"乃下此诏。

晋天福五年二月,以御史中丞为清望正四品。按《唐典》,御史中丞正五品上,今始升之。三年三月壬戌,御史台奏:"按《六典》,侍御史掌纠举百僚,推鞫狱讼。居上者判台,知公廨杂事;次知西推、赃、三司受事;次知东推、理匦。"敕宜依旧制。遂以驾部员外郎兼侍御史知杂事刘皞为河南尹,自是无省郎知杂者。

开运二年八月,敕:"御史台准前朝故事,以郎中、员外郎一人兼侍御史知杂事,近年停罢,独委年深御史知杂。振举之间,纪纲未峻,宜遵旧事,庶叶通规。宜却于郎署中选清慎强干者,兼侍御史知杂事。"

右御史台

昔唐朝择官一人为枢密使,以出纳帝命。案:《职官分纪》,唐枢密使与两军中尉谓之"四贵"。天祐元年废。项安世《家说》:唐于政事堂后列五房,有枢密房以主曹务。则枢密之任,宰相主之,未始他付,其后宠任宦人,始以枢密归之内侍。至梁开平元年五月,改枢密院为崇政院,始命敬翔为院使,仍置判官一人,自后改置副使一人。二年十一月,置崇政院直学士二员,选有政术文学者为之,其后又改为直崇政院。案:原本作直崇文院,今从《五代会要》改正。

后唐同光元年十月,崇政院依旧为枢密院,命宰臣郭崇韬兼枢密使,亦置院一人。案:《五代会要》作亦置院使一人。

晋天福四年四月,以枢密副使张从恩为宣徽使,权废枢密院故也。先是,晋祖以宰臣桑维翰兼枢密使,恳求免职,只在中书,遂以宣徽使刘处让代之,每有奏议,多不称旨。其后处让丁忧,乃以枢密印付中书门下,故有是厘改也。

开运元年六月,敕:"依旧置枢密院,以宰臣桑维翰兼枢密使。"从中书门下奏请也。

　　周显德六年六月,命司徒平章事范质礼部尚书平章事,王溥并参知枢密院事。

　　梁开平元年四月,始置建昌院,以博王友文判院事,以太祖在藩时,四镇所管兵车赋税、诸色课利,按旧簿籍而主之。其年五月,中书门下奏请以判建昌院事为建昌宫使,仍以东京太祖潜龙旧宅为宫也。二年二月,以侍中某:原本有阙文,据《五代会要》,以侍中韩建判建昌宫使。判建昌宫事。至十月,以尚书兵部侍郎李皎为建昌宫副使。三年九月,以门下侍郎平章事薛贻矩兼延资库使、判建昌宫事。至四年十二月,以李振为建昌宫副使。乾化二年五月,以门下侍郎平章事于兢兼延资库使、判建昌宫事。其年六月,废建昌宫,以河南尹魏王张宗奭为国计使。凡天下金谷兵戎,旧隶建昌宫者,悉主之。至后,唐同光四年二月,以吏部尚书李琪为国计使。自后废其名额,不置。

　　后唐同光元年十一月,以左监门卫将军、判内侍省李绍宏兼内勾。凡天下钱谷簿书悉委裁遣。自是,州县供帐烦费,议者非之。又内勾之名,人以为不祥之言。二年正月,救:“盐铁、度支、户部三司,凡关钱物,并委租庸使管辖,踵梁之旧制也。天成元年四月,诏废租庸院,依旧为盐铁、户部、度支三司,委宰臣一人专判。长兴元年八月,以许州节度使张延朗行工部尚书,充三司使,班在宣徽使之下。三司置使,自延朗始也。唐朝已来,户部度支掌泉货、盐铁时置使名,户部度支则尚书省本司郎中、侍郎判其事。天宝中,杨慎矜、王铼、杨国忠继以聚货之术,媚上受宠,然皆守户部度支本官,别带使额,亦无所改作。下及刘晏、第五琦亦如旧制。自后亦以宰臣各判一司,不置使额。乾符后,天下兵兴,随处置租庸使,以主调发,兵罢则停。梁时乃置租庸使,专天下泉货。庄宗中兴,秉政者不闲典故,踵梁朝故事,复置租庸使,以魏博故吏孔谦专使务。敛怨于下,兄丧王室者,实租庸之弊故也。洎明宗嗣位,思革其弊,未及下车,乃诏削除使名,但命重臣一人,判其事,曰判三司。至是,延朗自许州入再掌国计。白于枢密使,请置三司名。宣下中书议其事。宰臣以旧制覆奏，授延朗特进、行工部尚书，充诸道盐铁转运等使，兼判户部度支事，从旧制也。明宗不从，竟以三司使为名。

梁开平三年正月，改思政殿为金銮殿。至乾化元年五月，置大学士一员，始命崇政院使敬翔为之。前朝因金銮坡以为门名，与翰林院相接，故为学士者，称金銮焉。梁氏因之，以为殿名，仍改銮为銮，从美名也。大学士与三馆大学士同。《青箱杂记》：梁祖都汴，庶事草创，贞明中，始于今右长庆门东北，创小屋数十间为三馆，湫隘尤甚。又周庐徼道，咸出其间，卫士骄卒，朝夕喧杂，每受诏撰述，皆移他所。

后唐天成元年五月，敕翰林学士、尚书户部侍郎、知制诰冯道，翰林学士、中书舍人赵凤俱以本官充端明殿学士，非旧号也。时明宗登位，每四方书奏，多令枢密使安重诲读之，不晓文义。于是，孔循献书，始置端明殿学士之名，命道等为之。二年正月，敕："端明殿学士宜命班在翰林学士上，今后如有转改，仍只于翰林学士内选任。"初置端明殿学士名目，如三馆之例，职在官下。赵凤转侍郎，遣人讽任圜移职在官上，到今为例。案《职官分纪》：晋天福五年，废端明殿学士，开运元年，桑维翰为枢密使，复奏置学士。

同光元年四月，置护銮书制学士，以尚书仓部员外郎赵凤为之。时庄宗初建号，故特立此名，非故事也。八月，赐翰林学士承旨、户部尚书卢质论思匡佐功臣，亦非常例也。

天成三年八月，敕："掌纶之任，擢才以居。或自初命而升，或自宪秩而授，盖重厥职，靡系其官。虽事分皆同，而行缀或异，诚由往日未有定规，议官位则上下不恒，论职次则后先未当，宜行显命，以正近班。今后翰林学士入院，并以先后为定，惟承旨一员，出自朕意，不计官资先后，在学士之上，仍编入《翰林志》？"其年十一月，敕："新除翰林学士张昭远，早践纶闱，久司史笔，会居宪府，累陟贰卿，今既擢在禁林，所宜别宣班序，其立位宜次崔棁。"《宋史·张昭传》：晋天福二年，宰相桑维翰荐昭为翰林学士。内署故事，以先入为次，不系官序，特诏昭立位次承旨崔棁。据宋史，则此敕当在晋天福中，是书系于唐天成三年后，疑原本有脱误。

晋开运元年六月,敕:"翰林学士与中书舍人,分为两制,各置六员,偶自近年,权停内署,况司诏命,必在深严,将使从宜,却仍旧贯,宜复置翰林学士院。"

周显德五年十一月,诏曰:"翰林学士,职系禁庭,地居亲近,与班行而既异,在朝请以宜殊。起今后当直下直学士,并宜令逐日起居,其当直学士,仍赴晚朝。"旧制,翰林院学士与常参官五日一度起居,时世宗欲令朝夕谒见,访以时事,故有是诏。

右内职

后唐天成三年五月,诏曰:"开府仪同三司,阶之极;太师,官之极;封王,爵之极;上柱国,勋之极。近代已来,文臣官阶稍高,便授职柱国;岁月未深,便转上柱国;武资不计何人,初官便授上柱国。官爵非无次第,阶勋备有等差,宜自此时重修旧职。今后凡是加勋,先自武骑尉,经十二转,方授上柱国,永作成规,不令逾越。"虽有是命,竟不革前例。

右勋格

后唐清泰二年秋九月庚申,尚书考功上言:"今年五月,翰林学士程逊所上封事内,请自宰相百执事外,镇节度使、刺史应系公事官,逐年书考,较其优劣。遂检寻《唐书》、《六典》、《会要》考课,令书考第。"从之。时议者曰:"考绩之法,唐尧三代旧制。西汉以刺史六条察郡守,五曹尚书综庶绩,法尤精察,吏有检绳。汉末乱离,旧章弛废。魏武于军中权制品第,议吏清浊,用人按吏,顿爽前规。隋唐已来,始著于令。汉代郡守,入为三公;魏晋之后,政在中书。左右仆射、知政事,午前视禁中,午后视省中,三台百职,无不统摄。以是论之,宰辅凭何较考。自天宝末,权置使务已后,庶事因循,尚书诸司,渐致有名无实,废坠已久,未知凭何督责!程逊所上亦未详本源,其时所司虽有举明,大都诸官亦无考较之事。"

右较考

梁开平元年四月，诏："开封府司录参军及六曹掾属，宜各置一员。两畿、赤县置令、簿、尉各一员。"二年十月省诸道州府六曹掾属，只留户曹一员，通判六曹。

后唐同光元年十一月，中书门下奏："诸寺监各请只置大卿监、祭酒、司业各一员，博士两员，其余官属并请权停。惟太常寺事关大礼，大理寺事关刑法，除太常博士外，许更置丞一员。其王府及东宫属司天五官正、奉御之类，凡不急司存，并请未议除授。其诸司郎中、员外郎，应有双曹处，且署一员，左右散骑常侍、谏议大夫、给事中、起居郎、起居舍人、补阙拾遗各置一半。三院侍御史仍委御史中丞条理申奏，即日停罢。朝官仍各录名氏，具罢任月日，留在中书，候见任官满二十五个月，并据资品却与除官。"从之。

周显德五年十二月，诏："两京、五府、少尹司录参军，先各置两员，起今后只置一员。六曹判司内只置户曹、法曹各一员，其余及诸州支使、两蕃判官并省。"

右增减

梁开平元年五月，改御食使为司膳使，小马坊使为天骥使，文思院使为乾文院使，同和院使为仪鸾院使。其年又改城门郎为门局郎，避庙讳也。唐同光元年十一月依旧为城门郎。

后唐天成元年十一月，诏曰："雄武军节度使官衔内宜兼押蕃落使。"案:《职官分纪》：长兴元年，分飞龙院为左右院，以小马坊为右飞龙院。二年七月，诏曰："顷因本朝亲王遥镇其在镇者，遂云副大使和节度事。但年代已深，相沿未改，今天下侯伯并正节旄，惟东西、两川未落副大使字，宜令今后只言节度使。"

晋天福五年四月丙午，诏曰："承旨者，承时君之旨，非近侍重臣，无以禀朕命、宣予言。是以，大朝会，宰臣承旨，草制诏学士承旨，若无区别，何表等威？除翰林承旨外，殿前承旨宜改为殿直，密院承旨宜改为承宣，御史台、三司、阁门、客省所有承旨，并令别定其名。"

周广顺二年十二月,诏改左右威卫复为屯卫,避御名也。

右改制

后唐同光二年三月,中书门下奏:"纠辖之任,时谓外台,宰字之官,古称列爵,如非朝命,是废国章。近日诸道多是各列官衔,便指州县请朝廷之正授,树藩镇之私恩,颇乱规程,宜加条制。自今后,大镇节度使管三州已上者,每年许奏管内官三人;如管三州以下者,许奏管内官二人。仍须有课绩尤异,方得上闻。若止于检慎无瑕,科征及限,是守常道,只得书考旌嘉,不得特有荐奏。其防御使每年只许奏一人,若无尤异不得奏荐。刺史无奏荐之例,不得辄乱规程。"其年八月,中书奏:"伪庭之时,诸藩参佐皆从除授。自今后,诸道除节度副使、两使、判官除授外,其余职员并诸州军事判官各任本处奏辟。其军事判官,仍不在奏官之限。所冀诏延之礼,皆合于前规;简辟之间,无闻于滥举。"从之。

长兴二年十一月,诏曰:"阙员有限,人数常多,须以高低定其等级。起今后,两使、判官罢任后,宜一年外与比拟;书记、支使、防御团练判官等二年外与比拟;推巡、防御团练推官、军事判官等,并三年后与比拟。仍每遇除授,量与改转官资、或阶勋、或职资。其有殊常勤绩者别议优陞。若有文学智术起迈群伦,或为众所称,或良知迥举,察验的实者,不拘年月之限。"

清泰二年八月,中书门下上言:"前大御监五品升朝官、西班将军,皆在任许满二十五月,如冲替已经二十月,即别任用。少卿监,旧例三任四任方入大卿监,五品三任四任方入少卿监,今后并只三任,逐任须月限满无殿责者,便入此官。西班将军,罢任一年,许求官。旧例三任四任方入大将军,今只无殿责,或曾任金吾将衔使、藩镇刺史,特敕并不拘此例。诸道除两使判官外,书记已下任自辟请。应朝官除外任,罢任后一年方许陈乞。诸道宾席未曾升朝者,若官兼三院御史,即除中下县令;兼大夫、中丞、秘书少监、郎中、员外郎与清资。初任升朝官、检校官至尚书、常侍、秘书监、庶子，升朝便与少卿监。诸州防御、团练判、推官，并请本州辟请，中书不更除授。应出选门官带三院御史供奉里行及省衔，罢任后周年许陈乞。诸州别驾，不除令录，仍守本官月限，得替后一年，许陈乞。长史、司马，因摄奏正，未有官者送名。"从之。三年五月乙未，诏曰："近以内外臣僚，出入迭处，稍均劳逸，免滞转迁，应两司判官、畿赤令，取郎中、员外、补阙拾遗、三丞、五博，少列官僚，选择擢任，一则俾藩方侯伯，别耀宾阶。次则致朝列人臣，备谘时政。今后或有满阙，便宜依此施行。"

周广顺元年夏五月辛巳，诏："朝廷设爵命官，求贤取士，或以资叙进，或以科级升。至有白首穷经，方谐一第；半生守选，始遂一官。是以国无幸民，士不滥进。近年州郡奏荐，多无出身、前官，或因权势书题，或是衷私请托，既难限意，便授真恩。遂使躁求侥幸之徒，争趋捷径；辛苦孤寒之士，尽泣穷途。将期激浊扬清，所宜循名责实，今后州府不得奏荐。无前官及无出身人，如有奇才异行，越众超群，亦许具名以闻，便可随表赴阙，当令有司考试，朕亦亲自披详，断其否臧，俾之升黜。庶使人不谬举，野无遗才。"

显德二年六月，诏："两京、诸州州府留守判官、两使判官、少尹、防团练军事判官，今后并不得奏荐。其防御、团练、刺史，州各置推官一员。"

右厘革

晋天福三年十一月，起居郎殷鹏上言："窃闻司封格式，内外文武臣僚才升朝籍者，无父母便与追封赠，父母在即未叙未封。以臣所见，诚为不可，此则轻生者而重死者，弃今人而录故人，其荣有何？其理安在？又云，父母在，品秩及格者，即以封其母，不加其父，便加邑号，兼曰太君。遂令妻则旁若无夫，子则上若无父，岂有父则贱而母则贵，夫则卑而妻则尊？若谓其父未合加恩，安得其母受赐？若谓以子便合贵，曷得其父不先封？伏以父尊母卑，天地之道，尊无二上，国家同体。今授封父无爵，名教不顺，莫大于兹。臣伏乞自今后文武臣僚，父母在，其父母已有官爵者，即叙进资品以及格式，或不任禄仕，即可授以致仕或同正官，所贵得以叙封妻室。即父母俱荣，孝子无不逮之感；闺门交映，圣君覃庆赏之恩。噫！荷陛下孝治之风，受陛下荣亲之禄者，静而屈指，不过数人。陛下得以特议举行，编为令式，劝天下之为善，令域中之望风，自然见前代之阙文，成我朝之盛典。况唐长兴元年德音内一节，应在朝中外臣僚，父母在，并与加恩。司封不行明制，坚执前文，倘布新恩，兼合旧救。庶使事君事父，恒尊一体之规；为子为臣，不失两全之义。臣又闻，封令式，内外臣僚官阶及五品已上者，即与封妻荫子，固不分于清浊，但只言其品秩。且谏议大夫、给事中、中书舍人，并是五品，赞善大夫、洗马中允、奉御等，亦是五品。若论朝廷之委任，宰臣之拟论，出入之阶资，中外之瞻望，则天壤相悬矣。及其叙封，乃为一贯，相沿至此，甚非。而况北省为陛下侍从之臣，南宫掌陛下经纶之务，宪台执陛下纪纲之司，首冠群僚，总为三署，当职尤重，责望非轻。此则清列十年，不遂显荣之愿；彼则杂班两任，便承封荫之恩。事不均平，理宜改革。伏乞自今后应诸官及五品已上者，即依旧制施行。应三署清望官及六品已上便与封荫。清浊既异品秩，宜升仍下所司议为恒式。"从之。

　　汉乾祐元年七月，诏："尚书省集议，内外臣僚，父在，母承子荫叙封，追封合加太字否？以闻。"尚书省奏议曰："今详前后救条，凡母皆加太字，存没并同。此即是父殁母存，即叙封进封内加太字，母没追封，亦加太字，故云存没并同。若是父在，据救格无载为母加太字处。若以近救，因子贵与父命官，父自有官，即妻从父品，可以封妻。父在不合以其子加母太字。若虽有因子之官，其品尚卑，未得荫妻，亦不合用子荫之限。"从之。

　　周显德六年冬十二月壬辰，尚书兵部上言："本司荫补千牛、进马，在汉乾祐中散失救文，自来只准《晋编救》及堂帖施行。伏缘前后不同，请别降救命。"诏曰："今后应荫补子孙，宜令逐品许补一人，直候转品，方得更补，不得于本品内重叠收补。如是所补人有身故、除名、落藩、废疾及应举及第内，只许于本品内再补一人。太子进马、太子千牛，不用收补。詹事依祭酒例施行。兵部尚书、侍郎，旧例不许收补，宜许收补。致仕官历任中曾任在朝文班三品、武班二品及丞郎给舍已上，金吾大将军、节度、防御、团练、留后者，方得补荫。皇荫人，其祖父曾授著皇朝官秩，方得收补。应合收补人，须是本官亲子孙年貌合格，别无渝滥，方许施行，余从旧例处分。”

右封荫

梁开平四年四月，敕：“诸州镇使，官秩无高卑，并在县令之下。”其年九月，诏曰：“魏博管内刺史，比来州务，并委督邮，遂使曹官擅其威权，州牧同于闲冗，俾循通制，宜塞异端，并宜依河南诸州例，刺史得以专达。”时议者曰：“唐朝宪宗时，乌重胤为沧州节度使，尝以河朔十六州能抗拒朝命者，以夺刺史权与县令职而自作威福耳。若二千石各得其柄，又有镇兵，虽安、史挟奸，岂能据一墉而叛哉！遂奏以所管德、棣、景三州，各还刺史职分，州兵并隶收管。是后虽幽、镇、魏三道，以河北旧风，自相传袭，唯沧州一道，独禀命受代，自重胤制置使然也。则梁氏之更张，正合其事矣。”

后唐长兴元年正月，诏曰：“要道才行，则千岐共贯；宏纲一举，则万目毕张。前王之法制罔殊，百代之科条悉在，无烦改作，各有定规。守程式者，心逸日休；率胸臆者，心劳日拙。天垂万象，星辰之分野靡差；地载群伦，岳渎之方隅不易。倘各司其局，则皆尽其心。且律令格式六典，凡关庶政，互有区分，久不举行，遂至隳紊。宜准旧制，令百司各于其间录出本局公事，巨细一一抄写，不得漏落纤毫，集成卷轴，仍粉壁书在公厅。若未有廨署者，文书委官司主掌，仍每有新授官到，令自写录一本披寻。或因顾问之时，应对须知次第，无容旷阙，每在执行，使庶僚则守法奉公，宰臣则提纲振领，必当彝伦攸叙，所谓至道不繁，何必期年，然后报政。宜令御史台遍加告谕，催促限两月内钞录及粉壁书写须毕。其间或有未可便行，及曾厘革事件，委逐司旋申中书门下，当更参酌，奏覆施行？"其年八月，敕："今后大理寺官员，宜同台省官例升进；其法直官，比礼直官任使。"

应顺元年春三月戊午，宗正上言："故事，诸陵有令、丞各一员。近令、丞不俱置，便委本县令兼之。缘河南、洛阳是京邑，恐兼令、丞不便。"诏特置陵台令、丞各一员。

右杂录《永乐大典》，卷三千七百九十五

# 旧五代史卷一四九考证

志十一职官志四日忘误　　忘误，《册府元龟》作失误。考《五代会要》、《职官分纪》俱作"忘"，今仍其旧。　　又改为直崇政院　　直崇政院，原本作直崇文院。今从《五代会要》改正。　　亦置直院一人　　案：《五代会要》作亦置院使一人。《石林燕语》作改为枢密院直学士。　　荫千牛进马　　进马，原本讹进贝。考《职官分纪》有太子进马，贝字系传写之讹，今改正。

旧五代史卷一五〇

志第一二

# 郡　县

案:《郡县志·序》,《永乐大典》原阙。

**河南道**西京河南府　滑州　许州　陕州　青州　兖州　宋州　陈州　曹州　亳州　郑州　汝州　单州　济州　滨州　密州　颍州　濮州　蔡州

**关西道**雍州　京兆府　同州　华州　耀州　乾州　陇州　泾州　原州　邠州　威州　衍州　武州　良州　府州　雄州　警州

**河东道**并州太原府　潞州　泽州　晋州　新州　武州　云州　应州　绛州　慈州　隰州　辽州　沁州　解州　胜州　河中府

**河北道**魏州大名府　镇州　真定府　沧州　景州　德州　邢州　磁州　澶州　贝州　相州　泰州　雄州　幽州　新城县　定州　博州　莫州　深州　瑞州　静安军

**剑南道**蜀州　汉州　彭州

**江南道**黔州　处州　温州　婺州　湖州　秀州　全州　杭州　福州　台州　明州　虔州　苏州　邵州　郴州　建州　道州　鄂州　潭州

**淮南道**安州　庐州　楚州　寿州　天长县

**山南道**襄州　邓州　唐州　复州　金州　忠州　万州　夔州　利州　阆州　果州　朗州　集州　凤州　唐州　商州　随州　合州　雄胜军

**陇右道**秦州　成州　洮州

**岭南道**邕州　恩州　溥州　恩唐州　潘州　桂州　案:以上见《永乐大典》卷一万七千三百八十二。考《薛史》诸志之体,《郡县志》当是以《开元十道图》为本，惟载五代之改制，其仍唐旧制者则阙焉。《永乐大典》载《薛史》原文，疑有删节，今仍录于卷首，以存其旧。

梁开平元年，梁祖初开国，升汴州为开封府，建名东京。元管开封、浚仪、陈留、雍丘、封丘、尉氏六县，至是割滑州之酸枣、长垣郑州之中牟、阳武宋州之襄邑、曹州之戴邑、许州之扶沟、鄢陵、陈州之太康九县隶焉。后唐复降为汴州，以宣武军为额，其阳武、长垣、扶沟、考城等四县仍且隶汴州，其余五县却还本部。晋天福中复升为东京，复以前五县隶之。汉、周并因之。单州，本单父县，梁为辉州，后唐同光二年复旧，隶宋州。周广顺中割隶曹州。案：以上二条，见《太平御览》，其余郡县阙略不全。今考《薛史》诸志多本《五代会要》，谨采《五代会要》附载于后。

后唐长兴三年四月，中书门下奏："据《十道图》，旧制以王者所都之地为上，本朝都长安，遂以关内道为上。今宗庙宫阙皆在洛阳，请以河南道为上，关内道为二，河东道第三，河北道第四，剑南道第五，江南道第六，淮南道第七，山南道第八，陇右道第九，岭南道第十。"从之。

河南道

滑州酸枣县、长垣县梁开平三年二月，割隶汴州。后唐同光二年二月，酸枣县却隶滑州，长垣县却改为匡城县。晋天福三年十月，酸枣县却割隶开封府。

中牟县、阳武县梁开平三年二月，割隶汴州，后唐同光二年二月，敕："中牟县却隶郑州。"晋天福三年十月，中牟县却割属开封府。

宋州襄邑县梁开平三年二月，割隶汴州，后唐同光二年，却隶宋州。晋天福三年十月，复割隶开封府。

曹州戴邑县梁开平三年二月，割隶曹州，后唐同光二年二月，复为考城县。

许州扶沟县、鄢陵县梁开平三年二月，割隶汴州。后唐同光二年二月，鄢陵县却隶许州。天成元年九月，扶沟县却隶许州。晋天福三年十月，并割属开封府。

陈州太康县梁开平三年二月,割隶汴州。后唐同光二年二月,复隶陈州。晋天福三年十月,却属开封府。

单州楚丘县梁开平四年四月,割隶宋州。砀山县后唐同光二年二月,敕:"砀山县,伪梁创为辉州,并单州后,理所于辉州。今宜却属单州,其辉州依旧为砀山县。"

汝州叶县、襄城县后唐同光二年十二月,租庸使奏:"二县原属汝州,今隶许州,伏缘最邻京畿,户口全少,伏乞却割隶许州。"从之。临汝县周显德三年三月废。

密州辅唐县梁开平三年八月,改为安丘县。后唐同光元年十月,复为辅唐县。晋天福七年七月,改为胶西县,避国讳也。

济州周广顺二年九月,以郓州钜野升为州。其地望为上,割兖州任城、中都,单州金乡等县隶之。其年十二月,又割郓州郓城县隶之,中都县却隶郓州。

滨州周显德三年六月,制:"以赡国军升为州。其地望为上,直属京,割棣州渤海、蒲台两县隶之。"

## 关内道

京兆府奉先县梁开平三年二月,割隶同州。后唐同光三年二月,却隶京兆府。武功县、好畤县后唐长兴元年五月,敕:"并临等四乡隶京兆府。"渭南县周显德三年四月,割隶华州。同官县梁开平三年三月,割隶司州。后唐同光三年七月,割隶耀州。美原县后唐同光三年七月,割隶耀州。

华州洛南县后唐同光三年六月,河中府奏:"韩城、合阳、澄城县,伪梁割立当府,其澄城县今请却立同州,韩城、合阳县且属当府。"从之。天成元年七月,敕:"韩城、合阳二县却割隶同州。"

陇州汧阳县、汧源县,吴山县后唐长兴元年五月,依旧割隶陇州。

泾州平凉县后唐清泰三年正月,泾州奏:"平凉县,自吐蕃陷渭州,权于平凉县为渭州理所,遂罢平凉县。又有安国、耀武两镇兼属平凉,其赋租节目,并无县管。今却置平凉县,管安国、耀武两镇人户。"从之。临泾县后唐清泰三年二月,原州刺史翟建奏:"本州自陷吐蕃,权于临泾县理所。临泾原属泾州,刺史只管捕盗,其人户即泾州管县。既无属县,刺举何施? 伏乞割泾属当州。"从之。

鄜州鄜城县梁开平三年四月,改为昭化县。后唐同光元年十月,复为鄜城县。咸宁县周显德三年三月十日废。

威州晋天福四年五月,敕:"灵州方渠镇宜升为威州,隶灵武。"仍割宁州木波、马岭二镇隶之。周广顺二年三月,改为环州。显德四年九月,降为通远军。

衍州周显德五年六月,废为定平镇,隶邠州。

武州周显德五年六月,废为潘源县,隶渭州。

## 河东道

绛州梁开平四年四月,割属晋州。后唐同光二年六月,却割属河中府。

慈州、隰州后唐同光二年六月,割隶晋州。

仪州梁开平三年闰八月,敕:"兖州管内,已有沂州,其仪州改为辽州。"晋天福五年三月,并沁州割隶潞州。六年七月,并沁州却隶太原。

解州汉乾祐元年九月,升解县为州,割河中府闻喜、安邑、解三县为属邑。

河中府稷山县后唐同光二年正月,割隶绛州。慈州仵城县、吕香县周显德三年三月降。

## 河北道

镇州后唐同光元年四月,改为北京。至十一月,却复为成德县。

幽州北平县后唐长兴三年八月,改为燕平县。

沧州长芦县、乾符县周显德三年十月,并入清池县。无棣县周显德五年,改为保顺军。弓高县周显德六年二月,并入东光县。

博州武水县周显德三年十月,并入聊城。

深州博野县周显德四年五月,割隶定州。

泽州梁开平元年六月,割隶河阳,四年二月,却隶潞州。

德州晋天福五年十一月,移就长河县为理所。

泰州后唐天成二年三月,升奉化军为泰州,以清苑县为理所。至晋开运二年九月,移就满城县。至周广顺二年二月,废州,其满城割隶易州。

雄州、霸州周显德六年五月,以瓦桥关为雄州,割容城、归义二县隶之。益津关为霸州,割文安、大成二县隶之。地望并为中州,时初平关南故也。

## 剑南道

蜀州唐兴县梁开平二年八月,改为陶胡县。后唐同光元年十月,复为唐兴县。

彭州唐昌县梁开平二年八月,改为归化县。后唐同光元年十月,复为唐昌县。

## 江南道

杭州临安县梁开平二年正月,改为安国县。

福州闽清县梁开平元年十月,移就梅溪场置。

苏州吴江县梁开平三年闰八月,两浙奏,吴江、松江置县。

明州望海县梁开平三年闰八月,两浙奏置。

处州松杨县梁开平四年五月,改为长松县。

秀州晋天福三年十月,两浙钱元瓘奏,以杭州嘉兴县置。

湘州晋天福四年四月,湖南马希范奏以湘川县置州,仍置清湘县并割灌阳县隶之。

## 淮南道

寿州周显德四年,移于颍州下蔡县,仍以下蔡县为倚郭,以旧寿州为寿春县。盛唐县梁开平二年八月,改为濡山县。后唐同光元年十月,复为盛唐。

## 山南道

复州梁乾化二年十月,割隶荆南。后唐天成二年五月,却隶襄州。晋天福五年七月,直属京,并为防御。

果州后唐天成二年五月,隶利州。

唐州慈丘县周显德三年三月废。

邓州临湍县汉乾祐元年正月,改为临濑县,避庙讳也。菊潭县、向城县周显德三年三月废。

商州乾化县汉乾祐二年六月,改为乾祐县,割隶京兆。

襄州乐乡县周显德六年二月,并入宜城。

## 陇右道

秦州天水县、陇城县后唐长兴三年二月,秦州奏:"见管长道、成纪、天水三县外,有十镇征科并系镇将。今请以归化、恕水、五龙、黄土四镇就归化镇复置旧陇城、赤砂、染坊、夕阳、南冶、铁务五镇就赤砂镇复置旧天水县。其白石、大泽、良恭三镇割属长道县。"从之。

成州同谷县、栗亭县后唐清泰三年六月,秦州奏:"阶州元管将利、福津两县,并无迁镇成州元管同谷县,余并是镇,便系征科。今欲取成州西南近便镇分并入同谷县,其东界四镇别创一县者。州西南有府城、长丰、魏平三镇,其地东至泥阳镇界二十五里,北至黄竹路金砂镇界五十里,南至兴州界三十里,西至白石镇界一百一十里,西南至旧阶州界砂地岭四十五里。其三岭管界并入同谷县,废其镇额。州东界有胜仙、泥阳、金砂、栗亭四镇;东至凤州姜瞻镇界十五里;南至界州界二十里;北至高桥三十五里;西至同谷界三十五里;北至秦州界六十七里,欲并其西镇地于栗亭县。其征科委县司,捕盗委镇司。"从之。

## 岭南道

潘州茂明县梁开平元年五月,改为越常县。至后唐同光元年十月,复为茂明县。

桂州纯化县梁开平元年五月,改为归化县。后唐同光元年十月,复为纯化县。

邕州晋天福七年七月,改为诚州,避庙讳。

溥州晋开运三年三月,升桂州全义县为州,仍改全义县为德昌县,并割桂州临川、广明、义宁等三县隶之。从湖南马希范奏也。

# 旧五代史卷一五○考证

　　志十二郡县志曹州之戴邑　案《欧阳史·职方考》,开平元年割曹州之考城更曰戴邑隶开封。此只云曹州之戴邑,未见分晰。　其阳武长垣扶清考城等　阳武,原本讹武阳,今据《唐书·地理志》改正。　华州洛南县　案此下注文所载韩城、郃阳、澄城等县,似不相属。据《欧阳史·职方考》:洛南故属商州,周割属华州。此本当是脱去洛南沿革小注,又脱去同州郃阳县、澄城县、韩城县等大字。今无别本可校,姑仍其旧,附识于此。　湘州　案湘州二字,原本误作小字。连注文一段,与秀州下注接写,文不相属。考唐开元《十道图》,潭、鄂等州原隶江南道,应以湘州另为一条,作大字。其天福四年四月,马希范奏云,云作小注,今改正。